AF153168

Kohlhammer

Kohlhammer Studienbücher Theologie

Herausgegeben von:

Christian Frevel
Gisela Muschiol
Ulrich Riegel
Dorothea Sattler
Hans-Ulrich Weidemann

Band 26

Christian Frevel/René W. Dausner (Hrsg.)

Schulter an Schulter

Ein Studienbuch zur Rolle des Judentums in christlicher Theologie

Verlag W. Kohlhammer

Dieses Werk einschließlich aller seiner Teile ist urheberrechtlich geschützt. Jede Verwendung außerhalb der engen Grenzen des Urheberrechts ist ohne Zustimmung des Verlags unzulässig und strafbar. Das gilt insbesondere für Vervielfältigungen, Übersetzungen, Mikroverfilmungen und für die Einspeicherung und Verarbeitung in elektronischen Systemen.

1. Auflage 2024

Alle Rechte vorbehalten
© W. Kohlhammer GmbH, Stuttgart
Gesamtherstellung: W. Kohlhammer GmbH, Stuttgart

Print:
ISBN 978-3-17-043124-9

E-Book-Formate:
pdf: ISBN 978-3-17-043125-6
epub: ISBN 978-3-17-043126-3

Für den Inhalt abgedruckter oder verlinkter Websites ist ausschließlich der jeweilige Betreiber verantwortlich. Die W. Kohlhammer GmbH hat keinen Einfluss auf die verknüpften Seiten und übernimmt hierfür keinerlei Haftung.

Inhalt

Vorwort

Die Planungen zu dem vorliegenden Studienbuch waren bereits abgeschlossen, als zu den historischen Zäsuren ein weiteres Datum hinzukam, der 7. Oktober 2023. Durch den terroristischen Anschlag der Hamas gegen Israel wurde dieser Tag, an dem Jüdinnen und Juden das Fest der Freude über die Gabe der Tora (Simchat Tora) begingen, zum Sinnbild menschenverachtenden Hasses. Die Nachwirkungen des Massakers und seiner Folgen spüren wir bis heute schmerzlich. Vor allem zeigt sich, dass Antisemitismus längst nicht überwunden ist – weder im Nahen und Mittleren Osten noch in Europa oder den USA und auch nicht in anderen Ländern. Notwendig ist daher antisemitismuskritische Bildungsarbeit, zu der christliche Theologien ihren Beitrag leisten müssen. Die Zusammenhänge zwischen antijüdischen Positionen in der Theologie und deren Verschränkung mit unterschiedlichen Dimensionen des Antisemitismus in Geschichte und Gegenwart sind lange nicht aufgearbeitet. Antisemitismus aufzudecken, zu benennen und zu überwinden, ist ein zentrales theologisches Lernziel.

Das Grundanliegen des vorliegenden Bandes, das die Herausgeber mit allen Autorinnen und Autoren teilen, besteht darin, einen Beitrag zu antisemitismuskritischer Bildung in der Theologie und aus der Theologie heraus zu leisten. Das Studienbuch will dabei keine weitere »Einführung in das Judentum« sein, sondern stellt vielmehr den Versuch dar, die Bedeutung jüdischer Geschichte, jüdischer Traditionen und jüdischen Denkens in der Theologie sichtbarer zu machen. Studierenden christlicher Theologie soll ein vertiefter Einblick in ein lebendiges und authentisches Judentum in Geschichte und Gegenwart gegeben werden. Das Studienbuch wird daher sein Ziel erreicht haben, wenn die Lektüre dazu führt, konkreten Formen des Antisemitismus theologisch fundiert entgegentreten zu können.

Den 60. Jahrestag der wegweisenden Erklärung *Nostra aetate* im Blick, will das Buch im Respekt vor der Eigenständigkeit jüdischen Denkens und Glaubens die inneren Zusammenhänge der christlichen Theologie auf das Judentum beziehen. Antisemitismuskritische theologische Bildung soll dazu befähigen, auch politische Zusammenhänge neu zu verstehen und verändern zu lernen.

Ohne die Hilfe von zahlreichen Mitwirkenden wäre die Durchführung des Buchprojektes nicht möglich gewesen. Allen voran danken wir sehr herzlich den Autorinnen und Autoren, die sich mit ihrer fachlichen Expertise in das Werden des Bandes eingebracht haben. Besonders möchten wir den wissenschaftlichen und studentischen Hilfskräften, Michelle Anna Wiesner und Sophie Thérèse Draken für ihr vielfältiges und zeitintensives Engagement von Herzen danken. Unser Dank gilt schließlich Herrn Florian Specker, der als Lektor das Buch von der ersten Idee bis zur Durchführung wohlwollend, sachkundig und kompetent begleitet hat.

Bochum/Hildesheim, am Yom haShoah 5784/5. Mai 2024
Christian Frevel und René W. Dausner

I. Einleitung

I.1 Schulter an Schulter – Eine Einführung

Christian Frevel und René W. Dausner

Die Idee und die Realisation des vorliegenden Studienbuches über *die Bedeutung des Judentums für christliche Theologie* reichen weit vor die traurige Aktualität zurück, die angesichts eines wachsenden Antisemitismus weltweit, aber nicht zuletzt auch in Deutschland zu beklagen ist. Vor dem Hintergrund eines Theologieverständnisses, das der wissenschaftlichen Erkenntnis verpflichtet ist, die konstitutive Bedeutung des Judentums für christliche Theologie herauszuarbeiten und antijüdische Traditionen zu entlarven, nahmen wir als Herausgeber die Anzeichen eines erstarkenden und zunehmend aggressiv öffentlich sich zeigenden Antisemitismus in den europäischen Gesellschaften wahr; gleichzeitig erschreckte uns das eher erlahmende Interesse der Theologie an Fragen des jüdisch-christlichen Dialogs sowie an einer Sensibilität für antijüdische Vorurteile in der eigenen Disziplin. Durch die Zunahme von antisemitischen Verschwörungsmythen in der Corona-Pandemie und noch einmal gesteigert durch den Überfall der Hamas auf Israel am 7. Oktober 2023 hat sich die Situation entscheidend verschärft. Ressentiments gegen in Deutschland lebende Jüdinnen und Juden, unhaltbare Unterstellungen von Verschwörungen und gewaltsame Infragestellungen eines Miteinanders von Jüd:innen und Nicht-Jüd:innen wachsen exponentiell und beunruhigen die demokratische Mehrheitsgesellschaft. Die Alarmsignale sind unüberhörbar und an vielen Stellen wird zu Recht gefordert, dass die Antisemitismusprävention auf breiter Front zunehmen muss.

1. Zur Dringlichkeit der Antisemitismusprävention in der Theologie

Wir brauchen eine neue »Dringlichkeitskonferenz gegen den Antisemitismus« nicht nur aus der Mitte der Gesellschaft heraus, sondern auch aus der Mitte der Theologie heraus. Eine Konferenz unter diesem Titel fand vom 30. Juli bis 5. August 1947 im schweizerischen Seelisberg in der Nähe von Luzern statt. In den zehn einfachen Seelisberger Thesen wurden Grundlagen für eine christlich-jüdische Zusammenarbeit geschaffen, die bis heute Leitlinien darstellen. In den allermeisten Kirchen ist ein entschlossenes Auftreten gegen Antisemitismus inzwischen selbstverständlich und dafür kann man acht Jahrzehnte nach der Schoa dankbar sein. Dennoch darf

das nicht – wie John Pawlikowski OSM als Präsident des Internationalen Rates der
Christen und Juden 2007 formulierte – »von den eigenen Hausaufgaben ablenken.«
Diese bestehen vor allem darin, bestehenden Antijudaismus in den theologischen
Traditionen aufzudecken und die systemischen Ursachen theologisch zu bearbeiten.
In nahezu jeder Einzeldisziplin der Theologie gibt es Verbindungen zum Judentum
und zu jüdischem Denken, seien sie historisch oder systematisch. Ebenso gibt es in
nahezu allen Disziplinen Antijudaismen, die mal mehr, mal weniger zutage treten.
Es handelt sich um ein Querschnittsthema, dessen Bedeutung mit dem Anwachsen
des Antisemitismus wächst.

1.1   Theologischen Antijudaismus benennen und lösungsorientiert bearbeiten

Trotz einer enormen Fülle an theologischer Forschung gibt es in nahezu allen theologischen Disziplinen mit Bezug auf den theologischen Antijudaismus einen Problem-
überhang und ein Lösungsdefizit. Antijudaismus wird oft nur als historisches Phänomen erkannt und beschrieben. Dabei wird die tiefe Verankerung in theologischen
Denkstrukturen ignoriert und kaum nach Lösungen gesucht, diese durch nicht-antijüdische Theoreme zu ersetzen. So muss z. B. die Annahme eines Offenbarungsfort-
schritts vom Alten zum Neuen Testament geradezu notwendig zu einer Abwertung der
Tora und des Judentums führen. Demgegenüber führt die Annahme, dass sich *derselbe*
Gott im Alten wie im Neuen Testament gleichermaßen *selbst* offenbart, zu einer Gleichwertigkeit der Testamente und entsprechend auch zu einer Gleichwertigkeit von Judentum und Christentum. Offenbarungstheologisch sind die Konsequenzen aus dieser
Überlegung allererst noch zu erarbeiten, um die Eigenart eines christlichen Offenba-
rungsverständnisses nicht gegen das Judentum zu profilieren, sondern im Angesicht
jüdischen Denkens, Glaubens und Handelns zu explizieren. Fest steht dabei, dass dies
ohne jedes Moment der Überbietung oder Aufhebung erfolgen muss, wenn es in Verantwortung vor der Geschichte und Treue Gottes stehen will.

Zwar gibt es für nahezu alle Problembereiche inzwischen theologisch gut ausgearbeitete Vorschläge, wie strukturelle Antijudaismen in der Theologie zu überwinden sind, doch sind diese oft nicht in der Breite der theologischen Forschung angekommen. Gerade in den vergangenen zwei Jahrzehnten ist der christlich-jüdische
Dialog als Aufgabe und Thema der Theologie ganz entgegen der gesellschaftlichen
Herausforderung in den Hintergrund getreten. In der Breite der theologischen Forschung blieben die Bearbeitung der ihren Traditionen und Denksystemen inhärenten theologischen Antijudaismen weitestgehend unbearbeitet. In der Breite der
theologischen Forschung wurde dies einem kleinen Kreis von Spezialist:innen überantwortet. Auch diesbezüglich braucht es einen neuen Aufbruch in der christlichen
Theologie, das Querschnittsthema theologischer Antijudaismus neu und umfassend
anzugehen. Dazu ist nicht nur eine innertheologische transdisziplinäre Vernetzung
notwendig, sondern auch der Einbezug der Antisemitismusforschung in den Geis-
tes- und Kulturwissenschaften.

Angesichts der Zeitenwende, die die Kirchen in ihren Beziehungen zum Judentum in der zweiten Hälfte des 20. Jahrhunderts vollzogen haben und die sie als unverzichtbar für das eigene Selbstverständnis werten, ist es höchste Zeit, dass dieser Paradigmenwechsel auch Konsequenzen für eine Verhältnisbestimmung in der theologischen Wissenschaft und Ausbildung in der Breite zeitigen. Mit Blick auf das 60-jährige Jubiläum des II. Vatikanums muss dringend stärker realisiert werden, was Theologinnen und Theologen in ihrer Selbstverpflichtung bereits 2015 im Rahmen eines internationalen Kongresses in München formuliert haben: »Das Konzil trifft wegweisende Grundaussagen über das Verhältnis von Kirche und Judentum. Die Richtungsweisung und die Ergebnisse des bisherigen christlich-jüdischen Gesprächs bejaht der Kongress uneingeschränkt. Angesichts der Schuldgeschichte in Kirche und Theologie ist dies eine bleibende Verpflichtung. Wir stehen dafür ein, diese Verpflichtung in allen theologischen Disziplinen zu beachten und vertieft zu rezipieren. Wir setzen uns dafür ein, bei der Übersetzung und Interpretation biblischer und liturgischer Texte den jüdischen Kontext zu beachten und alle Formen des Antijudaismus zu vermeiden. In die Gesellschaft hinein erhebt die Theologie die Stimme gegen jede Art von Antisemitismus und Fremdenfeindlichkeit. Im unerlässlichen Dialog zwischen Christentum und Islam tritt sie dafür ein, das einzigartige Verhältnis von Juden und Christen als Grundlage des christlich-muslimischen Dialogs zu beachten.« (BÖTTIGHEIMER/DAUSNER, Das Konzil ›eröffnen‹, 26) Christlich-theologische Forschung muss die Antisemitismusprävention zu einer ihrer vordringlichsten Aufgaben machen. Sie muss ihren eigenen Beitrag und ihre eigene Rolle mit Bezug auf die Persistenz antijüdischer theologischer Denkmuster aufklären und dem ein theologisches Programm entgegenstellen, das sich nicht nur theologisch begründet gegen jeden Antisemitismus und Antijudaismus stellt, sondern ihm vorbeugt und ihn nachhaltig verhindert. Eine theologische Begründung dieser grundlegenden These ist eine der vornehmlichen Aufgaben des vorliegenden Buches.

1.2   Defizite in der theologischen Ausbildung

Der unverkennbaren Dringlichkeit steht in der theologischen Ausbildung ein eklatantes Defizit entgegen. Die Wende, die die Kirchen in ihrer Beziehung zum Judentum seit der Schoa vollzogen haben und in offiziellen Stellungnahmen immer neu bekräftigen, ist in der theologischen Ausbildung noch nicht wirklich angekommen. Kenntnisse über das Judentum unter Theologiestudierenden sind ausgesprochen gering, Erfahrungen mit dem lebendigen Judentum in Deutschland hat nur ein sehr kleiner Teil der Studierenden. Ein Austausch mit jüdischen Studierenden oder Begegnungen mit Vertreter:innen des Judentums in Deutschland scheitert meist schon an fehlenden Kontakten der Dozierenden.

Gegenüber dem Anspruch der Dokumente einer geschwisterlichen Annäherung von Jüd:innen und Christ:innen und der darin bekräftigten Lernbereitschaft, ist die Wirklichkeit der theologischen Ausbildung eher beschämend. Völlig zu recht klagt der Gemeinsame Ausschuss Kirche und Judentum der EKD in einem Thesenpapier

2019 »Einerseits wird behauptet, das Thema Judentum sei zwischenzeitlich in der Mitte der Theologie angekommen und somit allen theologischen Disziplinen in einer Weise inhärent, die einen Pflichtenkatalog oder entsprechende Pflichtveranstaltungen in den verschiedenen theologischen Studiengängen überflüssig mache. Andererseits ist es immer noch möglich, dass Studierende sich an keiner Stelle ihres Studiums (einschließlich der Examina) eingehender mit Fragen des christlich-jüdischen Verhältnisses befassen müssen.« Die Lage in den Katholisch-Theologischen Ausbildungsgängen ist nicht besser. Zwar gibt es unter den Pflichtmodulen des theologischen Vollstudiums ein Modul mit dem Titel »Das Christentum in seinem Verhältnis zum Judentum und zu anderen Religionen« und vergleichbare Lernziele werden für alle theologischen Studiengänge so oder ähnlich formuliert. De facto bleibt auch hier der Fokus religionstheologisch und das Judentum am Rande. Vielfach wird es zudem den unbestreitbaren Notwendigkeiten des christlich-islamischen Dialogs nachgeordnet. Dabei muss vor allem der Religionsunterricht auch eine antisemitismus-präventive Aufgabe wahrnehmen. Zu Recht hält Reinhold Boschki daher fest: »Religionsunterricht kann den Antisemitismus nicht aus der Welt verbannen, aber er kann einen bedeutenden Beitrag leisten, um judenfeindliche Haltungen, zumal religiös motivierte Einstellungen oder religiös grundierte Motive, kritisch hinterfragen zu lernen und damit junge Menschen gegen Antisemitismus in der Gesellschaft zu sensibilisieren. Dies stellt allerdings eine bleibende Aufgabe für theologische Forschung und theologische Ausbildung dar.« (BOSCHKI, Antisemitismuskritische Bildung, 177).

1.3   Die Absicht des Studienbuches

Ausbildungsmaterial, das die beiden genannten Defizite in den Blick nehmen würde, fehlt noch weitestgehend. Darauf will das Studienbuch »Schulter an Schulter – Ein Studienbuch zur Rolle des Judentums in christlicher Theologie« reagieren, indem es das Judentum und das jüdisch-christliche Verhältnis als Querschnittsthema der gesamten Theologie sichtbar macht und Lösungsangebote für die drängenden Fragen der theologischen Antisemitismusprävention bereitstellt. Entsprechend zielt das Studienbuch auf drei Felder:

- Grundinformationen zu geben über das Judentum in seinen vielgestaltigen Ausprägungen und seiner konkreten Gestalt deutschsprachigen Raum des 21. Jahrhunderts und einer praktisch-theologischen Reflexion angefangen von einer differenzierenden Bestimmung von theologischen Antijudaismus und Antisemitismus bis hin zu religionspädagogischen und liturgiepraktischen Überlegungen, wie das Besondere in der Gegenwart sichtbar und lebbar gemacht werden kann.
- Vermittlung von Grundkenntnissen über das Jüdische im Christentum in historischer Perspektivierung zu leisten, angefangen von der frühen Entwicklung von Judentum und Christentum in der Spätantike über die Religionsgespräche bis hin zu Grundlagen und Meilensteinen des christlich-jüdischen Gespräches.
- Theologische und fundamentalhermeneutische Grundfragen zum Verhältnis von Kirche und Judentum zu vermitteln, angefangen von Modellen für die Zuord-

nung von Altem und Neuem Testament bis hin zu Fragen nach der Gemeinsamkeit in Aspekten des Glaubens und der Glaubenspraxis, der theologischen Bedeutung des Judeseins Jesu oder den theologischen Voraussetzungen einer nicht antijüdischen Christologie. Dabei sind auch schwierige Fragen wie etwa die Karfreitagsfürbitte, die Frage einer veränderten Theologie nach Auschwitz, die Notwendigkeit einer christlichen Selbstbeschränkung in der Mission von Jüdinnen und Juden oder das bleibend Trennende nicht auszuklammern.

2. Der Titel »Schulter an Schulter« als Programm

Die Verhältnisbestimmung von Judentum und Christentum hat sich über die Zeit stark gewandelt, wurde aber zu allen Zeiten immer bildhaft ausgedrückt. Sinnfälliges Zeichen etwa ist die Darstellung von Ecclesia und Synagoga in den Bildportalen der großen Kathedralen. Die stolze und triumphierende Ecclesia hält den erhobenen eucharistischen Kelch des Heiles und das Szepter der Herrschaft in den Händen, die Synagoga hingegen hält eine Tafel des Gesetzes (symbolisch für die Tora) in der nach unten gebeugten Hand und ihr Szepter ist zerbrochen. Sie hat die Augen verbunden als Zeichen dafür, dass sie Christus als den Messias nicht erkannt hat. Die Substitutionslehre, nach der der *alte Bund* abgelöst wurde und diesen ersetzt hat, spiegelt sich in diesem Bild. Ein Sprachbild für diese Ersetzung war das Bild des Erbes und der Enterbung, das aus dem Begriff *Testament* abgeleitet wurde. Das Modell des Erbes führt mit Sachnotwendigkeit in eine inakzeptable Substitution, weil es voraussetzt, dass der Erblasser verstirbt. Daher ist der Begriff des Testamentes grundsätzlich problematisch, besonders dann, wenn er von der Bundestheologie, aus der er stammt, gelöst wird. In kirchlichen Dokumenten findet sich inzwischen durchgehend die Distanz zu solchen Modellen, die eine Ersetzung oder Entgegensetzung propagieren. An die Stelle der zutiefst antijüdischen Metaphern tritt in der Gegenwart häufig das Bild des *aufgepfropften Zweiges* aus der Ölbaum-Allegorie in Röm 11,16–24. Dort ist von der heiligen Wurzel die Rede, die die hinzugekommenen Zweige des wilden Ölbaums *heilig* macht. Das Bild gipfelt in dem oft zitierten »Nicht du trägst die Wurzel, sondern die Wurzel trägt dich« (Röm 11,18, EÜ 2016). Die bundestheologische Aussage, Christ:innen seien in den Bund Gottes mit Israel hineingenommen, steht im Hintergrund, wenn das Sprachbild auf das Verhältnis von Judentum und Christentum angewendet wird. So erfolgreich das Bild vom Ölbaum auch nicht zuletzt wegen der Warnung des Apostels vor der Überheblichkeit der eingepfropften Zweige ist, hat es doch auch seine Tücken (TALABARDON, Wurzel). Neben schwierigen Teilaspekten der Metapher (wie etwa den herausgebrochenen Zweigen) und der Frage, ob der Ölbaum überhaupt »Israel« ist, gehören dazu vor allem zwei Aspekte: So setzt das Bild etwa voraus, dass *das Judentum* bereits als Mutterreligion existierte, als die Tochterreligion Christentum entstand, eine Vorstellung, die heute zunehmend als nicht ganz zutreffend betrachtet wird. Kritik gibt es auch an der sowohl biblisch wie theologisch nicht einfachen Vorstellung von einer Öffnung des Sinaibundes. Die Schwierigkeiten werden das beliebte Ölbaumgleichnis zur bildlichen Charakterisierung des Verhältnisses von

Jüd:innen und Christ:innen sicher nicht verdrängen, dafür ist es viel zu eingängig; gleichzeitig wird jede Form von Naivität bei der Verwendung des Gleichnisses zu vermeiden und aufzuklären sein. Pointiert gesagt gilt auch hier: Gut gemeint ist das Gegenteil von gut gemacht.

Auch das für dieses Studienbuch gewählte Bild eines geschwisterlichen Nebeneinanders von Jüd:innen und Christ:innen soll nicht als Ersatz verstanden werden. »Schulter an Schulter« entstammt einer Verheißung des biblischen Propheten Zefanja: »Ja, dann werde ich die Lippen der Völker verwandeln in reine Lippen, damit alle den Namen des Herrn anrufen,/ihm Schulter an Schulter dienen.« (Zef 3,9, EÜ 2016) Die Verheißung, die den dritten und letzten Teil des Buches Zef 3,9–20 eröffnet, zielt auf eine vollkommen erneuerte Welt, in der der universale Königsgott, der Gott Israels, in Jerusalem einmütig und demütig verehrt wird. Dieser Prozess ist mit der Sammlung des verstreuten Gottesvolkes als Gabe Gottes (Zef 3,10) und freilich auch mit einem durchgreifenden Gottesgericht verbunden (Zef 3,11–12). In diesem Gottesgericht wird auch Israel gewandelt und nicht einfach nur den Völkern eine Perspektive eröffnet, sich an die Seite Israels zu stellen (»hineingenommen« zu sein). »In diesem Zusammenhang ließe sich sehr wohl von einer inneren Bekehrung des ersterwählten Gottesvolkes sprechen, die dazu führt, die Jhwh-Verehrung zusammen mit den Völkern, die ihrerseits dazu gerufen werden, zu vollziehen.« (WOHLMUTH, Verhältnis, 84). Die Formulierung von den »reinen Lippen« kann vom Wortlaut her auch als Hinweis auf eine besondere »auserwählte Sprache« gelesen werden. Damit greift der Text die Erzählung vom Turmbau zu Babel Gen 11,1–9 auf. Dort hatte der Hochmut der Menschen dazu geführt, dass eine Verständigung nicht mehr möglich war. Mit der Vision von Zef 3 richten sich die Menschen neu auf den Gott Israels aus, indem auch die Völker gemeinsam seinen Namen anrufen. Neben den einmütigen Gottesdienst »Schulter an Schulter« tritt die ethische Vollkommenheit des demütigen und armen Volkes: »Sie werden kein Unrecht mehr tun und nicht mehr lügen, in ihrem Mund findet man keine trügerische Rede mehr. Ja, sie gehen friedlich auf die Weide und niemand schreckt sie auf, wenn sie ruhen.« (Zef 3,13, EÜ 2016). Um es klar zu sagen, der Text ist sicher nicht geeignet, das Verhältnis von Jüd:innen und Christ:innen umfassend und angemessen in ein tragfähiges Bild zu gießen. Aber die Metapher von Israel und den Völkern »Schulter an Schulter« in Zef 3,9 bietet sieben wichtige und weiterführende Aspekte: 1. Der Text setzt das einmütige *Nebeneinander* in ein augenfälliges Bild. 2. Er hält die *Erwählung* Israels durch und bringt so eine partikulare und eine universale Perspektive zusammen, ohne beide aufzuheben oder gegeneinander auszuspielen. 3. Das Bild ist als Verheißung auf die *Zukunft* und nicht wie viele andere Verhältnismetaphern auf die Vergangenheit gerichtet. 4. Es ist von der Grundausrichtung *theozentrisch*, indem es die Verehrung des einen Gottes in den Vordergrund stellt. 5. Es betont die Gnade Gottes und sein Erbarmen in der Zuwendung gegenüber Israel und den Völkern. 6. Der Text hat eine starke ethische Komponente, weil er auf das Tun des Guten und die Vermeidung von Unrecht gerichtet ist. 7. Er zielt auf die Überwindung jeder Judenfeindschaft, wenn Gott dem geretteten Volk Israel Anerkennung und Ruhm verschafft.

Das Bild von dem einmütigen Nebeneinander ist durchaus geeignet, weiteres kreatives Potential zu entfalten. Es gibt den Blick auf eine eschatologische Zukunft frei, die die Belastung der Jahrtausende währenden »Vergegnung« (Martin Buber) überwindet und darin die Hoffnung in der Gegenwart wachhält. Es hat zudem einen Vorteil, denn es wird ausdrücklich in dem Dokument aufgerufen, das in der Katholischen Kirche und darüber hinaus für die Zeitenwende steht. In *Nostra aetate* 4 heißt es unter Aufnahme von Röm 9–11 »Nichtsdestoweniger sind die Juden nach dem Zeugnis der Apostel immer noch von Gott geliebt um der Väter willen; sind doch seine Gnadengaben und seine Berufung unwiderruflich. Mit den Propheten und mit demselben Apostel erwartet die Kirche den Tag, der nur Gott bekannt ist, an dem alle Völker mit einer Stimme den Herrn anrufen und ihm ›Schulter an Schulter dienen‹ (Zef 3,9).« Welche pragmatische Wirkung das in *Nostra Aetate* verwendete und für das vorliegende Studienbuch titelgebende biblische Zitat entfalten kann, zeigt beispielhaft das gleichnamige Netzwerk der »Stiftung für die Internationalen Wochen gegen Rassismus«, das 2014 gegründet worden ist (https://stiftung-gegen-rassismus.de/schulter-an-schulter – letzter Zugriff: 12. Juni 2024).

Der gemeinsame Gottesdienst von Jüd:innen und den aus den Völkern berufenen Christ:innen bekennt sich ausdrücklich zu Israel und dem damit verbundenen reichen geistlichen Erbe (*NA 4*). Es ist eine Praxis der Achtsamkeit und Solidarität, eine Verheißung einer Gemeinsamkeit ohne Konkurrenz, aber unter Anerkennung der Erwählung Israels. Damit wird das Bild der einzigartigen Besonderheit der Beziehung von Jüd:innen und Christ:innen insofern gerecht, als es das Nacheinander in ein Nebeneinander fügt. »Juden und Christen befinden sich in einer Dependenzbeziehung, die deren dialogisches Stehen vor Gott durchwirkt. Beide haben Anteil an der sich von Gott her als Gotteswahrheit schenkenden Wahrheit, jeder auf seine Weise, beide aufeinander angewiesen. Beide dienen Gott ›Schulter an Schulter‹ (Zef 3,9). Beide stehen als eigene von Gott getragene Heilswege nebeneinander.« (Grümme, ›Trialogische Religionspädagogik‹, 144).

3. Aufbau und Zielsetzung des Studienbuches: Horizontverschiebungen und Perspektivenerweiterungen

Das vornehmliche Ziel des Studienbuches besteht darin, den nach der Schoa einsetzenden Perspektivwechsel zu erfassen und sowohl in den Kirchen wie in den Disziplinen der Theologie zu verorten. Mit dieser Zielsetzung ist klar, dass das Buch weder eine Geschichte des Judentums noch eine Einführung in das Judentum ersetzen kann. Vielmehr entfaltet es bewusst einen perspektivischen Bezug zur christlichen Theologie, deren Geschichte und Traditionen die Referenzgröße darstellt, auf die hin die Darstellung im Gesamt erfolgt. Die Grundüberlegung geht von der Einsicht aus, dass »die jüdische Religion [ ] für uns nicht etwas ›Äußerliches‹ [ist], sondern [ ] in gewisser Weise zum ›Inneren‹ unserer Religion [gehört].« (Johannes Paul II. beim Besuch in der Synagoge in Rom am 13. April 1986) Diese bahnbrechende Erkenntnis hat eine weitreichende hermeneutische Bedeutung, indem sie das Judentum, seine Traditionen und sein Denken, zu einem *locus theologicus* macht. Christliche Theologie kann nur und ausschließlich im Resonanzraum des Judentums tragfähig entwickelt werden. Wir sind davon überzeugt, dass der genannte Perspektivwechsel einem Paradigmenwechsel in der Theologie gleichkommt, der christliche Theologie von innen heraus methodisch und inhaltlich radikal verändert. Vor diesem Hintergrund ist das Besondere dieses Studienbuches (1) der transdisziplinäre ebenso problem- wie lösungsorientierte Ansatz der Darstellung, (2) die Beteiligung von Fachvertreterinnen und Fachvertretern aus verschiedenen theologischen Disziplinen (Alt- und Neutestamentliche Exegese, Patristik, Historische Theologie, Liturgiewissenschaft, Systematische Theologie, Fundamentaltheologie, Religionspädagogik etc.), (3) die Beteiligung von jüdischen Wissenschaftlerinnen und Wissenschaftlern.

3.1   Die Hauptabschnitte

Das Studienbuch ist in sieben Abschnitte eingeteilt, in denen die einzelnen Beiträge jeweils eine ähnliche Perspektive einnehmen. Die Einleitung stellt als »doorstep« ganz basale Grundlagen vorweg und das abschließende Kapitel spricht praktische Konsequenzen aus einem veränderten Umgang mit dem Judentum an. Dazwischen stehen sieben inhaltliche Blöcke: Der erste Abschnitt thematisiert die verflochtene Entstehung von Judentum und Christentum und versucht eine Neuorientierung jenseits des klassischen »parting of the ways«. Dass die Schrifthermeneutik und das christlich-jüdische Verhältnis in einem wechselseitigen Dependenzverhältnis zueinanderstehen, ist seit langem bekannt. Daher fragt der zweite Abschnitt nach der Rolle der Heiligen Schriften für die Verhältnisbestimmung von Judentum und Christentum. Hier werden Schlaglichter auf die Kirchenväterhermeneutik, die Spätantike, das Mittelalter und die frühe Neuzeit geworfen, bevor grundlegend auf Modelle des Verhältnisses von Altem und Neuem Testament in der Gegenwart eingegangen wird. Im nächsten Schritt wird jüdisches Denken aus unterschiedlichen Epochen vorgestellt. Damit soll deutlich werden, dass sich im Judentum eigenständige Formen des Philosophierens gebildet haben, die zugleich mit christlichen Denkformen interagiert haben. Das gilt für die jüdische Aufklärung, das 19. Jh. und die Verarbeitung der Schoa in der jüdischen Philosophie. Dass es gerade in der Entwicklung liturgischer Formen vielfältige Parallelen zwischen Judentum und Christentum gibt, entfaltet der folgende Abschnitt. Er fragt zugleich danach, wie eine nicht-antijüdische christliche Liturgie aussehen könnte bzw. wie Antijudaismen in der liturgischen Praxis verhindert werden können. Am stärksten der systematisch-theologischen Reflexion verpflichtet ist der Abschnitt »Glauben und Wissen aus den Quellen des Judentums // Judentum in der theologischen Reflexion«. Welche Konsequenzen ergeben sich aus der Neubestimmung des christlich-jüdischen Verhältnisses für die Gotteslehre, die Christologie, die Soteriologie sowie die Ekklesiologie. Wie kann sich christliche Theologie zum Land Israel und der Notwendigkeit des Staates Israel verhalten? Schon oben wurde herausgestellt, dass Kenntnisse über jüdische Philosophie, jüdische Kultur und auch jüdische Theologie bei Studierenden ausgesprochen dünn sind. Daher stellt das nächste Kapitel neben den Meilensteinen für den christlich-jüdischen Dialog und dem Verhältnis von christlich-jüdischen Dialog und christlich-muslimischen Dialog einige Beispiele aus diesem Bereich vor. Der letzte große inhaltsbezogene Abschnitt versucht praktisch-theologische Konsequenzen zu ziehen. Wie kann die christliche Lernbereitschaft gegenüber dem Judentum gestaltet werden und wie kann es gelingen theologischen Antijudaismus aufzudecken und sich aus theologischen Gründen jeder Form des Antisemitismus entgegenzustellen?

3.2 Lernziele

Das Studienbuch will dem angezeigten Paradigmenwechsel Rechnung tragen, indem es für die Ausbildung von Theologiestudierenden das Verhältnis von Jüd:innen und Christ:innen aus exegetischen, historischen, systematischen und praktisch theologischen Konsequenzen bedenkt und so den Zusammenhang deutlich macht, in dem die Bemühungen um eine Neuausrichtung der Theologie stehen.

Das Studienbuch versucht (1) künftigen Studierenden und Interessierten der Theologie zu vermitteln, dass das frühere Gegeneinander von Jüd:innen und Christ:innen sich in ein Miteinander und Nebeneinander zu verwandeln ist. Es geht (2) darum, ein Bewusstsein zu schaffen, damit Judentum und Christentum künftig gemeinsam, Seite an Seite, Schulter an Schulter (Zef 3,9) lernen und leben und Gott dienen können. Durch den Aufbau des Studienbuches sollen (3) die Vielfalt des Judentums und des jüdischen Lebens in Westeuropa und *vor allem in Deutschland* bis in die Gegenwart hinein für Studierende und Interessierte der Theologie sichtbarer gemacht werden. Schließlich sollen (4) alle Formen des theologischen Antijudaismus argumentativ entschieden zurückgewiesen werden, indem (5) in die Grundlagen und Herausforderungen des christlich-jüdischen Gesprächs eingeführt wird und (6) zu einer theologisch gegründeten christlich-jüdischen Begegnung und Konvivenz ermutigt wird. (7) Schließlich sollen theologische Denkansätze vorgestellt werden, die das Verhältnis von Jüd:innen und Christ:innen theologieproduktiv bearbeiten und unter Benennung der offenen Fragen weiterführen.

Das Studienbuch will die Bedeutung und Rolle des Judentums für das Verständnis christlicher Theologie transparent machen. Es will aufzeigen, dass jede christliche Theologie nur in einer Verwiesenheit *auf* und Verwobenheit *mit* jüdischer Geschichte, jüdischen Traditionen, jüdischem Denken und jüdischer Kultur verantwortet betrieben und weiterentwickelt werden kann. Es will deutlich machen, dass das Verhältnis zum Judentum keine Marginalie christlicher Theologie darstellt, sondern ihren Kern betrifft. Das Studienbuch will zu antisemitismuskritischer Bildung sowie zu Antisemitismusprävention beitragen, daher sollen Vorurteile, Stereotype, Klischees, implizite, strukturelle und explizite Antijudaismen benannt und Methoden und Medien für deren Überwindung vermittelt werden. Es soll argumentativ befähigen, jedem theologischen Antijudaismus und jedem noch so subtilen Antisemitismus entschieden mit theologischen Argumenten aus der Mitte der Theologie heraus entgegentreten zu können.

3.3   Kompetenzentwicklungsziele

Das Studienbuch soll die Lesenden befähigen, Antijudaismus und Antisemitismus in (vor allem christlicher) Theologie und Gesellschaft zu erkennen und sie darin bestärken, dem offen, wissensbasiert, argumentativ, aber entschieden entgegenzutreten. Es soll die Lesenden befähigen, eine kritische Haltung gegenüber Vorurteilen und Antisemitismus zu entwickeln und die Unvereinbarkeit von Antijudaismus und christlicher Theologie argumentativ zu vertreten. Die Studierenden sollen für die Vielfalt des Judentums in Geschichte und Gegenwart sensibilisiert werden. Die Lesenden sollen eine spezifische interreligiöse Kompetenz erwerben, die klar auf das Judentum bezogen ist. Die Studierenden der Theologien sollen befähigt werden, ihren Standort selbst in Achtsamkeit zu reflektieren und sich im christlich-jüdischen Dialog in ersten Ansätzen zu verorten.

I.2   Zur Bedeutung des Judentums im Theologiestudium

Valesca Baert-Knoll und Reinhold Boschki

Theologie studieren heißt, den Wegen des Glaubens an Gott nachzugehen, wie sie sich in der jeweiligen Glaubensgemeinschaft zeigen, seien sie katholisch, evangelisch oder christlich-orthodox geprägt, seien sie in anderen Religionen beheimatet. Studierende werden vertraut mit den Ursprungsgeschichten, den Heiligen Schriften und ihren Deutungen, der »Geschichte des geglaubten Gottes« (Andreas Holzem), den systematischen und praktisch-theologischen Fragestellungen des je unterschiedlichen Glaubensverständnisses.

Wer vor diesem Horizont aus christlicher Perspektive über Gott nachdenkt, ist unweigerlich auf das Judentum verwiesen, denn Jüdinnen und Juden, Christinnen und Christen teilen dieselben Ursprünge ihres Glaubens. Aus diesem Grunde sind jüdisches Glaubens- und Gottesdenken für christliche Theologie von höchster Relevanz und haben eine konstitutive Rolle im Studium der christlichen Theologie.

Dagegen zeichnet eine Analyse der Verortung des Themas »Judentum« in den Fachcurricula der christlich-theologischen Fakultäten der Hochschullandschaft in Deutschland ein relativ ernüchterndes Bild: Das Judentum findet nur spärlich Eingang in die feststehenden Curricula und bleibt meist begrenzt auf einen primär historischen Zugang hinsichtlich der Geschichte Israels einerseits und der Verfolgungsgeschichte im Nationalsozialismus andererseits (SCHRÖDER, Religionspädagogik). Eine Neuerung stellt die von vereinzelten theologischen Fakultäten ausgehende und häufig in interdisziplinären Verbünden stattfindende Erarbeitung von Zusatzqualifikationen oder Zertifikatsstudiengängen zu Antisemitismusprävention dar sowie die Etablierung dezidiert interreligiöser Studiengänge.

Sofern jedoch in den theologischen Kerncurricula kein inhaltlicher Schwerpunkt auf die Beschäftigung mit dem Judentum gelegt wird, verbleibt für Theologiestudierende die Auseinandersetzung mit diesem im primär historischen oder antisemitis-muspräventiven Erschließungskontext verhaftet.

Eine solche Begrenzung der Zugangsweise vermag keinesfalls die Vielfalt des Judentums abzubilden, sei es in Bezug auf die religiösen Traditionen und die darin angelegten heterogenen Strömungen, jüdisches Denken, die Vielfalt des aktuell gelebten Judentums in Deutschland und vieles mehr. Gleichermaßen kann folgend kaum die besondere Bedeutung des Judentums für das Christentum und die eigene theologische Selbstverortung sowie auch ganz individuell für die theologische Selbstverortung der Studierenden aufgezeigt werden. Zunehmend wird daher eine Reform des Studiums der Theologie aus dem Geist der Erneuerung des christlich-jüdischen Verhältnisses herausgefordert (SCHRÖDER, Religionspädagogik, 535–550).

Der vorliegende Beitrag möchte in Unterstützung dieser Forderung herausstellen, dass das Judentum für das Christentum und somit auch für das christliche Theologiestudium besondere Relevanz und konstitutive Bedeutung hat, was anhand theologischer und bildungsorientierter Argumentationslinien sowie hinsichtlich gesellschaftlicher Auswirkungen aufgezeigt wird.

1.   Theologie im Angesicht des Judentums

Eine zentrale theologische Basis für die Verankerung einer vertiefenden Auseinandersetzung mit dem Judentum im Theologiestudium setzen die verschiedenen, einschlägigen Dokumente und Verlautbarungen zum christlich-jüdischen Dialog, begonnen mit den *Seelisberger Thesen* und folgend auf katholischer Seite *Nostra aetate 4* oder auf evangelischer Seite der *Rheinische Synodalbeschluss*. Mit exemplarischem Blick auf *Nostra aetate 4* und der dortigen Referenzstelle zum Titel dieses Studienbuches wird jedoch deutlich, dass bei diesen theologisch nicht stehen geblieben werden darf:

> »Wie die Schrift bezeugt, hat Jerusalem die Zeit seiner Heimsuchung nicht erkannt, und ein großer Teil der Juden hat das Evangelium nicht angenommen, ja nicht wenige haben sich seiner Ausbreitung widersetzt (10). Nichtsdestoweniger sind die Juden nach dem Zeugnis der Apostel immer noch von Gott geliebt um der Väter willen; sind doch seine Gnadengaben und seine Berufung unwiderruflich. Mit den Propheten und mit demselben Apostel erwartet die Kirche den Tag, der nur Gott bekannt ist, an dem alle Völker mit einer Stimme den Herrn anrufen und ihm ›Schulter an Schulter dienen‹ (Zef 3,9). Da also das Christen und Juden gemeinsame geistliche Erbe so reich ist, will die Heilige Synode die gegenseitige Kenntnis und Achtung fördern.«

Eine zentrale Aufgabe beim Studium aller theologischen Fächergruppen stellt dahingehend nicht nur die Beschäftigung mit diesen Dokumenten während des Theologiestudiums dar, sondern auch ein kritisches Bewusstsein dafür zu erlangen, dass diese beständig weitergedacht werden müssen. So sind diese Dokumente zum einem wertschätzend im Kontext ihrer Entstehungszeit zu lesen, zum anderen kritisch-konstruktiv auf ihre Inhalte zu prüfen und theologisch orientiert an den Zeichen der Zeit (Gaudium et spes 4) weiterzuführen, um das unabgegoltene, theologisch-herausfordernde Potenzial dieser Dokumente im Theologiestudium herauszustellen.

Die wesentlichen inhaltlichen Einsichten markieren dabei, dass das Christentum
konstitutiv auf das Judentum verwiesen war, ist und bleibt – und die Wertschätzung
sowie die vollständige Anerkennung der anderen theologischen Wahrheitsansprüche unabdinglich sind. An dieser Stelle kommen die großen Themen zum Vor-
schein, die für ein christliches Theologiestudium im Angesicht des Judentums unabdingbar sind:

- die Tora und der gesamten Tanach, ihre Gotteserzählungen, ihre Ethik, ihre Hoffnung;
- die Doppelgestalt der Heiligen Schrift bei bleibendem Eigenwert des Ersten Testaments (→ IV.5);
- das Judesein Jesu, das Judesein der Mutter Jesu sowie seiner Jünger:innen in
  dessen Bedeutung für die Entstehung der frühen Jesusgemeinden (→ VII.3);
- die jüdische Rede von Gott, Bund, Volk Israel, Messias, Erlösung, Reich Gottes,
  Tod und Auferstehung als Voraussetzung für die Genese einer christlichen Gottesrede (→ II.3, → VII.1);
- die Praxis eines an der Tora orientierten Lebens (→ V.3, → X.1);
- die liturgische Ausdrucksgestalt jüdischen Lebens in Gottesdienst, Festen und
  Feiern (→ VI.1, → VI.2, → VI.4);
- die anamnetische, also erinnerungsgeleitete Struktur der biblischen und jüdischen Geschichtstheologie, die jüdisches und christliches Denken, Glauben, Hoffen als leidsensible Erinnerung zutiefst bestimmt (→ IX.1);
- die Ursprünge und Gründe der christlichen antijüdischen Haltung sowie die Formen von christlichem Antijudaismus und Antisemitismus in Geschichte und Gegenwart (→ II.2, → IX.7).

In diesem Themenspektrum beanspruchen die theologischen Konvergenz- und Di-
vergenzlinien zwischen Judentum und Christentum einen eigenen Entfaltungs- sowie kritisch-wertschätzenden Diskussionsraum.

Ein Theologiestudium, welches Kenntnisse über den Ursprung der eigenen Tradition und die Rolle des Judentums innerhalb der christlichen Ursprungsgeschichte
vermittelt und gleichermaßen auch die Differenzen und Unterschiede zwischen den
Traditionen aufzeigt und die Studierenden zum Reflektieren anregt, fördert deren
Fähigkeit zur Ausprägung von Sprachkompetenz über und innerhalb der eigenen
Tradition sowie von Ambiguitäts- und Ambivalenzfähigkeit. Letztere stellen insbesondere in den tagesaktuellen Anforderungen unserer heterogenen Gesellschaft
zentrale Kompetenzen dar. So kann die eigene theologische Verortung angesichts
von Anfragen der jüdischen Tradition gefestigt und gleichzeitig zur bleibenden
Weiterentwicklung angeregt werden.

2.   Kritische Relecture der christlichen Tradition

Die theologischen Verlautbarungen kehren ebenfalls heraus – hier mit exemplarischem Rückgriff auf den *Rheinischen Synodalbeschluss – Zur Erneuerung des Verhältnisses
von Christen und Juden* –, dass die Erneuerung des christlich-jüdischen Verhältnisses

bzw. des Verhältnisses zwischen Christ:innen und Jüd:innen eine Bildungsaufgabe darstellt (→ VIII.1). Die Aufforderung zur dezidierten Erneuerung dieses Verhältnisses ist vor dem Kontext des Holocaust entstanden und entsprechend vor der damit anklingenden Referenz auf die Schuldgeschichte des kirchlichen Handelns, der theologischen Schuldgeschichte sowie dem Anspruch auf deren notwendige Offenlegung und kritische Aufarbeitung zu verorten.

In den exegetischen Fächern beinhaltet dies bspw. eine kritische Relecture der Bibel hinsichtlich von Texten, die antijudaistische Inhalte beinhalten oder eine antijüdische Rezeptionsgeschichte erfahren haben. Dieser quellenkritische Auftrag gilt gleichermaßen für die verschiedenen systematischen sowie philosophischen und ethischen Fachdisziplinen (→ III.3, → VII.3, → VII.4, → IX.2).

Angesichts der Schuldgeschichte der Kirchen ist dazu auch eine ernsthafte Aufarbeitung des Verhaltens der Kirchen während der Zeit des Nationalsozialismus erforderlich.

Innerhalb des Theologiestudiums erfolgt im Idealfall jedoch nicht nur eine notwendige Offenlegung und kritische Aufarbeitung insbesondere derjenigen christlichen Traditionen, die antijüdisch und u. a. in der Verfolgungsgeschichte wirksam wurden, sondern befähigen sich Studierende weiterführend zu einem Bewusstsein dafür, dass Inhalte der eigenen Tradition auch zukünftig – wenn wiederum missbräuchlich eingesetzt – potenziell schuldhaft wirksam werden können.

Entsprechend darf während des Theologiestudiums der Horizont nicht bei der Revision der Schuldgeschichte verhaftet bleiben, sondern es gilt die Frage nach aktuellen theologischen Dialogmöglichkeiten sowie die Positionierung gegen den Missbrauch der eigenen Tradition auch für die Zukunft weiterzuentwickeln. Das Bewusstsein dafür, dass Kirchen und die Theologie nicht mehr hinter Auschwitz zurück können (METZ, Memoria), sodass wir uns bleibend in einer *Theologie nach Auschwitz* befinden, beinhaltet gleichermaßen ein Bewusstsein dafür, dass wir unsere Theologie künftig nur noch im Angesicht des Judentums verantworten können (METZ, Angesicht). Die Synagoge als Gotteslehrerin und das Geistangebot Israels des *Denkens als Andenken* und *geschichtliches Eingedenken* stellen dabei die zentralen Ankerpunkte dar (METZ, Memoria).

3. Christlich-jüdische Erneuerung als Verpflichtung für Kirche und Gesellschaft

Interreligiöse theologische Formate wie etwa ein exegetisches Lesen von Bibel und Tora stellen dabei eine Lehr-Lern-Möglichkeit dar, um den Geist von Synagoga und Ecclesia als Lernende und Lehrende der gemeinsamen Tradition und ihrer Differenzen zu verdeutlichen (KOFFMANN, Synagoga).

Als dezidierte Bildungsaufgabe stellt das christlich-jüdische Verhältnis innerhalb der praktisch-theologischen Fächergruppen einen performativen Kern von Lehr-Lern-Prozessen in der Ausbildung von Lehrkräften, pastoral Tätigen sowie Referent:innen im Bildungsbereich (bspw. Erwachsenenbildung), in Journalismus, Medien und Verlagswesen dar. So geht es zum einen darum, dass sich Studierende innerhalb des Theologiestudiums zum christlich-jüdischen Dialog, einer verantworteten Positionierung innerhalb der eigenen Tradition sowie gegenüber der jüdischen Tradition selbst befähigen. In ihren späteren Berufsfeldern werden sie dann als Akteur:innen, Multiplikator:innen und Lehrende ihres erlernten Fachwissens tätig und verantworten auf dieser Basis die Bearbeitung des Judentums als Thematik in christlichen Lehr-Lern-Prozessen. Grundlegend geht es innerhalb dieses Ausbildungsprozesses auch darum, den aktuell den christlich-jüdischen Dialog prägenden Paradigmenwechsel (BERNSTEIN/GRIMM/MÜLLER, Jüdinnen) auch im Theologiestudium umzusetzen, sodass sich die Studierenden entsprechend selbst sensibilisieren: Statt nur aus der eigenen Perspektive heraus einseitig über die Betroffenen zu reden, und Jüdinnen und Juden somit zum Objekt zu machen, gilt es, diese in ihrem Subjekt-Sein wahrzunehmen, anzuerkennen – und ihren Perspektiven, Erfahrungen und Meinungen vor allem auch zuzuhören (METZ, Memoria).

Ein solches Vorgehen fördert die Fähigkeit zur Wahrnehmung der Korrekturbedürftigkeit der je eigenen Sicht auf die Anderen. Es ist die Basis für kritische Selbstreflexion hinsichtlich der eigenen machtvollen Position, als potenzielle Akteur:innen in Othering-Prozessen, Ausgrenzungsmechanismen, Zuschreibungspraktiken und Dominanzverhältnissen (SCHRÖDER, Religionspädagogik, 498–499).

Eine derart sensibilisierende und theologisch fundierte Ausbildung und folgende Kompetenz zum christlich-jüdischen Dialog werden auch gesellschaftlich wirksam. Die Kenntnis der anderen Tradition vermag der Ausbildung von Stereotypen entgegenzuwirken und Vorurteile abzubauen. Die Kompetenz zu Ambivalenz- bzw. Ambiguitätsfähigkeit, die im interreligiösen Dialog bspw. angesichts der Wahrheitsansprüche der jeweiligen Traditionen geschult wird, kann somit einen Beitrag zu Antisemitismusprävention und demokratiefördernder Bildung leisten.

Ebenso vermag die Kenntnis der jüdischen Tradition und Religion den Fokus weg von einer einseitigen Wahrnehmung – »Über die Juden weiß man als Deutsche:r eben vor allem, dass man sie umgebracht hat. Das hat zur Folge, dass der deutsche Blick die real existierenden Juden und Jüdinnen verfehlt.« (CZOLLEK, Desintegriert, 81) – von Opfernarrativ und Verfolgungsgeschichte und der in Deutschland massiv mit dem Judentum assoziierten Antisemitismusthematik, hin zu einem Bewusstsein für die Vielfalt jüdischen Glaubens sowie Lebens in Deutschland zu verlegen.

Zudem beinhaltet die theologische Haltung des vom jüdischen Geist ausgehenden Denken als Eingedenken und der Erinnerung eine Antwort auf die verschiedentlich den Formaten der deutschen Erinnerungskultur vorgeworfene Durchführung eines »Versöhnungstheaters«. Statt einer – so wie kritisiert – aus der Durchführung von Erinnerungsformaten resultierenden Haltung einer »Wiedergutwerdung« der Deutschen, geht es vielmehr darum, ein Bewusstsein dafür zu entwickeln, dass eben nicht alles wieder gut wird und Erinnerungskultur auch einen Ort für die geforderten Räume der Untröstlichkeit (CZOLLEK, Versöhnungstheater) darstellt, in welcher die Idee einer Wiedergutmachung oder Wiedergutwerdung keine Rolle spielt, sondern – hier theologisch gesprochen – das zweckfreie Eingedenken an das Leid der Opfer im Zentrum steht.

4. Perspektiven

Die Rolle des Judentums ist, wie gesehen und wie in diesem Studienbuch aus verschiedenster Perspektive beleuchtet wird, für die christliche Theologie von außerordentlicher Relevanz. Lehrende und Studierende sind aufgefordert, gemeinsam möglichst viele Gelegenheiten zu entdecken und zu realisieren, bei denen Begegnungen mit dem Judentum, mit jüdischer Geschichte und Gegenwart, mit jüdischer Theologie und jüdischem Leben möglich sind (siehe auch den Schlussbeitrag in diesem Buch). Das Studium dient als Basis für den christlich-jüdischen Dialog und die Fähigkeit »Schulter an Schulter« (Zef 3,9) in dieser Welt agieren zu können.

Zur theologischen Ausbildung gehört neben der Kenntnis des Ausgangspunkts der eigenen Tradition im Judentum auch das systematische Wissen um zentrale Verlautbarungen und die Notwendigkeit deren unabgegoltenes, theologisch-herausforderndes Potenzial (u. a. Dokumente Kirchen und Judentum). Auch das Wissen um die kirchliche und theologische Schuldgeschichte sowie das Wissen um das potenzielle antisemitische Potential innerhalb der eigenen Tradition und die bleibende Gefahr des Missbrauchs der Tradition sind zentrale Kenntnisse, die sich Studierende im Laufe ihrer theologischen Studien aneignen können.

Eine aus dem Studium resultierende, gefestigte Sprachfähigkeit innerhalb der eigenen Tradition vermag eine kritisch-konstruktive Positionierung und zugleich offene Haltung angesichts von Anfragen anderer Traditionen konkrete Handlungsfähigkeit gelingend zu ermöglichen und den aktuellen christlich-jüdischen sowie den interreligiösen Dialog produktiv zu fördern.

Das Ziel sollte sein, das christlich-jüdische Verhältnis dabei nicht nur in spezifischen Dialogformaten, sondern auch im Studium und innerhalb der verschiedenen Fachcurricula fortzuschreiben, in Respekt und Wertschätzung der Gemeinsamkeiten sowie der Differenzen.

Oder in Kürze: Das Judentum hat unabdingbare, historische und zukunftsgerichtete Relevanz für ein reflektiertes Selbstverständnis des Christentums, für die christliche Theologie, für das Theologiestudium sowie für eine religiös plurale Gesellschaft in Europa und darüber hinaus.

Weiterführende Literatur

DOKUMENTE KIRCHE – JUDENTUM: https://dokumente-kirchen-judentum.de

HÜLLSTRUNG, WOLFGANG/LÖHR, HERMUT (Hg.), »Nicht du trägst die Wurzel, sondern die Wurzel trägt dich.« Gegenwärtige Perspektiven zum Rheinischen Synodalbeschluss »Zur Erneuerung des Verhältnisses von Christen und Juden«, Leipzig 2023.

AHRENS, JEHOSCHUA/HOFMANN, NORBERT JOHANNES, Geschwister auf einer gemeinsamen Suche. Aktuelle Chancen und Herausforderungen im jüdisch-katholischen Gespräch, Ostfildern 2021.

DEEG, ALEXANDER u. a. (Hg.), Dialogische Theologie. Beiträge zum Gespräch zwischen Juden und Christen und zur Bedeutung rabbinischer Literatur, Leipzig 2020.

BOSCHKI, REINHOLD/WOHLMUTH JOSEF (Hg.), Nostra aetate 4: Wendepunkt im Verhältnis von Kirche und Judentum – bleibende Herausforderung für die Theologie, Paderborn 2015.

LANGER, GERHARD/HOFF, GREGOR MARIA (Hg.), Der Ort des Jüdischen in der katholischen Theologie, Göttingen 2009.

II. Grundlagen

II.1 Basics: Was jede:r Theologiestudent:in über Jüd:innen wissen sollte

Susanne Talabardon

1. »Das« Judentum gibt es nicht – und hat es nie gegeben.

Die erste wesentliche Erkenntnis, die sich (nicht nur) angehende Theolog:innen und nicht nur hinsichtlich »des Judentums« zu eigen machen sollten, besteht darin, sich vor Generalisierungen zu hüten. Ein komplexes und pluralistisch angelegtes Phänomen wie das der jüdische/n Tradition/en in Geschichte und Gegenwart lässt sich nicht mit globalen Kennzeichnungen charakterisieren.

Ein nützlicher Zwischenschritt vor jeder generalisierenden Stellungnahme besteht darin, sich einmal vorzustellen, welche Art von Aussagen für alle möglichen Spielarten des Christentums oder auch nur auf eine Mehrheit der Christ:innen zutreffen könnten. Jüdische Strömungen sind in etwa genauso vielfältig – es gibt sie in sehr unterschiedlichen kulturellen Ausprägungen sowie sprachlichen und historischen Kontexten. Sie zeigen sich in einem theologisch und ›religiös‹ weit gespreizten Panorama von quasi fundamentalistisch geprägten Gruppen bis hin zu liberalen und nicht zuletzt säkularen Varianten. Jüd:innen lebten und leben oft als Minderheit in Diasporagemeinschaften und seit Mitte des 20. Jh. auch als Mehrheitsbevölkerung im modernen Staat Israel.

Bereits in der Spätantike, als sich »das Judentum« als eigenständige ethnisch-kultische Größe formierte, konkurrierten verschiedene Gruppen innerhalb des judäisch-galiläischen Ethnos miteinander (→ III.1, → III.4). Im Kern ging es um die Deutungshoheit über die Hebräische Bibel und die angemessenen Konsequenzen aus den katastrophalen antirömischen Aufständen des ersten und zweiten Jahrhunderts – allen voran der Zerstörung des Tempels zu Jerusalem im Jahre 70. Es bedurfte mehrerer Jahrhunderte, bis sich das rabbinische Judentum und die sog. frühkatholische Kirche als die zwei Gewinner dieses Wettbewerbs herauskristallisierten.

Im Mittelalter (ab der arabisch-islamischen Eroberung im 7. Jh.) und in der Frühen Neuzeit lebten die jüdischen Gemeinschaften unter der Herrschaft von Islam und Christentum. Diese Konstellation verursachte eine weitergehende Diversifizierung zwischen den verschiedenen Diaspora-Kulturen, die nach dem Verlust Jerusalems und des Tempels für Jahrhunderte zur dominierenden Form jüdischer Existenz werden sollten. Die jeweilige Mehrheitsgesellschaft, deren Rechtsprechung, Sprachen, ökonomische und soziale Konstellation, und natürlich nicht zuletzt deren religiöse Ausrichtung prägten der jüdischen Minderheit im Lande ihren Stempel auf.

Dabei gilt es zu berücksichtigen, dass insbesondere in den ersten Jahrhunderten (bis ca. 1000) die große Mehrheit der Jüd:innen (etwa 90 Prozent) unter islamischer Herrschaft lebten. Arabisch entwickelte sich für viele jüdische Gemeinschaften zur *lingua franca* und zur Wissenschaftssprache. Die mittelalterliche islamische Philosophie und Theologie bildeten das entscheidende Gegenüber bei der Ausprägung eigener philosophisch-theologischer Konzepte.

Die jüdischen Gemeinden im deutschen Sprachraum erlangten erst relativ spät Bedeutung. Nach mutmaßlich ersten Siedlungsaktivitäten im spätrömischen Reich (zum Beispiel in Köln/Colonia Agrippina im 4. Jh.) erfährt man erst aus karolingischen Quellen (8./9. Jh.) wieder von der Anwesenheit jüdischer Bewohner:innen im Rheinland. Während der Herrschaft Karls des Großen und seiner Nachfolger (8.-10. Jh.) erreichte die jüdische Bevölkerung im Rhein-Main-Donau-Raum nur quasi mikroskopische Größen von einigen Familien in wenigen Zentren wie Mainz, Worms und Speyer, Würzburg, Köln oder Regensburg.

Das Hochmittelalter und die Frühe Neuzeit waren geprägt von regionalen und nationalen Vertreibungsedikten, die zuerst in England (12. Jh.) und schließlich auch beinahe flächendeckend in den deutschen Territorialstaaten und den reichsfreien Städten (14.-16. Jh.) promulgiert und auch umgesetzt wurden. Nun war den Jüd:innen im deutschen Sprachgebiet, die man als »Aschkenasim« (angelehnt und abgeleitet von Gen 10,3) bezeichnete, das Leben nur noch in Siedlungsnischen möglich. Üblicherweise waren dies kleine ritterschaftlich beherrschte Regionen (wie in Franken) oder Ortschaften, in denen mehrere Grundherren aktiv waren. Viele Jüd:innen aus Westeuropa flohen ostwärts und fanden im Polnisch-Litauischen Königtum bzw. im Osmanischen Reich eine neue Heimat, wo sie neue soziale, kulturelle, religiöse und ökonomische Strukturen ausprägten. Bereits in der Mitte des 17. Jh. war die polnisch-litauische jüdische Gemeinschaft die zahlenmäßig bedeutendste der Welt; bald prägte sie auch eine eigenständige Gelehrsamkeit aus, die weit ausstrahlen sollte. Die Vorfahren von 80 % der Jüd:innen weltweit lebten im Polnisch-Litaui schen Commonwealth des 18. Jh. Die meisten der großen haredischen (»orthodoxen«) Strömungen haben dort ihre Wurzeln. Gleiches gilt für die Gruppierungen am »entgegengesetzten«, säkularen Ende des Spektrums, Zionismus und Sozialismus.

Im westlichen Europa hingegen wurde die jüdische Minderheit mit wesentlich anderen politischen und geistigen Entwicklungen konfrontiert, beispielsweise mit Renaissance, Humanismus, den konfessionellen Verwerfungen – und der Europäischen Aufklärung, an der Jüd:innen regen Anteil nahmen. So nimmt es nicht wunder, dass sich auch innerhalb der jüdischen Gemeinschaft Formen der Aufklärung (Haskala) und konfessionelle Prägungen entwickelten. Insbesondere im deutschen, später aber auch im anglo-amerikanischen Sprachraum, dominier(t)en konfessionelle Formen jüdischer Gemeinschaften, wie das liberale (progressive oder Reform-) Judentum, die konservativen (Masorti) oder neo-orthodoxen Gemeinschaften.

In jeder einzelnen Epoche seiner langen Entwicklung zeigte sich »das Judentum« als ein Leitbegriff sehr unterschiedlich geprägter Gemeinschaften, die sich – bis zur Entstehung säkularer Strömungen Ende des 19. Jh. – hauptsächlich durch die Bezogenheit auf die Tora und Israel (im Sinne einer ethnischen und einer geographischen Größe) auszeichneten.

2. Die Hebräische Bibel beschreibt nicht »das Judentum«

Anders als es die seit dem Mittelalter dominierenden theologischen Modelle suggerieren, ist die Hebräische Bibel (also das, was Christ:innen als Altes Testament bezeichnen) *nicht* die Urkunde dessen, was Jüd:innen glauben und praktizieren. Vielmehr beschreibt die Hebräische Bibel einen kultischen Vorläufer sowohl vom »Judentum« und als auch vom »Christentum«, den man als »Religion Alt-Israels« bezeichnen kann.

Der Kult Alt-Israels war geprägt durch ein zentrales Heiligtum, den Tempel zu Jerusalem. Hier wurde durch eine priesterliche Elite, die sich aus wenigen Familien rekrutierte, täglich sowohl pflanzliche wie auch tierische Opfer dargebracht. Die Beteiligung der nichtpriesterlichen Bevölkerung an diesem Kult beschränkte sich darauf, privat oder in Gruppen das Heiligtum aufzusuchen, den Betrieb des Tempels zu finanzieren, an den drei jährlichen Wallfahrtsfesten teilzunehmen, über Festzeiten informiert zu werden und – bei Bedarf – persönliche Orakel einzuholen. Auch für Jesus von Nazaret und dessen Anhänger fungierte der Jerusalemer Tempel bis zu seiner Zerstörung im Jahre 70 als maßgebliches kultisches Zentrum.

Nach dem Verlust des Heiligtums stellten sich sowohl für die nicht auf Jesus bezogenen Jüd:innen wie auch für die Anhänger:innen des Nazareners die Frage, (ob und) wie man die biblischen Traditionen *ohne* den zentralen Kult weiterführen könne. Die später ins (rabbinische) Judentum einmündenden Gruppen entwickelten die Tora – die Fünf Bücher Mose – zum neuen Gravitationszentrum mit Studium (Talmud Tora), Gebot (Mizwa) und Gebet (T'fila) als Statthalter eines Kults ohne Opfer und klassische Priesterschaft weiter. Die Anhänger Jesu konzentrierten sich hingegen auf die Aktualisierung der prophetischen und apokalyptischen Texte der Hebräischen Bibel, die ihnen zunehmend als Reservoir zur Deutung Jesu von Nazaret diente.

Sowohl das werdende Judentum wie auch das werdende Christentum bezog sich also auf die Hebräische Bibel (das spätere »Alte Testament«) als Takt- und Motivgeberin ihrer jeweiligen theologischen Grundlagen.

Auch die sich entwickelnde jüdische Tradition bezieht sich auf einen doppelten Kanon, nämlich den aus Schriftlicher und Mündlicher Tora. Die Schriftliche Tora umfasst die Hebräische Bibel mit ihrem Zentrum, der – Tora [dem Pentateuch] als Kern der Offenbarung. Um sie herum ordnen sich in zwei konzentrischen Kreisen die Propheten/Nevi‹im als Aktualisierung der Offenbarung in der Tora und die Schriften/Ketuvim, als anthropologische Dimension von Offenbarung und deren Aktualisierung. Die Mündliche Tora bezieht sich, den rabbinischen Gelehrten zufolge, auf all diejenigen Interpretation, Aktualisierungen und Erklärungen zur Schriftlichen Tora, die einst, jetzt und zukünftig erarbeitet werden. Alles, was in Auslegung der Bibel gesagt wurde und wird, sei – so die Begründungserzählung, wie sie mAvot I,1; bEr 50b; bMen 29b – bereits Mose am Sinai geoffenbart und seither getreu in einer lückenlosen mündlichen Überlieferungskette von Mose über Josua und die biblischen Propheten bis hin zu den Rabbinen weitergegeben worden.

Damit wird nicht nur das Studium der Tora zu einer heiligen Handlung aufgewertet, sondern auch ein dynamischer Offenbarungsbegriff gewonnen, der die großen Texte der jüdischen Gemeinschaft, wie Talmud, Bibelkommentare und Kodizes oder den Sohar als zentrales Werk der jüdischen Mystik, in den Rang kanonischer Schriften erhebt. »Judentum« definiert sich in dieser Perspektive als diejenige ›Religion‹, die sich gleichermaßen auf die Schriftliche wie auf die Mündliche Tora gründet.

3.   Warum das »Neue Testament« keine Quelle der Erleuchtung über »das« Judentum ist – und inwiefern doch

Der christliche »Doppelkanon« aus »Altem« und »Neuem Testament« stellt zwei Texte auf ein und dieselbe Stufe, die eigentlich »Mutter« und »Tochter« sind. Die Hebräische Bibel fungierte in einem ihrer griechischen Übersetzungskorpora (der Septuaginta-Textgruppe) als alleinige Heilige Schrift, sowohl in den jüdischen Diaspora-Gemeinschaften wie auch für die Anhänger Jesu innerhalb und außerhalb Judäa-Galiläas (→ III.2). Sie diente den weit überwiegend judäisch-galiläischen bzw. Diaspora-jüdischen Autoren des »Neuen Testaments« dazu, die Zeichen der Endzeit zu deuten, Jesu Leben und Sterben überhaupt zur Sprache zu bringen und deren Relevanz zu begründen. Man kann das Neue Testament daher in weiten Teilen als ein Projekt bezeichnen, das den Wanderprediger aus Nazaret nach Maßgabe der Hebräischen Bibel zur Geschichte Israels in Beziehung setzt.

Im judäisch-galiläischen-jüdischen Binnendiskurs zwischen beiden Fraktionen um die Frage, ob Jesus von Nazaret der ersehnte endzeitliche Retter war oder nicht, bauen viele Autoren des Neuen Testaments »die Juden« (zur Terminologie → III.1) als Gegner und Widersacher Jesu auf. Sie dienen einer distinkten apokalyptischen Gruppierung als Negativfolie bei der Formulierung ihrer Identität. Der judäisch-jüdische Binnendiskurs nimmt im Verlauf des 2. Jh. jedoch den Charakter einer interkulturellen, multiethnischen Auseinandersetzung an, da die Anhängerschaft Jesu zunehmend von nichtjüdischen Akteur:innen dominiert wird (→ III.1). Nun werden Jüdinnen und Juden zu einem fremdartigen extrinsischen Widerpart, dem man das Recht auf die Bibel und die Heilsgeschichte Israels abspricht. Diese theologische Wendung, die man als Substitutionslehre bezeichnet, kann man regional schon ab dem 2. Jh. z. B. bei Justin oder Tertullian antreffen (→ IV.1). Sie dominiert das christliche Denken bis in die siebziger Jahre des 20. Jh. (vgl. Schmid, Rise).

In den letzten Jahrzehnten haben insbesondere jüdische Forscher:innen das Neue Testament und andere frühe »christliche« Texte als Quellen für das breite Spektrum judäisch-galiläischer Gruppierungen gelesen und gedeutet. In diesem Kontext wird eruiert, welche Informationen über die sozio-ökonomischen, kulturellen und kultischen Verhältnisse im Judäa-Galiläa des ersten und zweiten Jahrhunderts zu gewinnen möglich ist. Der kritische methodische Ansatz zeigt ferner an, in welche Richtung die Rekonstruktion der gemeinsamen Ursprünge der beiden biblischen Kulte bzw. Religionen gehen kann. Als *ein* Ergebnis dieser Neuausrichtung der Forschung sollte man festhalten, dass die religionshistorische Naivität einer Deutung Jesu aufgrund der rabbinischen Schriften des 3.-7. Jh., wie sie noch die populären Werke Hermann Leberecht Stracks und Paul Billerbecks prägt, als obsolet gelten kann. Ein ähnliches gilt von den Positionen älterer jüdischer Wissenschaftler:innen wie z. B. Pinchas Lapide und Ruth Lapide, bei denen die Polyphonie frühjüdischer Lehren und Lebensweisen sowie die Interpretationsvarianten neutestamentlicher Texte manches Mal zu sehr vereinfacht werden.

4. Der gemeinsame Ursprung im Kontext der Hebräischen Bibel führt zu ständiger gegenseitiger Beeinflussung.

Noch vor wenigen Jahrzehnten galt »das Judentum« uneingeschränkt als »Mutterreligion« »des Christentums«, was wiederum die Ansicht nährte, Christ:innen benötigten Kenntnisse über »das Judentum«, um sich gewissermaßen selbst zu verstehen. Umgekehrt aber gälte dies nicht – »das Judentum« wäre »dem Christentum« gegenüber autark. Diese Asymmetriehypothese genannte Auffassung darf als grundlegend überholt gelten. Aufgrund ihrer gemeinsamen Verwurzelung in der Hebräischen Bibel *und* der intensiven positiven wie negativen Bezugnahme auf den jeweils anderen lässt sich die Geschichte von Jüd:innen und Christ:innen am besten als ein andauernder Prozess der Identitätsfindung in gegenseitiger Abgrenzung und Annäherung beschreiben.

Der in der christlichen Häresiologie über viele Jahrhunderte lang dominierende Vorwurf des »Judaisierens« bringt diesen Zusammenhang ebenso deutlich zum Ausdruck wie die Annahme, dass alles, was dezidiert in Spannung zum Christentum steht, gut jüdisch sei. Ebenso deutlich zeigt sich der gemeinsame Ursprung von Judentum und Christentum in der Jahrhunderte währenden Debatte darüber, wie die Hebräische Bibel adäquat zu interpretieren sei.

In der christlichen Tradition dominierten früh allegorische und typologische Hermeneutiken, die man als »geistliche« Lesart gegen das vermeintlich »fleischliche« Verständnis der Hebräischen Bibel seitens der jüdischen Gemeinschaften stellte. Allegorie und typologische Überbietung führten außerdem zu der Ansicht, dass die Gebote der Tora nicht »fleischlich«-wörtlich-gegenständlich zu realisieren seien, sondern sich »geistlich« in ein übergeordnetes Liebesgebot hinein aufheben ließen. Jüdische Theologen und Exegeten behaupteten demgegenüber den Primat der literalen Bedeutung und setzten der christologischen Deutung des biblischen Textes eine strikt historische Interpretation entgegen. Das Ringen um ein angemessenes Verstehen der Hebräischen Bibel dominiert die jüdisch-christlichen Kontakte bis auf den heutigen Tag. Dabei gilt es zu bedenken, dass die jüdische Tradition im Unterschied zur traditionell-christlichen von einer Polysemanz der Bedeutung biblischer Texte, also dem gleichzeitigen Nebeneinander von relevanten Deutungen, ausgeht. Es gilt in der Exegese daher nicht, die einzig »richtige« Interpretation einer Passage festzustellen, sondern den vielfältigen Deutungsmöglichkeiten eine weitere hinzuzufügen bzw. sich an der Vielzahl möglicher Interpretationen zu erfreuen.

Andererseits hat es trotz aller offizieller Distanz und Feindseligkeit zwischen beiden ›Religionen‹ auch immer wieder Einfluss und positiven Rekurs gegeben: seien es christliche Bußpraktiken, die im mittelalterlichen Aschkenas jüdische Gelehrte zu eigenen Verfahren und Katalogen inspirierten, seien es protestantische Riten und Gottesdienstpraxis, welche der jüdischen Reform im 19. Jh. zum Vorbild wurden. Umgekehrt zeigten sich christliche Theologen beeindruckt von jüdischer Exegese, der Hebraica Veritas oder der Kabbala als vermeintlicher antiker Urform christlicher Trinität.

Es gehört zu den wesentlichen Einsichten moderner Religionsgeschichte und Komparatistik, dass jüdische und christliche Gemeinschaften (und mit Abstrichen auch muslimische) am besten in einer gegenseitigen Bezugnahme aufeinander zu verstehen sind.

5. Das Bedürfnis danach, Jüdinnen und Juden als »die ganz anderen« zu charakterisieren, gehört zum Arsenal des christlichen Antijudaismus.

Vor diesem Hintergrund kann und muss das (manchmal auch wohlmeinende) Bedürfnis nach Fremde und Andersartigkeit von Jüd:innen als eine Spätfolge negativer Abgrenzung und als eine (oft unreflektierte) Voraussetzung von Antisemitismus und Rassismus problematisiert werden.

Mit der Vertreibung und Zerstörung des sefardischen Judentums Ende des 15. Jhs. auf der iberischen Halbinsel gerieten durch die gewaltsame Konversion Tausender die Gewissheiten über jüdische oder christliche Identitäten ins Wanken. Neuchristen (*conversos*) und ihre Nachkommen vagabundierten nicht nur durch die Metropolen West- und Zentraleuropas, sondern oszillierten auch zwischen christlichen und jüdischen Überzeugungen und Lebensweisen. Heinrich Heine (1797–1856), ein frühes Mitglied des »Vereins für die Wissenschaft und Kultur des Judentums«, hat sich, wie viele andere seiner Generation, diesen frühmodernen Wanderern zwischen den Welten sehr verbunden gefühlt. Mit etlichen seiner Werke (man denke etwa an »Jehuda ben Halevy«) hat er ihnen ein bleibendes Denkmal gesetzt.

Spätestens mit der Aufklärung haben Jüd:innen um ihren Platz in der europäischen Kultur gerungen. Nach der Rücknahme der bürgerlichen Gleichberechtigung der jüdischen Bewohner:innen des Rheinbundes durch den Sturz Napoleons und der anschließenden Restaurationszeit fühlten sich jüdische Intellektuelle dazu aufgerufen, wenigstens auf dem Gebiet der Wissenschaft und Kultur der eigenen Herkunft einen würdigen Platz zu sichern. Zu diesem Zweck gründete der Historiker Leopold Zunz (1794–1886) mit anderen jüdischen Akademikern unmittelbar nach den HEP-HEP-Krawallen im Jahre 1819 den »Verein für die Cultur und Wissenschaft der Juden«. Schon der Namenswechsel der Vereinigung, die ursprünglich unter dem Namen »Verein zur Verbesserung des Zustandes der Juden im deutschen Bundesstaate« firmierte, lässt einen Wechsel von einer politisch-emanzipatorischen Ausrichtung auf dezidiert kulturelle Interessen erkennen. Den jungen Gelehrten ging es in erster Linie darum, auf wissenschaftlicher Basis die jüdische Geschichte und Tradition als eine bedeutsame Stimme im Konzert der europäischen Kulturen zu erweisen. Zunz und seine Gefährten waren (wie viele deutsche Jüd:innen jener Zeit) in Sprache, Lebensweise, Bildung und Wertekanon längst an die Mehrheitsgesellschaft akkulturiert.

Die Mitglieder des Vereins strebten danach, der christlichen Darstellung jüdischer Geschichte, wie sie die öffentliche Wahrnehmung beherrschte, eine eigene, gewissermaßen entkolonialisierte Historiographie als die Perspektive der marginalisierten Minderheit entgegenzusetzen. In zweiter Linie ging es den jüdischen Gelehrten des 19. Jh. darum, die eigene kultische Praxis an die durch die Aufklärung umrissenen Bedürfnisse der Moderne zu adaptieren. Nach dem Vorbild des deutschen Protestantismus entwickelten die Schöpfer des Reformjudentums um Abraham Geiger (1810–1874) einen synagogalen Gottesdienst in Landessprache, in dem auch Frauen eine eigenständige Rolle spielen sollten. Anderen Rabbinern gingen diese Reformen zu weit, so dass sich in Abgrenzung vom liberalen (oder progressiven bzw. Reform-)Judentum weitere konservativere Strömungen bildeten.

Nahezu zeitgleich mit der rechtlichen Emanzipation der Jüd:innen in den deutschen Ländern im Jahre 1871 entwickelte sich auch und gerade in Deutschland mit dem Antisemitismus eine intensiv-rassistische Form der Judenfeindschaft. Sie bestimmte diejenigen jüdischen Intellektuellen, die sich mit dieser Ideologie überhaupt argumentativ befassten, zu Fassungslosigkeit und Resignation. Die Auswegslosigkeit akkulturierter Jüd:innen, die sich allenfalls durch ihren *Glauben*, nicht aber durch Sprache, Lebensweise, politischer und kultureller Loyalität von ihren christlichen Nachbar:innen unterschieden wussten, brachte Moritz Goldstein (1880–1970) in seinem Beitrag »Der Deutsch-Jüdische Parnass« in der antisemitisch ausgerichteten Zeitschrift »Der Kunstwart« auf den Punkt:

»Denn wir deutschen Juden, *wir heute Lebenden*, wir können ebenso wenig hebräische Dichter werden, *wie wir nach Zion* auswandern können. (...) Denn trotz Verfolgung, Verhöhnung, Missachtung ist das Judentum im Laufe einer mehr als tausendjährigen Gemeinschaft mit dem Deutschtum so eng in den Wurzeln verwachsen, dass beide nicht mehr gelöst werden können. Die rassereinen Germanen mögen sich sträuben wie sie wollen, sie mögen (mit echt germanischer Logik) alles Gute für sich in Anspruch nehmen und alles Übel den Juden zur Last legen; sie werden doch die Tatsache nicht aus der Welt schaffen, *dass deutsche Kultur zu einem nicht geringen Teil jüdische Kultur ist.*« (GOLDSTEIN, Jahre, 221)

Goldstein konnte nicht ahnen, mit welcher Vehemenz und welchem verbrecherischen Furor die angeblich rassereinen Germanen alsbald genau dies versuchen würden.

Verbale Ausbürgerungen von deutschen Jüd:innen kann man auch in gegenwärtigen Debatten, Äußerungen und Episoden des Öfteren beobachten. Einige Aufmerksamkeit erregte im Jahre 1992 die Frage eines CDU-Politikers an den damaligen Vorsitzenden des Zentralrats der Juden, Ignatz Bubis (1927–1999), ob er als deutscher Staatsbürger jüdischen Glaubens Israel als seine Heimat betrachte. Bubis frag-

te zurück: »Sie wollen mit anderen Worten wissen, was ich hier zu suchen habe?«
Eine ähnliche Distanzierung impliziert die meist wohlwollend gemeinte Rede von
den »jüdischen Mitbürgern«. Katholik:innen, Protestant:innen oder Angehörige anderer christlicher Konfessionen wären vermutlich sehr erstaunt, wenn man sie als
»Mit-Bürger« apostrophierte.

Es ist unbestritten, dass große Teile der jüdischen Gemeinschaften weltweit große Sympathien und ein eminentes Interesse am Wohlergehen des Staates Israel
haben. Dies impliziert jedoch zumeist kein unkritisches Befürworten der jeweiligen
Tagespolitik dort. Ebenso unstrittig dürfte sein, dass sich Katholik:innen in der
Regel deutlich intensiver für die Vorgänge im Vatikan interessieren als Protes-
tant:innen – um nur ein Beispiel zu nennen.

Der manchmal unbewusste Hang dazu, den Jüd:innen eine ethnische und kulturelle Andersartigkeit zuzuschreiben, kann leicht in einen fremdbestimmten, gewissermaßen re-kolonialisierten Exotismus münden, der dann erst recht Fragen provoziert, was die deutschen Jüd:innen denn »hier« zu suchen hätten. Ob es nun
tatsächlich 1700 Jahre waren, die (wie 2021 festlich erinnert) Jüd:innen und Chris-
ti:innen gemeinsam in dieser Region verlebten, oder ob man zwischendurch einige
Unterbrechungen geltend machen muss – selbst die verbleibende Zeit sollte eigentlich dazu hinreichen, die jüdische Minderheit als einen integralen Bestandteil der
europäischen Kultur anzuerkennen.

Weiterführende Literatur

BOYARIN, DANIEL, Abgrenzungen. Die Aufspaltung des Judäo-Christentums (ANTZ 10), Berlin/
    Dortmund 2009.
CHAZAN, ROBERT, The Jews of Medieval Western Christendom 1000–1500, Cambridge 2006.
COHEN, MARK R., Unter Kreuz und Halbmond. Die Juden im Mittelalter, München 2005.
KATZ, JAKOB, Tradition und Krise. Der Weg der jüdischen Gesellschaft in die Moderne, München
    2002.
SCHMID, KONRAD, The Rise and Fall of the Notion of »Spätjudentum« in Christian Biblical Schol-
    arship. In: BAKKER, ARJEN F./BLOCH, RENÉ/FISCH, YAEL/FREDRIKSEN, PAUL/NAJMAN, HINDY (Hg.):
    Protestant Bible Scholarship: Antisemitism, Philosemitism and Anti-Judaism (Supplement
    to the Journal for the Study of Judaism 200). Leiden/Boston 2022, S. 63–78.
SCHULTE, CHRISTOPH, Die jüdische Aufklärung. Philosophie Religion Geschichte, München 2002.

II.2   Mit Blindheit geschlagen?! Was ist theologischer Antijudaismus?

Verena Lenzen

Bilder können wirkmächtiger sein als Worte, sich im Unterbewusstsein niederschla-
gen und als ideologischer Ausdruck Jahrhunderte perpetuieren. In Stein gemeißelt
wurden judenfeindliche Darstellungen zum ehernen Zeugnis einer falschen Den-
kungsart und Glaubenshaltung, die das Verhältnis des Christentums zu seiner Mutterreligion in Kategorien von Herrschaft und Unterwerfung bestimmte und den

Prozess der emanzipativen Profilierung und Identitätsbildung mittels Polarisierung und Degradierung gestaltete. Der suizidale Antagonismus des Antijudaismus kam dabei selten in den Blick. Judenfeindschaft ist immer auch eine Form von christlichem Selbsthass, der die eigenen religiösen Wurzeln und das Judesein Jesu verleugnet. In seinem Essay *Juden auf Wanderschaft* schrieb Joseph Roth 1927: »Es ist nur sehr wenigen, sehr auserlesenen gläubigen Christen klar, daß hier – zum erstenmal innerhalb der langen und beschämenden Geschichte der Judenverfolgungen – das Unglück der Juden mit dem der Christen identisch ist. Man prügelt den Moritz Finkelstein aus Breslau, und meint in Wirklichkeit jenen Juden aus Nazareth« (ROTH, Juden, 120). Innerhalb des weiten Arsenals bösartiger judenfeindlicher Bilder von der »Judensau« bis zum »Wucherer« zeigt die bildnerische Gestaltung von Kirche und Synagoge noch eine klassische Ästhetik, und trotz der Hierarchisierung der beiden Religionen wohnt ihr eine gewisse Ambivalenz inne.

Ecclesia und Synagoga sind zwei allegorische Frauengestalten, die in der christlichen Ikonographie des Mittelalters personifiziert das Christentum und das Judentum beziehungsweise das Neue und das Alte Testament symbolisieren und als Typus und Antitypus paarweise gegenübergestellt werden. Sie flankieren die Darstellung Jesu im Bogenfeld des Kirchenportals als Himmelstür und erscheinen gemäß dem Gleichnis von den klugen und törichten Jungfrauen (Mt 25,1–13) als »Bräute Christi«. Während die Ecclesia auf das himmlische Hochzeitsmahl vorbereitet ist, wendet sich die Synagoge, die Allegorie des von Gott erwählten Volkes (Dtn 7,6–9), in blindem Unverständnis ab. Ecclesia ist eine schöne, stolze Frauengestalt mit Kreuzfahne, Krone und Kelch als Herrschaftszeichen für das Christentum und den neuen Bund. Mit einem Ausdruck von Überlegenheit triumphiert sie über die Synagoge in gebeugter Haltung. Deren Lanze ist gebrochen, ihre Krone liegt am Boden, die Gesetzestafeln entgleiten ihrer Hand, oft hält sie einen Ziegenkopf als Symbol des Sündenbocks oder wird mit dem Teufel abgebildet. Ihr sind die Augen verbunden, was die Blindheit des Judentums gegenüber Jesus als Messias versinnbildlichen soll. Am Ende der Welt wird Christus den Schleier von den Augen der Synagoge entfernen und sie zum Heil führen (Röm 11,1–36). Trotz Entwürdigung und Demütigung hat die weibliche Verkörperung der Synagoge nicht an Anmut verloren, die in ihrer Zerbrechlichkeit und Wehmut umso tiefer berührt. Beide Frauen sind von gleicher Gestalt und Schönheit, fast zwillingsähnlich, und es fragt sich, warum die Macht der Einen die Ohnmacht der Anderen braucht. Bekannt sind die bildhauerischen Darstellungen von Ecclesia und Synagoga an der Kathedrale Notre-Dame in Paris, am Bamberger Dom, am Freiburger und am Straßburger Münster, an der Kathedrale Metz und der Liebfrauen-Basilika Trier. Auch in illuminierten Handschriften des Mittelalters findet sich das Motiv als polemische Konfrontation der beiden Glaubensweisen. Seit dem frühen 15. Jh. wird das Bildelement in den »Lebenden Kreuzen« drastisch weiterentwickelt und behauptet sich ikonographisch bis zum Ende des 20. Jhs. An den Balkenenden des Kreuzes wachsen agierende Hände hervor, wobei die obere Hand das Tor zum himmlischen Jerusalems öffnet und die Untere die Pforte zur Hölle aufbricht, die rechte Hand die Kirche segnet und krönt, während die Linke die Synagoga bedroht oder tötet. Bestimmte Attribute der Synagoga – Krone, Schleier und Augenbinde, zerbrochener Stab, Ziegenbock und Esel, Lea und Rahel, Eva und Maria – werden durch den Missbrauch von Bibelstellen als vernichtende antijüdische Symbolik eingesetzt (vgl. Jes 6: Rede von der »Verstockung« Israels). Wenn die Abbildung von Ecclesia und Synagoga auch seit der Reformation abnahm, findet sie sich doch noch in ca. dreißig Kirchenbauten des 19. und 20. Jhs. Auch nach 1945 entstanden ein Dutzend diskriminierender Darstellungen der Synagoga in Deutschland und Österreich. Die Ecclesia triumphans ist Ausdruck der Substitutionslehre, einer christlichen Ersatz- und Enterbungstheologie, die das Volk Israel seit der Kreuzigung Jesu als verworfen, Erwählung, Bund und Verheißung als aufgehoben und auf die Kirche als neues Bundesvolk Gottes übertragen behauptet. Seit Anfang des 2. Jhs. zog sich diese Lehre durch die Kirchengeschichte und bildet mit der These vom Gottesmord den Kern des christlichen Antijudaismus und die religiöse Wurzel des neuzeitlichen Antisemitismus.

Es gibt eine Fülle von Literatur über Antijudaismus und Antisemitismus aus historischer, theologischer, soziologischer und wirtschaftsgeschichtlicher Sicht, und allein die Publikationen des Berliner Zentrums für Antisemitismusforschung verdienen besondere Beachtung. Sie umfassen neben wissenschaftlichen Studien auch Unterrichtsmaterialien und behandeln nicht nur die vielfältigen Formen der Stigmatisierung von Juden und Jüdinnen sowie historische Prozesse von Ausgrenzung und Gewalt bis in die Gegenwart, sondern auch weitere Hass-Phänomene wie Antiziganismus, Muslim- und Islamfeindschaft und den Anti-Schwarzen-Rassismus. Das Verhältnis von Antijudaismus und Antisemitismus wird wissenschaftlich kontrovers diskutiert. Gemeinhin bezeichnet der ältere Begriff Antijudaismus die traditionelle Judenfeindschaft aus religiösen Motiven; darüber hinaus wird er auch für Judenfeindlichkeit in der Antike und im Islam verwendet. Die Bundeszentrale für politische Bildung unterscheidet nach Gideon Botsch fünf Schichten: 1. die vorchristliche antike Judenfeindschaft; 2. den spätantiken und mittelalterlichen christlichen Antijudaismus; 3. die neuzeitliche Judenfeindschaft, die im christlichen Antijudaismus wurzelt, aber schon neue Formen des Judenhasses entfaltet; 4. den modernen Antisemitismus, der im Rassenantisemitismus und in der nationalsozialistischen Vernichtungspolitik gipfelt; 5. den Antisemitismus »nach Auschwitz« mit seinen beiden bekanntesten Erscheinungsformen, dem »Sekundären Antisemitismus« in Form der Holocaustleugnung und Erinnerungsabwehr und dem »Neuen Antisemitismus« in der Israelkritik. Zwar wird die formale Kontinuität negativer religiöser Stereotype anerkannt, doch der moderne Antisemitismus in seiner politisch, ökonomisch und biologistisch gefärbten Konnotation habe diese im 19. Jh. beerbt und tendenziell abgelöst. Dieser Einschätzung widersprechen andere: Die religiösen Vorurteile bereiteten den Boden des neuzeitlichen Antisemitismus und wirkten weiter. So betont Hermann Greive in seiner Studie *Theologie und Ideologie* 1969: »Das Christentum bildet den Hintergrund selbst des Rassenantisemitismus« (GREIVE, Theologie, 16). Die meisten negativen Stereotype stammen aus dem religiösen Umfeld, so der Vorwurf des »Gottesmordes«, das Stigma des »Verräters«, die Schmähung der Pharisäer, die Lüge von den »Blutschändern, Brunnenvergiftern und Kindermördern«, und sie begünstigten Sozialfiguren wie »der ewige Jude«, »Wucherer«, »Judenschul«, »Ostjuden« und »Mauscheln«.

Die Phänomene der Judenfeindschaft, gebunden an die jeweiligen Kontexte von Zeit und Ort, folgen immer demselben Sprachmuster, das in polarisierenden Kontrasten von Schwarz/Weiß oder Fremd/Eigen und mit Strategien der Persuasion ein exklusives Weltbild der Überlegenheit in Mythen, Lügen und Legenden konstruiert. Das Judentum wird zum Gegenmodell des Guten, Wahren und Eigentlichen. Diese Projektion schließt als Phantasmagorie jede Reflexion über die Komplexität des Kosmos aus. Judenfeindschaft galt nie dem Individuum, sondern stets dem Kollektiv; schon mit dem pauschalen Plural »die Juden bzw. Jüdinnen« beginnt der geistige Sündenfall.

In seinem Buch *Anti-Judaismus – Eine andere Geschichte des westlichen Denkens* versteht David Nirenberg Judentum als funktionales Deutungsmodell der Welt aus der Sicht von Nichtjuden und Antijudaismen als Orientierungsmuster und Werkzeuge zur Entwicklung der westlichen Zivilisation in negativer Abgrenzung zum Jüdischen. Die »jüdischen« Ängste waren keine realen Spiegelbilder oder propagandistischen Fantasien, sondern, so Nirenberg: »Sie waren vielmehr die Folge einer Geschichte, die die Bedrohung durch das Judentum in einige Grundmuster des westlichen Denkens eingeschrieben hatte, dieser Bedrohung in jedem Zeitalter eine neue Form gab und viel zu vielen Bürgern des 20. Jahrhunderts bei der Deutung ihrer Welt half. Wir werden diese Schrecken oder ihre Folgen nicht verstehen, wenn wir sie von dem trennen, was vorher geschah« (NIRENBERG, Anti-Judaismus, 459).

Wie ein roter Faden durchzieht Antijudaismus die Kirchengeschichte von den Anfängen bis ins 20. Jh. und ist mit dem Trennungsprozess des Christentums vom Judentum und der Christianisierung Europas verbunden; er untermauerte den universalen Herrschaftsanspruch des Papsttums und den exklusiven Wahrheitsanspruch des Christentums. Juden und Jüdinnen wurden seit dem 4. Jh. im christlichen Europa rechtlich, sozial und wirtschaftlich benachteiligt und vom Hochmittelalter bis in die Neuzeit verfolgt und ermordet. Diese Verbrechen wurden theologisch verbrämt als Strafe und Fluch Gottes für die angebliche »Verstockung« Israels und »Blindheit« angesichts der Messianität Jesu Christi.

Ob der kirchliche Antijudaismus im Neuen Testament angelegt sei, wird unterschiedlich bewertet. Einzelne Stellen wurden häufig aus ihrem Kontext gelöst (so Mt 27,25: der »Blutfluch« der Jerusalemer Jüd:innen). Die neutestamentlichen Autoren setzen jedoch die bleibende Erwählung Israels als Volk Gottes voraus (Gen 12,3) und behaften allenfalls die zeitgenössischen Obrigkeiten der jüdischen Bevölkerung und die Römer mit der Schuld an der Kreuzigung Jesu. Paulus von Tarsus deutete Jesu stellvertretenden Sühnetod als Erfüllung des ungekündigten Bundes von Gott mit seinem erwählten Volk Israel. Im Römerbrief (Röm 9–11) warnte er Christgläubige, diese Wurzel zu leugnen und so ihr Heil zu verlieren. Im neutestamentlichen Schrifttum gibt es eine innerjüdische Polemik der Urchrist:innen gegen damalige jüdische Gruppen, aber keine kollektive Ablehnung des Judentums. Frühe Dokumente des kirchlichen Antijudaismus wie der Barnabasbrief (um 100), der Diognetbrief (nach 120) und der Dialog mit dem Juden Tryphon (155–160) legten den Grundstein für eine allegorisch argumentierende Substitutionslehre, wonach die Kirche nun das »wahre Israel« und die Tora durch den »neuen Bund« überholt sei. Die Verwerfung der Judenheit wurde zur Gottesmord-These gesteigert, so in der Osterpredigt des Melito von Sardes oder in den Predigten von Johannes Chrysostomos als Ausdruck eines unverhohlenen Judenhasses. Frühchristliche Schriften mit dem Titel *Adversus Judaeos* (Gegen die Juden) dienten der christlichen Identitätsbildung mittels einer antijudaistischen Auslegung des Alten Testaments mit fataler Wirkungsgeschichte. Tempelzerstörung, Landverlust, Zerstreuung und Exil wurden als göttliche Strafe für die Kreuzigung Jesu gedeutet, und allein der christliche Glaube erschien als Rettung.

In der langen Gewaltgeschichte verweben sich religiöse Motive, theologische Argumente und ideologische Vorurteile mit gesellschaftlichen, politischen wie wirtschaftlichen Interessen und psychologischen Mechanismen. Als Theodosius der Große 380 das Christentum zur Staatsreligion des Römischen Reiches erhob, begann die Absonderung der Judenheit. Auch der einflussreiche Kirchenvater Augustinus von Hippo (354–430) ist in seiner Apologetik ambivalent, vor allem in der Frage der Bekehrung und des Heils der Jüd:innen, und bleibt grundsätzlich der antijüdischen Polemik seiner Zeit verhaftet. Doch anerkennt er die Jüd:innen als Archivare des Alten Testaments und Zeugen für die prophetische Überlieferung und Wahrheit des Christentums und verwirft jede Gewaltanwendung um ihres Heils willen. Durch das Alte Testament besitzen Jüd:innen eine besondere Stellung und Berufung durch Gott, auch wenn ihre Augen verdunkelt seien und ihr Rücken gebeugt gegenüber der triumphalen Ecclesia. Ein bedeutender Judaist wie Kurt Hruby zögert nicht, die Haltung der Kirchenväter zum Judentum als antijüdische Polemik und christlichen Antijudaismus zu bezeichnen (Hruby, Juden, 6). Die Adversus-Judaeos-Kritik der Väter ist an eine bestimmte historische Situation gebunden, was sie theologisch relativiert (→ IV.1). Auch die antichristliche Polemik in der älteren rabbinischen Literatur nimmt mit der Abwehr des expandierenden Christentums zu, ist aber auf Grund der schwierigen Quellenlage schwer auszuloten, so dass allen frühjüdischen Aussagen über Jesus und das Christentum mit Vorsicht zu begegnen ist.

Die Kreuzzüge bilden einen Tiefpunkt in der Geschichte von Christentum und Judentum. Auf der Synode von Clermont rief Papst Urban II. 1095 zur Befreiung der Heiligen Stätten und zum ersten Kreuzzug auf, und mit dem Schlachtruf »Deus lo vult« (Gott will es!) brach ein vandalierendes Bauern- und Ritterheer zu einem mörderischen Feldzug gegen die Jüd:innen als »Feinde Gottes« auf, wobei sich religiöse Motive wie Ablass, wirtschaftliche Gier und Hass gegen Andersgläubige verbanden. 1096 folgten die blutigen Pogrome in Ostfrankreich, in Metz und Rouen, in Speyer, Worms, Mainz, Trier, Köln, Neuss, Xanten, Moers und schließlich in Prag. Angesichts der Alternative Zwangstaufe oder Tod durch Mörderhand wählten zahlreiche jüdische Gemeinden und Familien den Weg des kollektiven Suizids und gingen so in das jüdische Gedächtnis als Märtyrer und Märtyrinnen ein, die zur »Heiligung des göttlichen Namens« (Kiddusch HaSchem) starben. Seit dem 12. Jh. bezichtigte man die jüdische Bevölkerung erfundener Verbrechen wie Ritualmord, Brunnenvergiftung oder Hostienfrevel; Folter und Verbrennung waren die Folge; und noch 1840 wurde eine Ritualmordbeschuldigung vom Vatikan in der Damaskusaffäre gestützt. Seit dem 15. Jh. mussten jüdische Männer den Spitzhut tragen und einen gelben Kreis oder Ring auf dem Mantel, Vorboten des gelben »Judensterns«. 1242 wurden 10.000 Talmudexemplare in Paris verbrannt, gefolgt von weiteren Zensuren und Talmudverboten, der Verbrennung biblischer und rabbinischer Bücher sowie der Schriften des Maimonides. 1348 brach die Pest in Mitteleuropa aus, und die Judenheit wurde als Sündenbock für den »Schwarzen Tod« geschlachtet. Das Alhambra-Edikt von 1492 stellte jüdische und muslimische Menschen erneut vor die Wahl Tod oder Taufe. Die Getauften wurden als »marranos« (»Schweine«) verachtet, und Konvertiten noch von der spanischen Inquisition 1481 verfolgt. In seinen Judenschriften (1523–1543) wandelte sich Martin Luthers Haltung zum Judentum. In *Dass Jesus Christus ein geborener Jude sei* (1523) verwarf er die Lügenlegenden von Ritualmord und Hostienfrevel und verlangte, Juden und Jüdinnen wie Menschen zu behandeln und ihnen Handwerk und Landwirtschaft zu erlauben. Ab 1532 unterstellte er allen Jüd:innen Mord- und Raubabsichten gegen die Christgläubigen, und er forderte die evangelischen Fürsten auf, ihre Synagogen, Schulen und Häuser zu verbrennen (→ IV.3). In *Schem Hamphoras* (1543) verspottete er den Talmud und die jüdische Bibelexegese mit Rückgriff auf die Wittenberger »Judensau«. Im Nationalsozialismus knüpften Julius Streicher, Alfred Rosenberg und *Der Stürmer* an Luthers judenfeindliche Aussagen an, und »Deutsche Christen« rechtfertigten so die Novemberpogrome 1938. Auch nach der Ermordung von Millionen jüdischer Männer, Frauen und Kinder in der Schoa war der religiöse Antijudaismus und der alt-neue Antisemitismus mit seinen vielen Gesichtern und mutierenden Masken nicht aus der Welt verschwunden.

Im Jahr 1947 fand in der Schweizer Gemeinde Seelisberg eine Dringlichkeitskonferenz gegen Antisemitismus statt, die als »International Conference of Christians and Jews« mit *Zehn Thesen* den Grundstein für die Konzilserklärung *Nostra aetate* (1965) legte. Jüdische und christliche Engagé(e)s setzten sich mit dem konstanten Anwachsen des Antisemitismus im Nachkriegs-Europa und mit Strategien der Bekämpfung auseinander. Die Seelisberger Thesen gehen auf Jules Isaacs Buch *Jésus et Israël* (1948) zurück, das der französische Historiker 1943 während der Verfolgung begann und 1948 abschloss – nach dem Gewalttod seiner Frau, seiner Tochter und seines Schwiegersohns im Holocaust. Isaac studierte die Evangelien in Blick auf antijüdische Aussagen und untersuchte in *Genèse de l'Antisémitisme* (1956) die Judenfeindschaft von der heidnischen Antike bis zu den Anfängen der christlichen Welt. Die Quelle des christlichen Antijudaismus entdeckt er nicht im Neuen Testament, sondern in der traditionellen Lehre der Kirche, bei den Kirchenvätern und in der Theologie, vor allem der Dogmatik des 19. und frühen 20. Jhs. Ihm war bewusst, dass der Antisemitismus verschiedene und vielfältige Ursprünge hat, doch betrachtete er die christlichen Wurzeln als die tiefsten und forderte eine radikale geistige und religiöse Erneuerung der christlichen Erziehung und Bildung über das Judentum. Die Seelisberger Thesen zielen auf eine vorurteilslose Vermittlung des Judentums in der christlichen Theologie und Exegese, Predigt und Katechese. Sie umfassen Grundaussagen zur gemeinsamen Gottesvorstellung im Alten und Neuen Testament, zum Jüdischsein von Jesus und Maria, den Aposteln und Märtyrern, zur Gottes- und Nächstenliebe in beiden Testamenten und Religionen und verwerfen die »Lehre der Verachtung«, die durch eine judenfeindliche Darstellung der Passionsgeschichte, den Mythos von Verstoßung und Zerstreuung des Volkes Israel, von der Behauptung einer pauschalen jüdischen Ablehnung von Jesus und durch das Odium des Gottesmords verbreitet wurde. Das einzig wirksame »Heilmittel« sei eine tiefgreifende Erneuerung der christlichen Unterweisung über Israel.

Vor dem Hintergrund einer blinden Gewalt- und Schuldgeschichte wirkte die Konzilserklärung *Nostra aetate. Über das Verhältnis der Kirche zu den nichtchristlichen Religionen* (1965) samt ihrer Rezeption in den Kirchen und der Gesellschaft wie die Verheißung eines neuen Zeitalters für die Beziehungen zwischen Christentum und Judentum. In Artikel 4 »beklagt die Kirche [...] alle Hassausbrüche, Verfolgungen und Manifestationen des Antisemitismus, die sich zu irgendeiner Zeit und von irgendjemandem gegen die Juden gerichtet haben« (NA 4). Denn Menschenliebe und Gotteserkenntnis gehen Hand in Hand: »Wer nicht liebt, der kennt Gott nicht« (1 Joh 4,8; LUT 2017). Doch fast zweitausend Jahre sollten bis zu diesem kirchlichen Bekenntnis vergehen.

Weiterführende Literatur

DIETRICH, WALTER u. a., Antijudaismus – christliche Erblast. Stuttgart 1999.
ISAAC, JULES, L'enseignement du mépris. Paris 1962, 3–195. Suivi de: L'antisémitisme a-t-il des racines chrétiennes. Paris 1960, 5–44.
MÜLLER, KLAUS, Christlicher Antijudaismus als religiöse Form des Antisemitismus, in: Antisemitismus. Altes Gift in neuen Schläuchen. Zeitschrift für christlich-jüdische Begegnung im Kontext 3, 2018, 216–226.
NIRENBERG, DAVID, Anti-Judaismus. Eine andere Geschichte des westlichen Denkens. Aus dem Englischen von Martin Richter. München 2. Aufl. 2017.
ROHRBACHER, STEFAN/SCHMIDT, MICHAEL, Judenbilder. Kulturgeschichte antijüdischer Mythen und antisemitischer Vorurteile. Hamburg 1991.

II.3   Kirche und Judentum – Einheit und Vielfalt dialogischer Ansätze

Christian Frevel

Es gibt nicht *den* jüdisch-christlichen Dialog und auch nicht *das* Verhältnis von Judentum und Christentum oder gar von *dem* Judentum und *der* Kirche. Der Kollektivsingular ist nur der unbeholfene Versuch, das Vielgestaltige unter einen Nenner zu bringen. Aber so wie es viele Kirchen und kirchliche Gemeinschaften gibt, so gibt es viele Judentümer in lokaler, regionaler und überregionaler Gestalt. Und je nach Perspektive, Hintergrund, Geschichte und Absicht gestaltet sich der Dialog anders. Die Erwartung an eine einheitliche Position des Gegenübers ist falsch und unerfüllbar. Selbst innerhalb der im Dialog Engagierten gibt es ein breites Spektrum von Positionen. Aus den vielfältigen Dialogen bildet sich ein Diskurs von Selbstverständnissen, Selbstdefinitionen, aber auch Fremdwahrnehmungen. In dieser Vielfalt bildet der jüdisch-christliche Dialog eine Einheit, die um eine angemessene und achtsame Verhältnisbestimmung kreist. *Dialog* ist dabei ein großes Wort. Denn oft wird nicht zu Unrecht beklagt, wie asymmetrisch doch die Wirklichkeit in der Beschäftigung mit dem je Anderen ist. Oft ist es eher das christliche Reden *über* das Judentum anstelle eines Dialogs *mit* dem Judentum. In Motivation und Erwartungen an den christlich-jüdischen Dialog sind ebenfalls deutliche Asymmetrien zu erkennen. Noch ein Problem kommt hinzu: Gerade weil für einen Dialog die Ergebnisoffenheit konstitutiv ist, es aber in den christlich-jüdischen Begegnungen eben nicht um eine Aufgabe der eigenen Position um des Anderen willen geht, hat das Konzept des Dialogs seine Tücken (→ VIII.5). Deshalb wurde immer wieder vorgeschlagen, stattdessen von Gespräch, Zusammenarbeit oder Weggemeinschaft zu sprechen. Gespräch legt dabei den Akzent auf den Austausch, Zusammenarbeit auf das Gemeinsame und Weggemeinschaft auf die Akzeptanz im Nebeneinander. Aber in welchem Begriff auch immer das Grundanliegen gefasst wird, im Fokus steht das Bestreben, dem Gegenüber auf Augenhöhe mit Wertschätzung und Respekt zu begegnen. Solcher »Dialog ist die Nicht-Gleichgültigkeit des *Du* für das *Ich*« (LEVINAS, Dialog, 78) und darin wird er zum Selbst-Verständnis. Die Anerkennung der Person und ihrer Überzeugungen setzt Sachkenntnis und Begegnung mit dem Anderen voraus. Die aktive Wahrnehmung des Judentums ist eine der zentralen Voraussetzungen für den Paradigmenwechsel in der christlichen Theologie.

1.   Umkehr der Theologie – ein Paradigmenwechsel

Es kann kaum ein Zweifel daran bestehen, dass die Schoa eine radikale Wende darstellt. Sie hat zuvor Unvorstellbares Wirklichkeit werden lassen und so das Weltbild radikal und unumkehrbar verändert. Auch Theologie kann nach Auschwitz nicht mehr dieselbe sein. Die Veränderung nach dem Ende der nationalsozialistischen Herrschaft vollzieht sich aber nicht auf einen Schlag, sondern allmählich. Je mehr die Verfolgung, Vertreibung und Vernichtung vor allem von Jüdinnen und Juden nicht nur als Folge einer zugespitzten antisemitischen Rassenideologie wahrgenommen wurde, sondern daneben auch der Zusammenhang mit einem jahrtausendealten theologischen Antijudaismus eingestanden wurde, desto mehr wuchs der Druck auf die Theologie, jenes weichenstellende und auslösende Defizit auch theologisch zu bearbeiten. Die Hinwendung zum Judentum und dessen Wahrnehmung etwa in den Seelisberger Thesen 1947 setzten eine Wende in Gang, aus der eine Neubestimmung des Verhältnisses von »Kirche und Israel« (zur Problematik beider Begriffe s. u.) erwuchs, die bis heute nicht abgeschlossen ist. Der Dialog mit dem Judentum wurde dabei auf christlicher Seite als *theologisch notwendig* begründet. Zu Recht sprechen daher Edith Petschnigg und Irmtraud Fischer von einem »Paradigmenwechsel« in der christlichen Theologie, der die Theologie nachhaltig verändert hat (PETSCHNIGG/FISCHER, Dialog). Ob er sie auch unumkehrbar verändert hat, wird weiter kontrovers diskutiert, denn die Resilienz der Theologie steht angesichts des erstarkenden Antisemitismus in der Gegenwart nicht außer Frage. Versteht man aber unter Paradigmenwechsel den grundlegenden Wandel von Vorannahmen, Methoden und Glaubenssätzen, der einen erkenntnistheoretischen Theoriewechsel bedingt, dann lassen sich theologische Wahrheiten nicht mehr in dem alten und überholten Paradigma zufriedenstellend erklären. Dazu sind Ansätze zu erkennen, die sich in fünf Perspektivwechseln veranschaulichen lassen:

1.1   Der Wandel der Genese führt zu einem Wandel der Geltung und umgekehrt

Nach dem Verhältnis von Judentum und Christentum gefragt, griffen ältere Ansätze oft zu dem Modell der Sukzession. Darin hat das Christentum das Judentum als Heilsweg abgelöst. Jenem kam nur vorbereitende und vorläufige Geltung zu. Mit dem Auftreten Jesu Christi trat das Christentum an die Stelle des Judentums. Die Tora verlor ihre Geltung, »denn Christus ist das Ende des Gesetzes« (so etwa die falsche Übersetzung von Röm 10,4 in der alten EÜ 1980). Sinnfälliges Zeichen dieser Sicht war die Rede vom »Spätjudentum,« mit dem das Judentum zur Zeit des Zweiten Tempels bezeichnet wurde. Mit der Zerstörung des Tempels durch die Römer 70 n. d. Z. endet auch das Judentum, das rabbinische und gegenwärtige Judentum wird vollkommen ausgeblendet und heilsgeschichtlich negiert. Eine solche Sicht ist nicht nur theologisch hochproblematisch, sondern auch historisch grundfalsch. Weder endet das Judentum mit der Zerstörung des Tempels noch beginnt das Christentum mit dem Auftreten Jesu. Jesus war Jude und ist es immer geblieben, ebenso Maria, Johannes, die Jünger:innen und auch der Apostel Paulus. In den ersten zwei Jahrhunderten gelingt es nicht »Judentum« und »Christentum« als fest umrissene Größen voneinander zu trennen. Ausdruck fand die Wende seit den frühen 1990er Jahren in der Metapher einer Trennung der Wege (›Parting of the Ways‹), und die Variationsbreite der Datierungen der Trennungsprozesse reicht dabei vom zweiten bis über das vierte Jahrhundert hinaus (→ III.1 und → III.4). Inzwischen gibt es viel Kritik an der Leitmetapher »Parting of the Ways«, weil sie die lokal sehr differenzierten und vielschichtigen Prozesse der Ausbildung von Judentum und Christentum und ihre engen und niemals aufgehobenen Verflechtungen nicht angemessen fassen kann (s. Schroeter u. a., Jews und Standhartinger u. a. Parting). Wie auch immer man sich in dieser Debatte positioniert, die Gewichte verschieben sich hin zu einem unhinterfragten Eigenstand: Weder gibt es das Judentum, weil es eine Vorbereitung in der Heilsgeschichte brauchte, noch gibt es das Judentum, weil es das Christentum gibt. Das Judentum ist aus sich heraus und nicht ein wie auch immer Abgeleitetes. *Das* Judentum, aus dem sich *das* Christentum hätte trennen können, gab es nicht und so wird auch das Bild von der Mutterreligion abgelöst durch das Modell einer Geschwisterbeziehung und einer nicht immer einfachen Weggemeinschaft. Veränderte Modelle der Genese führen zu veränderten Zuschreibungen der Geltung und eine veränderte Sicht auf die Geltung führt zu veränderten Modellen der Entstehung.

1.2   Der Gott Abrahams ist der Vater Jesu Christi

Ein zweiter Perspektivwechsel hat in der Gottesfrage stattgefunden. Ältere Modelle haben einen Keil zwischen den Gott des Alten und den Gott des Neuen Testamentes getrieben. Dem Gott der Rache sei der Gott der Liebe gegenübergestellt. Mit dieser Auffassung stehen sie oft im Anschluss an Markion aus Sinope (ca. 85–160 n. d. Z.), der den gerechten Schöpfer dieser Welt als Demiurgen bezeichnete und dem Gott des Gesetzes den guten Gott Jesu Christi gegenüberstellt. Mit der gnostisch beeinflussten Lehre von den zwei Göttern wird der Gott des Judentums zum »fremden Gott« und von dem Gott der Christen abgekoppelt. Die Folge ist die Beurteilung des Judentums als »falsch« und des Alten Testaments als bedeutungslos. Auch wenn die Grundidee Markions bis in die Gegenwart immer wieder aufgegriffen wurde (zuletzt in der Position Notger Slenczkas, die eine kontroverse Debatte auslöste, s. DOHMEN, Markionismus, 182–202), ist das Auseinanderdividieren der Götter ebenso falsch wie die Vorstellung eines Christentums ohne Altes Testament. Schon die erste Seelisberger These von 1947 lautete unmissverständlich: »Es ist hervorzuheben, dass ein und derselbe Gott durch das Alte und das Neue Testament zu uns allen spricht.« Und auch *Dabru Emet* von 2002 beginnt mit der Feststellung »Juden und Christen beten den gleichen Gott an.« Diese Voraussetzung, an der aus theologischer Sicht wenig Zweifel möglich sind (→ VII.2), verändert grundlegend die Voraussetzung der Anerkennung des je Anderen. Der Gott Abrahams *ist* der Vater Jesu Christi, in beiden Testamenten offenbart sich derselbe Gott. Wie sonst wäre Offenbarung als Selbstoffenbarung überhaupt zu denken? Damit ist dem zutiefst antijüdischen Klischee vom Gott der Rache im Alten Testament gegenüber dem Gott der Liebe im Neuen Testament der Boden entzogen. Gott ist barmherzig und gnädig in beiden Testamenten und Gott ist Liebe in beiden Testamenten. Jüd:innen und Christ:innen beten einen gemeinsamen Gott »Schulter an Schulter« (Zef 3,9) an. Es ist Aufgabe der Theologie, immer neu daran zu erinnern, wenn das Klischee wieder auftaucht.

1.3 Statt Untreue durchgehaltene Treue

Der dritte Perspektivwechsel betrifft eine Haltung. Zu den durchgehaltenen Antijudaismen gehörte die Übernahme der prophetischen Kritik, das Volk Israel sei seinem Gott untreu geworden, weshalb Gott die Treue zu seinem Volk aufgegeben habe. Die Sendung Jesu Christi ist in diesem Denken nicht Ausdruck der Treue Gottes zu seinem Volk, sondern ein Neuanfang, der auf die Untreue seines Volkes reagiert. Auch das ist eine Spielart der Ersetzungstheologie. Das Christusereignis wird als Bruch in der Heilsgeschichte gewertet und für die »untreuen Juden« gibt es keinen Weg an Jesus Christus vorbei. Dem Zeugnis der Schrift steht das zutiefst entgegen.

Der Umgang mit der Treue der Jüd:innen ist wie ein Lackmus-Test für das Verhältnis von Jüd:innen und Christ:innen. Sinnenfälliger Ausdruck dafür ist die alte Karfreitagsfürbitte aus dem Missale Romanum von 1570, wo von »pro perfidis Judaeis« die Rede war, was als »für die treulosen Juden« übersetzt wurde. Treulosigkeit wurde zumindest in der Übersetzung zu einer Wesenseigenschaft des Jude-Seins. Zunächst fiel 1960 das »perfidis« weg, dann wurde 1970 ganz umformuliert und um die Bewahrung der Treue gebetet: »Er bewahre sie in der Treue zu seinem Bund und in der Liebe zu seinem Namen.« Verständlich ist daher die Irritation, die die Änderung der Karfreitagsfürbitte im außerordentlichen Ritus durch Benedikt XVI. 2008 auslöste, als die durchgehaltene Treue wieder einer Bitte um Erleuchtung

der Herzen weichen musste (zur Diskussion: Homolka/Zenger, Jesus, → VI.4). Alle
Dokumente, die auf eine Verständigung im christlich-jüdischen Verhältnis zielen,
betonen hingegen die Treue der Jüdinnen und Juden als besonderes Merkmal, wenn
nicht als in der Geschichte vorbildlich. Entsprechend heißt es auch in *Dabru Emet*:
»So wie Juden die Treue der Christen gegenüber ihrer Offenbarung anerkennen, so
erwarten auch wir von Christen, dass sie unsere Treue unserer Offenbarung gegenüber respektieren.« Mit der Anerkenntnis dieser Treue zur Offenbarung ist der
Verzicht auf jegliche Versuche der Bekehrung verbunden. Jüdinnen und Juden müssen nicht zu Gott bekehrt werden, sie sind ihm in Treue verbunden.

Umgekehrt muss gelten, dass auch Gott seine Treue zu seinem Volk durchhält.
Die besondere Treue Gottes wird im Alten wie im Neuen Testament betont. »Er ist
ein unbeirrbar treuer Gott,/er ist gerecht und gerade.« (Dtn 32,4; EÜ 2016) oder
»Der Herr, dein Gott ist der treue Gott; noch nach tausend Generationen bewahrt
er den Bund.« (Dtn 7,9; EÜ 2016). Mit Röm 3,1 (und Röm, 11,29 oder 2 Tim 2,13) ist
zudem immer wieder daran zu erinnern, dass Gottes Treue niemals bricht und
aufgehoben wird. »Es ist darum gerade das Gott-Sein Gottes, das sicherstellt, dass
Gott unbedingt an seinen Zusagen festhält, die er Israel gegeben hat. Menschliche
Untreue kann Gott niemals zur Aufkündigung seiner Treue veranlassen, weil sie sie
niemals erreichen kann. Als *Gottes* Treue ist sie von grundsätzlich anderer Art als
menschliche Treue, denn anders als die Menschen *kann* Gott gar nicht untreu werden.« (Wolter, Brief, 216)

Eine Fülle von Dialogdokumenten betont daher die durchgehaltene und unverbrüchliche Treue Gottes zu seinem Volk Israel. So formuliert etwa Papst Franziskus
– um nur ein Beispiel zu nennen – bei seinem Besuch in der Synagoge in Rom 2016:
»Um sich selbst zu verstehen, können die Christen nicht von den jüdischen Wurzeln
absehen, und auch wenn die Kirche das Heil durch den Glauben an Christus verkündet, so erkennt sie doch die Unwiderruflichkeit des Alten Bundes und die beständi-
ge und treue Liebe Gottes zu Israel an.« Ein weiteres Beispiel wäre die Studie »Christen und Juden III. Schritte der Erneuerung im Verhältnis zum Judentumvom
14. März 2000«, die auflistet, welche Landeskirchen die bleibende Erwählung Israels
mit Verweis auf die Treue Gottes begründen.

Die Anerkenntnis der Treue der Jüdinnen und Juden zu ihrem Gott einerseits
und die Anerkenntnis der Treue Gottes zu seinem Volk bilden den Ausgangspunkt
für den Verzicht auf jegliche Judenmission (→ VII.5). So heißt es in der Erklärung
»›... der Treue hält ewiglich.‹ (Psalm 146,6) – Eine Erklärung zu Christen und Juden
als Zeugen der Treue Gottes« der EKD vom 9. November 2016 »Wir bekräftigen: Die
Erwählung der Kirche ist nicht an die Stelle der Erwählung des Volkes Israel getreten. Gott steht in Treue zu seinem Volk.«

1.4 Judentum, jüdische Tradition und jüdisches Denken sind nicht unvollständig oder defizitär

Ein Muster der theologischen Abwertung des Judentums bestand in der Charakterisierung seiner »Vorläufigkeit« und der Perspektive eines »noch nicht«. Jüd:innen

hätten noch nicht zum Glauben an Jesus Christus gefunden, sondern seien »stehengeblieben«. Entsprechend konnte das Judentum nur als Anachronismus gewertet werden oder genauer als ein vergangenes Phänomen, das in der Gegenwart wie ein Atavismus fortlebt. Im Hintergrund steht eine Geschichtssicht, die die Vorstellung einer linearen Höherentwicklung auf die Religionsgeschichte bezieht. Ein entsprechendes Paradigma der Überbietung ist die Folge, in dem etwa die Tora ethisch nicht auf der Höhe der Bergpredigt ist. Jüdischem Denken haftet in dieser Sicht daher immer ein Makel oder das Odium des Vorläufigen, Unvollständigen und Defizitären an. Eine solche Sicht ist nicht auf messianische Juden und deren Wertschätzung innerhalb evangelikaler Gruppen beschränkt. Die Bewertung ist vielmehr eine Folge eines Modells, das das Alte Testament nur als Verheißung und das Neue Testament als Erfüllung begreift. Auch hier sieht man, wie eng Bewertungen des Judentums an Auffassungen hängen, die den Umgang mit dem Alten Testament betreffen. Die Rede von einem Ur-Schisma (Erich Przywara), dessen Überwindung etwa in der Anerkenntnis von Jesus als dem Messias aufscheinen soll (MALLMANN/TÜCK, Gespräch, 23), ist gefährlich nah an der Defizitzuschreibung gegenüber dem Judentum und damit auch einer Substitutionstheologie.

Das antike Judentum ist nicht unvollständig oder defizitär und das moderne Judentum nicht epigonal. Ihm fehlt nichts, was ihm das Christentum voraushätte. Das Judentum muss sich nicht ändern, um sich auch weiterhin der Gnade und Barmherzigkeit des erwählenden Gottes gewiss zu sein. Wird das akzeptiert, tritt der Reichtum jüdischer Tradition und jüdischen Denkens als gleichwertiger Anstoß in die gegenseitige Annäherung. Eine entsprechende Lernbereitschaft christlicher Theologie ist erst nach dem Paradigmenwechsel zu erkennen. Namen wie Hans-Herrmann Henrix, Klaus Wengst, Josef Wohlmuth oder Erich Zenger stehen dafür. Zenger beispielsweise hat dafür plädiert, aktiv jüdische Auslegungen in das eigene Bibelstudium zu integrieren und als überfällige Selbstkorrektur zu nutzen. Schließlich ist der Ausgangspunkt beider Auslegungen derselbe hebräische Text. Die durch jüdische Kommentare bereicherte christliche Lektüre wird dadurch so gewandelt, dass sie »uns als Kirche und Christen, auch im Erschrecken über die Schoa, wohl kaum noch die alten Klischees erlaubt, daß wir als Christen ›die besseren Juden‹ oder ›das eigentliche Israel‹ seien.« (ZENGER, Christen, 46–53, 53).

1.5   Der aufgegebene Exklusivismus ermöglicht eine Weggemeinschaft

Der fünfte Perspektivwechsel kehrt noch einmal zu einer ekklesiologischen Grundlage zurück. Das alte Paradigma war durch einen christlichen Heilsuniversalismus und Exklusivismus geprägt. Jenes unter dem Schlagwort *Extra ecclesiam nulla salus* bekannte Kirchenbild des Cyprian von Karthago († 258) lässt kein Nebeneinander von Jüd:innen und Christ:innen zu. Oft genug und zu Recht ist demgegenüber die Erklärung des II. Vatikanums über das Verhältnis der Kirche zu den nichtchristlichen Religionen *Nostra aetate* als bahnbrechend, Wendepunkt, Revolution und Paradigmenwechsel beschrieben worden, die eine enorme Dynamik entfaltet hat, die weit über die Katholische Kirche hinaus gereicht hat. Schon die Geschichte des

Dokumentes, geplant war ein *Tractatus de Iudaeis*, zeigt die Besonderheit, die innerhalb des konzentrischen Modells dem Verhältnis zum Judentum zukommt. Das betont auch die Kommission für die religiösen Beziehungen zum Judentum anlässlich des fünzigjährigen Jubiläums in dem Dokument »»Denn unwiderruflich sind Gnade und Berufung, die Gott gewährt‹ (Röm 11,29) Reflexionen zu theologischen Fragestellungen in den katholisch-jüdischen Beziehungen aus Anlass des 50jährigen Jubiläums von ›Nostra aetate‹ (Nr. 4)«: »Der Dialog zwischen Juden und Christen kann nur im analogen Sinn als ›inter-religiöser Dialog‹ bezeichnet werden, also als ein Dialog zwischen zwei in sich geschiedenen und verschiedenen Religionen.« Die Besonderheit der bleibenden Bezogenheit aufeinander wird mit der Metapher der Geschwisterlichkeit am besten ausgedrückt und von Papst Johannes Paul II. bei seinem Besuch in der Großen Synagoge in Rom in die treffende Formulierung gegossen worden, dass die jüdische Religion »für uns nicht etwas ›Äußerliches‹ (ist), sondern in gewisser Weise zum ›Inneren‹ unserer Religion (gehört). Zu ihr haben wir somit Beziehungen wie zu keiner anderen Religion.« Der Satz enthält noch viel unabgeholtenes Potential und geht über Erbe und Wurzel weit hinaus. Dieses »Innere« ist unter dem Bekenntnis zur durchgehaltenen Erwählung Israels theologisch auszubuchstabieren, was in Bezug auf die Christologie, Soteriologie und Ekklesiologie erst in Ansätzen erfolgt ist. Das Verhältnis von Judentum und Christentum ist besonders, unverwechselbar und einzigartig. Es ist gleichermaßen von Differenz wie von Nähe bestimmt, eingeklammert von der Liebe und Erwählung Gottes. In der Anerkennung der Andersheit des Anderen ist das Nebeneinander auf denselben Gott und denselben Heilswillen ausgerichtet. Weder der alte Exklusivismus noch ein vom christlichen Heilsuniversalismus getragener Inklusivismus werden diesem besonderen Verhältnis gerecht. Für die angemessene Beschreibung bedarf es eines eigenen Modells, das sich vielleicht an dem von Niels Bohr 1927 in der Physik entdeckten Komplementaritätsprinzip orientieren kann. Das beschreibt die unauflösliche Zusammengehörigkeit von zwei methodisch verschiedenen Beobachtungen eines Phänomens (Wellen- und Teilchencharakter der Materie), die in einem Experiment nicht gleichzeitig sein können. Das Besondere daran ist, dass die beiden Sachverhalte nur dann komplementär sind, *wenn* sie ko-existent sind. Man kann nicht Christ:in und Jüd:in gleichzeitig sein, aber Christ:innen können nicht ohne Jüd:innen sein. Judentum und Christentum sind in ihrer Verschiedenheit einander ausschließend und doch in Einheit aufeinander bezogen. Erst dann ist Dialog die Nicht-Gleichgültigkeit des *Du* für das *Ich*.

Mit den fünf Perspektivwechseln sind einige, exemplarische Meilensteine benannt, die die Rede von einem Paradigmenwechsel in der christlichen Theologie plausibilisieren; erschöpfend sind die benannten Perspektivwechsel allerdings keineswegs. Die theologische Durchdringung des durch die Schoa bedingten Paradigmenwechsels ist in hohem Maße theologieproduktiv. Nicht Harmonisierungs- oder Konfrontations-, sondern Beziehungsdenken ist verlangt. Dass alle Theologie relational ist, wird auch darin noch einmal besonders deutlich. Die Einbeziehung der Bezogenheit in das Denken zeigt sich besonders in Begriffen.

2.   Es gibt keine unschuldigen Begriffe

Diese Selbstverständlichkeit zeigt sich besonders in theologischen Metaphern und Begriffen, die das Verhältnis von Judentum und Christentum berühren. Oft bergen die Begriffe substitutionstheologisches Potential und es erfordert große Achtsamkeit im Umgang damit. Vom abwertenden Begriff *Spätjudentum* war schon die Rede. Ein anderes Beispiel ist das bis heute im Feuilleton beliebte Adjektiv *alttestamentarisch*, das Rainer Kessler als »Unwort des Jahrhunderts« charakterisiert (KESSLER, Unwort, 162–168). Weil es während der Zeit des Nationalsozialismus intensiv geprägt wurde, hat »alttestamentarisch« einen bleibenden antisemitischen Beigeschmack und sollte schon deshalb nicht an die Stelle von *alttestamentlich* treten. Da das Gegenstück *neutestamentarisch* nie benutzt wird, treibt man zudem die beiden untrennbar zusammengehörigen Teile der christlichen Bibel durch die begriffliche Differenz auseinander. Und schließlich ist *testamentarisch* eine Verfügung im Todesfall, eine Konnotation, die man für die Bibel tunlichst vermeiden sollte. An *alttestamentarisch* zeigt sich erneut, dass der Umgang mit dem Alten Testament die ›Gretchenfrage‹ ist, in der sich nicht nur die innerchristliche Ganzheit der Offenbarung, sondern auch die Achtsamkeit gegenüber Jüdinnen und Juden spiegelt. Gleiches gilt, wenn vom *alten* Testament statt vom *Alten* Testament die Rede ist. Durch den Gebrauch des Adjektivs wird der Inhalt als *alt* und tendenziell *veraltet* konnotiert. Altes Testament ist sprachlich eine sogenannte feste Verbindung, in der das Adjektiv seine abwertende Kraft verliert. Die Assoziationskette von *Altes* → *altes* → *alt* → *veraltet* lässt sich allerdings kaum gänzlich vermeiden. Erich Zenger hat daher 1991 vorgeschlagen, die Bezeichnung Altes Testament durch Erstes Testament zu ersetzen oder zumindest zu ergänzen (ZENGER, Testament). Dabei nennt er vier Vorzüge der Bezeichnung *Erstes* Testament: 1. Sie vermeidet die traditionelle Abwertung. 2. Sie gibt einen historischen Sachverhalt richtig wieder: Das Alte Testament war die *erste* Bibel der jungen Kirche. 3. Die Bezeichnung ist theologisch richtiger, da sie auf die Erstlingsstellung der Erwählung Israels abhebt. 4. Erstes Testament signalisiert, dass für sich allein keine christliche Bibel ist. Das Alte Testament *ist* ein christliches Buch, gerade weil die alte Kirche es als Heilige Schrift übernommen hat und weil es das Alte Testament nur im Gegenüber zum Neuen Testament gibt. Zugleich ist das gleiche Buch als Hebräische Bibel Heilige Schrift des Judentums. Das Erste Testament ist Eigenwort mit Eigenwert und nicht nur bedeutsam, wenn es vom Neuen Testament her gelesen wird.

Der in der Bezeichnung Altes Testament erkennbare Doppelsinn und Verweischarakter ist typisch für theologische Begriffe, die eine Relevanz im christlich-jüdischen Dialog entfalten. Es sind relationale Konzepte, die theologisch nicht ohne einen Bezug zum Judentum zu denken sind. Daher erfordern sie besondere Sensibilität im Gebrauch, vor allem wenn sie singularisch verwendet werden. Keines dieser Konzepte kommt ohne Aporien aus. Zu den wichtigsten dieser Verweisbegriffe gehören Volk Gottes, Bund und Israel. Wenn die Kirche als Volk Gottes oder erst recht als neues Volk Gottes bezeichnet wird, dann läuft sie Gefahr, die bleibende Erwählung Israels als Volk Gottes nicht mit zu meinen. Die Rede vom Neuen Bund wird dann substitutionstheologisch, wenn sie den ungekündigten Bund mit Israel nicht mit einbezieht und vergisst, dass der Neue Bund in Jer 31,31–34 auch Israel verheißen ist. Die Kategorie Bund ist gerade deswegen so sensibel, weil sie synonym zu Heilsweg steht und damit Fragen aufruft, die das theologisch zu bestimmende Verhältnis von Kirche und Israel betreffen. Diese lassen sich nicht einseitig entscheiden, wie die Diskussion um die Hineinnahme der Kirche in den Gottesbund mit Israel gezeigt hat (nachvollziehbar aufgearbeitet in dem Kapitel »Der Bund Gottes« in der Studie Christen und Juden III). Weil die aufgerufenen Fragen theologisch komplex sind, ist im Gebrauch der relationalen Theologumena die Achtsamkeit gegenüber den Implikaten gefragt, auch im liturgischen Gebrauch. Hier gibt es in allen Kirchen noch viel zu tun.

3.   Kern und Geheimnis der Verbundenheit

Den Ausgangspunkt der Überlegungen bildete die kopernikanische Wende der Schoa, die vor allem im dritten Viertel des vorhergehenden Jahrhunderts eine umstürzende Dynamik entfaltete. Darin wurde die Häresie der sukzessionstheologischen (das Christentum folgt dem Judentum nach) und substitutionstheologische (das Christentum ersetzt das Judentum) neu erkannt und von allen Kirchen bekräftigt. Der grundlegende Wandel wurde hier als Paradigmenwechsel beschrieben und an fünf Beispielen verdeutlicht. In allen spielte eine erneuerte Ekklesiologie eine zentrale Rolle, am deutlichsten sichtbar in der Aufgabe eines exklusiven Heilsuniversalismus der Kirche in den Dokumenten des Zweiten Vatikanischen Konzils. Entscheidender Kern der Erneuerung war das Gottesverständnis, zum einen in der Einsicht, dass der Vater Jesu Christi und der Israel erwählende Gott derselbe ist, und zum anderen in dem Vertrauen auf die unerschütterliche Treue dieses Gottes. Das geschichtliche Handeln Gottes bildet somit das stärkste Band zwischen Judentum und Christentum. In den Beispielen ist zudem deutlich geworden, dass jede Bestimmung des Verhältnisses von Altem und Neuem Testament Auswirkungen auf die Wahrnehmung von Jüd:Innen und Christ:innen in Vergangenheit, Gegenwart und Zukunft hat. Jeder Dialog fußt daher auf einer Hermeneutik, die sich über den Stellenwert des Alten und Ersten Testaments bestimmt. Papst Johannes Paul II. hat das 1980 in Mainz treffend die *erste* Dimension des Dialogs genannt: »Die Begegnung zwischen dem Gottesvolk des von Gott nie gekündigten Alten Bundes und dem des Neuen Bundes, ist zugleich ein Dialog innerhalb unserer Kirche, gleichsam zwischen dem ersten und zweiten Teil ihrer Bibel.« Die christliche Anerkennung des Eigenworts und Eigenwerts des Alten Testamentes bildet den unverzichtbaren Ausgangspunkt für die Voraussetzung eines Dialoges auf Augenhöhe. Aus christlicher Sicht wurde betont, dass das Verhältnis zum Judentum religionstheologisch besonders ist und die geschwisterliche Nähe unvertretbar und unverzichtbar ist. Die Begegnung mit dem Judentum ist sowohl vertikale als auch horizontale Resonanzbeziehung des Christentums. Sie stellt Israel und Kirche »Schulter an Schulter« (Zef 3,9) vor den erwählenden und sich erbarmenden Gott.

Weiterführende Literatur

Henrix, Hans Hermann, Israel trägt die Kirche: Zur Theologie der Beziehung von Kirche und Judentum (Forum Christen und Juden 17), Berlin 2019.

Zenger, Erich, Gottesrede. Gesammelte Aufsätze zum jüdisch-christlichen Dialog (SBAB 65), Stuttgart 2018.

Petschnigg, Edith/Fischer, Irmtraud (Hg.), Der »jüdisch-christliche« Dialog veränderte die Theologie. Ein Paradigmenwechsel aus ExpertInnensicht, Wien 2016.

Zenger, Erich, Das Erste Testament: Die jüdische Bibel und die Christen, 4. erw. Aufl. Kevelaer 2011.

III. Der Spiegel im Spiegel.
Die verflochtene Entstehung von Judentum und Christentum

III.1 Seit wann gibt es ein Judentum? Vielgestaltige Verflechtungen als Anfänge

Markus Tiwald

1. Der Beginn des »Judentums«

In letzter Zeit wurde die Frage virulent, ob der Ausdruck Ἰουδαῖοι, *Ioudaioi* in antiken Texten als »Juden« oder als »Judäer« übersetzt werden soll. Mit dem Ausdruck »Judäer« wäre keine Religion, sondern ein Volk (*ethnos*) mit seiner eigenen Lebenskultur gemeint. Demzufolge müsste man auch den Ausdruck Ἰουδαϊσμός, *Ioudaismos* nicht mit »Judentum« im Sinne einer Religionsgemeinschaft, sondern als Orientierung an der Lebenskultur des Volkes der Judäer übersetzen. Korrekt ist, dass es in der Antike »Religion« im heutigen Sinne – als konzeptionell-theologisches System, das getrennt von Kultur, ethnischer Herkunft und Land besteht – gar nicht gab. Allerdings gilt eine ähnliche Unsicherheit auch für die Definition von »Ethnos« – beides sind moderne Konzepte, die sich erst seit der Aufklärung im heutigen Verständnis entwickelt haben. Ein binäres Denken, das strikt zwischen Ethnos und Religion trennen will, entspricht damit weder antikem Denken noch wird es dem Judentum selbst gerecht. Wie in vergleichbaren Zusammenhängen bricht hier die Spannung zwischen einer religionsgeschichtlichen und identitätspolitischen Verwendung von Begriffen auf. Auch im heutigen Judentum spielt die Vorstellung, ein gemeinsames »Volk« zu sein, eine tragende Rolle. Darüber hinaus ist für die damalige Zeit die Übersetzung »Judäer« für Idumäer, Galiläer, Mitglieder der Diasporasynagoge oder Proselyten philologisch kaum zu begründen. Umgekehrt werden nichtjüdische Personen aus Judäa nirgendwo Ἰουδαῖοι genannt. Eine ähnliche Spannungslage herrscht schon in den aramäischen Texten von der Nilinsel Elephantine aus dem 5. Jh. v. d. Z., wo kaum eine scharfe Grenze zwischen *Diasporajuden* und *Exil-Judäern* gezogen werden kann. Bereits im 2. Makkabäerbuch (um 120 v. d. Z.) zeichnet sich der Übergang von einer rein ethnischen zu einer ethno-religiösen Bedeutung des Begriffs Ἰουδαῖοι ab (COHEN, Beginnings). Nach 2 Makk kann man zum »Juden« konvertieren (2 Makk 9,17) oder von der jüdischen Glaubenspraxis abfallen (2 Makk 6,1–9). Obendrein begegnet der Ausdruck Ἰουδαϊσμός, *Ioudaismos* in 2 Makk 2,21; 8,1; 14,38 (2x; vgl. 4 Makk 4,26). Bei Josephus, A. J. 20,38–43 wird berichtet, dass Helena, die Königin von Adiabene und ihr Sohn, der Thronerbe Izates († 55 n. d. Z.), zum Judentum konvertieren wollen.

Dabei stellt Izates die Frage, was er tun müsse, um εἶναι βεβαίως Ἰουδαῖος, »ein richtiger Jude zu sein«. Die Frage zielt darauf ab, was verpflichtend ist, um τοῖς Ἰουδαίων ἔθεσιν, »den Bräuchen der Juden« verbunden zu sein. Das Brauchtum einer Volksgemeinschaft übernimmt hier bereits Aspekte dessen, was wir heute als »Religionsgemeinschaft« bezeichnen würden.

Theologisch-praktische Überlegungen: Eine durchgehende Übersetzung von Ἰουδαῖοι, als »Judäer« wurde von manchen Exeget:innen als Möglichkeit betrachtet, »antijüdische« Texte des NT als »antijudäische« Texte auszugeben. Dies ist nicht nur aus den oben genannten inhaltlichen Gründen falsch, sondern kann auch zu einer unsachgemäßen Exkulpierung christlicher *Adversus Iudaeos*-Texte führen. Obendrein machte eine solch einseitige Übersetzung das beginnende Judentum in der Antike unsichtbar.

2.   Das plurale Frühjudentum

Für das Judentum ab Beginn der Hellenisierung (Alexander d. Gr. erobert Syrien 332 v. d. Z.) bis zum Beginn des rabbinischen Judentums um 200 n. d. Z. (Abfassung der Mischna) hat sich der Ausdruck »Frühjudentum« (englisch: *early Judaism*) eingebürgert. Dieser Ausdruck löst den zuvor von christlicher Seite pejorativ gebrauchten Ausdruck »Spätjudentum« ab, mit dem christliche Historiker bis in die 1960er Jahre jenes Judentum abwerteten, welches das Christentum gemäß der damals vertretenen *Sukzessions- oder Substitutionstheorie* als erwähltes Volk abgelöst habe. Geflissentlich wurde dabei übersehen, dass Gott nach Röm 11,2 und 29 seinen Bund mit Israel nie widerrufen hat und Israel bleibend das auserwählte Volk Gottes ist. Ebenso holzschnittartig wurde in der früheren Forschung darauf verwiesen, wie weit sich Jesus und Paulus vom »normativen Judentum pharisäisch-rabbinischer Prägung« entfernt hätten. Diese Sichtweise ist doppelt anachronistisch: Heute wissen wir, dass sich das rabbinische Judentum erst ab 200 n. d. Z. entwickelte. Dieser Prozess erfolgte auch nicht als lineare Fortschreibung pharisäischer Konzepte, sondern enthielt viel Gedankengut der Sadduzäer und Essener. Anachronistisch ist ebenso die Vorstellung, es habe um die Zeitenwende ein »normatives Judentum« gegeben. Flavius Josephus (B. J. 2,119; A. J. 13,171; 18,11) nennt für die damalige Zeit drei jüdische Gruppierungen: Sadduzäer, Pharisäer und Essener. Die Pharisäer waren im Frühjudentum noch nicht die tonangebende Gruppierung. Auch Versuche, für die damalige Zeit einen »Mainstream Judaism« zu postulieren, müssen scheitern (im Folgenden: STEMBERGER, »Mainstream Judaism«, 189–208). Gerade die oft genannten *identity markers* des Frühjudentums – Tora, Tempel, Erwählung durch Gott – wurden von den unterschiedlichen Gruppierungen unterschiedlich interpretiert, wie wir das nicht zuletzt an den in Qumran gefundenen Manuskripten erkennen können. Aufgrund starker Spannungen sprachen sich divergierende jüdische Gruppierungen untereinander das korrekte »Judesein« ab. Für die essenischen Qumraniten war der Tempelkult in Jerusalem entweiht, die Gemeinschaft übernahm als »Menschenheiligtum« durch »Werke des Lobpreises« die Sühnefunktion des Tempels (1QS IX,3–6). Daher verballhornen die Qumrantexte den Jerusalemer Hohepriester (*ha-kohen ha-ro'sch*) als »Frevel-priester« (*ha-kohen ha-rascha'*). Auch die Pharisäer wurden in Qumran mit einem Wortspiel als »Ausleger von glatten Dingen« (*dorsche ha-ḥalaqot*) verunglimpft, was die *halachot,* die Gesetzesauslegungen der Pharisäer als *ḥalaqot,* »glatte Dinge« diffamiert. In der qumranischen Damaskusschrift CD VIII,12f. werden Pharisäer obendrein als »Tüncheschmierer«, »Windwäger« und »Lügenprediger« be-schimpft. Darüber hinaus berichtet der qumranische Nachum-Pescher, dass der »Löwe des Zornes« als »Racheakte an denen, die glatte Anweisungen geben ... Menschen lebendig aufhängen« ließ (4Q169 I,7). Wahrscheinlich ist mit dem »Lö-wen des Zornes« der jüdische König und Hohepriester Alexander Jannaios (reg. 103–76 v. d. Z.) gemeint, der Rache dafür nimmt, dass die Pharisäer den Seleuki-denkönig Demetrios III. Eukairos gegen ihn zu Hilfe riefen (Josephus, A. J. 13,376–380; im späteren Talmud wird mehrfach erwähnt, Alexander Jannaios habe fast alle »Rabbinen« töten lassen: bQid 66a; bBer 48a u. ö.). Schon diese Beispiele ma-chen klar: Im Frühjudentum gab es kein »normatives« Judentum und auch keinen »Mainstream Judaism« – unterschiedliche Gruppierungen rivalisierten um die kor-rekte Auslegung der Tora.

Die starke Pluralität hat manche dazu veranlasst, von »(Früh-)Judentümern« im Plural zu sprechen. Dabei erscheint sinnvoll, zwischen nach innen gerichteter und von außen wahrgenommener Pluralität zu unterscheiden. Die Rede von Judentü-mern im Plural ist dann irreführend, wenn überdeckt wird, dass das Verbindende zwischen den Gruppierungen stärker war als das Trennende. Besonders in der Ab-grenzung von nicht-jüdischen Gruppierungen empfand man sich – trotz aller Diver-genzen – dennoch als gemeinsames Volk mit (mehr oder weniger) identem Glauben. Tatsächlich referierten alle frühjüdischen Gruppierungen auf die Tora als unaufgeb-bare Grundlage – auch wenn divergierende Interpretation derselben die Gruppen voneinander schieden. Auch das wird am Beispiel der Qumrangemeinde deutlich: Diese hatte den Tempel von Jerusalem ja für verunreinigt erklärt und opferte dort auch nicht mehr. Allerdings sandten sie nach Josephus, A. J. 18,19 weiterhin Weihe-gaben an den Tempel, dessen grundsätzliche Legitimität sie also nicht in Frage stellten. Ebenso darf in dem in Qumran gefundenen Schreiben 4QMMT ein Brief der Qumrangemeinde an den Jerusalemer Hohepriester erkannt werden, mit dem ein Dialog über korrekte Tora-Praktiken geführt wird.

3.   Jüd:innen und Christ:innen: Gemeinsame und getrennte Wege

In der heutigen Bibelwissenschaft ist es unstrittig, dass Jesus selbst keine eigene Religion abseits des Judentums gründen wollte. Wann die Wege zwischen Juden-tum und Christentum auseinandergingen und wie stark die Wurzeln des begin-nenden Christentums im Judentum liegen, ist derzeit wohl das meistdiskutierte Feld neutestamentlicher Wissenschaft. Für die Thematik hat sich die *catchphrase* »Parting of the Ways« (»Trennung der Wege«) festgesetzt (im Folgenden: TIWALD, Frühjudentum).

3.1   Jesus und seine ersten Jünger:innen

Das Gottesvolk, an das sich Jesus wendet, sind die »verlorenen Schafe des Hauses Israel« (Mt 10,6), sein Ziel ist die endzeitliche Sammlung von ganz Israel, verdeutlicht in der symbolischen Einsetzung des Zwölferkreises, der die für die Endzeit erwartete Wiederherstellung der zwölf Stämme (vgl. Jes 60,4) präfiguriert. Erst über das endzeitlich wiederhergestellte Israel sollen dann in einem zweiten Schritt auch die Heiden gemäß den Verheißungen der »Völkerwallfahrt zum Zion« (Jes 2,2–5; 60,3; Mi 4,2f.) Anteil an der Erlösung erhalten (diesen Zweischritt belegen auch Röm 1,16 und Apg 3,26; 13,46). Auch die ersten Jünger:innen Jesu intendierten keinen Bruch mit dem Judentum. Das gilt auch für den Apostel Paulus, der in Röm 11,1f. seine ungebrochene Identität als Israelit und die bleibende Erwähltheit Israels als Gottesvolk ausdrücklich betont. Auch nach Röm 9,4 sind die Bundesschlüsse zwischen Gott und Israel, die Gabe der Tora, der Tempelkult und die Heilsverheißungen an Israel unwiderrufliche Heilsvorzüge des jüdischen Volkes. Die oft zitierte Kritik in Phil 3,8 richtet sich dabei nicht gegen das Judesein selbst (vgl. Phil 3,5), sondern lediglich gegen die von den Pharisäern propagierte Auslegung der Tora. Auch der späteren Apostelgeschichte ist es wichtig, die weitere Eingebundenheit der ersten Osterzeugen in das kultische Leben des Judentums zu unterstreichen: Die Jünger beten täglich im Tempel (Apg 2,46; 5,42), benützen diesen nach Apg 3,1; 5,20; 21,26 als Hauptstätte der Verkündigung und halten die Ritualvorschriften (Apg 10,14). Ebenso halten sie sich an den jüdischen Kalender und feiern die jüdischen Feste: das Wochenfest (»Hag ha-Schawuot«, Apg 2,1), Pessach (Apg 12,3f.), das Fest der Ungesäuerten Brote (Apg 20,6) und das Jom-Kippur-Fasten (Apg 27,9). Die ersten Anhänger:innen Jesu waren damit eine integrale Gruppierung des pluriformen Frühjudentums.

3.2   Die Konstruktion einer »Synode von Javne«

Jochanan ben Zakkai sammelte nach der Zerstörung Jerusalems (70 n. d. Z.) in Javne (auch Jabne oder Jamnia genannt) führende Männer des Judentums, das dort bis zum Bar Kochba-Aufstand sein Zentrum hatte. Der späteren Überlieferung galt Jochanan ben Zakkai damit als Begründer des rabbinischen Judentums. Das Bemühen von Javne wurde jedoch oft überschätzt, etwa wenn man von einer »Synode von Javne« liest, welche mit der *birkat ha-minim* (»Ketzersegen«) unter Gamaliel II. um 90 n. d. Z. eine Abgrenzung vom Christentum bewirkt habe. Die vermeintliche »Synode« ist allerdings eine Konstruktion von Heinrich Graetz (deutsch-jüdischer Historiker, 19. Jh.) und lässt sich nicht belegen. Ebenso problematisch ist die Annahme, dass die *birkat ha-minim* zur Trennung von Jüd:innen und Christ:innen geführt habe. Die Zuschreibung an Gamaliel II. ist eine spätere Tradition, auch waren mit den *minim* noch nicht die Christ:innen gemeint, sondern rivalisierende Gruppierungen innerhalb des pluralen Frühjudentums (vgl. STEMBERGER, *birkat ha-minim*, 75–88).

3.3   »Jüdische Christenverfolgungen«?

Bisweilen wird in der Forschung auf »jüdische Christenverfolgungen« verwiesen. Abgesehen von der Gefahr eines Geschichts-Revisionismus (nach dem hässlichen Motto: »Die Juden haben mit dem Morden zuerst angefangen.«) ist diese Sichtweise anachronistisch. Verwiesen wird hier gerne auf folgende drei Fälle: *Erstens* die Steinigung des Stephanus (um 32 n. d. Z.; Apg 6–7). Dies allerdings war ein Akt spontaner Lynchjustiz, resultierend aus innerjüdischen Gruppenstreitigkeiten zwischen einer liberaleren und einer konservativeren Lesart des jüdischen Gesetzes. Die Tatsache, dass nach Apg 8 nur die »Hellenisten« aus Jerusalem vertrieben wurden, doch die judenchristlichen »Hebräer« in der Stadt verblieben, macht klar, dass hier nicht »Juden« gegen »Christen« standen, sondern der Riss entlang unterschiedlich strengen Lesarten des jüdischen Gesetzes verlief. *Zweitens:* Die Hinrichtung des Apostels Jakobus durch Herodes Agrippa I. (41–44 n. d. Z.; Apg 12,2) war eine populistische Maßnahme aus politischem Kalkül des ansonsten wenig frommen Königs (A. J. 19,343–350), um sich bei den Sadduzäern beliebt zu machen. Die sadduzäische Tempelaristokratie war aufgrund der Tempelkritik Jesu und des Auferstehungsglaubens den Jesusanhängern feindlich gesonnen. Ähnliche Hostilitäten hegten Sadduzäer aber auch gegen die Pharisäer, die ja ebenfalls – anders als die Sadduzäer – an die Auferstehung glaubten (Apg 23,6–8). Obendrein hatten die Pharisäer die Reinheitsvorschriften der Tempelpriester »demokratisiert« (Reinheitsnormen der Tempelpriester wurden von den Pharisäern auf das ganze Volk und das tägliche Leben ausgeweitet, was im rabbinischen Judentum weitergeführt wurde). Die Konfliktlinie lief also nicht zwischen »Juden« und »Christen«, sondern entlang unterschiedlicher Lesarten des jüdischen Glaubens. *Drittens* die Hinrichtung des Herrenbruders Jakobus, wie sie Josephus, A. J. 20,200f. berichtet: Als der Statthalter Festus im Jahr 62 plötzlich verstarb, nutzte der sadduzäische Hohepriester Ananos II. das Machtvakuum, um den Herrenbruder widerrechtlich hinrichten zu lassen. Dagegen aber protestierten »die gemäß den Gesetzen Allergewissenhaftesten« – die Pharisäer, die den gesetzesfrommen Jakobus als einen der ihren ansahen. Darüber hinaus berichtet Apg 15,5 von Pharisäern, die zum Glauben an Jesus kamen, und Apg 21,20 von der Beobachtung jüdischer Gesetze durch die Jerusalemer Urgemeinde. Auch hier noch sind die Jerusalemer Jesusjünger integraler Bestandteil des Judentums.

3.4   Die kanonischen Evangelien als Teil frühjüdischer Theologie

In der neueren Forschung gibt es eine Tendenz, alle vier kanonischen Evangelien noch vor dem »Parting of the Ways« zu verorten. Die im *Matthäusevangelium* vorfindbare Unterscheidung zwischen »ihren Synagogen« (Mt 9,35; 10,17) und »ihren Schriftgelehrten« (Mt 7,29) im Gegensatz zu einem »Schriftgelehrten, der ein Jünger des Himmelreichs geworden ist« (Mt 13,52) wird heute eher als innerjüdischer Konflikt gewertet, da Mt 5,17f. die unverbrüchliche Gültigkeit der Tora und Mt 23,2f. die weiter gültige Lehrautorität von Schriftgelehrten und Pharisäern unterstreicht.

Das *Markusevangelium* weist in Kap. 7 bemerkenswerte Insiderkenntnisse zu pharisäischer Schriftauslegung auf. Die Aussage Mk 7,15 (»Nichts, was von außen in den Menschen hineinkommt, kann ihn unrein machen, sondern was aus dem Menschen herauskommt, das macht ihn unrein«) wäre dann keine generelle Abrogation jüdischer Vorschriften, sondern eine der pharisäischen Halacha entgegengesetzte liberalere Gesetzesinterpretation, wie wir dies innerjüdisch auch aus dem Aristeasbrief §§ 128.143–150 kennen.

Im *lukanischen Doppelwerk* läuft die theologische Grundkonzeption zwar auf eine »Scheidung in Israel« hinaus, die in der Simeonsweissagung (Lk 2,29–35: »Fall und Aufstehen vieler in Israel«) ankündigt wird und in Apg 28,24 (»Die einen ließen sich durch seine Worte überzeugen, die andern blieben ungläubig«) als erfüllt gilt. Dennoch schreibt Lukas Israel nicht ab, sondern hofft auf »Zeiten des Aufatmens« für Israel, wenn »der für es bestimmte Jesus« am Ende der Zeiten kommt (Apg 3,20; vgl. Lk 2,32; 24,21; Apg 1,6). Nicht Bruch sondern Weiterführung der Heilsgeschichte Gottes mit seinem Volk ist das Motto des Autors, der betont, dass in Jesus das jüdische Gesetz seine Erfüllung gefunden hat (Lk 2,22–24.27.39; 10,26; 16,17; 24,44). Auch in der Apg sind Petrus und Johannes tempelfromm (Apg 2,46; 3,1; 5,20f.42), wie vorher schon Jesus und seine Eltern (Lk 2,41–42.49; 19,46–47; 21,37f.; 22,53) und später Paulus (Apg 21,26; 22,17; 24,12.18; 25,8). Allerdings ist die Öffnung zur beschneidungsfreien Heidenmission und das Abgehen von Ritual- und Reinheitstora im Heilsplan Gottes im lukanischen Doppelwerk vorgezeichnet: Petrus kommt nach einer Vision zur Einsicht, dass Gott nicht Speisevorschriften oder die Beschneidung fordert, sondern »dass ihm in jedem Volk willkommen ist, wer ihn fürchtet und tut, was recht ist« (Apg 10,35). Damit führt Lukas Ansätze weiter, die bereits im liberalen Disporajudentum vorgezeichnet waren. Er ist als Christ der dritten Generation bemüht, die unaufgebbaren jüdischen Wurzeln der Jesusgläubigen einzuschärfen gegen Tendenzen, wie wir sie bald darauf in der Israel-Vergessenheit der Pastoralbriefe sowie in der antijüdischen Theologie des Markion oder der Ignatius-Briefe fassen können.

Auch im *Johannesevangelium* war das »Parting of the Ways« noch nicht abgeschlossen, wie die jesusgläubigen Juden Josef von Arimathäa (Joh 19,38) und Nikodemus (Joh 3,1f.; 7,50–52; 19,39) belegen. Der in Joh 9,22; 12,42; 16,2 verwendete Ausdruck ἀποσυνάγωγος (*aposynagōgos*, »synagogen-ausgeschlossen«) meint kein förmliches Ausschlussverfahren gegen Judenchristen, sondern eine lokal begrenzte Maßnahme gegenüber einzelnen Personen. Doch scheint der vierte Evangelist – ähnlich wie die späteren Kirchenväter (s. u.) – das »Parting of the Ways« aus ideologisch-identitätsstiftenden Gründen voranzutreiben, indem er die Leser:innen von der Notwendigkeit einer eigenen kirchlichen Identität abseits der Synagoge zu überzeugen versucht. So erfreulich die Schlussfolgerung ist, dass das »Parting of the Ways« auch im vierten Evangelium noch nicht vollendet war, so bedauerlich bleibt die Einsicht, dass in den Anfängen des Christentums allzu oft eigene Identität aus der Abgrenzung und Diffamierung der »Juden« gewonnen wurde, so leider auch beim vierten Evangelisten (Joh 8,44: Juden als »Teufelskinder«). Damit wird das »Parting of the Ways« auch zu einer Schuldgeschichte, die das hohe integrative Ideal Jesu nicht zu bewahren vermochte.

3.5   Kirchenväter

Leider setzte sich die christliche Identitätsstiftung durch Diffamierung und Abgrenzung gegenüber den Jüd:innen auch bei den Kirchenvätern fort (→ IV.1). Ein trauriger Höhepunkt sind die acht *Adversus Judaeos* Homilien, die Johannes Chrysostomos († 407) in seiner Heimatstadt Antiochia hielt. In diesen Texten wird aber auch deutlich, dass es in Antiochia noch keine definitive Trennung von Jüd:innen und Christ:innen gab: Christ:innen feierten regelmäßig und in beachtlicher Zahl die jüdischen Feste mit. Ähnliche Berührungspunkte zwischen Jüd:innen und Christ:innen kennen wir auch aus den Schriften anderer Kirchenväter und deren Polemik dagegen: Justin der Märtyrer († 165), Irenäus von Lyon († Ende 2. Jh.), Origenes († um 254), Eusebius von Caesarea († 340), Kyrill von Jerusalem († 386), Epiphanius von Salamis († 403) und Hieronymus († 420). So bedauerlich diese Polemiken auch sind, so sehr wird klar, dass das »Parting of the Ways« auch hier noch nicht abgeschlossen war. Es waren lange und keineswegs monolineare Prozesse, die an unterschiedlichen Orten mit unterschiedlichen Geschwindigkeiten und aus unterschiedlichen Gründen abliefen und wohl erst im 5. Jh. ihren Abschluss fanden.

3.6   Theologisch-praktische Konsequenzen

Die Metaphorik eines »Parting of the Ways« im Sinne von zwei sich linear und klar trennenden Wegen ist historisch falsch. Wenn allerdings von »Parting with ›The Parting of the Ways‹« oder »The Ways that Never Parted« gesprochen wird, gilt zu bedenken, dass Judentum und Christentum heute sehr wohl getrennte Religionen sind: Allzu leicht könnte eine christliche Umklammerung des Judentums von jüdischer Seite als hegemonial und übergriffig empfunden werden. Das dispensiert das Christentum allerdings nicht von der Wertschätzung seiner jüdischen Wurzeln und gemeinsamen Anfängen, da es sonst einen zentralen Teil seines Wesenskerns einbüßt. Das Wort des Paulus aus Röm 11,18 hat ungebrochene Gültigkeit: »Nicht du trägst die Wurzel, sondern die Wurzel trägt dich.« (EÜ 2016) Diese Erkenntnis muss zur Anerkennung des Judentums als *ersterwähltes* und *bleibend-erwähltes* Gottesvolk führen. Im Blick auf die Vergangenheit bedeutet dies eine Aufarbeitung christlicher Antijudaismen, mit Blick auf Gegenwart und Zukunft die Beendigung christlicher Judenmission und das Sichtbarmachen der jüdischen Wurzeln des Christentums.

Weiterführende Literatur

NICKLAS, TOBIAS, Jews and Christians? Second-Century. »Christian« Perspectives on the «Parting of the Ways« (Annual Deichmann Lectures 2013), Tübingen 2014.

SCHROETER, JENS u. a. (Hg.), Jews and Christians – Parting Ways in the First Two Centuries CE? Reflections on the Gains and Losses of a Model (BZNW 253), Berlin 2023.

STANDHARTINGER, ANGELA u. a, Themenheft: Parting of the Ways. Die Trennung Der Wege von Juden und Christen in der Neueren Forschung, in: EvT 80/6, 2020, 400–471.

TIWALD, MARKUS, Frühjudentum und beginnendes Christentum. Gemeinsame Wurzeln und das Parting of the Ways (KStTh 5/5), Stuttgart 2022.

III.2   Die Septuaginta als Jüdische und/oder Christliche Bibel

Michael Tilly

Die Septuaginta enthält die erste schriftliche und wirkungsgeschichtlich bedeutendste zusammenhängende Übersetzung der Hebräischen Bibel in eine andere Sprache. Als gewaltige kulturelle Transferleistung ermöglichte sie auch das tiefe Eindringen hebräischer Terminologie und orientalischer Ideen- und Bilderwelt in die europäischen Sprachen und Kulturen. Einerseits ist sie ein ursprünglich jüdisches Dokument und ein herausragender Zeuge eigenständiger und kreativer jüdisch-hellenistischer Exegese, Ethik und Theologie. Andererseits stammt der griechische Begriff »Septuaginta« von einem christlichen Autor des 2. Jh. u. Z. (Justin, Dial. 137,3); er findet sich in keiner vorchristlichen jüdischen Quelle.

   Die Septuaginta ist ursprünglich ein jüdisches Buch. Die ab Mitte des 3. Jh. v. d. Z. im ptolemäischen Alexandria entstandene Übersetzung der Tora in die damalige *lingua franca* Griechisch hatte, insbesondere in der westlichen Diaspora, von Anfang an eine zentrale Bedeutung für die jüdische Identität inmitten einer hellenistisch geprägten, andersgläubigen Gesellschaft. Zum einen konnte durch sie traditionelles jüdisches Denken überall im antiken Mittelmeerraum verbreitet, an die nichtjüdische Umwelt vermittelt und dieser gegenüber religiös und philosophisch verteidigt werden. Zum anderen erlaubte sie eine aktualisierende Übertragung der eigenen Lehren, Gebote und Gebräuche in die zeitgenössische »moderne« Kultur und zugleich eine schöpferische Aneignung griechischen philosophischen Denkens. Auch die verschiedenen jüdischen Übersetzungen der Prophetenbücher und Hagiographen ins Griechische, die während des 2. und 1. Jh. v. d. Z. entstanden, dienten dem Transfer ihrer religiösen Botschaft in eine ganz andersartige Sprach-, Denk- und Lebenswelt. Nicht nur unbekannte oder als veraltet empfundene Ortsbezeichnungen, Kultgegenstände oder Personennamen wurden dabei durch erklärende Zusätze und die Einsetzung »moderner« Äquivalente deutend wiedergegeben. Gerade in den Übersetzungen der Prophetenbücher finden sich immer wieder midraschartige Interpretationen und Textzusätze, die ihre hebräischen Vorlagen aktualisierend deuten und dabei an manchen Stellen ein betont eschatologisches Textverständnis zum Ausdruck bringen. Die jüdischen Übersetzer trugen hier zuweilen auch zeitgenössische »apokalyptische« Ideen und messianische Konzepte als Kontrastdarstellungen der – von ihnen wohl als defizitär und bedrohlich erlebten – sozialen und politischen Verhältnisse ihrer Gegenwart in den Bibeltext ein, wobei sie diese Konzepte ihrem eigenen Verständnis nach natürlich dem »ursprünglichen« hebräischen Text entnahmen. Die Adaptionen und Transformationen waren also nicht als Korrektur des hebräischen Textes gedacht, sondern erwuchsen aus dem Text und seinen zeitgenössischen Interpretationen.

   Die uns vorliegende Septuaginta ist ein christliches Buch. Bereits die Jesusbewegung und die ersten Christen beriefen sich auf die jüdischen Heiligen Schriften als Autoritäten, um das Leben und die Lehre Jesu aus Nazaret mit dem Gott Israels in

Verbindung zu bringen und es theologisch zu identifizieren (1 Kor 15,3–4). Sie deuteten diese Schriften dabei als Schlüssel für das Verstehen sowohl der Geschichte des irdischen Jesus als auch des im gekreuzigten und auferweckten Christus geschehenen Heilshandelns Gottes. Dabei wurde das geistgewirkte Christuszeugnis für den Zugang zu den heiligen Schriften des Judentums hermeneutisch konstitutiv. Allein von Christus her offenbarte sich deren Vollsinn als Wort Gottes (vgl. Hebr 1,1–2; 4,2). Diese perspektivisch verengende Textauslegung war zugleich Ausdruck einer konsequent christologisch bestimmten Geschichtsdeutung. Die spätere kirchliche Ausdehnung der Auffassung der göttlichen Inspiriertheit auf sämtliche Bücher der griechischen Bibelübersetzung, die im Judentum zunächst allein hinsichtlich der Tora vertreten wurde, hat hier ihren Ursprung.

Die frühchristlichen Gemeinden betrachteten das Christusgeschehen und auch ihre eigene Lebenswirklichkeit in der Dialektik »zwischen den Zeiten« (2 Kor 3,18) als »schriftgemäße« eschatologische Erfüllung und gottgewollte Verwirklichung insbesondere der – nunmehr als Weissagung »auf Christus hin« verstandenen – Schriftprophetie. Während sie den rituellen Weisungen der Tora bald nur noch eine relative und temporäre Geltung zuerkannten, griffen sie zahlreiche ethische und weisheitliche biblische Traditionen und ganz besonders prophetische Motive, Themen und Texte auf und interpretierten sie auf ihre Gegenwart hin neu. Diese eigenständige Interpretation bzw. christliche Neukontextualisierung der griechischen Texttradition wich an zahlreichen Stellen von ihrem ursprünglichen Aussagegehalt (und auch von dessen Deutungen im zeitgenössischen Judentum) ab.

Die ersten christusgläubigen Jüd:innen benutzten durchweg die hebräischen und griechischen Schriftrollen der örtlichen Synagogen (vgl. Apg 2,11). Die fraglose Anerkennung der jüdischen Heiligen Schriften als autoritativer und normativer Glaubenszeugnisse, durch die Adressaten der frühchristlichen Verkündigung lag darin begründet, dass gerade die Jerusalemer »Urgemeinde« zunächst noch an den Tempel gebunden blieb und ihre Anhängerschaft anfangs allein aus Jüd:innen und Proselyten (ehemaligen Nichtjuden, die zum Judentum übergetreten waren) bestand (vgl. Mt 23,15; Apg 2,11; 6,5; 13,43).

Bereits der Apostel Paulus wurde sicher nicht erst durch seine völkerchristlichen Adressaten zum Gebrauch der Septuaginta genötigt, sondern scheint eine ihm zur Verfügung stehende griechische Version bewusst gewählt bzw. dem hebräischen Bibeltext, den er sicher auch sehr gut kannte, vorgezogen zu haben. Da die Septuaginta, anders als der hebräische Bibeltext, nahezu im gesamten römischen Reich problemlos verstanden wurde, bekam sie im Rahmen seiner beschneidungsfreien Völkermission auch einen besonderen Rang als allgemeinverständliches Medium der Vermittlung der christlichen Botschaft an die nichtjüdische griechischsprechende Welt. Parallel zu der sukzessiven Ablösung christlicher Gemeinden vom Judentum hatte der Gebrauch des griechischen Textes den Gebrauch der Hebräischen Bibel im Christentum im 2. Jh. n. d. Z. fast vollständig verdrängt; sowohl die Kommunikation zwischen diesen Gemeinden im gesamten östlichen Mittelmeerraum als auch deren religiöse Belehrung sowie die Verkündigung und narrative Deutung der Christusbotschaft fanden seitdem in griechischer Sprache statt.

Bald nach Ostern entstanden im Christentum die ersten schriftlichen Texte als Orientierungspunkte für die Verkündigung, die Lehre und das Leben der christusgläubigen Gemeinden, und die Septuaginta bildete den speziellen geschichtlichen Erfahrungs- und Sprachhorizont, aus dem heraus diese Texte weitgehend geformt wurden. Die Verfasser sämtlicher frühchristlicher Sendschreiben, Predigten, Gemeindeordnungen und Evangelien bezogen sich nicht auf die hebräischen Heiligen Schriften des Judentums, sondern auf die Septuaginta als entscheidende Textbasis ihrer literarischen Produktion. Als inspirierte Übersetzung der schriftlichen Offenbarungszeugnisse »auf Christus hin« galt die Septuaginta ihnen durchweg als vollwertiger Ersatz ihrer hebräischen Vorlage und ermöglichte ihnen zugleich ein Festhalten an der jüdischen Bibel als christlicher Offenbarungsgrundlage. Durch den Gebrauch der Septuaginta wurde auch ihre christlicherseits postulierte, unmittelbare Verbindung mit der – ebenfalls auf Griechisch abgefassten – eigenen Textproduktion stärker deutlich. Ein umfassendes theologisches und religionsgeschichtliches Verstehen des Neuen Testament setzt deshalb die Kenntnis der jüdischen griechischen Bibelübersetzung unabdingbar voraus.

Dass im frühen Christentum griechische Bibelübersetzungen ihren Vorlagen bald vorgezogen wurden, lag sicher nicht daran, dass immer weniger Christen die hebräische Sprache verstanden oder gar mit jüdischen Verständnistraditionen des hebräischen Konsonantentextes nicht vertraut waren. Vielmehr kamen die Lesarten der Septuaginta häufig dem christlichen Denken besonders nahe. Neutestamentliche Autoren, denen der griechische Bibeltext an manchen Stellen wohl passender erschien als die hebräische Texttradition (z. B. Mt 1,23), zitierten die Septuaginta explizit und spielten implizit auf sie an. Aus der griechischen Bibelübersetzung schöpften sie einen nicht geringen Teil der von ihnen verwendeten literarischen Formen und ihres spezifischen Vokabulars, insbesondere aber ihre – bereits durch das antike Judentum in entscheidender Weise semantisch geprägte – theologische Begrifflichkeit und Gedankenführung (z. B. Mt 15,9; Apg 15,16–18; Hebr 1,6). Der Aussagegehalt einer ganzen Reihe im Neuen Testament häufig begegnender und hier theologisch zentraler Worte wie διαθήκη (»Bund«), δικαιοσύνη (»Rechtfertigung«), πνεῦμα (»Geist«) oder κληρονομία (»Heilsbesitz«) erschließt sich nur über ihre traditionelle »bibelgriechische« Spezialbedeutung. Auch der Einbezug von Nichtjuden in das Gottesvolk konnte gerade mittels der Septuaginta biblisch (leichter) legitimiert werden (vgl. Gal 3,8; Apg 3,25). Ebenso sollte die gesuchte formale und stilistische Affinität zur griechischen Bibel (z. B. Lk 16,9; Joh 3,29; 2 Thess 1,9) den Gegenstand der eigenen Darstellung in eine bestimmte geistesgeschichtliche, vielleicht sogar schriftprophetische Traditionskontinuität einordnen und ihm dadurch zugleich ein besonderes Gewicht geben.

Als erster Teil der christlichen Bibel war eine jüdische griechische Bibelübersetzung zur maßgeblichen Quelle der kirchlichen Lehre geworden. Dabei bezeugen der veränderte Umfang und die neue Abfolge der Schriftengruppen in den Septuagintacodices einen spezifisch christlichen Blickwinkel. Während die grobe Einteilung der Bücher in den jüdischen Sammlungen hebräischer Heiliger Schriften – Tora, Propheten und Hagiographen – der Bedeutungsentwicklung bzw. dem Zeitraum des Abschlusses der Teilsammlungen entspricht, transportiert die Anordnung der Buchteile in der christlichen Textüberlieferung gemäß der Abfolge von Gesetzbüchern, Geschichtsbüchern, Lehrbüchern und Propheten, an die sich in den meisten mittelalterlichen Sammelhandschriften das Neue Testament unmittelbar anschloss, drei zentrale theologische Aussagen, nämlich die christozentrische heilsgeschichtliche Deutung der Vergangenheit des Gottesvolkes, die hohe Bedeutung der in Anspruch genommenen jüdischen Heiligen Schriften für die fromme christliche Daseinsgestaltung in der Gegenwart und die geschichtstheologische Interpretation der biblischen Schriftpropheten (unter Einschluss der Psalmen als Dichtungen Davids) als Künder der Zukunft bzw. die Deutung ihrer Botschaft als Voraussagen und Vorausabbildungen des apostolischen Kerygmas.

Allein in christlich tradierten Septuagintacodices begegnen auch die »Apokryphen« (Jud, Weish, Tob, Sir, Bar, EpJer, 1.2 Makk, sog. Zusätze zu Est und Dan), die im vorrabbinischen Judentum stets separat überliefert wurden. Keine dieser Schriften, überwiegend lehrhaften Charakters, war jemals Bestandteil eines jüdischen bzw. »alexandrinischen« Septuagintakanons. Im Christentum hatten sie hingegen oftmals eine recht hohe Popularität, einen eingebürgerten Gebrauch und praktischen Wert für die Gestaltung der individuellen Frömmigkeit und der rechten Lebensführung. Die Problematik, die sich daraus ergab, dass die Kirche die Septuaginta als eine gegenüber der Hebräischen Bibel hinsichtlich ihres Umfangs erweiterte und hinsichtlich ihrer Anordnung veränderte Schriftensammlung tradierte, ist evident. Die kirchlichen Schriftsteller, die sich auch aus diesem Grund mit dem jüdischen Vorwurf der Verfälschung der Bibel auseinandersetzen mussten, betonten zur Begründung bzw. zur Verteidigung des Autoritätsanspruchs »ihrer« Septuaginta vor allem ihr hohes Alter und ihren prophetischen Charakter als Ausweis ihrer göttlichen Beglaubigung; die griechische Bibel sollte – zumal gegenüber dem Judentum – als von Gott selbst autorisiert und legitimiert ausgewiesen werden. Völlig aus der Luft gegriffen war dieser Vorwurf freilich nicht. Obwohl es keine Belege für eine durchgehende gezielte christliche Einflussnahme auf den griechischen Bibeltext bei seiner kirchlichen Transmission gibt, haben doch immer wieder kirchliche Abschreiber christliche Exegese in den Bibeltext eingetragen und es lassen sich auch einige Beispiele früher Textveränderung als deutlicher Ausdruck der Auseinandersetzung mit dem Judentum verzeichnen (z. B. Ez 17,22–23; Ps 14,3 [13,3 in der LXX-Zählung]).

Innerhalb des antiken Judentums stellte die negative Sicht auf die Septuaginta nach der Zerstörung des Zweiten Tempels im Jahre 70 n. d. Z. die Hauptlinie dar. Als ein erster Grund für ihre Abstoßung und für die frühe Entstehung von »wortgetreuen« jüdischen Konkurrenzübersetzungen (z. B. durch Aquila, Symmachus und Theodotion) ist das Bedürfnis zu nennen, sich vom zeitgenössischen Christentum und von seinem Schriftverständnis abzugrenzen und insbesondere seine christologischen Schriftauslegungen als nicht textgemäß und irrig zu widerlegen. Je mehr die Christen von der Septuaginta Gebrauch machten, desto mehr wurde diese im Judentum als eine verfälschende christliche Übersetzung angesehen. Die Abwendung der Rabbinen von der Septuaginta scheint aber auch damit zusammenzuhängen, dass das griechischsprechende alexandrinische Diasporajudentum infolge der Aufstände in der Kyrenaica und in Ägypten zu Beginn des 2. Jh. n. d. Z. seinen ehemals großen Einfluss verloren hatte. Besonderen Anstoß erregten wohl die »freie« Übersetzung der Septuaginta und die mit ihr einhergehende eigenständige griechische Auslegungstradition; konnte doch ein religiöses Lehrsystem, das auf dem Axiom basiert, dass Gott seinen Willen einzig und allein in der einen Tora geoffenbart hat, nicht zulassen, dass diese axiomatische Einheit durch eine Vielheit der Darstellungsformen aufgeweicht wurde. Unter dieses Verdikt fiel auch die Existenz mehrerer griechischer Bibelübersetzungen, die in ihrem Wortlaut sowohl untereinander als auch vom hebräischen Bibeltext abwichen, zumal die prophetische Tradition gemäß rabbinischer Theorie bereits mit Haggai, Sacharja und Maleachi aufgehört hatte.

Die palästinischen Rabbinen, die ihre eigenen (hebräischen) Lehrüberlieferungen und Texttraditionen durchzusetzen bestrebt waren, kannten die religiösen und kulturellen Traditionen des griechischsprachigen Diasporajudentums und seine literarische Produktion mitsamt der griechischen Bibelübersetzung zwar, griffen sie jedoch nicht auf, führten sie auch nicht weiter und wandten sich schließlich bewusst von ihnen ab. Das erkennbare rabbinische Desinteresse an der Weitergabe der griechischen Texttradition schlug in der Folgezeit nach und nach in die kategorische Ablehnung ihrer liturgischen Verwendung in der Synagoge um. Diese Ablehnung wiederum reflektiert in ihrer Schärfe seit dem 4. Jh. n. d. Z. auch kirchliche Versuche ihrer erzwungenen Durchsetzung im Judentum. Die Aneignung und Inanspruchnahme der Septuaginta durch das Christentum trugen so ihren Teil zur letztendlichen alleinigen Anerkennung der hebräischen Heiligen Schriften im Judentum bei.

Nicht nur die Hebräische Bibel, sondern auch die Septuaginta ist eine gemeinsame theologische Basis für das Judentum und für das Christentum. Dabei ist sie zunächst als eines der wichtigsten literarischen Dokumente zu einem umfassenden Verständnis des vielfältigen und sich fortwährend entwickelnden religiösen, intellektuellen und politischen Lebens und der unterschiedlichen Lebensbedingungen des antiken Judentums im palästinischen Mutterland und in der westlichen Diaspora zu betrachten. Bis tief in das 3. Jh. n. d. Z. hinein war das Christentum auch eine innerjüdische Entwicklung (→ III.1, → III.4). Jesus und seine Jünger waren Juden und betrachteten deshalb die Bücher der jüdischen Bibel fraglos als ihre Heiligen Schriften; der Rückbezug auf ihre griechischen Übersetzungen gehört zu den Charakteristika schon der Jesusbewegung und den nachösterlichen christusgläubigen Juden. Ebenso waren die jüdischen Vorbehalte gegenüber der Septuaginta älter als die kirchliche Reduktion des griechischen »Alten Testaments« (2 Kor 3,14) auf eine chiffrierte Vorwegnahme frühchristlicher Glaubensinhalte. Vielmehr bezeugt die Septuaginta sowohl die Pluriformität des antiken Judentums als auch den – recht unterschiedlich verlaufenden – Prozess der jüdischen Rezeption des Hellenismus. Ihre Abstoßung durch die rabbinischen Gelehrten erfolgte erst am Ausgang der Antike.

Unbeschadet der prinzipiellen Gültigkeit des religionshistorischen Urteils, wonach die jüdischen Heiligen Schriften als in sich abgeschlossene Größe die eigenständige Offenbarungs- und Glaubensurkunde des Judentums darstellen, beansprucht aus christlicher Perspektive das theologische Urteil Geltung, wonach zwischen Altem und Neuem Testament ein offenbarungsgeschichtlicher Bezug besteht. Vor diesem Hintergrund ermöglicht die Septuaginta zugleich einen tiefen

Einblick in die Entstehung und Entwicklung des christlichen Glaubens. Auf der Grundlage ihrer maßgeblichen Bedeutung für die Theologie der neutestamentlichen Autoren entwickelte sich die griechische Übersetzung der jüdischen Heiligen Schriften zum christlichen Alten Testament. Man muss eingestehen, dass die vom christlichen Kerygma her verpflichtende Auslegung und perspektivische Relativierung der normativen und heilstiftenden Geltung der Tora als jüdische Offenbarungs- und Glaubensurkunde grundsätzlich über den Zuständigkeitsbereich der rationalen Interpretation hinausgingen.

Aus der Septuaginta als jüdisches Gesetz-, Geschichts- und Weisheitsbuch war über die Jahrhunderte ein christliches Erwartungsbuch geworden, das das Bild des christlichen Schrifttums der ersten vier Jahrhunderte entscheidend geprägt und die Ausbreitung des christlichen Glaubens gefördert hat. Pointiert formuliert: Erst die jüdische Übertragung der jüdischen Bibel ins Griechische wurde zur Voraussetzung der Kirche aus Jüd:innen und Nichtjüd:innen.

Weiterführende Literatur

HENGEL, MARTIN/SCHWEMER, ANNA MARIA, Die Septuaginta zwischen Judentum und Christentum (WUNT 72), Tübingen 1994.
VELTRI, GUISEPPE, Eine Tora für den König Talmai (TSAJ 94), Tübingen 1994.
TILLY, MICHAEL, Einführung in die Septuaginta, Darmstadt 2005.
RAJAK, TESSA, Translation and Survival. The Greek Bible of the Ancient Jewish Diaspora, Oxford 2009.
LAW, TIMOTHY MICHAEL, When God Spoke Greek. The Septuagint and the Making of the Christian Bible, Oxford 2013.

III.3   »Die Juden« im Neuen Testament

Hans-Ulrich Weidemann

Die neutestamentlichen Schriften bezeugen sowohl die innere Pluralität des Volkes Israel vor der Tempelzerstörung, die fraglose Zugehörigkeit Jesu und der ersten Generation seiner Anhänger:innen einschließlich des Paulus zum Judentum, als auch die Verflechtungen der hohepriesterlich-sadduzäischen Eliten mit der römischen Besatzungsmacht. Das Neue Testament ist also eine wertvolle Quelle für das Judentum im ersten Jahrhundert, zumal die Verfasser seiner Hauptschriften selbst größtenteils Juden waren (unbestritten gilt das für Paulus und die Verfasser des Matthäus- und des Johannesevangeliums sowie der Johannesoffenbarung). Andererseits wird in manchen neutestamentlichen Texten rhetorisch eine Außenperspektive inszeniert, die Jesus und seine Nachfolger:innen anachronistisch von ›den Juden‹ insgesamt dissoziiert. Diese Passagen konnten dann im Kontext einer heidenchristlichen Großkirche, die sich selbst in Abgrenzung zum Judentum definierte, antijüdisch gelesen werden.

1. »*Ioudaioi*, Israel und die Beschneidung«: Überblick über den sprachlichen Befund

Dort, wo in den deutschen Bibelübersetzungen der neutestamentlichen Schriften von »Juden« die Rede ist, steht im griechischen Text in den meisten Fällen *Ioudaioi* bzw. im Singular *Ioudaios* (auch als Femininum *Ioudaia* in Apg 16,1). Mit insgesamt 195 Belegen ist dies der zweifellos wirkmächtigste Begriff. Die historisch wie theologisch problematische Seite seiner Wirkungsgeschichte rührt daher, dass *Ioudaioi* zwar auch als Selbstbezeichnung christusgläubiger und anderer Jüd:innen belegt ist, in der Mehrzahl der Fälle aber das Gegenüber, die Anderen bezeichnete. Damit hängt die sehr ungleiche Verteilung innerhalb der neutestamentlichen Schriften zusammen, findet sich die weit überwiegende Zahl an Belegen im Johannesevangelium (71), in der Apostelgeschichte (80) sowie in den unbestritten echten Paulusbriefen (25). (Zur Terminologie vgl. auch III.1)

Allerdings bleibt das Bild lückenhaft, wenn man sich ausschließlich am Wortfeld *Ioudaioi/Ioudaios* orientiert. So muss man im Einzelfall auch die Vokabeln *laos* und *ethnos* sowie *genos* (2 Kor 11,24) berücksichtigen, sofern sie sich auf Jüd:innen bzw. das Volk Israel beziehen. Auch die »Volksmenge« (*ochlos*) kann für »Juden« stehen und später entsprechend gelesen werden. Hinzu kommen die Belege von »Synagoge«, wenn nicht nur ein Gebäude oder eine dort versammelte gottesdienstliche Gemeinschaft gemeint ist, sondern Jüdinnen und Juden als Gruppe. Einzubeziehen ist, außerdem »die Beschneidung«, wenn der Begriff nicht den rituellen Vorgang (Phil 3,5 u. ö.), sondern Jüd:innen als Angehörige des Abrahamsbundes bezeichnet (Gal 2,7f.; Gal 2,12; Tit 1,10; Apg 10,45; Apg 11,2). Im Unterschied zu *Ioudaioi* werden Israel (68 Belege) und Israelit (9 Belege) weitgehend positiv verwendet.

2. Jesus und die *Ioudaioi*: Die kanonische Vorordnung der Evangelien

Die Darstellung folgt der kanonischen Reihenfolge, obwohl die Endfassung der vier Evangelien deutlich nach den authentischen Paulusbriefen entstanden ist. Aber der Vierevangelienkanon unter Einbeziehung des Johannesevangeliums führte dazu, dass die aus der Apostelgeschichte und den Paulusbriefen herauslesbare Opposition ›der *Ioudaioi*‹ gegen die nachösterliche Christusverkündigung nach vorne in das Leben Jesu verlängert wurde. Die Kanon-Architektur begünstigte damit eine spätere Lesart, wonach ›die *Ioudaioi*‹ von Anfang an Jesus feindlich gegenüberstanden und sowohl ihn als auch seine Anhänger:innen bekämpften.

3. »Sein Blut komme über uns und unsere Kinder«: das Matthäusevangelium

Die innerjüdische Verortung der Trägergruppe des Ende des ersten Jahrhunderts entstandenen Matthäusevangeliums ist nach wie vor umstritten. Wertet man textliche Information aus, dann ist von einer gemischten, aber judenchristlich dominierten Gemeinde auszugehen, deren jüdische Mitglieder noch Teil von örtlichen Synagogengemeinden waren. Aus Mt 23,2 lässt sich entnehmen, dass diese pharisäisch geprägt waren und die Christusgläubigen zunehmend unter Druck gerieten. Dafür spricht die gegenüber den anderen Synoptikern deutlich gesteigerte Polemik gegen »Schriftgelehrte und Pharisäer« (v. a. in Mt 23), die sich kaum als bloße Erinnerung an die Zeit Jesu verstehen lässt. Im Unterschied zum Johannesevangelium wird der Begriff *Ioudaioi* nur an wenigen Stellen benutzt, umso auffälliger ist der Beleg in Mt 28,15, wonach das Gerücht vom Leichendiebstahl Jesu »bei den *Ioudaioi* bis zum heutigen Tag« verbreitet ist. Verheerend hat der sog. Blutruf gewirkt, den (nur) Matthäus in seine Version des Pilatusprozesses platziert hat: Manipuliert von Hohepriestern und Ältesten (vgl. Mt 27,20), übernimmt hier »das ganze Volk« freiwillig die Verantwortung für die von den Römern vollzogene Hinrichtung Jesu: »Sein Blut komme über uns und unsere Kinder« (Mt 27,25; LUT 2017). Mit dieser zweifellos fiktiven Szene stellt Matthäus einen ›Tun-Ergehen-Zusammenhang‹ zwischen der Hinrichtung Jesu und der Tempelzerstörung im Jahre 70 n. d. Z. her, die von den »Kindern« der an der Passion beteiligten Generation zu erleiden war.

4.   »Furcht vor den *Ioudaioi*«: das Johannesevangelium

Auch das vierte Evangelium erreichte seine Endfassung nach weitgehendem Konsens der Forschung gegen Ende des ersten Jahrhunderts. In ungleich stärkerem Maße als im Falle der Synoptiker haben sich sowohl die Transformationsprozesse innerhalb des Judentums nach der Tempelzerstörung als auch das Schicksal des jüdischen Trägerkreises des Evangeliums einschließlich seines Hauptautors in der Ausformulierung der Jesus-Vita selbst niedergeschlagen.

Dreimal ist im Evangelium davon die Rede, dass Jüdinnen und Juden, die »Jesus als Christus bekennen«, aus der Synagoge ausgeschlossen werden (*aposynagogos*). Hinter diesen Notizen dürfte die konkrete und wohl lokal begrenzte Ausschluss-Erfahrung einer Gruppe von Jüdinnen und Juden erkennbar sein, deren Christusbekenntnis in den Parametern der johanneischen Christologie formuliert war und die Jesus voll in die gottesdienstliche Verehrung des einen Gottes Israels einbezogen haben (vgl. Joh 5,23). Diese Christologie samt ihrer devotionalen Praxis war für andere Jüd:innen nicht akzeptabel.

Der Evangelist kennt aber auch »*Ioudaioi*, die an Jesus glaubten« (Joh 2,23; 7,31; 8,30; 10,42; 11,45; 12,11.42), also christusgläubige Jüd:innen, die im Unterschied zu seiner eigenen Gruppe im Synagogenverband verbleiben wollten (und dies auch konnten, unter welchen Umständen auch immer). Von ihnen grenzt er sich polemisch ab.

Jüdische Menschen bezeichnen sich im Evangelium selbst als Nachkommen Abrahams (Joh 8,33.39; vgl. Joh 8,56) und als Jünger des Mose (Joh 9,28), sprechen von »unseren Vätern« (Joh 6,31), und sie nennen Gott ihren Vater (Joh 8,41). Von *Ioudaioi* spricht dagegen der Erzähler. Allerdings ist sein Sprachgebrauch keineswegs einheitlich. So bemerkt der Evangelist, dass viele der *Ioudaioi* zu Maria und Marta gekommen waren, um sie über den Tod ihres Bruders zu trösten und sie beim Trauersitzen (*shiwa*) zu unterstützen (Joh 11,19f.31.33.36). Und es ist gerade der johanneische Jesus, der zur samaritanischen Frau sagt: »Das Heil ist aus den *Ioudaioi*« (Joh 4,22), auch wenn Bedeutung und Reichweite dieser Aussage stark umstritten sind. Jesus selbst wird von der Samaritanerin (Joh 4,9) und vom römischen Statthalter (Joh 18,35) als *Ioudaios* angesprochen.

Dessen ungeachtet versucht der Evangelist an entscheidenden Punkten der Erzählung, Jesus, seine Anhänger:innen, aber auch die von ihm Geheilten von ›den *Ioudaioi*‹ zu dissoziieren. Schon bei der Jerusalemer Tempelaktion (Joh 2,18.20) und dann über weite Strecken der Jerusalemer Streitgespräche stellt er ›die *Ioudaioi*‹ Jesus als zunehmend feindliche Macht gegenüber (Joh 7,15.35; 8,22.48.52.57; 10,24.31; vgl. Joh 13,33). Damit erweckt er den Eindruck, Jesus selbst sei gar kein *Ioudaios*. Dasselbe gilt an vielen Stellen für Jesu Jüngerinnen und Jünger sowie die von ihm Geheilten. Es ist offensichtlich, dass der Evangelist das Ergebnis des von ihm und seinem Kreis erlittenen *aposynagogos* (s. o.) ebenso in die Zeit Jesu zurückprojiziert wie die innerjüdischen Diskussionen um die Christologie, die sich insbesondere in den großen johanneischen Dialogen niedergeschlagen haben.

Zwar sind innerjüdische Differenzierungen noch an einigen Stellen erkennbar, aber der Evangelist zeigt die klare Tendenz, Pharisäer und Hohepriester als ›die *Ioudaioi*‹ zu bezeichnen (Joh 9,18; 18,12; 19,7 u. ö.), dasselbe gilt für Galiläer (Joh 6,41) wie Judäer (Joh 7,1). Mehr noch: ›Die *Ioudaioi*‹ sind nicht nur insgesamt Jesu Gegner, sondern agieren als eine Art Behörde. Sie verfolgen Jesus und betreiben seinen Tod (Joh 5,16.18; 7,1), sie fahnden nach ihm (Joh 7,11) und verhören Geheilte (Joh 9,18). Selbst vor der Steinigung schrecken sie nicht zurück (Joh 10,33, vgl. Joh 11,8). In diesen Zusammenhang gehört das Motiv der »Furcht vor den *Ioudaioi*« (Joh 7,13; 9,22; 19,38; 20,19). Diese befällt Erzählfiguren, die selbst eindeutig jüdisch sind.

Auch in der Passion sind es über weite Strecken ›die *Ioudaioi*‹, die Jesu Tod betreiben, obwohl der Evangelist an mehreren Stellen noch erkennen lässt, dass in der von ihm verarbeiteten Passionsüberlieferung die konkreten Akteure aus dem Umfeld des sadduzäisch-hohepriesterlichen Hannas-Clans stammten (vgl. Joh 11,50; 18,3.13f.19–24; 18,28.35; 19,6.15.21).

Auf diese Beteiligung hohepriesterlicher Drahtzieher an der Hinrichtung Jesu reagiert auch Joh 8,41–44, die wohl pointierteste anti-jüdische Aussage des johanneischen Jesus. Sie steht im Kontext eines auf beiden Seiten scharf geführten Streitgesprächs Jesu mit den *Ioudaioi* (Joh 8,21–59), in dessen Verlauf einige von ihnen zum Glauben an Jesus kommen (Joh 8,30f.), die Gruppe der *Ioudaioi* aber letztlich nicht verlassen. Der historisch fiktive und theologisch nicht rezipierbare Text funktioniert nach einer eigenen Logik: Dass ›die *Ioudaioi*‹ Jesu Tod betreiben, beweise, dass weder Abraham noch Gott ihr Vater sein kann. Ihr Vater sei vielmehr der Teufel, der Menschenmörder von Anfang an (Joh 8,44). Es ist deutlich zu sehen, dass der Evangelist jene *Ioudaioi*, die den Tod Jesu betreiben (Joh 8,37.40; vgl. Joh 8,28), zu Repräsentanten ›der *Ioudaioi*‹ insgesamt macht – obwohl er es besser weiß (vgl. Joh 11,47–53).

5.   »Die Nachstellungen der *Ioudaioi*«: die Apostelgeschichte

Im Unterschied zum vierten Evangelisten trägt der Verfasser des lukanischen Doppel-werkes die Opposition ›der *Ioudaioi*‹ nicht in die biographische Erzählung seiner Jesus-Vita ein. Bemerkenswert ist, dass Lukas in seiner Passionserzählung zwischen dem Volk und den Anführern differenziert (Apg 23,35). Das Bild verändert sich dann im Verlauf der Apostelgeschichte. Hier finden sich 80 Belege von *Ioudaioi*, die Mehrzahl davon in der zweiten Hälfte des Buches. Zwar wird der Begriff auch als Selbstbezeichnung (Apg 2,11; 10,28; 21,39; 22,3) benutzt und ganz unpolemisch auf einzelne Jüdinnen und Juden angewendet, die an Christus glauben (Apg 18,2; 18,24; 21,20). Im Zuge der beginnenden und immer erfolgreicheren Heidenmission verwendet Lukas den Begriff ›die *Ioudaioi*‹ dann aber zunehmend pauschal für die Feinde der Urgemeinde und der Missi-on. So notiert er bereits anlässlich der Hinrichtung des Zebedaiden Jakobus durch Herodes Agrippa, dass dies »den *Ioudaioi* gefiel« (Apg 12,1–3). Vor allem ist der Begriff *Ioudaioi* ein entscheidendes Element eines von Lukas mehrfach in seinen Missionser-zählungen variierten Schemas. Dieses Schema spiegelt keineswegs den historischen Verlauf einer konkreten Gemeindegründung wider, sondern gehorcht theologischen Motiven. Zunächst inszeniert Lukas die *Ioudaioi* als Erstadressaten der Evangeliumsver-kündigung. So beginnt die sog. erste Missionsreise in der »Synagoge der *Ioudaioi*« in Salamis (Apg 13,5), dies wiederholt sich in Antiochia (Apg 13,14) und Ikonion (Apg 14,1) usw. Damit unterstreicht Lukas das bleibende heilsgeschichtliche *Prae* Israels. Im Zuge der (erfolgreichen) Ausweitung der Evangeliumsverkündigung auf Nichtjüd:innen er-weisen sich ›die *Ioudaioi*‹ dann aber zunehmend als eifersüchtig (Apg 13,45; vgl. Apg 14,2) und als gewaltbereite Feinde der Mission (vgl. Apg 13,46–52; 14,5; 14,19; 17,5; 17,13; 18,5f.12–17; 20,3). So kann Paulus in der Miletrede pauschal von den »Nachstel-lungen der *Ioudaioi*« sprechen, die ihm zusetzten (Apg 20,19).

In den Missionsreden der ersten Buchhälfte verwendet Lukas dagegen das sog. Kontrastschema. Hier wird die Jerusalemer Bevölkerung von den jüdischen Chris-tus Verkündigern – allen voran Petrus – direkt angesprochen und unter Bezug auf die Rufe nach der Kreuzigung Jesu (Lk 23,18–23) pauschal für den Tod Jesu verant-wortlich gemacht: »Das ganze Haus Israel wisse nun zuverlässig, daß Gott ihn so-wohl zum Herrn als auch zum Christus gemacht hat, diesen Jesus, den *ihr* gekreuzigt habt!« (Apg 2,36 u. ö.; ELB 1871). Diskutiert wird, ob Lukas hier die Erinnerung an eine frühe Phase innerjüdischer Missionspredigt bewahrt hat. Wie im Falle des Matthäus- und des Johannesevangeliums verbietet sich auch hier eine Übertragung solcher rhetorisch zugespitzten und historisch falschen Aussagen auf alle anderen Jüdinnen und Juden von selbst.

6.   »Ein Gott der *Ioudaioi* und der Völker«: Die Briefe des Paulus

Gerade als »Apostel der Völker« schreibt Paulus seiner jüdischen Identität bleiben-de Bedeutung zu (Röm 11,1.13). Er selbst spricht in seinen Briefen von sich als

»Israelit, aus dem Samen Abrahams, aus dem Stamm Benjamin« (Röm 11,1; SLT 2000), als »Hebräer aus Hebräern« (Phil 3,6; vgl. 2 Kor 11,22). Im Galaterbrief bezeichnet er nicht nur die antiochenischen Judenchrist:innen als »die übrigen *Ioudaioi*« (Gal 2,13), sondern spricht von sich selbst und von Petrus als »*Ioudaioi* von Natur – und nicht Sünder aus den Heiden« (Gal 2,15). Nirgendwo distanziert sich Paulus davon, auch in Gal 1,13f. nicht, denn *Ioudaismos* heißt weder hier noch in 2 Makk 2,21 und 2 Makk 14,38 »Judentum«, sondern bezeichnet die innerjüdische Parteinahme gegen eine Assimilation an die hellenistische Globalkultur.

Paulus kämpft im Galater-, im Philipper- und dann im Römerbrief argumentativ gegen die Beschneidung von Nichtjuden (!), die zum Glauben an Christus gekommen und auf den Namen Jesu getauft worden sind. Denn eine nachträgliche Beschneidung von Nichtjuden würde aus der Sicht des Paulus die grundlegende Einsicht zunichte machen, dass der Mensch nicht aus Werken der Tora gerecht wird, sondern allein aufgrund des Christusglaubens. Zwar gilt diese soteriologische Fundamentalaussage auch für ethnische Jüd:innen, wie Paulus vor allem in Gal 2,15–21 darlegt, aber nirgendwo bekämpft er »das Judentum« oder die Beschneidung von Juden, obwohl die Texte teilweise später so gelesen wurden.

Paulus hält an der Erwählung Israels fest (Röm 9,4f.), akzentuiert diese aber dahingehend, dass Gott in Israel das Heil für *Ioudaioi* und Völker schafft. So erweist sich Gott nicht alleine als Gott der *Ioudaioi*, sondern auch der Völker (Röm 3,29). Deswegen formuliert Paulus das erwählungstheologische *Prae* Israels (Röm 1,16: »dem Juden zuerst...«, vgl. Röm 3,1), um im selben Atemzug die Völkerperspektive zu ergänzen (»... und ebenso auch dem Griechen«, vgl. Röm 2,9f.). Kein Unterschied besteht daher zwischen *Ioudaios* und Grieche, denn Christus ist der Herr aller (Röm 10,12). Das ekklesiologische Pendant zu der genannten ›Formel‹ steht dann in Gal 3,28, wonach es in Christus weder *Ioudaios* noch Grieche, weder Sklave noch Freier, nicht männlich und weiblich gibt, sondern alle einer sind (vgl. Kol 3,11). Dazu steht gerade nicht im Widerspruch, dass Gott »aus *Ioudaioi* und Griechen« zum Christusglauben beruft (1 Kor 1,22–23; Röm 9,24), sich die Ekklesia also bleibend aus *Ioudaioi* und Nichtjuden zusammensetzt (vgl. 1 Kor 7,18f.; 12,12f.).

Hochproblematisch im Hinblick auf die spätere Rezeptionsgeschichte ist eine Passage, in der Paulus ›die *Ioudaioi*‹ gegenüber seinen heidenchristlichen Adressat:innen kollektiv als Feinde der Ekklesia inszeniert und selbst vor antijüdischen Pauschalisierungen paganen Ursprungs nicht zurückschreckt. Anlass für diese Invektive ist 1 Thess 2,14 zufolge, dass die »Ekklesien Gottes, die in Judäa sind« (also Gemeinden christusgläubiger *Ioudaioi*) von Seiten anderer Jüd:innen unter Druck geraten sind. Leider spezifiziert Paulus nicht, worauf er sich hier bezieht: Das Spektrum kann von sozialer Desintegration und öffentlicher Anfeindung über die Verhängung von Synagogalstrafen bis hin zu Lynchmord (wie im Fall des Stephanus: Apg 7) und Hinrichtung (wie im Fall des Zebedaiden Jakobus: Apg 12,1–3) reichen. Die Vorkommnisse waren offenbar so gravierend, dass Paulus ›die *Ioudaioi*‹ insgesamt und pauschal im selben Atemzug beschuldigt, »sowohl den Herrn Jesus als auch die Propheten getötet und uns verfolgt zu haben.« (1 Thess 2,15; ELB 2006). Damit nicht genug: Sie finden vor Gott keinen Gefallen und sind Feinde aller Menschen. Hier kombiniert der Apostel den innerjüdischen Vorwurf des Prophetenmordes (vgl. Neh 9,26f.) mit zwei zentralen anti-jüdischen Stereotypen paganer Herkunft, nämlich Gottlosigkeit (Asebie) und Menschenfeindlichkeit (Misanthropie). Zuletzt führt Paulus an, dass die *Ioudaioi* »uns daran hindern, zu den Völkern zu reden, damit diese gerettet werden« (1 Thess 2,16). Der Apostel spricht offenbar von der gewaltsamen Behinderung der Heidenmission von Seiten jüdischer Akteure. Auch hier verzichtet er auf konkrete Angaben. Indem sie die Heidenmission behindern, bestätigen die *Ioudaioi* Paulus zufolge die anti-jüdischen Vorurteile der hellenistisch-römischen Umwelt (vgl. dazu SCHREIBER, Brief, 148–171).

In 2 Kor 11,24 wiederum schreibt Paulus im Rahmen eines sog. Peristasenkatalogs, also der Aufzählung schlimmer Widerfahrnisse im Dienste Jesu Christi, dass er fünfmal die Synagogenstrafe der »Vierzig weniger einen« Peitschenhiebe erleiden musste. Wie in 1 Thess 2,14 nennt er ausdrücklich *Ioudaioi* als Täter. Zu beachten ist aber, dass die Synagogalstrafe nicht nur zur Bestrafung, sondern auch zur Rehabilitation vollzogen wurde. Dass »der Geschlagene wieder wie dein Bruder ist«, geht aus dem entsprechenden Mischnahtraktat Makkot (mMakk 3,15) hervor. Paulus kommuniziert also ein Doppeltes: Einerseits erleidet er im Dienste des Evangeliums auch von Seiten seines eigenen jüdischen Volkes harte körperliche Züchtigung, andererseits demonstriert er gerade damit seine bleibende Zugehörigkeit zur Synagoge.

7.   »Die Synagoge des Satans«: die Johannesoffenbarung

Den Abschluss des neutestamentlichen Kanons bildet die Johannesoffenbarung. In zwei der sieben Eingangsbriefe werden Menschen erwähnt, die sich *Ioudaioi* nennen, es aber nicht sind – sondern die aus der »Synagoge des Satans« stammen (Offb 2,9f.; 3,9). Es ist umstritten, ob es sich um Nichtjüd:innen handelt, die sich selbst als *Ioudaioi* bezeichnen, oder um Mitglieder jüdischer Gemeinden in Smyrna und Philadelphia, die Druck auf Christusgläubige (zu denen auch Jüd:innen gehören!) ausüben und in der Wahrnehmung des (judenchristlichen!) Sehers Johannes gemeinsame Sache mit dem römischen Imperium machen. Dass Bedrängnis zu maßloser Polemik führt, ist auch hier zu sehen.

8.   Historische Verortung als Grundlage theologischer Reflexion: ein Fazit

Fragt man, welchen Impulsen sich die Entstehung antijüdisch lesbarer und gelesener Textpassagen des Neuen Testaments verdankt, dann sind insbesondere zwei erkennbar: Erstens wird ›den *Ioudaioi*‹ in manchen Texten kollektiv und pauschal die Verantwortung für den Tod Jesu zugeschrieben. In historisch nicht sachgemäßer Weise wird hier die vermutlich historische Beteiligung einzelner Akteure aus hohepriesterlichen Kreisen an der Verhaftung und der Anklage Jesu vor der römischen Instanz anachronistisch auf ›die *Ioudaioi*‹ insgesamt bezogen. Die Tatsache, dass Jesus nach römischem Recht verurteilt und hingerichtet wurde, gerät dabei ebenso in den Hintergrund wie die Frage, welche Gründe die am judäisch-römischen Instanzenzug beteiligten Parteien gehabt haben. Ein analoger Vorgang lässt sich bei der innerjüdischen Christusverkündigung nach Ostern feststellen: ›Die *Ioudaioi*‹ werden pauschal als Gegner:innen der nachösterlichen Evangeliumsverkündigung gezeichnet und damit einer späteren dualistischen Textwahrnehmung (»wir Christen vs. die Juden«) der Boden bereitet.

Insofern sind es solide historische Gründe, die es im Sinne von *Nostra aetate* 4 geboten sein lassen, die Ereignisse der Kreuzigung Jesu »weder allen damals lebenden Juden ohne Unterschied noch den heutigen Juden zur Last legen«. Exegetisch kann man an den genannten Passagen Mechanismen von Abgrenzung und Identitätssicherung studieren. Das schließt nicht aus, dass ihnen konkrete Erfahrungen von erlittenem Unrecht, von Ausgrenzung, Repression und Verfolgung zugrunde liegen, die man als solche respektieren muss.

Theologisch sind die genannten Passagen nicht rezipierbar. Ausgangspunkt für eine neutestamentlich begründete Israeltheologie kann nur Röm 9–11 sein. Paulus reflektiert hier bereits Mitte der 50er Jahre das Scheitern der Christusverkündigung in Israel und verbindet diesen für ihn schmerzlichen Umstand mit dem Erfolg der Heidenmission, mit der er sich selbst maßgeblich betraut sieht. Die Bedeutung seiner Ausführungen, die maßgeblich die Aussagen von *Nostra aetate* 4 über den »Wurzelstock Abrahams« (*stirps Abrahae*) inspiriert haben, liegt vor allem darin, dass Paulus auch angesichts von Israels Nein dem Evangelium gegenüber die bleibende Gültigkeit der Verheißungen Gottes betont und auch dieses Nein in Gottes Heilshandeln verankert.

Weiterführende Literatur

COHEN, SHAYE J. D., The Beginnings of Jewishness: Boundaries, Varieties, Uncertainties (Hellenistic culture and society 31), Berkeley 1999 [vgl. dazu auch COHEN, SHAYE J. D., Die Anfänge des Judeseins, in: Kirche und Israel 16/2 (2001) 101–111].

HARVEY, GRAHAM, The True Israel. Uses of the Names Jew, Hebrew and Israel in Ancient Jewish and Early Christian Literature, Leiden 1996.

MASON, STEVE, Jews, Judaeans, Judaizing, Judaism: Problems of Categorization in Ancient History, in: Journal for the Study of Judaism 38 (2007) 457–512.

ÖHLER, MARKUS, Judäer oder Juden? Die Debatte »Ethnos vs. Religion« im Blick auf das 2. Makkabäerbuch, in: AVEMARIE, FRIEDRICH u. a. (Hg.), Die Makkabäer (WUNT 382) Tübingen 2017, 157–185.

SCHREIBER, STEFAN, Der erste Brief an die Thessalonicher (ÖTK 13/1), Gütersloh 2014.

III.4   Das Christentum aus dem Judentum oder das Judentum aus dem Christentum?

Katharina Heyden

Die ersten Anhänger:innen Jesu von Nazaret waren Gruppen innerhalb des Judentums des Zweiten Tempels. Aber seit wann haben wir es mit zwei unterscheidbaren Religionen zu tun? Und wie lässt sich die weitere komplizierte Geschichte zwischen

Judentum und Christentum historisch und theologisch angemessen beschreiben? In diesem Kapitel werden vier verschiedene Modelle der Verhältnisbestimmung diskutiert und abschließend im Paradigma der religiösen Koproduktion zusammengeführt.

1.   Verwandtschaft

Die älteste und bis heute wirksame Weise, wie Christ:innen sich ihr Verhältnis zum Judentum denken, sind Verwandtschaftsverhältnisse. Folgt man diesem Paradigma, so scheint es vielleicht am naheliegendsten, das Judentum als Mutter- und das Christentum als Tochterreligion zu denken. Diese Zuordnung beinhaltet die Vorstellung, dass das Christentum das Judentum fortführt. Zu dieser Metapher gehört aber auch, dass irgendwann nur noch die Tochter auf der Welt ist – und das ist augenscheinlich hier nicht der Fall. Vielleicht haben sich christliche Theologen, wie übrigens auch jüdische Rabbinen, aus diesem Grund eher in biblischen Geschwistergeschichten wiedergefunden. Diese Geschichten sind nun weniger von brüderlicher Eintracht, sondern fast ausschließlich von Konkurrenz geprägt.

Am beliebtesten für die Verhältnisbestimmung von Judentum und Christentum war die Erzählung von Jakob und Esau, den beiden Söhnen der Erzeltern Isaak und Rebekka (Gen 24–28). Da in der Bibel die Sympathien eindeutig bei Jakob liegen und dieser aus der Geschwisterkonkurrenz als Sieger hervorgeht, wollten beide Gemeinschaften sich mit ihm identifizieren. Die Christ:innen hatten dabei den Vorteil, dass Jakob als der jüngere Bruder tatsächlich besser zum Christentum als der jüngeren Religion zu passen schien. So konnte etwa der nordafrikanische Jurist und Theologe Tertullian zu Beginn des 3. Jh.s in einer Schrift »Gegen die Juden« erklären: »Denn Gott sagte zu Rebekka: ‹Zwei Völker sind in deinem Schoß, und zwei Volksstämme werden aus deinem Mutterleib hervorgehen, und das eine Volk wird das andere übertreffen und das ältere wird dem Jüngeren dienen›. Da nun also das Volk oder der Stamm der Juden zeitlich früher da war (...), unseres aber dem Alter und der Zeit nach jünger ist (...), muss zweifellos kraft der Verkündigung des göttlichen Ausspruches das erste und ältere Volk, nämlich das jüdische, notwendigerweise dem jüngeren dienen und das jüngere Volk, die Christen, das ältere übertreffen.« (Tertullian, Adversus Judaeos I) Das Geschwister-Paradigma mündete also in der Behauptung, dass das Christentum das Judentum übertroffen habe und leitete daraus ab, dass fortan die Jüd:innen den Christ:innen dienen müssten.

Obwohl die hochproblematischen Auswirkungen eines solchen Denkens auf das reale Zusammenleben von Jüd:innen und Christ:innen vor allem in den christlichen Herrschaften Europas, in denen Jüd:innen in die dienende Rolle gezwungen wurden, bestens bekannt sind, hat sich das Verwandtschaft-Paradigma bis in die heutige Zeit gehalten. So wird die Religionsgeschichte in Bildungsmedien immer noch gern in Form von Stammbäumen präsentiert, bei denen das Judentum den Stamm darstellt, aus dem dann das Christentum in all seiner Vielfalt erblüht. Der historisch wahre Kern solcher Darstellungen besteht darin, dass nicht nur die allerersten Anhänger:innen Jesu von Nazaret, sondern auch die nach seinem Tod gegründeten christlichen Gemeinden tatsächlich im Umfeld von Synagogen entstanden sind (→ III.1, → III.3). Es hat also eine gewisse historische Berechtigung zu sagen, dass das Christentum aus dem Judentum erwachsen ist. Aber dabei muss jede einlinige Vorstellung von einer Entwicklung vom Judentum zum Christentum und vor allem jede theologische Idee einer Ablösung vermieden werden.

Zugespitzt könnte man sagen: Das frühe Christentum war eine Sekte innerhalb des Judentums zur Zeit des Zweiten Tempels, vergleichbar mit den Pharisäern, den Sadduzäern und den Essenern von Qumran, die alle für sich beanspruchten, die wahren Nachfolger des biblischen Volkes Israel zu sein. Allerdings denken viele Menschen heute bei ‹Judentum› – vor allem, wenn der Begriff im Singular verwendet wird – zunächst einmal an das rabbinisch geprägte Judentum, das sich im Lauf der Spätantike als die vorherrschende Strömung durchsetzte und die Wahrnehmung des Judentums bis heute prägt. Und dieses Judentum hat seine Identität tatsächlich zeitgleich und in Konkurrenz mit dem aufstrebenden Christentum herausgebildet.

2.   Getrennte Wege – gemeinsame Welten

Diese Beobachtung hat zu der Metapher der »Trennung der Wege« von Judentum und Christentum nach der Zerstörung des Zweiten Tempels im Jahr 70 und der endgültigen Auflösung von Jerusalem als jüdische Stadt nach dem Bar-Kochba-Aufstand durch Kaiser Hadrian im Jahr 135 geführt. James G. Dunn beschreibt in seinem 1991 erschienenen Buch »The Partings of the Ways« verschiedene Ereignisse, welche die Trennung des frühen Christentums vom Judentum markieren: Auf christlicher Seite sind solche Trennungspunkte die Abwendung der Jesusbewegung vom Tempelkult, wie sie vor allem in der Rede des Stephanus (Apg 7) zum Ausdruck kommt; die Stellung des Apostels Paulus zum Zeremonialgesetz (Gal; Röm); und die Aufnahme der griechischen Logos-Philosophie in die Christologie im Johannesevangelium (Joh 1). Auf jüdischer Seite nennt Dunn den Ausschluss der Jesusanhänger:innen aus den Synagogengemeinden durch die Einführung des sogenannten Ketzersegens (birkat ha-minim) in das Achtzehn-Bitten-Gebet; den ausgrenzenden Effekt der Einführung des fiscus Iudaicus, einer Art Kopfsteuer, die nach dem ersten judäischen Aufstand (66–70) von jedem Juden und jeder Jüdin an die römische Staatsmacht gezahlt werden musste, sowie die Anerkennung des Simon Bar Kochba als Messias durch Rabbi Akiva während des zweiten Aufstandes 132–135.

Die Betonung der Selbständigkeit, die Judentum und Christentum im Verlauf des 2. und 3. Jh.s erlangten, hat nicht nur historisch ihre Berechtigung, sondern ist auch theologisch von Bedeutung. Denn die Rede vom »parting of the ways« hat dazu beigetragen, das Judentum als eine eigenständige Größe wahrzunehmen und aus der Ablösungs- oder Überbietungstheologie zu befreien, welche über Jahrhunderte die christliche Sicht auf das Judentum bestimmt hatte. Daniel Boyarin hat allerdings in seinem Buch »Border Lines« (2004) darauf hingewiesen, dass die Trennung zwischen Jüd:innen und Christusgläubigen weniger der gelebten Realität entsprach, sondern vielmehr das Werk von Autoritäten in beiden Gruppierungen war, die innerhalb der spätantiken Juden-Christenheit (Judeo-Christianity) durch ihre normativen Grenzziehungen überhaupt erst die Idee von Religionsgemeinschaften geschaffen haben.

Die These vom »parting of the ways« ist in letzter Zeit vor allem kritisch diskutiert worden. Denn abgesehen von der viel diskutierten Schwierigkeit, einen genauen Zeitpunkt für das Auseinandergehen zu bestimmen, verführt das Bild von den getrennten Wegen auch zu der Vorstellung, dass nach der Weggabelung beide Gemeinschaften ganz unabhängig voneinander ihrer Wege gegangen wären. Aber genau das trifft weder auf das Judentum noch auf das Christentum zu – und zwar aus unterschiedlichen, aber miteinander verwobenen Gründen.

Die christliche Kirche hatte sich vor allem im zweiten nachchristlichen Jahrhundert intensiv mit ihrem biblischen Erbe und dem biblischen Ritualgesetz auseinandergesetzt. Ein wichtiger Auslöser dieser Auseinandersetzung war ein aus Kleinasien nach Rom eingewanderter christlicher Unternehmer namens Markion, der die Vision einer von allem Jüdischen bereinigten christlichen Religion verwirklichen wollte. Von gnostischem Dualismus beeinflusst, hielt Markion den biblischen Schöpfergott für unvereinbar mit der christlichen Erlösungsbotschaft und kritisierte die Vermischungstendenzen in den christlichen Schriften und Lebenspraktiken seiner Zeit. Als Alternative kreierte er einen christlichen Schriftenkanon, der nur aus dem Lukas-Evangelium und einigen Paulusbriefen bestand, die von allen ›jüdischen‹ Elementen bereinigt waren, und entwickelte eine Theologie, in der Jesus als der »fremde Gott« die Welt erlöst, mit der er absolut nichts gemeinsam hat. Diese radikale Spielart eines »unjüdischen« Christentums fand in der Mehrheitskirche jedoch keinen Anklang und wurde von mehreren Theologen, auch dem bereits erwähnten Tertullian, scharf zurückgewiesen. Im Ergebnis entschied sich die Mehrheitskirche bewusst für die Beibehaltung der jüdischen Schriften und entwickelte die allegorische Schriftauslegung, die mit der Annahme verschiedener Sinnebenen eine christliche Deutung der biblischen Texte ermöglichte. Mit dieser Aneignung untrennbar verbunden war die dauerhafte Konkurrenz mit dem zeitgenössischen Judentum um den Anspruch, Nachfolger der biblischen Israeliten zu sein. Die christliche Antwort lag im sogenannten Supersessionismus (von lateinisch supersessio: Ersetzung, Ablösung, Überbietung), also der Behauptung, dass das Christentum das Judentum als legitime Erbin und Nachfolgerin des biblischen Volks der Israeliten ablöst und ersetzt (oft auch als Substitutionstheologie bezeichnet). So behauptete etwa der christliche Philosoph Justin der Märtyrer in seinem »Dialog mit dem Juden Tryphon« mit Blick auf die Verheißung Gottes an Abraham (Gen 12,1): »Uns hat Gott erwählt. Er wurde denen offenbar, die nicht nach ihm fragten: ›Siehe, ich bin Gott, spricht er, für das Volk, das meinen Namen nicht angerufen hat!‹ Denn wir sind jenes Volk, das Gott einst dem Abraham versprochen hatte. [...] Das Volk also, welches Gott dem Abraham verheißt, glaubt wie Abraham, fürchtet Gott, ist gerecht und erfreut den Vater. Da euch jedoch der Glaube fehlt, seid ihr nicht jenes Volk.«

Texte wie dieser werfen die Frage auf, in welcher Spielart des Christentums mehr Potential zu theologischem Antijudaismus steckt – in Markions Idee von einem Christentum als reine Antithese zum Judentum oder in der Aneignung der jüdischen prophetischen Traditionen durch das mehrheitskirchliche Christentum. Eine einfache Antwort auf diese Frage gibt es nicht. Das Festhalten der Mehrheitskirche an der Bibel und die Verknüpfung mit einem eigenen Schriftenkanon aus Evangelien und Briefen hatte jedenfalls deren Relativierung zur Folge: Aus der Bibel wurde das »Alte« Testament, das auf das »Neue« verwies: ein Zeugnis des »Alten Bundes«, der durch den »Neuen Bund« in Jesus Christus abgelöst und übertroffen wird (→ II.3). Da man auch die Zensur Markions in den Evangelien und Paulusbriefen nicht übernehmen wollte, gelangten zudem zahlreiche Zeugnisse der Auseinandersetzung Jesu und der Apostel mit »den Juden« in die christliche Heilige Schrift (z. B. Joh 8,44: »Ihr seid vom Teufel«). Je länger und deutlicher nun Jüd:innen und Christ:innen im alltäglichen Leben voneinander zu unterscheiden waren, desto mehr verschob sich das Verständnis solcher polemischer Passagen. Das Bewusstsein dafür, dass die gesamte Jesusbewegung eine Bewegung innerhalb des Judentums gewesen war, verschwand nach und nach hinter der feindseligen Abgrenzung gegen »die Juden«, und so wurden »die Juden« der Bibel gleichgesetzt mit den Jüd:innen der eigenen Zeit in der eigenen Nachbarschaft. Einflussreiche christliche Theologen wie Augustinus entwickelten eine Sicht auf die Heilsgeschichte, in der den Jüd:innen eine ganz spezifische Funktion zugewiesen wurde: Sie waren die ersten Empfänger der Offenbarung Gottes gewesen, hatten aber den Messias nicht erkannt, sondern getötet und geleugnet. Wer ihn weiterhin leugnete, sollte deshalb ein sichtbares Zeichen für das elende Schicksal derer sein, die die Wahrheit nicht annehmen. Zwar hoffte man auf die Bekehrung der Jüd:innen vor der Wiederkehr Christi, aber bis dahin hatten sie als Christusleugner und -mörder zu bezeugen, wie es denen ergeht, die die Wahrheit nicht annehmen.

Diese theologischen Zuschreibungen beeinflussten nicht nur das Denken, sondern auch die Gesetzgebung und damit die konkreten Lebensbedingungen von Jüdinnen und Juden in christlichen Herrschaften. Man kann daher nicht behaupten, dass Judentum und Christentum nach der sichtbaren Trennung der Religionsgemeinschaften getrennte Wege gegangen wären. Sie waren, wohl oder übel, in ihrem Selbstverständnis und im konkreten Leben aneinandergebunden. Allerdings führten die ungleichen Machtverhältnisse dazu, dass diese dauerhafte Beziehung für die einen eine religiös und sozial motivierte Wahlverwandtschaft und für die anderen eine Zwangsheirat war.

Etwas anders gestaltete sich das Zusammenleben in den muslimischen Herrschaftsbereichen im Nahen und Mittleren Osten, in Nordafrika und auf der Iberischen Halbinsel, wo Jüd:innen und Christ:innen als »Leute der Schrift« (*ahl al-kitâb*) denselben Status privilegierter Schutzbürger (*dhimmî*) hatten. Sie durften ihre Religion ausüben, mussten aber Kopfsteuern bezahlen. In diesen Gebieten konnte sich das Judentum häufig freier entfalten als unter christlicher Herrschaft.

Auf andere, vielleicht erfreulichere, Weise fragwürdig wird die Idee des »parting of the ways«, wenn man den Blick von Theologie und Politik weg auf die gelebte Religionspraxis richtet. Dann nämlich wird deutlich, dass jüdische und christliche Individuen und Gemeinschaften fast immer in der vormodernen Geschichte – Ghettos und Massenvertreibungen sind Phänomene der Neuzeit – gemeinsame Lebenswelten teilten und dass dies Auswirkungen auf ihre Rituale, Gebete und Lebensformen hatte. Israel Yuval hat dieses Phänomen anhand eines Vergleichs zwischen der rituellen Ausgestaltung des jüdischen Pessachfests und des christlichen Osterfests in der Spätantike aufgezeigt. Hier lassen sich viele Fälle von gegenseitiger Bereicherung finden. Weil in Festen, Ritualen und Lebensgemeinschaften das Selbstverständnis von Gemeinschaften Ausdruck findet, liegen aber auch hier Kongruenz und Konkurrenz dicht nebeneinander (→ VI.1). Und gerade Festtage waren für das konkrete Zusammenleben häufig die konfliktreichsten Zeiten im Jahr.

In den vergangenen Jahren wurden auch zunehmend Parallelen im Märtyrerkult, im Pilgerwesen, in der ikonographischen Ausgestaltung von Synagogen und Kirchen und allgemein in den materialen Kulturen untersucht. Und weil das alltägliche Leben und das Nachdenken über Gott und menschliche Werte nicht unabhängig voneinander bestehen, ist es nicht verwunderlich, dass auch intellektuelle Welten und Textkulturen geteilt wurden, wie zum Beispiel Michal Bar-Asher Sigal (2012) durch einen Vergleich von rabbinischen und monastischen Gemeinschaften und ihren literarischen Hinterlassenschaften zeigen konnte.

3.   Verwickelte Geschichten

Religionsgemeinschaften tendieren dazu, ihre eigene Vergangenheit als Entwicklungsgeschichte zu erzählen. Typisch dafür sind Sukzessionslinien der Überlieferung, wie sie sowohl aus rabbinischer Literatur als auch aus christlichen Bischofslisten bekannt sind. Entwicklungsnarrative etablieren und stabilisieren das Selbstbild, dass eine Gemeinschaft im Lauf durch die Geschichte die ursprüngliche Botschaft oder Offenbarung möglichst rein bewahrt oder sich doch zumindest in Treue dazu weiter entfaltet hat. Die Religionsgeschichte zeigt dagegen eher eine Geschichte von Verwicklungen als eine Geschichte von Entwicklungen. Die Erforschung solcher »entangled histories« wird gern als kritisches Korrektiv gegen religiöse Entwicklungsnarrative angeführt. Für ein angemessenes Verständnis von religiösen Traditionen ist aber gerade die Zusammenschau von Innenperspektiven und Außenperspektiven entscheidend.

Im Fall von Judentum und Christentum ist die Sache nun besonders kompliziert, weil wir es mit vier Arten von »Geschichte« zu tun haben: (1) die Ereignisgeschichte der Interaktionen von Jüd:innen und Christ:innen; (2) die gemeinsamen biblischen und apokryphen Geschichten; (3) die Überlieferungsgeschichten und ständige Bearbeitung dieser Geschichten durch beide Seiten; (4) die heilsgeschichtlichen Erwägungen und Hoffnungen in beiden Traditionen, die aus diesen gemeinsamen Geschichten verschiedene Geschichtsbilder ableiten, wie wir es bei Tertullian, Justin und Augustinus gesehen haben.

Ein anschauliches Beispiel für die Überlagerung und Verquickung dieser vier Ebenen von Geschichte(n) ist die christliche Aneignung und jüdische Wiederaneignung des antiken Historikers Josephus, der im ersten nachchristlichen Jahrhundert über die Zerstörung des Jerusalemer Tempels im Jahr 70 n. d. Z. durch die Römer berichtet hatte. Weil er in seinem »Judäischen Krieg« auch selbstkritische Töne gegenüber den jüdischen Aufständischen angeschlagen hatte, eignete sich Josephus aus Sicht christlicher Theologen besonders gut als Zeuge für die These, dass die Zerstörung des Tempels der geschichtliche Beweis für den Triumph des Christentums über das Judentums sei. Dass Josephus ein jüdischer Autor war, kam diesem Anliegen besonders zugute. In dieser christlichen Aneignung prägte also der jüdische Historiker das christliche Geschichtsbild über Jahrhunderte. Im 10. Jh. aber nahm ein namentlich unbekannter jüdischer Autor in Süditalien den verchristlichten Josephus in die Hand und fertigte eine hebräische Fassung an, in der die christliche Triumphgeschichte zu einer jüdischen Trostgeschichte über den Weg Gottes mit seinem Volk umgeschrieben wird. Diese jüdische Rückaneignung des verchristlichten jüdischen Schriftstellers fand ihren Weg über das Mittelmeer nach Nordafrika, wo der Sefer Yosippon ins Judeo-Arabische, Koptische und Äthiopische übersetzt wurde. Am Ende dieser verwickelten Überlieferungsgeschichte hat der ›Josephus/ Yosippon‹ in der einen oder anderen Gestalt die konkurrierenden Geschichtsbilder nicht nur von jüdischen und christlichen, sondern auch von muslimischen Gemeinschaften geprägt.

Etwas ähnliches lässt sich für zahlreiche literarische Werke, vor allem die sogenannten apokryphen Schriften zeigen, die häufig in jüdisch-christlichen Kreisen entstanden sind und dann von beiden Gemeinschaften lebhaft weitertradiert und an die eigenen Ansprüche angepasst wurden. Viele von ihnen haben nur dank der Überlieferung durch die eine Gemeinschaft auch den Weg in die andere gefunden. Jede Gemeinschaft nutzte diese Geschichten, um an der eigenen Identität und Tradition zu arbeiten, und in dieser Konkurrenz stellten sie – meistens ungewollt und unbewusst – die Ressourcen für die jeweils andere Tradition zur Verfügung.

Bisweilen wurden die Geschichten der anderen auch ganz offen polemisch verwendet, wie etwa in den Toledoth Jeshu, einer jüdischen Sammlung von satirischen Geschichten über Jesus, die ihn als hochbegabten Häretiker, Betrüger und Zauberer darstellen und dafür zahlreiches Material aus den Evangelien verwenden.

4. Koproduktion

Ein Versuch, diese vielfältigen historischen und hermeneutischen Verwicklungen möglichst umfassend zu beschreiben, ist das Konzept der religiösen Koproduktion (HEYDEN/NIRENBERG, Co-production). Koproduktion meint die Tatsache, dass Judentum, Christentum und Islam in all ihrer konfessionellen Vielfalt sich in ihrer gemeinsamen Geschichte permanent formieren, re-formieren und transformieren, indem sie miteinander interagieren und übereinander nachdenken. Diese Koproduktion betrifft alle Bereiche des Religiösen: Rituale, Lebensformen, Gesetze, Vorschriften, Narrative, Theologien. Und weil nicht nur Judentum und Christentum sich auf biblische Geschichten und prophetische Traditionen beziehen, sondern auch der Koran, ist der Islam in den Dynamiken der Koproduktion immer mit zu berücksichtigen. Judentum, Christentum und Islam haben ihre Traditionen in der Konkurrenz um einen gemeinsamen Kanon von Prophetien und Geschichten ausgebildet und sie tun es bis heute. Aufgrund ihrer gemeinsamen Geschichte und Geschichten ist die Arbeit an der eigenen Tradition ohne das Wissen und Nachdenken über die jeweils anderen nicht möglich. Die Dynamiken, die daraus entstehen, sind ambivalent: die drei religiösen Traditionen schulden einander ebenso viel, wie sie sich gegenseitig verdanken.

Die plausibelste Antwort auf die im Titel dieses Kapitels gestellte Frage – »Das Christentum aus dem Judentum oder das Judentum aus dem Christentum?« – ist also eine dreifache: dass (1) das »oder« durch ein »und«, sowie (2) das Fragezeichen durch einen Punkt ersetzt werden kann; und dass (3) auf Singular-Artikel verzichtet werden sollte, da von keiner der beiden Religionen in der Einzahl gesprochen werden kann. Also: Vielfältiges Christentum aus Judentum und vielfältiges Judentum aus Christentum. Und zwar von ihren verwickelten Anfängen bis heute.

Weiterführende Literatur

Bar-Asher Sigal, Michal, Shared Worlds: Rabbinic and Monastic Literature, in: HTR 105, 2012, 423–456.

Boyarin, Daniel, Border Lines. The Partition of Judaeo-Christianity (Divinations: Rereading Late Ancient Religion), Berkeley 2004.

Dunn, James G., The Partings of the Ways. Between Christianity and Judaism and their Significance for the Character of Christianity, London [2]2006.

Heyden, Katharina/Nirenberg, David, Religious Co-production: Judaism, Christianity, and Islam, in: Harvard Theological Review, 2024 (in Druck).

Yuval, Israel, Zwei Völker in deinem Leib. Gegenseitige Wahrnehmung von Juden und Christen in Spätantike und Mittelalter (Jüdische Religion, Geschichte und Kultur 4), Göttingen 2007.

Standhartinger, Angela u. a., Themenheft: Parting of the Ways. Die Trennung der Wege von Juden und Christen in der neueren Forschung, in: EvT 80/6, 2020, 400–471.

IV. Die Heiligen Schriften als Trennendes und Verbindendes zwischen Judentum und Christentum

IV.1 »Die Juden«, ihre Schrift und ihre theologische Bedeutung bei den Kirchenvätern der Spätantike

Elisabeth Birnbaum

1. Kirchenväter und Judentum – ein heikles Kapitel

»Ein lebender Hund ist besser als ein toter Löwe« (Koh 9,4b; EÜ 2016) – diesen Vers aus dem Buch Kohelet fühlte sich Hieronymus in seinem Koheletkommentar (388/ 89 n. d. Z.) bemüßigt, so auszulegen: Wir wollen »gemäß dem Evangelium jene Kana-anäerin als Hund bezeichnen, der gesagt wurde: Dein Glaube hat dich gesund ge-macht (Mt 9,22; vgl. Mt 15,22–28), als toten Löwen aber das Volk der Beschneidung, wie der Prophet Bileam sagt: Siehe, das Volk, wie ein Löwenjunges wird es sich erheben und wie ein aufspringender Löwe (Num 23,24; LXX). Der lebende Hund sind also wir aus den Völkern, der tote Löwe aber ist das vom Herrn verlassene Volk der Juden. Und vor Gott ist dieser lebende Hund besser als jener tote Löwe ...« (Hierony-mus, Comm. in Eccl. 9,4b; Ü: Birnbaum, Koheletkommentar, 185).

Solche antijüdischen Ausritte finden sich in Bibelkommentaren, Briefen und Traktaten häufig bei den sogenannten (lateinischen und griechischen) »Kirchenvä-tern«, den maßgeblichen christlichen Autoren des 2.–8. Jhs. n. d. Z. von Justin d. Märtyrer bis Augustinus, von Irenäus v. Lyon bis zu Gregor dem Großen: Einfluss-reich wie sie waren, prägten sie die christliche Lehre, die Bibelauslegung und auch das Verhältnis zum Judentum für Jahrhunderte. Die ambivalente und teilweise hochproblematische Beziehung der christlichen Bibelausleger zum Judentum soll hier in aller Kürze skizziert werden.

2. Das Grundproblem: Das jüdische Volk als Stein des Anstoßes: Der Bruderzwist um die Stellung als wahres Gottesvolk

2.1 Jüdische Glaubensgemeinschaft: fähig zur »Bekehrung«? Die Frage nach dem wahren Gottesvolk und typologische Klischees

Wogegen ist christlicher Antijudaismus in der Spätantike gerichtet? Er wendet sich gegen das Judentum, allerdings nicht gegen das Judentum an sich, sondern das

Judentum nach dem Christusereignis. Das Grundproblem besteht in der Frage, wer *das wahre Gottesvolk* ist. Unbestritten bleibt, dass Gott Israel einst als Gottesvolk erwählt hat. Christlicher Antijudaismus hat das theologische Problem, dass dieses Gottesvolk nun nahtlos in der Kirche aufgegangen sein müsste. Stattdessen gab es in der Spätantike jedoch nach wie vor eine große, sogar florierende, attraktive jüdische Religionsgemeinschaft (SIQUANS, Prophetinnen, 513), die keine Anzeichen erkennen ließ, die Person Jesus von Nazaret als endzeitlichen Messias anzuerkennen. Umso anstößiger für Christinnen und Christen war diese Konkurrenz zwischen den beiden Gemeinschaften.

Schon deshalb musste gegen judaisierende Tendenzen nach Meinung mancher Kirchenväter konsequent gehandelt werden. Frühe einflussreich gewordene Beispiele dafür sind etwa Justin der Märtyrer (Dialog mit dem Juden Tryphon, Mitte 2. Jh.) oder Tertullian (Adversus Judaeos, Ende 2. Jh.).

2.2   Ist Israel verworfen?

Die Frage, was mit »der Synagoge« geschieht, wenn sie – wie ja zeitgenössische Realität der Kirchenväter – Jesus von Nazaret nicht als den endzeitlichen Messias sieht und aus christlicher Perspektive »im Unglauben« verharrt, war prekär. Ob das Judentum endgültig vom Heil abgeschnitten war oder ob es für sie noch Hoffnung (auf »Bekehrung« zum Christentum) gab, wird bei den Kirchenvätern nicht konsistent beantwortet. Ein gutes Beispiel für eine auf den ersten Blick uneindeutige, aber insgesamt doch klar antijüdische Haltung ist Hieronymus. Im Kommentar zu Koh 3,1–8, dem Gedicht über die Zeit, zitiert er einerseits eine hebräische, sprich: jüdische Deutung der Verse auf die Geschichte Israels, prolongiert diese dann aber bis zur Gegenwart und Zukunft (HIERONYMUS, Comm. in Eccl. 3,2): »Eine Zeit der Liebe, mit der er [Gott] sie [die Israeliten] früher, zur Zeit der Väter, liebte, und eine Zeit des Hasses, weil sie die Hände gegen Christus erhoben. Eine Zeit der Schlacht: jetzt für die, die nicht Buße tun, und eine Zeit des Friedens: in Zukunft, wenn die Fülle der Völker eingetreten ist und ganz Israel gerettet sein wird (vgl. Röm 11,25f.)«.

Schon das zeigt, dass der Antijudaismus der Kirchenväter nicht geradlinig verläuft. Er verwendet gängige Pauschalurteile, bricht sie aber auch wieder auf. Trotzdem wiegt bei aller Ambivalenz der unerträgliche und heute auch kirchlich scharf widerlegte Vorwurf des Gottesmordes, der an das Judentum gerichtet wurde und eine jahrhundertelange grausame Wirkungsgeschichte zeitigte, schwerer als die vage Erwartung der Rettung Israels am Ende der Zeiten.

2.3   Juden, der hebraeus meus und Hieronymus

Zudem hinderte alle Polemik gegen das Judentum Exegeten wie Origenes oder Hieronymus nicht daran, jüdische Deutungen zu zitieren. Mehr noch, sie ließen sich von Juden auch sprachlich beraten. Origenes spricht etwa von einem »*hebraeus meus*«, einem ihm vertrauten Juden(-christen), der mit ihm die Auslegungen diskutiert. Hieronymus übernimmt die Redeweise. Dabei ist umstritten, ob er tatsächlich selbst einen Juden zur Seite hatte oder ihn nur aus Origenestexten mitzitiert. Eine solche Abhängigkeit vom Judentum wiederum fürchtet insbesondere Augustinus (s. u.).

3. Heilige Schrift und die Schriftauslegung der Kirchenväter

3.1 Die Bibel aus Altem und Neuem Testament

Interessanterweise hat trotz mancher Versuche, die Hebräische Bibel aus dem Christentum zu entfernen, sich die Kirche eindeutig und eindrücklich zur Beibehaltung der alttestamentlichen Schriften bekannt. Nicht genug damit, wurden sie von den Kirchenvätern auch umfassend kommentiert. Hieronymus etwa schrieb zu sämtlichen Prophetenbüchern Kommentare, Augustinus befasste sich eingehend (in zwölf Bänden) mit den Büchern Genesis und den Psalmen.

Dies trotz der fatalen Bestrebungen einflussreicher Christen wie Markion (2. Jh. n. d. Z.), die Schriften der jüdischen Bibel nicht in den christlichen Kanon aufzunehmen und auch die neu entstehenden Schriften auf möglichst nichtjüdische Texte zu reduzieren (Markion wollte nur das Lukasevangelium und die Paulusbriefe als Heilige Schrift behalten). Noch in der Spätantike sah man sich veranlasst, das Alte Testament gegen Abwertung oder Ausgrenzungsversuche zu verteidigen. Die Einheit der Schrift aus Altem und Neuem Testament war für die Kirchenväter unaufgebbar.

So fand Hieronymus in seinem Koheletkommentar keine guten Worte für Tendenzen, das eine Testament ohne das andere zu lesen. Zu Koh 11,2 schreibt er Folgendes:

> »Gib sieben einen Anteil und sogar acht(en), denn du weißt nicht, welches Übel auf der Erde sein wird. (...) Es wird also geboten, dass wir an beide Testamente, nämlich an das alte wie an das neue, mit gleicher Verehrung glauben. Die Juden gaben sieben einen Anteil, indem sie an den Sabbat glauben, aber sie gaben ihn nicht acht(en), weil sie die Auferstehung am Herrentag leugnen. Im Gegensatz dazu geben die Häretiker Markion und Mani und alle, die das alte Gesetz mit wildem Maul zerfetzen, den Anteil acht(en), indem sie das Evangelium anerkennen, aber sie gestehen diesen nicht der Siebenzahl zu, indem sie das alte Gesetz verschmähen. Wir also wollen beiden Testamenten glauben!« (HIERONYMUS, Comm. in Eccl. 11,2; Ü: BIRNBAUM, Koheletkommentar, 221).

Neben der antijüdischen Kritik fällt die noch wesentlich harschere Schelte für Christ:innen auf, die das Alte Testament nicht in Ehren halten.

3.2 Voraussetzung: heilsrelevante Lektüre

Die Kirchenväter bekannten sich demnach zu den Texten ihres »Alten Testaments«. Gleichzeitig interpretierten sie diese Texte einseitig und polemisch aus der Perspektive des Christusereignisses. Als Kinder ihrer Zeit übernahmen sie zudem einige hermeneutische Grundlagen aus der philosophischen Exegese, wie sie in der Spätantike vor allem von den Neoplatonikern betrieben wurde. Das bedeutete vor allem Folgendes:

1) Urheber der Bibel ist Gott. Da sich Jesus Christus als Sohn Gottes, präexistenter Logos (vgl. Joh 1,1ff.) und zweite göttliche Person erwiesen habe, müsse folglich auch die gesamte Heilige Schrift von ihm mitgeprägt sein bzw. ihn mit zum Inhalt haben.

Alttestamentliche Ereignisse, Personen und Motive prägen daher nicht nur die neutestamentlichen Ereignisse, Personen und Motive, sondern auch umgekehrt: Neutestamentliche Ereignisse, Personen und Motive erhellen erst die alttestamentlichen und enthüllen deren tieferen Sinn. Die entscheidende Methode ist dabei die Typologie: Dem Antitypus aus dem Neuen Testament wird situationsbezogen ein Typus aus dem Alten Testament gegenübergestellt. Neben die wörtliche Bedeutung des alttestamentlichen Textes tritt eine geistige, die auf Christus hinweist. So wird etwa im Koheletkommentar des Hieronymus bereits zu Beginn klargestellt, dass zwar im »historischen« Sinn, sprich: im Verständnis aus dem Alten Testament heraus, Kohelet niemand anderer als Salomo sei. Im »geistigen« Sinn spricht hier jedoch Christus. Dadurch müssen und werden sämtliche Aussagen Kohelets im Positiven verstanden werden und dürfen nicht, wie heute oft zu sehen, als Ausdruck eines Gotteszweiflers gesehen werden.

Nicht alle Kirchenväter legen in allen Details christozentrisch aus. Insbesondere gibt es Unterschiede zwischen Alexandria, wo diese Methode sehr intensiv verwendet wurde, und Antiochia, wo man vor übertriebenem Gebrauch warnte und »eine Interpretation des Alten Testaments aus diesem selbst heraus« anstrebte (FÜRST, Hieronymus, 130). Pauschal gesagt bezog man die Prophezeiungen des Alten Testaments in Alexandria vor allem auf Christus, während man sie in Antiochia (z. B. bei Theodor von Mopsuestia, † 428) auf die Geschichte Israels im Alten Testament selbst auslegte und schon dort als erfüllt sah. Doch das ändert nichts an den grundsätzlichen Übereinstimmungen der Auslegungsmethoden.

Die christozentrische typologische Lektüre ist nicht nur eine mögliche Lesart des Alten Testaments. Sie prägte auch die neutestamentliche Erzählweise und Bibelauslegung (vgl. z. B. 1 Kor 10,1ff.), die frühchristliche Argumentation (bes. bei Irenäus von Lyon oder Justin dem Märtyrer) und nicht zuletzt die christliche Leseordnung der Liturgie.

Die Typologie erwies sich einerseits als leistungsfähige »Verchristlichung« des Alten Testaments, war andererseits jedoch ein Einfallstor für antijüdische Auslegungen, wie das eingangs erwähnte Zitat von Koh 9,4b beispielhaft zeigt. Dabei wird das, was für gut befunden wird, mit Christus, Maria oder der Kirche gleichgesetzt. Das Negative, Veraltete, von Gott Verworfene, Sündige hingegen entspricht den Jüdinnen und Juden bzw. der Synagoge.

So wurde in vielen patristischen Interpretationen (z. B. in den Numerihomilien des Origenes) die Prophetin Mirjam, die Schwester des Mose, die in Num 12 gegen Mose murrt, zum Typos der Synagoge und damit zum Typos des jüdischen Volkes. Aaron, der in Num 12 ebenfalls negativ bewertet wird, stand für das jüdische Priestertum (vgl. SIQUANS, Prophetinnen, 505). Die positiven Gestalten in dieser Interpretation sind Mose und seine nichtjüdische, äthiopische Frau. Sie wurden mit Christus und der Kirche »aus den Völkern« gleichgesetzt.

Die positiven Identifikationsfiguren des Alten Testaments, Mose, David oder Salomo, sind demnach im Urteil der Kirchenväter nicht »jüdisch«, sondern jeweils Typos Christi.

2) Weil die gesamte Heilige Schrift Gott als Urheber, *auctor*, hat, findet sich in den Texten der Bibel auch nichts für das Heil des Menschen Irrelevantes. Wenn der einfache, »wörtliche« Sinn nicht zur schon zuvor gewussten Glaubenswahrheit oder zur kirchlichen Sittenlehre passt oder auch nur scheinbar monoton und banal ist, muss tiefer gegraben werden, bis sich auf einer tieferen/höheren Ebene Heilsrelevantes finden lässt. Die Hagiographen, so die Überzeugung, hätten manche Stellen bewusst verschleiert und etwas anderes gesagt, als sie meinten. Ziel der Exegese ist es, diese Allegorien (Anders-Aussagen) zu entschlüsseln. So scheint etwa Koh 9,7–9 Hieronymus nicht stimmig zu sein: Wieso sollte Christus zu freudigem Essen, Trinken und dem Leben mit einer geliebten Frau aufrufen? Hier hilft ihm ein allegorisches Verständnis weiter: Mit Brot und Wein seien das wahre Brot und der wahre Wein gemeint, und die geliebte Frau sei die Frau Weisheit.

Oft steht dahinter auch ein legitimierender Aspekt: Schon Origenes kennt das Problem, dass Christ:innen die Relevanz mancher alttestamentlichen Texte, z. B. der Speisegesetze in Lev 10 u. ä. nicht sehen konnten und nicht einsahen, warum sie solche Texte anhören mussten. Er empfahl deshalb, das Gesetz spirituell, sprich: allegorisch auszulegen, um dem entgegenzuwirken (ORIGENES, Die Homilien zu Numeri VII 2,4, 1921; vgl. SIQUANS, Prophetinnen, 506). Dies zeigt auch, dass die Frage, welche Bibeltexte allegorisch und welche »wörtlich« zu verstehen seien, immer eine Frage der dogmatischen und religiösen Ausrichtung ist, eine Vorentscheidung, die unabhängig von der Methode getroffen wird. Problematisch ist demnach nicht die Methode (die auch im rabbinischen Judentum praktiziert wurde, s. u.), sondern die Vorentscheidung, Teile des Alten Testaments als für sich genommen irrelevant oder unvollständig anzusehen. Diese Vorentscheidung entstammt antijüdischen Impulsen, prägt die konkrete Auslegung und leistet dadurch neuem Antijudaismus Vorschub.

3) Der dritte Grundsatz der Auslegung war: Schrift kann und muss durch Schrift erklärt werden. Scheinbare Widersprüche konnten so durch Erklärungen aufgelöst werden. Hieronymus etwa erklärte den Widerspruch zwischen Kohelets Diktum in Koh 1,2 (Alles ist Nichtigkeit) und Gen 1,31 (Gott bezeichnet alles, was er gemacht hat, als sehr gut) mit zwei weiteren Bibelstellen: In Ex 34,29–30.35 liegt die Herrlichkeit Gottes auf Moses Angesicht, nachdem er vom Sinai herabstieg. In 2 Kor 3,10 bezeichnet Paulus diese Herrlichkeit als nichtig gegenüber der überragenden Herrlichkeit Christi. Der springende Punkt ist der Vergleich mit dem Göttlichen. Genau wie Moses Herrlichkeit wahre Herrlichkeit ist und nur vor Christi Herrlichkeit verblasst, genau so ist die Welt zwar für sich genommen sehr gut, aber im Vergleich mit Gott »Nichtigkeit der Nichtigkeiten«.

3.3   Polemik gegen das nichtchristliche Schriftverständnis

Auch im Judentum entstanden durch die Abgrenzung vom Christentum neue, kommentierende Schriften zur jüdischen Bibel: Mischna, Tosefta und Talmud. Auch dort wurden ähnliche Methoden angewendet, selbstverständlich ohne christozentrische Lektüre. Auch dort bediente man sich einer allegorischen Leseweise, wenn die wörtliche Auslegung nicht genügend spirituellen Gewinn versprach.

Sowohl die Urheberschaft Gottes als auch die Heilsrelevanz der Schriften, sowohl die Schrift-durch-Schrift-Erklärung als auch die Allegorese sind rabbinischen und Kirchenväter-Auslegungen gemeinsam. Die dennoch unterschiedlichen Ergebnisse sind Folge davon, dass

- die Kirchenväter nicht nur die alttestamentlichen, sondern auch die neutestamentlichen Texte in ihre innerbiblische Intertextualität einbinden,
- teilweise andere Übersetzungen verwendet werden, insbesondere sind hier die Septuaginta auf christlicher Seite gegenüber Septuaginta-Rezensionen (Theodotion, Symmachus Aquila) oder Targumim auf jüdischer Seite zu nennen,
- und selbstverständlich, dass die Kirchenväter auf die biblischen Texte nicht von der Tora aus, sondern von den Evangelien blicken.

Daran entzündet sich dann auch der Streit zwischen christlicher und jüdischer Auslegung. Wenn »geistlich« oder »allegorisch« gleichbedeutend war mit »höher/tiefer« bzw. »auf Christus bezogen«, musste jede Interpretation, die dem Glauben an Jesus als dem Christus widersprach, »fleischlich«, »unten« bzw. »oberflächlich« oder »buchstäblich« sein. Das von Kirchenvätern als Schimpfwort verwendete Eigenschaftswort dafür war »jüdisch«.

»Jüdisch« gilt dabei als Inbegriff für »negativ, schlecht«. Aber »jüdisch« sind nicht alle Jüdinnen und Juden. Und umgekehrt: Nicht alle Christinnen und Christen sind »christlich«. Einziger Maßstab etwa für Origenes ist offenkundig die Schriftauslegung. Wer die Schrift im obigen Sinne »buchstäblich«, »wörtlich« versteht, nimmt sie »fleischlich« auf und erniedrigt damit (den positiv verstandenen) Mose (ORIGENES, Die Homilien zu Numeri VII 1,3, 1921, SC 415, 170, zit. aus SIQUANS, Prophetinnen, 505f.). Dies setzt sich bei den Kirchenvätern der Spätantike fort.

3.4   Die Frage der Übersetzung: LXX vs. Hebräische Bibel

Einige Streitigkeiten zwischen Christ:innen und Jüd:innen gründen auf Übersetzungsunterschieden, die als böswillige Verdrehungen dargestellt wurden. Die griechische Fassung der Septuaginta war zu dieser Zeit schon etabliert. Hieronymus entschloss sich jedoch, seine lateinische Bibelübersetzung auf die Hebräische Bibel zu stützen. Dies brachte ihm harsche Kritik von seinem Zeitgenossen, dem Kirchenvater Augustinus, ein. Die berühmte Geschichte von einem Tumult in einer Kirche wegen der Übersetzung des Hieronymus, in der Jona nicht, wie in der LXX gebräuchlich, unter einem Kürbis saß, sondern unter einem Efeu, zeigt, wie heikel das Thema war (Vgl. HIERONYMUS, *Ep.* 112.22; AUGUSTINUS, *Ep.* 71.5).

Dass Christ:innen die Hebräische Bibel verwarfen und sich der Septuaginta zuwandten, ist (nicht nur deshalb) eine Verkürzung. Vielmehr dachten die ersten Kirchenväter, es handle sich bei der Septuaginta um eine getreue, in allem übereinstimmende Übersetzung der Hebräischen Bibel. Als nach und nach jüdische Septuaginta-Rezensionen entstanden, die näher am hebräischen Text waren, führten die Kirchenväter in Unkenntnis der hebräischen Sprache dies auf bewusste Fälschungen der jüdischen Rezensionen zurück.

Die Phasen dieser Entwicklung könnte man stichwortartig so umreißen:

2. Jh. n. d. Z.: Justin der Märtyrer, Irenäus von Lyon u. a. beschuldigen neuere jüdische Septuaginta-Rezensionen, die authentische Septuagintaübersetzung, die durch die 72 Ältesten verfasst wurde, zu verfälschen (JUSTIN DER MÄRTYRER, Dial. 71.1–2; 84,1;3–4; IRENÄUS VON LYON, Haer. 3.21.3 u. a.)

3. Jh. n. d. Z.: Origenes gesteht den Septuaginta-Rezensionen (Symmachus, Theodotion, Aquila) zu, dass sie den hebräischen Text authentischer wiedergeben als die Septuaginta. Die Unterschiede seien auf Textverderbnis und Abschreibfehler zurückzuführen. Er rechnet sogar auch gelegentlich mit Textverderbnis im hebräischen Text. Sein Ziel ist es daher, die Septuaginta von diesen Fehlern zu »heilen« (ORIGENES, *Ep.* Afr. 4–5).

4. Jh. n. d. Z.: Hieronymus übersetzt das Alte Testament aus dem Hebräischen und gerät deshalb in Konflikt mit Augustinus, der bezweifelt, dass ein einziger Mann besser übersetzen könne als die 72 Übersetzer der Septuaginta (→ III.2). Außerdem fürchtet er, durch die Hinwendung zur Hebräischen Bibel sich allzu sehr von jüdischen Sprachkundigen abhängig zu machen. Die Unterschiede zwischen der Septuaginta und dem hebräischen Text werden als teilweise bewusste Unterschiede ernst genommen. Augustinus spricht letztlich sogar von einer doppelten Inspiration: Beide Versionen seien von Gottes Geist inspiriert und bewusst unterschiedlich gestaltet (AUGUSTINUS, De civitate Dei XVIII, 43).

3.5   Die Jungfrau bleibt die Jungfrau?

Wie sehr einzelne Übersetzungen dogmatisch bestimmt und dementsprechend heiß umkämpft waren, zeigt die Diskussion über Jes 7,14, wo die Geburt des Immanuel angekündigt wird. Ob dort (wie in Mt 1,21) von einer Jungfrau oder einer jungen Frau die Rede sei, erhitzte bereits in den ersten Jahrhunderten n. d. Z. die Gemüter. Sei es, dass man wie in den ersten Jahrhunderten die Übersetzung mit »junge Frau« als jüdische Fälschung ansah; sei es, dass man wie Hieronymus die zwei Begriffe ʿalmâ und bətûlâ synonym verstand und jeweils mit »Jungfrau« übersetzte und ʿalmâ sogar als besonders hervorgehobene Art der Jungfräulichkeit interpretierte: Die bedeutsame Funktion der Jesajastelle für das Matthäusevangelium und die dogmatische Marienverehrung führte zu intensiv geführten Diskussionen, die bis heute nicht verstummt sind.

4.   Zusammenfassung

Das Verhältnis der Kirchenväter zum Judentum war gespalten. Einerseits war das zeitgenössische Judentum für sie ein Affront. Vor allem die Auslegung der Schrift ohne Bezugnahme auf den Christusglauben galt ihnen als verfehlt. Sie selbst legten das Alte Testament vielfach (mit Ausnahmen wie z. B. Theodor von Mopsuestia) konsequent auf und in Bezug auf Christus aus. Wer das nicht teilte, sprich: Wer die Bibel las und dadurch nicht zum Glauben an Christus kam, war für sie »jüdisch«, egal, zu welcher Religion er sich offiziell bekannte. Solchen Menschen wünschte man die »Bekehrung« oder stellte sie den Häretikern gleich. Das gemeinsame Erbe sorgte für Nähe und gleichzeitig für Misstrauen, führte zu Vorbehalten oder gar zu offener Feindschaft.

Andererseits verteidigten die Kirchenväter der Spätantike das Alte Testament als wesentlichen Bestandteil der christlichen Bibel. Sie lasen es großteils aus einer jüdischen Übersetzung, der Septuaginta. Sie rekurrierten zunehmend auch auf die hebräische Schrift selbst. Sie übernahmen jüdische Auslegungen. Manche wie Hieronymus hatten sogar Sprachlehrer aus dem Juden(-christen)tum. Und die Hoffnung blieb, dass auch dem jüdischen Volk einst das Heil winken würde. Auch wenn man es sich oft nicht vorstellen konnte oder wollte.

Bei aller Ambivalenz muss die Sicht der Kirchenväter auf das Judentum aus heutiger Perspektive aber als hochproblematisch gelten. Besonders schwerwiegend ist, dass sich mit ihnen eine Weichenstellung vollzog, die Antijudaismus über Jahrhunderte hinweg begünstigt und legitimiert hat.

Weiterführende Literatur

FIEDROWICZ, MICHAEL, Theologie der Kirchenväter. Grundlagen frühchristlicher Glaubensreflexion, Freiburg 2007.

FÜRST, ALFONS, Judentum, Judenchristentum und Antijudaismus in den neu entdeckten Psalmenhomilien des Origenes, in: Adam. 20, 2014, 275–287.

GALLAGHER, EDMOND, Hebrew Scripture in Patristic Biblical Theory: Canon, Language, Text (SVigChr 114), Leiden 2012.

KANNENGIESSER, CHARLES, Handbook of Patristic Exegesis. The Bible in Ancient Christianity (2 Bde.), Leiden/Boston 2004.

SIMONETTI, MANLIO, Biblical Interpretation in the Early Church. An Historical Introduction to Patristic Exegesis, Edinburgh 1994.

IV.2   Die Juden, ihre Schrift und ihre theologische Bedeutung im Mittelalter

Hanna Liss

Qui bene distinguit bene docet »gut lehrt, wer gut unterscheidet« (Hermann Ulrici). Da die christliche Theologie oft recht genau zu wissen scheint, was »die« Schrift ist, und zuweilen auch recht unbekümmert ein gemeinsames ›jüdisch-christliches Schriftverständnis‹ beschwört, soll es in diesem Kapitel vor allem darum gehen, das jüdische Verständnis der Hebräischen Bibel im Mittelalter *im Gegenüber* zum christlichen Zugang darzulegen. Dabei werden wir uns gemäß dem Schwerpunkt dieses Buches vor allem auf den westeuropäischen (christlichen) Raum (Ashkenas; Nordfrankreich) und damit auf die hebräisch-aramäische Bibelkultur konzentrieren. Die judäo-arabische Gelehrsamkeit auf der iberischen Halbinsel (Sefarad) soll nur am Rande erwähnt werden, weil das Mittelalter hier vor allem muslimisch geprägt war. Drei Themen werden dabei besonders im Fokus stehen: 1. Die hochmittelalterliche Bibel und ihre unterschiedlichen Artefaktformen, 2. die jüdische Auslegungskultur im innerjüdischen Binnendiskurs sowie 3. exegetische Zwangsdialoge und antichristliche Polemik.

1.　Die hochmittelalterliche Bibel und ihre unterschiedlichen Artefaktformen

Der masoretische Text ist der maßgebliche Text der Hebräischen Bibel. Er ist nicht zu verwechseln mit dem bereits in den Qumran-Handschriften überlieferten antiken biblischen Konsonantentext. Erst die sog. Masora, d. h. der masoretische Hypertext mit Vokalisation, Akzentsetzung und Beifügung verschiedener Annotationen lässt den antiken Konsonantentext zum mittelalterlichen *masoretischen* Text werden. Der heute gebräuchliche Begriff der Masora bezieht sich auf alle meta-textuellen Elemente als Informationen zum Konsonantentext und seiner artefaktischen Aufbereitung. Dazu gehören neben Graphemen, grammatischen, syntaktischen und statistischen Notizen, auch *mise-en-page* (Gestaltung der Seite) und *mise-en-texte* (Textanordnung auf der Seite), die den Bibelcodex, aber auch die noch heute für den synagogalen Gebrauch bestimmte Tora-Rolle (*Sefer Tora*) bestimmen. Man unterscheidet zwischen perpendikulärer Randmasora (sog. *masora parva*) und horizontaler Rand- und Endmasora (sog. *masora magna* bzw. *masora finalis*). Erst ab dem 9. Jh. übernimmt die hebräisch-aramäische Gelehrtenkultur den Codex als Träger der biblischen Überlieferung (Kairoer Prophetencodex; geschrieben 895 von Moshe ben Asher), und erst jetzt gewinnen die Prophetenbücher und die Schriften die Bedeutung, die in der rabbinischen Gelehrtenkultur vor allem den *Fünf Fünfteln* (*Chamishe Humsha*) der Tora, dem Pentateuch, zukam. Bis heute ist der Anteil der sog. Qaräer, d. h. eine seit dem 8. Jh. entstandene Bewegung jüdischer Schriftgelehrsamkeit, an der Masora umstritten; unstrittig ist jedoch, dass das masoretische System nicht nur zur Textstabilisierung dienen sollte (als ›Zaun um die Tora‹), sondern auch exegetischen Zwecken diente, um Verse zusammenzubinden, die auf den ersten Blick nichts gemein haben. So findet sich eine *masora-parva*-Anmerkung zu dem Ausdruck ומקום ›Platz‹ [für die Kamele] in Gen 24,31, die diesen Vers mit Ijob 28,1 (›eine Stelle für Gold ...‹) verbindet, dem einzigen weiteren Vers in der Hebräischen Bibel, in denen ומקום durch die Präposition ל fortgesetzt wird. Die Anmerkung verweist damit indirekt auf eine Midrasch-Auslegung des Abschnittes, wonach Laban vor allem am Reichtum des Knechtes interessiert war.

In Westeuropa nahm die Masora aber vielfach eine andere Form als in den orientalischen Codices an: Seit dem 12. Jh. tauchen in Frankreich und Deutschland Teil- und Vollbibeln auf, in denen die lineare Masora in ornamentalen Formen in Mikrographie als sog. *masora figurata* auf der Seite platziert wurde. Sie wurden als zoomorphe (Hunde, Vögel, Drachen) oder auch als anthropomorphe Darstellungen (Ritter) geschrieben, ohne dabei etwas von ihrer philologischen Qualität einzubüßen. Vielfach handelt es sich bei diesen mikrographischen Illustrationen um die Verarbeitung umfangreicher masoretischer Listen, wie sie heute in den mittelalterlichen Sammlungen Okhla we-Okhla (MS Paris BnF hébreu 148; MS Halle Yb 4° 10) vorliegen. Bei genauerer philologischer Betrachtung erweist sich dabei das Bildprogramm dieser *masora figurata* als ein außerordentlich sinnvoll arrangiertes Ensemble, das oftmals als exegetisches oder sogar mystisch-theologisches Kunstwerk angelegt und deshalb bis ins Detail durchgeführt wurde.

Darüber hinaus lässt sich zeigen, dass viele dieser *figuratae* unter dem Einfluss der westeuropäischen christlichen Mehrheitskultur (Buchillustration, Heraldik, Architektur) zustande gekommen sind und hier bisweilen sogar eine Art Counter-Theologie formulieren. Im Gegensatz zur grammatisch-linguistischen Wissenschaftstradition, in der diese Listen als philologisches Werkzeug dienten, was gleichzeitig ihre äußere hierarchisch gegliederte Form und ein sequentielles Lesen notwendig bedingte, hat eine bislang erst in Ansätzen greifbare Gruppe von Masoreten/Theologen dieses Material seiner ursprünglichen Funktion beraubt und dazu verwendet, um auf den ersten Blick ein emotional und ästhetisch ansprechendes Artefakt zu schaffen, das auf den zweiten Blick eine Reihe zum Teil hochbrisanter theologischer Informationen enthält. So findet sich in der Bibelhandschrift London, BL or. 2091, fol. 203r, eine *masora figurata*, die im Bildprogramm die vier Lebewesen aus dem Thronwagenwerk in Ez 1 (Löwe, Stier, Mensch [als Ritter!], Adler) bietet (http://bima2.corpusmasoreticum.de/manuscript/British.Library.Or.2091/203r).

Der theologische Clou dieser Illustration ist ein doppelter: Zum einen korreliert der Bibeltext der Listen mit dem Bildprogramm: So werden in Krone, Stab und Helm-Visier des Ritters Texte aus Ez 47 zitiert, die die neuen Ländergrenzen von *Eretz Israel* beschreiben. Die *masora figurata* etabliert damit in der Ritterfigur ein Anti-Kreuzzugsprogramm. Zum anderen ist die Zusammenstellung der vier Lebewesen nicht arbiträr: In der Kunstgeschichte kennt man sie als Evangelisten-Viergestalt (Tetramorph). Unser Masoret bietet die Lebewesen im Halbprofil und in derselben Paar-Konfiguration (Adler/Mensch und Stier/Löwe), wie wir sie an vielen gotischen Portalen und Tympana im geographischen Dreieck von Chartres, Angers und Bourges finden. Auch wenn den Jüdinnen und Juden nicht zwingend alle theologischen Bedeutungen eines solchen Bildprogramms geläufig waren, so wussten sie doch, dass solche Kirchenportale die Schnittstelle zwischen dem profanen und dem heiligen Raum markierten. Der Übernahme ihrer Symbole durch die Christen begegneten sie mit ihrer Schreibfeder. Auch in den Bibelhandschriften entstehen so Eingangsportale in den sakralen Raum des Textes.

Dieser in sehr vielen aschkenasischen Bibeln verschlüsselte masoretische Metatext war damals wie heute von den christlichen Exegeten nicht zu entschlüsseln, sondern diente ausschließlich den exegetisch-theologischen Binnen-Diskursen der jüdischen

Gelehrten. Die Tatsache, dass solche figurierten und damit auch gleichzeitig ver-schlüsselten Bibelhandschriften vor allem in Frankreich und Deutschland im ausge-henden 12. und 13. Jh. auftauchen, lässt möglicherweise darauf schließen, dass diese Codices im Gefolge der zunehmenden Hebraisierung in christlichen Kreisen (Domini-kaner) einerseits und der durch die Inquisition veranlasste Zerstörung hebräischer Bücher andererseits geschrieben wurden: Eine mit metatextuellen Elementen und figurativer masoretischer Notation versehene Bibelhandschrift enthält Sinnebenen, die selbst von hebraistisch versierten christlichen Theologen wohl nicht erschlossen werden konnten. Überdies konnte das in Bibelcodices eingetragene masoretische Lis-tenmaterial, selbst wenn es für Außenstehende nicht verständlich war, doch bis heu-te gesichert überliefert werden, weil hebräische Bibelcodices nicht der Zerstörung hebräischer Bücher im Zuge der Ketzerverfolgungen anheimfielen.

Dieser Blick auf die konkrete Manuskriptgestaltung jüdischer Bibelhandschriften zeigt eine enge Verwobenheit mit der geschichtlichen Entwicklung, die sich nicht geradlinig – schon gar nicht in einen auf Verständigung zielenden Dialog zwischen Juden und Jüdinnen und Christ:innen – auflösen lässt.

2.   Die jüdische Auslegungskultur im innerjüdischen Binnendiskurs

Die Bedeutung des biblischen Textes für Jüdinnen und Juden und die exegetisch-theologische Beschäftigung mit ihm beschränkte sich nicht auf den unmittelbar dargebotenen semantischen Gehalt des Bibeltextes: Schon seit der rabbinischen Zeit waren formale Beobachtungen (große und kleine Buchstaben; Zahlwerte einzelner Buchstaben; besondere Markierungen auf einzelnen Buchstaben) Ausgangspunkt und Gegenstand für exegetische Darlegungen. So verweist beispielsweise R. Ya'aqov ben Asher (c. 1269–1340) darauf, dass der Einleitungssatz in das Zehnwort (›zehn Gebote‹) in Ex 20,1 (וידבר אלהים את כל הדברים האלה לאמר) nicht nur auf die schriftliche, sondern auch auf die mündliche Tora verweise, denn der Zahlwert der Buchsta-ben dieses Satzes (1332) entspricht dem Zahlwert der Aussage »*Alles, was aufgeschrie-ben und alles, was mündlich (überliefert) wurde*« (כל משהיה בכתב ושבעל פה).

Auch textkritische Erklärungen dienen in erster Linie der Verbindung zwischen Bibel- und Traditionsliteratur. R. Ya'aqov ben Asher erklärt zum Schicksal Tamars in Gen 38,25: »*Sie wurde herausgeführt* (היא מוצת) wird defektiv *ohne Alef* geschrieben. Das heißt: Sie sagte, dass selbst, wenn sie sie ins Feuer geworfen hätten, sie das Gesicht nicht beschämen (d. h. sie es nicht preisgeben) würde (vgl. bSot 10b).« Diese Schreibung des hebräischen מוצ statt מוצאת weisen einige aschkenasische Bibeln auf, und die Auslegung findet sich bereits bei dem berühmte Bibelausleger R. Shelo-mo Yitzhaqi (Rashi; c. 1040–1105), der in seiner Auslegung zu Gen 3,8 erklärt: »(Zu dieser Textstelle) gibt es viele Midraschim und unsere Lehrer haben sie bereits an entsprechender Stelle in Bereschit Rabba oder den anderen Midrasch(-Sammlun-gen) einsortiert. Ich aber komme (jetzt nur), den einfachen Sinn des Verses [*peshuto schel miqra*] (darzulegen) und jene Aggada (zu bieten), die das biblische Wort (befrie-digend) erklärt – jedes Wort dort, wo es hingehört.«

Auch für Rashi ist es noch ganz klar, dass den Schülern eine Auswahl an haggadi-
schem oder halachischem Midrasch-Material geboten, die Bibel also nicht ohne
diese Traditionsliteratur verstanden werden soll. Daher lassen sich vor allem seine
Kommentare zu den halachischen Bibeltexten (v. a. Ex 25–40; Lev 1–26; Num 18–29;
Dtn 11–26) nicht ohne die rabbinische Traditionsliteratur verstehen. So wird beispielsweise aus dem auf den ersten Blick trivialen Satz zu den Opferbestimmungen
in Lev 1,2 eine komplizierte Ausführung zum Anlass des Opfers, der Opfermaterie
und gewichtigen Ausschlusskriterien: »*Wenn ein Mensch* [אדם] *von euch dem Ewigen
eine Opfergabe darbringen will:* Wenn jemand freiwillige Opfer darbringen will; hier
geht es um das Thema der freiwilligen Opfer (*Sifra* 2:4). Warum steht (da) אדם? So,
wie der erste Mensch (Adam) nichts vom Geraubten darbrachte, weil ihm (ohnehin
noch) alles gehörte, so sollt auch ihr nicht vom Raub darbringen (*Wayyikra Rabba*
2:7). ... *sollt ihr vom* [מן] *Vieh:* Man könnte meinen, dass auch wilde Tiere darunter
zu verstehen seien, darum heisst es, ›*von den Rindern und Schafen*‹, ... *vom* [מן] *Vieh*,
aber nicht von allen (Tieren dieser Art), um jene, die zur Unzucht missbraucht
worden, auszuschließen; ... *von* [מן] *den Rindern:* das Wort מן (findet sich hier), um
im Götzendienst angebetete (Tiere) auszuschließen; *von* [מן] *Schafen*, um zum Göt-
zenopfer bestimmte Tiere auszuschließen; ... *und von den Schafen*, um ein Tier auszuschließen, das (einen Menschen) gestoßen und getötet hat. Und wenn es weiter
unten (in v3 nochmals) heißt ›*von den Rindern*‹, was da nicht hätte gesagt werden
müssen, so dies, um damit alles, was gewaltsam getötet oder verletzt wurde (טרפה)
auszuschließen ...« (Sifra 2,7–11; bTem 28a–29a). Eine solche Auslegung richtete sich
ausschließlich an die jüdische Gemeinschaft, denn sie sollte darin das In- und Zueinander von schriftlicher und mündlicher Tora, d. h. von Bibel und Traditionsliteratur (Talmud/Midrasch) erklären. Für die christlichen Ausleger war die mündliche
Tora weithin bedeutungslos. Auch sie schauten auf eine tausendjährige Beschäftigung mit der Bibel zurück, in der allerdings das Neue Testament als auf dem Alten
Testament basierende Traditionsliteratur die entscheidende Rolle spielte. Die Glos-
senkommentare auf beiden Seiten boten damit wenig Möglichkeiten für exegetische
Berührungspunkte: Kirchenväterexzerpte waren für die Jüdinnen und Juden ebenso
wenig lesbar wie Rashi mit seinen Midrasch-Auszügen für die christliche Seite.
Bezüge der Auslegungen aufeinander sind daher von vornherein kaum zu erwarten.
Auch hier zeigt sich, dass die Annahme eines gemeinsamen Interesses an einem
›Religionsgespräch‹ keinen Anhalt in der Auffassung von der Schrift und ihrer Aus-
legung findet.

Es wäre allerdings zu verkürzt, aus dem Gesagten zu schließen, dass es gar keine
Berührungspunkte zwischen Jüdinnen und Juden und Christ:innen mit Bezug auf
die Bibelauslegung gab. Rashis jüngerer Zeitgenosse R. Yosef Qara stellte sich sogar
gegen die midrasch-basierte Bibelauslegung, denn er versuchte den einfachen Wortsinn gerade ohne Hilfe des Midrasch darzulegen. Für ihn war »jeder, der den einfachen Wortsinn eines Verses [*peschuto schel miqra*] nicht erkennt und sich (gleich) der
Midrasch-(Erklärung) einer Phrase zuwendet, wie einer, den die Tiefen des Wassers
überfluten, und der sich dann an alles klammert, was ihm in die Hand kommt, um
(sich) zu retten« (Kommentar zu 1 Sam 1,17). Die bis ins 11. Jh. vor allem durch den
Midrasch und den Talmud und seine Auslegung bestimmten jüdischen Gelehrten

sahen sich wohl zunehmend durch die christliche Ausdifferenzierung in verschiedene Schriftsinne (*littera gesta docet, quid credas allegoria, moralis quid agas, quo tendas anagogia*) herausgefordert, denn die vor allem in Nordfrankreich beginnende Auslegung nach dem ›einfachen‹ Wortsinn (*peshat*) ist ganz offensichtlich eine Reaktion auf die christliche Exegese, der man das Feld nicht einfach überlassen wollte. Es darf ja nicht vergessen werden, dass das (Alt-)Französische (die *langue d'oïl*) die Muttersprache der Jüd:innen Nordfrankreichs wie ihrer Zeitgenossen war, und Hebräisch als reine Gelehrtensprache verwendet wurde. Mehr noch: die jüdischen Gelehrten beherrschten die *langue d'oïl* in Wort und Schrift. Dies zeigen die als sog. *Le‹azim* (Pluralform von La‹az ›Vernakularsprache‹) explizit ausgezeichneten altfranzösischen Glossen in hebräischer Graphie in der Bibel- und Talmud-Kommentarliteratur des 12.–14. Jhs., in den Kommentaren zu den Texten der religiösen Poesie (*piyyuṭ*), den halachischen Schriften und der Responsenliteratur. Die Forschung hat allein in Rashis Bibelkommentar mehr als 1.300 altfranzösische Glossen in hebräischen Schriftzeichen ausgemacht, und noch heute existieren eine Reihe hebräisch-französischer Bibelglossare, zumeist aus dem 13. Jh. Wir wissen noch immer nicht genau, wie sich intellektuelle Kontakte zwischen den Jüd:innen und den christlichen Theolog:innen vollzogen haben, und ob und in welchem Umfang sie von den Arbeiten der jeweils anderen Seite Kenntnis nahmen, aber die geographische Nähe der Wohnorte der jüdischen Gelehrten (Troyes, Rouen, Beaugency u. a.) zu den berühmten Klöstern und Kathedralschulen (Auxerre, Sens, Reims u. a.) ist kein Zufall, und auf Französisch konnte man sich immer verständigen. Viele Parallelen in der mittelalterlichen Bibelexegese auf jüdischer und christlicher Seite haben ihre regionalen Schnittstellen in einer überschaubaren Region zwischen Loire, Seine und Rhone. Die Christ:innen haben möglicherweise die hebräisch-französischen Bibelübersetzungen konsultiert; soziale Kontakte können auch niederschwellig (›auf dem Markt‹) vonstatten gegangen sein: So erklärt R. Shemu'el ben Meïr (Rashbam) aus Rouen (c. 1088–c. 1158), ein Enkel des Rashi, in seinem Kommentar zu Ex 20,13 den Unterschied im Hebräischen zwischen ›morden‹ (רצח) und ›töten‹ (להרוג) und schließt mit den Worten: »(Dies ist ein) Argument gegen die Andersgläubigen, und die haben es mir zugestanden, und obwohl in ihren Büchern *Ich, ich töte und ich mache lebendig* [Dtn 32,39] im Lateinischen (dieselbe Verbform verwendet wird wie die in) *Du sollst nicht morden* [Ex 20,13], haben sie es doch (in ihren Übersetzungen) nicht genau genommen«. Die Vulgata verwendet an zwei Stellen das Verb *occidere* (*ego occidam* in Dtn 32,39; *non occides* in Ex 20,13), wo das Hebräische verschiedene Wurzeln verwendet. Die jüdische Exegese hat stets viel Aufwand betrieben, um die verschiedenen Verben ›morden‹ (לרצוח), ›töten‹ (להמית) und ›umbringen‹ (להרוג) in ihren jeweiligen halachischen Kontexten zu erklären. Rashbam wurde also entweder von einem christlichen Ausleger gefragt, wie die Jüdinnen und Juden die entsprechenden Phrasen verstehen (leider findet sich in keinem der erhaltenen Glossare eine altfranzösische Glosse!), oder er wusste, dass die lateinische Bibel an dieser Stelle nicht differenzierte, und nutzte die Gelegenheit, um die lateinische Übersetzung als unzureichend für die Exegese der Hebräischen Bibel herauszustellen. Der Kommentar ist Hebräisch und daher an die eigenen Leute gerichtet. Diese sollten sich zu eigen machen, dass, wenn schon die christlichen Auslegungen *ad litteram* nicht korrekt sind, weil das Hebräische unzureichend übersetzt wurde, die Auslegungen *ad allegoriam* umso mehr in Frage gestellt werden können. Dass nach Rashbams Aussage die christliche Seite für diesen Fall den Punkt an die Jüd:innen gab, zeigt aber immerhin, dass in Frankreich manchmal vielleicht tatsächlich weniger polemisch disputiert als gemeinsam gelernt wurde.

Die Beschäftigung mit der Bibel auf der iberischen Halbinsel zeigt einen völlig anderen Fokus, der sich vor allem aus der Tatsache erklärt, dass sich die Jüd:innen in muslimischer Umgebung befanden, und hier weniger Bibel- und Koran-Auslegung als judäo-arabische/hebräische und arabische Sprachwissenschaft im Vordergrund standen. Die arabisch sprechenden Jüdinnen und Juden im Maghreb und auf der iberischen Halbinsel hatten mit dem Arabischen eine zweite – lebendige – semitische Sprache, und so lag die sprachwissenschaftliche Beschäftigung mit dem Hebräischen nahe. Aus diesem Grund verfassten die Jüd:innen hier keine Bibelkommentare, sondern arbeiteten lexikographisch (Menachem ibn Saruq verfasste sein Werk *Machberet Menachem*) und beschäftigten sich mit der hebräischen Morphologie und Etymologie wie beispielsweise der aus Fez, Marokko, stammende Yehuda Chajjūǧ (10. Jh.), ein Schüler des Menachem ibn Saruq. Auch Yona ibn Ǧanaḥ (11. Jh.) verfasste seine Grammatik und ein Wurzel-Wörterbuch auf Arabisch. All diese sprachwissenschaftlichen Werke gelangten erst durch die Vermittlung und Übersetzertätigkeit des spanischen Gelehrten R. Avraham ben Meïr ibn Ezra (c. 1089–1165/67) nach Westeuropa und brauchten eine Weile, um sich in der ashkenasischen Gelehrsamkeit durchzusetzen.

3.   Exegetische Zwangsdialoge und antichristliche Polemik

Lässt sich mithin das 11. und 12. Jh. als eine Zeit verstehen, in der die jüdische Exegese sich vor allem nach innen richtete und der Bibelauslegung wieder einen eigenen Stellenwert zukommen lassen wollte, so wurde es mit dem ausgehenden 12. und beginnenden 13. Jh. für die jüdische Seite zunehmend schwieriger, Selbstbewusstsein und religiösen Mut zu bewahren. Bei R. David Qimchi (Radaq; 1160–1235) lesen wir zu Ps 44,10: »*Nun hast du uns verworfen und beschämt:* Siehe, täglich harren wir der Rettung (ישוע). Nicht genug, dass Du uns (bislang) nicht errettet hast – Du hast uns überdies verstoßen und uns der Hand unserer Feinde überlassen, um Übles auf uns zu bringen. *Du hast uns erniedrigt:* Fürwahr: Wir preisen Dich gegenüber unseren Feinden und sagen zu ihnen, dass Du uns auf jeden Fall erretten wirst, aber die Rettung ist fern von uns, und wir werden vor denen beschämt, die sagen: Wann erfüllen sich denn eure Reden? Wo ist denn der, der euch errettet?« Qimchis bitterer Ton zeigt auch, mit welchen konkreten Bezügen man im Mittelalter die Psalmen las.

Auch der Ton auf beiden Seiten wurde rauer und die Polemik schärfer. Dies ging vor allem von der christlichen Seite aus, die die jüdische Bibelauslegung gar nicht in ihrem Eigenwert würdigen wollte (und konnte), sondern ihr andere, für die christliche Kirche relevante Themen aufzwang. So musste etwa R. Jechi'el aus Paris in der Pariser Disputation von 1240 mit der christlichen Seite u. a. über die im Talmud enthaltenen blasphemischen Äußerungen zu den Protagonisten des Neuen

Testaments (Jesus und Maria) diskutieren, und der katalanische Gelehrte R. Mosche ben Nachman (Nachmanides; 1194–1270) wurde in der berühmten Disputation zu Barcelona (1263) dazu genötigt, sich zu den wesentlichen christlichen Dogmen – ob der Messias schon gekommen und ob er wahrhaft Gott und wahrhaft Mensch oder ein ganz normaler Mensch gewesen sei – aus der Sicht der jüdischen Traditionsliteratur zu äußern. Was Nachmanides seinem Kontrahenten, dem Konvertiten Pablo Christiani, zur Bibel, zum Midrasch und zum Talmud erklärt, hat mit der jüdischen Sicht der Dinge nicht mehr viel zu tun: Der Talmud sei ein Kommentar zu den biblischen Geboten, und die Aggada habe keinen höheren Stellenwert als eine Predigt. Beides stimmt so natürlich nicht, aber auf der christlichen Seite ging es ja auch gar nicht ums Verstehen, sondern um die Bestätigung des eigenen Glaubens, und was hätte Nachmanides anderes sagen sollen? Schlussendlich musste es vor allem darum gehen, dafür zu sorgen, dass die hebräischen Bücher nicht alle ins Feuer wanderten, und da konnte sogar der Talmud zur wichtigsten Quelle der Bibelauslegung erklärt werden. Auch Qimchis antichristlich-polemische Ausführungen, die sich über seine Bibelkommentare verteilt finden, wurden gesammelt und in unterschiedlichen Zusammenstellungen als (antichristliches) Disputationsmaterial gedruckt (z. B. *Teschuvot ha-Radaq la-Notzrim* ›Erwiderungen Radaqs gegen die Christen‹). Sie wurden später sowohl in den Manuskripten als auch in den frühen Drucken von Qimchis Kommentaren mit kirchlicher Gründlichkeit zensiert. Der berühmteste dieser Zensoren war der Konvertit Domenico Hierosolymitano (geb. 1555–1621; getauft 1593), der noch heute an einer Vielzahl unterschriebener Zensoreinträge zu erkennen ist. Diese Zensuren markieren das Ende eines ›Dialoges‹, der immer vor allem von der christlichen Seite eingefordert wurde, dem die Jüd:innen jedoch nie genügen konnten, und der, flankiert von Kreuzzügen und Pestverfolgungen, insbesondere das Gespräch über die Bibel durchgehend zu einer leidvollen Erfahrung für die Jüdinnen und Juden werden ließ. Der (christliche) Buchdruck der hebräischen Bücher sollte dann endgültig dafür sorgen, dass die ashkenasischen Bibeltext-, Masora- und Kommentartraditionen endgültig in der Versenkung verschwanden und bis heute in der christlichen Bibelwissenschaft nahezu unbekannt geblieben sind.

Die jüdische bibelwissenschaftliche Seite des sog. ›jüdisch-christlichen Abendlandes‹, die sich seit dem Mittelalter kontinuierlich entwickelt hat, hat bis heute keinen Platz an deutschen Universitäten, denn jene, die sie als Minderheit in die akademische Forschung seit dem 18. Jh. hätten einbringen und damit auch der nicht-jüdischen (Bibel-)Lesegemeinschaft verlorene Aspekte *ihrer* Bibel-Kultur hätten zurückbringen können, bekamen dazu nur selten die Gelegenheit. Aber die mittelalterliche jüdische Bibelwissenschaft ist auch heute noch für das Judentum wegweisend, und ihre Kenntnis ist unabdingbar für das Verständnis der Bibel im Judentum.

Weiterführende Literatur

Liss, Hanna, Jüdische Bibelwissenschaft als Teil einer jüdischen Theologie, in: Kurt, Tugrul u. a. (Hg.), Grenzgänge wissenschaftlicher Reflexivität in Judentum, Christentum und Islam

(WGB), Darmstadt 2023, 145–168 (open access: https://files.wbg-wissenverbindet.de/Files/Article/ARTK_ZOA_1028492_0001.pdf).

Liss, Hanna, Philology and Aesthetics. Figurative Masorah in Western European Manuscripts (JudUm 85), Frankfurt am Main et al. 2021.

Liss, Hanna, Jüdische Bibelauslegung (utb Lehrbuchreihe Jüdische Studien 4), Tübingen 2020.

Liss, Hanna, Tanach. Lehrbuch der jüdischen Bibel (Schriften der Hochschule für Jüdische Studien 8), 4., völlig neu überarbeitete Auflage, Heidelberg 2019.

Liss, Hanna/Petzold, Kay Joe, Die Erforschung der westeuropäischen Bibeltexttradition als Aufgabe der Jüdischen Studien, in: Lehnardt, Andreas (Hg.), Judaistik im Wandel. Ein halbes Jahrhundert Forschung und Lehre über das Judentum in Deutschland, Berlin 2017, 189–210 (open access: https://doi.org/10.1515/9783110523478-016).

Und zum Stöbern: TheTorah: Torah with Academic Biblical Scholarship (https://www.theto rah.com/).

IV.3   »Die Juden«, ihre Schrift und ihre theologische Bedeutung in Reformation und Gegenreformation

Görge K. Hasselhoff

Im nachfolgenden Kapitel werden zunächst die historischen Rahmenbedingungen der Begegnung von Judentum und Christentum im 16. Jh. abgesteckt. Anschließend werden einige grundlegende religionspolitische und theologische Aspekte einer christlich-jüdischen Begegnung dargestellt.

1.   Historische Kontexte

Am Ende des 15. Jhs. kommt in einem Ereignis im Südwesten Europas eine Entwicklung zu ihrem Höhepunkt, die Entsprechungen im christlichen Umgang mit Jüdinnen und Juden in ganz Europa hatte: Im Jahr 1492 entzog das kastilische Königshaus ihnen das Recht auf Religionsausübung in den Vereinigten Königreichen von Kastilien und Aragón (Alhambra-Dekret vom 31. März 1492); 1496/97 folgte die Vertreibung aus dem Königreich Portugal. Eine vergleichbare Entwicklung, wenngleich nicht ganz so flächendeckend wie auf der Iberischen Halbinsel, ereignete sich auch in Mitteleuropa. Bereits seit dem 13. Jh. wurde die jüdische Bevölkerung aus verschiedenen Ländern und Territorien Europas vertrieben (→ IV.2): »Zu Beginn des 16. Jahrhunderts waren große Teile des westlichen Europas von Juden fast gänzlich unbesiedelt, also vor allem die iberische Halbinsel, Frankreich, die Niederlande und auch die britischen Inseln.« (Litt, Geschichte, 13) In Deutschland wurden Jüdinnen und Juden seit der Mitte des 15. Jhs. sukzessive aus den meisten Städten vertrieben (dazu umfassend Germania Judaica III/1–3); weithin sichtbar in der Vertreibung aus Regensburg im Jahr 1519 (dazu Nickel, Widerstand). In einer Reihe deutscher Herrschaften wurde trotz der Vertreibungen hin und wieder für Einzelpersonen, aber auch für kleine Gemeinden jüdisches Leben und jüdische Religionsausübung wieder ermöglicht.

Die Vertreibungen, insofern sie nicht in Konversionen mündeten, hatten eine nicht zu unterschätzende Migrationsbewegung sowohl im Mittelmeerraum (Venedig, Griechenland, Palästina) als auch nach und in Mittel- und Osteuropa zur Folge. Zudem gab es Emigrationen an verschiedene Orte Südamerikas (Recife, Curaçao, Surinam). Ab dem 17. Jh. entstanden z. B. in England (ab 1664) und v. a. ab 1618 in den Niederlanden bedeutsame Zentren jüdischer Kultur.

Generell ist für die deutschsprachigen Territorien festzuhalten, dass ab dem 16. Jh. eine Verlagerung des jüdischen Lebens aus den Städten in den ländlichen Raum zu verzeichnen ist. Dabei ging die jüdische Bevölkerungszahl – wohl auch bedingt durch Migration und Konversion – insgesamt zurück.

2.   Grundlegende Fragestellungen

Im Blick auf das Verhältnis christlicher Theologie zu jüdischer Theologie und Geistesgeschichte sind drei Hauptbewegungen festzustellen, die nachfolgend näher betrachtet werden: Zum einen geht es um die Frage des Zusammenlebens in einer sich religiös diversifizierenden Zeit, geprägt von Binnendifferenzierungen des lateinischen Christentums durch die Reformation, die äußerlich vielerorts bedrohlich wahrnehmbare Präsenz des Islam (in Gestalt osmanischer Armeen) und schließlich die Erweiterung der europäischen Welt durch die Kolonisation der amerikanischen Kontinente und den ausgeprägten Seehandel mit asiatischen Ländern stattfanden. Zum anderen gab es eine theologische Auseinandersetzung und teilweise Adaption jüdischen Denkens einerseits in polemischer Literatur und andererseits in philosemitischer Übernahme in der sog. Christlichen Kabbala. Zum dritten gab es eine Fortführung antijüdischer bzw. antisemitischer Entwicklungen insbesondere im Bereich der Volksfrömmigkeit.

1. Auf den politischen Bereich bezogen waren zwei Tendenzen vorherrschend: Entweder wurde die jüdische Einwohnerschaft gänzlich vertrieben: »Schier endlos ist die Liste der Reichs- und Mediatstädte, die sich irgendwann bei ihren Herren um eine Erlaubnis zur Vertreibung der Juden bemühten« (Germania Judaica III/3, 2202), oder es wurden Judenordnungen erlassen, mit denen die Rechte der jüdischen Bevölkerung reglementiert und beschnitten wurden. Ein bekanntes, wenngleich häufig nicht ganz richtig interpretiertes Beispiel stellt der »Judenratschlag« für die Landgrafschaft Hessen von 1538 dar, der die Grundlage für eine Erneuerung einer Judenordnung bilden sollte. Dieser Judenratschlag, der von dem Straßburger Reformator Martin Bucer (1491–1551) und sechs hessischen Pfarrern bzw. Superintendenten verfasst wurde, sah u. a. vor, den Neubau von Synagogen zu verbieten, den Besuch von Predigtgottesdiensten verpflichtend zu machen und Juden der harten körperlichen Zwangsarbeit zu unterwerfen. Der Landgraf Philipp II. hat diesen Ratschlag jedoch nicht in seiner Judenordnung verwirklicht; allem Anschein nach hat Bucer dieses Vorgehen gutgeheißen (für eine ausführliche Darstellung Hasselhoff, Martin Bucer, 364–371). Bucer hat sogar ein Jahr (Februar 1539) später gemeinsam mit anderen Reformatoren wie Philipp Melanchthon (1497–1560) und Johannes Cal-

vin (1509–1564) beim Frankfurter Anstand mit dem aus dem Elsass stammenden
Sprecher der deutschen Juden, Josel von Rosheim (1480–1554), disputiert. Ein anderes Verständnis im Blick auf Judentum lässt sich bei Francisco de Vitoria
(1483–1546) finden, der in seinen für das spätere Völkerrecht bedeutsamen Vorlesungen über die »Inder«, also die Einwohner des neuentdeckten Südamerikas, fest-
stellte, dass diese als Menschen zu behandeln seien (vgl. dazu Hasselhoff, Einwohner). Weder bei Vitoria noch seinen Schülern führte diese Erkenntnis jedoch zu
einem anderen Umgang mit Jüdinnen und Juden. Stattdessen wurde die Inquisition
gegen Marranen (zum Christentum konvertierten Juden, denen man heimliches
»Judaisieren« unterstellte) verschärft. Noch während des Konzils von Trient wurde
zudem im Juli 1555 in Rom die Einrichtung eines ersten Ghettos betrieben, dem
zahlreiche weitere folgen sollten.

2. Weitaus breiter angelegt war die theologische Auseinandersetzung mit dem Judentum. Auf den Spuren der spätantiken und dann hochmittelalterlichen Auseinandersetzung in Religionsgesprächen wurde die Adversus Iudaeos-Literatur im 16. Jh. fortgeführt. Das in dieser Hinsicht bekannteste Werk dürfte ein Plagiat von Porchetus
Salvaticus (um 1315) des Werks »Pugio Fidei« (ca. 1284) des katalanischen Dominika-
ners Ramon Martí gewesen sein, das unter dem Titel »Victoria Porcheti« durch den
Bischof von Nebbio, Agostino Giustiniani, 1520 in Paris zum Druck gebracht wurde.
Ramon Martí und in seiner Folge Porchetus haben hier versucht, aus hebräischen
Quellen den Nachweis zu führen, dass Jesus von Nazaret der erwartete Messias Israels
gewesen sei. Giustinianis Ausgabe wurde u. a. von Martin Luther (1483–1546) intensiv
studiert und in dessen Schrift »Vom Schem Hamforas« (1543) polemisch gegen das
zeitgenössische Judentum angeführt. Luther hatte bereits zuvor in zahlreichen Schriften einerseits um Jüdinnen und Juden für eine Konversion geworben, andererseits
aber heftig und in seinen späteren Schriften maßlos gegen das Judentum polemisiert
(vgl. insbesondere Kaufmann, »Judenschriften«); es wird mit guten Gründen sogar behauptet, dass Luther als der erste »moderne« Antisemit anzusehen sei (Bering, Luther). Im (theologischen) Kern ging es Luther dabei darum, dass in Jesus Christus das
mosaische Gesetz erfüllt und damit nicht mehr benötigt sei. Das biblische Israel sei
damit an sein Ziel gelangt, weil nun das Christentum die Botschaft Gottes vertrete.
Wenn nun das Judentum diesen Christus nicht anerkenne, dann sei es verworfen. Mit
dieser Ansicht stand Luther nicht allein, sondern der größte Teil der christlichen
Theologen (und Theologinnen) folgte ihm in dieser Ansicht; zeitgenössisch ist z. B. Luthers großer altgläubiger Gegenspieler Johannes Eck (1486–1543) zu nennen. Worin
Luther sich dann jedoch von den meisten seiner Zeitgenossen unterschied, war, dass
er in seiner Schrift »Dass Jesus Christus ein geborener Jude sei« (→ VII.3) Jüdinnen
und Juden insofern in Schutz nahm, als er Missstände des zeitgenössischen Christentums als hinderlich für eine Konversion ansah. Spätestens nach der Lektüre des Werks
»Der gantz Jüdisch glaub« des Konvertiten Anton Margaritha von 1530/31 (hierzu Osten-Sacken, Martin Luther) sowie der »Victoria Porcheti« wandelte sich Luthers Ansicht aber vollständig und er rief zur Vernichtung des Judentums auf und wirkte aktiv
mit an der Ausweisung der jüdischen Bevölkerung aus Kursachsen.

Eine andersartige Begegnung mit dem Judentum beginnt in der Renaissance mit Pico della Mirandola (1463–1494), der auf der Suche nach einer neuen Welterklärungstheorie sich auch intensiv mit jüdischer Literatur beschäftigte und zahlreiche Abschriften überlieferter lateinischer Übersetzungen anfertigen ließ, aber auch Übersetzer, u. a. Flavius Mithridates, dafür bezahlte, ihm hebräische und aramäische Literatur ins Lateinische zu übersetzen, darunter auch Werke der spätmittelalterlichen Kabbala. Der schwäbische Jurist Johannes Reuchlin (1455–1522), der Pico kennengelernt hatte, verfasste seinerseits neben anderen die Schrift »De arte cabalistica« (1517) und gehörte damit zu einer Bewegung, die unter der Bezeichnung »Christliche Kabbala« einen elitären, sich über mehrere Jahrhunderte haltenden Zirkel von Gelehrten umfasste, der sich mit jüdischer kabbalistischer Literatur beschäftigte und bestimmte Formen jüdischen Denkens in das Christentum implementierte. Zudem förderte er das Studium der hebräischen Sprache, nicht zuletzt durch die Wahrnehmung einer Professur in Ingolstadt (1520/1) und anschließend in Tübingen. Die so entstehende christliche Hebraistik wurde später durch Gelehrte wie Johann Buxtorf (Vater und Sohn) in Basel und Benedikt Carpzov in Leipzig fortgeführt. Doch auch Reformatoren wie Wolfgang Capito (1478–1541) und Martin Bucer in Straßburg sowie Konrad Pellikan (1478–1556) in Zürich beförderten den Hebraismus ihrer Zeit. Pellikan erlernte bei Elijah (Elias) Levita (1469–1549) die hebräische Sprache und wirkte an der Zürcher Lehranstalt »Prophezei« an der Übersetzung und Kommentierung der Hebräischen Bibel mit. Capito und Bucer arbeiteten an der Kommentierung des hebräischen Alten Testaments mit; besonders hervorzuheben ist hier Bucers unter einem Pseudonym veröffentlichter Psalmenkommentar, der umfassend Gebrauch von den Psalmenkommentaren Rashis und David Kimchis machte und diese beiden Exegeten so einer breiten christlichen Öffentlichkeit bekannt machte (vgl. dazu HASSELHOFF, Martin Bucer). Levita seinerseits stand zudem in Kontakt mit Paulus Fagius (1504–1549), der in Straßburg Hebräisch gelernt hatte und später in Isny als Prediger und Drucker wirkte, sowie mit Sebastian Münster (1488–1552), der als Hebraist zahlreiche Werke aus dem Hebräischen ins Lateinische übersetzte.

Johannes Reuchlin selbst war die letzten zwölf Jahre seines Lebens in einen Streit verwickelt, der unter der Bezeichnung Reuchlin-Pfefferkorn-Streit Bekanntheit erlangte. Der Konvertit Johannes Pfefferkorn (1469–1523) hatte ab 1507 in vier Schriften dazu aufgerufen, u. a. den Talmud verbrennen zu lassen. Dagegen hatte Reuchlin in einem Gutachten protestiert mit dem Hinweis, dass man den Talmud erst lesen (und widerlegen) müsse, bevor man ihn zerstöre. Deswegen sprach er sich gegen die Konfiskation jüdischer Literatur aus. Dagegen schrieb Pfefferkorn eine polemische Streitschrift, die Reuchlin seinerseits mit dem Werk »Augenspiegel« (1511) beantwortete. Es entwickelte sich ein weit ausgreifender Streit, in dem Humanisten gegen Dominikaner standen. Der Streit wurde 1520 durch Papst Leo X. mit einer Verurteilung des Augenspiels beendet, der Talmud jedoch zu diesem Zeitpunkt nicht verbrannt. Eine Generation später dagegen ließ Papst Julius III. 1553 in Rom Taten folgen und der Talmud landete auf dem Scheiterhaufen. 1559 wurde der Talmud zudem auf den Index der verbotenen Bücher gesetzt.

3. Eine dritte Art des Umgangs mit Judentum verlief auf eher der Volksfrömmigkeit zuzuordnenden Pfaden. Seit der Einführung der Eucharistiefrömmigkeit mit dem IV. Laterankonzil (1215) und damit verbunden dem Fronleichnamsfest (1264) entstanden an unterschiedlichen Orten Vorwürfe des Hostienfrevels ebenso wie Ritualmordvorwürfe. Im 16. Jh. wurde von Theologen wie Martin Luther und Andreas Osiander (1496/8–1552) gegen diese Form des Antijudaismus geschrieben, doch bereits ihr Zeitgenosse Eck verstärkte diesen.

Ebenfalls in den Bereich der unaufgeklärten Laientheologie sind antijüdische Stereotype zu verorten, wie sie erstmals gut dokumentiert bei Luther vorliegen, der seinerseits möglicherweise stark von seiner Frau Katharina von Bora (1499–1552) beeinflusst war: Seine Erkrankung auf dem Weg nach Eisleben, die zu seinem Tod führen sollte, führte er auf jüdischen Schadenszauber zurück. In den kommenden Jahrzehnten gingen derartige Vorstellungen in Anklagen gegen die Hexerei ein, die häufig mit antijüdischer Symbolik unterlegt wurden (z. B. Hexensabbat).

3.   Zusammenfassung und praktische Konsequenzen

Die voranstehende Skizze dürfte deutlich gemacht haben, dass ab dem 16. Jh. eine merkwürdige Situation eingetreten war. Einerseits gab es in Städten kaum noch ein lebendiges und wahrnehmbares Judentum. Wenn Jüdinnen und Juden in christlichen Herrschaftsgebieten lebten, dann eher auf dem Land. Auch die jüdische Gelehrtenkultur war zurückgegangen und hatte sich an andere Orte verlagert. Einzelne Personen, die auch bei christlichen Gesprächspartnern Bekanntheit erlangten, waren z. B. Josel von Rosheim als politischer Verfechter jüdischer Rechte, Elias Levita als Sprachlehrer und Herausgeber hebräischer Literatur oder der Prager Rabbi Judah Löw (Maharal, ca. 1525–1609/12), der später durch die mit ihm verbundene Legende vom Golem zu ganz anderem Ruhm gelangte. Zugleich löste die Begegnung mit dem Christentum in einem Teil der jüdischen Welt aber auch eine eigenartige Reaktion aus, deren Erforschung erst am Anfang steht: Es entstanden apokalyptisch orientierte Bewegungen, die an unterschiedlichen Orten und zu unterschiedlichen Zeiten Messiasse ausriefen; der bekannteste Messiasprätendent war Shabbtai Zvi (1626–1676), der in Kleinasien wirkte, dessen Name sich jedoch bis nach Europa ausbreitete.

Andererseits wurden die Lebensbereiche der Jüdinnen und Juden (wie auch diejenigen der Christinnen und Christen) zunehmend und strenger durch Judenordnungen reglementiert, wenn sie nicht gleich ausgewiesen wurden. Stimmen, die Jüdinnen und Juden ein gleichberechtigtes Menschsein attestierten, blieben dabei in der Minderheit oder verstummten schnell wieder. Gleichzeitig kam es zu neuartigen Begegnungen mit jüdischer Kultur. In Humanistenkreisen gehörte es dazu, nicht nur ein elaboriertes Latein zu sprechen und zu schreiben, sondern auch Griechisch und Hebräisch standen für einen Teil der Gelehrten auf der Liste der zu erlernenden Sprachen. Entweder wurde das Hebräische dabei mithilfe von Grammatiken (z. B. David Kimchi; Reuchlin) im Selbststudium gelernt, oder aber es fanden sich Konvertiten oder praktizierende Juden, die den Unterricht übernahmen.

Während die meisten humanistisch und theologisch Gebildeten das Hebräische erlernten, um die Bibel im Original zu lesen, war eine kleine Minderheit darüber hinausgehend an jüdischer Bibelauslegung (sowohl exegetischer Literatur im engeren Sinne als auch an Werken der Halacha) oder an esoterischer (kabbalistischer) Literatur interessiert. Doch rief diese Beschäftigung mit Judentum auch Gegenkräfte auf den Plan: Die Zahl der antijüdischen Traktate wuchs ebenfalls exponentiell an, teilweise – wie die Luthers – mit Wirkung bis ins 20. Jahrhundert. Zudem wurden hebräische Werke, allen voran der Talmud, zur verbotenen Literatur erklärt. Auch jenseits der Gelehrtenkulturen blieben überkommene antijüdische Stereotype im Umlauf, insbesondere dort, wo es keine interreligiösen Begegnungen mehr gab.

Trotz der weitgehend eher negativen Sicht auf das Judentum im 16. Jh. sind einige positive Aspekte hervorzuheben, die aus dem Reformationszeitalter bis heute bleibende Perspektiven eröffnen. Neben der Entdeckung einiger grundlegender anthropologischer Einsichten (s. o. zu de Vitoria) wäre hier insbesondere zu nennen, dass ein unverzichtbarer Bestandteil einer Religionsbegegnung das Lernen übereinander ist. Gerade das Beispiel eines Johannes Reuchlin, der – zwei Jahrhunderte nach Ramon Martí – das Studium der hebräischen Sprache mit Nachdruck beförderte, ist hier tragend: Nur die Lektüre sowohl der Hebräischen Bibel in ihrer Originalsprache als auch der Literatur des Judentums ermöglichen ein vollständiges Verständnis des eigenen Christentums. Mustergültig in die Praxis umgesetzt hat das zeitgenössisch Martin Bucer, dessen noch immer nicht kritisch herausgegebener Psalmenkommentar hier auf lange Sicht und über die sich entwickelnden Konfessionsgrenzen hinaus Maßstäbe gesetzt hat.

Weiterführende Literatur

Austin, Kenneth, The Jews and the Reformation, New Haven/London 2020.

Kaufmann, Thomas, Luthers »Judenschriften«. Ein Beitrag zu ihrer historischen Kontextualisierung, Tübingen 2011.

Rummel, Michael, Karl V. – Schutzherr der jüdischen Gemeinschaft vor lutherischem Unheil? Vergleichende Studie zur jüdischen Interpretation der Reformationszeit in aschkenasischen frühneuzeitlichen Chroniken (Kirche – Konfession – Religion 83), Göttingen 2022.

Voss, Rebekka, Umstrittene Erlöser: Politik, Ideologie und jüdisch-christlicher Messianismus in Deutschland, 1500–1600 (Jüdische Religion, Geschichte und Kultur 11), Göttingen 2011.

IV.4 »Die Juden«, ihre Schrift und ihre theologische Bedeutung von der Aufklärungszeit bis zum langen 19. Jahrhundert

Steffen Götze

Das Verhältnis der Theologie zum Judentum und zum AT lässt in dem Zeitraum von der Aufklärung bis zum langen 19. Jh. klare Tendenzen erkennen: Die religiöse Ablehnung der Jüd:innen als Christusleugner:innen wird in eine Abwertung ihrer religiösen, kulturellen und nationalen Eigenart umgeformt. Das Judentum gilt als unvernünftig, religiös minderwertig und historisch überholt. Dabei bleiben theologische Muster wie die Unterscheidung von Gesetz und Evangelium wirksam. Die Bindung an das Mosaische Gesetz wird dem Judentum durchgehend nachteilig ausgelegt. Diese Entwicklungen spiegeln sich im Umgang mit dem AT. Zwar erleben Orientalistik und Hebraistik im Gefolge des Humanismus und der beginnenden jüdischen Emanzipationsbewegung einen enormen Aufschwung. Die historisch-kritische Erforschung des Kanonteils führt indes oft zur Feststellung, dass es sich um eine allenfalls kulturell bedeutsame, aber im Vergleich mit dem NT minderwertige und fremde Religionsurkunde handelt. Eine typologische Auslegung wird zunehmend kritisch betrachtet, was die religiöse Bedeutung des AT für das Christentum nachhaltig infrage stellt. Das führt schließlich zu Forderungen, den kanonischen Status des AT aufzuheben.

1.   Voraussetzungen

Das Ideal der *lutherischen Orthodoxie* ist eine konfessionell einheitliche christliche Gesellschaft. Theolog:innen dieser Richtung fordern daher, die Jüd:innen gezielt zu unterdrücken und ihre Religionsausübung einzuschränken. Die Obrigkeit solle sie zum regelmäßigen Besuch von Bekehrungspredigten verpflichten. Die Existenz des Judentums wird als göttliches Exempel verstanden, das die Konsequenzen des Unglaubens demonstriert. Zentral ist der schrifttheologische Vorwurf, die Jüd:innen seien blind für das im AT enthaltene Evangelium. Weil sie sich allein auf das Gesetz stützten, bliebe ihnen der Sinn der alttestamentlichen Weissagungen verborgen, weswegen jüdischer Schriftgebrauch per se als Christuslästerung betrachtet wird. Die Jüd:innen gelten als von Gott verstockt und ihre religiöse Praxis wird zum Inbegriff einer rein äußerlichen Gesetzlichkeit abgewertet. Die für die lutherische Theologie zentrale Unterscheidung zwischen Gesetz und Evangelium setzt ein enormes antijüdisches Potenzial frei. Die *reformierte Orthodoxie* orientiert ihre Bibelhermeneutik an einem heilsgeschichtlichen Schema der Bundesschlüsse, der sog. Föderaltheologie. Der Werkbund (*foedus operum*) wird vom Gnadenbund (*foedus gratuitum*) ablöst. Das AT gilt als Gesetzbuch mit einer dem NT heilsgeschichtlich untergeordneten Bedeutung; ein Denkmuster, das die Geschichtstheologie nachhaltig prägt. Im *Pietismus* gewinnt die Rettung Israels eschatologische Bedeutung. Philipp Jakob Speners pietistisches Grundbuch *Pia desideria* (1676) legt Röm 11,25–26 und Hos 3,4–5 als Verheißung einer endzeitlichen Bekehrung der Jüd:innen aus. Der Wiederaufbau des jüdischen Tempels nach dem Exil ist für Spener ein Sinnbild des religiösen Aufbruchs, den auch er anstrebt. Er hegt die Hoffnung, dass sich die Jüd:innen einem erneuerten Christentum anschließen, und sieht in ihrer ausbleibenden Bekehrung einen Indikator für den miserablen Zustand der Kirche. Die Christ:innen trügen also eine Mitschuld an der jüdischen Bekehrungsunwilligkeit.

Gelehrte des 17. Jhs. haben ein großes Interesse an der Philologie des AT. Theolog:innen greifen vermehrt auf rabbinische Quellen zurück und befördern die Hebraistik nachhaltig. Allerdings verfolgen sie oft antijüdische Motive: Für *Esdras Edzardus*

(1629–1708) sind die orientalischen Studien Mittel zur Bekehrung der Jüd:innen. *Johann Andreas Eisenmenger* (1654–1704) nutzt seine philologische Gelehrsamkeit, um antijüdische Vorurteile und Klischees anhand einer tendenziösen Kompilation jüdischer Quellen zu belegen. Sein *Entdecktes Judenthum* (1700) kolportiert zahlreiche antijüdische Vorurteile. Das jüdische Erwählungsbewusstsein führe zu Doppelmoral und genereller gesellschaftlicher Unverträglichkeit. Bei den Antisemiten der kommenden Jahrhunderte gehört sein Werk zum vielgenutzten Stichwortgeber. In Westeuropa entsteht im 17. Jh. eine Vorform der historischen Bibelkritik, deren erster Gegenstand das AT ist. Vorbild dafür ist *Baruch de Spinoza* (1632–1677). Seine Betrachtung des AT bahnt den Weg zur aufgeklärten Kritik an Wundern und Weissagungsbeweisen. Der aus der Amsterdamer Gemeinde ausgeschlossene Jude entfaltet seine exegetischen Grundsätze im Rahmen einer umfassenden Offenbarungskritik (*Tractatus theologico politicus*, 1670). Anhand seines rational-moralischen Religionsbegriffs unterscheidet er zwischen der allgemeingültigen Offenbarung und den nur historischen, allein Israel betreffenden Zusätzen. Zu letzteren zählt er das Zeremonialgesetz, dessen Gültigkeit laut Spinoza mit dem Ende des jüdischen Staates endete. Dass das Judentum seiner Zeit an der Halacha festhält, kritisiert er heftig. Aufgrund der Bindung ans Gesetz sei die Offenbarung für die Jüd:innen Anlass zu Hochmut, Intoleranz und Menschenhass geworden. Das eigentliche Ziel des *Tractatus* ist die Forderung einer von Religion nicht eingeschränkten philosophischen Gedankenfreiheit. Spinozas Offenbarungskritik reformuliert dafür ein klassisch antijüdisches Argumentarium in der rationalistischen Diktion seiner Zeit.

Die Annahme einer vernünftigen Religion ist auch der Kern des angelsächsischen *Deismus*. Die Deisten suchen nach einem überkonfessionellen religiösen Standpunkt, um eine allgemein tragfähige Moral zu begründen. Für ihre Offenbarungskritik entwerfen sie ein religionsgeschichtliches Schema, in dem eine rational-moralische Urreligion durch Priestereliten verfälscht wird (Tindal, Christianity as Old as the Creation). Am AT kritisieren sie die Bestandteile, die ihrem rational-moralischen Religionsbegriff widersprechen: die partikularen und willkürlichen Gesetze, das anthropomorphe Gottesbild, die unmoralischen Hauptakteure und das Fehlen einer jenseitigen Vergeltung, ohne die es keine moralische Letztbegründung geben könne. Jesus verstehen sie als Lehrer einer natürlichen Moral, der die einfachen Grundsätze der vernünftigen Religion gegen das verfallene Judentum seiner Zeit ans Licht stellte. AT und Judentum sind in ihren Augen unvernünftige Relikte der Religionsgeschichte. Die deistische Verbannung der religiösen Praxis ins Private führt gleichwohl zu der Forderung, den Jüd:innen das Bürgerrecht zuzuerkennen (Locke, Epistola de tolerantia).

2.   Die Aufklärung

Die protestantische Aufklärungstheologie (*Neologie*) zeigt kaum Interesse am Judentum. Im Wesentlichen schließen sich ihre Vertreter:innen dem Urteil der Deisten an. Sie würdigen das AT als religionsgeschichtlich bedeutsames Dokument, verneinen aber seinen religiösen Nutzen für das Christentum. Es kommt für sie allenfalls als Vorstufe zum NT in Betracht. Johann Friedrich Wilhelm Jerusalem (1709–1789) hält zum AT fest, »daß es [...] kein durchgängig göttlich inspirirtes Buch, *auch kein eigentliches Religionsbuch für uns Christen sey*.« (JERUSALEM, Nachgelassene Schriften I, 517) Laut Johann Salomo Semler (1725–1791) sei das AT mit dem universalen, freien und geistlichen Wesen des Christentums nicht kompatibel, weil es eine partikulare Nationalreligion offenbare. Es sei an das antike Judentum akkommodiert und werde im Lauf der Geschichte vom NT abgelöst. Die Neologen kappen das religiöse Verhältnis zum AT und zum Judentum und gründen das Christentum allein auf die Verkündigung Jesu. *Immanuel Kant* (1724–1804) schließt daran an. Das biblische Judentum fasst er als eine rein statutarische, partikular-politische Religion ohne echte moralische Gesinnung auf. Das entspricht nicht seinem Begriff von einer rein moralischen Vernunftreligion. Ein aufgeklärtes Judentum müsse Kult und Gesetzlichkeit ablegen und eine andere äußere religiöse Form finden. Er empfiehlt dafür die Jesus-Religion. Für diese Art der Aufklärung wählt er die fatale Wendung »Euthanasie des Judenthums« (KANT, Der Streit der Facultäten, 53).

Eine differenziertere und produktive Sicht auf das Judentum findet sich im Werk *Gotthold Ephraim Lessings* (1723–1781). Im Lustspiel *Die Juden* (1749) entlarvt er gängige Vorurteile und gibt den Christ:innen eine Mitschuld an dem schlechten Zustand dieser Volksgruppe. Zudem führt er die Konsequenzen des von der kirchlichen Verkündigung geschürten Antijudaismus vor. Diese bewirkt bei den einfachen Charakteren eliminatorische Gewaltfantasien. Die Hauptfigur, die sich am Ende als Jude zu erkennen gibt, nennt die Diskriminierung der Jüd:innen einen »Religionspunkt und beinahe ein verdienstliches Werk« bei den Christ:innen (LESSING, Werke und Briefe I, 454). Lessing experimentiert auch mit religionshistorischen Schemata, hält aber am bleibenden Wert des AT fest. Dass das Judentum trotz aller Bedrückung noch immer existiert, würdigt er als einen validen jüdischen Gottesbeweis und stellt ihn dem Narrativ vom verstoßenen Volk gegenüber (LESSING, Werke und Briefe III, 212f).

Mit der rationalistischen Kritik am AT setzt Lessing sich bei der Veröffentlichung der Fragmente von Hermann Samuel Reimarus (1694–1768) auseinander. In *Fragmente eines Ungenannten* (1774; 1777/1778) kompiliert und kommentiert er Auszüge eines von Reimarus geheim gehaltenen Werks, das die deistische Kritik an der Offenbarungsreligion wiederholt. Das vierte Fragment vertritt die These, dass das AT keine vernünftige Religion offenbare, da es die jenseitige Vergeltung nicht kenne (LESSING, Werke und Briefe VIII, 246–277). Lessing kommentiert dies in den §§ 1–53 der *Erziehung des Menschengeschlechts* (1777/1780). Er beschreibt die Offenbarungsgeschichte als göttliche Erziehung, bei der das AT das erste Elementarbuch sei, das sich an das kindliche Verstehensvermögen früherer Generationen akkommodiere. Da Lessing den Erziehungsprozess sowohl für die Menschheit wie auch individuell denkt, hat das AT neben der religionsgeschichtlichen auch eine bleibende religionspädagogische Funktion. Dem NT wird es gleichwohl untergeordnet. Diese binnenchristliche Perspektive lässt er in dem Toleranzstück *Nathan der Weise* (1779) hinter sich. Die vom Juden Nathan erzählte Ringparabel erweist nicht die Überlegenheit einer Religion, sondern fasst die Konkurrenz der Offenbarungen als dynamisierendes Element der Geschichte auf. Sie treibt die Menschen zur besseren Moral. Das ist die Grundlage für Lessings Toleranzbegriff, der allen drei monotheistischen Religionen einen ebenbürtigen Eigenwert zuschreibt.

Das ehrliche Interesse am Judentum sowie Lessings Vorurteilskritik und seine tolerante Religionstheologie haben sich im 19. Jh. nicht durchgesetzt. Prägend werden stattdessen die Neologie und die Position des Theologen *Johann David Michaelis* (1717–1791). Seinen Ruf als Experte für das Judentum begründet er mit Studien zur Hebraistik und zum alttestamentlichen Recht (MICHAELIS, Mosaisches Recht). In seiner Kritik zu Lessings *Die Juden* bemängelt er die offensichtliche Unwahrscheinlichkeit des Hauptcharakters. Das jüdische Volk könne wegen seiner »Grund=Sätze[…], Lebens=Art, und Erziehung« einen solchen edlen und redlichen Menschen nicht hervorbringen (MICHAELIS, Göttingische Anzeigen von Gelehrten Sachen, 1754, 622). Michaelis beruft sich auf seine Forschung und die allgemeine Meinung und nennt für seine Sicht des Judentums »bloß die bösen Sätze der Sitten=Lehre«. Den »verstockten Unglauben an Christum« (MICHAELIS, Göttingische Anzeigen von Gelehrten Sachen, 1754, 1296) lasse er bewusst unerwähnt. Er gibt seinem Antijudaismus den Anstrich von objektiver Wissenschaftlichkeit, indem er ihn aus dem Wesen der jüdischen Nation ableitet und explizit nicht religiös begründet. Diesen Argumentationsstrang baut er in der Rezension zu Christian Wilhelm Dohms (1751–1820) Schrift *Ueber die bürgerliche Verbesserung der Juden* (1781) aus. Dohm fordert die bürgerliche Emanzipation der Jüd:innen und bringt dafür v. a. staatsbürgerlichen Nutzen als Argument vor. Michaelis hält dagegen, dass die Jüd:innen aufgrund ihrer Gesetzesobservanz nicht integrierbar seien: Die »Absicht [der Gesetze des Mose] ist es, sie als ein von andern Völkern abgesondertes Volk zu erhalten, [...] und so lange die Juden Mosis Gesetze halten, so lange sie z. E. nicht mit uns zusammen speisen, [...] werden sie [...] nie mit uns so zusammenschmelzen wie Catholike und Lutheraner, Deutscher, Wende und Franzose, die in einem Staat leben« (MICHAELIS, Orientalische und Exegetische Bibliothek, 11f). Das Judentum betrachtet er nicht als Religionspartei, sondern als ein fremdes Volk mit einem durch das mosaische Gesetz bestimmten Charakter. An Michaelis' Argumentation wird ein Paradigmenwechsel deutlich: Der religiös begründete Antijudaismus wird den Ansprüchen der Aufklärung entsprechend zu einem säkularen, vermeintlich objektiv-wissenschaftlich begründeten Antisemitismus umgeformt.

Johann Gottfried Herder (1744–1803) versteht das AT als ästhetisch hochwertiges, national-religiöses Zeugnis des biblischen Israel. Insbesondere die Poesie und die ersten Kapitel der Genesis betrachtet er mit besonderer Hochschätzung und die Verbindung des Christentums mit dem AT steht für ihn außer Frage. Die Geschichte des Judentums beschreibt er jedoch als dekadente Fehlentwicklung, für die er die Rabbinen verantwortlich macht: »Das Volk Gottes, dem einst der Himmel selbst sein Vaterland schenkte, ist Jahrtausende her, ja fast seit seiner Entstehung eine parasitische Pflanze auf den Stämmen anderer Nationen; ein Geschlecht schlauer Unterhändler beinah auf der ganzen Erde, das Trotz aller Unterdrückung nirgend sich nach eigner Ehre und Wohnung, nirgend nach einem Vaterlande sehnet.« (HERDER, Ideen zur Philosophie der Geschichte der Menschheit, 98) Aufgrund seines kulturphilosophisch profilierten Volksbegriffs, demzufolge sich eine Volkseinheit durch Sprache, Kultur, Geschichte und Religion konstituiert, hält er das zeitgenössische Judentum für ein »unserm Welttheil *fremdes Asiatisches Volk*« (HERDER, Bekehrung der Juden, 145).

3.   Das 19. Jahrhundert

Friedrich Daniel Ernst Schleiermachers (1768–1834) Haltung zum Judentum ist durch die Aufklärungstheologie vorbereitet. Mit den *Briefen bei Gelegenheit der politisch theologischen Aufgabe und des Sendschreibens jüdischer Hausväter* (SCHLEIERMACHER, Kritische Gesamtausgabe I/2,227–362) äußert er sich zum erneut befeuerten Streit um die Stellung der Jüd:innen im Staat. Schleiermacher tritt für die Entkopplung des Bürgerrechts von der Taufe und für die Gleichberechtigung der Jüd:innen ein. Seine Gründe dafür sind ambivalent: Er äußert die Sorge vor einem »judaisierende[n] Christenthum« (SCHLEIERMACHER, Kritische Gesamtausgabe I/2, 347), das aus einer Subkultur jüdischer Konvertiten in der Kirche entstehen könnte. Das Judentum bezeichnet er wie Herder als »unserm europäischen Geiste zuwider« und sieht anders als dieser auch keinen Anlass für Christ:innen sich in die »chaldäische[...] Weißheit«, das AT, zu vertiefen (SCHLEIERMACHER, Kritische Gesamtausgabe I/2, 342). Voraussetzung für die bürgerliche Gleichberechtigung sei, dass die Jüd:innen die Halacha und die Messiashoffnung den Gesetzen des Staates unterordnen. Schleiermachers Einschätzung der jüdischen Religion gewinnt Kontur im Rahmen seiner Religionstheologie, die er in *Über die Religion. Reden an die Gebildeten unter ihren Verächtern* (Studienausgabe, hg. von Peter, Niklaus. u. a., Zürich 2012) entfaltet. In der fünften Rede erläutert er die Individuation von positiven Religionen und ihr Verhältnis zum Wesen der Religion, das er als »Anschauen des Universums« (SCHLEIERMACHER, Religion, 49) bestimmt. Religionen vereinzeln sich, indem »irgendeine einzelne Anschauung des Universums aus freier Willkür [...] zum Zentralpunkt der ganzen Religion gemacht« (SCHLEIERMACHER, Religion, 221) wird. Eine solche Zentralanschauung bestimmt das Wesen der einzelnen Religion. Die Rede ist auch ein Plädoyer gegen die abstrakte Vernunftreligion der Deisten. Da keine Religion alle Möglichkeiten der religiösen Anlage des Menschen ausschöpfe, sei jede Zentralanschauung grundsätzlich gleichwertig. Gleichwohl kommt das Christentum Schleiermachers religiösem Ideal am nächsten. Das Judentum bezeichnet er als »eine tote Religion« (SCHLEIERMACHER, Religion, 237), deren Grundidee von einer »allgemeinen unmittelbaren Vergeltung« (SCHLEIERMACHER, Religion, 238) sich in dem Moment überlebt habe, als das Zwiegespräch mit Gott in die Kanonisierung des AT übergegangen sei. Das seitdem bestehende Judentum ist in Schleiermachers Augen eine politische Verbindung ohne Leben und Geist. Zwar sieht Schleiermacher den historischen Zusammenhang mit dem Judentum, das Wesen des Christentums ist für ihn aber eine Größe *sui generis*. »[S]o kann man auch das Christenthum auf keine Weise als eine Umbildung oder erneuernde Fortsezung des Judenthums ansehn.« (SCHLEIERMACHER, Glaube, 104 [§ 12]) AT und NT seien verschiedenen religiösen Prinzipien verpflichtet. »Die neutestamentischen Schriften sind [...] als Norm für die christliche Lehre zureichend.« (SCHLEIERMACHER, Glaube, 331 [§ 131]) Schleiermacher tritt daher für das »allmählig immer weitere Zurükktreten des alten Testaments« (SCHLEIERMACHER, Glaube, 340 [§ 132]) ein. Das AT solle dem NT allenfalls als Anhang beigefügt werden. Den regen Gebrauch des AT disqualifiziert er als Buchstabendienst und warnt vor falscher Gesetzlichkeit. Für die Predigt empfiehlt er Texte aus dem NT, denn das AT enthalte ein für die Hörenden »fremdes Bewußtsein«, aus dem sich kein »christliche[s] Lebensbewußtsein« ableiten lasse (SCHLEIERMACHER, Praktische Theologie, 238). Und auch im Studium der Theologie sei die Beschäftigung mit dem AT bloß eine »Hülfswissenschaft für die gesamte historische Theologie« (SCHLEIERMACHER, Kurze Darstellung, 86).

Im 19. Jh. gewinnt der Gedanke der Nation religiöse Bedeutung. Daraus entsteht eine Form des Antisemitismus, in der sich religiöse und politische Motive eng miteinander verbinden; wie im Werk des Göttinger Septuagintaforschers *Paul de Lagarde* (1827–1891). Er versammelt seine einschlägigen politisch-theologischen Traktate in den *Deutschen Schriften*. Ansatzpunkt für seinen Antisemitismus ist Lagardes Abrechnung mit den christlichen Konfessionen. Für die Selbstfindung einer homogenen deutschen Nation sucht er nach einer undogmatischen, spezifisch »deutschen Religion« (LAGARDE, Schriften, 79). Dieselbe gründe nicht auf historischer Überlieferung, sondern auf der Gottesbegegnung, deren Idee Lagarde im Evangelium Jesu wiederfindet. Obwohl er selbst Alttestamentler war, misst Lagarde dem AT keine religiöse Bedeutung zu. Vielmehr führt er die aus seiner Sicht falsche historisierende Auffassung von Religion auf den Einfluss des Judentums zurück. Das Evangelium sei schon durch das Festhalten des Paulus am AT verfälscht worden. In seiner Gegenwart stehe das Judentum der nationalen Einheit im Weg, »weil es fremd ist, und durchaus als etwas Undeutsches und Widerdeutsches empfunden wird.« (LAGARDE, Schriften, 274) Lagarde macht die Separation als ein jüdisches Wesensmerkmal aus und verweist dafür auf Michaelis. Ferner unterstellt er den Jüd:innen Hochmut und Menschenhass. Seine Warnung vor einem jüdischen Staat im Staat steigert Lagarde bis zur Verschwörungstheorie: »Die alliance Israélite ist nichts als eine dem Freimaurerthume ähnliche internationale Verschwörung zum Besten der jüdischen Weltherrschaft, auf semitischem Gebiete dasselbe was der Jesuitenorden auf katholischem ist[.]« (LAGARDE, Schriften, 278). Das Judentum avanciert bei Lagarde zum Gegenteil seines Ideals einer deutschen Nation. Der Antisemitismus hat damit eine konstitutive Funktion für sein völkisch-religiöses Denken, das beispielhaft für Antisemiten der nächsten Generationen werden sollte.

Am Ende des 19. Jhs. steht *Adolf von Harnack* (1851–1930) mit seinem *Wesen des Christentums*. Harnack bestimmt das Charakteristische des Christentums als Historiker und bündelt dafür wirkmächtige theologische Positionen zum AT und zum Judentum. Seine Methodik beruht auf einer Unterscheidung zwischen dem wesentlichen Kern einer Erscheinung und ihrer zeitbedingten Hülle. Seine Geschichtsschau orientiert sich an dem religionshistorischen Schema, das auf die Anreicherung einer ursprünglich einfachen Religion immer wieder Phasen der kritischen Reduktion folgen lässt. Das antike Judentum beurteilt Harnack anhand dieses Rasters negativ: Die jüdischen Elemente in der Verkündigung Jesu verwirft er als bedeutungslose Hülle des eigentlichen Evangeliums. Das Wesen des Christentums beruhe auf der neuen Botschaft Jesu; mit dieser Annahme steht Harnack in der Tradition von

Schleiermacher und der Neologen. Das Christentum versteht er als Vollendung und Überbietung der jüdischen Religion. Zwar seien Momente bei den Propheten vorbereitet, Jesus konzentriere sie aber auf ein einziges religiöses Prinzip. Für seine Kritik am pharisäischen Judentum beruft Harnack sich auf Julius Wellhausen: »Gewiß, das, was Jesus verkündigt, [...] das war auch bei den Propheten, das war sogar in der jüdischen Überlieferung seiner Zeit zu finden. Selbst die Pharisäer hatten es; *aber sie hatten leider noch sehr viel anderes daneben.*« (HARNACK, Wesen, 35) Jesus verkündet laut Harnack eine »bessere Gerechtigkeit« (HARNACK, Wesen, 47): Er »löste mit scharfem Schnitte die Verbindung der Ethik mit dem äußeren Kultus und den technisch-religiösen Übungen.« (HARNACK, Wesen, 48) Entlang der kategorialen Unterscheidung von Gesetz und Evangelium erklärt Harnack das Entstehen des frühen Christentums im Modus der Antithese oder in dem der Überbietung. Er identifiziert zudem negative jüdische Rückwirkungen auf die Formierung des Christentums. Konkret nennt er die Apokalyptik, die allegorische Schriftauslegung und das AT. Harnack würdigt den ersten Kanonteil zwar als wichtigen Besitz der frühen Kirche, gibt aber zu bedenken: »auf vielen Blättern dieses Buches stand eine andere Religion und eine andere Sittlichkeit als die christliche.« (HARNACK, Wesen, 108) Mit der Kanonisierung des AT sei »ein inferiores, überwundenes Element in das Christentum« eingedrungen. (HARNACK, Wesen, 108) Solche Äußerungen bahnen den Weg zu der prominenten Forderung, die er in seiner Markion-Studie formuliert: Das AT sei aus dem biblischen Kanon zu entfernen. Obwohl Harnack sich gelegentlich pointiert gegen den grassierenden Antisemitismus äußert, leistet er v. a. mit dieser Forderung ungewollt Vorarbeit für die völkische Theologie, die im 20. Jh. verheerende Konsequenzen des modernen Antisemitismus zeitigen wird.

Weiterführende Literatur

BARTH, RODERICH u. a. (Hg.), Christentum und Judentum. Akten des Internationalen Kongresses der Schleiermacher-Gesellschaft in Halle, März 2009 (SchlA 24), Berlin u. a., 2012.

BEUTEL, ALBRECHT, Deutsche Aufklärung und Judentum. Eine Feldvermessung in exemplarischem Zugriff, in: WENDEBOURG, DOROTHEA u. a. (Hg.), Protestantismus, Antijudaismus, Antisemitismus. Konvergenzen und Konfrontationen in ihren Kontexten, Tübingen 2017, 181–204.

KINZIG, WOLFRAM, Harnack, Marcion und das Judentum. Nebst einer kommentierten Edition des Briefwechsels Adolf von Harnacks mit Houston Stewart Chamberlain (AKTG 13), Leipzig 2004.

LÖWENBRÜCK, ANNA-RUTH, Judenfeindschaft im Zeitalter der Aufklärung. Eine Studie zur Vorgeschichte des modernen Antisemitismus am Beispiel des Göttinger Theologen und Orientalisten Johann David Michaelis (1717–1791), Frankfurt am Main u. a. 1995.

SLENCZKA, NOTGER, Der völkische Antisemitismus des späten 19. und des frühen 20. Jahrhunderts am Beispiel Paul de Lagardes, in: WENDEBOURG, DOROTHEA u. a. (Hg.), Protestantismus, Antijudaismus, Antisemitismus. Konvergenzen und Konfrontationen in ihren Kontexten, Tübingen 2017, 309–331.

IV.5 »Die Juden«, ihre Schrift und ihre theologische Bedeutung in hermeneutischen Modellen der Gegenwart

Christian Frevel

1. Resonanzräume der Auslegung – eine Vorbemerkung

Schon der Titel des Beitrags birgt einiges Potential für Missverständnisse. Dass »die Juden« in Anführungen gesetzt sind, sollte verständlich sein, denn *die* Jüdinnen und Juden gibt es natürlich nicht. Wenn aber von »ihrer Schrift« die Rede ist, könnte das Missverständnis entstehen, dass das Alte Testament, um das es in diesem Beitrag geht, (ausschließlich) ein jüdisches und nicht ein christliches Buch ist. Das ist immer wieder in der Geschichte vertreten worden, in der Antike etwa von den Manichäern oder Markion und in der Gegenwart etwa von Adolf von Harnack oder Notger Slenczka. Eine solche Sicht ist unzweifelhaft häretisch, denn die Kirche hat sich mehrfach entschieden, das Alte Testament *als Heilige Schrift* im Kanon zu belassen. Das gilt für die Alte Kirche, erst recht aber für die Kirchen seit der Reformation. Noch 2001 ist ein entsprechender Abschnitt in dem von Josef Ratzinger unterzeichneten Dokument der Päpstlichen Bibelkommission (VAS 152) überschrieben mit »Die Heilige Schrift des jüdischen Volkes als grundlegender Bestandteil der christlichen Bibel«. Daran gibt es in den gegenwärtigen kirchlichen Stellungnahmen nicht den geringsten Zweifel, selbst wenn die Diskussion um das Schriftprinzip als Grundlage aller theologischen Rede inzwischen weite Kreise zieht. Warum die genannte Position, das Alte Testament nicht als christliches Buch zu akzeptieren, darüber hinaus hoch problematisch ist, soll weiter unten entfaltet werden. Das »ihre Schrift« könnte noch ein weiteres Missverständnis auslösen, insofern in diesem Beitrag nicht ausführlich nach der Rolle des jüdischen Schriftverständnisses und seiner Rezeption in christlicher Theologie gefragt wird (s. dazu den Überblick bei GROHMANN, Bedeutung, 114–131, → IV.2). In der jüdischen Stellungnahme *Dabru Emet* heißt es: »Juden und Christen stützen sich auf die Autorität ein und desselben Buches – die Bibel (das die Juden »Tenach« und die Christen das »Alte Testament« nennen). [...] Gleichwohl interpretieren Juden und Christen die Bibel in vielen Punkten unterschiedlich. Diese Unterschiede müssen respektiert werden.« (→ X.5) Diese Forderung geht nur den halben Weg, denn eigentlich geht es um mehr als Respekt: Wenn der Text zwei (und mehr) Interpretationen zulässt, dann sollten diese auch in einen Dialog zueinander treten. Allerdings ist die Fülle und Bandbreite von Auslegungen so groß, dass eine Auswahl getroffen werden muss. »Jüdische Auslegung« ist dabei eben nicht einfach identisch mit rabbinischen oder klassischen mittelalterlichen Kommentaren, sondern kann auch postmoderne, postkoloniale, feministische, queere etc. Ansätze der Auslegung umfassen. Die Bandbreite ist schier unerschöpflich.

Ganze Kommentarreihen sind mit dem Anspruch verbunden, mit der jüdischen Auslegung ins Gespräch zu kommen, so z. B. der von Erich Zenger begründete Herders Theologischer Kommentar zum Alten Testament (s. auch ZENGER, Gottesrede, 67–118) oder die von Stefan Schreiber, Angela Standhartinger, Angelika Strotmann und Peter Wick herausgegebene Reihe Theologischer Kommentar zum Neuen Testament. Welchen Gewinn man aus der jüdischen Sicht in der Auslegung ziehen kann, zeigt die Publikation »Das Neue Testament jüdisch erklärt« (LEVINE u. a., Testament).

Hermeneutisch entscheidend ist dabei, wie weit ein rein deskriptives Nebeneinander in ein diskursives Ineinander übergeht, wo also jüdische Auslegung nicht nur als bloßes Gegenüber »vorgeführt« wird, sondern dialogisches Element im eigenen Denken wird. Eine Hermeneutik, die das leistet, ist eher Aufgabe als Wirklichkeit christlicher Theologie. Ansätze dazu sind – wenn überhaupt – nur in der Exegese zu erkennen. Daher geht es im Folgenden nicht um einen Beitrag zu der Frage, welche Rolle den Traditionen des Judentums in der theologischen Erkenntnislehre zugewiesen wird, sondern um einen Überblick, mit welchen hermeneutischen Modellen das Verhältnis von Altem und Neuem Testament beschrieben wird und welche Auswirkungen das auf die Verhältnisbestimmung von Judentum und Christentum hat. Der Beitrag folgt damit der bahnbrechenden Erkenntnis, die Papst Johannes Paul II. bei der Begegnung mit Vertretern der jüdischen Gemeinde in Mainz geäußert hat. Nämlich, dass der Dialog zwischen dem ersten und zweiten Teil der Bibel auf das engste zusammenhängt mit einer wertschätzenden Begegnung zwischen dem Gottesvolk des von Gott nie gekündigten Alten Bundes und demjenigen des Neuen Bundes. Man könnte die beiden Bereiche mit der Metapher der *kommunizierenden Röhren*, bzw. als Echo- oder Resonanzraum beschreiben.

2. Nomina sind Omina. Die Tücken der Bezeichnung

Macht es einen Unterschied, ob von der »jüdischen« Bibel oder vom »alten« Testament gesprochen wird? Natürlich und das betrifft nicht nur die problematische Kleinschreibung! Ebenso wie die Modelle der Verhältnisbestimmung haben alle Bezeichnungen wertende Konnotationen, selbst die eingeübte Bezeichnung *Bibel*, die von griech. τὰ βιβλία *tà biblía* »die Bücher« (daher »Bibliothek«) abgeleitet ist. Was im Deutschen als Kollektivsingular benutzt wird, ist vom Ursprung her ein Plural, der auf die im Kanon zusammengefassten Bücher verweist und damit die Frage aufwirft, *welche* Bücher denn mitgemeint sind. Altes Testament und Hebräische Bibel sind im Umfang nicht gleich, da nicht alle Bücher des Alten Testamentes auf Hebräisch (und Aramäisch) verfasst sind, sondern einige auch auf Griechisch (Makkabäer, Tobit, Judit, Weisheit, Jesus Sirach, Baruch) und einige Bücher, wie das Buch Daniel, Zusätze haben, die in der hebräisch-aramäischen Fassung nicht gegeben sind. Kanonfragen sind komplex und sensibel – bekanntlich auch zwischen den christlichen Kirchen – und so kann es nicht verwundern, dass auch die Bezeichnungen im christlich-jüdischen Kontext sensibel sind. Schon das Wort *Testament* kann Irritationen auslösen, wenn es als letztwillige Verfügung missverstanden wird, denn das sind weder Altes noch Neues Testament. Die Irritation wird nicht geringer, wenn der lateinische Ursprung der Bezeichnung mitgedacht wird, der sich von *testamentum* (»Bund«, »Vertrag«, »Anordnung«) ableitet. Dann ist Altes Testament bezogen auf den alten Bund und nur im Gegenüber zu einem neuen Bund richtig zu verstehen. Mit dem alten Bund kann von den vielen möglichen Bünden eigentlich nur der Sinaibund gemeint sein, und damit ist Israel als Bundespartner immer im Spiel, wenn die Bezeichnung bedacht wird. *Testamentum* als Übersetzung des griechischen διαθήκη »Bund« ist ab 150 bei Tertullian belegt und erst Melito von Sardes benutzt etwa um 180 »Altes Testament« zur Bezeichnung der Schriften Israels. Zuvor gab es gar kein »Altes Testament«, sondern nur »Schriften«, zumindest wird nirgendwo im Neuen Testament »alt« zur Bezeichnung der »Bibel Israels« benutzt. Dort wird das, was wir Altes Testament nennen als »Gesetz des Mose«, »Gesetz und die Propheten« oder »Gesetz, Propheten und Psalmen« (Lk 24,44; EÜ 2016, wie durchgehend in diesem Beitrag, falls nichts anderes angegeben) bezeichnet. Die Bezeichnung Altes Testament ist für die Zeit des Neuen Testamentes ein *Anachronismus* (eine falsche zeitliche Einordnung). Abgeleitet ist die Bezeichnung *Altes Testament* für die »Heiligen Schriften« aber sehr wohl aus dem Neuen Testament, nämlich aus dem paulinischen Midrasch 2 Kor 3,14. Dort wird aus dem alten Bund (τῆς παλαιᾶς διαθήκης, Vulgata: *veteris testamenti*) gelesen. Allerdings ist fraglich, ob dort von den Schriften Israels (was als unwahrscheinlich gilt) oder eher nur vom Sinaibund geredet wird! Die paulinische Auslegung ist komplex und voraussetzungsreich (er greift vor allem auf Ex 34,33–35 zurück) und ist oft antijüdisch ausgelegt worden, sogar so weit, dass nicht die verhüllende Decke, sondern der alte Bund in Christus vergeht. Das sagt Paulus aber in keinem Fall. Was hier nur angedeutet werden kann, macht deutlich, dass die Bezeichnung Altes Testament nicht einfach neutral ist. Und dabei wurde noch nicht einmal auf die problematische Assoziationskette Altes Testament → altes Testament → veraltetes Testament → ungültiges Testament eingegangen. Die abwertende Konnotation von »alt« in der Bezeichnung lässt sich kaum vermeiden, da eine Anciennität (= höhere Wertigkeit aufgrund des Alters) in der Regel ebenso wenig gemeint ist, wie altbewährt. Im Kontext des christlich-jüdischen Dialogs wird daher oft von Miqra, Bibel Israels, Bibel Jesu, Hebräische Bibel oder vom Tenach gesprochen. Ein kurzer Überblick über die Bezeichnungen soll Vor- und Nachteile deutlich machen:

Miqra	Manchmal auch Mikra oder Miḳra. Im Judentum gebräuchliche Bezeichnung für »Schrift« bzw. die Bibel mit einer vom Wort her gegebenen Assoziation zur religiösen Praxis des Lesens. Miqra ist abgeleitet von dem hebräischen Verb qrʾ »rufen, lesen« und meint das (laut) »Gelesene«. Die *benê ha-miqraʾ* (Söhne/Kinder der Schrift) sind die Schriftkundigen. Der Qara (davon abgeleitet z. B. Karäer) ist derjenige, der die Bibel studiert, auch die Bibelwissenschaft wird kurz als Miqra bezeichnet. Die sog. Rabbinerbibel 1517/18 trägt den Titel *Miqraʾot Gedolot*. Miqra ist eine klar in der jüdischen Tradition verwurzelte Bezeichnung, die aber mehr als nur die Hebräische Bibel bezeichnen kann.
Tanach	Manchmal auch TNK, TaNaKh, Tenach oder Tᵉnak ist ein Kunstwort zur Bezeichnung der Bibel, das aus den Anfangsbuchstaben der drei Kanonteile gebildet ist. Tora – Nebiim – Ketubim (Tora – Propheten – Schriften). Es wird zur Bezeichnung der Bibel im Judentum ver-

	wendet und hat einen klaren Bezug zum Judentum. Als Ersatzbe- zeichnung für Altes Testament eignet sich Tanach nicht, weil beide nicht denselben Umfang haben und dem Neuen Testament nicht der Tanach, sondern das christliche Alte Testament gegenüberstehen. Die Bezeichnung kann aber die Sensibilität dafür erhöhen, dass das Alte Testament zum weit überwiegenden Teil zur Heiligen Schrift der Jüdinnen und Juden gehört.
Bibel Israels	Wird häufig im Kontext des christlich-jüdischen Lernweges ge- braucht, wenn es um die Heiligen Schriften geht. Dabei geht es oft um eine historische Verortung der Bibel zur Zeit der Entstehung des Neuen Testaments. Als Alternativbezeichnung für »Altes Testament« eignet sich Bibel Israels weniger: Die Bezugsgröße »Israel« bleibt in- different, es ist a) das der Kirche vorausgehende dauerhaft erwählte Israel, b) das von der christlichen Kirche abgehobene »theologische« oder endzeitliche Israel (Israel und Kirche), oder sogar c) der moder- ne Staat Israel. Diese Indifferenz macht eine Rede von der Bibel Isra- els außerhalb des Dialogkontextes unscharf.
Bibel Jesu	Die Verwendung ist im christlichen Kontext zu verorten. *Bibel Jesu* will zum einen betonen, dass es in den ersten zwei Jahrhunderten noch keine christliche Bibel mit Altem Testament gegeben hat. Zu- gleich soll mit der Bezeichnung das Jude-Sein Jesu unterstrichen werden, indem darauf abgehoben wird, dass Jesus nur Texte des zeit- genössischen Judentums als Heilige Schrift und Bezugspunkt seiner Lehre und Auslegungen hatte. Das Problem der Bezeichnung liegt da- rin, dass Bibel Jesu keine fest umrissene Größe ist. Als Ersatzbezeich- nung für Altes Testament eignet sie sich nicht.
Hebräische Bibel	Die Bezeichnung wird in der Exegese und im Kontext des christlich- jüdischen Gesprächs gebraucht. In der Exegese wird damit der maso- retische hebräische Text von der griechischen Septuaginta abge- grenzt. Damit ist die Bezeichnung Hebräische Bibel nicht eindeutig im jüdischen Kontext verortet. Im jüdisch-christlichen Dialog wird damit hingegen die Bibel des Judentums adressiert. Die Bezeichnung setzt bei der Sprache an und weist darin eine Ungenauigkeit auf, weil die Schriftensammlung auch aramäische Teile (Jer 10,11; Dan 2,4b–7,28, Esra 4,8–6,18; 7,12–26) enthält.

Der Überblick über die Bezeichnungen macht deutlich, wie sehr eine christliche Hermeneutik der Bibel mit der Frage verknüpft wird, welche Rolle dem Alten Testa- ment als Heilige Schrift theologisch zukommt. Es ist wichtig zu sehen, dass mit dem Anspruch, das Alte Testament als christliches Buch zu sehen, nicht die Bedeu- tung des Tanach herabgesetzt wird. Zwischen Enteignung (Bestreitung) und Bezug (Affirmation) liegen Welten und viele Zwischentöne sind möglich. Das Grundprob- lem hat Erich Zenger adressiert und mit seinem Vorschlag, statt »Altes Testament« die Bezeichnung »Erstes Testament« zu verwenden (ZENGER, Testament), eine Dis- kussion ausgelöst, die inzwischen deutlich abgeklungen ist. Die Bezeichnung *Erstes Testament* hat zunächst den Vorteil, dass sie die Konnotation des veralteten durch die Erstlingsschaft ersetzt. Das Alte Testament ist Fundament, auf dem das Ver- ständnis des Christusereignis aufruht. Es ist auch richtig, dass sich kanonische Formen des späteren Alten Testaments schon herausgebildet haben, bevor es ein Neues Testament gab. Erstes Testament »formuliert theologisch richtig: Es bezeugt jenen ›ewigen‹ Bund, den Gott mit Israel als seinem ›erst geborenen‹ Sohn (vgl. Ex 4,22; Hos 11,1) geschlossen hat, als ›Anfang‹ jener großen ›Bundesbewegung‹, in die der Gott Israels auch die Völkerwelt hineinnehmen will.« (ZENGER, Einleitung, 16) Damit sensibilisiert die Umbenennung nicht nur für terminologische Schwächen der Bezeichnung Altes Testament, auch wenn Kritiker:innen eingewandt haben, dass mit der Assoziation einer numerischen Folge (erstes, zweites …) eine Unabgeschlossenheit im Raum steht. Wie auch immer man sich zu dem Vorschlag stellt, er hat neue Sensibilität in die Diskussion gebracht und die Suche nach einem angemessenen Modell der Verhältnisbestimmung von AT und NT bestärkt. Es ist das Verdienst Erich Zengers, dass der komplementäre Gebrauch dieser Bezeichnung heute kaum noch Irritationen auslöst. Vollkommen zu Recht verweist Frank Crüsemann darauf, dass die Bezeichnung Neues Testament mindestens ebenso missverständlich und problematisch ist, wenn sie nämlich den Neuen Bund als genuin christlichen Bund versteht, der in Jesus Christus vollständig eingelöst ist. Auch der Neue Bund ist nach Jer 31,31–34 an den Erstadressaten Israel gerichtet und hat die Tora zum Gegenstand. Das »keiner wird mehr den andern belehren« (Jer 31,34) bleibt als Verheißung aufrecht und ist auch im Neuen Testament nicht abgegolten.

3. Tiefe Wunden: Gesetz und Evangelium

Wenn es um das Verhältnis von Altem und Neuem Testament geht, sind Paarformulierungen von zwei Substantiven beliebt, die je auf die beiden Testamente aufgeteilt werden. Die Paare werden als dualistisch und einander entgegengesetzt eingeführt, so dass es kein Drittes dazu gibt. Die zwei wichtigsten sind Gesetz und Evangelium und Verheißung und Erfüllung, die beide das Alte Testament in seiner Würde herabsetzen und ihm lediglich eine vorbereitende Rolle zuschreiben. Beide bergen ein erhebliches antijüdisches Potential, sobald die Gegenüberstellung nicht auf das Verhältnis der beiden Teile der christlichen Bibel bezogen wird, sondern das Alte Testament als heilige Schrift qualifizieren bzw. als zureichende Beschreibung verstanden werden soll (s. AXT-PISCALAR/OHLEMACHER, Duale). Beide Modelle sind aber – und das macht ihre Beliebtheit und ihren Erfolg aus – nicht nur einfach, sondern auch neutestamentlich gegründet. Besonders Joh 1,17 wurde oft als Antithese ausgelegt, als wenn die Tora in einem Gegensatz zu der Gnade und Wahrheit stünde, die durch Jesus Christus offenbart wurde. Aus einer solchen Sicht rührt dann auch die Übersetzung von Röm 10,4 wie sie noch in der Einheitsübersetzung von 1980 stand: »Denn Christus ist das Ende (statt *Ziel*) des Gesetzes und jeder, der an ihn glaubt, wird gerecht.« Es ist ein festsitzendes antijüdisches Klischee, dass im Neuen Testament die Tora abgewertet würde, sei es in den Antithesen der Bergpredigt, sei es im Hebräerbrief oder bei Paulus. Die Gegenüberstellung von Gesetz und Evangelium hat daran großen Anteil. Schon Hieronymus schrieb an Augustinus: »Für die Gnade des Gesetzes, die vorübergehend war, haben wir die bleibende Gnade des Evangeliums empfangen.« (https://bkv.unifr.ch/de/works/cpl-620/versions/briefe-bkv-2/divisions/744)

Vom »Gesetz« ist im Neuen Testament natürlich häufig die Rede und es ist nicht immer klar, was damit gemeint ist: Einzelne Gesetze, *die* Gebote und Verbote, die ganze Tora, die ganze Bibel Jesu, die Traditionen des Frühjudentums. Auf das Verhältnis von AT und NT angewandt ist das Modell von »Gesetz und Evangelium« schon bei den Kirchenvätern (z. B. bei Hieronymus, aber auch bei Markion!) beliebt, aber durch Luther maßgeblich geprägt. Der spricht vom AT als Buch, in dem Gottes Gesetz und Gebot ist, und vom NT als Buch, in dem Evangelium und Gottes Verheißungen sind. Dass dabei nicht von der *Biblia* als dem Buch der Bücher die Rede ist, sondern AT und NT als zwei Bücher charakterisiert werden, die sich von ihrem Inhalt her gegenüberstehen, macht die Engführung deutlich. Diese wird dann durch die positive und negative Wertung verstärkt: »So wisse nun, dass dies Buch ein Gesetzbuch ist [...] gleich wie das Neue Testament ein Evangelium oder Gnadenbuch ist. [...] Doch wie des Neuen Testaments eigentliche Hauptlehre darin besteht, Gnade und Friede durch Vergebung der Sünden in Christus zu verkündigen, so besteht des Alten Testaments eigentliche Hauptlehre darin, Gesetze zu lehren und Sünde anzuzeigen und Gutes zu fordern.« (Luther in der Vorrede auf das Alten Testament 1545) Da hilft es wenig, dass auch im AT »etliche Verheißung und Gnadensprüche« zu finden sind, die Wege für die oft abwertende Rezeption sind damit bereitet. ›Gesetz‹ ist konnotiert mit Mühe, Last, Einschränkung, Verbot, also überwiegend negativen Assoziationen. Ganz anders das Selbstverständnis des Alten Testaments selbst (das Gesetz ist Leben [Dtn 30,10], der Fromme liebt es [Ps 119,113] und es schmeckt süß [Ez 3,3] u. v. a. m.) oder das jüdische Selbstverständnis, das mit Simchat Tora ein Fest mit Tanz und Freude feiert, bei dem es sich dankbar an die Gabe der Tora erinnert (→ II.1). Tora also mit »Gesetz« gleichzusetzen ist gegenüber Jüdinnen und Juden verletzend, abwertend und unzutreffend.

Das Modell »Gesetz und Evangelium« ist nicht geeignet, das Verhältnis von Altem und Neuem Testament zu beschreiben aus fünf Gründen: (1) Es legt das Alte Testament auf »Gesetz« fest, was dem AT selbst nicht entspricht. (2) Es sieht Gesetz nicht als zum Leben und zu Gott führende Weisung (Tora), sondern als Grundlage für das Gericht. (3) Es verschweigt, dass auch das Alte Testament »Evangelium« ist. (4) Es baut einen Gegensatz von AT und NT auf, der dem dialogischen Verhältnis der beiden Testamente nicht entspricht. (5) Es ist antijudaistisch und häretisch, weil es das AT gegenüber dem NT und weil es das Judentum insgesamt abwertet.

4.   Zu kurz gesprungen: Verheißung und Erfüllung

Mit dem zweiten Paar, Verheißung und Erfüllung, wird das Alte Testament zur Vorbereiterin des Evangeliums. Schon sehr früh formuliert Ignatius von Antiochien (gest. ca. 110) »Lieben wir aber auch die Propheten, weil auch ihre Lehre auf das Evangelium hingerichtet ist und weil sie auf ihn hoffen und ihn erwarten.« (Brief an die Philadelphier 5,2) Es ist unmittelbar erkennbar, dass das Modell das Alte Testament eng an das Neue anbindet: Es kündigt an und verweist auf die Zukunft, aber es hat für sich stehend keinen Eigenwert. Es hat nur dienende Funktion in den Ankündigungen des Messias und seines Wirkens. Für den Begriff Verheißung steht oft auch der Begriff Weissagung. Auch dieses Modell setzt biblisch an, nämlich vor allem bei den Erfüllungszitaten (Mt 1,22–23; 2,15; 13,14.35; 21,4 u. ö.) oder Stellen wie Lk 1,45; 4,21; 24,27; Joh 1,45; 17,12; Apg 13,27; Jak 2,23 u. v. a. m. Das dort zu findende Muster, das das neutestamentliche Geschehen durch den bekräftigenden Hinweis auf die Schrift einzuordnen versucht, wird auf das Verhältnis von AT und NT insgesamt übertragen. Damit bekommt die Geschichte ein »Gefälle auf noch Ausstehendes« (WALTHER ZIMMERLI) und die zum Christusgeschehen vorgängige Heilsgeschichte etwas Vorläufiges und Unvollständiges. Dass darin eine bleibende Wertschätzung des Judentums schwerfällt, dürfte unmittelbar einsichtig sein. Das Modell gibt es in so vielfältigen Varianten und Abstufungen, von der frühen Kirche angefangen bis in die Gegenwart, dass es schwerfällt, es auf nur *einen* Nenner zu bringen, aber am ehesten ist es der eines überbietenden Stufenmodells. Drei Beispiele, die alle bei den Kirchenvätern entwickelt und geprägt wurden, aber bis in die Gegenwart hinein nachwirken, sind der mehrfache Schriftsinn, die Typologie und das *Latet-Patet-Modell*.

4.1   Der mehrfache Schriftsinn

Es ist nicht erst eine postmoderne Einsicht, dass Texte nicht nur einen Sinn haben. Das gilt für alle Texte, aber noch einmal besonders für Offenbarungstexte, wo der Rückgriff auf den Autor und seine Absichten prinzipiell verwehrt ist. Schon in Ps 62,12 heißt es »Eines hat Gott geredet, zweierlei ist, was ich gehört habe.« (eigene Übersetzung) Doch was in der Moderne ein gleichberechtigtes Nebeneinander von Textsinnen ist, die in einen Dialog treten, ist in der Schrifthermeneutik als Nach- oder Übereinander gedacht. Dem Literalsinn des Textes wird ein geistlicher Sinn übergeordnet, der zum *eigentlichen* Sinn wird. Der weitere, geistige, spirituelle, tiefere oder vollere Sinn (*sensus plenior*) wird dann in der Tradition immer weiter ausdifferenziert. Im Mittelalter findet sich der Merkspruch des Augustinus von Dänemark: »Littera gesta docet, quid credas allegoria, moralis quid agas, quo tendas anagogia.« (Der Buchstabe lehrt das Geschehene; was zu glauben ist, die Allegorie; der moralische (Sinn), was zu tun ist; wohin zu streben ist, die Anagogie). Das ist gar nicht ungewöhnlich, und auch im mittelalterlichen Judentum existieren ähnliche Modelle, wie z. B. der PaRDeS (der Peshat ist der wörtliche Sinn, Remez die philosophische Allegorie, Derash die homiletische Auslegung und Sod die mystische Deutung) (s. DOHMEN/STEMBERGER, Hermeneutik). Die Einsicht in den mehrfachen Schriftsinn ist so lange weitestgehend unproblematisch, wie die verschiedenen Sinne nur einander zugeordnet und nicht einander übergeordnet werden und so lange sie nicht als hermeneutisches Modell auf die beiden Testamente verteilt werden.

4.2   Typologie

In das weite Feld des Verheißungs-Erfüllungs-Modells gehört auch die Typologie, nach der die Figuren, Ereignisse und Strukturen des Alten Testaments über den Literalsinn hinaus zu einem geistigen Sinn finden, der auf Christus weist. Dem Typos (AT) wird ein

Antitypos (NT) gegenübergestellt. Im Typos ist der Antitypos vorgebildet, so etwa in der Errettung am Schilfmeer die Taufe. Manche Typologien sind bereits im Neuen Testament zu finden (z. B. Mt 12,39–41; Joh 1,29; Hebr 11,17–19). In der Regel lässt sich der Typos erst vom Anti-Typos her bestimmen, wobei der metaphorische Abstand zwischen Anti-Typos und Typos sehr stark variieren kann. Jedoch ist Christus immer das Woraufhin des Typos, Christus ist der *Schlüssel* zum Alten Testament. Man muss das Neue Testament als Anti-Typos kennen, um das Vorausbild überhaupt erkennen zu können. Zwar kann die Typologie vereinzelt als Bekräftigung des Heilswillens Gottes auch gegenüber Israel gelesen werden, doch weit häufiger ist die typologische Auslegung in ihrer christologischen Fixierung substutionstheologisch angelegt. So heißt es zwar bei Hieronymus einerseits »Die Schrift nicht kennen heißt Christus nicht kennen« (Comm. in Jes., Prol.: PL 24, 17 zitiert in DV 25), doch andererseits bettet er die Schriftkenntnis tief in eine Hermeneutik der Typologie, die das Dunkel des Alten Testaments erst durch Jesus Christus ans Licht bringt. In dem schon zitierten Brief an Augustinus schreibt er: »An die Stelle der Schatten und Bilder des Alten Bundes trat die Wahrheit, die uns durch Jesus Christus zuteil geworden ist.« Das Problem ist das Unvollkommene, Vorbereitende, Hinführende, noch nicht Vollendete des Alten Testaments – all das widerspricht der bis in die Gegenwart fortgesetzten Existenz des ersterwählten Bundesvolkes zutiefst. Jüdinnen und Juden verstehen ihre Bibel weder falsch noch unvollständig.

4.3   Das Latet-Patet-Modell

Die mit Augustinus verbundene Variante des Verheißungs-Erfüllungs-Modells ist mit den lateinischen Begriffen *latet* (es ist verborgen«) und *patet* (es steht offen) verbunden und existiert in vielen ähnlichen Formulierungen. Meist wird sie in der aus Augustins Quaestionum in Heptateuchum 2,73 entnommenen Merkformel *Novum Testamentum in Vetere latet, et in Novo Vetus patet* (Das Neue Testament liegt im Alten verborgen, das Alte wird im Neuen aufgedeckt) angeführt. Für manche Katholischen Theolog:innen ist es *das* maßgebliche Modell, weil es in der dogmatischen Konstitution in *Dei Verbum* auf dem Zweiten Vatikanischen Konzil angespielt wurde »Gott, der die Bücher beider Bünde inspiriert hat und ihr Urheber ist, wollte in Weisheit, daß der Neue im Alten verborgen und der Alte im Neuen erschlossen sei.« (DV 16) Es taucht danach in kirchlichen Ansprachen oder im Katechismus der Katholischen Kirche (KKK 265) auf. Verbindlichen Rang kann davon nur beanspruchen, dass der kanonische Kontext aus Altem und Neuem Testament den Sinn verändert. Aber das heißt nicht, dass der Alte Bund *erst* im Neuen erschlossen ist. Das Alte Testament ist ein Eigenwort mit Eigenwert, der auch im Zusammenhang mit dem Neuen Testament nicht aufgehoben wird. Weil das etwa im Lichte von NA 4 problematisch ist, wird die Reihenfolge des Verstehens, dass das Alte Testament *erst* im Neuen erschlossen ist, in neueren kirchlichen Stellungnahmen ein wenig relativiert, indem auch die Umkehrung des Grundsatzes ergänzend unterstrichen wird: »Im übrigen will das Neue Testament auch im Licht des Alten Testamentes gelesen sein.« (KKK 265) »Ohne das Alte Testament wäre das Neue Testament ein Buch, das nicht entschlüsselt werden kann, wie eine Pflanze ohne Wurzeln, die zum

Austrocknen verurteilt ist« (Päpstliche Bibelkommission, Das jüdische Volk und seine Heilige Schrift in der christlichen Bibel, VAS 152, Nr. 84). Die Betonung der Gegenseitigkeit löst aber das Problem nicht, dass der wörtliche Sinn offen zutage liegt, der geistliche Sinn aber ohne das Neue Testament verborgen bleibt. Das latet-patet-Modell steht damit immer in der Gefahr, dass es wie die antijüdischen Darstellungen an den Portalen der Kathedralen die Synagoga (als Figuration des Judentums), als blind gegenüber dem verborgenen Sinn der Schrift dargestellt wird (→ II.2, → II.3). Die Annahme, dass das Neue im Alten verborgen ist, stärkt zwar die Verbindung von AT und NT, wertet es aber zugleich ab, weil das *eigentliche* der Offenbarung nur im Neuen Testament zu finden ist und nur das als Offenbarung akzeptiert wird, was auch im Neuen Testament steht.

Das Verheißungs-Erfüllungs-Modell besitzt in allen Varianten große Schwächen und eine Schlagseite. Es nimmt die Vielgestaltigkeit der Schrift nicht ernst und ignoriert die Tatsache, dass das Alte Testament auch ohne das Neue Testament Gottes Wort ist, und zwar in derselben Klarheit und Offenheit wie das Neue Testament. Dem muss auch eine christliche Lektüre des Alten Testaments entsprechen können durch eine doppelte Leserichtung. Das Alte Testament muss für sich gelesen werden und wird so in einem zweiten (im christlichen Kontext nur heuristisch abzuhebenden) Lesevorgang zur *mater et magistra Novi Testamenti*, zur Mutter und Lehrerin des Neuen Testamentes.

Das Modell »Verheißung und Erfüllung« ist nicht geeignet, das Verhältnis von Altem und Neuem Testament zu beschreiben aus fünf Gründen: (1) Selbst, wenn das Alte Testament Verheißungen enthält, geht es in der Verheißung nicht auf. (2) Das Selbstverständnis des Alten Testaments ist nicht Erwartung, Offenheit oder die Ausrichtung auf eine noch ausstehende Erfüllung. Im Gegenteil sind viele Zusagen an Israel als Gottes erstem Bundesvolk bereits erfüllt. (3) Das Alte Testament ist weder sachnotwendig noch traditionsgeschichtlich auf eine Fortsetzung im Neuen Testament hin angelegt. Es ist auch ohne das Neue Testament Wort Gottes. (4) Nicht alle Verheißung im Alten Testament ist im Neuen Testament erfüllt. Es gibt einen Verheißungsüberschuss im Alten Testament und einen Erfüllungsunterschuss im Neuen Testament. (5) Gottes Geschichte mit Israel ist nicht eine Fortschrittsgeschichte, die in Jesus Christus an ihr Ziel und/oder Ende gekommen wäre.

»Die besondere und endgültige Weise, in der der Gott Abrahams sich in Jeus offenbart, geht nur auf, wenn dieses Heilshandeln Gottes im Horizont der Geschichte seines Handelns an seinem Volk Israel geschaut und geglaubt wird. Als solches ist es nicht einfach Erfüllung und Einlösung vorher ergangener Weissagungen oder Verheißungen, sondern (auch) in Jesus und in der Kirche führt der Gott Israels die Erlösungsgeschichte weiter – ihrer Vollendung entgegen.« (Zenger, Gottesrede, 88–89)

5.   Das Alte Testament den Jüd:innen *zurück*geben? Falsche Frage!

Der Berliner evangelische Systematiker Notger Slenczka hat 2013 eine Diskussion ausgelöst, die zu vielfältigen Auseinandersetzungen und Gegenreaktionen geführt hat, weil seine Position im Kern implizit antijudaistisch ist, auch wenn sie mit Verve vorgibt, genau das nicht zu sein. Die Auseinandersetzung und die Argumente sind gut nachgezeichnet in (der ausführlichen Fassung) der Expertise für das Innenministerium (WIESE, Antisemitismus in der Evangelischen Theologie und Kirche, 3–14, die theologischen Gegenargumente bei HARTENSTEIN, Bedeutung, 55–78). Wie so häufig führt ein heftiger Schlagabtausch auch zu mancher Relativierung der ursprünglichen Schärfe der Position. Der Rückgriff darauf kann aber verdeutlichen, wo das Hauptproblem liegt (seine Position zusammengefasst [und in wesentlichen Punkten abgeschwächt] findet sich in SLENCZKA, Testament). Slenczka betont, dass es ihm um Respekt gegenüber dem Judentum geht, wenn er das Alte Testament als ein Zeugnis eines vorchristlichen Glaubensverständnisses fasst. Er bestreitet die theologische Gleichwertigkeit von Altem und Neuem Testament und vertritt »in der Tat ... (dass das AT) eine kanonische Geltung in der Kirche nicht haben sollte« (SLENCZKA, Testament, 49). Diese als Dekanonisierung charakterisierte Position schließt an Friedrich Schleiermacher, Rudolf Bultmann, vor allem aber Adolf Harnack an. Von Schleiermacher ist sein lineares Geschichtsbild eines Offenbarungsfortschrittes geprägt, von Harnack übernimmt er die Einschätzung, dass das Alte Testament zu entkanonisieren, aber immerhin noch gut und nützlich zu lesen sei. Mit Bultmann sieht er beide Testamente nicht auf derselben Stufe, Texte des Alten Testamentes sind aus sich heraus lediglich Zeugnis der Religions- und Geistesgeschichte und christlich de facto abgegolten. Schon das Attribut *vorchristlich* macht das Judentum implizit zu einer Größe eines *noch nicht* und eines minderen Ranges. Der Gebrauch der unsäglichen Bezeichnung ›Spätjudentum‹ (SLENCZKA, Testament, 63) ist hier decouvrierend (→ II.3). Bultmann sah die alttestamentliche Geschichte als eine »Geschichte des Scheiterns« (BULTMANN, Weissagung, 383). Das wiederholt Slenczka nicht, aber es ist der enge Anschluss an Bultmann, der auch seine Position nicht, wie es Slenczkas Intention entsprechen mag, respektvoll gegenüber dem Judentum erscheinen lässt, sondern in der Konsequenz antijüdisch macht. Das Alte Testament sei nicht das Verbindende zwischen Jüd:innen und Christ:innen, sondern de facto das am stärksten Trennende zwischen Jüd:innen und Christ:innen: »Nichts trennt so nachhaltig wie eine (auf den ersten Blick) unvereinbar differente Deutung eines gemeinsamen Textes« (SLENCZKA, Testament, 331). Zu einer solchen Position kann Slenczka nur kommen, weil er den vom Christusereignis unabhängigen Eigenwert des Alten Testamentes bestreitet. Als christliches Buch könne das Alte Testament nur dann gelten, wenn es mit dem Christlichen übereinstimmt und – um es mit Luther zu karikieren – »Christentum treibet«. Das Neue Testament sei aber eine »radikal umwertende[] Relektüre dieser vorchristlichen Texte« (SLENCZKA, Testament, 336). Genau diese Position wird in der gegenwärtigen hermeneutischen Debatte mit gutem Recht bestritten. Als vorchristliches Buch sei das Alte Testament »die Identität stiftende Urkunde einer anderen Religionsgemeinschaft« (SLENCZKA, Testament, 82). Es ist nicht zu leugnen, dass sich Slenczka mit der Behauptung, dass das *Alte Testament* (und nicht der Tanach!) kein christliches Buch ist, an die Seite antisemitischer Positionen stellt, in deren Jargon das Alte Testament das »Judenbuch« war und ist. Indem sich Slenczka davon theologisch lösen will, gibt er vor, den »hochproblematischen Akt der religiösen Enteignung« (SLENCZKA, Testament, 457) beenden zu wollen. Schon Bultmanns Rede von der Rückübereignung des Alten Testaments war falsch, weil sie das Alte Testament nicht als gleichwertiges Wort Gottes anerkennen wollte; Slenczkas Differenzsemantik ist es auch. In beiden Testamenten redet derselbe Gott und diese Einheit lässt sich nicht aufheben, will man gleichzeitig an der Treue und Verlässlichkeit Gottes im Wort festhalten. Slenczkas Position ist von einer diametralen Opposition zwischen Altem und Neuen Testament bestimmt, die zugleich die theologische Wertigkeit einseitig auf Seiten des Evangeliums sieht. Für ihn kennt die Hebräische Bibel nur einen Ausgang, das Judentum. Im Kontext des christlich-jüdischen Gesprächs hat sich hingegen eine Position bewährt, die von einem *doppelten* Ausgang in Judentum und Christentum ausgeht. Das gilt auch vor dem Hintergrund, dass die Entstehung von Judentum und Christentum komplexer ist, als Talmud und Neues Testament als einander entgegengesetzte Entwicklungen zu betrachten (→ III.1, III.4). In letzter Konsequenz bedeutet Slenczkas Position die Infragestellung, dass der Gott Abrahams der Vater Jesu Christi ist. Das steht hinter der Sympathie für Harnacks »fremden« Gott. An die Stelle der christozentrischen Schrifthermeneutik, wie Slenczka sie vertritt, ist um der Einheit Gottes Willen eine theozentrische zu stellen.

Ist das Alte Testament ein *jüdisches Buch*? Nein, denn das Alte Testament gibt es nur im christlichen Kontext und im Gegenüber zum Neuen Testament. Damit ist es gerade nicht *vorchristlich*. Zu keinem Zeitpunkt wurde im frühen Christentum das Alte Testament vom Neuen getrennt überliefert. Der Begriff »Heilige Schrift« bezieht sich immer und durchgehend auf die Schriftensammlung Altes und Neues Testament. Damit ist die Trennung beider unchristlich, nicht die Einheit der beiden Testamente. Kann es ein Christentum ohne die Signatur der Verwiesenheit auf das Jüdische geben? Nein! Ohne das Alte Testament hängen das Verständnis des Neuen Testaments *und* die christliche Existenz in der Luft. Die Position Slenczkas wurde zurecht als *historisch nicht zutreffend und theologisch inakzeptabel* zurückgewiesen.

6. Das Alte Testament als Wahrheitsraum

Die Abwertung des Alten Testaments liegt in den meisten Modellen in der geschichtstheologischen Erwartung einer Überbietung begründet. Weil das Neue mehr, besser, anders sein muss, kann das Alte nur vorläufig, unvollkommen und begrenzt sein. Eine zweite Voraussetzung sucht das Christliche nur und ausschließlich im Neuen Testament, weshalb das Alte Testament niemals an das Neue heranreichen kann und tendenziell vorchristlich oder gar unchristlich ist. Dem stellt Frank Crüsemann das Modell des Wahrheitsraums entgegen (CRÜSEMANN, Wahrheitsraum): Die Wertigkeit des Alten Testaments soll von seiner Rolle im Neuen Testament her bestimmt werden. Und da findet sich eben nicht die Abwertung, sondern ein sehr vielfältiger, aber durchgehend positiver Bezug. Auf die Frage, was denn das wichtigste Gebot sei (Mk 12,28–31 / Mt 22,36–40), antwortet Jesus nicht mit etwas Neuem, sondern mit dem Rückgriff auf Dtn 6,4, dem Grundgebot und bis heute täglichen Gebet des Judentums, und mit Lev 19,18, dem Gebot der Nächstenliebe. Bei Matthäus ergänzt Jesus, dass daran »das ganze Gesetz und die Propheten hängen« und bei Markus, dass »kein anderes Gebot größer ist.« Es geht also nichts über das hinaus, was in Gesetz und Propheten schon gegeben wäre, von Aufhebung, Vollendung oder Überbietung keine Spur. Die »Schrift« enthält bereits die ganze Wahrheit. Jesus verhält sich hier ganz nach dem von Paulus in 1 Kor 4,6 zitierten Grundsatz: »Nicht über das hinaus, was in der Schrift steht.« Die Geltung der Schrift wird im Neuen Testament *nicht* bestritten und das muss nach Crüsemann den Ausgangspunkt einer Hermeneutik bilden. Aus den Überlegungen ergibt sich eine grundsätzliche Infragestellung der eingeübten christlichen Leserichtung, die das Alte Testament vom Neuen Testament her liest und beurteilt. »Jeder theologische Weg, der an der Tora vorbeiführt, verlässt damit auch das Neue Testament.« (CRÜSE-MANN, Wahrheitsraum, 223) Dieser *Wahrheitsraum* darf nicht durch eine christologische Hermeneutik vermeintlich überboten werden. »Der alte Bund, das, was Israel in der Tora liest, ist und bleibt so wahr, wie es immer war. Erst in ihrem Licht wird ja überhaupt das Neue erkennbar, sie enthält ja selbst das Neue. Sie gilt und sie ist Gottes Wort, nach wie vor und uneingeschränkt.« (CRÜSEMANN, Wahrheitsraum, 186)

Die These von Frank Crüsemann ist von einer hohen Wertschätzung des Tenach, der theologischen Gleichrangigkeit der beiden Teile der christlichen Bibel, einer durchgehaltenen Wertschätzung des Schriftprinzips und der konsequenten Vermeidung jeglicher Überbietungsrhetorik geprägt. Mit der Metapher des Wahrheitsraums erhält auch jüdische Auslegung ihre gleiche Wertigkeit. Zugleich wird die jüdische Wurzel auch des Neuen Testaments deutlicher. Crüsemann sieht das Neue Testament nicht als Erfüllung, sondern als Bestätigung des Alten Testaments. Damit ist die Schrifthermeneutik nicht christologisch, sondern durch eine in beiden Testamenten durchgehaltene Theozentrik bestimmt. Die Herausforderung des Vorschlags besteht in einer kanonhermeneutischen Perspektive, in der die Leserichtung vom Alten zum Neuen Testament durch die vom Neuen zum Alten ergänzt wird. Begreift man den ganzen Kanon als Sinnraum der Schrift, dann bedeutet das auch, dass die Texte des Alten Testaments nicht unberührt vom Neuen Testament bleiben können, vor allem wenn sie aufeinander Bezug nehmen. Das hebt ihren Eigenwert nicht auf und auch nicht ihre Bedeutungsfülle, die sie auch unabhängig vom Neuen Testament haben, aber es lässt sie in einen Dialog treten, der nicht nur einseitig geführt werden kann.

7.   Ein unaufhebbarer und unaufgebbarer Dialog

Dem gerade genannten Problem begegnen die Vorschläge einer doppelten Leseweise und einer Hermeneutik der kanonischen Dialogizität. Christoph Dohmen geht von dem unbestreitbaren Faktum aus, dass die neutestamentlichen Schriftsteller und die frühen Christ:innen die heiligen Schriften des gleichzeitigen Frühjudentums *unverändert* übernommen haben und dass dieses Faktum theologisch bindend ist, weil es die Kirche durchgehend bekräftigt hat. Weder werden die Texte selektiert noch redaktionell verändert, sondern ihnen wird eine Deutung vorangestellt, die sich aus den Vorgaben ergibt. Die Texte des Alten Testaments gehören demnach als Ausdruck des Glaubens der frühen Kirche zum Inneren und nicht zum Äußeren. Das macht ihre unaufgebbare Verwiesenheit aus. Indem die frühe Kirche sie ab dem 2. Jh. den Schriften des Neuen Testamentes voranstellt, legt sie auch eine erste Lese- und Interpretationsrichtung fest. Das Angefügte ist im Lichte des Vorangestellten zu lesen. Die erste Leseweise nennt Dohmen rein und unvermischt, weil sie ohne christlichen Bezug bleibt. Mit der Hinzunahme des im Neuen Testament bezeugten Christusereignisses färbt der christliche Bezug auch die Deutung des Alten Testamentes im Leseprozess ein. Lk 24,27 und Apg 8,35 mit dem Stichwort ἀρξάμενος »ausgehend von« zeigen das Deutepotential. Beide Leseweisen gehören komplementär zusammen, und da sich das Alte Testament nicht aus seinem Eigenwort mit Eigenwert lösen kann, bleibt es als Korrektiv gegenüber jeder Relativierung ihrer Gotteszeugenschaft bestehen. Es ist mehrfach kritisiert worden, dass sich eine vom Christusereignis losgelöste Leseweise für Christ:innen im Glauben an Jesus Christus nicht realisieren lasse. Dabei wird oft übersehen, dass es eher um Ebenen der Reflexion als um Lesevorgänge geht und nicht um ein Nacheinander, sondern ein Nebeneinander der Leseweisen.

Ausgangspunkt der doppelten Codierung ist die Vorstellung von einer doppelten Wirkungsgeschichte des Alten Testamentes in Judentum und Christentum, die aber aufeinander bezogen bleiben. Erich Zenger hat diesen Gedanken aufgegriffen und unter der Verwendung eines Begriffes von Michail Bachtin zu einer Hermeneutik der Dialogizität weiterentwickelt. »Letztlich geht es hier darum, den einzelnen biblischen Texten und im Bereich der christlichen Bibel den beiden Teilen Altes Testament und Neues Testament ihren Eigenwert und ihre Eigenbedeutung zu belassen und ihre unterschiedlichen Stimmen miteinander in den kanonisierten Diskurs zu bringen. Deshalb kann man diese Hermeneutik auch Hermeneutik des kanonischen Diskurses nennen.« (ZENGER, Einleitung, 21) Dieser Dialog bezieht die jüdische Auslegung in das Gespräch als gleichberechtigt ein. Er erfolgt auf Augenhöhe und ist prinzipiell endlos. Erich Zenger entwickelt seine Hermeneutik ausdrücklich vor dem Hintergrund von Auschwitz, was nicht eine Marginalie, sondern zentrales Movens ist, ein polyloges Gespräch zu entwickeln, das sich der vernichtenden Logik einer Hermeneutik der Ignoranz und Ablehnung bewusst bleibt.

8.   Schrifthermeneutik als Gretchenfrage

Da das Alte Testament des Christentums Heilige Schrift des Judentums bleibt, ist *jede* Aussage zur theologischen Bedeutung des Alten Testaments *auch* eine Aussage über das Judentum. Jede Bestreitung, Herabsetzung oder Relativierung des Offenbarungscharakters, der theologischen Qualität, des Gottesbezugs etc. ist daher zu vermeiden, wenn das Modell einer gleichrangigen Geschwisterlichkeit greifen soll. Umgekehrt heißt das freilich auch, dass jede Verhältnisbestimmung von Judentum und Christentum sich der theologischen Bedeutung des Alten Testaments stellen muss. Der gleichberechtigte Dialog zwischen beiden Kanonteilen darf nicht zu Lasten des alttestamentlichen Teils aufgelöst werden. Eine Exegese ohne die Weggemeinschaft mit Israel geht fehl. Die Exegese von Texten des christlichen Alten Testaments muss sich Israels bewusst bleiben. Es bedarf einer Israel-Achtsamkeit, wobei Israel hier nicht nur die geschichtliche Größe meint, sondern das vergangene, gegenwärtige und zukünftige Judentum einschließt. Das Alte Testament/die Hebräische Bibel ist formativ und normativ für das christliche wie jüdische Selbstverständnis, und damit gehört auch die jüdische Sicht zum Inneren der christlichen Auslegung. Weder Aufhebung, Ersetzung, noch andere von einem Entwicklungsgedanken geleiteten Kategorien können durchgehaltene Spannung zwischen Kontinuität und Diskontinuität adäquat fassen. Eine christliche Geschichte losgelöst vom Judentum ist ebenso wenig erzählbar wie ein Christentum ohne Altes Testament. Und dieses Alte Testament bleibt unlösbar verwiesen auf das vielfältige Judentum und seine Auslegungen. Der zweigeteilte christliche Kanon braucht den *Schutzraum der Pluralität* in der Verwiesenheit auf das Judentum und seine Deutungen, um nicht in der Interpretation des Alten Testamentes in einer christozentrischen Sackgasse zu landen, die für Israel nur einen nachgeordneten Platz im Heilsgeschehen lässt.

Weiterführende Literatur

DOHMEN, CHRISTOPH/STEMBERGER, GÜNTER, Hermeneutik der Jüdischen Bibel und des Alten Testaments (KStTh 1/2), Stuttgart ²2019.
FISCHER, IRMTRAUD/LEPPIN, VOLKER (Hg.), Der Streit um die Schrift (JBTh 31), Neukirchen-Vluyn 2019.
ZENGER, ERICH, Gottesrede (SBAB 65), Stuttgart 2018.

V. Emanzipation – Die Wahrnehmung des Judentums als eigenständige Denkform

V.1 Eintritt in die Moderne oder »Schrei ins Leere«? Die jüdische Aufklärung (Haskala)

René Buchholz

Aufklärung, so die Definition Immanuel Kants in der Berlinischen Monatsschrift (1784), sei *der Ausgang des Menschen aus seiner selbstverschuldeten Unmündigkeit*. (Kants gesammelte Schriften (Akademie-Ausgabe Bd. VIII), 35) Die verallgemeinernde Formulierung »des Menschen« deutet an, dass es sich hier um ein Projekt handelt, das keineswegs nur von den isolierten Individuen zu leisten ist, sondern von der gesamten Gesellschaft. Mündig zu werden, ist ein durchaus konfliktreicher und bislang unabgeschlossener Prozess, und zwar nicht nur, weil ihm, wie Kant wusste, eigene Trägheit und Feigheit entgegenstehen, sondern ebenso die Macht und scheinbare Selbstverständlichkeit der überlieferten Herrschaftsform. Mit »Aufklärung« verbindet sich die Entzauberung und Kritik unerhellter, heteronomer Herrschaft, die Idee einer freien und gleichen Gesellschaft, der Kampf gegen Vorurteile und nicht zuletzt die vernünftige, auf Mündigkeit zielende gesellschaftliche Organisation von Bildung. Ihre Orte bilden weniger die klassischen Bildungseinrichtungen wie Universitäten als vielmehr Salons und Netzwerke, die mündliche und schriftliche Gegen-Diskurse ermöglichen. Blickt man auf die emanzipatorische Absicht der Aufklärung, so überrascht es kaum, dass ihre Literatur nicht nur gelehrte Traktate, sondern auch Essays, Polemiken und Flugschriften umfasst, wobei jene Richtung in Frankreich, die man mit Jonathan Israel *radical enlightenment* nennen kann, auf der Basis philosophischer und naturwissenschaftlicher Argumentation die religiöse und politische Legitimation des *ancien régime* zur Disposition stellte, während die Aufklärung im deutschen Kontext meist moderater blieb. Auch die überlieferte Gender-Codierung wurde von Autor:innen wie Marie de Gournay, François Poulain de la Barre, Louise Dupin, Olympe de Gouges, Condorcet und Theodor Gottlieb von Hippel einer schärfer werdenden Kritik unterzogen. Zugleich gibt es eine Strömung der Aufklärung, welche zwar die Tendenz zur Entzauberung geistlicher und weltlicher Macht mit anderen Autor:innen teilt, aber skeptische Motive geltend macht, wie sie sich bei Voltaire, Denis Diderot oder David Hume finden; gerade bei letzterem tritt das spezifisch emanzipatorische Interesse eher zurück.

Was aber meint in diesem Zusammenhang der Begriff einer *jüdischen* Aufklärung? Zuerst ist anzumerken: Die Haskalah (השכלה), wie sie auf Hebräisch heißt (von hebr. שֵׂכֶל/śekhel: Vernunft, Verstand), ist *Teil der Aufklärung*, auch wenn sie keineswegs von allen nichtjüdischen Vertreter:innen dieser eher heterogenen Bewegung uneingeschränkt anerkannt oder auch nur apperzipiert wurde, was sich bis heute auswirkt, da die Namen der Maskilim (wie die Verfechter der jüdischen Aufklärung hießen) mit der Ausnahme von Moses Mendelssohn einer breiteren Öffentlichkeit unbekannt blieben. Ob es gar Vertreter*innen* der jüdischen Aufklärung gab, *Maskilot*, ist eine Frage, der sich erst in jüngster Zeit die Forschung widmet. Über den Beginn der Haskala gibt es keinen Konsens. Können wir erst mit der Berliner Haskala – also in der zweiten Hälfte des 18. Jhs. – von einer jüdischen Aufklärung sprechen oder gibt es Anfänge und Vorläufer, die bis in die späte Renaissance zurückreichen? Mit Shmuel Feiner wird man eher von frühen Maskilim sprechen können: einzelne Personen, die vor allem in Naturwissenschaft und Medizin den Anschluss an die aktuelle Forschung finden, ein Netzwerk jüdischer Aufklärer:innen aber lässt sich noch nicht nachweisen.

Mit der allmählichen Auflösung der Ghettos und einer vom aufgeklärten Absolutismus ermöglichten größeren Partizipation an der entstehenden bürgerlichen Gesellschaft wurde es notwendig, sich mit Wissenschaft, Philosophie, Sprachen über das Hebräische und Jiddische hinaus zu befassen. Zudem ergaben sich Fragen nach der Beziehung von Jüd:innen und Nichtjüd:innen, der Rezeption profaner Wissenschaften, der Geltung und Interpretation der schriftlichen und mündlichen Tora, der Gestaltung von Erziehung und Bildung und nicht zuletzt der *uneingeschränkten* bürgerlichen Gleichstellung von Jüd:innen und Nichtjüd:innen, wie sie auch von einigen nichtjüdischen Vertretern der Aufklärung – Christian Wilhelm von Dohm (*Über die bürgerliche Verbesserung der Juden*, Berlin 1781/1783), dem Marquis d'Argens und Mirabeau in Frankreich – gefordert wurde. Es waren Themen, die im hebräischsprachigen Organ der Haskala, der von Isaak Euchel begründeten Zeitschrift Ha-Me'assef (המאסף, Der Sammler, 1783–1811) ausführlich diskutiert wurden. Die Diskussion darüber, welchen Preis Jüd:innen bereit waren für die Integration in die bürgerliche Gesellschaft zu zahlen, von welchen Traditionen sie sich verabschieden sollten – was auch als Befreiung empfunden werden konnte , nahm einen breiten Raum ein und wurde kontrovers geführt. Der Eintritt der jüdischen Bevölkerung in die bürgerliche Gesellschaft hatte nach Ansicht der meisten Maskilim zur Voraussetzung »die Aufklärung des Juden«, wie es 1793 der Kantianer Lazarus Bendavid (1762–1832) formulierte (vgl. BENDAVID, LAZARUS, Etwas zur Charakteristik der Juden, Leipzig 1793, 34). Ihm schien die Mehrheit der jüdischen Bevölkerung, verglichen mit den intellektuellen und politischen Standards der Aufklärung, aufgrund der jahrhundertelangen Unterdrückung und Ausgrenzung zurückgeblieben. Haskala bedeutete aus der Sicht eines Bendavid eine beachtliche Aufholarbeit: In nur wenigen Jahren sollten Jüd:innen unter der milden und weisen Herrschaft eines aufgeklärten Fürsten das verpasste Pensum nachholen. Vergleiche der jüdischen und nichtjüdischen Bevölkerung auf dem Lande dürften allerdings weitaus geringere Differenzen hinsichtlich des Bildungsstandes ergeben. Seitens einer noch starken Orthodoxie fanden die Ambitionen eines modernisierten Curriculums für jüdische Kinder und eine Abkehr von den zum Teil drakonischen Lehrmethoden wenig Anklang, ja sie provozierten – wie etwa das 1782 unter dem Titel *Worte des Friedens und der Wahrheit*

(*Divre Shalom we-Emet*) publizierte pädagogische Programm von Naphtali Herz Wessely (1725–1805) – scharfe Polemik und Sanktionen. Wesselys Forderung nach einer Erziehung über die religiöse Grundbildung und die Jeschivot hinaus, was den Erwerb der deutschen Sprache und weiterer Fremdsprachen, Kenntnisse in Mathematik, Naturwissenschaften und Literatur einschloss, stieß auf heftige Ablehnung durch einige Rabbiner und endete schließlich im Bann (חרם) gegen Wessely.

Die Haskala stieß aber auch innerhalb der Aufklärungsbewegung auf Reserven. In seiner 1782 erschienenen Erwiderung auf Dohms Schrift über die bürgerliche Verbesserung der Jüd:innen hatte der Göttinger Theologe und Orientalist Johann David Michaelis (1717–1791) jede Möglichkeit einer rechtlichen Gleichstellung von Jüd:innen und Nichtjüd:innen unter Hinweis auf die Zurückgebliebenheit der Jüd:innen und die mangelnde Flexibilität der Halacha (des jüdischen Gesetzes) ausgeschlossen. Michaelis vertrat keinen konservativen Protestantismus, sondern öffnete sich einem historisch-kritischen Blick auf die biblischen Schriften, teilte aber starke antijüdische Reserven mit vielen seiner Zeitgenossen und blieb darin einem »traditionellen« Blick verhaftet. Die massiven Vorbehalte, die Immanuel Kant (1724–1804) in seiner Schrift *Die Religion innerhalb der Grenzen der bloßen Vernunft* (1793) vortrug – das Judentum als statuarische, heteronome Religion – zwang die Maskilim nach dem Tod Mendelssohns zu einer intensiven Auseinandersetzung mit dem kritischen Idealismus. Die Ablehnung seitens wichtiger Exponenten der Aufklärung schwächte die Position der Maskilim. In Frankreich pflegte Voltaire seine antijüdischen Vorurteile und verstieg sich in einigen Spätschriften zu regelrechten Hasstiraden. Paul Henri Thiry d'Holbach (1723–1789), der 1770 einen *Essai sur le préjugés* verfasste, bediente sich in seiner *Théologie portative* (1768) überlieferter antijüdischer Klischees, die bis in die vorchristliche Antike zurückreichen. Den Vertretern einer radikalen Aufklärung mochte die moderate jüdische ohnehin als ein Versuch erscheinen, der auf halbem Wege stecken geblieben war: weder betrieb sie eine konsequente Emanzipation *von* der Religion noch von den spätfeudalen Fesseln. Nach innen als zu radikal, nach außen als halbherziges Projekt angesehen, saßen die Maskilim zwischen den Stühlen.

Mit Moses Mendelssohn (1729–1786) besaß die Haskala eine integrierende Figur, die zwischen Aufklärung und gesetzestreuem Judentum zu vermitteln versuchte, christlichen Missionsversuchen durch den Zürcher Johann Caspar Lavater (1741–1801) widerstand und sich über Deutschland hinaus einer großen Anerkennung erfreute wie etwa seitens Mirabeaus in Frankreich (MIRABEAU, Sur Moses Mendelssohn). Während Mirabeau sich auch mit dem Judentum auseinandersetzte, beschränkte sich die Autorität Mendelssohns meist auf seine Stellung als Aufklärer in der Tradition von Leibniz und Wolff. Den Respekt zollte man dem *Aufklärer* Mendelssohn, dem Verfasser des *Phaedon* und der *Briefe über die Empfindungen*, weniger dem Juden. Anders als die spätere Generation der Maskilim ist sich Mendelssohn auf der Basis der Leibniz-Wolffschen Metaphysik sicher, dass die wichtigsten Wahrheiten – die Existenz Gottes, die Unsterblichkeit der Seele und die Grundlagen der Moral – streng bewiesen werden können. So ist allen Menschen das, wessen sie zur ewigen Seligkeit bedürfen, von Gott durch die Vernunft geoffenbart worden. Darum bedarf es keiner geoffenbarten *Glaubens*wahrheiten, über die eine kirchliche Einrichtung streng wacht. In dieser Frage, so Mendelssohn, ist das

Judentum verbunden mit allen Menschen, die willens und fähig sind, von ihrer Vernunft freien Gebrauch zu machen. Das Judentum, versichert Mendelssohn in seinen Schriften *Jerusalem oder Über religiöse Macht und Judentum* (1783) und *An die Freunde Lessings* (1786) habe keine Glaubensartikel, auf welche jemand festgelegt werden könne, weil es keine geoffenbarte Religion sei, sondern geoffenbartes Gesetz (vgl. Schulte u. a., Ausgewählte Werke Bd. 2, 351). Mit dieser Formel ließen sich Toraobservanz und Aufklärung verbinden. Das Judentum beruhe eher auf Vernunft und vernunftgeleiteter Praxis als auf Glauben, der ohnehin nicht geboten werden kann. Nachdrücklich spricht sich Mendelssohn gegen jeden von geistlichen oder weltlichen Autoritäten ausgeübten Zwang in Fragen der Religion und des Glaubens aus und lehnt für die jüdische Seite die Ausübung des Banns durch das Rabbinat als Maßnahme der Disziplinierung entschieden ab. Auch wenn es hier nicht explizit dargelegt wird, ist nach Mendelssohn das Judentum besser auf die Aufklärung und ein liberales politisches System vorbereitet als das Christentum mit seiner komplexen Dogmatik, insbesondere seiner Trinitäts-, Inkarnations- und Erbsündenlehre, die Mendelssohn, wie er freilich nur in einem privaten Schreiben 1770 dem Erbprinzen von Braunschweig-Wolfenbüttel anvertraute, als aller Vernunft widerstrebend bewertete (Vgl. AW 2, 51–55). Gegenüber Lavater und seinen öffentlich unternommenen Versuchen, ihn zur Konversion zu bewegen, hätte Mendelssohn auch im liberaleren Klima des aufgeklärten Absolutismus eine solche Begründung kaum vor einem breiten Publikum geben können.

Am Ende seines Lebens sieht Mendelssohn seinen Versöhnungsversuch von Haskala und traditionellem Judentum mehrfach gefährdet: Das Projekt der Aufklärung wird von Anhängern einer neuen »Schwärmerey« attackiert – Mendelssohn denkt hier an Vertreter der Romantik, aber auch an so manchen Glaubenseifer; die Haskala ist innerjüdisch immer noch vielfach in der Defensive und der »alles zermalmende Kant«, wie Mendelssohn ihn nennt (AW 2, 219), entzieht in seiner *Kritik der reinen Vernunft* (1781/ ²1786) der Metaphysik die bisherige argumentative Grundlage, womit der Anspruch, dass die zur ewigen Seligkeit notwendigen Voraussetzungen von der Vernunft klar und deutlich erkannt werden können, es also irgendwelcher Glaubenssätze (Dogmen) gar nicht bedürfe und nur die Ritualgesetze ausschließlich dem Judentum in pädagogischer Absicht geoffenbart worden seien, hinfällig wird. Aber auch die bürgerliche Gleichstellung von Juden und Nichtjuden ließ auf sich warten. Nicht wenigen jungen intellektuell ambitionierten und an beruflichem Erfolg interessierten Juden – für Jüdinnen stellte sich wie für ihre nichtjüdischen Geschlechtsgenossinnen die Karrierefrage noch nicht – wurde ihr Judentum zur Last und es lag der Schritt zur Konversion nahe, wie ihn auch Nachfahren Mendelssohns vollzogen. Das orthodoxe Verständnis einer wörtlich geoffenbarten Tora am Sinai/Horeb, in welcher auch ihre Deutungen eingeschlossen waren, wie sie als mündliche Tora in den Talmudim und Midraschim sich niederschlugen, stieß bei jüngeren Vertretern der Haskala auf zunehmende Skepsis. Mit der von Kant und Fichte verfochtenen Freiheitsidee war die Vorstellung einer autoritär, gleichsam »von oben« ergehenden Offenbarung unvereinbar. Darüber hinaus erinnerte man sich an Spinozas historisch-kritische Dekonstruktion der mosaischen Verfasserschaft des Pentateuch, die die Vorstellung einer Offenbarung als eines unmittelbar an die Menschen ergehenden göttlichen Wortes widerlegte. So brach schließlich der Kompromiss Mendelssohns nicht nur nach seiner philosophischen, sondern auch nach seiner theologischen und historischen Seite auseinander. Die Kant-rezeption Salomon Maimons (Shlomo ben Joshua Heiman, 1753–1800) führte zu einer stärkeren Distanzierung von der Halacha, dem jüdischen Religionsgesetz, als einer von ihm als heteronom bewerteten Größe. Biographisch entfernt er sich vom traditionellen Judentum im wörtlichen wie übertragenen Sinne, indem er sich von seiner litauischen Heimat weg nach Berlin bewegte, ein Weg, den er später in seiner Autobiographie ausführlich beschrieb. Für ihn waren die Lektüren des mittelalterlichen Philosophen Moshe ben Maimon (Maimonides, 1138–1204), dessen Namen er aus Verehrung übernahm, Spinozas und Immanuel Kants, in dessen Licht er Maimonides *Führer der Verwirrten* kommentierte, ein Akt der Befreiung aus drückenden Verhältnissen. Während er sich nicht nur von der jüdischen Tradition entfernte, sondern auch inhaltlich von Mendelssohn, blieb er trotz manchen Lobs für seinen *Versuch über die Transcendentalphilosophie* (1790) ein Außenseiter im Kreis der Maskilim – sieht man von seinem Freund Sabbatia Wolff ab –, entsprach er doch schon von seinem Auftreten her in keiner Weise dem kosmopolitischen bürgerlichen Maskil.

In offenem Widerspruch zu Mendelssohn formulierte Saul Ascher (1767–1822) in seiner Schrift *Leviathan* 1792 sein Verständnis von Judentum als Religion, und zwar als geoffenbarte Religion. Die Offenbarung ist keine Vermittlung äußerlich bleibender Regulative, sondern ein Weg hin zur Führung durch die Vernunft. Auch das Judentum kennt durchaus verbindliche Glaubensinhalte – von ihm »Organon des Judenthums« genannt (ASCHER, SAUL, Leviathan, Mainz [1792] 2010, 179) –, während die Halacha einen bloß pädagogischen Zweck verfolgt. Auf dem gegenwärtigen Stand des Bewusstseins muss sie von ihrem heteronomen Charakter befreit und reformiert werden. Eben dies macht das Judentum anschlussfähig an die Resultate der europäischen Aufklärung und des kritischen Idealismus Kants. Das Judentum wird damit – analog zum Christentum – eher als Glaubensgemeinschaft bestimmt, während der ethnische Aspekt zurücktritt. Von der späten Haskala bis heute wird die Diskussion um den Stellenwert von Glaube und Ethnie quer durch Orthodoxie, Reformbewegung und konservativem Judentum kontrovers und nicht selten polemisch geführt.

In der Flugschrift *Die Germanomanie* (1815) begegnete Ascher polemisch der Abkehr vom Universalismus der Aufklärung und dem deutschtümelnden Chauvinismus, wie er sich seit der ersten Hälfte des 19. Jhs. entwickelte; die Schrift wurde 1817 auf dem Wartburgfest öffentlich verbrannt. Ähnlich urteilte Ascher über Fichtes antijüdische Passagen in dessen *Beitrag zur Berichtigung der Urtheile des Publicums über die französische Revolution* (1793). Sowohl die (religions-) philosophischen als auch die späteren politischen Schriften Aschers verweisen auf die schwierige Stellung der Haskala innerhalb des Judentums, innerhalb des europäischen Aufklärungsprozesses und innerhalb der nationalen Emanzipationsbewegungen, die früh schon antisemitische Tendenzen in sich aufnahmen.

Wenigstens erwähnt werden soll die Haskala in Osteuropa, die deutlich später einsetzte. Entsprechend musste sie nicht nur den Reflexionsstand des kritischen Idealismus aufnehmen, sondern auch der nachkantischen Philosophie Fichtes, Schellings und Hegels. Politisch blickte sie auf die Französische Revolution und die zumindest rechtliche Gleichstellung von Jüd:innen und Nichtjüd:innen zurück, von der innerhalb des (Polen einschließenden) Zarenreiches nicht einmal ansatzweise die Rede sein konnte. Die relativ starke Stellung der Mystik vor allem in der Form der chassidischen Bewegung konnte nicht völlig übergangen werden. Der wichtigste Vertreter der osteuropäischen Haskala, Nachman Krochmal (1785–1840), verband Elemente einer spekulativen Theorie der Geschichte mit historisch-kritischen Argumenten in seinem postum von Leopold Zunz 1851 herausgegebenen Hauptwerk *More nevukhe ha-zeman* (Führer der Verwirren der Zeit; ein auf Maimonides anspielender Titel), worin er die besondere und – im Gegensatz zu Hegel – bleibende Stellung des Judentums innerhalb der Geschichte herausarbeitet.

Motive der Haskala wie etwa die Kritik bloß von außen anzunehmender Regulative, die offene Diskussion über die Geltung der Halacha, die Idee geschichtlicher Entwicklung biblischer und nachbiblischer Religion, aber auch solche der Romantik gehen ein in die moderne Judaistik (damals: *Wissenschaft des Judentums*), die Religionsphilosophie und die jüdische Reformbewegung mit ihrem – im strikten Gegensatz zu allen fundamentalistischen Tendenzen – geschichtlich-dynamischen Begriff der Offenbarung und der Rechtsentwicklung (*progressive Halacha*). Im heutigen Rückblick bildet die Haskala den entscheidenden Schritt des Judentums in die Moderne. Aber schon die Schriften Mendelssohns können nicht bloß als Aufweis der Modernität des Judentums gelesen werden; sie enthalten auch kritische Auseinandersetzungen mit Gegnern des Judentums im Lager des Konservatismus und selbst der Aufklärung. Diese Texte können mit Susannah Heschel als *Gegendiskurse* bezeichnet werden, die innerhalb von Reform und *Wissenschaft des Judentums* eine in der Forschung oft unterschätzte Rolle spielten und zeigen, dass Jüd:innen weder die ihnen entgegengebrachten Vorurteile und exkludierenden Gesetze passiv ertrugen noch bereit waren, sich vollständig der nichtjüdischen Umwelt zu assimilieren.

Zwischen 1783 – dem Erscheinungsjahr von Mendelssohns *Jerusalem* – und 1933 – der Machtübertragung an die Nationalsozialisten – bestand auf jüdischer Seite ein Gesprächsangebot, das auf nichtjüdischer Seite nur selten aufgegriffen wurde. Mit Gershom Scholem möchte man von einem »Schrei ins Leere« sprechen (SCHOLEM, Judaica, 8). Die Haskala war also beides: eine Öffnung zur Moderne und eine in weiten Teilen unerwidert bleibende Liebe zur europäischen Kultur. Nach 1945 fehlten die jüdischen Gesprächspartner und Nachbarn: Sie waren emigriert oder ermordet. Es ist eine Aufgabe historischer wie systematischer Forschung, die Ideen der Haskala zu eruieren und für heutige Diskussionen im Kontext eines jüdischen Neubeginns in Europa fruchtbar zu machen, von dem zu hoffen ist, dass er nicht in einer Renaissance autoritärer und antisemitischer Tendenzen untergehen wird.

Weiterführende Literatur

FEINER, SHMUEL, Haskala – Jüdische Aufklärung. Geschichte einer kulturellen Revolution. Übersetzt von Anne Birkenhauer (Netiva. Wege deutsch-jüdischer Geschichte 8/1), Göttingen 2007.

GRÖZINGER, KARL ERICH, Von der Religionskritik der Renaissance zu Orthodoxie und Reform im 19. Jahrhundert (Jüdisches Denken. Theologie – Philosophie – Mystik 3), Frankfurt am Main/New York ²2021, 343–476.

SCHULTE, CHRISTOPH, Die jüdische Aufklärung. Philosophie – Religion – Geschichte, München 2002.

V.2 Judentum in der Theologie des langen 19. Jahrhunderts

Christian Wiese

1. Jüdische Wahrnehmungen christlicher Theologie – ein notwendiger Perspektivwechsel

Das Bild von Jüdinnen, Juden und Judentum in der christlichen Theologie des 19. Jhs. ist vielfältig. In der exegetischen und religionsgeschichtlichen Forschung spielte vor allem das antike Judentum eine bedeutsame Rolle, in der Regel allerdings lediglich als negative Folie für die Darstellung Jesu und der neuzeitlichen Zeitgeschichte und bei der Verhältnisbestimmung von Altem Testament und Neuem Testament. Das nachbiblische Judentum, das im Gefolge jahrhundertelanger antijüdischer Stereotype zumeist als religiös und kulturell obsolet und als Fremdkörper in der europäischen Kultur wahrgenommen wurde, konnte – etwa im Pietismus – als gottgewollte Erscheinung der Heilsgeschichte geduldet werden, die mit der Wiederkunft Christi ihr Ende finden werde. Das zeitgenössische Judentum kam hingegen vor allem in drei Kontexten in den Blick: erstens in politischen Debatten über Recht und Grenzen der bürgerlichen Gleichberechtigung der jüdischen Minderheit, zweitens in der Verhältnisbestimmung christlicher Theologie zu Formen des modernen, politisch und rassisch argumentierenden Antisemitismus und drittens in theologischen Überlegungen der organisierten »Judenmission«. In keinem dieser Zusammenhänge waren die Fremdbilder des Judentums »rein theologischer« oder akademischer Natur. Sie waren vielmehr in hohem Maße politisch, insofern sie stets mit Blick auf gesellschaftliche Debatten über die sog. »Judenfrage« diskutiert wurden. In den seltensten Fällen lag den theologischen Bildern des Judentums eine authentische – oder gar dialogische – Begegnung mit Jüdinnen und Juden, ihrer Geschichte und Kultur oder ihrem Selbstverständnis zugrunde. Das Judentum in all seinen historischen und gegenwärtigen Erscheinungen war gewöhnlich bloßes Objekt: überwundene Vorgeschichte, Gegenbild christlicher Identität, Missionsobjekt, Gegenstand der Abgrenzung, tradierter Stereotype oder des Hasses, im besten Fall des wissenschaftlichen Interesses an seinen Quellen – Bibel, rabbinische Literatur oder Kabbala. Selbst im letzteren Fall war die Perspektive in der Regel die einer überlegenen christlich-theologischen Forschung, die die Definitionsmacht über ihren Gegenstand beanspruchte.

Es scheint daher angemessen, in der historischen Analyse die christlichen Wahrnehmungen von ihrer Wirkung her, aus der *jüdischen Perspektive*, in den Blick zu nehmen: Wie bewerteten jüdische Gelehrte die von der christlichen Theologie entworfenen Bilder? Welche Bedeutung hatte es für sie, ob und wie sich theologische und religionsgeschichtliche Forschung mit jüdischen Quellen beschäftigte, ob sie jüdische Forschung rezipierte oder ignorierte? Was war für sie herausfordernder – offenkundige antisemitische Verleumdungen oder im wissenschaftlichen Gewand auftretende negative Urteile über das geschichtliche oder gegenwärtige Judentum? Dieser Perspektivwechsel kann etwas Wichtiges sichtbar machen: Seitdem Moses Mendelssohn (1729–1786) in Zeiten der Aufklärung den Versuch unternommen hatte, das Existenzrecht des Judentums in der Moderne gegen das Urteil seiner nichtjüdischen Umwelt zu verteidigen, es sei religiös und kulturell rettungslos überholt und solle sich im Zuge der Integration in die europäischen Gesellschaften auflösen, spielte die Reflexion über das religiöse wie historische Verhältnis von Judentum und Christentum für das Selbstverständnis jüdischer Gelehrter insbesondere in Deutschland eine zentrale Rolle. Jüdische Historiker:innen, Theolog:innen und Religionsphilosoph:innen bestritten in zahllosen Schriften die christlichen Urteile und unternahmen es, die Gleichrangigkeit des Judentums als eigenständige, legitime religiös-kulturelle Kraft ihrer Gegenwart geltend zu machen – und das unter den politischen Bedingungen eines umstrittenen, prekären Prozesses der bürgerlichen Emanzipation und des beharrlichen Fortwirkens antijüdischer Vorbehalte, später des aufkommenden modernen Antisemitismus. Von Friedrich Schleiermacher (1768–1834) bis Adolf von Harnack (1851–1930) reicht die Reihe derer, die selbst dann, wenn sie die *Emanzipation der jüdischen Gemeinschaft* im Prinzip bejahten, die *gleichberechtigte Fortexistenz eines modernen Judentums* nicht anzuerkennen bereit waren; die Reihe der jüdischen Denker, die sie vom Gegenteil zu überzeugen suchten, reicht von Mendelssohn über Leopold Zunz (1794–1886), Samuel Hirsch (1809–1889), Abraham Geiger (1810–1874) und Heinrich Graetz (1817–1891) bis zu Hermann Cohen (1842–1918) und Leo Baeck (1873–1956). Jüdische Deutungen des Christentums standen dabei unter dem stetigen Zwang, zu betonen, dass differente religiöse Traditionen, insbesondere Judentum und Christentum, in einer pluralen Gesellschaft in eine dialogische Beziehung zueinander treten könnten, die Verbindendes aufzeigen und zugleich beiden ihr Recht auf Differenz, Anderssein, Fremdheit lassen könne. Die Protagonisten dieses Plädoyers waren zumeist liberale oder konservative, aber auch orthodoxe Rabbiner und Gelehrte, Vertreter:innen der in den 1820er Jahren entstandenen Disziplin der Wissenschaft des Judentums. Adressatin war insbesondere die moderne liberale protestantische Theologie, auf die sie am meisten Hoffnung setzten und die sie am tiefsten enttäuschte.

2.   Wissenschaft des Judentums in kritischer Auseinandersetzung mit protestantischer Theologie

Die Herausbildung der Wissenschaft des Judentums war eine Antwort der nachaufklärerischen Generation jüdischer Intellektueller auf das Zusammenspiel von Emanzipationshoffnung, neuen Manifestationen der Judenfeindschaft in der Zeit der Romantik und der Weigerung selbst der liberalen Teile der nichtjüdischen Gesellschaft, die Befreiung der jüdischen Minderheit von Diskriminierung ohne letztliche Preisgabe jüdischer Eigenart anzuerkennen. Zugleich war sie ein Ergebnis fortschreitender Akkulturation und der Modernisierung jüdischen Denkens und jüdischer Praxis in Auseinandersetzung mit europäischen wissenschaftlichen Traditionen und Diskursen im Bereich der Theologie, Philosophie und Geschichtswissenschaft. Ziel der jungen Disziplin, die in Deutschland bis 1945 weitgehend von den Universitäten ausgeschlossen blieb, war ein dreifaches: (1) die Bekämpfung überlieferter negativer Werturteile über die jüdische Religion und der Nachweis, dass Jüdinnen und Juden aufgrund der kulturellen und ethischen Bedeutung ihrer Religion der gesellschaftlichen Gleichberechtigung würdig waren; (2) der Versuch, innerhalb der jüdischen Gemeinschaft zur Vergewisserung der wertvollen Vergangenheit des Judentums und seiner zukünftigen Bedeutung in der Weltgeschichte des Geistes beizutragen; und (3) eine kritische Rückbesinnung auf die in der jüdischen Geschichte und Literatur vorhandenen Kräfte, aus denen eine Erneuerung des Judentums im Licht moderner Wissenschaft und Kultur hervorgehen konnte.

2.1 Universalismus vs. Partikularismus und der jüdische Jesus – Samuel Hirsch und Abraham Geiger

Die emanzipatorische Funktion der Wissenschaft des Judentums lässt sich exemplarisch an zwei ihrer bedeutendsten Vertreter im 19. Jh. zeigen, die – in ständigem kritischem Gespräch mit der zeitgenössischen protestantischen Theologie – die theoretischen Grundlagen des liberalen Verständnisses des Judentums als einer universalen prophetischen und ethischen Menschheitsreligion formulierten. Der Philosoph Samuel Hirsch unternahm in den 1840er Jahren mit seinem Werk *Die Religionsphilosophie der Juden* den Versuch, die jüdische Religion gegen Hegels einflussreiche Deutung des angeblich exklusiven ›Geistes des Judentums‹ und seines ›partikularen Gottes ‹ als einer überwundenen Stufe im Prozess der Selbstentfaltung des göttlichen Geistes zu verteidigen. Zu diesem Zweck postulierte er ein philosophisches »Prinzip« des Judentums, das dieses klar vom Christentum unterschied: Im Gegensatz zur paulinischen Sünden- und Inkarnationstheologie mit ihrem anthropologischen Pessimismus beruhe das Judentum auf der prophetischen Lehre von der moralischen Freiheit des Menschen. Die providentielle Aufgabe des Judentums sei es, in der Diaspora als Gottes ›Priestervolk‹ den Glauben an den Einen Gott und als ›Licht der Völker‹ eine Ethik der Freiheit vorzuleben und auf diese Weise die künftige Herrschaft Gottes in einer Welt von Frieden und Gerechtigkeit mit herbeizuführen. Hirschs gegen das Prinzip des ›christlichen Staates‹ gerichtetes Plädoyer für volle jüdische Partizipation an der europäischen Gesellschaft und Kultur bei gleichzeitiger Bewahrung einer eigenständigen religiösen und kulturellen Identität beruhte auf dieser Idee einer universalen ›Mission‹ des Judentums. Darin liege zugleich die Überlegenheit des Judentums gegenüber dem Christentum, das sich im Zuge seiner Entwicklung zur Weltreligion vom jüdischen Erbe Jesu entfernt habe. Damit forderte Hirsch die christliche Theologie in ihrem Kern heraus, indem er sie auf die jüdischen Ursprünge des Christentums verwies und andeutete, dieses könne sich bei seiner eigenen Modernisierung auf dem Wege historischer Kritik nicht im Gegensatz zum Jüdischen definieren, sondern müsse zu seinem ursprünglichen – jüdischen – Wissen zurückfinden.

Als Historiker begründete vor allem Abraham Geiger diese Verhältnisbestimmung von Judentum und Christentum. Seine modernisierende Interpretation der biblischen und rabbinischen Literatur war von David F. Strauß (1808–1874) beeinflusst, und er stand der protestantisch-liberalen Wissenschaft mit Bewunderung gegenüber. In seinem Programm einer ›jüdischen Theologie‹ folgte er zudem auch religionstheoretischen Ideen Schleiermachers, namentlich dessen Deutung der prophetischen Tradition als eines religiös innovativen Faktors der jüdischen Religionsgeschichte, seiner Bejahung historischer Kritik und seinem Akzent auf der sittlichen Relevanz religiöser Ideen. In Schleiermachers Missverhältnis zum Alten Testament sowie in der Spannung zwischen seiner Bejahung der rechtlichen Gleichstellung der Jüdinnen und Juden und seiner religionsgeschichtlichen Diagnose des ›Todes‹ des Judentums nach der Entstehung des Christentums in seinen *Reden über die Religion* (1799) erblickte Geiger jedoch zugleich den Kern der grundlegenden Bestreitung des jüdischen Existenzrechts in der Moderne selbst unter den Vertreter:innen einer liberalen protestantischen Theologie. In seinen 1863/ 64 und 1871 gehaltenen Vorlesungen über *Das Judenthum und seine Geschichte* unterzog er das Neue Testament einer detaillierten historischen Analyse aus jüdischer Sicht und deutete Jesus konsequent im Kontext des pharisäischen Judentums. Inspiriert von der Hoffnung, die neutestamentliche Wissenschaft von der Bedeutung der Erforschung der rabbinischen Literatur für das Verständnis Jesu und der Ursprünge des Christentums überzeugen und so ihrem Antijudaismus widerstreiten zu können, entfaltete Geiger seine Deutung der jüdischen Geschichte in Gestalt einer subversiven *Gegengeschichte* zu den Narrativen christlicher Theologien: Während er das Judentum als ursprüngliche und bleibend wahre, reine Religion darstellte, verstand er das Christentum als Teil der jüdischen Glaubensgeschichte, als Tochterreligion, die sich durch den Einfluss der griechischen Philosophie vom biblischen Monotheismus entfernt und eine synkretistische Tradition ausgebildet hatte, die vom durch das christologische und trinitarische Dogma beeinträchtigen Gottesbegriff bestimmt war. Diese herausfordernde Interpretation des Verhältnisses beider Religionen wurde zur Grundlage der jüdisch-liberalen Position in den gesellschaftlichen und religionsgeschichtlichen Kontroversen des ausgehenden 19. und beginnenden 20. Jhs.

2.2   Debatten über das ›Wesen‹ von Judentum und Christentum um die Jahrhundertwende

Die Verschärfung antisemitischer Tendenzen im Deutschen Kaiserreich stellte eine einschneidende Zäsur dar. Im Kontext des Berliner Antisemitismusstreits 1879–1881 sahen sich jüdische Intellektuelle mit der politischen Agitation des protestantischen Hofpredigers Adolf Stoecker (1835–1909) und den von dem Berliner nationalliberalen Historiker Heinrich von Treitschke (1834–1896) ausgelösten scharfen Debatten über die Anforderungen jüdischer ›Assimilation‹ an die deutsche Gesellschaft und Kultur konfrontiert (MEYER-BLANCK, Glaube, 164–172). Der in diesem Kontext geprägte Slogan »Die Juden sind unser Unglück!« markierte das Vordringen des Antisemi-

tismus in weite Kreise auch des deutschen Bildungsbürgertums. Dies und die zeitgleich stattfindenden ideologischen Transformationen judenfeindlicher Positionen
durch völkisch-rassisches Denken nötigten die Wissenschaft des Judentums, sich
noch intensiver als bisher in den Dienst der religiös-kulturellen und politischen
Selbstbehauptung der jüdischen Minderheit in Deutschland zu stellen. Im Rahmen
der ›Abwehrarbeit‹ gegen den Antisemitismus sah sich eine junge Generation von
Rabbinern und Gelehrten gezwungen, der verbreiteten Verunglimpfung des Judentums durch einen Teil der akademischen Eliten entgegenzutreten. Die Talmudhetze
rassenantisemitischer Ideologen, etwa durch das Pamphlet *Der Talmudjude* (1871)
des katholischen Theologen August Rohling (1839–1931), sowie die zunehmende
Infragestellung der religiös-kulturellen Werte der Hebräischen Bibel und die Ver-
zerrung ihres Gottesbildes waren besonders herausfordernd. Bei der Bekämpfung
der Verunglimpfung des jüdischen Schrifttums würdigten sie gelehrte Vertreter der
konservativen lutherischen ›Judenmission‹ wie Franz Delitzsch (1813–1890) oder
Hermann L. Strack (1848–1922), die für eine ›Liebe zu Israel‹ eintraten und antisemitische Zerrbilder zu widerlegen trachteten, als Verbündete. Sie verschwiegen
aber nicht, dass sie deren missionarischen Anspruch, der vielfach mit antijudaistischen Stereotypen und Skepsis gegenüber der Emanzipation des Judentums einher-
ging, als verletzend empfanden.

Die zeitgenössischen Quellen lassen jedoch erkennen, dass insbesondere das
theologische Judentumsbild des Kulturprotestantismus, jener Kraft in Deutschland,
die eine besondere kulturelle Definitionsmacht beanspruchte, für eine ganze Generation von jüdischen Gelehrten die zentrale Herausforderung darstellte. Deutlich
wurde das im Kontext der erbitterten Kontroversen über das ›Wesen des Judentums‹, die zu Beginn des 20. Jhs. ausbrachen. Auslöser war, dass Adolf von Harnack,
ein liberaler Gegner des politischen Antisemitismus, in seinen Vorlesungen über
Das Wesen des Christentums 1899/1900 Jesus von Nazaret und seine Lehre im Kontrast
zum Bild eines erstarrten, ganz dem »Gesetz« verhafteten pharisäischen Judentums
beschrieb, für das er sich auf Julius Wellhausens (1844–1918) *Israelitische und Jüdische
Geschichte* (1894) berief. Harnacks Argumentation, wonach Jesus das Wertvolle der
israelitischen Religion vollendet habe, das Judentum aber im Ritualismus erstarrt
sei und seine Lebensberechtigung verloren habe, rief eine Flut jüdischer Gegen-
schriften hervor. In der Folge forderte die Wissenschaft des Judentums die protestantische Theologie in ihrer ureigenen Domäne heraus, der Interpretation Jesu und
des Neuen Testaments. Der Anspruch, jüdische Forscher:innen müssten aufgrund
ihrer Beherrschung der rabbinischen Literatur als maßgebliche Partner:innen bei
der Erforschung des Frühjudentums beteiligt werden, spielte dabei eine besondere
Rolle. Vor allem Leo Baeck warf Harnack vor, Jesus und das frühe Christentum
fundamental misszuverstehen, indem er sie von den jüdischen Wurzeln des Evangeliums trenne. In seinem Buch *Das Wesen des Judentums* (1905) trat er der Herabwürdigung der jüdischen Tradition als partikulare »Gesetzesreligion« mit dem Bild eines aufgeklärten, dem Christentum religiös und sittlich mindestens ebenbürtigen,
wenn nicht überlegenen, zukunftsweisenden universalen prophetischen Glaubens
entgegen, in dem Religion, Vernunft und Humanität unauflöslich miteinander verbunden seien.

Eine interessante Facette der Debatten der Jahrhundertwende bestand darin, dass die Wertschätzung der Prophetie im Kontext der historisch-kritischen Exegese aus der Sicht jüdisch-liberaler Gelehrter die ideale Grundlage für ihre Deutung des ›Wesens‹ des Judentums bildete. Der Philosoph Hermann Cohen prägte den Satz, die Bibelkritik sei »das beste Gegengift gegen den Judenhaß« (COHEN, Religion, 167), da ihre Prophetiedeutung das Bild des jüdischen Partikularismus widerlegte. Selbstverständlich war ihm dabei nicht entgangen, dass gerade das Geschichtsbild der Wellhausen-Schule dazu neigte, vor allem die nachprophetisch-priesterliche und die vorprophetische Tradition herabzuwürdigen und das Christentum zum wahren Erben der Schriftpropheten zu erheben. Wie die jüdischen Exeget:innen seiner Zeit bestritt Cohen jedoch diese Interpretation, betonte die grundsätzliche Kontinuität des prophetischen Geistes durch alle Epochen der israelitischen und jüdischen Geschichte und setzte den protestantischen Theolog:innen seine eigene Deutung entgegen. Das Judentum war demnach nicht nur Schöpfer, sondern – mit seinem Glauben an den einen Gott, mit seinem Universalismus und seinem sozialen Ziel einer messianischen Menschheit – wichtigster Träger der universal gültigen und selbst vom Protestantismus als wertvolle jüdische Errungenschaft anerkannten Idee des ›ethischen Monotheismus‹. Zu einem Dialog zwischen jüdischen und protestantischen Exeget:innen kam es jedoch nicht, da letztere das Alte Testament nicht als lebendige Tradition eines kulturell relevanten zeitgenössischen Judentums, sondern als – teilweise inferiore – Vorgeschichte des Christentums verstanden. Als der völkische Antisemitismus nach der Jahrhundertwende immer entschiedener den ethischen und kulturellen Wert des Alten Testaments bestritt und dessen Gottesbegriff als Ausdruck eines rassisch geprägten ›jüdischen Geistes‹ verunglimpfte, ermöglichte es die Unterscheidung zwischen ›prophetischen‹ und ›jüdischen‹ Elementen des Alten Testaments christlichen Theolog:innen auch dann einen unüberbrückbaren Gegensatz zum Judentum zu konstruieren, wenn sie einer Entfernung der alttestamentlichen Schriften aus dem christlichen Kanon widersprachen.

3.   Ausblick: Asymmetrie und Dialogverweigerung

Unübersehbar handelte es sich bei den Debatten vor dem Ersten Weltkrieg nicht um einen rein akademisch-theologischen Diskurs; vielmehr ging es um eine im Medium der Religionsgeschichte ausgetragene theologisch-politische Debatte, in der aus Sicht der jüdischen Beteiligten nicht weniger als die Frage nach der Anerkennung oder Bestreitung der Gleichberechtigung der jüdischen Minderheit und der Zukunft des Judentums in Deutschland auf dem Spiel stand. Die von Gelehrten wie Baeck und Cohen vertretene politische Vision einer pluralistischen, für verschiedene religiöse Traditionen und Minderheiten offenen Gesellschaft und Kultur, mit der sie forderten, das Judentum müsse – bei voller Bewahrung einer eigenständigen Identität – als integraler Teil des ›Deutschtums‹ anerkannt werden, fand in dieser Zeit kein Gehör.

Der Jerusalemer Gelehrte Gershom Scholem (1897–1982) hat den Versuch jüdischer Intellektueller in Deutschland vor der Schoa, in einen Dialog mit nichtjüdischen Deutschen einzutreten und sie zur Anerkennung der Gleichberechtigung des Judentums als religiös-kulturelle Kraft der Moderne zu bewegen, als aussichtsloses Unterfangen beschrieben. Für die Begegnung der Wissenschaft des Judentums mit der christlichen Theologie trifft dieses Bild – mit wenigen Ausnahmen – zu. Die Hoffnung der jüdischen Gelehrten, wenigstens die liberale protestantische Theologie könnte aufgrund ihrer Negation des Prinzips des ›christlichen Staates‹ eine Gleichstellung nicht nur der *Juden als Individuen*, sondern auch der *jüdischen Religion* befürworten und, anstatt die vollständige ›Assimilation‹ der jüdischen Minderheit zu verlangen, das Recht des Judentums auf selbstverständliche Teilhabe an der europäischen Gesellschaft und Kultur anzuerkennen, wich zu Beginn des 20. Jhs. einer tiefen Desillusionierung. Als Repräsentanten einer von den Universitäten ausgeschlossenen Wissenschaft widersprachen sie verzerrten Darstellungen ihrer Tradition und versuchten ihre christlichen Kolleg:innen zu einer gerechten Wahrnehmung der jüdischen Religion, Geschichte und Kultur zu bewegen. Sie bekämpften die Arroganz, mit der auch der Kulturprotestantismus ausblendete, dass es ein lebendiges zeitgenössisches Judentum gab, das einen Anspruch darauf erhob, in seiner religiös-kulturellen Identität respektiert zu werden. Selbstbewusst forderten sie christliche Theolog:innen zu einem selbstkritischen wissenschaftlichen Ethos heraus, das eine vorurteilslose Kenntnis des Judentums, seiner Quellen, seiner Geschichte und seiner vielfältigen Lebensformen ebenso verlangte wie das Mitspracherecht der jüdischen Forscher:innen. Nicht zuletzt protestierten sie gegen eine theologische Rede vom Judentum, die entweder bewusst auf Diskriminierung zielte oder ihre Wirkung im politischen Kontext nicht bedachte, und forderten echte Solidarität gegenüber dem Antisemitismus. Auch scheinbar politisch neutrale theologische Urteile wirkten, so betonten sie, in fataler Weise mentalitätsbildend. Als Betroffenen war ihnen klar, was in der christlichen Theologie erst ein schmerzhafter Erkenntnisprozess nach 1945 zu Tage brachte, nämlich dass es unmöglich war, eine ›Lehre der Verachtung‹ (Jules Isaac), theologische Bilder von der Fremdheit und Minderwertigkeit des Judentums, zu tradieren und gleichzeitig antisemitischer Verleumdung wirkungsvoll entgegenzutreten. Nicht zuletzt entwarfen sie in ihrem Versuch, Jesus und das entstehende Christentum im Zusammenhang der jüdischen Glaubensgeschichte zu verstehen, eine den christlichen Narrativen widersprechende Interpretation, die auch eine Anerkennung des Christentums intendierte und als Fundament für Begegnung und Dialog dienen sollte.

Zu Dialogen und Lernprozessen auf christlicher Seite kam es zu dieser Zeit und unter den gegebenen politischen Herrschaftsverhältnissen nur vereinzelt. Auffällig ist vielmehr die unverkennbare kommunikative Asymmetrie der Debatten. Sie führte dazu, dass christliche Theolog:innen die wissenschaftlichen Argumente der jüdischen Gelehrten kaum ernstnahmen und das gegenwärtige Judentum zumeist für irrelevant hielten, da sie, um sich der eigenen Überlegenheit zu vergewissern, nur auf die Verhältnisbestimmung zur antiken jüdischen Tradition angewiesen zu sein schienen. Die überwiegende Mehrheit der Reaktionen auf die Kritik der Wissenschaft des Judentums deutet auf ein ungebrochenes Überlegenheitsgefühl der privilegierten protestantischen Universitätstheologie hin. Offensive, nicht selten mit antisemitischen Klängen einhergehende Antworten, verächtliches Schweigen, halbherzige Zugeständnisse an die jüdische Sachkritik an den Zerrbildern des ›Spätjudentums‹, die meist totgeschwiegen oder als Zumutung zurückgewiesen wurde, bestimmten die Erfahrung jüdischer Gelehrter. Beides, das Schweigen wie auch die polemische, nicht selten drohende Gegenreaktion, verstanden die jüdischen Forscher:innen mit Recht als eine Form aggressiver Diskursverweigerung. Nur ein achtungsvoller Umgang mit jüdischer Forschung, so ist im Rückblick deutlich, hätte langfristig einen offenen Dialog ermöglichen können, in dem christliche Theologie und Wissenschaft des Judentums das Selbstverständnis der jeweils anderen Tradition hätten wahrnehmen und über Verbindendes und Trennendes nachdenken können.

Weiterführende Literatur

BARTH, RODERICH/BARTH, ULRICH/OSTHÖVENER, CLAUS-DIETER (Hg.), Christentum und Judentum. Akten des Internationalen Kongresses der Schleiermacher-Gesellschaft in Halle, März 2009 (SchlA 24), Berlin/Boston 2012.

HESCHEL, SUSANNAH, Der jüdische Jesus und das Christentum. Abraham Geigers Herausforderung an die christliche Theologie. Aus dem Amerikanischen übers. von Ch. Wiese (Sifria 2), Berlin 2001.

WIESE, CHRISTIAN, Wissenschaft des Judentums und protestantische Theologie im Wilhelminischen Deutschland. Ein »Schrei ins Leere«? (Schriftenreihe des Leo-Baeck-Instituts 61), Tübingen 1999.

WIESE, CHRISTIAN, Von Dessau nach Philadelphia: Samuel Hirsch als Philosoph, Apologet und radikaler Reformer, in: VELTRI, GIUSEPPE/WIESE, CHRISTIAN (Hg.), Jüdische Bildung und Kultur in Sachsen-Anhalt von der Aufklärung bis zum Nationalsozialismus (Minima judaica 7), Berlin 2009, 363–410.

V.3   Jüdisches Denken vor und nach der Schoa

Paul Petzel

Was geht jüdisches Denken die christliche Theologie an?

Das Studium der Theologie mutet einen breiten Kanon von Fächern zu. Zudem sind neben Philosophie auch Geschichts-, Human- und Sozialwissenschaften unverzichtbare Bezugsgrößen, und wer wollte die Nähe zu Literatur, Musik und Kunst bestreiten wie die Notwendigkeit, sich mit Naturwissenschaften ins Verhältnis zu setzen?

Dazu noch die Aufmerksamkeit für jüdisches Denken (und das Judentum ganz allgemein) – und zwar eine gesteigerte, besondere, wie noch näher zu bestimmen bleibt – zu postulieren, verlangt eine Begründung. Die sei im Folgenden versucht.

1.   Rashis »Affe« – zur Diffamierung jüdischen Denkens

Der christliche Bibeltheologe Nikolaus von Lyra schrieb im 14. Jh. einen Bibelkommentar. Für dessen Abfassung stützte er sich auch auf den profunden und klaren Tora-Kommentar von Rabbi Salomon ben Isaak, kurz Rashi: innerjüdisch schon zu

Lebzeiten hoch anerkannt als große Autorität – und das bis heute! Prompt verspottete man Nikolaus als Rashis »Affen«. Als christliche Humanisten wie Pico della Mirandola im 15. und 16. Jh. die jüdische Mystik, die Kabbala, studierten, um den eigenen Glauben damit zu durchdringen und zugleich Verständigungsmöglichkeiten mit dem Judentum zu erschließen, wurden sie als »Judaisierer« beschimpft.

Dabei war und ist der Erkenntnisgewinn aus der Kommunikation mit Jüd:innen – auch Muslim:innen – ganz zweifelsfrei, geradezu mit Händen zu greifen. Aus diesem Kontakt ging bspw. der »tief von jüdischer Spiritualität geprägte Psalmenkommentar Herberts von Bosham († nach 1170)« (Riedlinger, Kommentare, 186) hervor. Die Beiträge muslimischer Gelehrter wie die des jüdischen Philosophen Maimonides für die Scholastik sind ebenso bedeutsam wie unbestreitbar. Solche Beeinflussungen und Rezeptionen stehen, wenn ich recht sehe, in unvermitteltem Gegensatz zur breiten, tiefen und Jahrhunderte währenden Ignoranz jüdischer Gelehrsamkeit und Theologie, oft genug zu ihrer Abwertung und Diffamierung bis ins 20. Jh. hinein. Das lässt sich gut an der polemischen Abwertung des Talmuds zeigen. Zwar wurde seine bis in die Lebensformen hineinwirkende prägende Kraft erkannt. Dem Abt von Cluny, Petrus Venerabilis, galt der Talmud aber als Werk des Antichrist. Der Abt beanspruchte, von Christus selbst darüber instruiert worden zu sein, dass der Talmud über die Jüd:innen als Strafe verhängt sei, auf dass sie vom Alten Testament abgelenkt würden. Auch die behauptete problematische, ja sündhafte Relation des Talmuds zur Bibel wird sich in der christlichen Kritik fortschreiben. Er wurde kirchlich zensiert, konfisziert und verbrannt. Noch 1871 ist das christliche Schmähwort *Der Talmudjude* Titel einer auflagenstarken antisemitischen Hetzschrift des katholischen Theologen August Rohling.

2. Verblendete »Buchträger« – Korrelation von heilsgeschichtlicher Abwertung und diffamiertem Wissen

Woher solche Abwehr und Abwertung oder auch schlichte Ignoranz jüdischen Denkens?

Nicht alle Gründe für die Abwertung des Judentums liegen in der Theologie; es lässt sich aber neben anderen Gründen eine »Schaltstelle« erkennen, die ihre Wurzeln in der Spätantike hat. Unter den frühen Kirchenvätern bzw. -lehrern dürfte keiner zu finden sein, der die nachbiblischen Jüd:innen und das Judentum *post Christum* nicht verurteilt und seine fortwährende Erwählung nicht bestritten hätte (→ IV.1). Dessen »Ersatz« durch die Kirche tritt an die Stelle der Synagoge und ersetzt diese in ihrer Heilsfunktion. Jene Substitutionslehre genannte Überzeugung ist variantenreich bei den Kirchenvätern formuliert. Unter diesen Vätern und Lehrern gilt Augustinus im Tonfall noch – etwa im Vergleich zu Chrysostomos, der gehässig und obszön werden kann – als gemäßigt. Da Augustinus einer der bedeutendsten Theologen überhaupt ist, wirkten aber auch seine antijüdischen Schriften umso mächtiger und nachhaltiger. Sie bestimmten christliche Theologie über das gesamte Mittelalter und wirken bis in die Neuzeit, wenn nicht bis in die Gegenwart hinein.

Augustinus anerkennt zwar einen tiefen Zusammenhang zwischen den beiden Testamenten der Heiligen Schrift i. S. der berühmten Formel: »Novum testamentum in vetere latet, et in novo vetus patet«, also: »Das Neue Testament liegt im Alten verborgen, das Alte wird im Neuen aufgedeckt/offenbar.« (Quaestiones in Heptateuchum 2,73) (→ IV.5) Und da das AT gleichsam die christliche »Formatierung« der Heiligen Schrift des Judentums, des Tanach ist, erfahren auch die Jüd:innen so eine gewisse Wertschätzung. So kann Augustinus sie (fiktiv) ansprechen: »Ihr vergesst das Gesetz nicht, sondern tragt es überall hin den Völkern zum Zeugnis«. Aber – und nun folgt eine grundsätzliche Kritik – genau dies geschieht, »euch zur Schmach, und ohne es (selber) zu verstehen, reicht ihr es dem Volk, das von Sonnenaufgang bis Sonnenuntergang (Ps 107,3) berufen ist!« (Tractatus adversus Iudaeos 5,6, PL 41,54) Allein in diesem Satz verschränken sich Augustinus' heilsgeschichtliche Sicht mit deren hermeneutisch-epistemischen, also Schriftverständnis und Glaubenserkenntnis betreffenden Dimensionen: Dass Jüd:innen die Tora, die ja integraler Teil auch der christlichen Bibel ist, lesen, deuten und Halacha, Lebenspraxis, daraus ableiten, ist unbestreitbar; dies aber geschieht ohne rechtes Verständnis. Denn das erschließt sich erst vom Messias Jesus her, für den die Jüd:innen aber »blind« sind. Wie ein Leitwort zieht sich blind/verblendet durch Augustinus' Tractatus adversus Iudaeos. Im *richtigen* Verständnis der Kirche dagegen kann Augustinus nun die Heilige Schrift der Jüd:innen, näher hin Ps 69,24, »sehend« lesen und sie gegen die Jüd:innen, denen die Kirche diese Schrift doch verdankt, auslegen: »Wie nämlich sollten sie dieses sehen, sie, über die gesagt ist: ›Ihre Augen mögen umdüstert werden, dass sie nicht sehen.‹« Auch den folgenden Strafwunsch des bedrängten Beters: »Und ihr Rücken sei stets gebeugt« (Ps 69,24) bezieht Augustinus auf Jüd:innen. (Tract. Adv. Iud. 10, PL 58f)

Mit solcher Blindheit geschlagen, mögen sie zwar vom Buchstabensinn der Schrift – also dem Text »dem Fleische nach« – etwas verstehen, nicht aber ihrem »Geist« nach, denn die Jüd:innen *sind* »Israel dem Fleische nach«, während die Kirche »ein geistiges Israel« ist. (ebd.)

Die allegorischen Figuren an den Portalen der gotischen Kathedralen werden Jahrhunderte später genau das zeigen: eine Synagoga mit verbundenen Augen, heilsgeschichtlich gedemütigt, nämlich gebeugt mit zerbrochenem Szepter, entgleitenden Gesetzestafeln und fallender Krone – eine Krone, die nun eine stolze Ecclesia erhobenen Hauptes trägt, den Stab und Kelch fest in den Händen, den Blick hoffnungsvoll auf die Zukunft gerichtet.

In diesem Status heilsgeschichtlicher Erniedrigung aber erfüllt das verblendete Judentum durchaus eine kirchennützliche Funktion. So betet Augustinus wieder mit dem Psalmisten: »Töte sie nicht, damit sie nicht dein Gesetz vergessen; zerstreue sie in deiner Macht«. (vgl. Ps 59,11f-12f) (Tract. Adv. Iud. 7,9, PL 57)

Für die Kirche war die reine Existenz des Volkes Gottes *neben ihr*, das in seiner Mehrheit Jesus nicht als Messias anerkannt hat, in hohem Maße irritierend. Für sie ist die Sicht des Augustinus gleich aus zwei Gründen nützlich:

- Ungewollt gibt das Judentum in seiner verblendeten »fleischlichen« Toratreue ex contrario Zeugnis für die Erwähltheit der Kirche als »geistigem Israel«

- und in seiner erniedrigten Existenz zugleich Zeugnis für Gottes Gericht an ihm selber. Damit sind alle Statusfragen geklärt.

Bis ins 21. Jh. lassen sich Belege für diese Theologumena finden! Dabei darf nicht vergessen werden, dass mit der heilsgeschichtlichen auch eine soziale und rechtliche Erniedrigung legitimiert wurde. Und all das begründet sich theologisch in der behaupteten Verblendung des Judentums.

Was sollte also christlicherseits von diesem Volk zu lernen sein?!

3. Verblendung bleibt auch im Licht der Aufklärung

Aufklärung und französische Revolution bewirkten auch für die Theologie epochale Veränderungen, die bis heute nachwirken. Im Licht der Vernunft gilt das Gotteswort der Heiligen Schrift schlicht als in unterschiedlichen Kontexten entstandenes Menschenwort. Also sind alle historischen und literaturkritischen Methoden anzuwenden, wenn sie erforscht werden soll. Diese Auffassung, erstmals so vom Orientalisten Reimarus (1694–1768) vertreten, löste größte Kontroversen aus, da die verbindliche Orientierung für die Gestaltung des Lebens dadurch aushandelbar wurde. Zugleich ließ historisch-kritische Exegese Jesus immer deutlicher als Juden im Kontext des Judentums erscheinen, was christlichen Forscher:innen erstaunliche Probleme bereitete. Denn wie sollte dann seine Göttlichkeit verstanden werden, wie seine Erlöserschaft der ganzen Welt?

Von jüdischer Seite partizipierten der Philosoph Moses Mendelssohn, seine Schüler, Schriftsteller und Pädagogen an der großen Bewegung der Aufklärung. Ins Judentum hinein zielten sie auf Reformen via Bildung; mit Blick auf die Gesellschaft ging es darum, das Judentum als anschlussfähig an die neue Zeit zu erweisen. Erst recht als im 19. Jh. Jüd:innen in den europäischen Staaten die Emanzipation, also eine rechtliche Gleichstellung erlangten, sollte ihre sozio-kulturelle Ebenbürtigkeit ausgewiesen werden. Die neu entstandene Wissenschaft des Judentums erforschte dafür alle Bereiche jüdischen Lebens und jüdischer Geschichte. Auch ihre Forschungen wiesen Jesus unabweisbar als Juden *im* zeitgenössischen Judentum aus. Da eine liberale evangelische Theologie in derselben aufklärerischen Denkform mit den von ihr nahegelegten Methoden arbeitete, wäre eine konstruktive Verständigung ›eigentlich‹ denkbar gewesen, eine Etablierung dieser neuen Wissenschaft analog den christlichen Fakultäten hätte nicht zu ferngelegen. Doch weit gefehlt. Der *Jude* Jesus macht christlichen (evangelischen) Theolog:innen große Probleme. Der Wissenschaft des Judentums, die Jesu Judesein unbestreitbar darstellte, wurde ihre Wissenschaftlichkeit abgesprochen. Und in Spannung zum eigenen Wissenschaftsverständnis wurde alles darangesetzt, Jesus aus dem Judentum zu lösen: Unleugbar diesem angehörend, habe er es doch qualitativ »hinter sich« gelassen. Als ganz außergewöhnlicher Mensch und das Judentum überragender Lehrer habe er ganz Neues in die Welt gebracht, weshalb auch »das Wesen« des Christentums dem jüdischen uneinholbar überlegen bleibe. Letzteres zeichnet man dagegen als ritualistisch, legalistisch, versteinert – im Grunde als ein religiöses Dekadenzphänomen.

So epochal neu die historisch-theoretische Konstellation durch Aufklärung und historisch-kritische Exegese war, so altvertraut mutet doch die Logik christlicher Selbstaussage an: Eigene Identität kann anscheinend nur mit einer Abwertung des Judentums im Gegenzug ausgesagt werden.

Katholischerseits wurden Reformansätze (vgl. Tübinger Schule) zugunsten der Formierung einer Neuscholastik zurückgedrängt. Unter konzeptioneller Geringachtung der Dimension von Geschichte und Geschichtlichkeit versuchte sie, die vermeintliche Bedrohung durch die Provokationen der Moderne abzuwehren. Jesus als Jude etwa – und mit ihm das Judentum – werden darin nahezu verschwiegen. In der Überbetonung der göttlichen Natur Christi wird Jesus ganz aus dem Judentum herausgelöst. Angesichts einer solchen zeitentrückten Divinisierung Jesu *kann* eine theologische Relevanz seines Judeseins – und damit auch des Judentums – in dieser Denkform gar nicht gedacht werden. Also bleibt die ererbte Substitutionslehre ungestört in Geltung.

4.   Schoa

Die Schoa ist theologisch nicht begriffen und nicht begreifbar. Auszuloten ist hier nichts, da mit diesem staatlich initiierten, mehrheitsgesellschaftlich »irgendwie« mitgetragenen und industrialisiert vollstreckten Völkermord ein so starkes Erdbeben ausgelöst wurde, dass, wie Jean-François Lyotard formulierte, auch »die Messinstrumente« vernichtet worden sind …

Dennoch bedarf es aller denkbaren Untersuchungen dazu, wie das Nicht-Denkbare möglich war. An dieser Aufgabe hat Theologie ihren nicht geringen Anteil: Gefordert ist zum einen die kritische Rekonstruktion *und* Überwindung einer Jahrhunderte währenden und im rassischen Antisemitismus mündenden Feindseligkeit. Zum anderen eine Aufarbeitung und Vermeidung jedes theologischen Antijudaismus und der heilsgeschichtlichen Abwertung des Judentums, was heute als eine, wenn auch nicht intendierte Vorarbeit der rassistischen Entwertung der Jüd:innen erscheint. Dabei bleibt gleichwohl zu beachten, dass sich christlich – nicht erst im 19. Jh. – Überlappungen und Verschmelzungen von Antijudaismus und -semitismus durchaus finden. Schließlich ist die Frage zu beantworten, warum die Logik einer Identitätsformulierung auf Kosten von Jüd:innen und Judentum christliches Sprechen so lange und tief bestimmte, wenn denn nicht immer noch – verdeckt – mitbestimmt. Muss christliche Identität nicht eigentümlich schwach sein, wenn sie die »richtige Lehre«, den »richtigen Glanz« (vgl. Orthodoxie, was als richtige/r Lehre/Glanz übersetzt werden kann) nur auf dem Judentum als dunkler Folie erstrahlen lassen kann? Und worin besteht diese Schwäche? Würden Selbstaufklärung darüber und spirituelle Durcharbeitung auch ihre theologische Logik verändern und somit – erst – eine neue Relation zum Judentum ermöglichen? Mit diesen in vielem noch offenen Fragen ist angedeutet, dass es ein umfassendes wissenschaftliches »Programm« zur Einlösung der Defizite in der wissenschaftlichen Theologie auch gegenwärtig noch nicht gibt. Nicht wenige theologische Reformentwürfe dazu stellen zumindest noch keinen gesamttheologischen Konsens dar.

5.　Umbrüche nach der Schoa – zum Konzil und seinen Folgen

2015 anerkennen jüdisch-orthodoxe Rabbiner, »dass sich die offiziellen Lehren der katholischen Kirche über das Judentum seit dem Zweiten Vatikanischen Konzil grundlegend und unwiderruflich geändert haben.« (Erklärung orthodoxer Rabbiner, »Den Willen unseres Vaters im Himmel tun«: Hin zu einer Partnerschaft zwischen Juden und Christen (3.12.2015), abgedruckt in der für einen Überblick über die neue kirchliche Israellehre sehr nützlichen Arbeitshilfe: »Gott wirkt weiterhin im Volk des Alten Bundes« (Papst Franziskus). Texte zu den katholisch-jüdischen Beziehungen seit *Nostra aetate*. Arbeitshilfe Nr. 307 (18.10.2019), hg. vom Sekretariat der DBK, 170–175)

Drei markante Stationen dieser Revision seien in den Blick gerückt.

a) *Nostra aetate* 4: Bezeichnenderweise war es ein Jude, Jules Isaac, Überlebender der Schoa, dessen Familie ermordet worden war, der einen bedeutenden Anstoß zu dem gab, was sich nach dramatischer Entwicklung während des Zweiten Vatikanischen Konzils in der Erklärung Nostra aetate 4 niederschlug: nach Friedrich-Wilhelm Marquardt nicht weniger als »theologische Fundamentaleinsichten« einer jeden neuen Israeltheologie, wenngleich nicht mehr als »Minima«. (Marquardt, Elend, 416).

Angesichts der verheerenden Wirkungsgeschichte des Gottesmordvorwurfs ist bedeutsam, dass eine pauschale Verurteilung der Jüd:innen aller Zeiten für den Tod Jesu in dem Konzilsdokument klar zurückgewiesen wird, zu kritisieren bleibt, dass das hoch toxische Wort vom Gottesmord nicht explizit verworfen wurde.

Jeder Antisemitismus wird verworfen. Zudem erkennt *NA* 4 die Mehrheit der Jüd:innen, die das Evangelium nicht angenommen hat, »nichtsdestotrotz« (*nihilominus*) als weiter von Gott geliebt an.

Zwei bedeutsame Aussagen verdienen, zumal im Kontext dieses Beitrags, besondere Aufmerksamkeit: Der Text beginnt, indem er den »Ort« angibt, an dem die Kirche auf Israel bzw. das Judentum trifft: »Bei ihrer Besinnung auf das Geheimnis (*mysterium*) der Kirche gedenkt die Heilige Synode des Bandes, wodurch das Volk des Neuen Bundes mit dem Stamme Abrahams geistlich verbunden ist.« (NA 4) Mit *mysterium* aber wird diskret auf den Willen Gottes angespielt, dem sich die Kirche verdankt (vgl. *sancta* ecclesia). Nach diesem also befindet sie sich verbunden (*vinculi … quo … coniunctus est*, lateinisch eher noch intensiver als im Deutschen: mit Band verbunden). Das aber betrifft nicht nur kontingente historische Umstände des kirchlichen Anfangs, ihr *initium*, sondern kennzeichnet nicht weniger als ihre Verfassung, ihr *principium*. Konsequent ist im Präsens formuliert, sie ist (und bleibt) verbunden (*coniunctus est*). Entsprechend präsentisch heißt es in der Folge: »Deshalb kann die Kirche auch nicht vergessen (*oblivisci nequit*), dass sie durch jenes Volk, mit dem Gott aus unsagbarem Erbarmen den Alten Bund geschlossen hat, die Offenbarung des Alten Testaments empfing und genährt wird von der Wurzel des guten Ölbaums.« (*NA* 4) Nun dürften sich alle Konzilsväter bewusst gewesen sein, dass die Kirche über Jahrhunderte hin genau diese Verbundenheit faktisch »vergessen«

bzw. theologisch bestritten hatte. Das »Nicht vergessen können« im Text behauptet nicht das Gegenteil, sondern räumt vielmehr ein, wie selbstwidersprüchlich diese Israelablehnung bzw. -vergessenheit doch war und ist: nicht weniger als die eigene Konstitution von Kirche verkennend. Ihre prinzipielle Verwiesenheit auf das Judentum findet sich auch im Bild der – bis in die Gegenwart – nährenden Wurzel des Ölbaums (Röm 11,18); erstmals wurde damit ein »Schlüsselbild« der paulinischen Israellehre in einem Kirchendokument aufgenommen.

b) Wie eine Explikation dieser neuen Sicht liest sich, was Papst Johannes Paul II. 1980 beim Treffen mit einer jüdischen Delegation in Mainz sagte. Mit Blick auf die heutige Begegnung von Kirche und Judentum spricht er von Letzterem als dem »Gottesvolk des von Gott nie gekündigten Alten Bundes«. (Ansprache an den Zentralrat der Juden in Deutschland und die Rabbinerkonferenz am 17. November 1980 in Mainz, in: RENDTORFF/HENRIX, Kirchen, 75) und greift damit auf Martin Bubers bekenntnishaftes Wort von 1933: »aber aufgekündigt ist mir nicht« zurück. Doch was bedeutet diese neue (im Grunde alte, weil in der Schrift begründete) heilsgeschichtliche Anerkennung für die theologische Bedeutung jüdischer Lebensäußerungen, erst recht jüdischen Denkens für die Theologie?

c) In der Enzyklika *Evangelii gaudium* bestätigt Papst Franziskus die Anerkennung des nachbiblischen Judentums als Volk Gottes, wenn er konstatiert: »Gott wirkt weiterhin im Volk des Alten Bundes«, und er charakterisiert sein Denken und Nachdenken: »und lässt einen Weisheitsschatz entstehen« (Enzyklika *Evangelii gaudium* über die Verkündigung des Evangeliums in der Welt von heute (24.11.2013), Nr. 249). Nun wird man vielen Völkern und Kulturen Weisheit zugestehen. Reflektierte Lebenserfahrungen, die klug machen und an Generationen weitergegeben werden, sind gewiss lebensförderliche Schätze. Den Weisheitsschatz des Gottesvolks bestimmt Papst Franziskus allerdings näher als einen, »der aus der Begegnung mit dem göttlichen Wort entspringt«. (*EG* 249)

Christlich ist daher »Weisheitsschatz« grundsätzlich als Wissen aus dem Zeugnis für den Einen und einzigartigen Gott aufzufassen. Als solches aber will es von christlicher Theologie befragt werden, wenn die eigene Rede von Gott ausgearbeitet wird. Das heißt gewiss nicht, dass jede jüdische Theologie oder Philosophie unversehens zum Zeugniswissen stilisiert werden darf. Nüchterne Auseinandersetzungen wie mit allen philosophischen, geschichts-, human-, sozial- und kulturtheoretischen Positionen und kritische Prüfung ihrer Überzeugungskraft sind verlangt. Aber – und das zeichnet ihre theologische Befragung und Rezeption aus – als Hintergrundannahme gilt, dass in den jüdischen Lebensäußerungen, wie in seinem Denken, potentiell auch Zeugniswissen vorliegt – wie verborgen, vermittelt und gebrochen auch immer solches Zeugnis vom Einen sich darstellt. Es sind – fachterminologisch gesprochen – *loci theologici*, Erkenntnisorte christlicher Theologie im durchaus strikten Wortsinn.

Resultiert diese erkenntnistheologische Qualifizierung nicht konsequent aus der Anerkennung des nachbiblischen Judentums als »Gottesvolk des von Gott nie gekündigten Alten Bundes«?

6. Beispiele von Rezeptionen – Lern- und Suchgänge an *loci iudaici*

In dieser Perspektive sind m. E. die nicht wenigen christlich-theologischen Studien zu jüdischen Autoren und Autorinnen am adäquatesten zu verstehen, die seit den 1970er Jahren erschienen sind: zu Martin Buber, Franz Rosenzweig, Max Horkheimer, Theodor W. Adorno, Walter Benjamin, Ernst Bloch, Jacques Derrida, zu Elie Wiesel als Romancier und Essayist, zu Paul Celan, Nelly Sachs, Hilde Domin und Rose Ausländer als Lyriker:innen und etlichen anderen und nicht zuletzt zu Emmanuel Levinas. *Im Letzten* sind es aus christlich-theologischer Perspektive Suchgänge an jüdischen Zeugnisorten. Doch kann dies nicht unvermittelt oder vereinnahmend geschehen. Die in sich komplexen Werke der Autor:innen verlangen ähnlich komplexe Rezeptionen, die Analyse, Verstehen, kritische Differenzierung und Aufnahme in das eigene Sprechen von Gott umfassen. Auf das eigene Glaubenswissen kann so ein neues Licht fallen; es kann in anderer Perspektive wahrgenommen, ggf. korrigiert und adäquater artikuliert werden.

An zwei Beispielen sei das durch wenige Stichworte nur angedeutet.

In Auseinandersetzung mit jüdischen Autoren, vor allem Walter Benjamin, wird dem Fundamentaltheologen Johann B. Metz eine »Halbierung des Geistes des Christentums« bewusst, sofern es nach der Verdrängung des Jüdischen in der Kirche den eigenen »Geist« fast nur von griechischer Philosophie hat formen lassen. (Metz, Geist, 29) In dieser ›Schule von Athen‹ aber blieb das »Geistangebot« Jerusalems (Metz, Memoria, 237) weithin ignoriert. Das aber lehrt einen Sinn für konkrete Geschichte und Geschichten, die Einsicht, dass Erzählungen unhintergehbar allem Argumentieren und Konzipieren zugrunde liegen, die zu dem führt, was Metz »anamnetische Grundverfassung des Geistes« (Metz, Memoria, 238) nennt. Dabei zeichnet es doch den christlichen Logos im Unterschied zur Philosophie aus, dass er einen »narrativen Kern« besitzt. In einem solchen »Geist« aber wird eine theoretisch-konzeptionelle Bedeutung von Erinnerung erkennbar, näherhin Erinnerung an die Opfer der Geschichte. In diesem Erinnern werden deren unabgegoltene Ansprüche an ein Leben in Würde je präsent in der Gegenwart. Von Benjamin inspiriert erscheint dann Geschichte nicht einfach abgeschlossen im Depot, sondern bleibt »angefochten«, ebenso wie christlicher Glaube in der Auferweckung Jesu den Tod als bestritten behauptet. Aus solcher Sicht kann Metz dann Vernunft und Kultur insgesamt als »anamnetisch« verfasst bezeichnen. (Metz, Memoria, 241) Wie andere christliche Autoren und Autorinnen gewinnt auch Metz aus dem Gespräch mit jüdischem Denken die Einsicht, dass »auch das Christentum [ ] nicht in erster Linie eine Doktrin (ist), die es möglichst »rein« zu halten gilt, sondern eine Praxis, die es radikaler zu leben gilt.« (Metz, Ökumene, 136)

Direkt bedroht von faschistischer Gewalt formulierte Benjamin unter Aufnahme eines unorthodox gelesenen Marx und jüdischer Mystik zugleich eine Kritik des herrschenden Fortschrittsglaubens. Von daher erscheint ihm Erlösung nicht als kontinuierlich anstrebbares Ziel eines Prozesses, sondern viel mehr als Unterbrechung von Unheilszusammenhängen. Metz nimmt auch diese geschichtsphilosophische These auf, wenn er das theologisch angemessene Zeitverständnis als ein »apokalyptisches« charakterisiert. Religion insgesamt erschließt sich ihm dann als Unterbrechung: »Kürzeste Definition von Religion: Unterbrechung«. (METZ, Glaube, 150)

Aus der Motivation heraus, eine christliche Haltung zu überwinden, in der versucht wird »Israel das Geheimnis abzusprechen« (WOHLMUTH, Geheimnis, 11; erster Band einer Triologie, zu der gehören: Die Tora spricht die Sprache der Menschen; Mysterium der Verwandlung), sucht Josef Wohlmuth das Gespräch mit Benjamin, Adorno, Buber, Derrida u. a., vor allem aber mit Emmanuel Levinas. Jüdisch wird jede Idee von Inkarnation als Beeinträchtigung der Transzendenz des Einen, als Verstoß gegen das Bilderverbot abgelehnt. Diesen Vorbehalt aufnehmend prüft Wohlmuth Christologie, Soteriologie und Trinitätslehre. Dabei zielt er nicht nur auf Artikulationen, die für jüdische Ohren weniger missverständlich und anstößig sind, sondern auch auf »bessere Ausdrucksmöglichkeiten« als sie z. B. »von Scholastik und Idealismus zur Verfügung stehen«. (WOHLMUTH, Geheimnis, 114) Wenn Levinas u. a. strikt auf der Mitverantwortlichkeit eines jeden Einzelnen für das Werk der Erlösung insistiert, provoziert das, die Lehre von Jesu Stellvertretung neu zu durchdenken, auf dass Jesus »nicht zu unserem »»Ersatzmann«« (WOHLMUTH, Geheimnis, 155) gemacht werde. Vielmehr bleibt aufgegeben, den »Sohnesgehorsam Jesu mit dem Glaubensgehorsam seiner Brüder und Schwestern zusammenzubinden« (WOHLMUTH, Geheimnis, 156).

Wie Metz u. a. gelangt auch Wohlmuth zur Einsicht in die Angemessenheit eines Primats der Praxis, sofern die Tora aller Ontologie vorzuordnen sei; fachterminologisch entspricht dem, die Soteriologie als Lehre von Rettung und Erlösung der Christologie als der ontologisch formulierten Lehre über Jesu Gott- und Menschsein voranzustellen. Damit ist eine Station auf dem langen Weg zu einer nicht antijüdischen Christologie genannt, die auch das Jude-Sein Jesu einholt ...

Mit diesen beiden Hinweisen ist nur angedeutet, dass Suchgänge im Judentum, also das Aufsuchen von *loci theologici iudaici*, sowohl für die Artikulation einzelner christlicher Glaubenslehren als auch für die Modellierung von Kategorien und Konzeption von Theologie inspirierend sein können. Und doch: Solche »Gewinne« sind erfreulich, ja wichtig (auch herausfordernd) – sie sind aber weder erstes Motiv noch letztes Ziel solcher Suchgänge. Das ist vielmehr die Suche nach der Spur vom Einen in diesen Reflexionsgestalten ...

7.   Kommentar als Denkform des Judentums – und Modell christlicher Theologie: *Schulter an Schulter*?

Lassen sich solche Bezugnahmen auf jüdisches Zeugnis nochmals, gleichsam auf einer Metaebene, begreifen? Mir scheint der als Denk- bzw. Wissensform begriffene Kommentar weiterzuhelfen. Er ist nicht nur Urform auch christlicher Theologie, sofern diese sich auf die Schrift stützt, sondern Theologie realisiert durch dieses Konzept zugleich eine elementare und nicht zu hintergehende Beziehung zum Judentum.

Für das Judentum kann die Bedeutung des Kommentars nicht unterschätzt werden. Ein Blick in die *biblia rabbinica* oder auf eine Seite des Talmuds, des *opus magnum* der Rabbinen, zeigt, wie sich um den Referenztext Tora oder Mischna Kolumne um Kolumne legt. Es sind Bezugnahmen auf den Text aus unterschiedlichen Zeiten und Räumen wie eine synchrone Versammlung von Stimmen. Als Ausdruck der Tora, näherhin der mündlichen, wie sie Mose auf dem Sinai neben der schriftlichen gegeben wurde, partizipieren diese Kommentare (und Kommentare zu ihnen, also solche zweiter Ordnung) am Status der Offenbarung. Dadurch aber werden sie dennoch nicht sakrosankt. Im Gegenteil, in der Welt des Kommentierens soll alles erwogen, geprüft, diskutiert und aktualisiert werden – gerade aus Respekt gegenüber der Tora, auch wenn es dabei zu Differenzen und – um des Himmels wegen hinzunehmen – sogar einmal zu Streit kommt. Zugleich setzt sich der Kommentar niemals an die Stelle des Kommentierten. Insofern steht diese einzigartige Kommentarkultur für ein äußerst dynamisches Verständnis von mündlicher Tradition und, wenn man so will, von Theologietreiben. Der große Judaist Gershom Scholem erkennt im Kommentar zugleich nicht weniger als die spezifische Denkform des rabbinischen Judentums, wie sie allen anderen Formen von theologischer Reflexion zeitlich und qualitativ vorausliegt.

Auch Christentum und Islam kennen das bedeutsame Kommentieren. Denn gleichzeitig mit der Kanonisierung einer Schrift (genau besehen sogar schon zuvor *innerhalb* des Wachstums der Schriften bzw. des kanonischen Prozesses!) treten die Kommentare auf den Plan. Schließlich steht das Wort Gottes für Ansprüche, die weit über die Zeit seiner Verschriftlichung hinaus in die jeweilige Gegenwart reichen.

Christliche Theologie hat seit ihren Anfängen nicht *mit* der Synagoge gesprochen, sondern durchgängig *über* sie. Das Judentum wurde in Traktaten als historische Größe der Heilsgeschichte abgehandelt. Eine positive Relevanz jüdischer Gegenwart gab es für die Theologie nicht.

Theologie, grundsätzlich als (im weitesten Sinn des Wortes) Kommentar zum Wort Gottes *und* seinen jüdischen Zeugnisgestalten verstanden, realisierte dagegen das jüdische Gegenüber in seiner bleibenden Erwähltheit bereits *in ihrer Genese*. Bestätigt würde so im konzeptionellen Selbstverständnis von Theologie, dass das Judentum auch *post Christum* »Volk Gottes im von Gott ungekündigten Bund« und für die Identität von Kirche bedeutsam ist, wie NA 4 klarstellt.

Dabei bleibt im Kommentar das, was kommentiert wird, deutlich in seiner Eigenständigkeit bestehen. Da der gesamte jüdische »Text«, hier als Kürzel für alle relevanten jüdischen Lebensäußerungen verstanden, als das zu Kommentierende immer größer und umfangreicher als der Kommentar ist und damit uneinholbar, wäre jüdisches Zeugnis auch nicht leicht christlicherseits in Eigenes »aufhebbar«. Gewiss, solche durch die Kommentarstruktur gegebene Erschwernis der Vereinnahmung ist keine Garantie gegen Missbrauch des jüdischen Zeugnisses wie etwa in dem Fall, dass jüdische Voten – via Zitation und Kommentierung – nur dazu benutzt werden, Eigenes stark zu machen, das seinerseits von jüdischen Zeugnis im Grunde aber unberührt bleibt und auch ohne diese »funktionierte«. Allein, solcher Missbrauch sollte in einem Kommentarmodell leichter und präziser benennbar werden.

In gewisser Weise wäre es eine Theologieform, die elementare dialogische Ansprüche in sich aufnimmt, ohne dabei doch Suggestionen unangemessener Nähe und ein Pathos zu reproduzieren, wie es sich mit »dem Dialogischen« verbunden hat.

Könnte solche Theologie eine Gestalt sein, die ein *Schulter an Schulter* mit jüdischem Denken realisiert?

Weiterführende Literatur

BOSCHKI, REINHOLD/BUCHHOLZ, RENÉ (Hg.), Das Judentum kann nicht definiert werden. Beiträge zur jüdischen Geschichte und Kultur (Forum Christen und Juden 11), Berlin 2014.

BOSCHKI, REINHOLD; WOHLMUTH, JOSEF, (Hg.), Nostra aetate 4 – Wendepunkt im Verhältnis von Kirche und Judentum – bleibende Herausforderung für die Theologie (Studien zu Judentum und Christentum 30), Paderborn u. a. 2015.

LENZEN, VERENA (Hg.), Lust auf Erkenntnis. Jüdische Theologie im 20. Jahrhundert. Ein Lesebuch, München 1988.

PETZEL, PAUL, Der Kommentar als Denkform der christlichen Theologie?, in: DOHMEN, CHRISTOPH (Hg.), Das Alte Testament und seine Kommentare. Literarische und hermeneutische Orientierungen (SBS 81), Stuttgart 2021, 264–293.

RECK, NORBERT, Der Jude Jesus und die Zukunft des Christentums. Zum Riss zwischen Dogma und Bibel, Ostfildern 2019.

VALENTIN, JOACHIM u. a. (Hg.), Jüdische Traditionen in der Philosophie des 20. Jahrhunderts, Darmstadt 2000.

VI. Das Judentum im Gottesdienst in Geschichte und Gegenwart

VI.1 Judentum und Jüdisches in der Liturgieentwicklung von den Anfängen bis zur Gegenwart

Benedikt Kranemann

Gebet und Liturgie im Judentum haben sich in einer komplexen Geschichte entwickelt, sie bleiben in der Gegenwart in Bewegung. Gegen verkürzende Vorstellungen von »einer« oder »der« jüdischen Liturgie, die auch in christlichen Zusammenhängen begegnen, muss die Vielfalt liturgischer Praxis im Judentum betont werden. Sie ist Ergebnis unterschiedlicher Begegnungen zwischen einem weltweit gelebten Judentum und vielfältigen Kulturen. Das wird durch den Verweis auf innerjüdische Denominationen (orthodoxes, konservatives und liberales Judentum) oder auf Traditionsströmungen wie aschkenasisches oder sefardisches Judentum angedeutet. Im Folgenden sollen einige Hinweise zur Entwicklung jüdischer Liturgie gegeben werden. Dann soll an einzelnen Formen des Gebets erläutert werden, was Gebet und Liturgie im Judentum ausmacht. Schließlich ist zu fragen, was das für das Verhältnis von jüdischer und christlicher Liturgie bedeutet.

1. Aspekte der Entwicklung jüdischer Liturgie

Was lässt sich über die Entwicklung jüdischer Liturgie in aller Kürze sagen? (vgl. als ›Klassiker‹ ELBOGEN, Gottesdienst, das Folgende nach ROUWHORST, Gottesdienst). Ein detailliertes Bild der Liturgiegeschichte zu gewinnen, bleibt aufgrund der Quellenlage schwierig. Viele Informationen stammen erst aus späteren Quellen und sind unsicher. Ein Grunddatum ist die Zerstörung des Zweiten Tempels im Jahre 70, durch die dem Judentum die zentrale Kultstätte genommen wurde. Nach diesem historischen Momentum musste das Judentum seine Liturgie neu organisieren, wobei an Traditionen, die sich jenseits des Tempels sukzessive entwickelt hatten, angeknüpft werden konnte. Der Tempel war mit seinen verschiedenen Höfen und Bereichen ein sakraler Ort. Die verschiedenen Kultbereiche des Jerusalemer Tempels waren für Heiden und Jüd:innen, Frauen und Männer nur in sehr unterschiedlicher Weise zugänglich. Volks- und damit Religionszugehörigkeit, Geschlecht, kultische Reinheit, schließlich Zugehörigkeit zum Priesterstand waren entscheidend. Das Allerheiligste betrat nur der Hohepriester, und dies allein am Jom Kippur (Versöhnungstag). Das Morgen- und Abendopfer wurde an Festtagen, am Schabbat und an Tagen mit Neumond um ein weiteres Opfer ergänzt. Eigene Opfer gab es während der Pilgerfeste, also an Pessach, Schawuot (Wochenfest) und Sukkoth (Laubhüttenfest), und am Jom Kippur. Zu den Opfern, die nicht nur durch Priester dargebracht wurden, gehörten Tier-, aber beispielsweise auch Weihrauch- oder Erstlingsopfer. (Zum jüdischen Festjahr → VI.3) Der Tempel war zugleich Ort des (freien) Gebets. Hier begegnet zudem Psalm-Rezitation, allerdings keine umfassende Schriftlesung.

Neben dem Tempel waren Synagoge und Familie Orte liturgisch-religiöser Praxis, die jedoch noch schwerer zu fassen sind als im Fall des Tempels. Zumal die Entstehung der Synagoge und deren Zeitraum sind umstritten. Außerdem muss man in Rechnung stellen, dass es jüdisches Leben in der Diaspora mit möglicherweise eigenen Ausprägungen gab. Zeugnisse gibt es für Gebete von Einzelnen wie von Familien oder Gruppen, für rituelle Mähler, insbesondere in der Antike verbreitete, religiös konnotierte Symposien, und Feste. In den Quellen begegnen Textelemente, die später im Achtzehngebet auftauchen, ferner das Schma Jisrael und Berakot (Segnungen, oft auch Brakhot geschrieben), ohne dass man vorschnell Entwicklungslinien in spätere Zeiten konstruieren sollte. In den Ma'amadot, Laienversammlungen, wurden zu den Zeiten der Jerusalemer Tempelopfer in der Heimat der zuständigen Priester und Leviten Gottesdienste mit Gebeten und Lesungen abgehalten.

Archäologische Zeugnisse für Synagogen stammen aus dem 1., vielleicht dem 2. vorchristlichen Jahrhundert (Umm el-Umdan/Modi'in). Doch wird die Existenz von älteren Versammlungsorten für vermutlich einfache, wenig festgelegte Gottesdienste mit Gebet, Schriftlesung und Auslegung für wahrscheinlich gehalten. In diesen Liturgien gab es wohl eher eine niedrigschwellige Rollenverteilung.

Nach der Zerstörung des Zweiten Tempels, einer Katastrophe für das Judentum, musste die jüdische Liturgie neu geordnet und verortet werden. Der zentrale Kultort fehlte jetzt, Liturgie konzentrierte sich in der Folge und bis heute auf die Synagoge und das Haus. Damit veränderten sich Bedeutung und Gestaltung der Synagoge. Mit der Funktion als Gottesdienstort und einer Deutung des Raumes und einzelner Raumzonen in Erinnerung an den Tempel lässt sich für die Synagoge zunehmend eine Sakralisierung beobachten. Auch einige Feste, die am Tempel gefeiert worden waren, bzw. einzelne Riten (so das Blasen des Schofarhorns an Rosch Haschana [Neujahr], die Verwendung des Lulavzweigs an Schawuot [Wochenfest]) wurden übernommen und zum Teil neu interpretiert. Das, was heute unter Synagogenliturgie verstanden wird, ist *nach* der Zerstörung des Zweiten Tempels entstanden. Zugleich wurde der Gottesdienst ausgebaut. Als Grundelemente der synagogalen Liturgie sind, je nach Tag und Festzeit, Lesungen aus Tora und Propheten, das Schma Jisrael, das Achtzehngebet und Benediktionen sowie Schriftauslegungen greifbar. Entgegen einer verbreiteten anderslautenden Einschätzung wurden erst nach der Zerstörung des Tempels Psalmen in die Synagogenliturgie aufgenommen, wobei am Anfang die Rezitation durch Einzelne stand, aus der sich später eine gemeinsame Rezitation entwickelte. Eine große Rolle spielen Hymnen. Damit lag ein Grundbestand an Lesungen, Gebeten, Gesängen und Riten (s. unten) fest, der bei aller Variation bis heute für jüdischen Gottesdienst prägend ist.

Jüdische Liturgie ist viel stärker Hausliturgie als beispielsweise im Christentum. Drei Liturgien können als Beispiele genannt werden: die Begrüßung der Königin Schabbat durch die Frau, die Berakot vor dem Mahl (s. unten) und das Pessachmahl. Diese Liturgien, ihre Riten und Texte haben sich in langen historischen Prozessen (weiter-)entwickelt. Neuzeitliche oder moderne Bestände dürfen nicht mit antiken oder mittelalterlichen Verhältnissen gleichgesetzt werden. Da manches über Jahrhunderte nur mündlich überliefert wurde, sind verlässliche Aussagen zur Geschichte äußerst schwierig. Es muss daneben mit Unterschieden je nach Region und innerjüdischer Denomination sowie nach theologischer Schule gerechnet werden. Es muss zudem von verschiedenen Traditionssträngen mit deutlichen theologischen und gestalterischen Unterschieden ausgegangen werden.

Von der (Spät-)Antike her beobachtet man eine zunehmende Festlegung und Fixierung liturgischer Texte und Riten, was aber nicht den völligen Verzicht auf Neuerungen oder eine Vereinheitlichung im Detail meint. Nicht nur Antike und Mittelalter, sondern auch Neuzeit und Moderne, darunter auch die Aufklärung, haben die jüdische Liturgie geprägt. Es variieren nicht nur die Texte, sondern insgesamt die Ausgestaltung der Liturgie, der liturgischen Tage (insbes. des Schabbats) und der Feste. Zwar lagen mit der Spätantike zentrale Bestandteile im Grundbestand vor, doch erlebten sie weiterhin Veränderungen. Zudem fanden neue sprachliche Kunstformen und poetische Stücke Eingang in die Liturgie. Sie boten die Möglichkeit, den Glauben anlassbezogen und in den Ausdrucksformen der jeweiligen Zeit auszusagen. Sie waren also durch die Kulturen, in denen das Judentum weltweit lebte, und durch die Umwelt sowie durch wechselnde spirituelle Stile beeinflusst. So hielten die Pijutim (Hymnen, Lob- und Danklieder), die verschiedenen kulturellen Stilen verpflichtet waren, als Einschübe in die Liturgie diese beweglich, unterbrachen und bereicherten sie.

Im 20. Jh. entwickelte sich jüdische Liturgie in unterschiedlicher Weise in den verschiedenen Denominationen weiter, zwischen denen es aber hinsichtlich Tradition und Neuerung zu erheblichen Spannungen kam. Das gilt etwa für den Synagogenbau und seine Gestaltung bis in die jüngste Zeit hinein. Die gottesdienstliche Musik hat vielfältige neue Impulse der Musikgeschichte verarbeitet. Die Sprache der Liturgie blieb dort, wo Gottesdienst nicht oder (zum Teil mit langer Geschichte) nicht gänzlich in Hebräisch gefeiert wird, in Bewegung. Der Feminismus, aber auch die LGBTQ-Bewegung haben in manchen Teilen des Judentums Einfluss auf die Liturgie gewonnen.

Zwei Beispiele können zeigen, wie sich die Geschichte bis heute in der Liturgie zeigt. An der Feier des Schabbats kann man ablesen, wie häusliche Rituale eine starke Rolle neben der synagogalen Liturgie er- und behalten haben. Am Schabbat ist es Aufgabe der Frau, die Schabbatlichter kurz vor der Dämmerung anzuzünden und darüber den Segen zu sprechen. In einem einleitenden Gebet sagt sie Gott Dank für den Schabbat und seine Ruhe. Im Segen wird Gott gepriesen, dass er den Menschen mit seinen Geboten heiligt und das Entzünden des Schabbatlichtes befohlen hat. Zur gleichen Zeit findet in der Synagoge die Kabbalat Schabbat (Empfang des Schabbats) mit Kiddusch, einem Segensspruch über den Weinbecher, statt. Nach der Rückkehr derjenigen, die an der Synagogenliturgie teilgenommen haben, wird zuhause das Schabbatmahl ebenfalls mit einem Kiddusch eröffnet.

Das Pessachmahl ist ein Beispiel für die Transformation und Neuinterpretation einer Tempelliturgie. Das Opfer entfällt, damit das Essen des Pessachlammes, aber die Zeichen der Liturgie erinnern daran. Das Essen von ungesäuertem Brot und Bitterkräutern, das Trinken verschiedener Weinbecher, Berakot, die für ein jüdisches Mahl vorgesehen sind, ein ritualisierter Dialog über das Fest und seinen Anlass – den Auszug aus Ägypten und die Rettung am Schilfmeer – sowie die Hallelpsalmen bilden das Grundgerüst dieser Liturgie. Das, was im Tempel gefeiert wurde, ist noch präsent, aber deutlich in einen neuen Interpretationskontext eingebunden. Die Feier wird durch eine starke Anamnese profiliert, d. h. die Feiern sehen sich im Heute als Teil der Rettungs- und Freiheitsgeschichte Israels durch Gott. Es konnte gezeigt werden, wie in diesem bis ins Mittelalter andauernden Prozess, in dem sich Pessach nach dem Zweiten Tempel entwickelte, das antike Symposion und biblische Überlieferung – aber auch Konflikte mit dem Christentum (und seinen Liturgien) – deutlich Spuren hinterlassen haben.

Die Entwicklung dieses und anderer Feste geht heute weiter, indem in das Sedermahl des Pessach neue Riten und Elemente (u. a. Miriams Kelch als Ausdruck für die Rolle von Frauen an Pessach, eine Orange auf dem Sederteller als Zeichen gegen Diskriminierung) und neue Deutungen eingetragen werden (Umdeutung des Midrasch von den vier Söhnen auf vier Töchter), um Frauen sichtbarer zu machen oder LGBTQ-Menschen einzuschließen (Marx, Jahr, 208–211). Es gibt für dieses und andere Feste alternative Formen und Deutungen, die sich mit ihrem kulturellen Umfeld weiterentwickeln.

2.   Jüdisches Beten und seine Formen

Beten im Judentum bedarf keiner Mittler. Lobpreis und Dank, aber auch Bitte und Klage (zudem Lesung und Ansprache, die hier nicht berücksichtigt werden) sind Ausdruck des Verhältnisses, in dem Menschen im Bund zu Gott stehen und ihn anerkennen. Die Abhängigkeit *von* Gott wie die Anhängigkeit *an* Gott werden artikuliert. Das Gebet formuliert deutlich anamnetisch, d. h. es lebt aus der erinnerten Geschichte Gottes mit Israel, wobei Gott mit seinem Handeln in der Geschichte als gegenwärtig bekannt wird, und ist zugleich Ausdruck der Hoffnung auf eschatologische Vollendung. Es ist kosmisch ausgerichtet, betet insbesondere zu Gott als Schöpfer und bezieht alle Dimensionen der Schöpfung ein. Die einzelnen Betenden sind im Gebet präsent, das aber stärker durch das Wir und den Bezug auf das Gottesvolk Israel bestimmt ist.

Was jüdisches Beten theologisch prägt, lässt sich gut anhand der *Berakah* verdeutlichen. Die Berakah (auch Brakha, Pl. Brakhot) zählt zu den grundlegenden Gebeten jüdischer Liturgie. Es handelt sich um eine standardisierte Form des Segens- oder Lobgebets, der Benediktion, von der es verschiedene Modelle gibt (Hoffman, beräkäh, 196–206; Ebenbauer, Gespräch, 109f.). Die Bedeutungsfülle, die mit der Berakah angesprochen ist, fasst die Formulierung konzise zusammen, »das

Leben des Segens« sei »ein Stehen vor Gott in Lobpreis und Dank.« (HOFFMAN, b^erākāh, 202) Die Berakah bringt die Beziehung des Menschen zu Gott zum Ausdruck. Sie wird zunächst als Segnung Gottes verstanden, also als ein Lobpreis, der Gott als den Gesegneten und damit als den Urheber und Grund allen Segens anspricht. Sie ist dann Bitte um die Zuwendung und damit den Segen Gottes. Ein gutes Beispiel bietet die Birkat Ha-Mazon, das Segensgebet nach dem Essen. Der erste Segensspruch, die Birkat Ha-San beginnt mit den Worten: »Gelobt seist du, Ewiger, unser Gott, König der Welt, der die ganze Welt ernährt in seiner Güte, in Gunst, in Gnade und Erbarmen! ›Er gibt Brot allem Fleisch, denn seine Güte währet ewiglich.‹ (Ps 136,25) In seiner Güte hat uns niemals Nahrung gefehlt.« (OSTEN-SACKEN/ROZWASKI, Welt, 185) Die Berakah zeichnet sich durch ein deutlich anamnetisches, also erinnernd-vergegenwärtigendes Moment aus, indem sie das Handeln Gottes in der Schöpfung, im Bund mit Israel und insgesamt in der Geschichte Israels erinnert. Geschichte und Gegenwart werden ineinandergeschaut, das Handeln Gottes umgreift Zeit und Geschichte. Aber dieses Handeln kann im Vertrauen auf die Geschichte Gottes mit Israel auch für die Zukunft erhofft und erbeten werden: »Möge sie [die Nahrung] uns nie und nimmer fehlen um seines großen Namens willen. Denn er ernährt und versorgt alle, ist gütig zu allen und bereitet Speise für alle seine Geschöpfe, die er geschaffen hat. Gelobt seist Du, Ewiger, der alle ernährt!« (OSTEN-SACKEN/ROZWASKI, Welt, 185). Die Bitte, die an Gott gerichtet wird, ist Konsequenz der Erinnerung an das die Zeiten umgreifende Handeln Gottes. Dabei sind theologisch wie sprachlich (bis in den relativischen Anschluss »Gott, der [du] dies und das tust« hinein) Erinnerung, Lobpreis und Bitte miteinander verschränkt. Zugleich ist die Berakah Kommunikation in der spezifischen Begegnung von Gott und Mensch, die »eine Hierophanie feiert und es zugleich [...] ermöglicht, die Schwelle zum Bereich des Heiligen zu überschreiten.« (HOFFMAN, b^erākāh, 202) Gebete dieses theologischen Zuschnitts tauchen in vielen gottesdienstlichen Zusammenhängen auf.

Wie sieht das in anderen Gebeten aus, die zu den Hauptgebeten des Judentums gerechnet werden? Das *Achtzehngebet*, auf Hebräisch Schmoneh Essreh oder Amidah (da es stehend gebetet wird), umfasste ursprünglich 18, daher der Name, mittlerweile 19 Lobpreisungen und Bitten. An Festen und am Schabbat wird das Stammgebet, dessen Entstehung nach wie vor nicht geklärt ist, anlassbezogen angepasst. Lob, Dank, Bitte prägen den Text. Eingefügt werden die *Keduschah* (das dreimalige »Heilig« nach Jes 6,3) und vor dem vorletzten Abschnitt der aaronitische Segen (nach Num 6,24–26). Das Gebet wird im Wechsel leise und laut und unter Beteiligung aller Gläubigen zweimal am Tag gebetet. Das Gebet ist in der Wir-Form verfasst. Bitten stehen in langer Reihe neben Lobpreisungen und bringen zahlreiche Anliegen vor Gott. Das Gebet beginnt mit Ps 51,17 (»Ewiger, öffne meine Lippen«), wobei man hierbei nicht vom Einfluss christlicher Tagzeitenliturgie ausgehen darf. Die Abschnitte des Gebets bringen mit viel biblischer Motivik zahlreiche Anliegen vor Gott, die Individuum wie Gemeinschaft betreffen:

Lobpreisende-hymnische Eröffnung
1 Lobpreis Gottes für die den Patriarchen und ihren Nachkommen erwiesene Gnade
2 Lobpreis Gottes für seine Machttaten
3 Lobpreis des Namens Gottes (*Keduschah*)
Bitten für die Individuen
4 Bitte um Erkenntnis und Verständigkeit
5 Bitte um Umkehr
6 Bitte um Vergebung von Sünden
7 Bitte um Erlösung
8 Bitte um Heilung von Krankheit
9 Bitte um Wohlergehen
Bitten für das Haus Israel
10 Bitte um Sammlung der Zerstreuten
11 Bitte um gute Richter und Ratgeber
12 Bitte um Schutz vor den Feinden
13 Bitte um Unterstützung für die Gerechten
14 Bitte für Jerusalem
15 Bitte um das Kommen des Messias
16 Bitte um Erhörung des Gebets
Abschluss und Danksagung
17 Bitte um die Rückkehr des Kultes zum Tempel in Jerusalem
18 Lob Gottes und Dank
19 Bitte um Frieden und Segen

Bereits mit dem Psalmvers zu Beginn wird deutlich, dass dieses Gebet bei Gott seinen Ausgang nimmt und von ihm ermächtigt ist. Abschnitt 1 stellt die Betenden in die Geschichte der Patriarchen, die Abschnitte 2 und 3 sprechen von der Zukunft bei Gott, die in der Gegenwart schon anbricht. Bereits früh im Gebet werden also die verschiedenen Zeitebenen und damit das zeitlich Umfassende der Geschichte Gottes mit den Menschen zur Erfahrung gebracht. Wenn die *Keduschah* mit Jes 6,3 und damit der Gesang der Engel ertönt, also irdische und himmlische Liturgie zusammenklingen, wird das performativ gesetzt. Gott und die Betenden werden in ihrer Beziehung und ihren sehr unterschiedlichen Rollen innerhalb des Bundes sichtbar. Die Abhängigkeit des Menschen von und seine Ehrfurcht gegenüber Gott kommen zum Ausdruck. Zentral geht es, wie bereits die ersten Abschnitte einführen und das gesamte Gebete verdeutlicht, um die Offenbarung Gottes und Erlösung des Menschen durch Gott sowie die Hoffnung auf sein rettendes Handeln (vgl. EBENBAU-ER, Gespräch, 161–177). Ob die 12. Bitte – auch »Ketzerbitte« genannt – ursprünglich gegen das Christentum gerichtet war, ist umstritten.

Das *Schma Jisrael* (»Höre, Israel«) ist das zentrale jüdische Glaubensbekenntnis, also ein proklamatorischer Text, kein Gebet. Es besteht aus drei biblischen Textabschnitten: Dtn 6,4–9; Dtn 11,13–21; Num 15,37–41. Das Schma wird im Morgen- und Abendgottesdienst gesprochen. Der erste Teil ist ein Bekenntnis zum einen und einzigen Gott, das dem Menschen ins Herzen eingeschrieben und in seinem Leben und Handeln präsent sein soll. An Dtn 6,4 (»Höre, Israel«) schließt sich ein Vers an, der nicht in Dtn 6 steht: »Gelobt sei sein herrlicher, königlicher Name immer und ewig!« (Ü: OSTEN-SACKEN/ROZWASKI, Welt, 139) Der Mensch, der so betet, stellt sich nicht nur unter die Herrschaft Gottes, sondern in diesem performativen Akt kommt bereits die Wirklichkeit des Gottesreiches zum Ausdruck, zu dem die Betenden gehören.

Der zweite Teil des Bekenntnisses verpflichtet auf das Hören und Einhalten der Gebote, die dem Menschen die Gaben Gottes, also Lohn verheißen. Der Text spricht aber auch von der Strafe Gottes bei Ungehorsam.

Im dritten Teil geht es um die Schaufäden (*Zizit*), die die Israeliten sich zur Erinnerung an die Gebote des Herrn an die Kleidung nähen sollen, während die beiden ersten Teile dazu anhalten, die Worte Gottes auf Stirn und Handgelenk (Gebetskapseln) und an die Türpfosten (Mesusah) zu schreiben. Die Gebote Gottes werden so leiblich und räumlich erinnert und präsent gehalten.

Dem gehen zwei Berakot voraus. Die erste preist Gott vor allem als Schöpfer und ruft damit die kosmische Dimension von Morgen- und Abendgottesdienst auf. Die zweite lobt Gott für die Gaben der Tora und bittet darum, sie erkennen und verstehen zu können. Eine noch umfangreichere Benediktion folgt dem Schma Jisrael, die mit einem langen Katalog von Preisungen des Wortes Gottes einsetzt. Sie erinnert die Geschichte Gottes mit Israel im Exodus, bekennt Gott im Hier und Jetzt als befreienden und rettenden Gott und preist ihn als den, der in der Zukunft retten wird. Die rahmenden Berakot enthalten Variationen für Morgen- und Abendgottesdienst.

Ein Text wie das Schma Jisrael nimmt an Reformbewegungen und Aufbrüchen im Judentum teil. Es gibt unterschiedliche Versionen aus jüngerer Zeit (vgl. OSTEN-SACKEN/ROZWASKI, Welt, 144–153).

Weitere wichtige Gebete im Judentum sind Kaddisch, Tachanun und Alenu. Das *Kaddisch* wird heute vor allem als Gebet für die Verstorbenen rezitiert, begegnet aber auch an anderer Stelle (so gegen Ende des Gottesdienstes, im Morgengebet, im Zusammenhang von Vorträgen und Talmudlesungen). Im Zentrum steht die Heiligung des Namens Gottes in der von ihm und nach seinem Willen erschaffenen Welt. Sie wird verbunden mit der Bitte um die Erhörung der Bitten Israels und um den Frieden Gottes.

Das *Tachanun*, Gebet zur Buße und Bitte, hat inhaltlich eine doppelte Struktur. Es ist einerseits Schuldbekenntnis vor Gott und andererseits Bitte um Erbarmen Gottes. Die Sündigkeit des Menschen und die Bitte um die Gnade Gottes bestimmen das Gebet inhaltlich. Von seinem Charakter her passt es gut zu den Fasttagen und wird deshalb am Montag und Donnerstag erweitert, während es an Festtagen entfällt. Das Gebet bedient sich an vielen Stellen biblischer Zitate.

Das *Alenu* ist Schlussgebet des Gottesdienstes, in dem das Verhältnis Israels zu den Völkern zur Sprache kommt. Im ersten Teil geht es um das besondere Verhältnis Israels zu Gott, um die Erwählung des Volkes und seine Bestimmung zum Lobpreis Gottes. Im zweiten Teil wird der Hoffnung auf Vernichtung aller Götzen Ausdruck gegeben, so dass alle Menschen den ewigen Gott verehren.

Schließlich sind die *Psalmen* zu nennen. Sie sind heute fester Bestandteil der Liturgie in der Synagoge. Sie verdienen eigens erwähnt zu werden, denn sie spiegeln zum einen die verschiedenen Momente jüdischen Betens wider und sind zum anderen biblische Texte, die von Judentum und Christentum gleichermaßen verwendet werden.

3.   Jüdische und christliche Liturgie im Angesicht der je anderen Gläubigen

Jüdische und christliche Liturgie stehen in der Geschichte in einer Relation zueinander, die wechselseitig zu denken ist. Jüdische und christliche Liturgie entwickeln sich nebeneinander in gemeinsamen kulturellen Räumen. Sie beeinflussen sich zugleich gegenseitig durch Übernahme einzelner liturgischer Elemente und Gehalte wie durch Abgrenzung. Diese Beziehung kann intendiert sein, kann sich ebenso zufällig ergeben. Es handelt sich also über die Jahrhunderte um eine sehr komplexe Beziehung, in der immer wieder und vor allem christliche Aggressionen gegen die andere Religion eine Rolle spielten. Als Beispiel für die enge Verschränkung wären für die christliche Liturgie insbesondere die Gottesdienste mit Gebetstexten, Riten und Predigten während der Kar- und Ostertage zu nennen. Für das Judentum kann man beispielsweise die Übernahme von Elementen aus dem Weihnachtsbrauchtum oder die Verwendung der Orgel in einigen Denominationen nennen.

Bei manchen christlichen Gebeten, auch biblischer Provenienz, ist der jüdische Hintergrund nicht zu übersehen. Das gilt etwa für das *Vaterunser*, das aber durch die Rezeptionsgeschichte als christliches Gebet wahrgenommen wird (vgl. Navon/Söding, Gott). Wiederum andere Gebete zeichnen sich durch gemeinsame Bezüge auf biblische Texte aus, so *Keduschah* und Sanctus mit Blick auf Jes 6,3. Bei aller Gemeinsamkeit ist die Hermeneutik hier wie dort unterschiedlich. Gleiches ließe sich für die Psalmen sagen, die beiden Religionen gemeinsam sind. Spätestens durch die abschließende trinitarische Doxologie christlicher Liturgie greift hier eine Deutung, die trennend wirkt.

Die Hoffnung des jüdischen wie christlichen Gottesdienstes richtet sich auf die einstige Vollendung bei Gott. Die Wege dorthin werden manches Mal geteilt, dann wieder getrennt begangen. Das Nebeneinander der Gottesdienste beider Religionen, die wechselvolle, aber doch gemeinsame Geschichte, der Bezug auf viele Bibeltexte, die letztlich von beiden Religionen geteilt werden, schließlich das Bekenntnis zum einen Gott verlangen Sensibilität und Respekt, wenn es um den Gottesdienst der anderen Religion geht. Am Ende ist es der eine Gott, der die Gottesdienste beider Religionen umgreift: »Die *alles* tragende Wurzel des christlichen Gottesdienstes im jüdischen, von der der Baum und seine Zweige leben, ist der, dem der Dienst im engeren liturgischen und im weiteren sozialen Sinne gilt, der *eine* Gott, wie er sich nach dem Zeugnis Israels seinem Volk und nach dem Zeugnis der Kirche durch Jesus Christus Israel und den Völkern zugewandt hat.« (Osten-Sacken, Baum, 486f.)

Weiterführende Literatur

Bergmann, Claudia D./Kranemann, Benedikt (Hg.), Analogie und Differenz: Das dynamische Verhältnis von jüdischer und christlicher Liturgie. Analogy and Difference: The Ever-Changing Relationship of Jewish and Christian Liturgy (LQF 112), Münster 2021.

Gerhards, Albert/Leonhard, Clemens (Hg.), Jewish and Christian Liturgy and Worship. New Insights into its History and Interaction (Jewish and Christian Perspective Series 15), Leiden/Boston 2007.

GERHARDS, ALBERT/WAHLE, STEPHAN (Hg.), Kontinuität und Unterbrechung. Gottesdienst und Ge-
    bet in Judentum und Christentum (Studien zu Judentum und Christentum), Paderborn 2005.
LANGER, RUTH, Jewish Liturgy. A Guide to Research (Illuminations), Lanham, MD 2015.
YUVAL, YIŚRAʾEL YAʿAḵOV, Zwei Völker in deinem Leib. Gegenseitige Wahrnehmung von Juden
    und Christen in Spätantike und Mittelalter (Jüdische Religion, Geschichte und Kultur 4),
    Göttingen 2007.

VI.2   Judentum und Jüdisches in der liturgischen Praxis der Gegenwart

Clemens Leonhard

1.   Einleitung

Für Christinnen und Christen lohnt sich jeder Aufwand und jedes Niveau der Beschäftigung mit Angelegenheiten des Judentums. Die jüdische Liturgie ist eine gute
Gelegenheit, an einem Schabbatmorgen einen Aspekt jüdischen Lebens zu hören,
zu sehen und vielleicht darüber mit Jüdinnen und Juden ins Gespräch zu kommen;
eine Gelegenheit Fragen zu stellen. Idealerweise will man etwas um der Menschen
willen und um des Jüdischseins selbst willen verstehen. Und – ja – das Verstehen
der anderen ist immer – vielleicht im Fall des Judentums sogar ganz besonders –
ein Verstehen von sich selbst über den Umweg der anderen. Und – ja – mit Jüdinnen und Juden über Liturgie zu reden hat immer etwas von christlich-jüdischem
Dialog. Wir müssen uns aber nicht ständig selbst verkünden. Wir können darum
bitten, als Gäste ein paar Stunden gemeinsam unterwegs zu sein, ohne dass ein
Ergebnis formuliert werden könnte. Als Gäste werden wir Handlungen, Worte, Gefühle, Texte usw. erleben, die wir vergleichen, einordnen, deuten, verstehen wollen.
    Das Vergleichen und Einordnen der Liturgieelemente ist eine Leistung, die von
Haltungen, Vorwissen und Vorentscheidungen abhängt und nicht einfach vorgege-
ben ist. Wir können eine Synagoge mit der Haltung betreten, dass alles ohnehin
dasselbe wie im Christentum ist, und es jetzt nur auf ein paar historisch gewachsene, nebensächliche Unterschiede ankommt. Wir können dasselbe in der Haltung
tun, dass alles vollkommen fremd und anders, prinzipiell unverständlich (deswegen
bedrohlich oder faszinierend irrational) und unzugänglich ist. Im ersten Fall werden
wir die wichtigen Unterschiede übersehen. Im zweiten Fall werden uns interessante
Gemeinsamkeiten entgehen. Irgendwo dazwischen finden wir uns als Gäste in einer
fremden Liturgie und bemühen uns, Verhaltensfehler zu vermeiden.
    Was die Liturgie betrifft, fordert Dabru Emet (→ IX.5) Respekt und genaueres
Hinsehen: »While Christian worship is not a viable religious choice for Jews [...]«;
und: »The humanly irreconcilable difference between Jews and Christians will not
be settled until God redeems the entire world as promised in Scripture.« Die *humanly irreconcilable difference* betrifft unter anderem die Liturgie. Im Blick auf die religiöse Praxis beobachtet DE darüber hinaus, dass manche Jüdinnen und Juden liturgische Annäherungen an das Christentum als existenzbedrohend wahrnehmen. Das

Dokument hält dagegen, dass die wohlwollende Wahrnehmung des Christentums »will not change traditional Jewish forms of worship, [...]«. Neben Gemeinsamkeiten versteht DE die beiden liturgischen Systeme als Merkmale der Differenz – und das nicht wegen ästhetischer Zufälle, sondern als mit eschatologischer Tiefe vertretenen Grundsatz. Jüdinnen und Juden, Christinnen und Christen haben viele gemeinsame Aufgaben in der Welt und in den Gesellschaften. Das Christentum muss Respekt dafür haben, dass sich die Liturgien trotz aller Gemeinsamkeiten in der Zukunft weiterhin in getrennten Aushandlungsprozessen entwickeln (werden und sollen). DE entwirft Liturgie nicht als Feld menschlich organisierter Konvergenz. Ein Ort, an dem der geforderte Respekt Konsequenzen hat, ist die wissenschaftliche Praxis. Man kann für ähnliche Texte, Handlungen, Gegenstände usw. quer durch die Geschichte Einfluss und Abhängigkeit in beide Richtungen oder unabhängige Entwicklungen als Erklärungen vorschlagen. Wissenschaftlerinnen und Wissenschaftler bleiben aufgefordert, zu verhindern, dass die Beschreibung globaler Ähnlichkeiten Differenzen im Detail verdeckt.

Christinnen und Christen, die sich in der jüdischen Liturgie fremd fühlen, haben eine elementare Funktion jüdischer und christlicher Gottesdienste existentiell begriffen. Wer nicht oder nur teilweise mitmachen kann (oder darf), macht die Erfahrung, dass und wie die Liturgien Gemeinschaftsgrenzen nach außen (und Statusgrenzen nach innen) etablieren. Jüdische Gemeinden, die Gäste willkommen heißen, lassen Grauzonen an ihren Gemeinschaftsgrenzen zu. Im Raum anwesend zu sein, miteinander zu singen, mit mehr oder weniger Sprach- und Sachkenntnis Texte mitzusprechen, zeigt Zugehörigkeit als graduell an. Die folgenden Beispiele zeigen liturgiebasierte Grenzziehung, Grenzüberschreitung und Liturgievergleich zwischen Judentum und Christentum aus einer katholischen Perspektive: die katholischen Gebete zur Gabenbereitung, Hochgebete und Kiddusch; das Lesen von Bibeltexten im Gottesdienst und Fragen von Gemeinde und Amt.

2. Die Gebete zur Gabenbereitung: wirkungslos und eine ausgezeichnete Gelegenheit, jüdische und christliche Liturgie zu interpretieren

Jesus ist eine literarische Gestalt, von der weniger bekannt ist, als wir uns wünschen, und mehr, als für eine historische Gestalt plausibel ist. In dieser Situation scheint die Erfahrung der jüdischen Liturgie ein Fenster in die Lebenswelt Jesu von Nazaret zu eröffnen. Ein Freitagabend oder Samstagvormittag in der Synagoge scheint 2000 Jahre Kirchengeschichte zu überspringen und zu zeigen, wie es wirklich gewesen ist.

Missverständnisse können sehr produktiv sein. Nach dem Zweiten Vatikanischen Konzil entschied die zuständige Reformkommission, dass man das *Offertorium* der Messe (der Teil der Liturgie, der dem Wortgottesdienst folgt und dem Eucharistischen Hochgebet vorangeht) überarbeiten sollte. Die dort eingetragenen Gebete betonten die Deutung der Eucharistie als Opfer und verdoppelten damit Aussagen aus dem Eucharistischen Hochgebet. Das Konzil hatte den Auftrag gegeben, Dopplungen zu entfernen (*Sacrosanctum Concilium 50*) und »... was durch die Ungunst der Zeit verlorengegangen ist [...] soweit es angebracht oder nötig erscheint, nach der altehrwürdigen Norm der Väter« wiederherzustellen. Die Reformkommission diskutierte Änderungsvorschläge. Johannes Wagner, einem der Mitglieder der Reformkommission, lag das damals gerade erst fertiggestellte Werk *Prex Eucharistica* (lateinisch für »eucharistisches [Hoch-] Gebet«) vor. *Prex Eucharistica* stellt lateinische Übersetzungen von Eucharistiegebeten aus dem Christentum zusammen, beginnt aber mit jüdischen Mahlbenediktionen (die Louis Ligier ins Lateinische übersetzt hatte). Die Sammlung unterstellt, dass die jüdischen Mahlgebete Teil – und zwar ältester Teil – der Geschichte der christlichen Eucharistiegebete sind. Immerhin standen sie am Anfang des Buches. Die Kommission beschloss in enger Abstimmung mit Papst Paul VI., die jüdischen Mahlgebete zu erweitern und in die Liturgie der katholischen Messe zu übernehmen:

Mischna (Brakhot 6.1):	Messbuch (1975):
Gepriesen bist du *Adonai*, unser Gott, König des Universums, der Brot aus der Erde hervorkommen lässt.	Gepriesen bist du, Herr, unser Gott, Schöpfer der Welt. Du schenkst uns das Brot, die Frucht der Erde und der menschlichen Arbeit. Wir bringen dieses Brot vor dein Angesicht, damit es uns das Brot des Lebens werde. – Gepriesen bist du in Ewigkeit, Herr, unser Gott.

Die Reform ist auf zwei falsche Voraussetzungen gegründet. Erstens verstand man die jüdischen Mahlgebete über Brot (und Wein) irgendwie als Vorgänger des eucharistischen Hochgebets. Wenn sie tatsächlich Urformen des Hochgebets wären, würden sie in der Liturgie der Messe das Hochgebet verdoppeln. Die Maßnahme widerspräche damit dem Reformauftrag des Konzils. In diesem Sinn wäre eine Rückführung der Messliturgie auf die angebliche Mahlliturgie der Zeit Jesu ein *Ersatz* des Eucharistischen Hochgebets durch die Gabenbereitungsgebete. Das wollte man selbstverständlich nicht.

Zweitens sind die jüdischen Mahlbenediktionen historisch weder nach ihrem Zweck noch nach ihrer Gestalt in Sprache und Gestik Urformen des eucharistischen Hochgebets. Sobald christliche Quellen der Antike Wirkungen von Eucharistiegebeten andeuten, steht eine besondere Heiligkeit des Brots und des Weins als Leib und Blut Christi im Vordergrund. Rabbinische Quellen zeigen, dass dem Judentum diese Vorstellung fern lag. Ein alter rabbinischer Text betont, dass man sich der Dinge der Welt, besonders der Nahrungsmittel, erst bedient, wenn man eine (Mahl-)Berakah gesprochen hat. Damit anerkennt man das grundsätzliche Eigentumsrecht Gottes an den Früchten des Landes. Eucharistiegebete haben etwas mit der Heiligung von Brot und Wein zu tun. Brakhot haben etwas mit der Ermöglichung von profanem Nutzen zu tun.

Den Gebeten spricht die katholische Sakramentenlehre im Gegensatz zum Eucharistischen Hochgebet, mit dem man die Wandlung der Gaben Brot und Wein in Verbindung bringt, keine Wirkung zu. Sie sind im Sinn der Überschrift des Abschnitts »wirkungslos«. Das spricht nicht gegen ihren Vollzug. Wer über geistige Wirkungen einzelner Gebete Auskunft gibt, nimmt eine historische Perspektive ein. Aus dieser Perspektive ist der größte Teil der Messe wirkungslos. Die Gabenbereitungsgebete sind allerdings für ihre Zeit bedeutsame theologiepolitische Statements. Vor dem Hintergrund ihrer Entstehung nach dem Zweiten Vatikanischen Konzil sollen sie erstens einige Gebete, die zuvor an dieser Stelle gesprochen wurden, nicht stillschweigend, sondern lautstark ersetzen. Ihre Vorgängertexte (verdoppelten die Texte des Eucharistischen Hochgebets und) betonten die Interpretation der Messe als *Opfer*. Die Liturgiereform setzte rabbinische *Mahl*-Brakhot dagegen. Auch wenn man das Zurückdrängen der Opfermetaphorik in liturgischen Texten begrüßen kann, wollte die katholische Kirche dennoch aus der Messe kein jüdisches Gemeinschaftsmahl machen. Die jüdischen Gebete, die deswegen, weil sie jüdisch sind, Jesus zugeschrieben werden, werden deswegen an einer – im Sinn der Wirkung der Liturgie – unwichtigen Stelle eingetragen. Man kann sie leise sprechen oder durch Lieder überdecken. Die Wirkung der Liturgie wird nicht gestört, wenn man sie auslässt. Darin zeigt sich zweitens, dass die Gebete der Eucharistie durch Anspielungen an rabbinische Liturgie der Eucharistie eine Patina der jesuanischen Urzeit verleihen sollen. Die Nähe zum Judentum kann man heute als Anerkennung und Wertschätzung deuten. Diese Nähe wurde aber als Mittel und nicht als Zweck verstanden, um hohes Alter zu markieren. Das rabbinische und das gegenwärtige Judentum werden als Zeuginnen für die Urgeschichte des Christentums betrachtet. Die Elemente der jüdischen Liturgie wurden (verändert und) als Teil einer *christlichen* Urgeschichte in die Liturgie eingefügt.

Die für die wichtigste Liturgie der ganzen katholischen Welt vorgeschriebenen Gebete können heute als Anknüpfungspunkt dienen, die Geschichte der christlichen Liturgie zu erzählen und Fragen nach den Beziehungen zum Judentum zu stellen und zu bearbeiten. Wer als christlicher Gast einer Synagogenliturgie zum Kiddusch eingeladen wird, kommt nicht mehr auf den Gedanken, dass Christinnen und Christen einerseits und Jüdinnen und Juden andererseits ohnehin dieselbe Liturgie feiern, so als ob im Judentum auf eine Art Wortgottesdienst eine Art Eucharistiefeier folgte. Das Nachdenken über die katholischen Gebete zur Gabenbereitung zeigt, dass Eucharistiefeier und Kiddusch in der Antike entstanden sind. Sie wurden aber immer zu unterschiedlichen Zwecken eingesetzt und unterschiedlich gedeutet.

3.   Öffentliches Vorlesen von Tora und Evangelium

Wenn es nicht die Eucharistiefeier ist, könnte vielleicht der Wortgottesdienst der katholischen Messe oder der normale evangelische Gottesdienst (ohne Abendmahl) direktes jüdisches Erbe im Christentum sein? Wie beim Kiddusch sind jüdischer Schabbatmorgen-Gottesdienst und christlicher Gottesdienst nur ähnlich, wenn man nicht genau hinschaut. Es werden Gebete gesprochen und Texte aus dem teilweise gemeinsamen kanonischen, biblischen Repertoire vorgelesen. In der feierlichen Form des katholischen und orthodoxen Gottesdienstes findet eine Prozession mit dem Evangelienbuch statt, die man mit der Prozession der Torarolle durch die Synagoge vergleichen könnte. Warum wird im Judentum und Christentum gelesen?

Die Art und Weise, wie in Christentum und Judentum Texte aus dem Alten und Neuen Testament vorgelesen werden, ist dem Verständnis der Texte hinderlich. Wenn jemandem diese Texte als Bedeutungsträger vorgestellt werden sollten, wären andere Präsentationsmethoden zu wählen. Die Texte wurden auch nicht dazu verfasst, um ritualisiert vorgelesen zu werden. Antike Menschen haben sie so wie moderne Leserinnen und Leser von Rollen und Codices gelesen und studiert. Wenn sie ausreichend reich und gebildet waren, konnten sie es sich leisten, Zeit mit Debatten darüber zuzubringen. Wie in der Antike richtet sich heute christliche und noch viel mehr jüdische liturgische Textlektüre an Menschen, die diese Texte kennen oder sogar im Gottesdienst schriftlich vorliegen haben. Beim Hören des Textes geht es nicht nur um das Hören eines Textes, sondern auch um Bedeutungen der Handlung.

Ruth Langer hat darauf hingewiesen, dass und wie der spätantike Talmud Jeruschalmi die Toralektüre als liturgische Vergegenwärtigung der Gabe der Tora an das Volk Israel am Berg Sinai deutet. Dort kritisiert ein Gelehrter einen Übersetzer, der im Gottesdienst die Tora an eine Säule gelehnt übersetzt. Nach Ex 19,6 habe das Volk die Tora am Sinai in »Schrecken und Furcht« empfangen. Mit der Toralesung feiert das durch den Minjan (s. u.) vertretene Volk Israel seine Identität, Erwählung und Würde als das Volk, das von Gott die Tora empfangen hat. Die Tora wird aus einer Handschrift vorgelesen – einem wertvollen Original, das nach besonderen Vorschriften von besonderen Vorlagen abgeschrieben wurde. Die Gestalt der Pergamentrolle verkörpert Authentizität der Überlieferung. Christliche Gäste dürfen zwar bei der Toralesung im Raum bleiben, werden aber nicht als symbolische Vorleser (in manchen Gemeinden auch Vorleserinnen) auf das Podium gerufen. Die antiken rabbinischen Gelehrten lassen keinen Zweifel darüber aufkommen, dass die Tora empfangen zu haben und deswegen ihre Gebote einhalten zu müssen, Identität und Privileg Israels ist. Dieses Privileg unterscheidet Israel von den nichtjüdischen Menschen.

Seit der Liturgiereform nach dem Zweiten Vatikanischen Konzil werden alttestamentliche Texte u. a. in den Sonntagsgottesdiensten der katholischen Kirche gelesen. Sie sind nach mehr oder weniger oberflächlichen Parallelen zur Lesung aus dem Evangelium ausgewählt und müssen nicht vom Diakon oder Priester vorgetragen werden, womit in den Codes der katholischen Liturgie der geringere Wert des Alten Testament gegenüber den vier Evangelien zum Ausdruck kommt. Das Evangelium hören zu dürfen, macht keinen christlichen Würdetitel aus. Die besondere Würde der Christinnen und Christen kommt in der Teilnahme an der Kommunion zum Ausdruck. Das wird auch daran deutlich, dass Kirchen die gegenseitige Anerkennung über die Zulassung der Mitglieder zur Kommunion verhandeln.

Im Zusammenhang der Bräuche der Textauswahl lohnt es sich weiters, einen (nicht ohne Ironie denkbaren) Absatz des mittelalterlichen Gelehrten Moses Ben Maimon (gest. 1204) zu zitieren:

Der achte Grundsatz ist: Die Tora ist himmlischen Ursprungs. Das ist, was wir glauben, dass diese ganze Tora, die sich heute in unserem Besitz befindet, dieselbe Tora ist, die Mose gegeben wurde, und dass sie als ganze aus dem Mund der (höchsten) Macht (nämlich Gottes) ist. [...] Es gibt keinen Unterschied zwischen: »Die Söhne Hams sind Kusch, Ägypten, Put und Kanaan« (Gen 10,6), »Der Name seiner Frau ist Mehetab'el, Tochter des Matred« (Gen 36,39), »Timna war die Frau des Elifas« (Gen 36,12) und »Ich bin JHWH« (Ex 20,2) und »Höre Israel, JHWH, unser Gott, JHWH ist einzig« (Dtn 6,4). Alles ist aus dem Mund Gottes und alles die Tora JHWHs, die vollkommen, rein, heilig und wahr ist. (Kommentar zur Mischna, Sanhedrin 10.1)

In der katholischen Kirche las und liest man nie ein ganzes biblisches Buch, schon gar nicht die ganze Tora, nicht einmal ein ganzes Evangelium. Christliche liturgische Leselisten entstanden zur Proklamation von Festinhalten. Im Judentum lässt sich durch die Aufteilung der Lektüre des Textes (in den meisten Gemeinden) auf ein Jahr das Gebot von Dtn 31,12 erfüllen: Alle sieben Jahre soll die *ganze* Tora dem *ganzen* Volk zum Laubhüttenfest vorgetragen werden, damit alle sie einhalten können. Maimonides setzt den Dekalog (»Ich bin JHWH euer Gott«) und das Schma Jisrael (»Höre Israel, JHWH, unser Gott, JHWH ist einzig«), die man aus christlicher Sicht als Kerntexte des Judentums bezeichnen könnte, mit Texten gleich, die man im Christentum als nebensächlich erachtet. Im Christentum werden Festinhalte, theologische Ideen oder ethische Prinzipien durch Bibeltexte legitimiert, proklamiert und im Fall einer guten Predigt der Auffassungskraft der Anwesenden gemäß erschlossen. Im Judentum kann all das auch geschehen. Die Textauswahl, die Interpretation der Textauswahl und die Inszenierung der Lesung jedoch weisen auf Unterschiede und nicht auf Gemeinsamkeiten zwischen Judentum und Christentum hin. Kurz: die Schabbatmorgenliturgie ist kein Wortgottesdienst.

4.   Minjan und liturgisches Amt

Christinnen und Christen können (sofern sie dazu eingeladen wurden) beim Kiddusch Brakhot mitsingen, ohne dass das Ritual gestört würde. Sie können dann auch an der Mahlzeit teilnehmen. Sie können, wie oben festgestellt, nicht als symbolische Lektorinnen oder Lektoren zur Toralektüre aufgerufen werden. Das ist nach den oben gebrachten Überlegungen verständlich. In der katholischen Messe sind Jüdinnen und Juden wie auch andere Gäste willkommen, aber vom Empfang der Kommunion ausgeschlossen. Für den Vortrag eines Lesungstextes sind normalerweise Christinnen und Christen vorgesehen. Ein Verstoß gegen diese Regel würde aber nicht die Messe ungültig machen oder zur Exkommunikation der Verantwortlichen führen. Im Judentum und Christentum zeigt sich die Zugehörigkeit zur Gruppe an der Teilnahme an den Kernelementen der Liturgie. Diese Kernelemente werden trotz oberflächlicher Ähnlichkeit (Texte lesen – Brot essen) sehr unterschiedlich verstanden. Wer Messe und Schabbatmorgenliturgie vergleichen will, sollte nicht Lesung mit Lesung und Kiddusch mit Eucharistiefeier, sondern Toralektüre mit Kommunion und Kiddusch mit Lesungen vergleichen.

In den letzten Jahrzehnten sind bis auf wenige liturgische Handlungen alle Alleinstellungsmerkmale aus dem Aufgabenportfolio der katholischen Priester herausgebrochen. Der Eucharistie vorzustehen, gehört zu den wichtigsten Aufgaben der Priester und bleibt ihnen vorbehalten. Bei einer wiederum sehr oberflächlichen Betrachtung der jüdischen Liturgie mag die wichtige Rolle des Kantors (oder der Kantorin) auffallen. Abgesehen davon, dass das Amt wichtig ist, kann diese Funktion des »Gesandten der Gemeinschaft« von allen Juden (in manchen Gemeinden von Jüdinnen) erfüllt werden. Elemente des Gemeinschaftsrituals, die ohne Gemeinschaft vollzogen werden können oder müssen (die Amidah = das »Achtzehngebet« [das am Schabbat sieben Brakhot (Berakot) und nicht die 19 Brakhot der Wochentage umfasst], das Lesen des »Höre Israel«) werden in Gemeinschaft als Praxis der einzelnen realisiert. Alle sprechen die Amidah leise, bevor sie vom Kantor (oder der Kantorin) laut und mit zusätzlichen Elementen erweitert vorgetragen wird.

Manche Elemente der gemeinschaftlichen Liturgie erfordern den Minjan (zehn Männer in den eher traditionellen Strömungen des Judentums, in reformorientierten auch zehn Männer und Frauen, oder zehn Männer *und* zehn Frauen). Die früheren Standesdifferenzierungen des Judentums in *Kohanim* (Nachkommen Aarons, oft mit »Priester« übersetzt), Leviten (Nachkommen Levis) und Israeliten (Nachkommen aller übrigen Stämme Israels und Konvertitinnen und Konvertiten) wird in der Liturgie dargestellt. Die *Kohanim* werden gegen Ende der Amidah aufgerufen, die Gemeinde zu segnen. *Kohanim* und Leviten werden zur symbolischen Lektüre der ersten und zweiten Abschnitte der Tora aufgerufen. Die Liturgie läuft aber auch ab, wenn keine *Kohanim* und Leviten anwesend sind. Selbstverständlich spielen Rabbiner oder Rabbinerinnen eine wichtige Rolle im Leben der Gemeinden und ihrer einzelnen Mitglieder, nicht aber in der Liturgie. Im Vergleich zur katholischen Messe als der bedeutendsten Form katholischer Liturgie ist der Schabbatmorgengottesdienst sehr demokratisch. Ohne »Volk« (das durch den Minjan etabliert ist) gibt es keinen feierlichen, öffentlichen Gottesdienst. Der Vorbeter (oder die Vorbeterin) ist *Schaliach Tsibur*, »Gesandter der Gemeinschaft«, mit dem Auftrag, das Gebet zu leiten. Neben der minimalen Rolle, die den *Kohanim* zukommt, wenn sie anwesend sind, gibt es kein liturgisches Amt, das man mit dem katholischen Priestertum vergleichen könnte.

5.   Zusammenfassung

An drei Beispielen, der katholischen Liturgie zur Gabenbereitung, der Toralektüre und der Rolle von dauerhaft zugeteilten Ämtern in der Liturgie wurden Elemente der christlichen und jüdischen Liturgien verglichen. Im Rahmen dieses Essays konnten Vergleiche keine synchrone oder diachrone Tiefe erreichen. Hoffentlich regt die Oberflächlichkeit der Vergleiche dazu an, Kontakte zu knüpfen und sich um ein vertieftes Verständnis der jüdischen Liturgie zu bemühen!

Vermuten Sie (als heuristische Empfehlung zum Einstieg) markante Unterschiede zwischen Judentum und Christentum. Schließen Sie nicht vorschnell von Ähnlichkeit auf Identität oder gemeinsame historische Ursprünge. Aus großer Distanz mögen zwar Kiddusch und Eucharistie, Toralektüre und Wortgottesdienst, Kantor und Priester einander ähnlich sein. Konkrete Abläufe und deren Deutungen sind im Detail aber unterschiedlich. Christentum *und* Judentum haben sich außerdem über die Jahrhunderte entwickelt und verändert, sodass Christinnen und Christen in der jüdischen Liturgie nicht ihre eigene Vergangenheit erblicken. Jüdische Liturgie ist um ihrer selbst willen und um der Zukunft und Vergangenheit der sie tragenden Menschen wichtig und faszinierend. Wenn sich dabei die eine oder andere christliche Selbsterkenntnis einstellt, soll sie als Nebeneffekt willkommen sein.

Weiterführende Literatur

LEONHARD, CLEMENS, »Die Heiligkeit der Heiligen Schrift und Deutungen ihres Status im Rahmen des Synagogengottesdienstes und der Messliturgie«, in: ZERFASS, ALEXANDER/FRANZ, ANSGAR (Hg.), Wort des lebendigen Gottes. Liturgie und Bibel (PiLi 16). Tübingen 2016, 149–180.
LEONHARD, CLEMENS, »Die Gebete zur Gabenbereitung. Jüdische Liturgie in der katholischen Messe«, in: Heiliger Dienst 74, 2020, 103–110.
STEMBERGER, GÜNTER. »Zum Verständnis der Torah im rabbinischen Judentum«, in: ZENGER, ERICH (Hg.), Die Torah als Kanon für Juden und Christen, Freiburg u. a. 1996, 329–343.

VI.3 Der Synagogengottesdienst und das jüdische Festjahr

Dalia Marx/Ulrike Offenberg

Biblische und rabbinische Quellen bezeugen verschiedene Formen von persönlichem, frei formuliertem Gebet, aber prägend für die jüdische Identität und den Fortbestand des Judentums über Jahrhunderte der Diaspora hinweg wurde die Liturgie des Synagogengottesdienstes. Eine Frömmigkeit, die sich in individuellem Gebet und einer persönlichen Gottesbeziehung ausdrückt, wird ermutigt, doch sie bildet nicht den Fokus jüdischer Religionsausübung. Einen höheren Stellenwert nimmt das gemeinschaftliche Gebet ein, möglichst im Minjan, zu festen Gebetszeiten und im überlieferten Ritus. Ein *Minjan* bedeutet die Anwesenheit von zehn jüdischen Erwachsenen (im orthodoxen Judentum ausschließlich Männer, im liberalen Judentum Männer und Frauen). Erwachsen im Sinne religiöser Mündigkeit werden Jungen im Alter von 13 Jahren und markieren diese Statusveränderung mit der Feier der *Bar Mizwah*, Mädchen begehen ihre *Bat Mizwah* meist mit 12 Jahren.

Gewiss besteht jederzeit die Möglichkeit, ein persönliches Gebet abzuhalten, aber die jüdische Tradition schreibt drei Gebetszeiten am Tag vor: abends (*Maariw*), morgens (*Schacharit*) und nachmittags (*Minchah*). Sie entsprechen den verschiedenen Abschnitten eines Tages und sie werden auch auf die Zeiten des Opfergottesdienstes im Jerusalemer Tempel zurückgeführt. Obwohl dieses, das Zentrum des jüdischen Kultus bildende Heiligtum schon im Jahr 70 n. d. Z. von den Römern zerstört wurde, stellen diese Gebetszeiten und weitere Elemente des Gottesdienstes selbst nach bald 2.000 Jahren eine Kontinuität zwischen Tempel und Synagoge her. Während sie die Wahrung der Tradition betonten, wurde unter Führung der Rabbiner eine neue Form des Gottesdienstes entwickelt. Im Grunde war dieser Übergang ein revolutionärer Prozess: An die Stelle eines zentralen Ortes trat der Gottesdienst in den dezentralen Synagogen, der keiner Kaste von Priestern oder professionellen Kultusbeamten (Kohanim und Leviten) bedarf, sondern hauptsächlich von Laien getragen wird, und der statt der Darbringung von Tier- und Speiseopfern auf Gebet, Toravortrag und gemeinschaftlichen Ritualen beruht.

Synagogen sind in der Regel nach Jerusalem ausgerichtet, aber ihre bauliche Gestalt ist sehr vielfältig, abhängig von regionaler Architektur, Vorgaben der Mehrheitsgesellschaft, ästhetischem Geschmack und vielem anderen mehr. Elemente eines Synagogenraums werden stets sein: der *Aron Hakodesch* (Heilige Lade, in der die Torarollen aufbewahrt werden), eine *Bimah* (Podest), auf dem die Toralesung stattfindet, ein Vorbeterpult, ein *Ner Tamid* (»Ewiges Licht« als Symbol für die göttliche Gegenwart) und natürlich Regale für die Gebetbücher und den *Chumasch*, der die Textlesungen der Gottesdienste enthält. Anhand der Sitzordnung lässt sich erkennen, ob man sich in einer Synagoge des orthodoxen oder des liberalen Judentums befindet: In traditionellen Gemeinden ist der Hauptraum den Männern vorbehalten, während die Frauen auf einer Empore oder in einem abgetrennten Raum hinten sitzen. In liberalen Gemeinden gibt es keine Geschlechtertrennung. Das gilt auch für das Personal einer Synagoge: Rabbiner:in, Kantor:in sowie die unterstützenden Funktionen von *Gabbai* und *Schammes* (»Synagogendiener:in«).

Der über zwei Jahrtausende entstandene Ritus der Gottesdienste ist in den Gebetbüchern (*Siddur* für Werktag und Schabbatmasor, *Machsor* für Feiertage) abgedruckt, die die Liturgie mit all ihren Lob-, Dank- und Bittgebeten, Psalmen, Liedern und Textlesungen enthalten. Es gibt leichte regionale Unterschiede, vor allem in den Melodien, aber die Struktur des Gottesdienstes ist im Wesentlichen gleich. Auch das individuelle Gebet gleicht im Prinzip dem gemeinschaftlichen Beten, mit Ausnahme einzelner Bestandteile, die »Heilige Angelegenheiten« genannt werden und zu denen u. a. die Lesung aus der Torarolle und das Kaddischgebet gehören. Für sie ist ein *Minjan*, eben die Gegenwart von zehn jüdischen Erwachsenen, erforderlich.

Die täglichen Gebetszeiten von *Maariw* (abends), *Schacharit* (morgens) und *Minchah* (nachmittags) werden am Schabbat, zu *Rosch Chodesch* (Neumondstag) und an Feiertagen durch das *Mussaf* (Zusatzgebet), gleich im Anschluss an das Schacharit, erweitert. Der wichtigste Feiertag ist der Schabbat, der ja alle sieben Tage wiederkehrt und auf den die Woche zuläuft. Im Hebräischen werden die Wochentage nur mit Ordnungszahlen gekennzeichnet, vom 1. Tag (Sonntag) bis zum 6. Tag (Freitag), allein der Schabbat hat einen eigenen Namen, der auf das Verb für »ruhen« verweist. Ansonsten folgt der jüdische Jahreskreis mit seinen Fest- und Gedenktagen einem lunisolaren Kalender, also einer Kombination von Mond- und Sonnenzyklus. Die Monate richten sich nach dem Mondzyklus, beginnen also mit dem Neumond, der ein Kleiner Feiertag ist (*Rosch Chodesch*). Das Mondjahr hat insgesamt 354 Tage, während das Sonnenjahr 11 Tage länger ist. Durch Schaltjahre wird alle drei Jahre diese Differenz durch Einfügung eines zusätzlichen Monats ausgeglichen, so dass die Monate und mit ihnen die Feiertage in ihrer jeweiligen Jahreszeit bleiben, also gegenüber dem Sonnenjahr nur um eine Zeitspanne von etwa vier Wochen wandern.

Feiertage und Jahreszeiten haben ihre eigenen besonderen Themen und Lesungen, aber eine Grundstruktur zieht sich durch alle Gottesdienste. Die folgende Übersicht bildet diesen Aufbau ab. Eine nähere Beschreibung der einzelnen Gottesdienstteile schließt sich daran an.

Schacharit	Minchah	Ma'ariw
Segenssprüche des Morgens		
Psukej Desimra (»Lobsprüche«)	Eröffnung (Ps 145)	Kurze Eröffnung
Rezitation des *Schma Jisrael* und seiner Segenssprüche		Rezitation des *Schma Jisrael* und seiner Segenssprüche
Achtzehn-Bitten-Gebet	*Achtzehn-Bitten-Gebet*	*Achtzehn-Bitten-Gebet*
Tachanun	*Tachanun*	
Toralesung (montags und donnerstags)		
Schlussgebete	Schlussgebete	Schlussgebete

1. Die Rezitation des *Schma Jisrael* und seiner Segenssprüche

Der Vers »Höre Israel, der Ewige ist unser Gott, der Ewige ist einer« (Dtn 6,4, hier und im Folgenden eigene Übersetzungen) steht im Zentrum der Rezitation des *Schma Jisrael* (»Höre Israel«) und seiner Segenssprüche. Er wird häufig als das jüdische Glaubensbekenntnis bezeichnet, weil er das Credo an einen einzigen Gott ausdrückt. Zweifellos ist dies die bekannteste liturgische Äußerung – selbst unter Juden und Jüdinnen, die nicht zu beten pflegen. Die Lesung des *Schma Jisrael* und seiner Segenssprüche besteht aus drei Abschnitten der Tora, die von Segenssprüchen davor und danach umrahmt werden. Der Prozess der Auswahl dieser Abschnitte und der Segenssprüche liegt im Dunkeln, aber die Mischna (mTamid 5,1) bezeugt, dass dieses Textkorpus schon zu Zeiten des Zweiten Tempels täglich von den Priestern (*Kohanim*) gesagt wurde, und indirekte Zeugnisse deuten darauf hin, dass dies auch im Volk üblich war. Im Gemeindegebet wird die Rezitation des Schma Jisrael mit dem *Barchu*-Aufruf des Vorbeters zum Gebet (»Preist den Ewigen, den Hochgepriesenen«) und der Antwort der Gemeinde darauf eröffnet.

1.1 Die Toraabschnitte des Schma Jisrael

Dem Vers aus Dtn 6,4 mit seiner Betonung der Einzigkeit Gottes folgen drei Abschnitte aus der Tora, die überwiegend leise rezitiert werden. Der erste Abschnitt (Dtn 6,4–9) beginnt mit dem Vers »Höre Israel...« und daran schließt sich der Satz an: »Gelobt sei der Name der Herrlichkeit Seines Reiches für immer und ewig«, der im Tempel das Responsum auf das Aussprechen des Gottesnamens am *Jom Kippur* war. Dieser Satz wird flüsternd gesagt, mit Ausnahme des *Jom Kippur*, an dem er laut ausgesprochen wird. Der Abschnitt wird fortgesetzt mit der anspruchsvollen Forderung, Gott zu lieben »mit deinem ganzen Herzen und mit deiner ganzen Seele und mit deinem ganzen Vermögen« (Dtn 6,5). Auf diesem Abschnitt gründen auch die konkreten Gebote für die *Tefillin* (»Du sollst sie dir zum Zeichen auf deinem Arm und als Stirnband zwischen deine Augen binden«, Dtn 6,8, vgl. Dtn 11,18), die *Mesusah* (»Du sollst sie auf die Pfosten deines Hauses und deiner Tore schreiben«, Dtn 6,9, vgl. Dtn 11,20) und auch die Pflicht zur Rezitation des *Schma Jisrael* abends und morgens (»Du sollst sie deine Kinder lehren und von ihnen reden, wenn du in deinem Haus sitzt und wenn du auf dem Weg gehst und beim Niederlegen beim Aufstehen«, Dtn 6,7).

Der zweite Toraabschnitt (Dtn 11,13–21) mahnt zur Einhaltung der Gebote. Der dritte Abschnitt (Num 15,27–41) erwähnt die *Zizit*, die Schaufäden an den vier Ecken des *Tallit*, die als Erinnerungszeichen zur Wahrung der Gebote dienen. Und er betont die Erfahrung der Befreiung aus der Knechtschaft Ägyptens als Voraussetzung des Bundes zwischen Gott und Israel.

1.2   Die Segenssprüche des Schma Jisrael

Segenssprüche (*Brachot*) sind die Grundbausteine jüdischen Gebets. Sie schließen (und beginnen mitunter auch) mit der Formel: »Gesegnet seist du, Ewiger...«. Die Abschnitte des Schma Jisrael bilden mit den sie rahmenden Segenssprüchen eine feste Einheit. Die thematischen Grundanliegen dieser Brachot morgens und abends sind gleich, allerdings haben sie eine unterschiedliche Textfassung.

Der erste Segensspruch im Morgengebet, *Jozer Or* (»Der das Licht erschafft«), und im Abendgebet, *Ma'ariw Arawim* (»Der es Abend werden lässt«), hat universalen und kosmischen Charakter, er preist die Gnade der Schöpfung und den Schöpfergott.

Der zweite Segensspruch *Ahawah* (»Liebe«) trägt einen nationalen, partikularistischen Charakter. Er erinnert an die Liebe Gottes zu seinem Volk und an die besonderen Gaben, die er ihm zuteilwerden ließ, nämlich die Tora und die Gebote. Dieser Segensspruch führt geradewegs zu den Toraabschnitten des Schma Jisrael und deren Gebot, Gott zu lieben (»Und du sollst den Ewigen, deinen Gott, lieben ...« (Dtn 6,5)), als Antwort auf das Versprechen der Liebe Gottes zu seinem Volk (»Mit ewiger Liebe hast du dein Volk, das Haus Israel, geliebt«).

An die Rezitation der Abschnitte des Schma Jisrael schließt sich der Segensspruch *Ge'ulah* (»Erlösung«) an, der die Wohltaten Gottes an seinem Volk vergegenwärtigt. Im Abendgebet wird hier noch der Segensspruch »Haschkiwenu« (»Lass uns in Frieden niederlegen«) eingefügt, der Schutz und Behütung in der Nacht erbittet.

Die Rabbiner waren der Meinung, dass man das Schma Jisrael zwei Mal am Tag sagen soll, abends und morgens (»Wenn du dich niederlegst und wenn du aufstehst«, Dtn 6,7). Außer im Morgen- und dem Abendgebet wird dieser Abschnitt auch im Nachtgebet vor dem Einschlafen und im Rahmen der morgendlichen Segenssprüche (*Birkot Haschachar*) zu Beginn des *Schacharit* gesagt. Das *Schma Jisrael* in seiner Kurzform (»Höre Israel, der Ewige ist unser Gott, der Ewige ist einzig«, Dtn 6,4) ist auch Bestandteil des Toragottesdiensts am Schabbat, des Mussafgebets und weiterer Kontexte, z. B. des Sündenbekenntnisses eines Sterbenden, und manchmal wird es auch spontan als Gebet von Menschen gesagt, die sich in Not oder Gefahr befinden, als Ausdruck des Erflehens von Schutz und Bewahrung.

2.   Das Amidahgebet

Die *Amidah* oder das Achtzehn-Bitten-Gebet (*Schmoneh Essreh*) ist der zentrale Teil aller drei Gottesdienste, in der rabbinischen Literatur wird sie schlicht »Das Gebet« genannt. Amidah wird es genannt, weil es im Stehen gesprochen wird. Die drei ersten und die drei letzten Segenssprüche der Amidah sind mit Ausnahme kleinerer Abweichungen immer unverändert. Die Anzahl der mittleren Segenssprüche hängt dagegen vom jeweiligen Feiertag ab. An Werktagen besteht die Amidah aus neunzehn Segenssprüchen, am Schabbat und an Feiertagen nur aus sieben, und im Mussafgebet von Rosch Haschanah (Neujahr) aus neun. An Fastentagen pflegte man noch Bitten in den Mittelteil einzufügen. Die mittleren Bitten werden ausschließlich werktags gesagt, am Schabbat und an Feiertagen werden sie ersetzt durch den Segensspruch »Heiligung des Tages«, der die Spezifik dieses Tages benennt.

Die vorderen Segenssprüche	Die mittleren Segenssprüche (werktags)	Die hinteren Segenssprüche
Vorfahren	Erkenntnis	Gottesdienst
Gottes Macht	Umkehr	Dank
Heiligung des Namens	Verzeihung	Frieden
	Erlösung	
	Heilung	
	Segen der Jahre	
	Sammlung der Verstreuten	
	Rechtsprechung	
	Gegen die Häretiker	
	Die Gerechten	
	Jerusalem	
	Spross Davids (Messias)	
	Erhören des Gebets	

Die ersten drei Segenssprüche haben den Charakter von Lobpreisung, die mittleren den von Bitten und die letzten den von Danksagung. Rabbi Chanina beschrieb diese Hinwendung der Betenden zu Gott mit folgendem Bild: »Während der ersten gleicht man dem Diener, der seinem Herrn Lobpreis darbringt; bei den mittleren gleicht man dem Diener, der von seinem Herrn Lohn erbittet; während der letzten gleicht man dem Diener, der den Lohn von seinem Herrn empfangen hat, zum Ende kommt und seiner Wege geht« (bBerachot 34a). Traditionellerweise wird das Gebet leise flüsternd gesagt, zu Schacharit und zu Minchah wird es in der Synagoge vom Vorbeter laut wiederholt und dann wird auch die *Keduschah*, die dreifache Ausrufung Gottes als heilig (Jes 6), im Segensspruch »Heiligung« hinzugefügt.

Ursprünglich enthielt die Wochentagsamidah achtzehn Segenssprüche, woraus sich auch ihr Name »Achtzehn-Bitten-Gebet« (oder oft kurz Achtzehngebet) ableitet, und so blieb es bei den aus dem Land Israel überlieferten Fassungen dieses Gebets. Heute enthält die Amidah an Werktagen neunzehn Segenssprüche. In Babylonien wurde der 14. Segensspruch, der die Bitte um den Wiederaufbau Jerusalems und das Kommen des davidischen Messias enthält, in zwei separate Segenssprüche aufgespalten. Diese Anzahl findet sich in allen Gebetbüchern, denn der Brauch des Landes Israel ist nahezu gänzlich verschwunden. Die Bezeichnung Amidah (»Stehen«) verdankt sich der Körperhaltung beim Beten dieser Segenssprüche. Zur Choreographie dieses Gebets gehören auch die Hinwendung des Körpers nach Jerusalem und Schritte nach vorn zum Beginn bzw. zurück beim Abschluss sowie Verbeugungen bei bestimmten Segenssprüchen. Im traditionellen Gottesdienst ist der Priestersegen (Num 6,24–27) Bestandteil der Amidah. In einer orthodoxen Synagoge segnen die anwesenden Priester (Kohanim) die Gemeinde in einer besonderen Zeremonie, die »Erhebung der Hände« genannt wird (in der Diaspora wird dieses Ritual nur an Feiertagen vollzogen).

3.   Die Lesung der Tora

Am Schabbat, montags und donnerstags sowie zu *Rosch Chodesch*, an Feiertagen und an Fastentagen wird ein Abschnitt aus der Tora (Die Fünf Bücher Mose) vorgetragen. Die Lesung der Tora war die Hauptbeschäftigung in den frühen Synagogen. Im *Tanach* gibt es Zeugnisse über öffentliche Toralesungen seit der Zeit der Rückkehr aus dem Babylonischen Exil: »Esra der Priester brachte die Tora vor die Gemeinde, vor Mann und Frau und jeglichen des Hörens Verständigen am ersten Tag des siebten Monats. Und er las daraus vor...« (Neh 8,2–3). Josephus Flavius, Philo von Alexandria und zeitgenössische römische Schriftsteller bezeugen die Praxis des Toralesens in den Synagogen gegen Ende der Tempelzeit. Dies diente dem allgemeinen und öffentlichen Lernen. Schon aus der rabbinischen Literatur erfahren wir von der Toralesung in bestimmter musikalischer Rezitationsweise (*Lajnen*). Die Bezeichnung dieser Tonzeichen über oder unter den Worten wurde ebenso wie die Vokalisierung des hebräischen Konsonantentextes etwa im 10. Jh. von den tiberianischen Massoreten vorgenommen. In den diversen regionalen jüdischen Gemeinschaften entwickelten sich unterschiedliche Traditionen, die diese Tonzeichen auf verschiedene Weise vortragen.

Nach dem Brauch des Landes Israel wurde der Zyklus des Toralesens nach etwa dreieinhalb Jahren abgeschlossen, während man in Babylonien die Fünf Bücher Moses innerhalb eines Jahres durchlas. Daraus entwickelte sich dort das Fest der

Torafreude (Simchat Tora), mit dem man den jährlichen Abschluss und den Neubeginn der Toralesungen beging. Heute ist der Brauch Babyloniens in allen jüdischen
Gemeinden vorherrschend. In vielen nichtorthodoxen Gemeinden pflegt man jede
Woche etwa ein Drittel des Wochenabschnitts zu lesen und somit den ganzen Tora-
zyklus innerhalb von drei Jahren abzuschließen, obwohl man sich auch dort an die
Jahreseinteilung der Abschnitte hält, d. h. man liest im ersten Jahr das erste Drittel
z. B. des Wochenabschnitts »Bereschit«, im zweiten Jahr dessen mittleres Drittel
und im dritten Jahr dessen letztes Drittel.

Der Gottesdienstteil der Toralesung symbolisiert jede Woche aufs Neue die Gabe
der Tora am Sinai. Darum ist sie von zahlreichen performativen Elementen begleitet, wie dem Öffnen des Aron Hakodesch (Heilige Lade) und der Prozession mit der
Torarolle durch die Synagoge, wobei die Gemeinde steht. Mehrere Personen aus
der Gemeinde werden auf die *Bimah* (Podest zum Lesen der Tora) gerufen, rezitieren
Segenssprüche und erhalten jeweils einen Abschnitt vorgetragen. Daran schließen
sich Segnungen der Aufgerufenen und der Gemeinde sowie weitere Fürbitten (*Mi-
scheberach*) an. Am Schabbat und an Feiertagen wird außerdem die *Haftarah*, ein
Abschnitt aus den Prophetenschriften, gelesen, der auf einen Aspekt des Textes
oder des Jahreskreises Bezug nimmt. Während die Tora von Anfang bis Ende durch-
gelesen wird, gibt es für die Lesung der Prophetenschriften keine feste Ordnung.
Bis in die jüngste Zeit gab es in dieser Hinsicht eine Vielzahl von Bräuchen und
auch heute sind mitunter die Haftarot in den einzelnen Gemeinschaften unterschiedlich.

4.   Die Eröffnung und der Abschluss des Gebets

Die Toralesung ist vermutlich die früheste liturgische Praxis, die in Synagogen gepflegt wurde. Dem gesellten sich die Rezitation des Schma Jisrael und später die
Amidah als älteste Bestandteile des Gottesdienstes hinzu. Diese Einheiten sind seit
rabbinischer Zeit relativ immun gegen strukturelle Veränderungen. Raum für Hin-
zufügungen besteht vor allem an ihren Rändern, also zum Beginn und zum Ende
des Gottesdienstes. Im Lauf der Zeiten wurde die Vorbereitung auf die spirituell
anspruchsvollen und die halachisch gebotenen Teile zu einem festen Element des
Gottesdienstes, besonders im morgendlichen Schacharit. Dieses Gebet beginnt mit
den *Birkot Haschachar*, den Morgendlichen Segenssprüchen, die im Wesentlichen
eine Danksagung für die Gnade des Erwachens darstellen. Die Birkot Haschachar
wurden ursprünglich zu Hause gesagt, erfuhren jedoch starke Erweiterungen und
werden heute vielerorts in der Synagoge gesagt. Unmittelbar im Anschluss folgen
die *Psukej Desimra* (»Lobverse«), mit denen die Betenden Gott preisen und in deren
Zentrum die letzten sechs Gesänge des Psalters (Ps 145–150) stehen, ergänzt durch
weitere Psalmen und Kompilationen von Versen. Diese Einheit wird zu Beginn und
zum Schluss mit liturgischen Segenssprüchen umfasst, die seit der Gaonäischen
Zeit (8.–11. Jh.) belegt sind.

Als abschließender Teil des Gottesdienstes folgt an Werktagen, an denen kein
freudiges Ereignis begangen wird, morgens und nachmittags auf die Amidah *Tacha-*

nun, ein Gebet um Gnade und Bewahrung, das zwar ausschließlich in der Synagoge gesagt wird, aber selbst im Rahmen eines Gemeindegebets rezitiert es jeder für sich. Gegen Ende des Gebets wird *Alejnu Leschabbeach* gesagt, das seinen Ursprung in den Gottesdiensten der Hohen Feiertage hat und im Mittelalter seinen Weg in die täglichen Gebete fand. Daran schließt sich *Kaddisch Jatom*, das Kaddisch der Trauernden, an. Das Kaddisch erklingt mehrmals während eines Gottesdienstes, denn es dient nicht nur zum Gedenken an Verstorbene, sondern auch zur Abgrenzung der einzelnen Gottesdienstteile gegeneinander. Zum Schluss wird noch *Mismor Schir Schel Jom* gesagt, der für den jeweiligen Wochentag spezifische Psalm, der laut Mischna schon zu Tempelzeiten rezitiert wurde. Je nach regionalem Brauch werden noch verschiedene andere Texte gelesen.

5. Schabbat- und Feiertagsgottesdienste

Die Gottesdienste am *Schabbat* und zu Feiertagen unterscheiden sich in ihrer Grundstruktur nicht wesentlich von den täglichen Gebeten. Einzelne Teile wie das Tachanungebet entfallen, während andere hinzugefügt werden. Die Amidah besteht am Schabbat und an Feiertagen aus sieben Segenssprüchen, außerdem wird das Mussafgebet gesagt. Der Abschnitt von Psukej Desimra ist länger und festlicher, denn es werden einige *Pijutim* (liturgische Dichtungen) und Gebete hinzugefügt. Die Toralesung besteht am Schabbat aus sieben, an Feiertagen aus fünf Aufrufen, denen sich noch der *Maftir* anschließt, der am Schabbat die letzten Verse des vorangegangenen Aufrufs liest und anschließend die Haftarah vorträgt. Neben besonderen Gebeten und Textlesungen ist am Schabbat auch die Art und Weise des Vortrags eine andere, denn sie ist im Allgemeinen angenehmer und in speziellem musikalischem Stil gehalten. Auf die häusliche Schabbatliturgie gehen wir später ein.

Bei den Feiertagen des jüdischen Jahreskreises wird unterschieden nach den von der Tora gebotenen Festen, also Rosch Haschanah, Jom Kippur sowie die drei Wallfahrtsfeste Sukkot, Pessach und Schawuot, und den später angeordneten Festen von Purim und Chanukka. An allen diesen Tagen gibt es eine besondere Toralesung, die sich auf den jeweiligen Feiertag bezieht, aber nur bei den in den Fünf Bücher Mose erwähnten Festen wird auch das Mussafgebet gesagt. Zu den drei Wallfahrtsfesten, zu Chanukka und zu Rosch Chodesch wird das *Hallel*-Gebet gesagt, das aus den sechs Psalmen 113–118 besteht (am Neumondstag und an einigen anderen Tagen werden sie um einige Verse verkürzt). Jeder dieser Feiertage zeichnet sich durch spezifische Praktiken aus: Zu Sukkot baut man Laubhütten und schüttelt den Feststrauß der Vier Arten (*Lulaw*); Pessach ist geprägt vom Essen der *Mazzot* (Ungesäuertes Brot) und vom Seder am ersten Abend des Festes, der mit dem Vortrag der *Haggada* und vielen symbolischen Speisen an den Auszug aus Ägypten erinnert. Zu Schawuot, dem Feiertag der Offenbarung der Tora, ist der *Tikkun* besonders markant, ein gemeinsames nächtliches Lernen. An jedem der Feiertage wird aus einer der fünf Megillot, den für ein Fest bestimmten biblischen Büchern gelesen: das Hohelied zu Pessach, das Buch Rut zu Schawuot und Kohelet (Prediger Salomo) zu Sukkot. Zu Rosch Haschanah wird das Schofar geblasen, begleitet von speziellen Gebeten und Segenssprüchen. Und Jom Kippur ist ein 25-stündiger Fastentag, der sich durch viele Bußgebete auszeichnet.

Zu *Purim* und zu *Chanukka* (und heute weithin auch zum Unabhängigkeitstag des Staates Israel) sagt man die übliche Amidah, aber fügt noch einen besonderen Passus ein, der *Al Hanissim* (»Über die Wunder«) heißt. Im Mittelpunkt des Gottesdienstes zu Purim steht die Verlesung des Buches Ester, begleitet von Lärm, um den Namen des Übeltäters Haman auszulöschen. Chanukka wird im Wesentlichen zu Hause begangen, indem während der acht Tage des Festes sukzessive die Chanukka-Kerzen gezündet werden. In jüngster Zeit ist auch Tu Bischwat, das Neujahrsfest der Bäume, populär geworden. Man zelebriert das mit Lesungen und Liedern aus einer speziellen Haggada, isst viele verschiedene Früchte, besonders des Landes Israel, und pflanzt je nach klimatischer Gegebenheit Bäume.

Es gibt vier Fastentage, die die Zerstörung des Tempels vergegenwärtigen, das sind: der 10. Tewet, der Beginn der babylonischen Belagerung Jerusalems; der 17. Tammus, der Tag des Durchbrechens der Stadtmauern; der 9. Aw, die Zerstörung des Ersten und des Zweiten Tempels; und der 3. Tischri, der der Ermordung von Gedaliah ben Achikam und des Endes jüdischer Souveränität im Land Israel zur Zeit des Ersten Tempels auf lange Zeit hin gedenkt. An diesen Tagen liest man aus der Tora und aus den Prophetenschriften vor und sagt spezielle Pijutim.

In jüngster Zeit haben sich zu diesem Jahreskreis noch Tage gesellt, die in Israel staatliche Feiertage sind, aber auch von vielen jüdischen Gemeinden in der Diaspora begangen werden. Dazu gehören am 26. Nissan der Tag des Gedenkens an die Schoa und den Heldenmut, am 4. Ijar der Gedenktag an die Gefallenen der israelischen Streitkräfte und der Opfer von Terrorakten, am 5. Ijar der Unabhängigkeitstag und am 28. Ijar der Jerusalemtag.

6.   Gebete und gottesdienstliche Feiern in häuslichem Rahmen

Ein wesentlicher Teil des religiösen Lebens wird nicht in der Synagoge, sondern im Alltag und vor allem zu Hause praktiziert. An dieser Stelle kann nur kurz auf die Bräuche, Gebete und Segenssprüche hingewiesen werden, die ihren Platz im familiären, häuslichen Rahmen haben. Dazu zählen z. B. die »Segenssprüche des Genusses«, die vor einer Mahlzeit gesagt werden, oder das Tischgebet danach. Der Schabbat und die Feiertage sind von Festmahlzeiten begleitet, die auch in liturgischer Hinsicht reichhaltig sind. Dazu gehören das Zünden der Schabbat- und Festtagskerzen, der Kiddusch über den Wein, das Segnen der Challot, der speziellen geflochtenen Brote, und auch der Segen über die Kinder (der auf dem Priestersegen beruht). Zum Abschluss der Mahlzeit pflegt man Schabbatlieder zu singen. Auch der Seder zu Pessach, das an Symbolen reiche Festessen zu Rosch Haschanah oder das Fastenbrechen zu Jom Kippur werden im privaten Raum begangen. Die häuslichen Gebete begleiten die Übergänge von Tag und Nacht – in diesem Zusammenhang erinnern wir nochmals an die Rezitation des *Schma Jisrael* vor dem Einschlafen, eines der ersten Gebete, das die Kinder lernen, ebenso wie das *Modeh Ani*, der Dank nach dem Aufwachen am Morgen.

Weiterführende Literatur

ELBOGEN, ISMAR, Der jüdische Gottesdienst in seiner geschichtlichen Entwicklung (Olms-Paper-backs 30), Frankfurt am Main ³1995.
MARX, DALIA, Durch das Jüdische Jahr, übersetzt von Ulrike Offenberg, 2. dt. Aufl. Leipzig 2021.
–, From Time to Time: Journeys in the Jewish Calendar, New York 2023.

VI.4 Herausforderungen und Perspektiven der Begegnung mit dem Judentum im Gottesdienst

Benedikt Kranemann

Rituale kommunizieren Werte und Normen. Durch rituelles Handeln werden Menschen geprägt und wird Identität gebildet. Entsprechend kann Liturgie zu einer wertschätzenden Begegnung mit dem Judentum führen (→ VI.3). Sie kann aber gleichermaßen auch eine Abgrenzung (»Othering«) fördern und im schlimmsten Fall durch Texte und ihre Bildsprache, durch Riten, Darstellungen z. B. im geistlichen Spiel oder in Kunstwerken Antijudaismus und Antisemitismus fördern. Deshalb muss jede christliche Liturgie daraufhin reflektiert werden, ob sie Vorurteile gegenüber dem Judentum erzeugt. Sie muss befragt werden, ob sie das Bild von jüdischem Leben und Glauben verzeichnet, indem sie in Wort und Ritus z. B. ein stereotypes Bild »des« Judentums entwirft. Liturgie muss in Theologie und Feier vom Bewusstsein geprägt sein, dass Judentum und Christentum auf ihrem je eigenen Heilsweg unterwegs sind und dass beide getragen sind vom gemeinsamen Glauben an den einen Gott. Insbesondere in der liturgischen Anamnese kommt das zur Sprache. Der jeweilige Gottesdienst darf den Heilsweg des Judentums nicht in Frage stellen und nie implizit oder explizit in Antijudaismus oder Antisemitismus abgleiten.

1. Fürbitte für die Jüd:innen

Die christlichen Kirchen des Westens haben nach der Schoa einen intensiven Dialog mit dem Judentum begonnen und in dessen Lichte ihre Liturgien einer grundlegenden Revision unterzogen. Für die römisch-katholische Liturgie steht dafür programmatisch die in mehreren Schritten erfolgte Reform der heutigen Fürbitte »Für die Juden« in der Karfreitagsliturgie. Die bis ins 20. Jh. verwendete Fassung findet sich bereits 1570 im Missale Romanum. Sie bestand, wie alle anderen Fürbitten in dieser Liturgie, aus einer Gebetseinladung und der eigentlichen Bitte. Zwischen beiden knieten sich die Gläubigen zum stillen Gebet hin und erhoben sich dann wieder. Bei dieser Bitte wurde jedoch das Ritual durchbrochen, um auszudrücken, dass man nicht erneut an die schmachvolle Verhöhnung Jesu durch Kniebeugungen der Jüd:innen erinnern wollte. Letzteres verzerrte allerdings den biblischen Befund, wonach römische Soldaten und Nicht-Jüd:innen Jesus durch die Kniebeuge verhöhnt haben (Mk 15,19; Mt 27,29). Der Bruch im Ritual gegenüber den anderen Fürbitten brachte performativ ein pejoratives und pauschales Urteil über »die« Jüd:innen zum Ausdruck. Das Gebet sprach von den »treulosen« Jüd:innen und ihrer Verblendung und bat für sie, wiederum eine Polemik gegen den jüdischen Glauben, um die Erkenntnis der Wahrheit Christi (→ II.3). Im 20. Jh. erfolgten mehrere Revisionen dieses Gebets, aber erst nach dem Zweiten Vatikanum kam es zu einer grundlegenden Reform. Heute werden die Gläubigen zur Kniebeuge aufgerufen. Gott möge, so wird nun gebetet, die Jüd:innen in der Treue zum Bund bewahren, damit sie das von Gott bestimmte Ziel erreichen. Von der Verheißung an Abraham und seine Kinder ist die Rede, vom Gebet der Kirche für die Ersterwählten, verbunden mit der Bitte um die »Fülle der Erlösung«. Die Sicht auf das Judentum in dieser Kirche hat sich umfassend hin zu einer Theologie der bleibenden Erwählung Israels gewandelt. Umso mehr musste es zum Konflikt führen, als Papst Benedikt XVI. 2008 für die von ihm wieder zugelassene vorkonziliare Form der Messe eine Neufassung dieser Karfreitagsfürbitte vorlegte, die theologische Errungenschaften der nachkonziliaren Reform zurücknahm (HOMOLKA/ZENGER, Jesus, 15–20).

Missale Romanum von 1570	Messbuch von 1970/75	Neuformulierung durch Benedikt XVI.
Lasset uns auch beten für die treulosen Juden: Gott, unser Herr, möge den Schleier von ihren Herzen wegnehmen, auf daß auch sie unsern Herrn Jesus Christus erkennen.	Lasst uns auch beten für die Juden, zu denen Gott, unser Herr, zuerst gesprochen hat: Er bewahre sie in der Treue zu seinem Bund und in der Liebe zu seinem Namen, damit sie das Ziel erreichen, zu dem sein Ratschluss sie führen will.	Lasst uns beten auch für die Juden, dass Gott, unser Herr, ihre Herzen erleuchte, damit sie Jesus Christus als den Heiland aller Menschen erkennen.
Hier unterläßt der Diakon die Aufforderung zur Kniebeugung, um nicht das Andenken an die Schmach zu erneuern, mit der die Juden um diese Stunde den Heiland durch Kniebeugungen verhöhnten.	(Beuget die Knie. – Stille – Erhebet euch.)	Lasset uns beten. Beuget die Knie. Erhebet euch.
Allmächtiger ewiger Gott, Du schließest sogar die treulosen Juden von Deiner Erbarmung nicht aus: erhöre unsre Gebete, die wir ob der Verblendung jenes Volkes vor Dich bringen: möchten sie das Licht Deiner Wahrheit, welche Christus ist, er-	Allmächtiger, ewiger Gott, du hast Abraham und seinen Kindern deine Verheißung gegeben. Erhöre das Gebet deiner Kirche für das Volk, das du als erstes zu deinem Eigentum erwählt hast: Gib, dass es zur Fülle der Erlösung gelangt.	Allmächtiger ewiger Gott, der Du willst, dass alle Menschen gerettet werden und zur Erkenntnis der Wahrheit gelangen. Gewähre gnädig, dass, indem die Heidenvölker in Deine Kirche eintreten, ganz Israel gerettet werde.

Missale Romanum von 1570	Messbuch von 1970/75	Neuformulierung durch Benedikt XVI.
kennen und ihrer Finsternis entrissen werden. Durch Ihn, unsern Herrn. Amen.	Darum bitten wir durch Christus, unseren Herrn. Amen.	Durch Christus unseren Herrn. Amen.
Übersetzung aus: SCHOTT, Meßbuch, 330. (Die Rubrik steht der Sache nach im Missale, im Wortlaut aber so nur in diesem Volksmessbuch.)	*Die Feier der heiligen Messe. Messbuch. Für die Bistümer des deutschen Sprachgebietes. Authentische Ausgabe für den liturgischen Gebrauch. Kleinausgabe. Das Meßbuch deutsch für alle Tage des Jahres.* Freiburg/ Br. [u. a.] ²1988 [2007], 48.	Übersetzung HOMOLKA/ZENGER, Jesus, 20.

An der Neuformulierung wurde kritisiert, es entstehe der Eindruck, Jüd:innen könnten nur durch Christus das Heil erlangen. Die Wertschätzung der Würde des erwählten Volkes und dessen Treue zum Bund Gottes würden nicht erwähnt. Die Fürbitte sein ein Rückschritt gegenüber dem Messbuch von 1070/75.

Mancherorts werden die Großen Fürbitten am Karfreitag in ihren Anliegen und ihrer Sprachgestalt verändert. Dann ist zu bedenken, ob neue Formulierungen der Theologie des Judentums, die das Messbuch an dieser Stelle vorlegt, qualitativ entsprechen. Außerdem ist kritisch rückzufragen, ob gerade am Karfreitag, der durch eine lange Schuldgeschichte gegenüber dem Judentum belastet ist, das Auslassen ausgerechnet dieser Fürbitte theologisch verantwortbar ist. So sehr es berechtigt ist, auch an diesem Tag beispielsweise für den Frieden in Israel/Palästina zu beten, kann eine solche Fürbitte jene um die »Fülle der Erlösung« für das Volk Israel nicht ersetzen (vgl. auch u. zum Bild des Judentums in Gebet und Lied**)**.

2.   Umgang mit Texten des Ersten Testaments/der Hebräischen Bibel

Die Bibel ist das zentrale Buch jeder Liturgie. Die Hebräische Bibel des Judentums ist für das Christentum als Teil der zweigeteilten Heiligen Schrift das Erste/Alte Testament (→ IV.5). Viele Texte, so aus der Tora oder den Psalmen, spielen im jüdischen wie christlichen Gottesdienst mit je eigener Hermeneutik und Lesepraxis eine entscheidende Rolle, auch für die Theologie der einzelnen Feier. Gemeinschaft mit dem Judentum muss bedeuten, den entsprechenden Büchern und Texten der Bibel im Gottesdienst hinreichend Platz einzuräumen und sie als gegenüber dem Neuen Testament gleichwertigen Teil christlicher Verkündigung zu begreifen. Die Auswahl von Texten aus der Leseordnung, eine liturgische Praxis, die häufig die alttestamentliche Lesung streicht, und das Ritual des Wortgottesdienstes der Messfeier, welches das Evangelium gegenüber dem atl. Text dramaturgisch abhebt, setzen hier oft andere und problematische Akzente, die nicht die Gleichwertigkeit betonen, sondern als Abwertung des Ersten Testaments verstanden werden können.

Es kann für die christliche Glaubenspraxis inspirierend sein, wenn in der Auslegung biblischer Texte der Bezug zur jüdischen Lesepraxis hergestellt wird. So wird im Gottesdienst die Weggemeinschaft beider Religionen wachgehalten. Wenn nach dem Psalm die Antiphon wiederholt und dann erst die trinitarische Doxologie, also nicht sofort eine christliche Schlussformel folgt, signalisiert das unterschiedliche Rezeptionsmöglichkeiten des atl. Textes, die gerade im Zueinander sprechen. Wenn AT und NT gleichberechtigt in der Homilie berücksichtigt werden, zeigt sich darin eine Wertschätzung des ersten Teils der Bibel, die mit dem Judentum geteilt wird.

Besondere Aufmerksamkeit verlangen Texte des NT, die von »den« Juden sprechen, historisch Zeugnisse innerjüdischer Auseinandersetzungen sind (→ III.3), aber in einer langen Auslegungsgeschichte (auch in der Predigt und beispielsweise in Passionsspielen) zur Herausbildung von Stereotypen geführt und Hass geschürt haben. Exegetische Bildung und sachgerechte Kommentierung solcher Bibelstellen sind für die Liturgie unerlässlich, um Vorurteilen entgegenzutreten. Eine entsprechend informiert-sensible Praxis in der Kirche hat Vorbildfunktion für die Gesellschaft.

3. Das Bild des Judentums in Gebet und Lied

Überbietung und Substitution können in Gebeten und Liedern den Blick auf das Judentum problematisch verstellen, wobei das größere Problem ist, dass das Judentum oftmals in der Liturgie unsichtbar bleibt, was dem gemeinsamen Gottesglauben widerspricht. Schon die Rede vom »neuen Volk Gottes« kann als implizite oder explizite Substitution verstanden werden. Ausgerechnet in einem der neueren Hochgebete des Messbuchs begegnet eine problematische Gegenüberstellung von Israel und Kirche: »Einst hast du Israel, dein Volk, mit starker Hand durch die weglose Wüste geleitet [Vergangenheit]. Heute führst Du deine pilgernde Kirche in der Kraft des Heiligen Geistes [Gegenwart].« (Die Feier der Gemeindemesse. Handausgabe. Auszug aus der authentischen Ausgabe des Meßbuches [...], 141) Israel ist Geschichte, die Kirche Gegenwart. Hier die starke Hand Gottes, dort die dynamische Kraft des Heiligen Geistes. Die Präfation belässt es bei der kurzen Reminiszenz an Israel und wendet sich ganz der Kirche zu. Israel und damit das Judentum werden zur Folie, vor dem sich die Kirche lichtvoll abhebt.

Im lateinischen »Tantum ergo« (13. Jh.; Thomas von Aquin) und damit zur Eucharistieverehrung singt die Kirche bis heute, anders als in der deutschen Fassung, vom Weichen des alten Bundes für den neuen Bund (»et antiquum documentum novo cedat ritui«) (Gotteslob 496).

Und immer wieder wird über die in die Antike zurückreichenden Improperien diskutiert. Der Ruf »Mein Volk, mein Volk, was tat ich dir?«, verbunden mit Anklagen Gottes oder des Gekreuzigten gegen »sein Volk« und dem dreimaligen Heilig-Ruf, konnte im Kontext der Karfreitagsliturgie antijüdisch rezipiert werden. Liest man diese Texte, übrigens aus ihrer Entstehung heraus, so, dass Anklagen und

Vorwürfe sich gegen die christlichen Gläubigen richten, erhalten die Texte, zumal am Karfreitag, eine deutlich andere Konnotation (vgl. EBENBAUER, Judentum, 280). Informationen, Hinweise oder eine Ausdeutung in der Predigt müssen für einen solchen Gesang und sein Verständnis entsprechend sensibilisieren.

4. Akzeptanz jüdischer Liturgie anstelle von Imitation

Aus Begeisterung für das Judentum und mit dem Anspruch, das Judesein Jesu zu verdeutlichen, feiern manche Gemeinden am Gründonnerstagabend im Kontext der Liturgie oder nach der Liturgie vom Letzten Abendmahl im Übergang zur Gebetswache ein dem Seder nachempfundenes Mahl. Es handelt sich um ein Beispiel für kulturelle Aneignung und eine problematische Imitation einer anderen Religionsgemeinschaft. Es wird weder den historischen Verhältnissen zur Zeit Jesu gerecht noch hat es etwas mit Dialog mit dem Judentum zu tun. Hier wird die – zudem für das Judentum zentrale – Festpraxis einer anderen Religion nachgeahmt und damit vereinnahmt. Letztlich handelt es sich um eine Romantisierung und Funktionalisierung jüdischer Liturgie, beides gleichermaßen problematisch (DEEG/PLÜSS, Liturgik, 561f.). Das fördert nicht Begegnung, sondern erschwert sie, zumal häufig Vorstellungen des Seders begegnen, die der innerjüdischen Vielfalt keinesfalls gerecht werden. Christliche Begegnung mit dem Judentum schließt ein, die Feier des Seders in heutigen vielfältigen jüdischen Kulturen zur Kenntnis zu nehmen.

4.1 Gemeinsames Beten beider Religionen

Judentum und Christentum eint der Glaube an denselben Gott (→ VII.2). Die verbindende Theozentrik eröffnet Möglichkeiten für ein gemeinsames Sprechen von und zu Gott. Allerdings ist gemeinsames liturgisches Beten in beiden Religionen umstritten, weil das Christusbekenntnis und der Glaube an die Trinität trennen. Gleichwohl gibt es eine Reihe von Gottesdiensten, an denen beide Religionen beteiligt sind. Nach Großkatastrophen finden in Deutschland öffentliche Trauer- und Gedenkfeiern statt, die bislang die Grundgestalt eines christlichen Wortgottesdienstes haben. Seit einigen Jahren beten in diesen Gottesdiensten Jüd:innen mit, indem sie beispielsweise Psalmen rezitieren. Angesichts der Katastrophe wird das Trennende zwischen den Religionen zurückgestellt. Die Religionsgemeinschaften suchen verstärkt nach geeigneten Modellen dafür. So gab es bereits Trauerfeiern, in denen Menschen aus Judentum und Christentum, aber ebenso aus anderen Religionen nebeneinander und nach ihrer je eigenen Tradition gebetet haben. In ähnlicher Form verfahren die verschiedenen Formen der Friedensgebete in Assisi, die Papst Johannes Paul II. initiiert hat.

Menschen aus beiden Religionen begehen gemeinsam jüdisch-christliche Gemeinschaftsfeiern, etwa bei Katholikentagen. Eine besondere Rolle spielen Psalmen als Texte, die für Judentum wie Christentum grundlegend sind, und ihre Auslegung. Bei allen Elementen der Liturgie, auch den Gebeten, wird darauf geachtet, dass keine der beiden Religionen ausgeschlossen wird. Die unreflektiert wie unkommentiert an Psalmen angefügte trinitarische Doxologie ist in solchen Feiern unsensibel und theologisch problematisch.

Als unproblematisch gilt, wenn Menschen aus der einen als Gäste am Gottesdienst der anderen Religionsgemeinschaft teilnehmen oder, wie beschrieben, im Nebeneinander jeder und jede in seiner bzw. ihrer eigenen Tradition betet. Es ist im Einzelnen zu überlegen, in welchen Kontexten und zu welchen Anlässen die eine oder andere Form des Miteinanders in Gebet und Liturgie sinnvoll ist.

5.   Begegnung in Zeiten der Transformation

Die Vertrautheit auch innerhalb der Kirche mit den unterschiedlichen Formen des Gottesdienstes bis hin zu einzelnen Elementen wie den biblischen Texten lässt deutlich nach. Die Sensibilität für sprachlich und rituell notwendige Differenzierungen, u. a. mit Blick auf andere Religionen und Kirchen, ist sehr unterschiedlich ausgeprägt. Umso wichtiger ist es, dass in der Kirche und von ihr in die Gesellschaft hinein die notwendige Sensibilität gegenüber dem Judentum (vor-)gelebt wird. Für eine entsprechende Qualifizierung (nicht)ordinierter Gottesdienstleiter:innen muss gesorgt werden. Gerade die gottesdienstlichen Rituale müssen die Verbundenheit des Christentums mit dem Judentum der Gegenwart wachhalten. Das kann auch durch Gesten geschehen, wie die Erinnerung an jüdische Festtage im christlichen Gottesdienst, Fürbitten für jüdische Schwestern und Brüder und ein Gruß zum jeweiligen Festtag an eine benachbarte jüdische Gemeinde. Schließlich sollte das Schoa-Gedenken Teil christlichen Trauerns sein. Beispiele dafür sind Wortgottesdienste am 27. Januar, dem Gedenktag an die Opfer des Nationalsozialismus, mit biblischen Texten (u. a. aus dem Buch der Klagelieder und geeigneten Psalmen), Lichtriten (Entzünden von Kerzen im Gedenken an die Ermordeten) und Gebeten.

Weiterführende Literatur

Deeg, Alexander/Mildenberger, Irene (Hg.), »...dass er euch auch erwählet hat«. Liturgie feiern im Horizont des Judentums (Beiträge zur Liturgie und Spiritualität 16), Leipzig 2006.

Frenzel, Nina, Betender Anfang. Identitätsstiftende Momente christlicher Morgenliturgie im Dialog mit dem Judentum (Studien zu Judentum und Christentum 32), Paderborn 2017.

Hackstein, Elisabeth Auf der Suche nach den jüdischen Wurzeln. Zur Kritik »christlicher Sederfeiern« (Apeliotes 11), Frankfurt am Main u. a. 2012.

Kranemann, Daniela, Israelitica dignitas? Studien zur Israeltheologie eucharistischer Hochgebete (MThA 66), Altenberge 2001.

Mildenberger, Irene, Der Israelsonntag – Gedenktag der Zerstörung Jerusalems. Untersuchungen zu seiner homiletischen und liturgischen Gestaltung in der evangelischen Tradition (SKI 22), Berlin ²2007.

VII. Jüdisches und Judentum in der theologischen Reflexion

VII.1 Das ›Judentum‹ als Religion in der Selbstvergewisserung ›des christlichen Glaubens‹

Magnus Striet

Es fällt nicht ganz einfach, darüber nachzudenken, ob und inwiefern auf das Judentum zurückzukommen ist, wenn sich der christliche Glaube über sich selbst verständigt. Hinzu kommt die Schwierigkeit, dass historisch betrachtet das Judentum mit dem Christentum entsteht. Jesus war ein Mensch, der im Glauben der Mütter und Väter Israels stand. Wenn heute von dem Juden Jesus gesprochen wird, so erfolgt eine begriffliche Rückprojektion (→ III.1, → III.4). Wird im Folgenden vom Juden Jesus gesprochen, so steht dahinter die Entdeckung von jüdischen Religionsgelehrten des 19. und 20. Jhs., dass Jesus einer der ihren war und bleibend ist. Sich zu vergewissern, was die Substanz des christlichen Glaubens ausmacht, kann deshalb methodisch auch nicht darauf begrenzt bleiben, nach dem Glauben Jesu zu fragen. Christlich über Jesus nachzudenken, verlangt danach, im dauerhaften Gespräch mit dem Judentum zu bleiben.

1. Christliche Selbstvergewisserung nach Auschwitz

Historisch betrachtet, spielte der Glaube Jesu in den Anfängen der christlichen Theologie praktisch keine Rolle. Im Gegenteil. Bildete man sich einen Begriff von dem, was die Substanz des christlichen Glaubens ausmacht, so geschah dies in der Zeit der Patristik teils indirekt, teils sehr direkt gegen die, die den Glauben an Jesus nicht teilten. Dort fortan das Judentum, hier das Christentum. Diese Situation änderte sich im ausgehenden 19. Jh., als jüdische Gelehrte den historischen Jesus als einen der ihren wiederentdeckten (→ IV.4). Über lange Zeit hatte man dies aus nachvollziehbaren Gründen verdrängt. Schließlich war unzähligen Jüdinnen und Juden im Namen dieses Menschen ein teils grauenhaftes Elend zugefügt worden. Nun aber stellte sich für die christliche Theologie die Frage, was denn dies für sie bedeute, wenn Jesus von einem Teil des Judentums als einer der ihren reklamiert wurde. Endgültig veränderte sich die Situation nach 1945, als man den Massenmord am europäischen Judentum theologisch nicht mehr verdrängen konnte und schließlich auch nicht mehr wollte. So hat Johann Baptist Metz darauf bestanden, dass eine christliche Theologie nach Auschwitz »endlich von der Einsicht geleitet sein«

müsse, »daß Christen ihre Identität nur bilden und hinreichend verstehen können im Angesichte der Juden« (METZ, Angesichte, 382). Metz spricht absichtsvoll nicht von dem Judentum, sondern von den Jüd:innen. Ihn treibt die Sorge, dass selbst nach Auschwitz mit verallgemeinernden Begriffen gearbeitet und damit mit dem Rücken zu den Opfern der Geschichte theologisiert werden könnte.

Zunächst muss sich jedes Denken die Frage gefallen lassen, ob es sich von denen berühren lässt, deren Würde aufs Gröbste missachtet wurde. Daran entscheidet sich, ob die Rede von der Menschenwürde gilt oder nicht. Will man jedoch überhaupt denken, sich im Denken mit anderen diskursiv verbinden und darüber verständigen, was gelten soll, so geht dies nur in Begriffen. Und die sind notwendig verallgemeinernd. Rede ich über ›jüdische‹ Menschen, so habe ich bereits wieder verallgemeinert, und zwar durch einen Begriff. Dies gilt auch, wenn ich über das ›Judentum‹ rede, das es als diesen Singular nicht gibt. Ich mache deshalb darauf aufmerksam, dass Begriffe immer verallgemeinern und subsumierend sind, weil dies auch greift, wenn es um die Frage nach *dem* Judentum in der Selbstvergewisserung *des* christlichen Glaubens geht. Wenn ich im Folgenden doch essentialistisch von dem Judentum etc. spreche, so nur deshalb, weil das Denken in Begriffen unvermeidlich ist und dazu zwingt, vereinfachend zu sein.

Wenn man davon ausgeht, dass nicht über den christlichen Glauben gesprochen werden kann, ohne auf den Menschen Jesus zurückzukommen, so geht das Verständnis dessen, wie Jesus selbst seinen Gott verstanden hat, in das Verständnis des christlichen Glaubens ein. Letzteres muss nicht eins zu eins mit dem übereinstimmen, wie Menschen jüdischen Glaubens ihr Judesein verstanden haben und verstehen. Es können spezifische Unterschiede bleiben. Dass dies so sein wird, ist ja auch bereits unterstellt, wenn nach der Bedeutung des Judentums für eine christliche Glaubensvergewisserung gefragt wird. Nur warum geht das Judesein Jesu überhaupt in einer konstitutiven Weise in das Christentum ein? Und in welchen Begriff des Christentums geht es wie ein?

Wenn man so fragt, so hat man bereits zugestanden, dass die Bedeutung Jesu nicht einfach feststeht. Sie steht nicht fest, und sie hat auch nie festgestanden. Das Einzige, was feststeht, ist, dass nach seinem fürchterlichen Tod am Kreuz und nachdem erste Menschen seine Auferweckung durch Gott behaupteten, ein Ringen um die Frage einsetzte, wer dieser Mensch war. Innerhalb dieses Ringens verarbeitete man auch Erinnerungen an sein öffentliches Auftreten, das bekanntlich nur von begrenzter Zeit war. Dabei war seine Rede vom Gott Israels deutlich konventionell. Er lehrt einen Gott, der einen Dienst an ihm will – aber: Dieser besteht nicht primär in kultischer Verehrung, sondern in der Hinwendung zu denen, die an den Rand der Gesellschaft gedrängt sind und die teils womöglich sogar durch religiöse Gründe stigmatisiert werden. Er kämpft den lange Zeit bereits vor ihm einsetzenden Kampf gegen die, die immer nur den eigenen Vorteil sehen oder sich selbst für gerecht halten und andere als Sünder abkanzeln. Und offensichtlich war er von einer Zeitenwende überzeugt: Dass das, was er das Reich Gottes genannt hat, sich zunächst unscheinbar und dann doch durchsetzen wird. Auch dies war so neu nicht in den Ohren derer, die ihm begegneten. Zum tödlich endenden Konflikt kommt es, weil er schließlich in Jerusalem einen Tempelkult, der die soziale Dimension des Glaubens vergessen lässt, angreift. Spätestens mit seiner Hinrichtung wurde er für seine Anhänger:innen zu einer offenen Frage: War das zu seinen Lebzeiten in ihn gesetzte Vertrauen gerechtfertigt? War er doch nur ein Gescheiterter unter den unzähligen anderen Gescheiterten der Weltgeschichte im Einsatz um nur ein wenig mehr Gerechtigkeit und Barmherzigkeit denen gegenüber, die von den gesellschaftlichen Verhältnissen überrollt werden?

2. Nizäa und die Probleme im jüdisch-christlichen Dialog

Ich mache einen Sprung in die Gegenwart. Zunächst ist es grundfalsch, von *dem* Christentum zu sprechen. Es gibt das Christentum nur im Plural. In den Anfängen des sich langsam ausbildenden Christentums war dies nicht anders, was nicht wirklich überraschen kann. Zunächst gab es nur die auch nicht von Zweifeln freie Überzeugung, dass der Gott Israels sich zu dem Gekreuzigten bekannt und ihn aus dem Tod auferweckt habe. Nur war auch damit noch nicht viel gesagt. Es waren mehrere Fragen, die auf eine Antwort warteten. Zunächst natürlich die, warum dieser Mensch, der eine Bewegung ausgelöst hatte, in die sich Menschen hatten einbinden lassen, überhaupt diesen Tod sterben musste. Dann stand die Frage im Raum, ob sein Tod nicht als Widerlegung seiner Botschaft gelten musste, dass sich die Zeiten ändern würden. Oder um es mit dem Fachterminus zu sagen: Dass das Reich Gottes mit ihm anbrechen würde. Wenn man der historischen Überlieferung trauen darf, so hat Jesus dies für seine Person beansprucht. War dieser Anspruch mit seinem Tod nicht widerlegt?

Selbst wenn man davon ausging, dass dem nicht so sei, die Rede von der Auferweckung Jesu meint – nein, der Tod Jesu war nicht das letzte Wort in seiner Sache, die Zeiten sind im Umbruch begriffen und das Reich Gottes setzt sich nun durch, so war damit noch nichts über die Bedeutung der Person Jesu ausgesagt. Der verwickelte, hoch umstrittene Reflexionsprozess muss hier nicht nachgezeichnet werden. Wenn Jesus in der nachösterlichen Zeit Titel wie Messias, Christus oder gar Sohn Gottes zugeschrieben wurden, so spiegelt dies diesen Reflexionsprozess wider. Man wollte verstehen. Und wer verstehen will, muss Begriffe verwenden. Und ein Titel wie Sohn Gottes ist ein Begriff. Er will auf den Punkt, in *bestimmter* Weise auf den Punkt bringen. Offensichtlich war allerdings nicht klar, was dieser Begriff sagen wollte, jedenfalls stritt man fleißig über die Bedeutung der Person Jesu weiter. Einen vorläufigen Abschluss fand dieser Streit, freilich ohne ihn beenden zu können, im Jahr 325. Auf dem Konzil von Nizäa legte man fest, dass der Vater wesensgleich mit dem Sohn sei, was nicht weniger meinte, als dass der Vater nicht ohne den Sohn (die dritte Person, den Heiligen Geist, lasse ich aus) zu denken ist.

Man mag solche Überlegungen für abstrus halten. Ob dies überhaupt denkbar ist, kann hier nicht weiterverfolgt werden. Eines aber steht mit der Entscheidung von Nizäa kompromisslos fest. Keine Jüdin und kein Jude kann dieser Entscheidung zustimmen, ohne sein Judesein aufzugeben. Denn hier findet durch den Inkarnationsglauben – Gott ist als dieser *eine Mensch*, in singulärer Weise Mensch geworden – eine Modifikation im Gottesbegriff statt, die eine strenge Transzendenz Gottes aufgibt und nun dazu zwingt, in Gott selbst eine Differenz zu denken. Der Gott Israels ist sicherlich diesseitsorientiert, kein an der Geschichte und dem konkreten Leben desinteressierter Gott. Dass Gott aber menschliches Fleisch annehmen, sich in allem dem Menschen gleich machen könnte, ist dem Judentum ein fremder Gedanke. Exakt dies behauptet aber das Christentum seit Nizäa in seinen vorherrschenden Richtungen. Sicherlich gibt es bezogen auf diese Behauptung immer noch eine Vielzahl von Deutungsmöglichkeiten. Nur eine nicht. Dass Nizäa nicht behauptet hätte, *Gott selbst* sei in der Person des Sohnes als der Jesus aus Nazaret Mensch geworden.

Ich bin auch gar nicht sicher, ob diese zum Judentum jeglicher Spielart differenzbildende Behauptung nicht ausgehalten werden könnte. Zumal ja auch nicht das Judentum, wenn ich die Singulare nochmals ungeschützt benutzen darf, sondern das Christentum sich skeptisch fragende Blicke gefallen muss. Wirklich – so möchte man fragen? Belastend ist das Verhältnis durch etwas ganz anderes geworden, nachdem immer klarer wurde, dass das Judentum und Christentum getrennte Wege gehen würden. Es mag zwar schon früh Deutungen des Todes Jesu gegeben haben, die ihm eine sündentilgende Bedeutung gegeben haben. Was damit gemeint war, war aber überhaupt nicht klar, geschweige denn präzise ausbuchstabiert. Die Spielart des Christentums, die dann im kulturellen Westen maßgeblich wurde und dem ein massiver Antijudaismus inhärent war, wurde erst im 4. Jh. erfunden (→ IV.1). Weder die Hebräische Bibel noch Paulus kannten eine Erbsünde. Der bis heute als Kirchenlehrer verehrte Augustinus war der, der diese Denkfigur ausgebildet und damit ein Christentum geprägt hat, von dem der Jude Jesus vermutlich sehr erstaunt gewesen wäre, dass man es mit ihm verbinden könnte. Eine Ethik um des anderen, notleidenden Menschen findet in diesem Christentum keinen oder nur noch sehr nachgeordneten Platz.

Wie kein anderer ist der späte Augustinus bestimmend geworden für die Entwicklung des westlichen Christentums. Selbstverständlich rang auch das frühe Judentum mit der Sündhaftigkeit des Menschen und der Frage, wie mit ihr umzugehen sei. Auch war ihm klar, dass es ein Erbarmen Gottes brauche. Augustin aber versammelt nun ausnahmslos alle Menschen so unter die Macht der Sünde, dass der Mensch darüber seine Freiheit verliert. Exegetisch unhaltbar, hatte Gott demnach einen guten Urzustand geschaffen, ein Paradies, aus dem das erste Menschenpaar vertrieben wurde, nachdem es die Hybris begangen hatte, vom Baum der Erkenntnis zu essen, um so selbst wie Gott sein zu können. Einen rettenden Ausweg gab es für den Menschen in der Theologie des späten Augustin nicht. Sich selbst retten zu können, schien ihm ausweglos zu sein, weil die Macht der Sünde in seinem Denken die Freiheit des Menschen vernichtet. Will der Mensch das Gute, so nur vermeintlich. Eigentlich meint er in der Logik Augustins immer noch sich selbst, frönt damit der Sünde. Also bleibt nur noch die Gnade. Die Gnade Gottes muss den Menschen modern gesagt umformatieren. Andernfalls bleibt die Macht der Sünde über den Menschen zu stark. Nach dem Sündenfall gibt es keine Freiheit des Menschen mehr. Gott muss es richten. Alles wird nun der Alleinwirksamkeit Gotts überantwortet.

Nur bleibt ein weiteres Problem. Nachdem Augustinus sein Erbsündendenken hatte durchsetzen können, blieb immer noch die Frage, wie denn nun der Mensch aus seiner Sündenverstrickung herausgerissen werden könne. Kann Gott sich einfach so sich dem Menschen neu zuwenden? Oder aber benötigt er zuvor die Genugtuung durch eine Sühneleistung?

Spätestens mit Anselm von Canterburys sogenannter Satisfaktionstheorie, die eben dies zum Kern der christlichen Erlösungslehre macht, spielt das Judesein Jesu keine Rolle mehr. Von nun an wird sich die christliche Theologie endgültig ganz auf den Tod Jesu konzentrieren, das Leben Jesu, den von ihm gelebten und eingeforderten »moralisch bestimmten Monotheismus« (Immanuel Kant) vernachlässigen. Historisch betrachtet, wäre es zwar verkürzend zu behaupten, die soziale Praxis (traditionell formuliert: die guten Werke) hätten soteriologisch überhaupt keine Rolle mehr gespielt. Dies gilt jedenfalls nach der konfessionellen Spaltung im 16. Jh. für die römisch-katholische Kirche. Konfessionsübergreifend blieb aber mehr oder weniger klar, dass es unabhängig von der Akzeptanz, dass Christus am Kreuz das notwendige Sühneopfer gebracht habe und dies nun im Raum der Kirche heilswirksam angeeignet werden müsse, keine eschatologische Rettung geben könne. Deshalb war es nur konsequent, dass man die Kirche (selbstverständlich beanspruchte dies jede Kirche für sich) als die einzige Heilsveranstaltung begriff. Ins Bildprogramm gesetzt triumphiert die Kirche über die Synagoge (Ecclesia und Synagoga, → II.2), die blind für die eschatologische Rettungstat Jesu dieser theologischen Logik folgend mit verbundenen Augen dargestellt wird. Der Antijudaismus hat theologische, präzise nachzuzeichnende Wurzeln.

Dabei hätte gerade der Inkarnationsglaube den Antijudaismus verhindern müssen. Denn wenn es überhaupt stimmt, dass Gott selbst Mensch geworden ist, der Person des Nazareners noch eine andere Bedeutung zukommt als die eines Propheten, er nicht wie andere ein gescheiterter Anwärter auf die Messiaserwartung war, so geht das Judesein Jesu in einer konstitutiven Weise in das Nachdenken über Gott ein – ja mehr noch: Gott kann dann nicht mehr ohne das Judesein Jesu gedacht werden, wenn das Menschsein Jesu nicht verraten werden soll. Dies würde aber an die Grundüberzeugung des Christentums rühren, dass Jesus wahrer Gott und wahrer Mensch war. Zwar bestreitet auch eine sühnetheologische Ausdeutung des Todes Jesu nicht das wahre Menschsein Jesu. Dieser liegt aber daran, dass das am Kreuz gebrachte Opfer deshalb Gott genügen kann, weil hier nicht nur ein Mensch, sondern der *Gottmensch* das notwendige Opfer bringt. Nur dass das Judesein Jesu (→ VII.3, → VII.4) hier keine Rolle spielt. Nimmt man hingegen das Judesein Jesu als konstitutiv für das Menschsein Jesu an, so kann nicht christlich geglaubt werden, ohne die Glaubensgeschichte Israels als integralen Bestandteil christlichen Glaubens zu nehmen. Man kann dann nicht christlich glauben, ohne sich darüber zu verständigen, welchen Glauben Jesus als dem Gott Israels angemessen verkündigt hat. Dies kann nur über eine historische Rückfrage geschehen, die zweifelsohne eine ganze Anzahl hier nicht zu behandelnder methodischer Schwierigkeiten mit sich bringt. Sie bleibt aber solange unverzichtbar, wie der Inkarnationsglaube sich auf das Leben und die Person Jesu bezieht. Wenn Gott sich *selbst* in dieser Lebensgeschichte geoffenbart hat, er menschliches Fleisch angenommen hat, um als Mensch

den Menschen – wenn auch in einer zutiefst kontingenten Weise, in einem unbe-
deutenden, von römischer Gewaltherrschaft geprägten Landstrich der damaligen
Zeit – zu sagen, wer er für den Menschen sein will und welche Praxis aus dem
Glauben an diesen Gott folgt, so gehört diese Rückfrage ins Kerngeschäft einer
Selbstvergewisserung dessen, was normativ gerechtfertigt christlicher Glauben ge-
nannt werden darf.

3.   Christologie treiben heute

Dies hat weitreichende Konsequenzen für das innerchristliche Gespräch. Das christlich-ökumenische Gespräch stagniert seit Jahrzehnten. Im Gespräch zwischen der
römisch-katholischen und den Kirchen der Reformation könnte man (die Amtsfrage
klammere ich aus) leicht weiterkommen, wenn man das verhängnisvolle Erbe des
späten Augustinus klar als dieses identifizieren würde. Eine jesuanische Praxis kann
nicht gedacht werden, ohne dem Menschen Freiheit zu unterstellen. Ohne Schuld
und Sünde (gedacht als Schuld vor Gott) verneinen zu müssen, muss eine Erbsün-
denkonstruktion abgelehnt werden, die darauf hinausläuft, dass der Mensch in seiner Willensfreiheit so geschwächt ist, dass selbst das, was er meint aus ethischen
Gründen tun zu müssen, noch von der Sünde infiziert ist. Zwar gewinnt das durch
diese Konstruktion abgeblendete Theodizeeproblem sofort eine theologisch immer
wieder unterschlagene Schärfe. Aber zur intellektuellen Redlichkeit gehört es, diese
zuzulassen. Denn wenn das physische Übel nicht mehr als Straffolge für die Sünde
Adams begriffen werden kann, dann muss Gott verantwortlich gemacht werden.
Und angesichts des empirisch nicht zu leugnenden Sich-Verschweigens des Gottes,
dem alles möglich sein soll, angesichts des Grauenhaften, zu dem Menschen fähig
sind, verschärft sich das Theodizeeproblem nochmals. Aber auch wenn das Theodizeeproblem erst in der Moderne die Kontur bekommen hat, die ich gerade angedeutet habe: Liegt es nicht doch ganz auf der Linie des Gottvermissens, wie es sich in
biblischen Zeiten immer wieder artikuliert hat? Schaltet man die Erbsündenkons-
truktion jedenfalls in der Konzeption des Augustinus ab, vergewissert man die
Substanz dessen, was es bedeutet, christlich zu glauben, indem man auf das Judesein Jesu zurückgeht, so wird zudem auch ein ganz anderes Gespräch mit einer
kulturellen Moderne möglich, die auf den Spuren eines Freiheitsdenkens, wie es im
ausgehenden 18. Jh. in der Philosophie begann und von dem nur Uninformierte
behaupten können, es sei unsensibel für die Belange der Anderen, bis in die Gegenwart zu beobachten ist. Nur dass man dann theologischerseits akzeptieren müsste,
dass der »vernünftige Glaube« eines zu wissen hat: »dass er ein Glaube ist« (FORST,
Normativität und Macht, 129). Im ökumenischen Gespräch aus dieser Unsicherheit,
dass die Glaubenden sich riskieren, sie auf eine bestimmte Antwort auf die Frage
Was ist der Mensch? setzen, eine ökumenische Produktivkraft abzuleiten, mag über-
raschend klingen. Nur würde dies nicht nur das Gespräch mit dem Agnostizismus
erleichtern, sondern auch klarstellen, dass jeder Glaube auf Interpretationen beruht. Kriterienlos wird ein solcher innerchristlicher Dialog nicht. Denn die Selbstvergewisserung des Glaubens muss im Horizont des Judeseins Jesu geschehen – und

dieses Judesein kennt zumindest die Neigung zu einem ethischen Universalismus, der dann im modernen Menschenrechtsdenken seine philosophische Ausformulierung gefunden hat. Gibt es eine ethische Verpflichtung auf den kategorischen Imperativ, einen jeden Menschen »nie nur als Mittel, sondern stets als Zweck an sich selbst« (Immanuel Kant) betrachten zu sollen, so ist ein normatives Kriterium aufgerufen, das anschlussfähig an die Praxis des Juden Jesu ist und damit im innerchristlichen Dialog theologisch normativ ausschlaggebend werden kann.

Im jüdisch-christlichen Dialog aber sind es die Christ:innen, die zunächst einmal die Substanz ihres Glaubens am Judesein Jesu auszurichten und entsprechende Korrekturarbeiten an ihrer dogmatischen Überlieferung vorzunehmen haben. Und dies, weil es aus christlich-theologischen Gründen geboten ist. Dass die Differenz bleiben wird, muss und darf auch nicht verschwiegen werden. Die Differenz wird sichtbar, wenn über Inkarnation gesprochen wird – und zwar von einem Inkarnationsglauben, der sich an Nizäa festmacht. Begreife ich Menschwerdung Gottes als Prinzip dessen, was Menschen möglich ist, so entfällt der heikle Punkt. Denn dann wird nicht mehr behauptet, dass Gott in einer singulären Weise als der Jude Jesus Mensch geworden ist. Denkbar ist auch dies, wenn Konsens darüber herrschen sollte, dass jede Glaubensvergewisserung eine Interpretation darstellt und es nicht die Möglichkeit gibt, von außen endgültig Gewissheit darüber zu erlangen, welche Interpretation die richtige ist. Setze ich hingegen darauf, dass Gott in einer einmaligen Weise Mensch geworden ist, so ist die Differenz zu jüdisch gläubigen Menschen auszuhalten.

Weiterführende Literatur

HOMOLKA, WALTER/STRIET, MAGNUS, Christologie auf dem Prüfstand. Jesus der Jude – Christus der Erlöser, Freiburg 2019.

PRÖPPER, THOMAS, Wegmarken zu einer Christologie nach Auschwitz, in: ders., Evangelium und freie Vernunft. Konturen einer theologischen Hermeneutik. Neuausgabe mit einem Nachwort von Magnus Striet, Freiburg 2023 (2001), 276–287.

WOHLMUTH, JOSEF, Die Tora spricht die Sprache der Menschen. Theologische Aufsätze und Meditationen zum Verhältnis von Judentum und Christentum Paderborn, 2002.

VII.2 Glauben Juden und Christen an denselben Gott?

Dirk Ansorge

Beim ersten Hören scheint die Frage rasch beantwortet: Natürlich glauben Jüd:innen und Christ:innen an denselben Gott! Belege hierfür ließen sich leicht beibringen – auch aus jüngerer Zeit. So stellt etwa *Dabru Emet* (hebr.: »Redet Wahrheit«), eine im Jahr 2000 am Vorabend des Großen Versöhnungstages (*Yom Kippur*) in den USA veröffentlichte »Erklärung über Christen und Christentum« gleich in ihrer ersten These fest: »Juden und Christen verehren (*worship*) denselben Gott« (→ IX.5). Erläuternd fügen die Unterzeichner der Erklärung, etwa zweihundert Gelehrte unterschiedlicher Richtungen im Judentum, hinzu: »Vor dem Aufstieg des Christentums waren es allein die Juden, die den Gott Israels verehrten. Aber auch Christen verehren den Gott Abrahams, Isaaks und Jakobs, den Schöpfer des Himmels und der Erde.«

Die Reaktionen darauf waren gemischt: Insbesondere von jüdisch-orthodoxer Seite wurde die These, Jüd:innen und Christ:innen glaubten an denselben Gott, vehement in Zweifel gezogen. Bedenken wurden auch von evangelikalen und charismatischen Christ:innen vorgetragen. Mehrheitlich allerdings wurde die These christlicherseits begrüßt und als Anregung für theologische Reflexionen verstanden. So erklärte die Lutherische Europäische Kommission Kirche und Judentum im Mai 2003: »*Dabru emet* ermutigt uns, zentrale Inhalte des christlichen Glaubens im Licht jüdischer Anfragen deutlicher zu formulieren, zum Beispiel die trinitarische Entfaltung unseres Glaubens an den einen Gott.« Für den katholischen Neutestamentler Rainer Kampling ist die Selbigkeit Gottes biblisch bestens begründet: »Ausgehend von der Heiligen Schrift, und zwar in ihrer Gesamtheit, gibt es um des Glaubens Willen keine andere Möglichkeit als die, die Frage nach der Selbigkeit Gottes im Judentum und Christentum zu bejahen« (KAMPLING, Gott, 27). Wollte man die Selbigkeit jenes Gottes bestreiten, der sich im Alten Testament als der Gott Israels und im Neuen Testament als der Vater Jesu Christi geoffenbart hat, so Kampling, dann beraubte man den christlichen Glauben seiner Grundlage in der Heilsgeschichte und schnitte die Kirche von ihren Wurzeln ab (→ II.3).

Diese Warnung ist nicht unbegründet. Bereits im 2. Jh. der Kirchengeschichte haben Christinnen und Christen versucht, sich vom Gott Israels radikal zu verabschieden. Ein gewisser Markion aus Sinope (gest. um 160) meinte damals, zwischen einem übelwollenden und gewaltsamen Gott, der die Welt erschaffen hat, und einem barmherzigen und liebenden Gott, den Jesus von Nazaret geoffenbart habe, unterscheiden zu müssen. Weil es dann aber nicht mehr möglich gewesen wäre, die Einheit von Schöpfung und Erlösung und somit die Einheit der Heilsgeschichte zu wahren, haben verschiedene Bischofssynoden Markions Lehre als Häresie verurteilt. Zugleich damit haben sie die Verbindlichkeit der biblischen Texte in ihrer Gesamtheit von »Altem« und »Neuem« Testament bekräftigt. Auf diese Weise haben sie das Gottesbild des Volkes Israel als auch für die christliche Kirche maßgeblich anerkannt.

Gleichwohl blieb Markions Vorschlag, das Gottesbild Israels von dem der Kirche scharf zu unterscheiden, in der Geschichte der Kirche mehr als bloß untergründig wirksam. Fast stereotyp wurde das Judentum als »Gesetzesreligion« verunglimpft und ein angeblich zorniger und rachsüchtiger Gott des Alten Testaments dem neutestamentlichen Gott der Liebe und Barmherzigkeit gegenüber gestellt. Im Licht ihres jeweiligen Zugangs zur Theologie hielten bedeutende Theologen wie Friedrich Schleiermacher (1768–1834), Adolf von Harnack (1851–1930) oder Rudolf Bultmann (1884–1976) die Gottesbotschaft des Alten Testaments für überholt. Doch obwohl nicht zu bestreiten ist, dass Christ:innen die biblischen Texte im Licht ihres Christusglaubens anders lesen und deuten als Jüd:innen, ist darauf zu bestehen, dass diese Texte von keinem anderen Gott reden als dem Gott Israels. Und dieser Gott ist ohne jeden Zweifel auch der Gott Jesu Christi.

Verbietet sich wegen der Einheit der Heilsgeschichte die Vorstellung, Jüd:innen und Christ:innen verehrten einen jeweils »anderen Gott«, so sind doch gravierende Unterschiede zwischen den jeweiligen Gottesbildern nicht zu leugnen. Betonen Jüdinnen und Juden mit großer Entschiedenheit die Einheit Gottes, so sprechen Christinnen und Christen von dessen Dreifaltigkeit. Sie tun dies deshalb, weil sie daran glauben, dass niemand anders als Gott selbst in dem jüdischen Wanderprediger Jesus von Nazaret Mensch geworden ist. »Als dieser Mensch ist Jesus Gott«, formuliert der evangelische Theologe Wolfhart Pannenberg (1928–2014) in seinen *Grundzügen der Christologie* (1964, 291) pointiert – ein Satz, den kein Jude jemals wird unterschreiben können.

Denn von der Inkarnation Gottes in einem einzelnen Menschen weiß das Judentum nichts. Eindringlich hat der jüdische Religionsphilosoph Martin Buber (1878–1965) von der »prinzipiellen Inkarnationslosigkeit« des Judentums gesprochen. Dem jüdischen Philosophen Emmanuel Levinas (1906–1995) zufolge würde die Vorstellung der Menschwerdung in einem einzelnen Menschen der unbedingt zu wahrenden Transzendenz Gottes deshalb nicht gerecht, weil sie Gott auf eine raumzeitlich bestimmbare Präsenz festlegte. Ähnlich sah Jean-François Lyotard (1924–1998) in der christlichen Inkarnationslehre eine Verobjektivierung der Transzendenz Gottes und eine Missachtung des Bilderverbots. Denn wo im Mensch gewordenen Gott das ewige Wort klar und unterscheidbar geworden ist, dort muss Gottes Stimme nicht mehr unablässig erhorcht werden; sie hat vielmehr dem feststellenden Sehen eines Bildes Platz gemacht.

Allerdings ist Jüdinnen und Juden der Gedanke einer Präsenz Gottes in der Welt keineswegs fremd. Gott begleitet sein Volk auf dem Wüstenzug; er ist in der Wolken- und Feuersäule, im Heiligen Zelt und im Jerusalemer Tempel zugegen.

Nach der Zerstörung des Tempels im Jahr 70 begleitet Gottes Gegenwart – seine *Shechina* (von hebr. »zelten«, »einwohnen«) – das Volk Israel auf seinem Weg ins Exil, so eine Vorstellung schon der frühen Rabbinen. Der US-amerikanische Religionsphilosoph Michael Wyschogrod (1928–2015) hat daran erinnert, dass nach jüdischem Verständnis das erwählte Volk Israel als Ort der Gegenwart Gottes in der Welt verstanden wird. Mehr noch: Wenn Jüdinnen und Juden davon ausgehen, dass sich Israels Gott in der Gestalt eines jeden Nächsten bekundet – nach Levinas in dem unbedingten sittlichen Anspruch, der im Antlitz des Anderen aufleuchtet – dann lässt sich von dorther eine Verstehensbrücke zum christlichen Gedanken einer »Menschwerdung Gottes« schlagen – vorausgesetzt, dass Gottes Transzendenz auch im inkarnierten Gottessohn gewahrt bleibt.

Christliche Theologie kann den jüdischen Hinweis auf die auch in der Inkarnation zu wahrende Transzendenz Gottes dankbar aufgreifen, muss aber zugleich begründen, in welchem Sinne Jesus von Nazaret nicht nur als der Mensch gewordene »Sohn Gottes« gelten kann, sondern als Gott verehrt werden darf. Doch auch in dieser Hinsicht können Christinnen und Christen bei jüdischen Vorstellungen anknüpfen. So wird Israel in der Hebräischen Bibel (Tanach) wiederholt »Sohn« oder »Kind« Gottes genannt (vgl. Jer 31,9; Hos 11,1). Auch die Bezeichnung Gottes als »Vater« begegnet im Tanach – allerdings nur etwa zwanzig Mal. Das ist im Vergleich mit etwa 260 Stellen im Neuen Testament auffallend selten. Schon in der frühen rabbinischen Literatur ist dann von »unserem Vater im Himmel« die Rede, und jüdischem Beten ist die Anrede Gottes als »unser Vater, unser König« (*Awinu Malkenu*) geläufig. Weil der Gott, zu dem Jesus betet und zu dem zu beten er seine Jünger lehrt, kein anderer Gott ist als der Gott Israels, konnte der im jüdisch-christlichen Gespräch engagierte Neutestamentler Franz Mußner (1916–2016) das »Vater unser« (Mt 6,9–13) als »Brückengebet« zwischen Jüd:innen und Christ:innen bezeichnen. Und dennoch: Ausschließlich im Christentum ist Gott in einem emphatischen Sinne als der »Vater Jesu Christi« bestimmbar.

Dass diese Bestimmung keine biologische Herkünftigkeit meint, sondern eine Beziehungswirklichkeit in Gott zum Inhalt hat, darf als Selbstverständlichkeit gelten (→ II.3). Und ebenso unstrittig dürfte sein, dass diese Beziehungswirklichkeit nach christlicher Auffassung die Einheit Gottes nicht in Frage stellt, sondern geradezu intensiviert. So wollte der Jesuit Karl Rahner (1904–1984) die christliche Trinitätslehre als »radikalisierten Monotheismus« verstanden wissen. Der Freiburger Dogmatiker Magnus Striet (geb. 1964) wiederum fasst den christlichen Monotheismus als »trinitarische Fortbestimmung des Gottes Israels« auf. Dabei ist sich Striet vollkommen darüber im Klaren, dass »Fortbestimmung« nicht bedeuten kann, das christliche Gottesverständnis dem jüdischen Gottesverständnis als überlegen einzustufen. Denn wegen der Einheit der Heilsgeschichte kann der christliche Trinitätsglaube keinen anderen Gott erschließen als jenen Gott, der schon im Bekenntnis Israels der Einzige ist (vgl. Dtn 6,4f; Ex 20,2f; Sach 14,9 u. a.).

Ein klassischer Grundsatz christlicher Trinitätstheologie lautet deshalb: »In Gott ist alles eines, sofern dem nicht ein Gegensatz der Beziehung entgegensteht« (*In deo omnia unum sunt ubi non obviat relationis oppositio*). Weil Vater, Sohn und Geist allein durch ihre wechselseitigen Bezogenheiten voneinander unterschieden sind, nicht aber als selbständige Substanzen (oder »Personen« im neuzeitlichen Verständnis), bleibt die Einheit Gottes nach christlicher Überzeugung auch dann gewahrt, wenn Gott als dreifaltig aufgefasst wird. Und deshalb ist nach christlichem Glauben nicht allein der Vater Jesu Christi als Gott Israels anzusprechen, sondern der dreifaltige Gott des christlichen Bekenntnisses in seiner beziehungsreichen Einheit.

Keine Frage: Trotz möglicher Anklänge in der jüdischen Kabbala, die in Gott unterschiedliche Seinsbereiche und Emanationen unterscheidet, widerspricht die christliche Trinitätslehre dem zentralen Glaubensbekenntnis des Judentums, wonach Gott als einer und einzig zu denken ist. Für kritisches Denken zeichnet sich hier ein begrifflicher Widerspruch ab: Ist nun das Wesen Gottes als Bezogenheit unterschiedlicher »Personen« aufzufassen oder muss es als differenzlose Einheit verstanden werden?

Selbstverständlich glauben Christinnen und Christen nicht an drei verschiedene Götter. Ihre Trinitätslehre entspricht vielmehr einem biblischen Befund: Christ:innen haben in den Evangelien die sich vor allem im Beten Jesu darbietende Unterschiedenheit zwischen ihm und seinem Vater im Himmel wahrgenommen. Um Gottes Einheit zu wahren, haben sie diese Unterschiedenheit bei der Ausarbeitung der Trinitätslehre nicht als Wesensunterschied verstanden. Deshalb konnten sie an der Einheit und Einzigkeit Gottes auch dann festhalten, als sie von einer trinitarischen

Bezogenheit dreier unterschiedener »Personen« in Gott zu sprechen begannen. Mit dem Einbezug des Geistes ging es ihnen darum, den Gottesbezug Jesu und das Wirken des Heiligen Geistes in Gott selbst begründet zu sehen.

Indem christliche Theologen dazu den Begriff »Person« als reine Bezogenheit (Relationalität) verstanden, haben sie ihn so bestimmt, dass er der Einheit Gottes nicht zuwiderläuft. Dass dieses Verständnis vor dem Hintergrund des neuzeitlichen Personbegriffs, der wesentlich das Moment der Autonomie umfasst, eine erhebliche Herausforderung darstellt, sei hier nur angedeutet.

Nach christlichem Verständnis wirken die drei göttlichen »Personen« auf unterschiedliche Weise in der Welt. Zwar ist Gott der einzige und alleinige Schöpfer des Himmels und der Erde. Aber nur in der Person seines ewigen »Sohnes« ist Gott in Jesus von Nazaret Mensch geworden. Als »Vater« wiederum hat Gott den »Sohn« von den Toten auferweckt, so dass er den Jüngern erscheinen konnte. Bei alledem erblickt die Kirche im Menschgewordenen und Auferweckten den verheißenen Messias, der auch nach jüdischem Verständnis Israel und die Nationen erlösen und die Geschichte zu einem heilvollen Ende führen wird.

Weil Jüdinnen und Juden in Jesus von Nazaret wohl einen herausragenden Menschen, nicht aber den Mensch gewordenen Gottessohn erkennen, markieren Christologie und Trinitätslehre eine klar erkennbare Scheidelinie zwischen Judentum und Christentum. »Die grundlegenden Überzeugungen des Christentums, die sich auf die Person Jesu als Messias und die Inkarnation der zweiten Person eines dreieinen Gottes konzentrieren, schaffen eine nicht zu überbrückende Trennung vom Judentum«, so die Erklärung *Zwischen Jerusalem und Rom*, die 2017 von der europäischen Rabbinerkonferenz und dem Rabbinischen Rat von Amerika veröffentlicht wurde.

Diese kaum zu bestreitende Feststellung wirft gravierende dogmatische und fundamentaltheologische Fragen auf. Wird Gottes Offenbarung von den Menschen auf unterschiedliche Weise verstanden, so dass Judentum und Christentum für zwei Weisen stehen, das eine Gotteswort zu vernehmen? »Eines hat Gott gesagt, zweierlei habe ich gehört«, heißt es in Ps 62,12 (EÜ 1980). Beschriebe dieser Vers das Verhältnis von Judentum und Christentum, dann läge das ganze Gewicht der Unterschiedenheit beider Religionen bei den menschlichen Empfängern der Offenbarung. Und es bräuchte nicht viel, der einen oder der anderen Seite ein fehlgeleitetes Verständnis der göttlichen Offenbarung zu unterstellen. Mindestens von Seiten des Christentums wurde dieser Vorwurf gegenüber dem Judentum Jahrhunderte lang erhoben – mit bisweilen mörderischen Konsequenzen für Jüdinnen und Juden.

Alternativ ließe sich vermuten, dass die unterschiedlichen Weisen, Gottes Wort zu vernehmen und zu verstehen, auf unterschiedliche Weisen der göttlichen Offenbarung gegenüber Israel und Kirche zurückgehen. So könnte es Gottes Plan gewesen sein, sich zunächst einem einzelnen Volk zu offenbaren und ihm eine Lebensordnung (*Tora*) mitzuteilen, um später eine menschliche Natur anzunehmen und so eine Bewegung in Gang zu setzen, welche dazu bestimmt wäre, die Kunde von dem einen Gott und seinen Absichten für die Menschheit universal zu verbreiten. Die Erwählung Israels und die Sendung der Kirche wären demnach als zwei unterschiedliche Akte im selben göttlichen Heilsdrama zu verstehen.

Eine dritte Möglichkeit bestünde darin anzunehmen, dass das Wesen Gottes ohnehin alles menschliche Begreifen übersteigt. Weil Gott – so Anselm von Canterbury (gest. 1109) – »größer ist als alles, was gedacht werden kann« (*maius quam cogitari possit*: *Proslogion* 15), hat jede Theologie nicht nur zu bedenken, dass in ihrem Reden die Unähnlichkeit mit der Wirklichkeit Gottes stets größer ist als die Ähnlichkeit (vgl. Lateran IV, 1215). Vielmehr relativieren sich Gottes Offenbarungen auf ihn selbst hin: In allem, was Gott von sich kundgibt, bleibt er gerade als der Offenbare ein unergründliches Geheimnis – wie auch liebende Menschen einander ein im Letzten unergründliches Geheimnis bleiben. Zwar beharrt das christliche Bekenntnis darauf, dass sich Gott in der Geschichte des Volkes Israel und in der Person Jesu von Nazaret als er selbst geoffenbart hat. Aber gerade *in* der Geschichte Israels und *in* der Person Jesu bleibt Gott auch verborgen. Denn unvermeidlich lässt die Verendlichung Gottes in Ereignissen der Geschichte oder in einem individuellen Menschen die unendliche göttliche Natur nur schemenhaft erkennen (vgl. 1 Kor 13,12). Wäre dem nicht so, dann wäre jeglicher Unglaube tatsächlich unentschuldbar.

Welche der drei Möglichkeiten darf als wahrscheinlich gelten? Vermutlich sind in der Heilsgeschichte alle drei unauflöslich ineinander verwoben. Aber wie wäre dann diese Verwobenheit theologisch zu beurteilen? Erlaubt sie es, von demselben Gott zu sprechen, den Jüd:innen und Christ:innen verehren, auch wenn sie seiner erst nach beim Ende der Geschichte unverhüllt ansichtig werden? Oder bleibt die Behauptung, dass Jüd:innen und Christ:innen denselben Gott verehren, bis zur eschatologischen Manifestation der göttlichen Gegenwart im Ungewissen? Was aber bedeutet es, wenn Jüd:innen und Christ:innen das »Woraufhin« ihres Glaubens und ihrer Glaubenspraxis in wesentlichen Dimensionen unterschiedlich denken? Zwar ist der Gott der Christinnen und Christen kein anderer Gott als der Gott und Vater Jesu, und dieser wiederum ist der Gott Israels. Aber von diesem Gott glauben Christinnen und Christen, dass er in Jesus von Nazaret Mensch geworden ist, und dass die Möglichkeitsbedingung der Inkarnation die trinitarische Natur Gottes ist. In dieser Hinsicht können Jüdinnen und Juden dem christlichen Gottesverständnis nicht folgen, weil sie nicht nur die Einzigkeit Gottes, sondern auch seine Einheit betonen.

Dass der eine und einzige Gott mit unterschiedlichen Namen angerufen und verehrt werden kann, ist schon biblisch eine Selbstverständlichkeit. Auch weiter gefasste Umschreibungen Gottes als »innerste Mitte der Wirklichkeit« (Karl Rahner), als »Geheimnis der Welt« (Eberhard Jüngel) oder als »Geheimnis des Lebens« (Dorothee Sölle) haben keinen anderen Sinngehalt als den einen und einzigen Gott, den die Bibel bezeugt. Ob der »Gottesbegriff nach Auschwitz«, den der jüdische Philosoph Hans Jonas (1903–1993) zur Diskussion gestellt hat, dem biblischen Verständnis gerecht wird, wenn er eine Selbstentsagung Gottes in der Geschichte annimmt, ist unter Jüd:innen und Christ:innen freilich ebenso umstritten wie ein prozesstheologisches Verständnis, wonach Gott und Welt nahezu identisch sind. In der philosophisch-begrifflichen Entfaltung des Gottesglaubens, welche die biblisch bezeugte Heilsgeschichte auslegt und ergänzt, dürfte allerdings zwischen Jüd:innen und Christ:innen eine weitgehende Übereinstimmung bestehen.

Denn obwohl im Judentum nicht die theoretische Auseinandersetzung mit dem Gottesglauben, sondern die Glaubenspraxis im Vordergrund steht, zeichnet sich hinsichtlich des Gottesverständnisses von Jüd:innen und Christ:innen in wesentlichen Aspekten ein beide Religionen betreffender Konsens ab. Schon eine anfänglich philosophische Durchklärung des biblischen Gottesglaubens, wie sie spätestens nachexilisch erfolgt, lässt keine ernsthafte Alternative zu einem strengen Monotheismus zu. Ein Gott, neben dem es noch andere Götter gibt, wäre zweifellos nicht jenes Wesen, »über das hinaus« – um erneut Anselm von Canterbury zu zitieren – »nichts Größeres gedacht werden kann« (*quo nihil maius cogitari nequit*: Proslogion 2).

Jüd:innen und Christ:innen teilen ferner die Auffassung, dass Gottes Existenz nicht in einem Anderen, sondern allein in ihm selbst gründet. Gott ist, wie es unter anderem der jüdische Philosoph Baruch de Spinoza (1632–1677) formuliert hat, »Ursache seiner selbst« (*causa sui*). Das bedeutet zugleich, dass Gott nicht um eines ihm Äußerlichen, sondern um seiner selbst willen existiert. Gemeinsam ist Jüd:innen und Christ:innen auch die Überzeugung, dass dem göttlichen Wesen alle denkbaren metaphysischen Vollkommenheiten zukommen, darunter Ewigkeit und Unendlichkeit, Macht und Weisheit, Wille und Leben. Alles dies besitzt Gott in unverminderter Fülle, so Jüd:innen und Christ:innen übereinstimmend. Und schließlich gibt es in Gott keinerlei Zusammensetzung, Widersprüchliches oder gar Nicht-Göttliches – so zumindest in religionsphilosophischer Perspektive. In offenbarungstheologischer Perspektive wären zweifellos Eigenschaften wie »Treue«, »Gerechtigkeit« und »Barmherzigkeit« hinzuzufügen. Die inhaltliche Bestimmung dieser göttlichen Eigenschaften erforderte eine sorgfältige Analyse der einschlägigen biblischen Texte, zumal diese in der Vielfalt ihrer Entstehungskontexte und Zielsetzungen ein weites Bedeutungsspektrum eröffnen.

Differenzen im Gottesverständnis von Jüd:innen und Christ:innen bestehen demnach weniger hinsichtlich der metaphysischen Eigenschaften Gottes als vielmehr hinsichtlich jener Bestimmungen, die nach christlicher Auffassung im Fortgang der Heilsgeschichte geoffenbart wurden: dass der Gott Israels dreifaltig ist und dass er in Jesus von Nazaret eine menschliche Natur angenommen hat.

Wie ist diese Lehre aus jüdischer Sicht zu beurteilen? Mit Blick auf Dtn 6,4 hat der jüdische Gelehrte Maimonides (gest. 1204) als zweiten Glaubensgrundsatz des Judentums formuliert: »Ich glaube in vollkommenem Glauben, dass der Schöpfer ein und derselbe ist, dass nichts in irgendeiner Weise so eine Einheit ist wie Er, und dass Er allein unser Gott ist, der war, ist und sein wird«. Vor diesem Hintergrund hat Maimonides das Christentum als »Götzendienst« (*Avoda Zara*: wörtlich »fremder Kult«) verurteilt. Ähnlich sieht es der orthodoxe Gelehrte David Berger (geb. 1943): Obwohl Christinnen und Christen den Gott Abrahams, Isaaks und Jakobs, den Schöpfer des Himmels und der Erde verehren, konstituiert die Verehrung Jesu von Nazaret als einer »Manifestation oder Komponente« (Berger) dieses Gottes etwas, das jüdische Halacha und Theologie »fremden Kult« (*Avoda Zara*, einer der Mischnatraktate) nennen – »zumindest wenn es von einem Juden praktiziert wird«. Berger hat deshalb die Feststellung von *Dabru Emet*, Jüd:innen und Christ:innen glaubten an denselben Gott, vehement bestritten (vgl. Heinz, Erklärung, 8).

Bis heute sind sich Jüdinnen und Juden uneins, ob die christliche Trinitätslehre als »Götzendienst« (*Avoda Zara*) oder als »Beigesellung« (*Shittuf*) einzustufen ist (vgl. *Tosafot Sanhedrin* 63b). *Shittuf* meint eine Form der Gottesverehrung, welche dem einen Schöpfer ein Geschöpf zur Seite stellt, das wie Gott verehrt wird. *Shittuf* ist deshalb irgendwo zwischen einem strengen Monotheismus und dem Polytheismus zu verorten. Diese Form einer vom Polytheismus unterschiedenen Religionsausübung kann aus jüdischer Sicht bei Nichtjüd:innen toleriert werden, wenn diese sich an die Noachidischen Gebote halten (vgl. Gen 9,1–13; Talmud, Traktat *Sanhedrin* 13). Unter dieser Bedingung betrachtet der Talmud Nichtjüd:innen außerhalb von *Erez Jizrael* nicht als Götzendiener (Traktat *Hullin* 13b).

Doch selbst dann, wenn man die Trinitätslehre als mit Blick auf Nichtjüd:innen tolerable »Beigesellung« interpretiert, ist evident, dass das »Woraufhin«, auf das sich gläubige Jüdinnen und Juden in ihrem Beten und Handeln beziehen, in den maßgeblichen Texten beider Religionen in wesentlichen Aspekten anders bestimmt ist als das »Woraufhin« christlichen Glaubens. Zwar meinten Christinnen und Christen im Verlauf der Kirchengeschichte immer wieder, in den Schriften der Hebräischen Bibel Hinweise auf ein trinitarisches Gottesverständnis aufspüren zu können – so etwa in Abrahams Begegnung mit den drei Fremden (Gen 18) oder in den drei Gottesnamen »El«, »Elohim« und »Jhwh« (Jos 22,22). Doch hat das Judentum solche Interpretationen stets umgehend zurückgewiesen (vgl. Talmud, yBer 9,12d).

Unterschiedliche Auslegungen der Bibel haben in den spannungsvollen Beziehungen zwischen Jüd:innen und Christ:innen immer wieder Formen auch gewaltsamer Judenfeindschaft befeuert. Christinnen und Christen haben ihren Anspruch auf das wahre Verständnis der Heiligen Schriften damit begründet, dass erst durch Jesus von Nazaret die wahre Natur Gottes offenbar wurde. Dieser Wahrheit aber habe sich die Mehrzahl der Jüdinnen und Juden hartnäckig, ja böswillig verschlossen. Ausgeblendet wurde dabei regelmäßig, dass Jüd:innen und Christ:innen mit ihrem Glauben an den einen und einzigen Gott auf gemeinsamem Fundament stehen, nämlich dem der Geschichte Israels.

Zweifellos deutet sich hier theologischer Klärungsbedarf an. Ein unterschiedliches Verständnis jenes Gegenübers, auf das sich jüdischer und christlicher Glaube bezieht, rechtfertigt jedoch nicht, an der Selbigkeit des geglaubten Gottes zu zweifeln. »Anders an Gott glauben, heißt noch lange nicht, an einen anderen Gott glauben«, formuliert der Basler Theologe Reinhold Bernhardt (geb. 1957) pointiert. Demnach besteht kein Anlass daran zu zweifeln, dass Jüd:innen und Christ:innen an denselben Gott glauben, auch wenn sie dieses auf unterschiedliche Weisen tun.

Weiterführende Literatur

BERNHARDT, REINHOLD, Monotheismus und Trinität. Gotteslehre im Kontext der Religionstheologie (BThR 25), Zürich 2023.

BLUM, MATTHIAS/SAFRAI, CHAIM, Juden und Christen beten den gleichen Gott an, in: KAMPLING, RAINER/WEINRICH, MICHAEL (Hg.), Dabru emet – redet Wahrheit. Eine jüdische Herausforderung zum Dialog mit den Christen, Gütersloh 2003, 57–70.

FRYMER-KENSKY, TIKVA S. u. a. (Hg.), Christianity in Jewish Terms, Boulder (CO)/Oxford 2000, 49–84.

STRIET, MAGNUS (Hg.), Monotheismus Israels und christlicher Trinitätsglaube (QD 210), Freiburg 2004.

Zu den Reaktionen auf *Dabru Emet* vgl. https://www.american-religion.org/dabruemet/tag/ Dabru+Emet%3A+20+Years+Later (Zugriff 17.3.2024)

VII.3 Zur Bedeutung des Jude-Seins Jesu in Geschichte und Gegenwart

Klaus Wengst

Eine 1523 geschriebene Schrift versah Luther mit dem Titel: »Dass Jesus Christus ein geborener Jude sei«. Der Ton liegt darauf: nur ein *geborener* Jude. Nach Lk 2,21 wurde Jesus am 8. Tag beschnitten und mit diesem Namen benannt. Das wird von Luther in einer Predigt am 1. Januar 1524 völlig umgedeutet. Die Beschneidung sei von Gott eingesetzt als Zeichen für die Zusage an Abraham, »das auß seinem fleisch und blůt solt kommen der Same und das kindt, in welchem die gantz welt wůrde gebenedeihet.« Und daraus schließt er: »Nů hat das zeychen auffgehǒrt, do Christus ist kommen, denn wann geschicht was vorschrieben ist, so gilt das sigil nymmer.« (Luther, Werke, 807) Mit »Christus« verliert das Zeichen des Bundes seine Bedeutung. Wie Luther Jesus nicht jüdisch leben lässt, so sollte auch die ihm zeitgenössische Judenschaft nicht jüdisch bleiben, sondern christlich werden. Dem allein diente die genannte Schrift von 1523.

1.   Jesus – ein Jude in seiner jüdischen Welt

Aber Jesus war nicht nur ein geborener Jude. Er blieb es sein kurzes Leben lang, verhielt sich und wirkte entsprechend. Er trug Zizit (nach Num 15,38 »Schaufäden«, die an die Gebote erinnern sollen, vgl. Mt 9,20; Mk 6,56) und ging am Schabbat in die Synagoge (Lk 4,16), wirkte unter der jüdischen Bevölkerung im Land Israel. Begegnungen mit nichtjüdischen Personen blieben Ausnahmen. Nirgends wird berichtet, dass er eine der stark hellenisierten Städte im Land betreten hätte. Er ist als Jude gestorben, am Kreuz hingerichtet aufgrund einer Verurteilung durch den römischen Präfekten Pontius Pilatus. Alle vier Evangelien erwähnen eine Aufschrift am Kreuz, die den Grund des Urteils angibt: »Jesus aus Nazaret, König des jüdischen Volkes«. Der römischen Provinzverwaltung erschien er als Aufrührer, dem in ihren Augen zu viele folgten. Als unmittelbarer Kontext für die Festnahme Jesu erscheint in den Evangelien, dass ihn eine große Anzahl von zum Pessachfest nach Jerusalem Gepilgerten als Israels königlichen Messias begrüßte. Als der wurde er hingerichtet.

Alles, was Jesus nach den Evangelien sagt und tut, bewegt sich im Kontext des Judentums seiner Zeit. Nichts führt über es hinaus oder aus ihm heraus. Was die Evangelien an Auseinandersetzungen schildern, sind innerjüdische Dispute – auch wenn eine Reihe dieser Texte von christlicher Seite als gegen »das Judentum« gerichtet interpretiert wurden und zum Teil noch werden (z. B. die fälschlich als »Antithesen« benannten Aussagen in Mt 5,21–48, die sich auch ganz im Rahmen der jüdischen Diskurse bewegen).

In zentralen Fragen gibt es Übereinstimmung mit der pharisäisch-rabbinischen Tradition. Das sieht man z. B. an der Frage nach dem höchsten Gebot (Mt 22,36; Mk 12,28). Es gilt als Zusammenfassung der gesamten Tora, als Leitlinie, gemäß der die Schrift zu verstehen und auszulegen ist. Nach Markus ist es »einer der Schriftgelehrten«, der Jesus nach »dem ersten aller Gebote« fragt. Der antwortet mit Dtn 6,4–5, Gott ganz und gar zu lieben, und mit Lev 19,18, den Nächsten zu lieben wie sich selbst. Der Schriftgelehrte stimmt ihm voll zu, nimmt aus dem ersten Schriftwort zusätzlich die Betonung der Einzigkeit Gottes auf, wiederholt das zweite und schließt daran weiterführend an, das sei »um vieles mehr als alle Brandopfer und Schlachtopfer« (Mk 12,28–34). Lukas nennt in seiner Fassung den Gesprächspartner Jesu einen »Toralehrer«, der Jesus mit der Frage nach dem rechten Tun als Lehrer testen will. Jesus antwortet mit einer Gegenfrage: »In der Tora – was steht da geschrieben? Wie liest du sie?« Und hier ist es der Toralehrer, der das Doppelgebot der Liebe formuliert, und Jesus stimmt ihm zu. Gegenüber dem Gebot der Nächstenliebe liegt die Frage nahe: »Wer ist mein Nächster?« Diese wird von dem Toralehrer gestellt und Jesus antwortet mit der Erzählung vom barmherzigen Samaritaner. Sie dreht die Perspektive um, indem es darum gehe, selbst jemandem zum Nächsten zu werden, der in Not geraten ist (Lk 10,25–37).

Ganz entsprechend diskutieren Rabbinen über die Frage, was »eine große Zusammenfassung in der Tora« sei. Rabbi Akiva führt das Gebot an, den Nächsten zu lieben »wie sich selbst« bzw. »dir gleich«, und fährt fort: »Damit du nicht sagst: Weil ich verachtet werde, soll auch mein Mitmensch verachtet werden.« Was Akiva will, sehen Ben Asaj und Rabbi Tanchuma in einer anderen biblischen Aussage noch stärker eingeschlossen, nämlich in der von der Gottebenbildlichkeit des Menschen (Gen 5,1; Gen 1,27). Bildet sie die Hauptregel, kann die Frage, wer mein Nächster sei, gar nicht aufkommen. Sie ist immer schon beantwortet (Bereshit Rabbah 24,7).

Dass mit seinem Wirken das Reich, die Herrschaft Gottes anbricht, steht den ersten drei Evangelien zufolge im Zentrum der Verkündigung Jesu: »Die Zeit ist um, der Zeitpunkt da. Das Reich Gottes ist nahegekommen. Kehrt um und vertraut der guten Botschaft!« So heißt es in Mk 1,14. Matthäus spricht – wie die Rabbinen – vom Himmelreich, von der Himmelsherrschaft. Bei ihm lautet die Verkündigung Jesu: »Kehrt um! Denn das Himmelreich ist nahegekommen.« (Mt 4,17) Mit genau denselben Worten hatte Matthäus schon Johannes den Täufer auftreten lassen (Mt 3,2). Hier ist aufgenommen, dass in Psalmen Gott als König proklamiert wird. »Gerechtigkeit und Recht sind seines Thrones Stütze.« (Ps 97,1–2; LUT 2017) Dafür steht Gott ein, dass das Recht zum Zuge komme – gegen Unrecht und Gewalt. Und das Recht hat seine Norm an der Gerechtigkeit, die diejenigen im Blick hat, denen ihr Recht vorenthalten ist. So nimmt es etwa Mirjams Lobgesang im Blick auf ihr noch ungeborenes Kind auf. (Lk 1,46–55) In allen drei Evangelien lässt sich die Jüdischkeit der Verkündigung Jesu klar erkennen.

2.   Die Evangelien – im Judentum entstandene Schriften

Sowohl die Frage nach dem höchsten Gebot als auch die Grundbotschaft Jesu zeigen: Die Evangelien sind im Judentum verortet. Ihre Verfasser schreiben ihre sehr unterschiedlichen Jesuserzählungen als Lesetexte für die an Jesus als Messias glaubenden Gemeinden im Blick auf deren jeweilige Situation. Warum können sie nach Jesu Tod über ihn schreiben? Mit seiner Hinrichtung dürfte er für viele als erledigt gegolten haben. Auch für seine Anhänger:innenschaft. Für sie blieb es aber nicht dabei. Einige kamen aufgrund bestimmter Widerfahrnisse, die im Bereich des Sehens lagen, zu der Überzeugung: Gott hat Jesus von den Toten aufgeweckt. Er hat an ihm getan, was umfassend für die Endzeit erwartet wird; er hat jetzt schon neuschöpferisch gehandelt. Mit der Auferweckung hat Jesus seine jüdische Identität nicht verloren. Nach dem Johannesevangelium wird der auferweckte Jesus an den Wundmalen identifiziert, die er bei der Kreuzigung erlitten hat (Joh 20,24–29). Dass Gott Jesus von den Toten aufgeweckt hat, ist die grundlegende Aussage des Neuen Testaments. Auch sie konnte nur im Judentum gemacht werden. Von den Sadduzäern entschieden abgelehnt, gab es in pharisäischer Tradition die Vorstellung von der Auferstehung der Toten am Ende der Zeit. Sie gründet in der Bündnistreue Gottes, der sich seine Bündnispartner auch durch den Tod nicht wegnehmen lässt. So wurde besonders von denen, die in der Verfolgungszeit unter Antiochus IV. im 2. Jh. v. d. Z. treu die Gebote der Tora einhielten und deshalb grausam umgebracht wurden, gesagt: Gott wird sie aufwecken. Der Tyrann soll mit seinem Morden nicht das letzte Wort behalten. Demgegenüber heißt es im Blick auf Jesus: Gott *hat* ihn aufgeweckt. Die Endzeit hat daher schon begonnen. Das ist das Neue am Neuen Testament. Aber auch diese Aussage ist eine jüdische Sprach- und Denkmöglichkeit. Diejenigen, die sie trafen und ihr zustimmten, hatten damit nicht das Selbstverständnis, sie wären nicht mehr jüdisch, sondern »christlich« und würden eine andere Religion vertreten. Sie bildeten eine Gruppe innerhalb des Judentums. Aufgrund dieser Aussage hielten sie Jesus für den erwarteten messianischen König und entdeckten im Rückblick in seinem Wirken messianische Züge.

Der Glaube, dass Gott Jesus von den Toten aufgeweckt und zum Messias gemacht habe, ist der Konstruktionspunkt, der die Evangelisten bei ihrem Schreiben durchgehend bestimmt. Von daher wollen sie aufscheinen lassen, dass in dem, was Jesus sagt, tut und erleidet, Gott zu Wort und Wirkung kommt. In ihrer Darstellung soll Gottes Mitsein mit der Geschichte Jesu kenntlich werden – bis in dessen Tod hinein. Und da sie Gott so kennen, wie er in Tora und Prophetenbüchern, ihrer jüdischen Bibel, bezeugt wird, erzählen sie die Geschichte Jesu mit ihrer Bibel, im ständigen Bezug auf sie. Gott, der nach ihrem Zeugnis durch Jesus wirkt, ist Israels Gott als der eine Gott. Als Schöpfer ist er gewiss auch Gott aller Welt, aber kein Allerweltsgott, sondern »der Gott Abrahams und der Gott Isaaks und der Gott Jakobs« (Mt 22,32 / Mk 12,26 / Lk 20,37; LUT 2017).

Der mit der Aussage von der geschehenen Auferweckung Jesu gegebene endzeitliche Horizont öffnete die Möglichkeit, dass Menschen aus den Völkern hinzukamen (Jes 2,1–4; Mi 4,1–4). Diese Möglichkeit wurde zur Realität in Synagogen der Diaspora, als »Gottesfürchtige«, nichtjüdische Sympathisanten der jüdischen Gemeinden, dort auftretenden Jesusleuten zusammen mit jüdischen Mitgliedern Glauben schenkten. Das war nicht das Entstehen einer »christlichen« Gemeinde. Ein sich selbst als solches verstehendes Christentum entstand erst im 2. Jh. Aber es gab Streit in den Synagogen zwischen der Mehrheit und den Messiasgläubigen, der sich nach der Katastrophe des jüdisch-römischen Krieges verschärfte. Das war jedoch immer noch ein innerjüdischer Streit.

3.   Das Bekenntnis zu Jesus als Lob des Gottes Israels

Das Jude-Sein Jesu entscheidet für nichtjüdische Menschen, die sich auf ihn bekennend beziehen, entscheidet also für uns Christenmenschen, wer für uns Gott ist: der in Israels heiligen Schriften, der im christlichen Alten und dann auch Neuen Testament bezeugte Gott Israels. Jesus hat nicht einen zuvor unbekannten Gott »offenbart«. Er betet zu dem als »Vater« und lehrt seine Schülerschaft, zu ihm als »Vater« zu beten, der schon in seiner Bibel und weiter in der jüdischen Tradition bis heute als »Vater« angerufen wird. »Ja, Du bist unser Vater; ja, Abraham weiß nichts von uns und Israel kennt uns nicht. Du, Ewiger, bist unser Vater; ›unser Erretter‹ ist von jeher Dein Name.« (Jes 63,16)

Die wohl älteste bekenntnishafte Aussage im Neuen Testament – »Gott hat Jesus von den Toten aufgeweckt« – ist primär ein *theo*logischer Satz, ein Lob Gottes, des Gottes, den seine Sprecherinnen und Sprecher aus ihrer jüdischen Bibel und Tradition kennen. Dieser Lobpreis ist in Analogie zu ihnen vertrauten Sätzen gebildet, mit denen sie Gott preisen als den, »der Himmel und Erde gemacht hat«, »der Israel aus Ägypten herausgeführt hat«. Daraus lässt sich die Konsequenz ziehen: Bekennende Aussagen über Jesus werden dann nicht antijüdisch wirken, wenn Christinnen und Christen sie als Lob des Gottes Israels verstehen, der mit seinem Volk in einem unverbrüchlichen Bundesverhältnis steht. Und nicht zuletzt wäre zu beachten, was in Joh 12,44 Jesus über sich im Verhältnis zu Gott sagt: »Wer an mich glaubt, glaubt nicht an mich, sondern an den, der mich geschickt hat.« (EÜ 2016) Dieser Satz ist schlechterdings nicht umkehrbar. Der auf Jesus blickende Glaube macht sich an Gott selbst fest, den er als in und durch Jesus wirkend erkennt. Theologisch bedeutet das, dass sich eine Christologie nicht aus einer theozentrischen Perspektive lösen kann.

Für die Hoheitsaussagen über Jesus, etwa in Joh 1,1–18 und Phil 2,6–11, käme es darauf an, wie man ihr Verhältnis zu den dogmatischen Festlegungen in der Trinitätslehre und Christologie des 3.–5. Jhs. versteht. Letztere wollten das neutestamentliche Zeugnis in ihrem völlig anderen Kontext, der von mittel- bis spätplatonischer Ontologie geprägt war, verständlich machen. Aber darf heutige Auslegung in neutestamentlichen Aussagen bloße, noch nicht ausgearbeitete Vorformen späterer kirchlicher Festlegungen sehen? Wären sie nicht vielmehr unter Beachtung ihres eigenen jüdischen Kontextes in sich ändernden Situationen immer wieder neu auszulegen? Nicht zuletzt gegen eine kirchliche Tradition, die den jüdischen Kontext der biblischen Texte weithin bis ganz ausgeblendet oder verzerrt wahrgenommen hat.

4.   Jesus, ein jüdischer Messias ...

Alle vier Evangelien stellen Jesus betont und immer wieder als »Gesalbten« heraus, als »Messias« (gräzisierte Form des aramäischen Wortes *meschichá* = »gesalbt«/»Gesalbter«; vgl. Joh 1,41). Das ist in Übersetzungen dadurch weithin verdeckt, dass das griechische Wort für »Gesalbter« (*christós*) nicht übersetzt, sondern mit dessen latinisierter Form als »Christus« wiedergegeben wird und so als ein gleichsam zweiter Name für Jesus erscheint. Diese Nicht-Übersetzung, schon in der ältesten lateinischen Evangelienübersetzung, der Itala, erwies und erweist sich als äußerst wirksam, Jesus seinem jüdisch-messianischen Kontext zu entnehmen. In der Darstellung der Evangelien ist das messianische Wirken Jesu primär, fast ausschließlich, auf Israel bezogen. Die Völker kommen für die Zeit nach seinem Tod vom Glauben an seine Auferweckung und die damit angebrochene Endzeit her in den Blick. Ansonsten bezieht sich Jesu Reden und Handeln auf sein Volk. Das ist auch der Fall, wo sein Wirken unter Aufnahme biblischer Verheißungen von Johannes dem Täufer ausdrücklich als »Taten des Gesalbten« bezeichnet wird (Mt 11,2–6). Das Lukasevangelium stellt den auf Israel bezogenen politischen Aspekt des Messianischen besonders klar heraus, durchgängig in den ersten beiden Kapiteln. Im Blick auf die ihr angekündigte Geburt Jesu preist Mirjam Gott: »Er holt Mächtige von ihren Thronen herunter, erhöht die Erniedrigten, sättigt Hungrige mit Gutem, schickt Reiche mit leeren Händen fort, nimmt sich Israels an, seines Knechtes, eingedenk seines Erbarmens, wie er zu unseren Vorfahren geredet hat, zu Abraham und seinen Nachkommen auf immer« (Lk 1,46f.; 52–55). Und der Priester Zacharias spricht bei der Beschneidung seines Sohnes Johannes davon, dass »der Ewige, der Gott Israels, [...] uns ein Horn der Rettung aufrichtet im Hause Davids, seines Knechts. Wie Er von jeher geredet hat durch den Mund seiner heiligen Propheten: Rettung vor unseren Feinden und aus der Hand aller, die uns hassen« (Lk 1,68–71). Das nimmt der Autor wieder auf am Beginn der Apostelgeschichte. Dort dementiert der auferweckte Jesus nicht, dass »das Reich für Israel« aufgerichtet werde; er stellt es Gott anheim (Apg 1,3; 6–7).

Der in den Evangelien als Messias dargestellte Jesus unterscheidet sich zwar von einigen messianischen Prätendenten, die in der Zeit vor dem jüdisch-römischen Krieg und in ihm mit Waffengewalt gegen die römische Oberhoheit vorgehen wollten und vorgingen. Aber es gab auch andere, die nicht auf Waffen setzten. In manchen Texten ist die militärische Sprache – wie auch in der Apokalypse des Johannes – rein bildlich verstanden. So in den im 1. Jh. v. d. Z. entstandenen Psalmen Salomos (PsSal 17,21–25). Womit die dort genannte messianische Gestalt kämpft, »der König, der Sohn Davids«, ist ausschließlich »das Wort seines Mundes« (Vers 24). In dem gegen Ende des 1. Jh. v. d. Z. verfassten Buch 4. Esra werden visionär ein Löwe, bezeichnet als »der Gesalbte [...] aus dem Samen Davids«, und ein Adler, der das römische Imperium symbolisiert, einander gegenübergestellt. Aber der aus dem Wald mit Gebrüll hervorbrechende Löwe zerreißt nicht den römischen Adler, sondern hält ihm eine Gerichtsrede (4 Es 11,37–46), woraufhin dieser buchstäblich zerfällt (4 Es 12,2–3). Auch hier wird allein auf das Wort gesetzt.

5.   ... und wir Christenmenschen aus den Völkern?

Nach Apg 1,6–8 hat der auferweckte Jesus die Israel gegebene Verheißung als in Geltung bleibend bestätigt und dann seine Schüler als seine Zeugen kraft des heiligen Geistes »bis ans Ende der Erde« geschickt. Wie verhält sich beides zueinander? Auf diese Frage hat der Verfasser des »zweiten Buches« schon in seinem ersten, dem Evangelium, eine Antwort angezeigt. Und zwar in dem, was er den alten Simeon, der »auf den Trost Israels wartete«, mit dem sechs Wochen alten Jesus auf den Armen im Tempel von Jerusalem sagen lässt (Lk 2,30–32): »Haben doch meine Augen gesehen, womit Du retten willst. Du hast es bereitet vor allen Völkern.« Das helfende Handeln Gottes bezieht sich auf Israel. Aber es vollzieht sich vor der Welt. Beides findet sich etwa in Ps 98,2–3. Anschließend bestimmt Simeon das mit dem Kind Jesus identifizierte helfende und rettende Handeln Gottes mit Jes 42,6–7; Jes 49,6 in solcher Weise näher, dass es auch die Völker zum direkten Gegenstand hat: »ein Licht zur Offenbarung für die Völker und zum Glanz für Dein Volk Israel«. Jesus soll »ein Licht zur Offenbarung für die Völker« sein. Den Völkern der Welt soll enthüllt, soll aufgedeckt werden, dass Israels Gott als der eine und alleinige Gott auch der Gott aller Welt und also auch ihr Gott ist, der sich in seinem Wirken in Jesus auch ihnen rettend und helfend zuwendet. Zugleich damit soll Jesus aber ein Licht »zum Glanz für dein Volk Israel« (vgl. Jes 60,3) sein. Nimmt man die Grundbedeutung »Gewicht« des dahinterstehenden hebräischen Wortes *kavód* auf, lässt sich sagen: Die Erkenntnis, dass sich Jesus als »Licht zur Offenbarung für die Völker« erwiesen hat, darf bei diesen nicht dazu führen, Israel »leicht« zu nehmen, es gar »leichthin« zu übersehen. Im Gegenteil, gerade dadurch wächst ihm »Gewicht« zu. Das aber kann nur heißen, dass die auf Jesus bezogene Gemeinschaft und damit auch die aus ihr hervorgegangene christliche Kirche zu Israel in Partnerschaft gesetzt wird. Paulus hat die messianische Funktion Jesu zunächst gegenüber Israel knapp und prägnant so ausgedrückt: »Der Gesalbte ist Diener des Volks der Beschneidung geworden zum Erweis der Treue Gottes, um die den Vätern gegebenen Verheißungen zu bestätigen.« (Röm 15,8) Diese Verheißungen, also die von Nachkommenschaft, Gabe des Landes und sicherem Leben im Land, gelten weiterhin. Der Messias Jesus hat sie nicht erfüllt, aber bestätigt. Und ebenso kurz und prägnant formuliert Paulus im Blick auf die Völker: »Und die Völker loben Gott für sein Erbarmen.« Das ist ihnen durch die auf Jesus bezogene Verkündigung zugekommen. Daraus gewinnt Paulus in Aufnahme des Septuagintatextes von Dtn 32,43 die Aufforderung: »Freut euch, ihr Völker, mit Gottes Volk!« (Röm 15,9–10)

6.   Verbunden mit Israel/Judentum

Christenmenschen gehören zu denjenigen unter den Völkern, die durch den Messias Jesus kraft des Heiligen Geistes zu Israels Gott als dem Einen hinzugekommen sind – ohne dabei jüdisch zu werden. So stehen wir in einem Gegenüber zum Judentum, das den Glauben an Jesus nicht teilen kann – und nach den geschichtlichen Erfahrungen, von einem mächtigen Christentum oft genug vor die Alternative gestellt: »Taufe oder Tod«, nicht teilen durfte, wenn es sich nicht selbst aufgeben wollte. Der Glaube an Jesus markiert also auch eine Grenze; sie ist zu respektieren. Aber bei diesem Respekt stehen wir nicht beziehungslos dem Judentum gegenüber. Dass Jesus Jude war, dass wir durch ihn zu Israels Gott beten in Bitte, Klage, Lob und Dank, dass dadurch die jüdische Bibel erster Teil der christlichen Bibel wurde, auf dem ihr zweiter Teil, das Neue Testament, gründet – das verbindet uns und unsere Kirchen mit dem Judentum wie mit keiner anderen Religion. Diese Verbindung wird durch weitere jüdische Personen unterstrichen, die im Neuen Testament und in der kirchlichen Tradition eine Rolle spielen. Genannt seien nur Mirjam und Josef, die Schülerschaft Jesu sowie Paulus. Die Verbundenheit mit dem Judentum strahlt aus in zentrale theologische Sachfragen, in denen Gemeinsamkeiten erkennbar sind. Das lässt uns Jüdinnen und Juden als Zeuginnen und Zeugen desselben Gottes erkennen. Hören wir auf solche Zeugenschaft in Geschichte und Gegenwart, werden wir erkennen, dass es keinen Anlass für ein christliches Überlegenheitsbewusstsein gibt. Wir gehören *neben* Israel zu diesem Gott und sind nicht an Israels Stelle zu »Gottes Volk« geworden. Dass Jesus Jude war, stellt uns in solidarische Partnerschaft zu Jüdinnen und Juden, zu jüdischen Gemeinden und auch zum Staat Israel.

Weiterführende Literatur

WENGST, KLAUS, Jesus zwischen Juden und Christen. Re-Visionen im Verhältnis der Kirche zum Judentum, 2. erw. Aufl. Stuttgart 2004.
–, Mirjams Sohn – Gottes Gesalbter. Mit den vier Evangelisten Jesus entdecken, Gütersloh 2016.
–, Wie das Christentum entstand. Eine Geschichte mit Brüchen im 1. und 2. Jahrhundert, Gütersloh 2021.

VII.4   Christologie diesseits und jenseits von Antisemitismus

René W. Dausner

Eine kritische Reflexion über ›Antisemitismus im Christentum‹ ist nicht zuletzt für die systematisch-theologische Verantwortung des christlichen Glaubens von aktueller und zentraler Bedeutung. Insbesondere eine Christologie als christliche Interpretation des Juden Jesus von Nazaret (→ III.1, → VII.3) bedarf der kritischen Rekonstruktion, da sie mit Blick auf den Antisemitismus theologie- und dogmengeschichtlich weder als harmlos noch als unschuldig gelten kann. Allzu oft in Abgrenzung von Jüd:innen und deren Denken, Leben und Handeln haben christliche Theolog:innen zu unterschiedlichen Zeiten eine Bekenntnislehre von Jesus als dem Christus entwickelt, um die eigene Lehre zu Lasten des Judentums zu profilieren. In drastischen und kontrastiven Bildern entwarfen Kirchenlehrer des frühen Christentums bis hin zu Theolog:innen in unserer Gegenwart polemische Motive der Abgrenzung und Verachtung, die als *Schattenseite des Christentums* zu bezeichnen unvermeidbar, wenn auch fast zu milde ist (PANGRITZ, Theologie). Eine kritische Sichtung der eigenen Tradition ist daher eine Frage der Verantwortung des christlichen Theologiestudiums sowie der christlichen Predigt und Lehre und bietet noch immer Desiderata sowohl der theologischen als auch der historischen Forschung. Für eine weiterhin und heute wieder verstärkt notwendige antisemitismuskritische Bildung (→ IX.1) hat die Christologie einen substantiellen Beitrag zu leisten, wenn sie nicht in Widerspruch zu ihrem eigenen Inhalt geraten oder gar verharren soll.

1.   Christologie und Antisemitismus

Wer im Studium heute nach der Rolle des Judentums in christlicher Theologie fragt, darf – auch und gerade in der Christologie – ernste Wertschätzung und positive Würdigung erwarten. Die theologiehistorische Erkenntnis, dass Jesus Jude war und im jüdischen Kontext seiner Zeit und nicht in Abgrenzung dazu zu verstehen ist, gilt als *state of the art* aktueller Christologie. Allerdings bleibt zu fragen, was diese positive Haltung näherhin besagt und welche Konsequenzen sie zeitigt, zumal sie in der Theologiegeschichte keineswegs selbstverständlich war. Im Gegenteil: Formen der Herabwürdigung des Judentums, der expliziten Verachtung jüdischen Denkens sowie jüdischer Denker:innen in Theorie und Praxis waren bis weit ins 20. Jh. nicht nur keine Seltenheit, sondern leider der Regelfall. Erst nach der Schoa setzt ein – zu Recht – schuldbewusstes Umdenken in der christlichen Theologie ein, das nach und nach dazu führte, einen aufrichtigen Dialog mit Jüd:innen zu führen, um von jüdischem Denken und Leben zu lernen und die eigene Tradition besser zu verstehen. Wichtige Wegmarken und Wendepunkte in der Geschichte des jüdisch-christlichen Verhältnisses sind beispielsweise die Seelisberger Thesen (1947), die Konzilserklärung *Nostra aetate, Nr. 4* (1965) sowie der Rheinische Synodalbeschluss (1980). In der christlichen Theologie wirkten eine jahrhundertelange Tradition von Verachtung, Hass und Gewalt – verbal oder non-verbal – lange nach, wie substitutionstheologische Modelle, Supersessionismus und Überbietungstheorien auch nach dem Zweiten Vatikanischen Konzil (1962–1965) zeigen.

Eine heutige Christologie würde hinter das erreichte Standardwissen zurückfallen, wenn die Erkenntnisse, dass Jesus Jude war und im jüdischen Kontext seiner Zeit zu verstehen ist, missachtet würden. Um diesem gravierenden Umstand einer Neuformatierung der Christologie Rechnung zu tragen, empfiehlt es sich, eher von christlichen Jesusinterpretationen zu sprechen und somit eine Differenz zur ideologieanfälligeren Bezeichnung des Traktats der Christologie zu markieren. Allerdings wird die etablierte Rede von der Christologie – auch in diesem Beitrag – nicht vermeidbar sein. Was künftig allerdings vermieden werden muss, ist jegliche Form von Antijudaismus und Antisemitismus. Der traurige Tatbestand, dass Christologie *und* Antisemitismus lange Zeit verbunden waren, wird durch die auf den ersten Blick irritierende Konjunktion »und« im Titel dieses Beitrags angezeigt (vgl. analog zum Tatbestand »Theologie und Antisemitismus«: PANGRITZ, Theologie, 17f.). »Already in 1971 the historian Uriel Tal challenged the entrenched view that racist antisemitism is a new phenomenon that repudiates Christianity by arguing that it was actually utterly dependent on Christian anti-Judaism for its success« (HESCHEL, Jesus, 7). Der hinsichtlich seiner Genese nicht unbelastete Begriff »Antisemitismus«, der allen Widerständen zum Trotz Eingang in NA 4 gefunden hat, ist daher dem religiös-besetzten Terminus »Antijudaismus« vorzuziehen, um auch die politische Dimension des – für die christliche Tradition leider über lange Zeit charakteristischen – Judenhasses zu dokumentieren (vgl. PANGRITZ, Theologie, 34–6; MEYER-BLANCK, Glaube, 38–44).

Nach der für die folgenden Überlegungen zugrunde gelegten Arbeitsdefinition der *International Holocaust Remembrance Alliance (IHRA)* bezeichnet Antisemitismus »eine bestimmte Wahrnehmung von Juden, die sich als Hass gegenüber Juden ausdrücken kann. Der Antisemitismus richtet sich in Wort oder Tat gegen jüdische oder nichtjüdische Einzelpersonen und/oder deren Eigentum sowie gegen jüdische Gemeindeinstitutionen oder religiöse Einrichtungen.« Die Bundesregierung hat diese Definition um folgenden Satz erweitert, der im Schatten des 7. Oktobers 2023 zunehmend an Relevanz gewonnen hat: »Darüber hinaus kann auch der Staat Israel, der dabei als jüdisches Kollektiv verstanden wird, Ziel solcher Angriffe sein.« (https://www.antisemitismusbeauftragter.de/Webs/BAS/DE/bekaempfung-antisem itismus/ihra-definition/ihra-definition-node.html, letzter Zugriff: 1.3.2024)

2. Grundfrage der Christologie

Analog zur anthropologischen Grundfrage »Wer oder: Was ist der Mensch?« (vgl. Ps 8,5; Ps 144,3; Ijob 7,17) sowie zur theologischen Grundfrage »Wer oder: was ist Gott?« lautet die Grundfrage der Christologie: »Wer ist dieser?« (Mk 4,41; vgl. DAUSNER, Christologie, 37–74). Alle drei Fragen verbindet die Sehnsucht nach einem *Humanismus des anderen Menschen* (Emmanuel Levinas), der dem Antisemitismus als einer Negation des Anderen scharfsinnig und geistreich entgegentritt. Die christologische Grundfrage, die das theologische und das anthropologische Moment aufzugreifen hat, entfaltet sich näherhin in zwei Dimensionen: (1.) Inwiefern kann dieser eine Mensch als Offenbarungsgestalt Gottes gelten, ohne den Gott, von dem die Bibel kündet, zu verendlichen und ohne den Menschen ins theologisch Unstatthafte zu überhöhen? (2.) Inwiefern kann von diesem einen Menschen eine entscheidende soteriologische Funktion ausgesagt werden, ohne das weiterhin existierende Übel in Welt und Menschheit einerseits und ohne die bleibende Verantwortung jedes anderen Menschen andererseits zu verkennen?

Auf der Basis der Glaubensüberlieferungen in den neutestamentlichen Texten sowie außerbiblischer Textzeugen entsteht ein Bild von Jesus von Nazaret, das bis heute zu einer exegetischen, historischen und dogmatischen Forschung herausfordert. Auch wenn es eine abschließende Beantwortung der Frage, wer dieser Jesus sei, ebenso wenig geben kann wie hinsichtlich der Gottesfrage oder auch nur hinsichtlich der Frage nach uns selbst, gilt es immer wieder neu und kritisch, die maßgeblichen Texte zu studieren.

Für die christliche Bekenntnisbildung sind auf der Basis der biblischen Texte die spätantiken Entscheidungen der ersten vier Ökumenischen Konzilien (325: Nizäa I,

381: Konstantinopel I, 431: Ephesus, 451: Chalkedon) grundlegend, die daher als *consensus quinquesaecularis* (Konsens der ersten fünf Jahrhunderte) bezeichnet werden (vgl. COD 1, 1–103). In diesem theologiehistorischen Klärungsprozess gewann der Messias-Titel, der den biblischen Texten zufolge nicht als Selbstbezeichnung Jesu, wohl aber in der frühen Gemeindebildung gedient hatte, zunehmend an Bedeutung. Für das jüdisch-christliche Gespräch der Folgezeit bleibt die Frage relevant, inwiefern die für das entstehende Christentum charakteristische Messiasdeutung in Kontinuität oder Diskontinuität zum biblischen Denken und zur Hebräischen Bibel steht (vgl. HOMOLKA u. a., Messias, 23–71). Ungeachtet der Tatsache, dass die ersten vier Konzilien den Messiastitel in der aus dem Griechischen (*christós*) übernommenen latinisierten Fassung (*christus*) nahezu selbstverständlich und fast wie einen Eigennamen verwenden, stellt sich heute die Frage, wie mit dieser Bezeichnung Jesu jüdisches Denken schützend bewahrt und nicht vereinnahmend gebraucht werden kann. Diese Frage ist umso gravierender, als sowohl das Christentum als auch die Selbstbezeichnung der Glaubenden als Christ:innen den Bezug zum Messianischen in sich tragen.

Im Konzil von Chalkedon erfährt die Grundfrage, wer Christus Jesus sei, eine Antwort, die den jahrhundertelangen Streit über das Verhältnis von Gottheit und Menschheit in der Person Jesu von Nazaret zu einem richtungsweisenden Entscheid geführt hat. Im Textgenre eines Bekenntnisses wird festgehalten, dass Jesus Christus (1.) personale Identität zukommt, insofern er »als ein und derselbe Sohn zu bekennen« sei (COD 1, 86); darüber hinaus wird (2.) betont, dass Jesus Christus »vollkommen derselbe in der Gottheit, vollkommen derselbe in der Menschheit, wahrhaft Gott und wahrhaft Mensch derselbe« sei. In Ergänzung und Abgrenzung zugleich zu diesem Bekenntnisteil wird die Erkenntnis formuliert, dass diese eine Person »in zwei Naturen« zu erkennen sei. Um den Erkenntnisgehalt näher zu umschreiben, greifen die Konzilsteilnehmenden auf vier negative Adverbien zurück: »unvermischt [*asynchýtōs*], unverändert, ungeteilt und ungetrennt«.

Entgegen einer dominanten Lesart, spätestens mit den ersten Konzilien und mit der Erhebung des Christentums zur Staatsreligion im ausgehenden 4. Jh. die Trennlinie zwischen Judentum und Christentum realisiert zu sehen, mahnt das Konzil von Chalkedon zu Bescheidenheit. Indem das vierte Ökumenische Konzil das nicäno-konstantinopolitanische Glaubensbekenntnis der beiden ersten Konzilien aufgreift und formal bestätigt, wird die Lehre des biblischen Monotheismus affirmiert und fortgesetzt. Mehr noch: das erste der vier genannten Adverbien ermöglicht eine Christologie, die nicht gegen jüdisches Denken gerichtet ist. In kommenden Forschungsarbeiten wird die These zu prüfen sein, inwieweit »die Unvermischbarkeit des Göttlichen und Menschlichen in Jesus von Nazaret, die im *asynchýtōs* festgehalten wird, als eine Grunddifferenz zu verstehen ist, die sich in der chalkedonischen Christologie dem Judentum verdankt.« (WOHLMUTH, Jesus, 331) In der Betonung dieser Grunddifferenz zwischen Gott und Mensch, Schöpfer und Schöpfung, Transzendenz und Immanenz liegt zugleich kritisches Einspruchspotenzial gegenüber einer undifferenzierten Rede von Inkarnation als Menschwerdung Gottes. Für einen Dialog mit dem Judentum sowie mit dem Islam einerseits sowie für ein biblisch fundiertes Christentum andererseits ist diese Differenzierung fundamental.

3.   Hermeneutische Weichenstellungen

Für eine Prävention und Kritik von Antisemitismus innerhalb der christlichen Theologie (→ II.2, → IX.7) erweist sich eine Frage in hermeneutischer Hinsicht als grundlegend, die programmatisch folgendermaßen lautet: »Wie können die christlichen Kirchen adäquat und authentisch von Jesus Christus reden, ohne das Judentum herabzuwürdigen?« (Danz u. a., Christologie, V). Um dieser Frage, »der sich der jüdisch-christliche Dialog in Europa seit fünfundsiebzig Jahren zu stellen versucht« (ebd.), begegnen zu können, sind hermeneutische Reflexionen erforderlich. Das christliche Bekenntnis stellt dabei auch im 21. Jh. eine jede *Christologie auf den Prüfstand*, insofern in Frage steht, ob die exegetischen und historischen Erkenntnisse über *Jesus den Juden* einerseits und die dogmatischen Bekenntnisaussagen über *Christus den Erlöser* andererseits eine Verbindungslinie oder einen Trennungsstrich zwischen Judentum und Christentum bedeuten (vgl. Homolka/Striet, Christologie).

(1.) Eine erste wichtige Erkenntnis bieten die exegetischen Methodendiskurse über die sog. Leben-Jesu-Forschung. Die in der Aufklärung ansetzende *First Quest for the Historical Jesus*, mit dem Ziel eine ideologische Überformung des Jesus-Bildes durch historische Forschung zu überwinden und zum historischen Jesus vorzudringen, endete mit der Erkenntnis, dass auch diese Rekonstruktionen nicht frei von den hermeneutischen Vorurteilen der Forschenden sein können. Die sog. *Second Quest*, die der grundlegenden Skepsis folgte, glaubte in dem doppelten Differenzkriterium Anhalt für den historischen Jesus gefunden zu haben; demnach galt als jesuanisch, was weder aus dem Kontext des Judentums noch aus dem Kontext der frühen Gemeinden stamme. In dieser scharfen Abgrenzung Jesu vom Judentum zeigt sich jedoch hier ein antisemitisches Motiv, das mit der sog. *Third Quest* überwunden wurde, die in den 1980er Jahren einsetzte. Einen Zugang zum Verständnis Jesu sollte nun die Erforschung des sozio-kulturellen sowie historischen Kontextes bieten. Nicht mehr die Abgrenzung vom Judentum, sondern die Verortung innerhalb des Judentums schärfte nun den Blick auf Jesus.

Als hilfreich erweist sich zudem die jüdische Forschung zum Neuen Testament sowie zu Jesus von Nazaret, die mit der *Wissenschaft vom Judentum* bereits im 19. Jh. begonnen hatte (→ V.2). Zu diesen »jüdischen Denker[n], die sich mit Jesus beschäftigt haben« und zu einer »Heimholung Jesu« beigetragen haben, zählen u. a.: Abraham Geiger (1810–1874), Joseph Klausner (1874–1958), Leo Baeck (1873–1956), Jules Isaac (1877–1963), Martin Buber (1878–1965), Franz Rosenzweig (1886–1929), Abraham Jehoshua Heschel (1907–1972), Schalom Ben-Chorin (1913–1999), David Flusser (1917–2000), Ernst Ludwig Ehrlich (1921–2007), Pinchas E. Lapide (1922–1997), Paula Fredriksen (* 1951), Adele Reinhartz (* 1953), Susannah Heschel (* 1956), Amy-Jill Levine (* 1956) (gekürzte Liste nach: Homolka, Jude, 96f.)

Dogmatische Reflexionen, um eine künftige Christologie zu entwerfen, können fortan an diesen exegetischen und historischen Befunden nicht vorbeigehen, ohne ein blindes Bild von Jesus von Nazaret zu zeichnen. Anhand dieser Forschungsergebnisse und in kritischer Auseinandersetzung mit ihnen werden folglich alle christologischen Entwürfe zu prüfen sein, und zwar unabhängig davon, ob dieses Bild weiterhin als ›historischer Jesus‹ (M. Tiwald), als ›erinnerter Jesus‹ (J. Schröter u. a.) oder als ›wirklicher Jesus‹ (J. Ratzinger/H. Hoping) bezeichnet wird. Die unterschiedlichen Differenzierungen, die verwendet werden, um eine christliche Interpretation Jesu zu entwickeln, sind berechtigt und hilfreich, sofern sie einer nicht nur historischen, sondern auch notwendigen theologischen Verortung Jesu im Kontext des Judentums entsprechen; gleichzeitig bietet diese Rekontextualisierung ein wichtiges Kriterium für jede nicht antisemitische Christologie.

(2.) Eine zweite hermeneutische Weichenstellung für die Christologie ergibt sich aus den neueren Forschungen zu den ersten Jahrhunderten nach dem Leben Jesu. »Wann die Wege zwischen Judentum und Christentum auseinandergingen, ist derzeit eine der meistdiskutierten Fragen neutestamentlicher Wissenschaft und wird unter der *catchphrase* ›Parting of the Ways‹ abgehandelt.« (Tiwald, Frühjudentum, 28) (→ III.1, → III.4) Gegenüber früheren geschichtlichen Konstruktionen gilt es als heutigen Konsens festzuhalten, dass das gemeinsame Miteinander von dem, was heute als Judentum, und dem, was heute als Christentum verstanden wird, bis weit in das 4. Jh. hinein eine große Kontinuität und Fluidität besaß. Vor dem Hintergrund dieser Epoche des Übergangs, in der Judentum und Christentum sich noch nicht als religionspolitische Identitäten herausgebildet haben, sind die Entwicklungen der Christologie im frühen Christentum zu lesen. Gleichwohl zeigt sich, dass mit der Lehre der Kirchenväter als einer ›Lehre der Verachtung‹ (J. Isaac) die »theologischen Wurzeln des Antisemitismus« gelegt worden sind (Pangritz, Theologie, 37).

Aus der Fülle an Beispielen christologischer Polemiken (vgl. Nirenberg, Anti-Judaismus, 59–143) seien zwei Beispiele genannt, die bedauerlicherweise große Wirkungsgeschichte entfaltet haben: Melito von Sardes und Augustinus von Hippo.

Im frühen Christentum hat bereits im 2. Jh. Melito von Sardes (gest. um 180), Bischof in Kleinasien, die »christliche ›Lehre der Verachtung‹ maßgeblich« geprägt (Pangritz, Theologie, 41). Mit Blick auf Pessach und Ostern hat Melito eine typologische Lesart des Exodus entwickelt und eine Lehre der Substitution formuliert: die Kirche ersetze das Volk Israel, Jesus Christus gelte als das wahre Pessach-Opfer, das die Erlösung erwirkt habe. Am gravierendsten ist die verheerende Rede vom sog. Gottesmord, die auch von Johannes Chrysostomus (gest. 407) und von vielen anderen in der Folgezeit bereitwillig aufgegriffen wurde. Erst das Zweite Vatikanische Konzil (1962–1965) hat in NA 4 den Generalvorwurf des Gottesmordes entkräftet und entschieden zurückgewiesen.

Augustinus von Hippo (354–430), Bischof und einer der vier lateinischen Kirchenlehrer der Spätantike, hat ein ebenso umfang- wie einflussreiches Œuvre geschaffen. Auch Augustinus betreibt eine allegorische Lesart des Alten Testaments auf Christus hin und formuliert eine »These von der *mutatio* (= Wandlung) alttestamentlicher Texte in christlicher Deutung«; Jüd:innen sei der Zugang zu einem wahren Verständnis des Textes verborgen. Gleichzeitig erachtet Augustinus die Jüd:innen als notwendigen »Rest« in einer christlichen Welt; Augustinus zufolge »garantierte gerade die dauerhafte Existenz dieses Restes die Verständlichkeit von Schrift und Welt.« (Nirenberg, Anti-Judaismus, 140) In soteriologischer Hinsicht bleibt diese Resttheorie relevant, als er eine Konversion Israels am Ende der Zeit erwartete, weil die von ihm maßgeblich geprägte Erbsündenlehre eine Rettung ohne Christus nicht vorsah: »Israel wird sich zu Christus bekehren müssen, folgt man Augustinus, weil nur über diesen Weg die Last der Erbsünde zu bewältigen sei.« (STRIET, Theologie, 92)

Die exemplarisch genannten Motive – typologische Lesart, Gottesmordvorwurf, Substitutionsgedanke, Erbsündenkonstrukt – legten die verheerende Basis für den späteren Antisemitismus. Diese Schuldgeschichte einer Christologie diesseits antisemitischer Klischees gilt es kritisch zu reflektieren, um sie überwinden zu können.

(3.) Eine dritte hermeneutische Weichenstellung ist schließlich hervorzuheben, nämlich die, dass die Ablehnung eines christologischen Bekenntnisses nicht zu einer Verwerfungslehre verleiten darf. Die christologische Schuldgeschichte produzierte eine Jahrhunderte währende jüdische Leidgeschichte, die in Verleumdung, Verfolgung und Gewalt bis hin zum Mord mündete. Umso erschütternder war, als in einer Zeit des Dialogs und der Verständigung mit einer Neuformulierung der Karfreitagsfürbitte durch Papst Benedikt XVI. (→ VI.4) die alte Angst vor Judenmission wachgerufen wurde. Wichtig waren sowohl der Hinweis von Walter Kardinal Kasper, dass die Katholische Kirche keine Praxis der Judenmission kenne, als auch die unmissverständliche, wenn auch späte Klarstellung Benedikts XVI., dass mit dem Judentum zwar ein »Dialog darüber, ob Jesus von Nazaret ›der Sohn Gottes, der Logos‹« sei, geführt werden könne, Mission aber ausgeschlossen sei (RATZINGER/BENEDIKT XVI., Mission, 13f.). Der Schaden, der durch eine unnötige Verunsicherung entstanden war, aber blieb.

Für eine christliche Theologie, die sensibel mit dem jüdischen Dialogpartner umgeht, muss aus der fehlenden Praxis der Judenmission auch die entsprechende Theoriebildung folgen (→ VII.5). Beispielhaft ist diese Theorie im Gesprächskreis *Juden und Christen* beim *Zentralkomitee der deutschen Katholiken* (ZdK) formuliert worden, wenn es in der bedeutenden Erklärung »Juden und Christen in Deutschland« (2005) heißt:

- »Jesus Christus ist nach christlichem Bekenntnis das ›Ja und Amen‹ (2 Kor 1,20) der unwiderruflichen Treue Gottes zu Israel und der ganzen Welt.
- Dennoch gibt es – um der Treue desselben Gottes willen – ein Heil für Israel ohne Glauben an Jesus Christus.« (20)

Die Betonung der Treue Gottes und der Beständigkeit göttlicher Heilszusagen verbietet der christlichen Theologie nicht nur jeglichen Triumphalismus und hegemoniale Soteriologieansprüche; das Vertrauen in Gottes Treue wirkt zudem entlastend angesichts einer selbstbezogenen und kleingläubigen Angst, ohne Herabwürdigung anderer die eigene Identität preiszugeben. Für eine religionstheologische, kritische Reflexion der Heilsvermittlung muss gerade eine christliche Interpretation des Juden Jesus von Nazaret Anlass zu dialogischem Denken bieten, um der drohenden Gefahr eines exklusivistischen Heilsanspruchs entgegenwirken zu können. Das Theologoumenon der Treue Gottes ermöglicht einen Dialog über unterschiedliche Interpretationen Jesus (→ II.3) jenseits von Antisemitismus und *hate speech*. Wahrheit erfordert nicht nur Wahrhaftigkeit, sondern auch Bewährung im gegenseitigen Miteinander.

(4.) Nicht zuletzt steht in der christlichen Jesusdeutung auch eine kritische Reflexion der Sühnetheologie an. Gerade wenn und weil das Leben des Juden Jesus von Nazaret für eine christliche Deutung auch seines Todes von Bedeutung ist, wird der Gedanke eines Eintretens des Einen für Andere im 21. Jh. neu zu bedenken sein. Impulse jüdischen Denkens aus der Gegenwartsphilosophie wie beispielsweise von Emmanuel Levinas werden dabei ebenso zu berücksichtigen sein wie exegetische Überlegungen zum ›Sühnegedanken in der Jesustradition und bei Paulus‹ (H. Merklein) (zur Diskussion vgl. DAUSNER, Stellvertretung, 332–360).

4. Grundlinien einer antisemitismuskritischen Christologie

Die bisherigen Überlegungen erlauben die Formulierung einiger Grundlinien, die die Christologie als einen zentralen Traktat christlicher Theologie betreffen.

(1.) Christologie ist eine christliche Jesus-Interpretation, die auf der Basis exegetischer, sozio-historischer und theologischer Forschungserkenntnisse je neu zu entwickeln und im Dialog mit jüdischen, islamischen sowie anderen Interpretationen Jesu zu prüfen ist.

(2.) Der Christologie kommt über die Erkenntnis- und Bekenntnisbildung hinaus die Aufgabe zu, einen substantiellen Beitrag zu antisemitismuskritischer Bildung zu leisten. Die Bekämpfung von Antisemitismus stellt eine grundlegende Verantwortung für die Lehre in Schule und Hochschule sowie für die Verkündigung der christlichen Botschaft dar. Christliche Theologie kann und muss die eigene Tradition des Antisemitismus aufarbeiten und die Ergebnisse in die Lehre und Forschung gegen das Bestehen und Entstehen von Antisemitismus einbringen.

(3.) Christologie ist in der christlichen Theologie zwar kein beliebiger, aber auch nicht der einzige dogmatische Traktat. Die dogmatische Grundfrage, wer dieser Jesus sei, steht im Zusammenhang mit der Frage nach dem Menschen und nach Gott. Eine Christologie, die diesen Zusammenhang beachtet, wird alles daransetzen, um Antisemitismus in der Christologie zu identifizieren, und mit Sensibilität immer wieder eine christliche Jesusinterpretation jenseits von Antisemitismus zu entwickeln suchen.

(4.) In dieser Hinsicht ist zu betonen, dass eine christliche Jesusinterpretation kein ›Endpunkt‹ christlicher Theologie sein kann: »Es gibt auch kein Auf-ihn-zu-Gehen, das nicht mit ihm die Richtung auf den Vater hat.« (BREUNING, Grundzüge, 97) Theologisch-ästhetischen Ausdruck findet diese Erkenntnis in der christlichen Gebetshaltung, die sich durch den Sohn in der Gemeinschaft des Geistes an den Vater wendet.

(5.) Christologie zielt auf eine Verbesserung der Welt. Der soteriologische Zuspruch bedeutet weder Exklusivität noch Lethargie. Im Gegenteil: Mit dem Apostel Paulus gilt es für die christliche Existenz den Aspekt der Verwandlung festzuhalten, die in der Eucharistie gefeiert wird: »Nicht mehr ich lebe, sondern Christus lebt in mir.« (Gal 2,20; EÜ 2016) Christologie bedeutet in theologisch-praktischer Konsequenz, dass eine Verwandlung zum Leben bereits vor dem Tod stattfindet und den Kampf für das Gute und gegen Antisemitismus zur Pflicht macht.

Weiterführende Literatur

DANZ, CHRISTIAN/KATHY EHRENSPERGER /WALTER HOMOLKA (Hg.), Christologie zwischen Judentum und Christentum. Jesus, der Jude aus Galiläa, und der christliche Erlöser, Tübingen 2020.

DAUSNER, RENÉ, Christologie in messianischer Perspektive. Zur Bedeutung Jesu im Diskurs mit Emmanuel Levinas und Giorgio Agamben (Studien zu Judentum und Christentum 31), Paderborn 2016.

HOMOLKA, WALTER/STRIET, MAGNUS, Christologie auf dem Prüfstand. Jesus der Jude – Christus der Erlöser, Freiburg im Breisgau 2019.

MEYER-BLANCK, MICHAEL, Glaube und Hass. Antisemitismus im Christentum, Tübingen 2024.

PANGRITZ, ANDREAS, Die Schattenseite des Christentums. Theologie und Antisemitismus, Stuttgart 2023.

VII.5   Nein zur Judenmission – Ja zum Dialog

Rainer Kampling

Am 9. März 2009 wurde die Erklärung des Gesprächskreises »Juden und Christen« beim Zentralkomitee der deutschen Katholik:innen (ZDK) mit dem Titel »Nein zur Judenmission – Ja zum Dialog zwischen Juden und Christen« veröffentlicht. Der Text wurde seinerzeit breit – innerkirchlich und außerkirchlich – zur Kenntnis genommen, zustimmend rezipiert und kritisiert, wie etwa von der Deutschen Bischofskonferenz; in deren Auftrag verfasste Bischof Gerhard Ludwig Müller eine Entgegnung, die zum eigentlichen Thema nichts beiträgt, allerdings im Abschnitt »Mission und Gewaltlosigkeit« eine bezeichnende Ignoranz und Missachtung gegenüber den Opfern der Mission belegt (www.dbk.de/presse/aktuelles/meldung/das-christus-bekenntnis-der-kirche-im-christlich-juedischen-dialog). Der eigentliche Anlass für die Erklärung waren die Irritationen in den jüdisch-katholischen Beziehungen während des Pontifikats von Benedikt XVI. (2005–2013), besonders die durch die päpstliche Formulierung einer neuen Karfreitagsfürbitte unter der alten Überschrift »Pro conversione Judaeorum – Für die Bekehrung der Juden« in der außerordentlichen Form des Römischen Messritus 2008 ausgelöste Krise (→ VI.4). Mit diesem mehr als zweideutigen Text war auf einmal wieder ein altes Thema präsent, das eigentlich mit dem Vaticanum II und seit der Umsetzung von Nostra aetate als faktisch erledigt angesehen worden war. Der Verzicht auf Bekehrungsversuche wurde und wird von jüdischer Seite als die Prämisse eines möglichen Dialogs angesehen, da Mission eben dem Charakter eines Dialogs diametral widerspricht, ihn mithin verunmöglicht. Zwischen Mission und Dialog besteht ein grundlegender struktureller Unterschied zwischen den Akteuren: Im Falle der Ersten gibt es ein Subjekt und ein Objekt, das seine als irregeleitet behauptete Überzeugung und Praxis aufgeben und die Positionen, Meinungen und Glaubensinhalte des Subjekts übernehmen soll, um einen existentiellen Mangel zu beheben. Es besteht somit ein deutliches Gefälle zwischen den Beteiligten. Angesichts dieser Wahrnehmung der Anderen ist unschwer nachvollziehbar, aus welchen Gründen Mission und europäische Kolonisation Hand in Hand gingen. Beim Dialog dagegen treffen zwei Akteure aufeinander, deren Unterscheidung in Überzeugung und Praxis als konstitutiv ange-sehen wird und die in einen Austausch darüber treten. Bei der Abfassung der Erklä-rung des Gesprächskreises kam dieser Differenz fundamentale Bedeutung zu, da das der Mission zugrundeliegende Axiom eines Heilsdefizits in Hinblick auf Jüd:in-nen dem Zeugnis der Schrift und der kirchlichen Lehre, wie sie in Nostra aetate bezeugt und von Johannes Paul II. lehramtlich vertreten wurde, widerspricht.

Weiterhin hat sich der Gesprächskreis das Verständnis der Judenmission zu eigen gemacht, wie es in der jüdischen Wahrnehmung tradiert wurde und weiterhin exis-tiert. Die organisierte Judenmission ist religionsgeschichtlich eine Erscheinung der nachreformatorischen Neuzeit, die ihre Anfänge im Pietismus hatte und im 19. Jh. ausgehend von Großbritannien und den USA eine Blüte insbesondere in protestan-tischen Staaten, etwa durch die Gründung von speziellen Missionsgesellschaften, erfuhr, während es innerhalb der katholischen Kirche wenig Vergleichbares gab, da man hier weiterhin das Konzept der repressiven Bekehrungsversuche vertrat, wozu auch der theologisch verbrämte Kampf gegen die bürgerliche Gleichstellung der Jüd:innen gehörte und wofür das Ghetto im Kirchenstaat, aus dem die jüdischen Bewohner erst 1870 befreit wurden, und die Kindesentführungen als Beispiele die-nen können. Allerdings hatte weder die eine noch die andere Methode den er-wünschten Erfolg. Zu den erhofften Massenkonversionen kam es nicht; Konversio-nen geschahen zahlenmäßig gering und primär aus privaten und gesellschaftlichen Gründen. In der jüdisch-aschkenasischen Erinnerung verbindet sich freilich bedeu-tend mehr mit diesem Begriff als eine rein historiographische Beschreibung. Er vereint eine Vielzahl von Ereignissen, wie die Zwangstaufe von Jüd:innen bzw. ihre Ermordung, wenn sie die Taufe ablehnten, so etwa während der Kreuzfahrerwirren im Rheinland oder der ersten großen Pestwelle, dann die Taufe von Kindern ermor-deter Jüd:innen, wie etwa in Breslau unter Führung des Johannes Capistranus 1453, der immer noch zu den Heiligen der Katholischen Kirche zählt, oder das Alhambra-Edikt 1492, das die hispanischen Jüd:innen vor die Wahl zwischen Vertreibung oder Taufe stellte.

Es ist aber nicht nur das historische Eingedenken, das den Begriff negativ akzen-tuiert, sondern auch die innere Logik des Gemeinten: Das Ziel der Judenmission ist die Aufgabe des Jüdischseins in der Annahme der Taufe. Daher kann die Judenmissi-on als Gefährdung jüdischer Existenz verstanden werden, was Ernst Ludwig Ehrlich (1921–2007) mit der Wendung »theologische Endlösung« drastisch verdeutlichte. Insofern man im Dialog die Anderen mit ihren Erfahrungen, Erinnerungen und Befürchtungen annimmt, kann man diese nicht ignorieren oder gar als Missverste-hen der christlichen Position abtun, sondern muss sie in der Argumentation mitbe-denken. Dieser Forderung entspricht der Abschnitt »Das Jüdische Nein zur Juden-mission«, in dem unter Hinweis auf rabbinische Literatur der eigentliche Unterschied der beiden Denkweisen auch hinsichtlich des Heilsverständnisses auf-gezeigt wird, um dann aber unter dem Wort »Licht für die Völker« eine Gemein-samkeit aufscheinen zu lassen. Dass die Judenmission sich allein aus theologischen Gründen verbietet, wird ebenso klargestellt wie die Gegebenheit, dass sie ein Schib-boleth für den jüdisch-christlichen Dialog ist. Die gesamte Erklärung lässt keinen Zweifel daran, dass Judenmission aus Respekt vor dem Judentum, aus historischen, theologischen und moralischen Gründen in sich falsch und ihre Praxis verunmöglicht ist. Sie ist in keiner Weise Bezeugung christlicher Glaubensexistenz.

Allerdings hat diese Position den Charakter einer unabdingbaren Voraussetzung, um das Thema überhaupt zu bedenken. Die eigentliche Begründung für die Verwerfung erfolgt dagegen theologisch, und zwar theozentrisch, ekklesiologisch und eschatologisch, wobei die Argumente miteinander verflochten sind. Dem Schriftargument kommt dabei herausragende Bedeutung zu; ihm ist auf exegetischer Grundlage ein eigener Abschnitt gewidmet. Weiterhin werden frühere Erklärungen des Gesprächskreises rezipiert und expliziert. So kann man sie nicht in Absehung des grundlegenden Satzes aus »Juden und Christen in Deutschland. Verantwortete Zeitgenossenschaft in einer pluralen Gesellschaft« von 2005 lesen: »Jesus Christus ist nach christlichem Bekenntnis das ›Ja und Amen‹ (2 Kor 1,20) der unwiderruflichen Treue Gottes zu Israel und der ganzen Welt. Dennoch gibt es – um der Treue desselben Gottes willen – ein Heil für Israel ohne Glauben an Jesus Christus.« Insofern das christliche Bekenntnis nur durch Jesus Christus um die menschlich unverfügbare Treue Gottes weiß, weiß es auch um seine Treue zu Israel. Diese unaufgehobene Treue ist mithin in das Bekenntnis eingebunden. Das »Dennoch« ist nicht in Opposition zum Bekenntnis formuliert, sondern nimmt darauf Bezug, dass die beiden Aussagen widersprüchlich erscheinen, aber es im Letzten nicht sind, wenn man denn an der Einheit der beiden Teile der Bibel festhält (Konzil v. Trient, De libris sacris et de traditionibus recipiendis, DS 1501). Der Satz von 2005 wird nun unter expliziter Bezugnahme auf das Vaticanum II. und den Bundesschluss präzisiert: »Wir [...] betonen mit der Kirche des Zweiten Vatikanischen Konzils, dass der Bund Gottes mit dem jüdischen Volk einen Heilsweg zu Gott darstellt – auch ohne Anerkennung Jesu Christi und ohne das Sakrament der Taufe.« Von diesen Aussagen führt ein direkter Weg zu jenen über die Judenmission, da es dort um die enge Verbindung der Glaubwürdigkeit der Treue Gottes zu den durch Christus Glaubenden und zu Israel geht, die nicht als Gegensatz, sondern in Beziehung und Zusammenhang zu verstehen sind. Christliches Sprechen von der Treue Gottes ist ohne die Treue zu Israel nicht möglich, weil es ohne Grund wäre. Der Verweis auf das Vaticanum II, näherhin Nostra aetate 4, umfasst die gesamte theologische Begründung der Erklärung, da man in der Konzilserklärung explizit die Anerkennung der engen Verbindung von Israel und Judentum und Kirche und Gläubigen findet, und zwar nicht nur die zum biblischen Judentum. Das zu bestreiten, blieb allein den grenzenlos Verhärteten unter den christlichen Antijudaisten vorbehalten. Es ist um die bleibende Verbindung zum jetzigen Judentum zu tun, das dem Christentum kein völlig Fremdes ist, sondern aufgrund der Glaubenserfahrung des handelnden Gottes Nahes. Im Grunde geht es nicht vorrangig um die Frage der Beziehungen untereinander, sondern wie man Gott erlebt und von ihm spricht. Dass sich der Gott Israels als der bleibend Treue erweist, kann wiederum mit einer Darstellung des Bundesgedankens gezeigt werden, der mit den Wort Johannes Pauls II. vom »niemals gekündigten Alten Bund« als bestehend angesehen wird. In diese Ausführungen eingeschaltet ist eine ausführliche, exegetisch fundierte Relektüre von Röm 9–11, die sich auf die Heilszusagen an und für Israel fokussiert. Paulus wird damit gleichsam zu einem Kronzeugen gegen die Judenmission, da denen, die im

Heil Gottes sind, nicht erst das Heil gebracht werden muss. Der Gedanke einer Heilsverdoppelung ist der Theologie und der Schrift fremd. Der Gesprächskreis folgt damit der Lesart von Röm 9–11 durch das Vaticanum II und mehreren lehramtlichen Stellungnahmen, insbesondere von Johannes Paul II., wobei daran zu erinnern ist, dass es bereits in der älteren christlichen Literatur durchaus Ansätze gab, Röm 9–11 in dieser Weise zu deuten. Der Umstand, dass sich diese nicht gegen die Verblendung des vorherrschenden Antijudaismus durchsetzen konnten, ändert nichts an ihrer Richtigkeit. Angesichts der vielfachen Bezeugung in Glauben und Glaubenspraxis eignet dieser Lesart im Katholizismus Verbindlichkeit im Sinne der Tradition. So gewichtig für die Erklärung die Theologie des Bundes und das Konzept des Heilswegs sind, so wenig zeigt sie sich von den damals durchaus heftig geführten Debatten um diese Begriffe irritiert, sondern eröffnet mit dem Verweis auf die Herrschaft Gottes eine Perspektive, die die Souveränität Gottes anerkennt, die Gegenwart und die erhoffte Zukunft umfasst: »Israel und Kirche sind gemeinsam und auf je spezifische Weise Werkzeuge Gottes für das Kommen seiner universalen Königsherrschaft.«

Ein weiterer Abschnitt ist der Interpretation neutestamentlicher Texte gewidmet, näherhin Lk, Apg, Mt und Joh. Die Analyse und ihr Ergebnis, nämlich dass diese Texte eben nicht für Judenmission plädieren, sind zweifelsfrei überzeugend. Allerdings ist dieser Abschnitt primär ein Zeichen der innerkirchlichen Dialogbereitschaft, da die Texte offensichtlich nach dem Kriterium ausgewählt wurden, ob sie von Befürworter:innen der Judenmission herangezogen wurden oder werden könnten. Dabei fällt im Rückblick ein gewisser ekklesiologischer Optimismus auf, etwa wenn es als Fazit zum Matthäusevangelium heißt: »Auch aus dem Matthäusevangelium ist ein Auftrag zur Judenmission nicht ableitbar, wohl jedoch das Zeugnis von der Praxis und der Lehre Jesu vor allen Menschen, auch vor Juden.« Dabei ist bei Mt klar, dass das Zeugnisgeben voraussetzt, dass die, die das tun wollen, alles halten, was er befohlen hat (vgl. Mt 28,20). Der sog. Missionsbefehl ist primär ein Kriterium zur Beurteilung der Verfasstheit der Kirche selbst. Als Subtext kann dieser Optimismus auch bei der häufiger angesprochenen Problematik, was die Bestreitung des Heils der Jüd:innen in letzter Konsequenz für das Gottvertrauen einer Kirche, die ihre Hoffnung auf die Treue Gottes gründet, bedeuten würde, festgestellt werden. In der Erklärung wird diese Frage mahnend zu Recht gestellt, freilich mit gegenwärtigem Bezug. Dabei wird jedoch nicht erwähnt, dass genau diese Auffassung die Kirche und ihr Gottesbild geprägt hat. Oder um Origenes († 253/254) zu paraphrasieren: Bevor Christus die Kirche zur Braut nahm, hat er seine frühere Frau, die Synagoge, verlassen (Mt Com 14,19). Dieser Gedanke der Untreue war implizit im christlichen Denken stets bedrohlich gegenwärtig. Es ist bisher noch nicht wirklich ausgelotet, was die Negierung des Judentums durch den christlichen Antijudaismus dem Christlichen an Schaden zugefügt hat. Gewiss kann das nicht die Aufgabe einer Erklärung sein. Aber eine zu leistende Arbeit bleibt es nichtsdestoweniger.

Der Gesprächskreis setzt vielmehr auf das durch das Gespräch Erreichte statt auf das Trennende. Er betont zu Recht die vielfachen Errungenschaften und die Gemeinsamkeiten, die die Jahre der Begegnung hervorgebracht haben. Sie verhelfen zu der Einsicht: »Weil Gottes Bund Israel bereits das Heil erschlossen hat, braucht die Kirche nicht um das Heil Israels besorgt zu sein [...].« Dieser befreiende Satz hat sein Fundament im Vertrauen auf den Einen, der »erbarmend, gönnend, langmütig, reich an Huld und Treue« (Ex 34,6; Buber-Rosenzweig-Übersetzung) ist. Von dieser Zusage handelt im eigentlichen Sinne die ganze Erklärung, die auch ein Einüben in das Anheimgeben an sein Tun und in den Verzicht darauf ist, zu meinen, man wisse um all seine Wege. Wenn der Text mit Röm 11,33–36 ausklingt, so ist das in diesem Kontext auch nicht ganz ohne Witz, denn die Befürwortung der Judenmission schließt den Anspruch, Ratgeber Gottes zu sein, wohl ein. Die Erklärung dagegen betont den Habitus des Hoffens, der aber durch den Glauben nicht als ein einfaches Ausharren zu beschreiben ist, sondern als prägende gemeinsame Praxis von Jüd:innen und Christ:innen: »Die Hoffnung auf das Heil verbindet Juden und Christen in besonderer Weise miteinander.«

Während der Text im Kontext seiner Entstehung vielfach diskutiert wurde, ist er im jüdisch-christlichen Dialog nicht mehr im gleichen Maße präsent. Das liegt nun gewiss nicht an seiner Qualität, sondern an seinem unmittelbaren Anlass. Da der Versuch Papst Bendedikts XVI., eine Versöhnung durch Zugeständnisse an die Schismatiker der Piusbruderschaft zu erreichen, wenig Erfolg zeigte, bevor er als gänzlich gescheitert bewertet wurde (Motu proprio Traditionis custodes, 16.7.2021), erloschen weitgehend die Befürchtungen, die damit verbunden waren. Doch hat die Erklärung einen Wert weit über diesen Kontext hinaus. Es ist eine aus Schrift und Theologie verantwortete Begründung der Hoffnung auf Heil für Jüd:innen und Christ:innen, die über die tatsächliche und vermeintliche Besorgnis hinausweist. Sie ist in sich selbst eine Praxis des Dialogs, die ohne das Innewerden des Glaubens der am Gespräch Beteiligten nicht möglich ist. Sie ist zu lesen als ein wertvoller hermeneutischer Entwurf im Kontext der Neuen Israeltheologie und der damit verbundenen Schriftlektüre. Vor allem eignet ihr eine Klarheit und Prägnanz, mit denen die zentralen Gegenstände benannt werden. Allein deswegen ist sie für das Verstehen des Dialogs und der Teilnahme an ihm unverzichtbar.

Weiterführende Literatur

BREUNING, WILHELM, Nein zur Judenmission – ja zum Dialog zwischen Juden und Christen, in: BRUCKMANN, FLORIAN/DAUSNER, RENÉ (Hg.), Im Angesicht der Anderen. Gespräche zwischen christlicher Theologie und jüdischem Denken. FS Josef Wohlmuth (Studien zu Judentum und Christentum 25), Paderborn 2013, 123–140.

FRANKEMÖLLE, HUBERT/WOHLMUTH, JOSEF (Hg.), Das Heil der Anderen. Problemfeld »Judenmission« (QD 239), Freiburg 2010.

HEINZ, HANSPETER (Hg.), Um Gottes willen miteinander verbunden. Der Gesprächskreis »Juden und Christen« beim Zentralkomitee der Deutschen Katholiken, Münster 2004.

KAMPLING, RAINER, »Wort der göttlichen Wahrheit« (Johannes Paul II.). Röm 9–11 als Basistext der Israeltheologie der römisch-katholischen Kirche, in: HIMMELBAUER, MARKUS u. a. (Hg.), Erneuerung der Kirchen. Perspektiven aus dem christlich-jüdischen Dialog, Freiburg 2018, 223–238.

VII.6   Zu einer christlichen Theologie nach der Schoa

Marianne Grohmann

1.   Historische Kontexte

1.1   Jüdische Theologie und Philosophie nach der Schoa

Christliche Theologie nach der Schoa bezeichnet Ansätze seit den 1970er Jahren
des 20. Jhs. n. d. Z., die die Theologie durch die planmäßige Vernichtung großer
Teile des europäischen Judentums in der Zeit des Nationalsozialismus radikal in
Frage gestellt sehen. Diese Entwürfe beurteilen die Schoa als umfassenden Zivilisationsbruch, der einen Paradigmenwechsel und Umdenkprozess notwendig macht.

Christliche Theologie nach der Schoa reagiert auf Ansätze jüdischer Holocaust-
Theologie und -Philosophie, wie sie z. B. von Richard L. Rubenstein oder Emil L.
Fackenheim zur Diskussion gestellt wurden. Rubenstein vertritt eine radikale Tod-
Gottes-Theologie: Gott muss in Auschwitz gestorben sein, weil es unmöglich ist,
dass der gerechte, allmächtige Gott der jüdischen Tradition den Holocaust zugelas-
sen hat. Was bleibt, ist der Glaube an eine »Holy Nothingness«. Ein Gott, der gleich-
gültig gegenüber den Akteur:innen der Geschichte ist, existiert vielleicht. Trotzdem
bleiben die traditionellen Formen jüdischer Religiosität als gemeinsames geschichtliches Erbe und zur Lebensbewältigung wichtig.

Fackenheim gilt als der einflussreichste und philosophisch geschulteste Holo-
caust-Denker. Als Reaktion auf die katastrophalen Ereignisse formuliert er das 614.
Gebot (also das erste, das über die traditionelle Zählung der 613 aus der Tora abge-
leiteten Gebote hinausgeht), Gottes »gebietende Stimme von Auschwitz«: Hitler
keinen nachträglichen Sieg zu bescheren, indem Jüd:innen verzweifeln, sondern
gerade als Jüd:innen zu überleben. Der jüdische Widerstand in den Konzentrationslagern und die Wiedererrichtung des Staates Israel sind Ausdruck des Lebenswillens
Israels und Grundlagen für ein jüdisches Leben nach der Schoa.

Infolge der Schoa geht auch durch das Christentum ein Riss. War die Substitutionslehre, nach der das Christentum das Judentum abgelöst habe, vorher schon
historisch und theologisch fragwürdig, so ist sie nach der Schoa noch weniger trag-
bar. Jüdischen wie christlichen Positionen ist gemeinsam, dass sie eine Theologie
ablehnen, die die Schoa als Bestrafung für jüdische Sünden ansieht oder ihr irgend-
einen religiösen Sinn gibt. Alle Holocaust-Denker:innen hadern mit Gott und machen ihm den Prozess. Trotzdem halten sie auf ihre Weise an Gott fest, eine von
Gott entleerte Welt können sie sich letztlich nicht vorstellen – sie haben also ein
Gottesverständnis, das man vielleicht als agnostisch-deistisch einordnen könnte. In
aller Gebrochenheit treten sie für die Sinnhaftigkeit eines jüdischen religiösen Lebens nach Auschwitz ein. Denken und Existenz, Reflexion und konkrete Leiderfah-
rung sind bei diesen Autoren eng miteinander verwoben.

Gemeinsam ist den Forscher:innen, die sich mit Theologie und Philosophie nach
der Schoa befassen, die Basis: Auschwitz bedeutet einen Zivilisationsbruch, Theolo-

gie kann nicht mehr so betrieben werden wie vorher. Die Hauptmotivation von jüdischer Seite, das schmerzliche Thema der Schoa immer wieder zur Sprache zu bringen und die Erinnerung daran wach zu halten, ist der Appell, dass sich so eine Katastrophe nie wieder ereignen darf.

1.2 Christliche Antworten: Wahrnehmung der Zeugnisse von Opfern

Was bedeutet der Zivilisationsbruch der Schoa für christliche Theologie? Wie kann christliche Theologie angemessen auf diese radikale Infragestellung reagieren? Wie lässt sich angesichts der Sinnlosigkeit der Schoa an der Vorstellung von einem Gott festhalten, der in der Geschichte wirkt? Anders als eine Theologie, die sich als zeitlos und unabhängig von historischen Entwicklungen ansieht, versteht eine christliche Theologie nach der Schoa den Holocaust als ein präzedenzloses Ereignis, das bisherige theologische Selbstverständlichkeiten in Frage stellt.

Ein Ausgangspunkt für theologisches Nachdenken ist die Wahrnehmung der Zeugnisse von Opfern und Überlebenden (vgl. z. B. Reck, Angesicht). Diese kann eine angemessenere Annäherung an das Thema der Schoa sein als die wissenschaftliche Reflexion. Christliche Theologie nach Auschwitz lässt sich auf persönlicher Ebene von den Zeugnissen der Opfer betreffen. Die Dokumente aus Konzentrationslagern, Erzählungen von Überlebenden und literarische Verarbeitungen sollen als Gegenüber ernst genommen, nicht vergegenständlicht werden und stellen eine Basis für theologische Überlegungen dar.

Erfahrungen von Zeug:innen der Schoa, von Täter:innen und Opfern wirken bei ihren Nachkommen auf beiden Seiten bis heute nach. Es hat nach dem Zweiten Weltkrieg lange gebraucht, bis christliche Theologie und Kirchen ihre Mitschuld an der Schoa eingesehen und bekannt haben. Aus der Einsicht in diese Schuld ergibt sich die Notwendigkeit, grundlegende christlich-theologische Inhalte neu zu durchdenken.

Gemeinsam ist allen Werken, die sich mit Holocaust-Theologien beschäftigen, ihre nicht nur intellektuelle, sondern auch emotional-existenzielle Auseinandersetzung mit dem Thema. Jenseits eines »Betroffenheitspathos« versuchen sie, der eigenen Sprachlosigkeit angesichts der Schoa durch authentische, oft literarische Textzeugnisse von Überlebenden Raum zu geben. Wahrnehmung der Stimmen von Opfern und Einsicht in die Schuld der eigenen Vorfahren sind also notwendige Anknüpfungspunkte christlicher Antworten auf jüdische Theologien und Philosophien nach der Schoa.

2. Grundlegende systematisch-theologische Fragen

Jahrhundertealte antijüdische Denkmuster und Vorurteile im Christentum sind ein Element unter vielen, das zur Schoa beigetragen hat. Damit sich die Schoa nie wieder ereignet, steht christliche Theologie seither vor der Herausforderung, zentrale Inhalte so neu zu formulieren, dass sie nicht antijüdisch sind. Als Antwort auf die Appelle jüdischer Theologie und Philosophie, aber auch Literatur nach der

Schoa ergibt sich für christliche Theologie die Notwendigkeit eines Umdenkprozesses, v. a. im Bereich der Rede von Gott und in der Christologie.

2.1   Zur Rede von Gott

Die Theodizeefrage stellt sich nach der Schoa in besonderer Schärfe: Wie konnte Gott dieses unfassbare Leid und diese grauenhaften Verbrechen zulassen? Ist Gott dann noch allmächtig, gerecht und gütig? Durch die Schoa erfährt die Theodizeefrage eine besondere Zuspitzung, weil dadurch »Gottes Augapfel« (Sach 2,12), sein erwähltes Volk Israel, schwer beschädigt und verletzt wurde.

Der jüdische Schriftsteller und Philosoph Elie Wiesel war zwar kein »Holocaust-Theologe« im engeren Sinn, prägte die Debatten aber durch sein literarisches Werk. Er war es, der den Begriff »Holocaust« im modernen europäischen und amerikanischen Denken etablierte, sich aber gleichzeitig auch seiner problematischen Konnotationen (gr./lt. *holocaust-on/-us* bezeichnet das Brandopfer) bewusst war. Wiesel zweifelt an Gottes Gerechtigkeit und Barmherzigkeit, verweigert das Gebet; trotzdem bleibt Gott der Adressat seines Protests, seiner Klage und Anklage. Ausgehend von der Frage: »Wo war Gott?« gelangt er zur Frage »Wo war der Mensch in Auschwitz?« Wiesels Engagement für Frieden und Gerechtigkeit, die Erinnerung, das Erzählen von Einzelschicksalen, die Rebellion gegen Gott und die Suche nach Antworten sind Wege, mit der Theodizeefrage umzugehen. Zachary Braiterman hat für die Weigerung, nach der Schoa die Gottesbeziehung zu rechtfertigen oder zu erklären, den Begriff »Anti-Theodizee« geprägt (BRAITERMAN, (God), 4).

In eine ähnliche Richtung gehen auch die Überlegungen des jüdischen Religionsphilosophen Hans Jonas. Er sieht traditionelle Deutungen des Leidens des Volkes Israel durch die Schoa radikal in Frage gestellt. Die Interpretation des babylonischen Exils als Strafe Gottes in manchen biblischen Texten oder auch die Vorstellung vom Märtyrertum für den Namen Gottes aus der Makkabäerzeit – beides Fälle, in denen Menschen nur aus dem Grund umgebracht wurden, dass sie Jüd:innen waren – sind nach der Schoa nicht mehr möglich. Vor diesem Hintergrund ist ein allmächtiger, transzendenter Gott nicht mehr vorstellbar. Aus diesem Grund sieht Jonas Gott als in der Immanenz der Welt aufgehend und betont gleichzeitig die Verantwortung des Menschen.

Das Ringen mit Gott hat Vorbilder in der Hebräischen Bibel, z. B. in den Klageliedern und -psalmen oder in der Gestalt des Hiob. Zeugnisse von Opfern der Schoa zeigen nicht nur die radikale Infragestellung jeder Gottesvorstellung, sondern auch umgekehrt, dass Gebete und Gedichte zum Teil Motivation zum Überleben waren. Die Wiederentdeckung der Klage kann ein angemessener Zugang auch zur christlichen Theologie sein: In den Klageliedern und -psalmen ringen die Beter:innen mit Gott und sprechen ihn trotz aller Verzweiflung als Adressaten an. Auch wenn die Vorstellung von einem allmächtigen Gott durch die Schoa in die Krise geraten ist, kann das Festhalten an einer Gottesvorstellung, die Gutes und Böses umfasst, trotz allen Leidens eine wichtige Ressource sein.

2.2 Zur Christologie

Die Christologie ist nach wie vor *der* »Streitfall« (HOPING/TÜCK, Streitfall) im christlich-jüdischen Gespräch. Nach der Schoa stellt sich die Herausforderung, die Christologie nicht im Sinne der Substitutionslehre auf Kosten des Judentums zu formulieren. Umdenkprozesse in der Christologie nach der Schoa kreisen um das Verständnis von Leiden und Tod Jesu, das Judesein Jesu und die Bedeutung des Messiastitels:

Leiden und Tod Jesu

Die Erinnerung an das Leiden und den Tod Jesu sowie die Deutung von Kreuz und Auferstehung Christi gehören zu den zentralen Themen des christlichen Glaubens. Theolog:innen wie Jürgen Moltmann und Dorothee Sölle auf evangelischer oder Johann Baptist Metz auf katholischer Seite bringen das Leiden und den Kreuzestod Jesu mit dem Mord an Millionen Jüd:innen in der Schoa in Verbindung. Sie versuchen, das unbegreifliche Grauen der Schoa von christlicher Seite her dadurch greifbar zu machen, dass es mit dem Leiden Christi verglichen wird. Ein mitleidender Gott und ein mitleidender Christus laden zu Identifikation und Versöhnung ein. Das Leiden Christi wird zum Inbegriff von Leid und Schmerz, Christus leidet in den Konzentrationslagern mit. Dabei ist es wichtig, den Unterschied zwischen jüdischem und christlichem Leiden nicht zu verwischen. Im Sinne der genannten Erinnerung an die Geschichten der Opfer (1.2.) geht es darum, für die spezifisch jüdische Leidenserinnerung zu sensibilisieren, diese aber »[...] nicht als direkte oder indirekte Bestätigung christlicher Glaubenswahrheiten zu missbrauchen« (MEYER, Christologie, vii). Als ethischer Appell und aus einer Perspektive der Anerkennung von Schuld kann ein solcher christologischer Bezug zur Schoa zweifellos sinnvoll sein.

Das Judesein Jesu

Es besteht Konsens darin, dass das Judesein Jesu für die Christologie Relevanz hat (→ VII.3, → VII.4). Was das konkret bedeutet, wird unterschiedlich interpretiert. Viele Diskussionen im Neuen Testament lassen sich als innerjüdische Debatten in unterschiedlichen historischen Kontexten erklären. Sie haben narrativen Charakter und sind keine dogmatischen Lehrsätze. Aussagen über Jesus als Christus, als Messias, begründen keinen christlichen Absolutheitsanspruch, sondern die bleibende Verbundenheit des Christentums mit dem Judentum.

Die Dogmatik von Friedrich-Wilhelm Marquardt (erschienen 1988–1997) versucht, christliche Dogmatik nach der Schoa vom Judentum her neu aufzurollen. Ziel ist einerseits radikale Selbstkritik und andererseits die Entwicklung einer evangelischen Dogmatik, in der jüdisches Selbstverständnis so präsent ist, dass sich so etwas wie Auschwitz nie wieder ereignet. Zielpunkt von Marquardts Christologie ist, den *vere homo* Jesus als »wahren Juden« durchzubuchstabieren. Durch den Juden Jesus besteht ein unauflösbarer Zusammenhang zwischen Judentum und Christentum. Marquardt versteht Israel, einen von Hans Urs von Balthasar geprägten Begriff aufnehmend, als »formale Christologie« und meint damit, dass Christologie ihre Form und Struktur aus der Hebräischen Bibel bezieht. Unüberbietbarkeit und Unvergleichbarkeit Jesu sind uns nur als Hoffnung, als Verheißung zugänglich, wir können darüber höchstens in Analogien sprechen. In seinem Bemühen, christliche Theologie »nach Auschwitz« neu zu durchdenken, entfaltet Marquardt selbst eine Art Midrasch: Er betreibt Theologie auf eine narrative, assoziative Art und Weise. Seine Verhältnisbestimmung zum Judentum ist insgesamt ein demütiges Hören sowohl auf biblische als auch auf rabbinische und zeitgenössische jüdische Stimmen und bildet die Basis der gesamten Dogmatik.

Heute wird diskutiert, wie sich diese Einsicht in den historischen Jesus als jüdischen Menschen mit der göttlichen Natur Jesu als Christus zusammendenken lässt. So zieht z. B. Kayko Driedger Hesslein multikulturelle Theorien heran, um die Kategorie der Differenz für die Christologie fruchtbar zu machen: sowohl in den beiden Naturen Christi als auch zwischen dem historischen Jesus und dem dogmatischen Christus. Sie entwickelt »a Christology that lifts up Jesus' Otherness as indicative of his human nature while simultaneously honouring our own otherness from Jesus as he was incarnated at a specific point in history« (HESSLEIN, Christology, 156). Das Judesein Jesu impliziert sowohl Differenz als auch Kontinuität. Dies hat auch Konsequenzen für die Vorstellung von der Erlösung, wie im Folgenden dargelegt wird.

Jesus als Messias aus Israel für die Völker

Wird Jesus Christus als Messias *aus* Israel bezeichnet, so wird damit der Bezug zum Judentum bleibend sichtbar gemacht. Jesus eröffnet eine Perspektive für die nichtjüdischen Völker, die durch ihn zum Gott Israels kommen. Vor diesem Hintergrund hat Bertold Klappert eine Christologie der Völkerwallfahrt zum Zion entwickelt. Nach seinem Partizipationsmodell werden die Menschen aus den Völkern in den Bund Gottes mit Israel hineingenommen, sie haben teil am Reichtum Israels. Eine Christologie der Völkerwallfahrt zum Zion hat nach Klappert vier Aufgaben: Christus von der Tora, von der Menschensohn-Verheißung, von der Völkerwallfahrt zum Zion und vom Schalom für Israel her zu verstehen. Sie ist eine Antithese zum Völkeransturm gegen Zion, eine Auslegung der Wirklichkeit des ungekündigten Bundes Gottes mit Israel, sie setzt die durch den Messias Jesus beginnende Völkerwallfahrt zum Zion – für die Menschen aus den Völkern ohne Beschneidung – fort. Die bleibende Differenz zwischen jüdischen und nichtjüdischen Menschen darf dabei nicht verwischt werden. Dieses Konzept macht deutlich, wie sehr die Christologie mit der Ekklesiologie verbunden ist. Die Kirche ist durch Jesus Christus bleibend mit Israel verbunden.

Messiasvorstellungen sind in biblischen Texten verwurzelt, haben sich aber auf vielfältige Weise weiterentwickelt. Sie enthalten sowohl verbindende Aspekte zwischen Judentum und Christentum als auch trennende. Sie haben ein Potential, das in die Zukunft weist.

Eine nicht antijüdische Christologie nach der Schoa hält fest, dass Versöhnung und Erlösung durch den Messias Jesus noch nicht endgültig realisiert sind: »In das offene Geschehen der Vollendung der Gottesherrschaft sind nach christlicher Überzeugung Juden und Christen ohne Unterschiede der Bevorzugung von Seiten Gottes aufgenommen« (Breuning, Elemente, 215).

3. Praktische Konsequenzen

3.1 Kirchliche Stellungnahmen und Umdenkprozesse in der Gottesdienstpraxis

Umdenkprozesse in christlicher Theologie und Kirche finden auf unterschiedlichen Ebenen statt: Neben theologischer Forschung sind Stellungnahmen in der katholischen Kirche – z. B. die Erklärung »Nostra aetate« des 2. Vatikanischen Konzils 1965 – und in den evangelischen Kirchen – z. B. der Rheinische Synodalbeschluss 1980 – ein wichtiger Baustein zum Abbau antijüdischer Vorurteile. Die Einsicht in die christliche Schuldgeschichte und die Notwendigkeit, zentrale christliche Inhalte nach der Schoa zu reflektieren, wurden in diesen und weiteren kirchlichen Dokumenten festgehalten. Sie haben zu Umdenkprozessen in der Gottesdienstpraxis geführt und sollen immer wieder zu Diskussionen in den Gemeinden anregen.

3.2 Erinnern und Erzählen als Aufgabe der Religionspädagogik

Widerstände gegen das Erinnern sind – aus unterschiedlichen Gründen – sowohl auf jüdischer als auch auf christlicher Seite groß: In Israel stand in der Zeit nach dem Zweiten Weltkrieg der Aufbau eines starken Staates im Vordergrund, viele Opfer der Schoa konnten oder wollten lange nicht von ihren Erfahrungen erzählen. Und auf der Seite der Täter:innen ist eine Schlussstrich-Mentalität weit verbreitet. Damit sich die schrecklichen Ereignisse der Schoa nie mehr wiederholen, ist es aber weiterhin notwendig, gerade in einer Zeit des stärker werdenden Antijudaismus und Antisemitismus an die Schoa zu erinnern und sich die Schuldgeschichte zu vergegenwärtigen. Dies geschieht in unterschiedlicher Form: durch Studium der Zahlen und Fakten, aber auch dadurch, Geschichte in Geschichten zu erzählen, in Lebensgeschichten einzelner, konkreter Menschen, um das Unbegreifliche nachvollziehbar zu machen. So ist z. B. das pädagogische Konzept der israelischen Schoa-Gedenk- und Forschungsstätte Yad Vashem, durch Beschäftigung mit konkreten Einzelschicksalen das Gedenken wachzuhalten. Umfassende Digitalisierungsprojekte sollen das Erinnern persönlicher Geschichten auch in Zeiten möglich machen, wo es immer weniger Überlebende gibt.

3.3 Vielfalt des Judentums in Geschichte und Gegenwart wahrnehmen

Nach wie vor ist die Schoa der markante Wendepunkt in den christlich-jüdischen Beziehungen. Sie hat einerseits zu Dialogbemühungen geführt, die von christlicher Seite stärker sind als von jüdischer, und andererseits Revisionsprozesse innerhalb der christlichen Theologie angestoßen. Eine wichtige Konsequenz von Theologie nach der Schoa ist es, Judentum nicht nur als historisches Phänomen zu sehen, sondern es in seiner Vielfalt der unterschiedlichsten Strömungen und Facetten weltweit, in wertschätzender Art und Weise wahrzunehmen und auf Augenhöhe im Gespräch zu bleiben (→ VIII.3, IX.3, IX.4).

3.4 Gemeinsame Arbeit an ethischen Fragen

Gerade weil durch die Schoa zentrale jüdische und christliche Werte wie Toleranz und Menschenwürde radikal infrage gestellt wurden, ist es wichtig, sie bleibend als gemeinsames Erbe zu sehen. Wesentliche Aufgaben einer zukünftigen Weiterentwicklung christlicher Theologie, die sich der Schoa und ihrer bleibenden Bezogenheit auf Israel bewusst ist, sind die Fortführung der Erinnerungskultur an die Schoa in einer globalisierten Welt und die Verantwortung in ethischen Fragen in einer ganzheitlichen, Grenzen überschreitenden Perspektivierung. Gerade weil die historischen Differenzierungsprozesse zwischen Judentum und Christentum komplex verlaufen sind und im Kontext ungleicher Machtverhältnisse stehen, ist heute, nach der Schoa, der Dialog wichtig.

Weiterführende Literatur

BRAITERMAN, ZACHARY, (God) After Auschwitz. Tradition and Change in Post-Holocaust Jewish Thought, Princeton 1998.

BREUNING, WILHELM, Elemente einer nicht-antijudaistischen Christologie, in: FRANKEMÖLLE, HERBERT (Hg.), Christen und Juden gemeinsam ins dritte Jahrtausend. »Das Geheimnis der Erlösung heißt Erinnerung«, Paderborn/Frankfurt am Main 2001, 183–215.

HESSLEIN, DRIEDGER KAYKO, A Christology of Jesus the Jew, in: DANZ, CHRISTIAN u. a. (Hg.), Christologie zwischen Judentum und Christentum. Jesus, der Jude aus Galiläa, und der christliche Erlöser (Dogmatik in der Moderne 30), Tübingen 2020, 145–158.

MEYER, BARBARA U., Christologie nach der Schoah, in: STUDIUM IN ISRAEL (Hg.), Predigtmeditationen im christlich-jüdischen Kontext. Zur Perikopenreihe III, Wernsbach 2016, v–ix.

HOPING, HELMUT/TÜCK, JAN-HEINER (Hg.), Streitfall Christologie. Vergewisserungen nach der Schoah (QD 214), Freiburg u. a. 2005.

VII.7 Zu einer christlichen Theologie des Landes und des Staates Israel

Christian M. Rutishauser

Die Fragen nach dem biblisch verheißenen Land und dem Staat Israel sind keine Nebenthemen des jüdischen-christlichen Dialogs. Ihre Bedeutung ergibt sich daraus, dass beide für das Selbstverständnis des zeitgenössischen Judentums zentral sind. Zudem ist der Bund Gottes mit dem jüdischen Volk von vornherein darauf angelegt, dass dieses im verheißenen Land gemäß der Tora lebt. Daher muss eine christliche Theologie, die das Alte Testament in seinem Eigenwert wahrnimmt und

das Judentum an der Seite der Kirche in der Geschichte verortet, eine entsprechende Sichtweise zu Land und Staat Israel formulieren. Dazu werde ich einige Basisfak-
ten zum Land in der Bibel präsentieren, um danach traditionelle Theologien des
Landes vorzustellen, wie sie sich im rabbinischen Judentum und im Christentum
entwickelt haben. Es folgt ein Blick auf die Geschichte des Zionismus, um moderne,
jüdische Perspektiven auf Land und Staat Israel zu vergegenwärtigen. Die Darstellung von zeitgenössischen christlichen Theologien zur Frage wird es ermöglichen,
Kriterien für eine christliche Theologie zu formulieren.

1.   Das Land in der Hebräischen Bibel

Wie das Gebot, den Schabbat zu heiligen, das biblische Zeitverständnis strukturiert,
so stellt der Ruf und die Bewegung, ins verheißene Land zu ziehen, die zentrale
Raumgestaltung der Tora dar; geistige Mitte des Landes ist Jerusalem. Die fünf
Bücher Mose erzählen von dieser Bewegung in zweifacher Weise: Einmal berichtet
die Genesis von Erzvätern und Erzmüttern, die in das verheißene Land hinaufzie-
hen, wobei sie das Land auch wieder verlassen müssen, sei es wegen Hungersnot,
sei es wegen Familienkonflikten. Die Josefsgeschichte berichtet ausführlich über
den Hinabzug nach Ägypten. Der erste Landerwerb überhaupt ist Abrahams Kauf
eines Grabs für seine Frau Sara (Gen 23). Alle anderen Bücher der Tora erzählen
von einer einzigen, großen Wanderbewegung der Israeliten von Ägypten hinauf in
das Land. Gott führt durch Meer und Wüste und an Völkern, die ein Hindernis
bilden, vorbei. Das Buch Deuteronomium wiederholt und aktualisiert vor dem Einzug ins Land Gottes Weisung für das Zusammenleben. Doch niemand aus der Ex-
odusgeneration, auch nicht Mose, darf das Land betreten. Erst das Buch Josua, das
nicht mehr zur schriftlichen Tora im engeren Sinne gehört, berichtet vom Einzug.
Die restlichen geschichtlichen und prophetischen Bücher der Hebräischen Bibel
schildern das Leben im Land, aber auch die Vertreibung ins Exil und die erneute
Rückkehr. Die politische Organisationsform des Volkes im Land ist je nach Epoche
unterschiedlich. In der davidisch-salomonischen Monarchie findet sie zu einer Ide-
alform, auch wenn Kritik daran nicht verschwiegen wird. Die politische Souveränität des Volkes ist oft beschnitten. Sie wird zudem theologisch und strukturell an
Gott zurückgebunden. Berücksichtigt man zudem, dass die Tora im 5. Jh. v. d. Z.,
ihre Form gefunden hat und damit das Judentum als Tora-basierte Religion begründet, so hat das jüdische Volk zu jeder Zeit im Land und in der Diaspora gelebt.
Die Bewegungen ins Land und die Bewegungen aus dem Land stehen in einem
spannungsreichen Wechselverhältnis zueinander.

Auch wenn es in der Hebräischen Bibel nicht die eine Landtheologie gibt, sondern eher eine Vielzahl von Landtheologien nebeneinanderstehen, fügen sich folgende Bausteine zu einer Skizze zusammen: Einerseits ist das Land eine bedingungslose Gabe Gottes (Gen 12,15). Andererseits werden Bedingungen für das
Wohnen im Land gestellt, nämlich nach der Tora zu leben, d. h. eine zu Ägypten
alternative, gerechte Gesellschaft zu errichten. Es geht um ein ethisches und religiöses Projekt (Dtn 7,8). Wenn das Volk die Aufgabe nicht erfüllt, wird es vertrieben

(Lev 18,24–30). Gott verheißt zudem kein leeres Land. Vor der Landnahme unter der Leitung Josuas gab es eine einheimische Bevölkerung (Dtn 4,7). Die Landgabe vertritt auch keine Blut-und-Boden-Theologie, d. h. das Wohnen im Land wird nicht mit einem natürlichem Existenzrecht begründet. Gott bleibt zudem der ultimative Landbesitzer. Die Israeliten erhalten das Land zu einem Lehen (Dtn 9,4f.). Welche politische Ordnung sich das Volk im Land auch gibt, Gott soll immer letzter Souverän bleiben (1 Sam 8). Daher wird das Leben in der Diaspora vorwiegend als Gottes Strafe gedeutet (Lev 18,24–30). Die Rückkehr ins Land geschieht unter Gottes Führung (Ez 37,21f.; Jer 237f.). Sie bedeutet erneuerten Auftrag und Bund (Jer 29–32). Die Rückkehr ins Land wird bei den Propheten immer mehr mit einer messianisch-eschatologischen Hoffnung verbunden (Mi 4,1–5; Jes 66,22).

2.   Das *Eretz Israel* der Juden

Nach den zwei jüdischen Kriegen gegen die Römer, die 70 n. d. Z. zur Zerstörung des Tempels und 137 n. d. Z. auch zur Vertreibung aller Jüd:innen aus Jerusalem und Judäa führten, setzte sich im rabbinischen Judentum die Ansicht durch, das Leben in der Diaspora sei von Gott auferlegt; Gott allein könne zurückführen (vgl. Jer 27,22). Im Babylonischen Talmud wird (ausgehend von Hld 2,9) diesbezüglich von drei Eiden gesprochen, die Gott den Jüd:innen abgenommen habe: »Welche drei Schwüre? Einer, dass Israel nicht geschlossen hinaufziehe, einer, dass der Heilige, gepriesen sei er, Israel beschwor, sich nicht gegen die weltlichen Völker aufzulehnen, und einer, dass der Heilige, gepriesen sei er, die weltlichen Völker beschwor, Israel nicht übermäßig zu knechten.« (Ketubot 111a; Goldschmidt) Moses Maimonides (1135–1204) schreibt dann in der *Mischne Tora,* niemand wisse, wann und wie die Tage des Messias, der das Volk wieder im Land sammle, eintreffen würden. Und die Kabbalisten im Safed des 16. Jh., die selbst am Nordrand des Landes lebten, betonen, nur durch ein Leben gemäß der Tora und durch intensives Beten um die Wiederherstellung der Welt könne Gott bewegt werden, die Sammlung Israels im Land herbeizuführen. Obwohl die überwiegende Mehrheit der Jüd:innen über die Jahrhunderte in der Diaspora leben, wurde die geistige Verbundenheit mit dem Land im Gebet und im Studium der Gebote für das Land sowie für den Tempel in Jerusalem gepflegt. Im dreimal täglich verrichteten 18-Bitten-Gebet wird um die Wiederherstellung des davidischen Königtums und des Tempels gebetet. Die Hoffnung auf Rückkehr ins Land blieb also immer lebendig. Berühmter Ausdruck für diese Zionssehnsucht sind die Zionslieder eines Jehuda HaLevi (1074–1141). Einzelne Rabbiner und kleinere Gruppen sind auch immer wieder ins Land gepilgert oder haben sich dort niedergelassen. Auf jeden Fall steht die Chiffre *Eretz Israel*, Land Israel, für die Hoffnung auf ein Gemeinwesen, wo das jüdische Volk frei von Einschränkung und Unterdrückung durch andere Völker gemäß der Tora leben kann.

Große Kulturleistungen des Judentums sind jedoch gerade der Diaspora zu verdanken, wobei zuerst die Weiterentwicklung der mündlichen Tora zu nennen ist, die im babylonischen Talmud ihren genuinen Ausdruck gefunden hat. Auch die jüdische Philosophie erlebte mit Vertretern wie Saadia Gaon (882–942) oder Moses Maimonides

(1135–1204) in den arabischen geprägten Ländern oder mit Moses Mendelssohn (1729–1786), Hermann Cohen (1842–1918) und Franz Rosenzweig (1886–1929) in Deutschland – um je nur einige zu nennen – Blütezeiten. Im Deutschland des 19. Jh. entwickelte sich zudem ein liberales Judentum, das die Diaspora nicht mehr nicht nur als Strafe Gottes, sondern auch positiv deutete. Die säkularisierten und assimilierten Jüd:innen gaben das Streben nach einer Rückkehr ins Land Israel auf. Die an die 1800-jährige Tradition von Diasporakultur wie auch das säkulare jüdische Selbstverständnis machen verständlich, warum Pioniere des politischen Zionismus wie Leon Pinsker (1821–1891) oder Theodor Herzl (1860–1904) zur Lösung der sogenannten »Judenfrage« nicht unbedingt an eine Rückkehr nach Israel/Palästina gedacht haben, sondern auch in anderen Ländern eine politische Unabhängigkeit des jüdischen Volkes in Betracht zogen. Ein Simon Dubnow (1860–1941) wiederum setzte sich für einen kulturellen Zionismus ein, der das jüdische Volk und seine Kultur in Europa stärken sollte, eine Position, die auch im 21. Jh. wieder vermehrt Anhänger findet. Wenn das Dialogdokument von 2017 *Zwischen Jerusalem und Rom,* unterzeichnet vom Rabbinical Council of America, der Europäischen Rabbinerkonferenz und dem Oberrabbinat des Staates Israel, hervorhebt, die Aufgabe des Judentums sei, »Licht der Nationen« (Jes 49,6; EÜ 2016) zu sein, hat es den Staat Israel und das Diasporajudentum im Blick.

3.   Das Heilige Land der Christ:innen

Der Blick auf das verheißene Land der Bibel hat sich im Christentum ganz anders entwickelt. Im Neuen Testament sind explizite Aussagen zur Landverheißung selten. Jesus äußert sich in der Bergpredigt jedoch pointiert: »Selig die Sanftmütigen; denn sie werden das Land erben.« (Mt 5,5; EÜ 2016) Die Seligpreisung kann als Kontrapunkt zur Eroberung des Landes gelesen werden, wie sie im Buch Josua erzählt wird. Jesus sammelt seine Volksgenossen nicht nur von den sozialen, sondern auch von den geographischen Rändern her. Er führt zusammen und zieht mit seinen Jüngern nach Jerusalem. Von dieser geistigen Mitte des Landes aus verbreitet sich die frühchristliche, messianische Bewegung nach Jesu Tod und Auferweckung in der jüdischen Diaspora und darüber hinaus, wie es die Apostelgeschichte und die neutestamentlichen Briefe bezeugen. Wie die Tora von Jerusalem ausgeht (Jes 2,3 / Mi 4,2), so auch das Evangelium. Bei Paulus, der im Römerbrief die Heidenchristen als Erben in Gottes Verheißungen an Abraham einschreibt und von den Auszeichnungen der Israeliten spricht, spielt die Landverheißung auffallenderweise keine Rolle. Er schreibt: »Denn unsere Heimat ist im Himmel.« (Phil 3,20, EÜ 2016) Origenes und zahlreiche Kirchenväter betonen, dass man Gott überall »im Geist und in der Wahrheit« (Joh 4,23, EÜ 2016) anbeten kann. Die Seele ist der Ort für die Begegnung mit Gott. Die alte Kirche setzt zudem die Vision eines himmlischen Jerusalems als Schlusspunkt des Neuen Testaments (Offb 21f.), freilich kommt es vom Himmel als Neuschöpfung (auf das irdische Jerusalem) herab (Offb 21,2).

Dennoch kommt auch für Christ:innen das Land ab dem 4. Jh. ganz neu in den Blick. Die Ereignisse der Bibel werden lokalisiert und Gedenkstätten werden errichtet, um die Heilsgeschichte zu vergegenwärtigen. Die byzantinische Reichskirche in Kleinasien definiert auf den Konzilien den Glauben, und entsprechend werden im Land Kirchen gebaut, um den Glauben vor Ort zu feiern. Man denke z. B. an die Grabeskirche in Jerusalem, die Geburtskirche in Bethlehem oder an die Eleona (Vorgängerbau der Himmelfahrtskirche) auf dem Ölberg. Eine sakrale Topografie entsteht. Das Land wird zum Sakrament der Heilsgeschichte, zum Heiligen Land. Es entsteht eine Erinnerungslandschaft, die Ernest Renan das »fünften Evangelium« nannte. Ein Pilgerwesen setzt ein. Dessen Gefährdung durch die Herrschaft des Islams löst schließlich im Mittelalter die Kreuzzüge aus. Auf das Scheitern des ritterlichen Königsreichs Jerusalem im späten 12. Jh. folgt der gotische Kathedralbau, der das himmlische Jerusalem überall in Europa vergegenwärtigen soll. Pilger, die dennoch nach Jerusalem reisen, lassen nach ihrer Rückkehr an nicht wenigen Stellen in Europa Kopien des Heiligen Grabs Jesu nachbauen. Das Land bleibt für Christ:innen bis in die Gegenwart hinein Heiliges Land, auch wenn die biblisch geglaubte Heilsgeschichte angesichts der historisch-kritischen Erforschung der Bibel und der Archäologie mehr und mehr zur Religionsgeschichte wird. Biblische Bildungsreisen gesellen sich an die Seite der Pilgerreisen.

Das christliche Substitutionsdenken, die Kirche sei in der Heilsgeschichte an die Stelle des jüdischen Volkes getreten, bestimmt seit Justin dem Märtyrer (ca. 100–165) auch den Blick auf Judentum und Land. Mit der Ablehnung Jesu als Messias und Sohn Gottes sei die biblische Landverheißung an das jüdische Volk verwirkt. Die christliche Theologie lehrte lange Zeit, die Zerstörung des Tempels wie auch die Vertreibung der Jüd:innen unter der Herrschaft der Völker sei gerechtes Strafgericht Gottes. So wird der Tempelberg während der kirchlichen Bautätigkeit der Byzantiner in Jerusalem als Trümmerfeld belassen, um Gottes Verwerfung der Jüd:innen vor Augen zu führen und zu behalten. Genau diese christliche Verwerfungstheologie war eine der Voraussetzungen dafür, dass auf dem verödeten Gelände des herodianischen Tempels in Jerusalem die islamischen Heiligtümer Felsendom und Al-Aksa-Moschee errichtet werden konnten.

4.   Der Zionismus und die Errichtung des Staates Israel

Eine Neubeurteilung des Landes von jüdischer Seite setzt ab Mitte des 19. Jh. ein, als sich abzeichnete, dass die Assimilation des Judentums in die entstehenden Nationalstaaten Europas aufgrund des Antisemitismus nicht gelingt. Vordenker wie Moses Hess (1812–1875), Leon Pinsker (1821–1891) oder Theodor Herzl (1860–1904) sahen eine Lösung der »Judenfrage« nur in einer jüdischen Nationalbewegung, die einen eigenen Staat schafft. Obwohl der politische Zionismus, wie wir gesagt haben, darüber nachdachte, irgendwo auf der Welt diesen Staat zu errichten, ist letztlich nur das Land der Bibel realistischer Ort dafür. Die biblische Geschichte, national und nicht religiös gelesen, motivierte und legitimierte die Einwanderung ins Land. Der säkulare Zionismus wurde vom prophetischen wie auch utopischen Impetus getragen, eine gerechtere Gesellschaft im Land zu errichten. Er wollte das Judentum als Diasporakultur überwinden und das jüdische Volk neu schaffen.

Das rabbinische Judentum war jedoch trotz wachsendem Antisemitismus dem politischen Zionismus und seinem Projekt des Staates Israel gegenüber bis in die

1930er Jahre hinein skeptisch bis ablehnend eingestellt. Der politische Zionismus greife in Gottes Geschichtsführung ein und diene allein einem säkularen Ziel. Der Wiener Oberrabbiner Moritz Güdemann (1835–1918) steht exemplarisch dafür, wenn er den Zionisten vorwarf, sie würden ein »Nationaljudenthum« schaffen und das jüdische Volk so den Nationen der Welt gleichstellen. Es brauchte halachische Neuinterpretationen und theologische Begründungen, um den Zionismus religiös zu legitimieren. Rabbiner Samuel Mohilever (1824–1898) gründete 1893 den *Misrachi* als religiös-zionistische Bewegung und stellte das Wohnen im Land der biblischen Verheißung als Gebot der Tora dar. Der Landkauf wurde gemäß einem traditionellen Gebot, wie es Nachmanides (1194–1270) formuliert hatte, legitimiert. Angesichts des Nationalsozialismus und der Schoa arbeiteten zudem orthodoxe Rabbiner pragmatisch immer mehr mit den säkularen Zionisten zusammen.

Den Zionismus theologisch breit zu begründen, gelang Abraham Itzchak Kook (1865–1935). Die Rückkehr der Jüd:innen in ihr Land eröffne die messianische Zeit und werde allen Völkern zum Segen. Sein Sohn Zwi Jehuda (1891–1982) verengte diese Sicht auf das Nationalreligiöse. Er legitimierte den Staat Israel zur Gewaltanwendung, sofern sich Nicht-Jüd:innen dem zionistischen Projekt widersetzten. Er bedauerte zudem, dass der völkerrechtlich anerkannte Staat Israel vor den Toren des biblisch verheißenen Landes (inklusive Westjordanland) steht und rechtfertigt entsprechend die Besiedlung und Eroberung der palästinensischen Gebiete. Seit dem Sechstagekrieg 1967 verbreitet sich der religiöse Zionismus in verschiedenen Strömungen stark. Er liegt heute in Bezug auf Gesellschaftsform in Israel wie auch im Bezug auf politische Strategie im Streit mit dem säkularen Zionismus.

Die Beziehung von säkularen und religiösen Aspekten im Zionismus ist zudem komplex. Seine Deutung durch politische, kulturelle, historische und religiöse Kategorien ist umstritten. Tatsache ist, dass der 1948 gegründete Staat ein demokratischer Rechtsstaat und die Halacha, das jüdische Religionsgesetz, kein Staatsgesetz ist. Die völkerrechtlich anerkannten Grenzen sind nicht biblisch hergeleitet. Vor allem ist zu beachten, dass Denker wie Joseph Dov Soloveitchik (1903–1993) religiöse Zionisten sind, doch die Rückkehr ins Land nicht messianisch interpretieren. Er sieht darin die Möglichkeit, eine jüdisch-orthodoxe Gesellschaft aufzubauen. Jeschajahu Leibowitz (1903–1994) wiederum sieht den Zionismus und den Staat als säkulare Gebilde, die orthodoxes Leben in Sicherheit und Freiheit ermöglichen. Dabei kritisierte er die Besatzung der palästinensischen Gebiete heftig, obwohl es biblisches Kernland ist. Schließlich ist zwischen dem halachischen Gebot, das Land zu bewohnen, und der Errichtung eines Staates einerseits sowie zwischen den unterschiedlichen Staatsformen, die ein »jüdischer Staat« annehmen kann und soll, andererseits zu unterscheiden.

5.   Christliche Theologien angesichts von Zionismus und Staat Israel

Eine christliche Theologie im Dialog mit dem Judentum hat zunächst das plurale Judentum in seinem Selbstverständnis wahrzunehmen, auch die im Einzelnen sehr unterschiedlichen Positionen zu Land und Staat Israel. Einige werden ihr näher sein als andere. Dann hat sie auf die Christ:innen im Land selbst zu hören. Sie gehören zum »neuen Bund«, der die Kirche begründet, die Seite an Seite mit dem jüdischen Volk steht, dessen Bezug zum Land im »alten Bund« wurzelt. Die Glaubens- und Kultusfreiheit des Staates Israel sichert das Nebeneinander rechtlich ab, was Spannungen und die Aufgabe zu friedlicher Gestaltung nicht aufhebt. Aber auch auf die muslimischen und säkularen Palästinenser muss die Theologie hören, die wie die lokalen Christ:innen die Gründung des Staates Israels als eine Katastrophe, als *Nakba*, erlebt haben. Die Kirche weiß sich auch der Wahrheit der säkularen Welt verpflichtet und ist mit dem Islam im Dialog. All diese Perspektiven sind mit der christlichen Interpretation der Bibel und der eigenen theologischen Tradition ins Gespräch zu bringen.

Die Päpste haben den politischen Zionismus zunächst abgelehnt. Angesichts der Staatsgründung Israels 1948 forderte der Vatikan eine internationale Zone für Jerusalem und Bethlehem. Er gründete im Unabhängigkeitskrieg die *Päpstliche Mission für palästinensische Flüchtlinge*. Als nach dem Zweiten Vatikanum mit der Erklärung *Nostra aetate* die Theologie der Substitution kirchenamtlich zurückgewiesen ist und somit die Zerstreuung der Jüd:innen unter die Völker nicht mehr theologisch als Strafe Gottes gedeutet werden kann, beginnen einige Theologen, die Rückkehr des jüdischen Volkes ins Land theologisch zu interpretieren. Die theologische Position zum Staat Israel wird zunehmend differenzierter. So halten die vatikanischen *Hinweise für eine richtige Darstellung von Juden und Judentum in der Predigt und in der Katechese der katholischen Kirche* von 1985 fest, dass die Existenz und die Entscheide des Staates Israel nicht religiös, sondern nach internationalem Recht zu beurteilen seien. Eine religiöse Interpretation des Zionismus wird abgelehnt. Dennoch schließt die Passage: »Der Fortbestand Israels [...] ist eine historische Tatsache und ein Zeichen im Plan Gottes, das Deutung erheischt.« (VI, 25) Die grundsätzlich säkulare Sichtweise ermöglicht es dem Heiligen Stuhl, mit dem Staat Israel 1993 diplomatische Beziehungen aufzunehmen. Der Grundlagenvertrag spricht in der Präambel vom »einmaligen Charakter« und der »universalen Bedeutung« des Landes. Seit Johannes Paul II. hat jeder Papst nach seinem Amtsantritt Israel einen Staatsbesuch abgestattet. Seit 2000 gibt es regelmäßige Treffen zwischen dem Vatikan und dem Oberrabbinat des Staates Israel. Alle vatikanischen Äußerungen fordern stets Gerechtigkeit und Frieden für alle Bewohner des Landes, Freiheit der Religionsausübung von Christ:innen, Jüd:innen und Muslim:innen sowie Respekt für die heiligen Stätten.

Das Anliegen um Versöhnung und Frieden zwischen Israelis und Palästinensern durchzieht auch die Äußerungen der Evangelischen Kirche in Deutschland (EKD), die sich in drei großen Studien *Juden und Christen I-III* 1975, 1995 und 2000 um die Erneuerung des jüdisch-christlichen Verhältnisses bemühte. Bereits im ersten Text wird die Verbindung zwischen Staat Israel, biblischer Zeit und jüdischem Volk unterstrichen. Eine theologische Legitimation des Staates wird aber zurückgewiesen. Die Ausführungen aus dem Jahr 2000 fordern zudem, zwischen dem Land als »Gnadengabe Gottes« und dem Staat Israel sorgfältig zu differenzieren. In einem prägnanten Absatz heißt es: »Der moderne Staat Israel hat für die jüdische Existenz im Land und in der Diaspora eine unentbehrliche Sicherungsfunktion. Er hat sich zum geistigen Zentrum und zum Mittelpunkt jüdischer Kultur und Wissenschaft entwickelt. Aus Respekt vor der Glaubensüberzeugung der Jüd:innen und in dem Bewußtsein, dass es auch die schuldbeladene Geschichte der europäischen Nationen ist, die das Land Israel zum Asylort werden ließ und schließlich zum Teilungsbeschluß der Vereinten Nationen von 1947 führte, bejahen Christen die Notwendigkeit des Staates Israel. Sein Existenzrecht ist völkerrechtlich unbestreitbar und bedarf keiner theologischen Legitimation.«

Die christlich-theologischen Deutungen der Rückkehr der Jüd:innen ins Land sowie des Staates Israel, die in den letzten Jahrzehnten vorgelegt worden sind, lassen sich in drei Gruppen einteilen: 1.) Die Theologien Europas und Nordamerikas der katholischen und evangelischen Kirchen, die versuchen, den christlichen Antijudaismus zu überwinden und im Dialog eine neue Theologie des Judentums zu entwickelten, sprechen vorsichtig von einer »Führung Gottes«, einem »Zeichen der Hoffnung«, von der »Bundestreue Gottes« gegenüber seinem Volk (Franz Mussner, Jacques Maritain, Friedrich Willhelm Marquart, Hellmut Gollwitzer etc.). Sie beziehen sich auf die Sammlung des jüdischen Volkes im Land. Eine religiöse Deutung des Staates wird nicht vorgenommen. Zuweilen wird der Staat Israel wegen seiner ungerechten Politik gegenüber den Palästinensern gleichzeitig kritisiert. 2.) Diejenigen Theologien aller Großkirchen, die von der Befreiungstheologie geprägt sind, gehen vom Unrecht und Leid der Palästinenser aus. Die Rückkehr der Jüd:innen wie auch der Staat werden nicht religiös gedeutet, sondern im Gegenteil als Teil der europäischen Schuldgeschichte gegenüber den Jüd:innen gesehen. Der Zionismus wird zudem als kolonialistisches Projekt mit rassistischer Ideologie eingestuft. Im Namen der biblischen Propheten wird Gerechtigkeit für alle im Land gefordert. Das Neue Testament habe die biblische Botschaft universalisiert. Die biblische Landverheißung sei daher gegenstandslos (Kairos-Dokument, Mitri Raheb, Naim Stifan Ateek, Isaac Munther etc.). Faktisch hat das Judentum keine theologische Bedeutung. Die Substitutionstheologie wird hier implizit fortgesetzt. 3.) Die evangelikale Theologie aus Nordamerika und Europa vertritt einen Dispensationalismus, d. h. einen christlichen Zionismus, der messianisch und endzeitlich ausgerichtet ist. Die Sammlung des jüdischen Volkes stellt in dieser Sicht die Erfüllung der alttestamentlichen Landverheißung dar und ist Vorbedingung für die Wiederkunft Christi. Bei seiner Ankunft würden sich die Jüd:innen zu Christus bekehren und die ganze Menschheit in die endzeitliche Wahrheit eingeführt (Benjamin Berger). Diese Position unterstützt den national-religiösen, jüdischen Zionismus und deutet den Islam als Erzfeind von Jüd:innen und Christ:innen. Sie blendet Kritik an einer ungerechten Politik des Staates Israel gegenüber Palästinensern aus bzw. rechtfertigt sie stillschweigend.

6.   Kriterien und Aspekte für eine Theologie von Land und Staat Israel

Angesichts des Blicks zurück in die Bibel und die traditionelle Theologie wie auch der skizzierten Bestandsaufnahme moderner Positionen sollen folgende Rahmenvorgaben für eine christliche Theologie festgehalten werden: Das jüdische Volk hat aufgrund der Landverheißung, die konstitutiv zum Bund Gottes mit dem jüdischen Volk gehört, ein besonderes Recht *auf* und eine besondere Verpflichtung *gegenüber* dem Land. Von christlicher Seite ist dies anzuerkennen und mitzubedenken, weswegen eine rein säkulare, d. h. soziale, politische, rechtliche, kulturelle, historische Argumentation für den Zionismus zu kurz greift. Sie würde eine Substitution des Judentums durch das Christentum bedeuten. Gerade in der Rückkehr und Sammlung des jüdischen Volkes sieht der christliche Glaube ein Zeichen der Treue Gottes gegenüber seinem Volk. Gleichzeitig ist jede Landtheologie auf eine Sicht zu weiten, die »im Land« und »in der Diaspora« je positiv berücksichtigt und zueinander in Beziehung setzt. Die partikulare Bedeutung eines jüdischen Gemeinwesens im Land ist stets mit dem universalen Blick für die ganze Menschheit zu verbinden.

Der biblische Anspruch zielt zudem darauf ab, eine gerechtere Gesellschaft und Kultur im Land aufzubauen, als dies Nationen sonst gelingt. Dabei sind heute die Rechte der kulturellen und religiösen Minderheiten besonders zu beachten, wie auch der besondere Charakter des Landes mit seinen Heiligen Stätten für Jüd:innen, Christ:innen und Muslim:innen. Das jüdische Volk wie auch die Kirche im Land unterliegen je einer besonderen Verpflichtung, da sie je auf ihre Weise in den Bund mit Gott gerufen sind. Die einmalige Verpflichtung des jüdischen Volks gegenüber dem Gemeinwesen im Land berechtigt es, eine Leitkultur vorzugeben. Angesichts des Antisemitismus und aller Kräfte, die das jüdische Volk seit je bekämpfen, braucht dieses zudem einen besonderen Schutz. Aus diesem theologisch-säkularen Doppelgrund ist der Staat Israel als politischer Souverän des jüdischen Volkes anzuerkennen und sein Existenzrecht nicht in Frage zu stellen. Die Aufgabe der Theologie besteht nicht darin, den Staat theologisch zu legitimieren. Vielmehr muss sie ihn immer wieder an seine ethische und universale Aufgabe erinnern. Dabei kann die Theologie nie nur mit natürlichem Recht argumentieren. Und jede Blut-und-Boden-Theologie ist ausgeschlossen.

Das jüdische Volk hat sich in der Gesellschaftsgestaltung mit seiner rabbinisch-halachischen Tradition und seinem hebräischen Humanismus einzubringen. Sozialethik und politische Theologie sind aus jüdischen Quellen weiterzuentwickeln. Christ:innen sollen ihrerseits mit ihrer Sozialethik und politischen Theologie zur Gesellschaft in Israel/Palästina beitragen. Die römisch-katholische Kirche und die übrigen christlichen Kirchen können dabei je auf ihre Soziallehren zurückgreifen. Das jüdische Volk als *Am Israel* und das Christentum als *ecclesia* verstehen sich als historische und zugleich metaphysische Größen. Beide werden in ihren historischen Formen weit hinter dem Anspruch zurückbleiben, was diesen aber nicht obsolet macht. Da die Aufgabe, eine Kultur der Gerechtigkeit und Zivilisation der Liebe zu erarbeiten, bruchstückhaft bleibt, muss das Denken und Handeln messianisch, nicht aber eschatologisch ausgerichtet sein. Es geht um ein gerechteres und erlösteres soziales und politisches Zusammenleben jenseits eines eschatologischen Zeitfahrplans. Dialog, nicht Bekehrung muss vorherrschen. Die Bibel mutet ein Leben mit dem Anderen zu.

Weiterführende Literatur

RUTISHAUSER, CHRISTIAN M./SCHMITZ, BARBARA/WOPPOWA, JAN (Hg.), Jüdisch-christlicher Dialog. Ein Studienhandbuch für Lehre und Praxis, Tübingen 2024.

BRENNER, MICHAEL, Geschichte des Zionismus, 5. erw. Aufl. München 2019.

ZADOFF, NOAM, Geschichte Israels. Von der Staatsgründung bis zur Gegenwart, München 2020.

CUNNINGHAM, PHILIP A./LANGER, RUTH/SVARTVIK, JESPER (Hg.), Enabling Dialogue about the Land (Studies in Judaism and Christianity), New York Mahwah NJ 2020.

D'COSTA, GAVIN/SHAPIRO FAYDRA (Hg.), Catholic Approaches to the Land and State of Israel (Judaism and Catholic theology), Washington DC 2022.

VIII. Zu Geschichte und Gegenwart der jüdisch-christlichen Begegnung

VIII.1 Meilensteine des jüdisch-christlichen Dialogs

Gregor Maria Hoff

1. Historischer Hintergrund

Die Geschichte des jüdisch-christlichen Dialogs reicht bis in die Spätantike zurück, denn die Ausbildung des Christentums als Kirche vollzog sich im Rahmen des Judentums und zugleich in Auseinandersetzung mit ihm (→ III.4). Die Frage, was die eigene jüdische Identität im Licht des messianisch gedeuteten Lebens und Sterbens Jesu von Nazaret bedeutet, forderte das Christentum seit Paulus heraus. Religionsdialoge haben dem, beginnend mit Justin dem Märtyrer († 165) und seinem *Dialog mit dem Juden Tryphon*, eine literarische Form gegeben. Die argumentative Regie liegt in den Händen des christlichen Autors. Der jüdische Gesprächspartner begegnet in dieser Dialogtradition nicht auf Augenhöhe. In öffentlichen Diskussionen wie in der Zwangsdisputation von Barcelona (1263) stand der jüdische Teilnehmer unter Druck. Theologisch waren diese Gespräche von der Überzeugung getragen, dass das Christentum das Judentum heilsgeschichtlich ersetzt habe. Jüdinnen und Juden sollten zur Konversion bewegt werden. Es handelte sich also nicht um Dialoge gleichberechtigter Partner – und wenn, dann eher in literarisch angelegten Religionsdialogen wie bei Gilbert Crispin († 1117) als in der Realität gelebter Beziehungen. Sie blieben von jüdisch erlittenen Ausgrenzungen und Verfolgungsgeschichten durch die christliche Mehrheitsgesellschaft in Europa bestimmt.

Das änderte sich einschneidend erst mit der Wahrnehmung dieser christlichen Schuldgeschichte nach der Schoa. Die christlichen Kirchen mussten sich der Frage stellen, welchen Anteil ihr theologischer Antijudaismus am Antisemitismus besaß. Am Versuch einer Totalvernichtung jüdischen Lebens durch die Nationalsozialisten waren Christ:innen maßgeblich beteiligt, und die Kirchen stemmten sich dem nicht entschlossen entgegen. Umso bemerkenswerter ist der Neubeginn jüdisch-christlicher Beziehungen bald nach dem Ende des Zweiten Weltkriegs. Auf der Konferenz von Seelisberg (30.7.–5.8.1947) wurden die *Seelisberger Thesen* gemeinsam von jüdischen, protestantischen und katholischen Teilnehmer:innen verabschiedet. Sie bringen eine grundlegende Verbundenheit im Glauben an den einen Gott des Alten und Neuen Testaments zum Ausdruck und betonen die jüdische Identität Jesu, seiner Mutter und seines Kreises. Die Botschaft Jesu wird in Kontinuität zum Alten

Testament dargestellt. Die Vermeidungs-Imperative von Seelisberg folgern daraus: Keine Herabsetzung von Jüd:innen! Keine verallgemeinerte Schuldzuweisung an Jüd:innen für den Tod Jesu! Mit den *Seelisberger Thesen* wurde der Weg für einen echten Dialog freigemacht. Respekt und Wertschätzung bestimmen den Ton der Thesen, die eine neue Performance jüdisch-christlicher Begegnungen darstellen und verlangen.

2. Das Zweite Vatikanische Konzil und *Nostra aetate* 4 als katholischer Wendepunkt in den jüdisch-christlichen Beziehungen

Die *Seelisberger Thesen* wurden vom Ökumenischen Weltrat der Kirchen rezipiert und haben eine nachhaltige Wirkungsgeschichte entfaltet. Sie führten, u. a. durch den Einfluss des jüdischen Historikers Jules Isaac (1877–1963), zur Erklärung *Nostra aetate* des Zweiten Vatikanischen Konzils (1962–1965). Im 4. Kapitel der Erklärung über das *Verhältnis der Kirche zu den nichtchristlichen Religionen* unternimmt das Konzil eine israeltheologische Neupositionierung. Sie greift beide Perspektiven von Seelisberg auf: die Betonung der jüdischen Wurzeln des Christentums wie die Ablehnung judenfeindlicher Konzepte und Praktiken. Erst mit NA 4 wird die »Lehre der Verachtung« (Jules Isaac) überwunden, was im Gegenzug die christliche Schuldgeschichte sichtbar macht. Das Konzil bringt sie nicht zum Ausdruck; erst Johannes Paul II. hat dies beim großen Schuldbekenntnis der Kirche am 12.3.2000 getan. Damit setzte der polnische Papst, der mit seiner Rede vom »nie gekündigten Bund« den israeltheologischen Paradigmenwechsel der katholischen Kirche auf eine Formel brachte, die Haltung des Konzils konsequent um. Das Judentum stellt nicht einen unter vielen Partnern katholischer Religionsdialoge dar, vielmehr gehört die Reflexion auf die heilsgeschichtliche Bedeutung Israels in die Selbstbestimmung der Kirche. »Deshalb kann die Kirche auch nicht vergessen, daß sie durch jenes Volk, mit dem Gott aus unsagbarem Erbarmen den Alten Bund geschlossen hat, die Offenbarung des Alten Testamentes empfing und genährt wird von der Wurzel des guten Ölbaums, in den die Heiden als wilde Schößlinge eingepfropft sind.« (NA 4,2) Es handelt sich um den Sprechakt einer wirksamen Selbstfestlegung. Nicht vergessen können – das gilt. Wo die Kirche diese Grundregel verletzt, verliert sie den Boden unter den Füßen. In letzter Konsequenz gesprochen: Sie wäre nicht mehr Kirche Jesu Christi. Denn auch wenn die jüdische Mehrheitsgesellschaft zur Zeit Jesu seine Botschaft nicht annahm, »sind die Juden nach dem Zeugnis der Apostel immer noch von Gott geliebt um der Väter willen; sind doch seine Gnadengaben und seine Berufung unwiderruflich. Mit den Propheten und mit demselben Apostel erwartet die Kirche den Tag, der nur Gott bekannt ist, an dem alle Völker mit einer Stimme den Herrn anrufen und ihm »Schulter an Schulter dienen« (*Soph* [=Zef] 3,9).« (NA 4,4) Das Moment eschatologischer Gemeinsamkeit eröffnet Perspektiven für den jüdisch-christlichen Dialog (zu Zef 3,9 → I.1), weil die Unterschiede im Glauben an eine gemeinsame Offenbarungsgeschichte gebunden bleiben. Im Dialog entsteht eine religiöse Hoffnungsgemeinschaft. Papst Franziskus hat dies mit seinem israeltheologischen Grundsatz verstärkt: »Gott wirkt weiterhin im Volk des Alten Bundes.« (Evangelii gaudium Nr. 249) Hier zeichnet sich eine gemeinsame, anhaltende Offenbarungsgeschichte ab. Damit aber erhält auch der Dialog eine besondere Dignität, denn er treibt die geteilte Gottesbestimmung voran.

Das hat eine wichtige Konsequenz: Kirche lebt in einem Modus doppelter Identität. Sie steht in einem ständigen Verweiszusammenhang auf das Judentum. Während das Konzil die heilsgeschichtliche Größe Israel in den Blick nahm und eine alttestamentlich gebundene Sichtweise wählte, wird das jeweils gegenwärtige Judentum nach dem Konzil zu einem wirklichen Dialogpartner. So sehr *Nostra aetate* ein Dokument der katholischen Kirche bleibt, so nachhaltig hat dieser Text die folgenden Dialoge ermöglicht. Das gilt auch vor dem Hintergrund, dass in der verwickelten Entstehungsgeschichte dieses Textes der Ort des Judentums im Horizont der nicht-christlichen Religionen markiert wurde. Dort tritt es aber in einer konzentrischen Bildführung als Fokuspunkt auf. Von außen nach innen führt die Textregie: über allgemeine religionsgeschichtliche Reflexionen zu hinduistischen und buddhistischen Traditionen, vom Islam zum Judentum. Dass in der Folge der Dialog mit dem Judentum an das ökumenische Einheitssekretariat im Vatikan angegliedert wurde, macht deutlich, wie eng die katholische Kirche ihre Beziehung zum Judentum einschätzt. So bestätigt sich diese kopernikanische Wende im katholischen Verhältnis zum Judentum, die in den Kommentierungen von *Nostra aetate* als Leitmotiv herausgearbeitet wurden: die Absage an jede Form einer Substitutionstheologie, also einer Ersetzung Israels und des Judentums durch die Kirche; die Auflösung antijudaistischer Denkmuster; die hermeneutische Praxis nicht nur einer unverrückbaren Anerkennung und Wertschätzung des Judentums, sondern auch dass »Einspruchsrechte von jüdischer Seite in zentrale kirchliche Aufgaben, wie Katechese, Verkündigung und Theologie, eingeräumt« werden (SIEBENROCK, Kommentar, 591–693; 663). So kann man mit Blick auf NA 4 aus der Sicht des am Konzil und an der Textentstehung beteiligten Kommentators Johannes Oesterreicher von einem »Triumph der Wahrheit und Gerechtigkeit« sprechen (OESTERREICHER, Einleitung, 406–478; 472), der einen »Neubeginn« (OESTERREICHER, Einleitung, 474) in den katholischen Beziehungen zum Judentum im Zeichen wirklicher Dialoge ermöglichte.

3.   Rezeption und Fortschreibung von Nostra aetate 4

In der Schlusserklärung eines internationalen Kongresses 50 Jahre nach dem Konzil, der unter dem bezeichnenden Titel »Das Konzil eröffnen« stand, findet sich einerseits das Konzil gewürdigt, andererseits auf der Basis der bisherigen Dialogerfahrungen die Perspektive einer nachhaltigen katholisch-theologischen Selbstverpflichtung festgeschrieben. Sie liefert retrospektiv wie zukunftsgerichtet ein Kriterium katholisch-jüdischer Dialogentwicklung: die Vermeidung jedes theologisch verbrämten Antijudaismus sowie belastbare Solidarität mit Jüd:innen in der Gegenwart. Damit wird deutlich, dass sich *Nostra aetate* theologie-formativ nach innen richtet und die katholische Kirche verändert, dass aber auch ein gesellschaftlich und politisch wirksamer Außenbezug besteht. Er zeigt sich in der Dialoggeschichte nach dem Zweiten Vatikanischen Konzil in mehrfacher Hinsicht, nämlich in Aussagen und im Handeln der Päpste, nicht zuletzt in der völkerrechtlichen Anerkennung des Staates Israel durch den Vatikan am 30.12.1993. Ohne die im Dialog gewachsenen Beziehungen, die offizielle Gesprächskontakte auf verschiedenen Ebenen vorsehen, wäre dieser Schritt nicht möglich gewesen. Er hinterlässt tiefergehende Fragen, die in laufende Dialogprozesse eingreifen: Welche Bedeutung kommt dem Staat Israel religiös und theologisch zu? Was bedeutet es für die katholische Kirche, wenn aus jüdischer Sicht, sehr unterschiedlich, solche Deutungsperspektiven eingespielt werden? Im Spiegel dieser theologisch wie politisch offenen Fragen zeigt sich einerseits die Dynamik der jüdisch-christlichen Dialoggeschichte, andererseits die Notwendigkeit, Grenzen des Dialogs zu bestimmen.

Dafür bieten verschiedene Dialoginitiativen Anhaltspunkte. Sie verbinden theologische Forschungsperspektiven mit religionsgemeinschaftlichen Verwurzelungen und müssen nicht zuletzt einen Unterschied aushandeln und respektieren: dass das christliche Konzept *Theologie* aus jüdischer Sicht nicht eins zu eins übernommen werden kann. Halachische Auslegungstraditionen haben andere Referenzen und andere Verfahren zum Gegenstand als christlich-theologische Diskurse. Umso wichtiger ist es festzustellen, dass die Rede von Gott auf der Grundlage biblischer Überlieferungen gemeinsam-unterschieden geschieht. Zum jüdisch-christlichen Dialog gehören folgerichtig hermeneutische Reflexionen, wie sie die Päpstliche Bibelkommission mit dem Dokument »Das jüdische Volk und seine Heilige Schrift in der christlichen Bibel« 1993 vorgelegt hat. »Das Neue Testament erkennt die Autorität der Heiligen Schrift des jüdischen Volkes an«: Diese Grundthese führt exegetisch zu wechselseitigen Kommentierungen sowohl des Alten wie des Neuen Testaments. Sie stellen nicht nur forschungsbasierte Konsequenzen eines umfassenden jüdisch-christlichen Gesprächsprozesses dar, sondern vollziehen ihn auch über konkrete Dialogprogramme und -erklärungen hinaus. Ihnen kommt ein eigenes Gewicht zu, weil sie Punkte setzen, Fortschritte markieren, Perspektiven in Form von Erklärungen aufzeigen und insofern oft wirkliche Meilensteine darstellen.

4. Erklärungen aus dem jüdisch-christlichen Dialog

Im jüdisch-christlichen Dialog sind wichtige gemeinsame Texte entstanden. Eine besondere Rolle spielen Projektgruppen wie der »Gesprächskreis Juden und Christen beim Zentralkomitee der deutschen Katholiken«, der mehrfach Stellungnahmen veröffentlich hat, u. a. die Grundsatzerklärung »Nein zur Judenmission – Ja zum Dialog zwischen Juden und Christen« aus dem Jahr 2009. Aus demselben Jahr stammt die Erklärung des *International Council of Christians and Jews* »A Time for Recommitment: Building the New Relationship between Jews and Christians«. Mit den *Zwölf Punkten von Berlin* bestimmt dieser Text die Herausforderungen des jüdisch-christlichen Dialogs für alle Felder kirchlichen Lebens und theologischer Reflexion. Er zieht konkrete Konsequenzen in bewusster Fortschreibung der *Seelisberger Thesen* »by eliminating any teachings that Christians have replaced Jews as a people in covenant with God« und »by emphasizing the common mission of

Jews and Christians in preparing the world for the kingdom of God or the Age to Come.«

Von grundlegender Bedeutung für den jüdisch-christlichen Dialog sind zumal Dokumente der beiden Religionsgemeinschaften. Für die evangelische Kirche in Deutschland nehmen die Denkschriften aus den Jahren 1975, 1991 und 2000 sowie der Beschluss der Synode der Evangelischen Kirche im Rheinland vom 11. Januar 1980 »Zur Erneuerung des Verhältnisses von Christen und Juden« einen hohen Rang ein. Sie stellen bleibende Referenzen für eine Weiterentwicklung der evangelischen Position im Dialog dar. Dem kirchlichen Schuldbekenntnis am Holocaust ist dabei im Synodalbeschluss ein förmliches Glaubensbekenntnis zur theologischen Dignität des Judentums zugeordnet: »Wir glauben an die bleibende Erwählung des jüdischen Volkes als Gottes Volk und erkennen, daß die Kirche durch Jesus Christus in den Bund Gottes mit seinem Volk hineingenommen ist.«

Am 11. September 2000 wurde eine erste repräsentative Erklärung aus dem liberalen Judentum zum jüdisch-christlichen Dialog veröffentlicht. *Dabru Emet* – »Redet Wahrheit!« – stellt einen Durchbruch dar (→ IX.5). Ausgangspunkt ist die Tatsache, dass sich in den christlichen Kirchen ein einschneidender Wandel in den Beziehungen zum Judentum vollzogen hat. Das ermöglicht von jüdischer Seite die Bestimmung von Gemeinsamkeiten, die nicht nur den Dialog tragen, sondern Perspektiven seiner Entwicklung öffnen. Zwei Kernaussagen leiten die Erklärung an: »*Juden und Christen beten den gleichen Gott an*« und »*Juden und Christen stützen sich auf das gleiche Buch – die Bibel*«. Die Unterschiede in der Gottesbestimmung und in der Auslegung der Heiligen Schriften verschwinden nicht, aber sie sind im Raum eines gemeinsamen religiösen Bezuges angesiedelt. Das fordert zum gemeinsamen Einsatz im Zeichen der »*moralischen Prinzipien der Tora*« für »die unveräußerliche Heiligkeit und Würde eines jeden Menschen« auf. Ein besonderer Akzent liegt auf der Anerkennung des Landes Israel und seiner Bedeutung für das jüdische Volk, die nicht nur politischer Natur ist. Damit weist *Dabru Emet* in eine Richtung, die im Dialog noch präziser zu vermessen ist.

Im Horizont des 50-jährigen Jubiläums von *Nostra aetate* sind drei gewichtige Dokumente entstanden, zwei aus dem orthodoxen Judentum. Sie können sich auf bedeutende Wegbereiter wie Jacob Emden (1696–1776) und Samson Raphael Hirsch (1808–1888) beziehen. Beide Rabbiner betonen die jüdische Herkunft des Christentums. Damit erschließt sich ein christlich anschlussfähiger Deutungsraum für die bleibende Bedeutung des Judentums. Das wiederum verbindet sich mit einer Wertschätzung des Christentums. Auch wenn diese Positionen damals nicht in den direkten Dialog mit den Kirchen führten, liefern sie eine Grundlage für das jüdisch-christliche Gespräch nach der Schoa. Darauf bauen zwei Texte auf: die Erklärung orthodoxer Rabbiner vom 3.12.2015 »Den Willen unseres Vaters im Himmel tun: Hin zu einer Partnerschaft zwischen Juden und Christen« (*To do the Will of our Father in Heaven*, TdW) sowie die Erklärung der Konferenz Europäischer Rabbiner, des Oberrabbinates des Staates Israel sowie des amerikanischen Rabbinerverbands vom 31.8.2017 »Zwischen Jerusalem und Rom. Gedanken zu 50 Jahre Nostra aetate« (*Beetween Jerusalem and Rome*, BJR). Beide Dokumente erkennen den Wendepunkt in den jüdisch-christlichen Beziehungen nach der Schoa an und betonen für das Gespräch mit der katholischen Kirche die maßgebliche Bedeutung von *Nostra aetate 4*. Der Verzicht auf jede Form von Judenmission spielt dabei eine entscheidende Rolle, weil damit die bleibende theologische Bedeutung des Judentums performativ anerkannt wird.

Das wiederum führt in TdW zur Aussage, »dass das Christentum weder ein Zufall noch ein Irrtum ist, sondern gö-ttlich [sic] gewollt und ein Geschenk der Völker« (Nr. 3). Von daher kann aus jüdischer Sicht das Christentum als »Partner bei der Welterlösung« (Nr. 3) betrachtet und »eine gemeinsame Aufgabe in der Verheißung des Bundes« (Nr. 4) anerkannt werden. Das Bundesmotiv, das aus christlicher Sicht lange Zeit für eine Ersetzung des alten Bundes durch den neuen eingesetzt wurde, findet hier eine andere Bestimmungsform. Die Einsicht, im gemeinsamen Bund zu stehen, setzt von jüdischer Seite eine wechselseitige Anerkennung in Gang.

Sie wurde von der katholischen Kirche explizit bestätigt. Die päpstliche Kommission für die religiösen Beziehungen zum Judentum veröffentlichte am 10. Dezember 2015 das Dokument »›Denn unwiderruflich sind Gnade und Berufung, die Gott gewährt‹ (Röm 11,29). Reflexionen zu theologischen Fragestellungen in den katholisch-jüdischen Beziehungen aus Anlass des 50jährigen Jubiläums von ›Nostra aetate‹ (Nr. 4)«. Der Titel der Erklärung liefert mit Paulus die bestimmende Perspektive: eine grundlegende theologische Würdigung der Stellung Israels und des Judentums in der Heilsgeschichte auch *post Christum*. Indem neue historische und exegetische Erkenntnisse herangezogen werden, gewinnt das wechselseitige Verweisungsverhältnis von Judentum und Christentum Profil: »Ebenso wie nach Tod und Auferstehung Jesu Christi nicht zwei Bünde beziehungslos nebeneinander stehen, gibt es auch nicht unverbunden ›das Bundesvolk Israel‹ neben ›dem Volk Gottes aus den Völkern‹. Vielmehr ist die bleibende Rolle des Bundesvolkes Israel im Heilsplan Gottes dynamisch zu beziehen auf das ›Volk Gottes aus Juden und Heiden – geeint in Christus‹, den die Kirche als den universalen Schöpfungs- und Heilsmittler bekennt.« (Nr. 43) Das Dokument hält an der christologischen Bestimmung des Bundesgeschehens fest, stellt sich aber auch dem Umstand, dass es nach dem Zweiten Vatikanischen Konzil keinen Raum für eine wie auch immer geartete Judenmission in der katholischen Kirche gibt. »Obwohl es eine prinzipielle Ablehnung einer institutionellen Judenmission gibt, sind Christen dennoch aufgerufen, auch Juden gegenüber Zeugnis von ihrem Glauben an Jesus Christus abzulegen. Das aber sollten sie in einer demütigen und sensiblen Weise tun, und zwar in Anerkennung dessen, dass die Juden Träger des Wortes Gottes sind, und besonders in Anbetracht der großen Tragik der Schoa.« (Nr. 40) Damit bleiben Fragen offen – vor allem nach der Rolle, die das Bekenntnis zu Jesus Christus soteriologisch spielt. Die trinitarische Gottesbestimmung kann nicht davon absehen, dass sich Gott in Jesus Christus als er selbst offenbart. Das wiederum bedeutet: Christlich lässt sich von Gott nicht jenseits seiner Selbstvermittlung im Juden Jesus von Nazaret sprechen. Aber muss das ausdrücklich von jüdischer Seite anerkannt werden? Oder können die Differenzen in der Gottesbestimmung eine eigene Geltung beanspruchen? Auf dieser Linie hält die Erklärung fest: »Dass die Juden Anteil an Gottes Heil haben, steht theologisch außer Frage, doch wie dies ohne explizites

Christusbekenntnis möglich sein kann, ist und bleibt ein abgrundtiefes Geheimnis Gottes.« (Nr. 36)

Damit werden die theologischen Differenzen so verortet, dass sich Dialog jenseits eines soteriologischen Drucks entwickeln kann. So hält BJR fest: »Die theologischen Unterschiede zwischen Judentum und Christentum sind tiefgehend. Der grundlegende Glaube des Christentums, der in der Person ›Jesu als der Messias ‹ und als zweite Person des ›dreieinen Gottes‹ seine Mitte hat, schafft eine unüberbrückbare Trennung zum Judentum.« Im gleichen Atemzug schärft BJR aber auch ein: »Trotz dieser grundlegenden Unterschiede haben einige der höchsten Autoritäten des Judentums erklärt, dass den Christen ein besonderer Status gebührt, da sie den Schöpfer des Himmels und der Erde anbeten, der das Volk Israel aus ägyptischer Knechtschaft befreite und dessen Vorsehung der gesamten Schöpfung gilt.« Die Deutsche Bischofskonferenz hat am 29. Januar 2019 eine »Antwort auf die Erklärungen aus dem Orthodoxen Judentum zum Verhältnis von Judentum und katholischer Kirche« unter dem Titel »Gott wirkt weiterhin im Volk des Alten Bundes« veröffentlicht. Hier werden die neuesten Entwicklungen im Dialog und vor allem die beiden Erklärungen aus dem orthodoxen Judentum gewürdigt, um zugleich auf weitere theologische Klärungen hinzuwirken.

Dass sich Differenzen im Dialog austragen lassen, stellt eine Frucht der gewachsenen jüdisch-christlichen Beziehungen dar. Sie haben sich unter Belastungsproben bewährt – etwa anlässlich der Neuformulierung der Karfreitagsfürbitte (→ VI.4) für den tridentinischen Messritus durch Papst Benedikt XVI. im Jahr 2008: »Wir wollen auch beten für die Juden. Daß unser Gott und Herr ihre Herzen erleuchte, damit sie Jesus Christus erkennen, den Heiland aller Menschen.« Müssen Jüdinnen und Juden also doch bekehrt werden, um zum Heil zu gelangen? In einem Kommentar des emeritierten Papstes zur vatikanischen Erklärung von 2015 entzündete sich diese Debatte noch einmal. Sie kreiste um die Frage nach der Zuordnung von altem und neuem Bund. Vertrat Benedikt XVI. eine Theologie der Ersetzung Israels durch die Kirche? Am Ende erklärte der Papa emeritus, dass Judenmission für die katholische Kirche theologisch keinen Sinn mache. Spannungen im Dialog auszutragen und Positionen zu klären, hat sich gerade vor diesem Hintergrund als echte Perspektive erwiesen. Das eröffnet Raum für die Frage, was es für den jüdisch-christlichen Dialog in der Zukunft bedeutet, *dass Gott weiterhin im Volk des Alten Bundes wirkt* (Papst Franziskus).

Weiterführende Literatur

AHRENS, JEHOSCHUA u. a. (Hg.), Hin zu einer Partnerschaft zwischen Juden und Christen. Die Erklärung orthodoxer Rabbiner zum Christentum, Berlin 2017.

BOSCHKI, REINHOLD/WOHLMUTH, JOSEF (Hg.), Nostra aetate 4. Wendepunkt im Verhältnis von Kirche und Judentum – bleibende Herausforderung für die Theologie (Studien zu Judentum und Christentum 30), Paderborn u. a. 2015.

HENRIX, HANS HERMANN, Judentum und Christentum. Gemeinschaft wider Willen, Kevelaer 2004.

VIII.2   Jüdische Philosophie

Michael Bongardt

Der Titel dieses Kapitels ist nicht so klar, wie er auf den ersten Blick scheint. Denn es wird heftig darüber gestritten, was »jüdische Philosophie« überhaupt ist. Es gibt sogar die Behauptung, es gebe sie gar nicht. Deshalb muss, bevor einige jüdische Denker:innen und Fragestellungen exemplarisch vorgestellt werden, zunächst geklärt werden, worum es bei jüdischer Philosophie, wenn es sie gibt, überhaupt geht.

1.   Definitionsversuche

Die einfachste Definition scheint zu sein: Jüdische Philosophie ist das philosophische Denken von Jüd:innen. Doch was ist mit jüdischen Denker:innen, die sich mit der neuzeitlichen Erkenntnistheorie, mit der Philosophie der Mathematik, mit formaler Logik befassen? Für solches Philosophieren ist die Tatsache, dass es von Jüd:innen getrieben wird, häufig völlig unerheblich. Es ist ohne jeden Bezug zu ihrem Judesein möglich und wird auch von vielen jüdischen Philosoph:innen so verstanden. Es in diesem Fall als jüdische Philosophie zu bezeichnen, wäre eine problematische Ausgrenzung und keine inhaltlich begründete Differenzierung.

Als jüdische Philosophie sollte deshalb eher ein Denken bezeichnet werden, das sich auf das Judentum, auf seine Glaubens- und Lebensvorstellungen bezieht und darüber kritisch nachdenkt. Ein solches Nachdenken ist jedoch zweifellos auch Menschen möglich, die selbst nicht jüdisch sind. In der Tat gab und gibt es viele Gelehrte, die sich für das Judentum interessieren, es erforschen und philosophisch reflektieren, ohne selbst Jüd:innen zu sein. Zum Nachdenken über das Judentum gehören dann auch die vielen antijüdischen Positionen, die das Judentum als falsch oder rückständig diskreditieren. All diese Außenblicke auf das Judentum, mögen sie von Respekt oder von Verachtung geprägt sein, als jüdische Philosophie zu bezeichnen, wäre deshalb eine fragwürdige Grenzüberschreitung. Gleichwohl können solche Reflexionen auf das Judentum für die jüdische Philosophie wichtige Anstöße sein, die sich konstruktiv aufnehmen lassen oder mit überzeugenden Argumenten zurückgewiesen werden müssen.

Fasst man die bisherigen Überlegungen zusammen, kommt eine mögliche tragfähige Definition in den Blick: Jüdische Philosophie ist die kritische Reflexion jüdischer Denker:innen, die sich auf das Judentum und seine Tradition, auf das jüdische Leben in Vergangenheit und Gegenwart und ggf. auch auf die biblischen Schriften bezieht.

2.   Abgrenzungen

Um diese Definition richtig zu verstehen, sind noch drei weitere Hinweise notwendig. Sie sollen vor allem dazu dienen, die Tradition jüdischen Denkens in ihren

Parallelen, vor allem aber in ihren Unterschieden zum christlichen Nachdenken über die eigene Tradition zu profilieren.

(1) Die vor allem im rabbinischen Judentum zentrale Form jüdischen Denkens ist die Halacha. Dieser Begriff bezeichnet zunächst die Sammlung der in der Tora zu findenden Gebote und Verbote, die Gott seinem Volk gegeben hat. Im weiteren Sinne umfasst die Halacha aber auch die Fülle der Deutungen dieser biblischen Weisungen. Dabei wird eine bemerkenswerte Unterscheidung gemacht: Der Text der Tora gilt als von Gott gegeben, als geoffenbart. Die Deutung der Tora aber liegt nach jüdischem Verständnis allein beim Menschen. In den Auslegungs-Streit zwischen den Gelehrten hat sich Gott, wie einige berühmte rabbinische Erzählungen herausstellen, nicht einzumischen. Im unvermeidlichen Streit um die richtige Deutung kommt es in der Regel nicht zur Einigung. Deshalb werden im Talmud, einer Sammlung von Tora-Deutungen, auch gegensätzliche Positionen nebeneinandergestellt und gelten als gleich legitim. Diese ewig andauernde Interpretation wird sogar als »mündliche Tora«, also als Teil der Offenbarung angesehen. Für diese Interpretationen werden genaue Regeln aufgestellt, an die man sich zu halten hat – die aber keineswegs zu eindeutigen Ergebnissen führen. Diese Regeln wurden innerhalb der rabbinischen Tradition erarbeitet. Selbstverständlich sind in dieses Regelwerk auch Elemente der antiken philosophischen Hermeneutik, der Lehre vom rechten Verstehen, eingeflossen. Diese philosophischen Quellen hat man wohl als nützlich empfunden. Aber ihnen wird keine eigene Autorität zugesprochen, auf die man sich berufen würde. Deshalb ist es umstritten, ob diese bis heute wichtige rabbinische Tradition der jüdischen Philosophie zuzuordnen ist. Es dürfte kein Zufall sein, dass von einer solchen Philosophie explizit erst ab dem 19. Jh. die Rede ist, in einer Zeit, in der das Verhältnis von Religion und Philosophie noch einmal neu bestimmt wurde. Von einer »jüdischen Philosophie« sollte deshalb nur dann die Rede sein, wenn sich die Reflexion auf das Judentum explizit oder implizit philosophischer Denkformen und Einsichten bedient.

(2) Um das nicht ganz einfache Verhältnis von religiösen Überzeugungen und philosophischem Denken genauer zu bestimmen, hat sich in der christlichen Tradition die Unterscheidung und Zuordnung von Theologie und Philosophie entwickelt. So hat etwa Thomas von Aquin deutlich unterschieden, was die menschliche Vernunft von sich aus – philosophisch – erkennen kann und wann sie auf eine Offenbarung Gottes angewiesen ist und damit »Theologie« wird. Als Theologie wird die kritische Reflexion Gläubiger auf ihren Glauben verstanden, die Philosophie gilt als eine in sich vielfältige Kunst des Denkens, das an kein Glaubensbekenntnis und keine Offenbarung gebunden ist. Wie unterschiedlich, ja mitunter gegensätzlich das Verhältnis von Theologie und Philosophie bestimmt wurde und wird, kann hier nicht ausgeführt werden. Interessant ist aber, dass in der jüdischen Tradition diese Unterscheidung zwar nicht unbekannt, aber seltener zu finden ist. Während im Christentum schon früh ausführlich über das Wesen und die Existenz Gottes, über Trinität und Christologie nachgedacht wurde und dogmatische Glaubenssätze entstanden, ist den meisten jüdischen Traditionen ein solches Denken fremd. Gott ist der Unfassbare, dessen Name nicht ausgesprochen werden darf. So zahlreich in der Bibel von Gott gesprochen, er in Bildern beschrieben, mit Eigenschaften versehen

wird: dogmatische Festlegungen finden sich selten, sie würden dem Bilderverbot des Dekalogs widersprechen. Jüdisches Denken und Philosophieren sind deshalb eher darauf ausgerichtet, wie jüdisches Leben zu gestalten ist, wie die Weisungen Gottes im konkreten Leben umzusetzen sind. Für diese Selbstreflexion werden in der jüdischen Philosophie nicht zuletzt Argumentationen, Ideen und Denkregeln aus der jeweils zeitgenössischen Philosophie herangezogen.

(3) Die aktuelle jüdische Philosophie kann – wie die christliche Theologie – nicht ignorieren, wie grundlegend sich in den letzten zwei Jahrhunderten die Lebensbedingungen, die gesellschaftlichen Verhältnisse und die Selbstverständnisse von Menschen verändert haben. Die Religionen sind nicht mehr der alleinige, für zunehmend mehr Menschen nicht einmal mehr der wichtigste Orientierungsrahmen für das eigene Denken und Handeln. Die von Menschen geformte Welt, die Kulturen ihres Zusammenlebens und Weltverstehens gibt es nur noch im Plural verschiedenster Überzeugungen und Deutungen. Und niemand lebt in nur einer »Kultur« – sondern jeder muss sich in einer Vielzahl von Umgebungen und Anforderungen zurechtfinden. Schaut man auf aktuelle Selbstbeschreibungen jüdischer Philosophie, wird deutlich, wie dringlich die Frage ist, was heute jüdisches Leben und jüdisches Denken bedeuten und sein können. Die jüdische Tradition kann nur weitergeführt werden, indem sie verändert, transformiert wird. Vor dieser Aufgabe steht jüdische Philosophie nicht zum ersten Mal, aber heute in vielleicht besonderer Radikalität.

Um diese grundsätzlichen Überlegungen anschaulicher und lebendiger werden zu lassen, werden im Folgenden chronologisch einzelne Vertreter und inhaltlich zentrale Themen der jüdischen Philosophie kurz vorgestellt.

3.   Stationen

3.1   Antike: Philon von Alexandrien

Hier die griechische Philosophie – dort die biblische Tradition Israels. Diese übliche Gegenüberstellung strikt getrennter Denktraditionen verkennt, dass auch die Antike den Austausch nicht nur von Gütern, sondern auch von Ideen kannte. Dies galt schon im Hellenismus, erst recht mit der Ausbreitung des römischen Reiches. In vielen Regionen und Städten lebten Jüd:innen und Christ:innen – zwar als Minderheiten, aber im Kontakt zu Ihrer Umgebung. Das Judentum war offenbar für eine Reihe hellenistischer Nicht-Jüd:innen attraktiv, nicht zuletzt wegen seines philosophisch einleuchtenden Monotheismus. Das Neue Testament nennt diese Menschen »Gottesfürchtige«.

Philon von Alexandrien (ca. 20 v. d. Z. – ca. 45 n. d. Z.) gilt als der erste, der umfassend versuchte, griechische Philosophie und die jüdisch-biblische Tradition miteinander zu verbinden. Man weiß wenig von seinem Leben, das er in der ägyptischen Großstadt Alexandrien verbrachte; viele seiner Schriften sind nur partiell überliefert und inhaltlich nicht ganz konsistent. Mit Hilfe der griechischen Philosophie seiner Zeit kommentierte er die Tora. Gott verstand er als den absolut transzendenten Seienden, der für menschliches Denken nicht erfassbar ist. Aus dieser strikten Trennung von Gott auf der einen sowie der Welt und dem menschlichen Denken auf der anderen Seite erwuchs später die so genannte »negative Theologie«, die die Unmöglichkeit, von Gott zu sprechen, betont. Um überhaupt eine Verbindung von Gott und Welt denken zu können, suchte Philon in der Philosophie wie in der Bibel nach vermittelnden Kräften zwischen beiden Wirklichkeiten. Hierzu führte er, der das Christentum noch nicht kennen konnte, Begriffe ein, die für die spätere Entwicklung der christlichen Theologie große Bedeutung erhalten sollten. Die Bibel konnte er in dieses Denken einbeziehen, indem er davon ausging, dass alle biblischen Texte, vor allem ihre Aussagen über Gott, neben der wörtlichen auch eine verborgene, übertragene Bedeutung haben, die es in einer sogenannten allegorischen Auslegung zu finden gilt. Auch sie hat bei den Kirchenvätern Aufmerksamkeit und Rezeption erfahren.

Die halachischen Diskussionen der Rabbinen haben von Philons Brückenschlag zur Philosophie keine Kenntnis genommen. Die christliche Wertschätzung dieses jüdischen Philosophen dürfte die rabbinische Skepsis noch verstärkt haben.

3.2   Das Mittelalter: Maimonides

Als Moses ben Maimon, genannt Maimonides, 1138 in Cordoba geboren wurde, befand sich die damals bekannte Welt in einem radikalen Umbruch. Mit dem Islam war die dritte monotheistische Religion entstanden. Sie hatte sich rasch ausgebreitet und beherrschte bald weite Teile des Mittelmeerraums, nicht zuletzt den Süden Spaniens. 1095 hatte der Papst zum ersten Kreuzzug gegen die Muslime aufgerufen. Unter diesen Rahmenbedingungen kam es zu intensiven Kontakten zwischen Jüd:innen und Muslim:innen, in denen um ein angemessenes Gottesverständnis gerungen wurde. Durch muslimische Gelehrte wurden die Schriften des Aristoteles weit verbreitet und stellten die vorangegangene Orientierung am Platonismus in Frage. Diese Dispute sollten im 13. Jh. dann auch Umbrüche in der christlichen Theologie zur Folge haben.

Maimonides, der schon als Kind mit seinen Eltern vor einer Verfolgungswelle nach Nordafrika floh und fortan in Palästina und Ägypten lebte, war als Rechtsgelehrter und Arzt im dauerhaften Kontakt zu Muslimen. Sein philosophisches Denken setzte für die Folgezeit der jüdischen Philosophie Maßstäbe. Sein Ziel war es, die Übereinstimmung der jüdischen Religion mit der Philosophie zu erweisen. Seine beiden Hauptwerke – die »Mischneh Torah« und der »Führer der Unschlüssigen« – lassen sich der praktischen Philosophie, also der Ethik, und der theoretischen Philosophie, die sich mit der menschlichen Erkenntnis befasst, zuordnen. Das erstgenannte Werk erweist auf philosophischem Weg die Rationalität der in der Tora überlieferten Weisungen Gottes. Das zweitgenannte baut auf der aristotelischen Philosophie auf. Diese Philosophie geht von den Wahrnehmungen des Menschen aus und schließt von diesen auf die Ordnung der materiellen Welt. Damit legt sie die Grundlage für die modernen Naturwissenschaften. Der Mensch kann aber über diese Welt hinausdenken und in der Metaphysik den Gedanken eines Gottes entwickeln. In seinem hoch komplexen und in seiner Deutung umstrittenen Werk präsentiert Maimonides verschiedene Wege, die philosophische Metaphysik und die biblischen Vorstellungen von Gott rational zu verbinden. Auch er hält dabei, wie schon Philon, an der unaufhebbaren Unfassbarkeit Gottes fest.

3.3   Aufklärung: Moses Mendelssohn (1728–1786)

Als Autodidakt wurde Moses Mendelssohn (→ V.1) zu einem der herausragenden Philosophen des 18. Jhs. Er war mit Lessing befreundet, las Kant und kommentierte seine Schriften. In seinem Bemühen um eine Verhältnisbestimmung von Philosophie und Religion schrieb er viel beachtete Werke zur Metaphysik, zur Anthropologie, zum Verhältnis von Staat und Religion. Mit seiner Übersetzung der Tora und der Psalmen vom Hebräischen ins Deutsche liegt ein besonderes Zeugnis seines Bemühens vor, das Judentum mit der Aufklärung zu verbinden, jüdischem Denken, Jüd:innen einen Platz in den aktuellen Debatten der Mehrheitsgesellschaft zu geben.

Mendelssohns Wirken bildete einen Grundstein für eine so genannte »Wissenschaft des Judentums«, die sich im 19. Jh. etablierte und institutionelle Gestalt annahm. Ein Grundanliegen dieser Bewegung war es, sich einerseits auf der Höhe des Denkens und der Philosophie ihrer Zeit und in ständigem Austausch mit ihr zu bewegen – und andererseits in diesem Kontext jüdische Identität neu zu finden. Gleichzeitig gab es Strömungen und Fragestellungen innerhalb des Judentums dieser Zeit, die diese Versuche, sich an die Mehrheitsgesellschaft anzugliedern, ablehnten. Es ist im Rahmen dieses Überblicks unmöglich, die für die jüdische Philosophie der letzten zwei Jahrhunderte maßgeblichen Denker:innen auch nur aufzuzählen – sie reichen von Hermann Cohen bis zu Emmanuel Levinas, von Hannah Arendt bis zu Omri Boehm. Deshalb schließt dieser Beitrag mit einer knappen Benennung markanter Themen jüdischer Philosophie im genannten Zeitraum – Themen, die jeweils auch ihre lange Vorgeschichte haben.

4.   Themen

4.1   Jüdischer Atheismus?

Baruch Spinoza, ein wirkmächtiger Denker des 17. Jhs. wurde 1656 von der Amsterdamer Synagoge ausgeschlossen. Seiner spekulativen Philosophie über das Verhältnis von Gott und Natur machte man den Vorwurf, dem biblischen Gottesbild zu widersprechen, ja sogar atheistisch zu sein. Doch ungeachtet dieses Ausschlusses hat Spinoza zahlreiche Nachfolger:innen gefunden, die sich als Jüd:innen verstanden. Sie kritisierten das ihres Erachtens zu menschlich geformte Gottesbild der jüdischen Tradition. In der gegenwärtigen jüdischen Philosophie sind auch Positionen eines expliziten Atheismus zu finden. Ein Mensch ist Jüdin oder Jude, wenn und weil er von einer jüdischen Mutter geboren wurde und nicht durch sein Glaubensbekenntnis. Deshalb sehen Vertreter:innen der genannten Position keinen Widerspruch darin, als Jüd:innen atheistisch zu sein. Sie dürften oft den Gläubigen, die betonen, über Gott und seine Existenz nichts sagen zu können, näher sein als ihnen bewusst ist.

4.2   Mystik

Die Bibel schildert eine beträchtliche Anzahl von Gotteserfahrungen. Oft geschieht dies in einer Form, in der Verborgenheit und Erfahrbarkeit Gottes in einer widersprüchlichen Einheit geschildert werden. Schon seit dem Frühjudentum gibt es Berichte von Erfahrungen, in denen sich Gott in seiner Unerfahrbarkeit gezeigt hat. Wo immer sich solche mystischen Widerfahrnisse ereignen, stehen deren Zeug:innen vor der Schwierigkeit, von etwas zu sprechen, worüber zu sprechen unmöglich ist. Im Judentum hat sich daraus eine eigene Philosophie entwickelt, die so genannte Kabbala. Sie bezeichnet sich selbst als »philosophia perennis« (ewige Philosophie). Sie verbindet hochspekulative Gedankensysteme mit bestimmten Frömmigkeitsformen. So umstritten sie und ihr philosophischer Anspruch auch sind, hat sie auf jüdisches Denken bis in die Gegenwart Einfluss – etwa über Gershom Scholem, Martin Buber, Abraham J. Heschel.

4.3   Jüdische Philosophie nach der Schoa

Nicht nur, aber in besonderer Weise für Jüdinnen und Juden stellt der nationalsozialistische Völkermord alles vorherige Denken und Glauben infrage. Unübersehbar sind die Versuche jüdischer Philosophie, dieses Verbrechen zu erfassen und Konsequenzen für ihr Denken daraus zu ziehen. Diese reichen von der Vorstellung, es habe sich um ein göttliches Strafgericht für die Assimilation des jüdischen Volkes an andere Völker gehandelt, bis zu radikalen Veränderungen der jüdischen Rede von Gott. Die Schoa bildet daher einen auch noch im 21. Jh. unhintergehbaren Ausgangspunkt jüdischer Philosophie, deren thematisches Spektrum aber natürlich weit darüber hinausreicht. Diese Fülle kann hier nicht näher beschrieben werden.

4.4   Miteinander lernen

Der inhaltlich wie historisch weite Bogen, den dieser Beitrag gespannt hat, sollte zeigen, wie vielfältig und epochenübergreifend »jüdische Philosophie« im eingangs genannten Sinne war und ist. Ungeachtet aller Verschiedenheiten seien abschließend drei Charakteristika genannt, die sich bemerkenswert durchgängig in jüdischer Philosophie finden: Da ist zunächst die aus rabbinischer Tradition übernommene Akzeptanz von Vielfalt. Nicht nur verschiedene, sondern auch sich widersprechende Deutungen und Reflexionen der jüdischen Tradition und Gegenwart werden anerkannt und weitergetragen. Sodann ist auffällig, dass bei aller immer wieder auftauchenden Freude an philosophischer Spekulation das Ziel des Denkens meist die Ethik ist: die Suche nach dem rechten Leben. Und schließlich ist die strikte Zurückhaltung in Fragen der Existenz und der Eigenschaften Gottes zu nennen. Mit dieser Charakterisierung der jüdischen Philosophie ist eine deutliche Distanz zur christlichen Theologie markiert. Zwar finden sich alle genannten Aspekte gelegentlich auch in der christlichen Tradition, aber keiner von ihnen ist dort zentral oder gar maßgeblich. Gerade deshalb ist es ratsam, in der wertschätzenden Begegnung von Jüd:innen und Christ:innen miteinander zu lernen.

Weiterführende Literatur

BRUCKSTEIN, ALMUT SH., Die Maske des Moses. Studien zu jüdischen Hermeneutik. Berlin/Wien 2001.
HAYOUN, MAURICE-RUBEN, Geschichte der jüdischen Philosophie. Darmstadt 2004.
TIROSH-SAMUELSON, HAVA/HUGHES, AARON W., Jewish Philosophy for the Twenty-First Century. Personal Reflections. Leiden/Boston 2014. Dazu die ausführliche Zusammenfassung und Rezension von GRÖZINGER, KARL E., Jüdische Philosophie für das einundzwanzigste Jahrhundert. Ein kritischer Bericht, in: Zeitschrift für Kulturphilosophie 11/1, 2017, 199–230.
Zur Debatte um Geschichte und Begriff »jüdischer Philosophie« vgl. die Beiträge von GRÖZINGER, KARL E./MEYER, THOMAS/SCHULTE, CHRISTOPH/STERN, JOSEF. In: Zeitschrift für Kulturphilosophie 11/2, 2017, 273–363.

VIII.3 Jüdische Kultur ist lebendig, divers, vielschichtig – und migrantisch

Dani Kranz

Etwa 118.000 Jüd:innen leben in Deutschland und zusätzlich 157.000 Menschen, die unter das israelische Rückkehrgesetz fallen (DELLAPERGOLA/STAETSKY, Jews). Dieses ist ein enormer Zuwachs im Vergleich zu den 15.920 Mitgliedern, die die jüdischen Gemeinden in Westdeutschland und West-Berlin 1955 hatten (ZWST 1955, 111). 1989 hatten die DDR-Gemeinden noch 372 Mitglieder (BURGAUER, Erinnerung, 359), im damaligen Westen waren es 27.711 (ZWST 2001, 7). Die heutigen jüdischen Gemeinden, sowie die gesamte jüdische Community, ist divers, lebendig, vielschichtig – und migrantisch. Das Wachstum der jüdischen Bevölkerung in Deutschland nach 1945 basiert auf Migration. Die Bundesrepublik sowie das wiedervereinigte Deutschland waren immer ein Migrationsland für Jüd:innen. Die absolute Mehrheit aller Jüd:innen ist selbst migriert oder hat mindestens ein Elternteil, das immigriert ist.

1. Paradoxe Migrationen?

Eine verschwindend kleine Minderheit der Jüd:innen, die vor der Schoa im Deutschen Reich gelebt hatten, blieb im bzw. kehrte ins Nachkriegsdeutschland zurück. Die Mehrheit der neugegründeten Gemeinden in Westdeutschland bestand aus osteuropäischen jüdischen Displaced Persons (DPs). Zeitweise lebten mehr als 250.000 von ihnen in Übergangslagern. Sie waren vor allem in die britische und amerikanische Zone geflüchtet und erhofften sich meist eine schnelle Emigration. Die Übergangslager leerten sich rasch, als die USA ihre Visaregularien änderten und der Staat Israel 1948 gegründet wurde.

Die Quellen zu den neuen, wenn auch winzigen, Gemeinden machen sichtbar, dass die »Liquidationsgemeinde« ein Mythos ist, bei dem davon ausgegangen wurde, dass die Gemeinden nur solange bestehen würden, bis alle Jüd:innen ausgewandert wären, weil es nach der Schoa unvorstellbar schien, dass sie im Land der Täter:innen eine Heimat finden könnten. Diese Gemeinde bildet der Band *Unmögliche Heimat* (KAUDERS, Heimat) mit vielen Details über die Lebenswelten von Jüd:innen aus ethnohistorischer Binnenperspektive ab. Es gelingt Anthony D. Kauders, viele feine Details über jüdische Lebenswelten darzustellen, wie etwa die quasi-familiäre Nähe zwischen den Gemeindemitgliedern, die mitunter in Enge mündete, das (Streit)Thema der inter-ethnisch-religiösen Ehe, welches schon in den 1970er Jahren auf Gemeindetagen diskutiert wurde, Differenzen über lebensweltliche Fragen oder Beziehungen zu Israel.

Diese innerjüdische Diversität, die die Soziologen Alphons Silberschon und Harry Maor ab den frühen 1960ern darstellten, und der Meinungspluralismus blieben meist hinter verschlossenen Türen. Ebenso blieb verborgen, dass die meisten Jüd:innen weniger religiös waren, als von ihrer Umwelt angenommen. Ein weiterer Soziologe, Y. Michal Bodemann (BODEMANN, Jewish) konstatiert, dass Jüd:innen nach außen eine geschlossene Fassade projizierten. Die physischen Räume der jüdischen Gemeinden waren *safe spaces*, wo man unter sich bleiben und sich offen austauschen konnte (KRANZ, Shades). Das Verhältnis zur deutschen Umwelt kann als spannungsgeladen beschrieben werden (GRÜNBERG, Folgen; RAPAPORT, Jews). Dieser Umstand führte auch dazu, dass aus soziologischer, anthropologischer und generell empirischer Sicht nur sehr wenig über diese Zeit bekannt ist, zumal Jüd:innen kein Interesse daran hatten, sich von den ehemaligen Täter:innen »untersuchen« zu lassen (BODEMANN, Wogen) und es nur sehr wenige jüdische Forscher:innen gab (WEISSBERG, Studies). Somit bleiben Autobiographien und Interviewstudien als Zeitzeugnisse, die die direktesten Einblicke zulassen – nur sind auch sie selten und sollten mit viel Fingerspitzengefühl für Verschwiegenes und Beschönigtes interpretiert werden (KAUDERS, Review).

2. Generative Unterschiede und Migration

Ab Mitte der 1970er Jahre wurde die innerjüdische Diversität öffentlich sichtbarer (KAUDERS, Heimat; BODEMANN, Jewish). Es waren spezifische innerjüdische Konflikte, die nach außen drangen und die so verschieden gesehen wurden, dass sie nicht hinter verschlossenen Türen beigelegt werden konnten. Interehen war eines dieser Themen: Wie sollte mit nichtjüdischen Ehepartner:innen umgegangen werden? Wie mit patrilinearen Jüd:innen, sprich Kindern, deren Vater Jude war, aber nicht deren Mutter – eine Debatte, die immer wieder aufbricht? Dies auch vor dem Hintergrund, dass die Einheitsgemeinden für eine Mitgliedschaft Matrilinearität oder eine anerkannte Konversion voraussetzten? Welches Verhältnis sollte man zu Israel haben? Auch hier schieden sich die Geister: für einige war Israel zur Ersatzidentität geworden, andere waren kritisch aber unterstützend, wobei eine antizionistische Ablehnung sehr selten war (Kauders, Heimat).

Themen wie Partnerschaft und Familie erlaubten Einsichten in das schwierige Verhältnis der Überlebenden zu ihrer nichtjüdischen Umwelt; ebenso das der Zweiten Generation, die sich als Jüd:innen in Deutschland, aber nicht als deutsche Jüd:innen erlebten. Man mochte unter Deutschen leben, mit ihnen befreundet sein und mit ihnen arbeiten, aber sie als Teil der Familie zu haben, war dann doch eine andere Dimension (Kranz, Shades). Die Soziologin Lynn Rapaport (Rapaport, Jews) und der Psychoanalytiker Kurt Grünberg (Grünberg, Liebe) erlauben tiefe, berührende und erschütternde Einblicke in Liebesbeziehungen von Jüd:innen der Zweiten Generation: Sie zeigen, dass Israel sowohl einen Weg aus den überengen Familienbanden erlaubte als auch den Zugang zu einen weiteren Pool an potentiellen Partner:innen ermöglichte. Es blieb nur ein Teil der Zweiten Generation im Land.

In den 1970ern, ebenso wie heute, zeigten sich die Meinungsunterschiede bezüglich Israel am deutlichsten, wenn es zu Gewalt und Kriegshandlungen im Nahen Osten kam. Während die offizielle Linie der Einheitsgemeinde pro-israelisch blieb, reicht das Meinungsspektrum von unbedingter Solidarität zu einem kritischen, aber unterstützenden Verhältnis, bis hin zu antizionistischen Positionen, die zunehmend öffentlich vernehmbar sind. Diese öffentliche Heterogenität in den Einstellungen rührt wesentlich daher, dass die dritte Generation Israel zwar als Erlebnisort ausprobiert (Mendel, Jugendliche), das Land aber nicht mehr die Ersatzidentität darstellt wie für die Erste und Zweite Generation, die durch eine viel größere Nähe zur Schoa nur in seltenen Fällen eine Identifikation mit der Bundesrepublik aufbaute.

Die dritte Generation wiederum ist numerisch viel signifikanter, da sie aus Jüd:innen der Dritten Generation (in Deutschland geborene und aufgewachsene Enkel der Ersten, überlebenden Generation), Jüd:innen aus den Ländern der ehemaligen Sowjetunion und einer kleinen, aber lautstarken Gruppen von Israel:innen besteht. Wenn man nur Israel:innen mit einfacher israelischer Staatsbürgerschaft betrachtet, umfasst die Gruppe 15.000 Individuen. Rechnet man Menschen mit Migrationsbezug Israel hinzu, wächst die Gesamtzahl auf 20.000 bis 25.000 bundesweit (Rebhun/Kranz/Sünker, Double). Dies ist eine vergleichsweise kleine Gruppe im Verhältnis zu den 219.604 Kontingentflüchtlingen, die bis Ende 2004 aus den Ländern der ehemaligen Sowjetunion nach Deutschland migrierten. Da aber nicht alle der Kontingentflüchtlinge gemäß der in Deutschland dominanten Interpretation der Halacha (d. h. des jüdischen Gesetzes) Jüd:innen sind, und auch nichtjüdische Familienmitglieder mitmigrierten, ist die Gruppe der Jüd:innen unter den Kontingentflüchtlingen kleiner.

3.   Normale jüdische Lebenswelten

Ob Deutschland wieder in die Riege der zivilisierten Nationen aufgenommen werden könne, hinge wesentlich davon ab, wie Westdeutschland mit den verbliebenen Jüd:innen verfahre und welche Beziehung es zum jüdischen Staat Israel entwickeln werde – das war die klare Ansage der USA an die erste Regierung der BRD im Jahre

1949. Jüd:innen kam somit eine Sonderrolle zu. Ob sie in Deutschland verblieben, wurde als ein Zeichen der Stärke der westdeutschen Demokratie interpretiert. Der Soziologe Y. Michal Bodemann (BODEMANN, Gedächtnistheater) konstatiert, dass in der Folge eine spezifische, performative Erinnerungskultur entstanden sei, in der Jüd:innen eine feste Rolle haben: Sie wurden Teil des deutschen *Gedächtnistheaters*. Die Möglichkeit, sich dem zu entziehen, war für Jüd:innen begrenzt, zumal sie als Mini-Minderheit in deutschen Strukturen zurechtkommen mussten – Strukturen, in denen es weiterhin Antisemitismus gab (auf politischer Ebene, aber auch in behördlicher Praxis und im Rechtsbereich, vgl. PLATT, Erinnerung) und in denen sie schlicht und ergreifend keine sonderliche Macht hatten. All dies begann mit der dritten Generation aufzubrechen, wobei gegenwärtig noch offen ist, welche Folgen der Hamas-Terror-Angriff auf Israel am 7. Oktober 2023 hat und vor allem, wie sich der offen gezeigte, gewalttätige Antisemitismus auf das jüdische Selbstverständnis in Deutschland auswirken wird.

Dass Antisemitismus nach 1945 weiterhin existierte, ist belegbar, allerdings bildete sich auch ein betonter Philosemitismus heraus; es entstanden judaisierende Milieus. Bodemann meint hiermit nichtjüdische Personen und nichtjüdisch dominierte Gruppen, die an allem Jüdischen interessiert sind, basierend auf einer philosemitischen Grundhaltung (BODEMANN, Wogen). In der Außenpolitik etablierte sich ein Philozionismus als Handlungsnorm (O'DOCHARTAIGH, Germans). Die Sicherheit Israels ist explizit deutsche Staatsräson. Für Jüd:innen selbst führen diese Phänomene dazu, dass sie im Gesellschaftsgefüge oftmals als Projektionsflächen für positive wie negative, oft unreflektierte Gefühle fungieren – und letztendlich zu Spielbällen in Identitätsspielen werden, in denen sie als Jüd:innen strukturell unterlegen sind. Auch dieses wurde nach dem 7. Oktober 2023 mehr als deutlich.

Als Resultat dieser Gemengelage ist eine spezifische Wahrnehmung von Jüd:innen zu beobachten, die diese durchaus kritisch reflektieren. Dass jüdische Lebenswelten von der sie umgebenden Umwelt und den Schatten der Vergangenheit beeinflusst bleiben, wird besonders daran ersichtlich, wie umkämpft Deutungshoheiten im Bereich Antisemitismus bleiben. Interessanterweise wird erst seit 2018 untersucht, wie Jüd:innen selbst Antisemitismus erleben: Lange Zeit erhob man antisemitische Einstellungen in der quantitativen und qualitativen Sozialforschung, oder man untersuchte Antisemitismus in den Bereichen der Geschichts- und Politikwissenschaften als Denk- und Deutungsmuster von Nichtjüd:innen. Wie sich aus den ersten Studien, in den Jüd:innen selbst befragt wurden, ergab, stellt Antisemitismus für Jüd:innen ein klares Problem dar, und er wird lebensweltlich erlebt (BERNSTEIN, Welten). Somit existiert ein gravierender Unterschied darin, wie versucht wird, Antisemitismus zu erklären und wie Jüd:innen ihn erleben. Und ebenso besteht ein nur sehr geringer Wissensstand über jüdische Selbstverortungen: Jüd:innen sind vor allem in der Judaistik und den Jüdischen Studien, die sich nicht mit der Gegenwart befassen, *contained*, was auch dazu beiträgt, dass sie nicht als normal und integral in der Gegenwartsgesellschaft wahrgenommen werden (KRANZ/ROSS, Selbstermächtigung).

Die Einheitsgemeinde ist schon seit längerem nicht mehr die einzige jüdische Struktur, auch wenn sie oft immer noch so wahrgenommen wird. Jüdisches Leben findet zunehmend außerhalb der Gemeindestrukturen statt (PECK, Germany). Ab den 1970ern etablierten sich Gruppierungen außerhalb der Einheitsgemeinden, die längst eigenständige Strukturen haben. Diese können religiöser, kultureller oder sozialer Natur sein, sie können politischen Zwecken dienen, sie können ebenso aus nur wenigen Jüd:innen bestehen, die eine Sprache oder ein spezifisches, auf geteilten Werten bestehendes Interesse teilen, oder sie können *Allyships* aus Jüd:innen und Nichtjüd:innen sein, wobei für viele dieser Allianzen der 7. Oktober 2023 eine Zäsur darstellte. Die Dynamik zeigt dennoch deutlich, dass Jüd:innen aktive Teilhabe fordern und sich mit ihren heterogenen Standpunkten, die sich eben nicht unter einem jüdischen Standpunkt zusammenfassen lassen, einbringen. Sie sind in der Tat das, was die USA anvisiert hatten: Zeichen einer deutschen Demokratie – nur sind sie es nicht mehr als Symbolfiguren, sondern als Akteur:innen, und so bleibt zu hoffen, dass ihre Resilienz und die Zivilgesellschaft die jüdische Gegenwart und Zukunft auch weiterhin ermöglichen.

4.   Die deutsche, europäische und transnationale Diaspora

Jüd:innen wurden erstmals im Jahr 321 in Colonia Claudia Ara Agrippinensium, dem heutigen Köln, das damals Teil des spätrömischen Reichs war, erwähnt. Jüdische Lebenswelten blieben indes durch Migrationsbewegungen jedweder Art geprägt. So sind, historisch bedingt, Jüd:innen eine ehemals spätrömische, nunmehr deutsche, eine europäische, und eine transnationale Diaspora, deren Lebensmittelpunkte, aber auch deren lebendes, kulturelles Erbe und deren Identitätspraxen divers sind. Nach 1945 hat sich Deutschland für Jüd:innen wieder zu einer möglichen Heimat entwickelt, in die sie sich aktiv, selbstbewusst und vielstimmig einbringen und an der sie Teilhabe einfordern. Gerade diese Diversität und der Meinungspluralismus, den sie in der Gegenwart leben, drücken aus, wie Jüd:innen ihre verschiedenartigen Lebenswelten realisieren möchten. Hierzu gehört, dass sie sich zu Wort melden und mitteilen, wie sie Antisemitismus erleben und dass für sie, als Betroffene, Antisemitismus nicht nur Deutungs- oder Denkmuster ist. Ebenso fordern sie ein, als eine spezifische, binnendifferenzierte ethno-religiöse Gruppe wahrgenommen zu werden, die verschiedenartige Partikularidentitäten lebt und verschiedenartigen soziopolitischen Aktivitäten nachgeht. Jüd:innen sind mehr als Geschichte, Schoa und Antisemitismus und auch mehr als ihre Hochkultur, sprich Talmud und Mischna oder das materielle UNESCO-Weltkulturerbe in den SchUM-Städten. Jüd:innen sind auch eine Person X, die ein ganz normales, im Alltag nicht sichtbares Mitglied einer ganz normalen Gemeinde ist: Person X gibt Einblicke in Facetten (ihres) eines jüdischen Lebens in der Bundesrepublik, das ebenso normal wie partikular ist (KRANZ/ROSS, Selbstermächtigung).

Weiterführende Literatur

BERNSTEIN, JULIA, Zerspiegelte Welten: Antisemitismus und Sprache aus jüdischer Perspektive, Weinheim 2023.

BODEMANN, Y. MICHAL, In den Wogen der Erinnerung: Jüdische Existenz in Deutschland, München 2002.

KAUDERS, ANTHONY D, Unmögliche Heimat: Eine deutsch-jüdische Geschichte der Bundesrepublik. München 2007.

KRANZ, DANI/ROSS, SARAH M., Jüdische Selbstermächtigung in der deutschen Wissenschaftslandschaft: Tektonische Verschiebungen in der Judaistik und Jüdische Studien nach 1990, in: CHERNIVSKY, MARINA/LORENZ, FRIEDERIKE (Hg.), Weitergaben und Wirkungen der Shoah in Erziehungs- und Bildungsverhältnissen der Gegenwartsgesellschaft, Leverkusen 2022, 79–100.

REBHUN, UZI/KRANZ, DANI/SÜNKER, HEINZ, A Double Burden: Israeli Jews in Comtemporary Germany (Suny national identities), Albany 2022.

RAPAPORT, LYNN, Jews in Germany after the Holocaust (Cambridge cultural social studies), Cambridge 1997.

VIII.4   Gibt es eine jüdische Theologie und wenn ja, wie viele?

Daniel Krochmalnik

1.   Einleitung

Die Jüdische Theologie ist eine junge Disziplin, hat aber eine sehr lange Geschichte. Die mittelalterlichen Jüdischen Theologen führten sie auf das Vermächtnis König Davids zurück, der seinen Sohn und Nachfolger Salomon anweist: »Erkenne den Gott deines Vaters [*D'a Et-Elohe Awicha*] und diene ihm mit ganzem Herzen« (1 Chr 28,9). R. Saadia Gaon (882– 942 n. d. Z.), der Vater der Jüdischen Theologie des Mittelalters, leitet in seinem *Buch des Glaubens und des Wissens* aus der Chronik-Stelle das Vernunft- und Schriftgebot ab, »IHN kennen zu lernen [*LaDa'at*]« (GAON, Sefer HaEmunot WeHadeot, 118). Auf die gleiche Weise wie Saadia verwendet R. Moses Maimonides (1138–1204 n. d. Z.), der bedeutendste Jüdische Philosoph des Mittelalters und zugleich eine der größten rabbinischen Autoritäten, den Chronik-Beleg (MAIMONIDES, Le Guide des Égarés III, 438). *Da'at Elohim*, die intellektuelle Gotteserkenntnis, ist für ihn das höchste Gebot. Dessen sollte man eingedenk sein, wenn man dem Judentum pauschal die Theologie abspricht.

2.   Jüdische Theologie? Fehlanzeige!

Gewöhnlich wird behauptet, Theologie sei nicht jüdisch, sondern christlich. Klar ist, dass das Wort »Theologie«, anders als etwa das Wort »Theokratie«, keine jüdische Erfindung ist (FLAVIUS JOSEPHUS, Contra Apionem II, 16, 165), aber eben auch keine christliche. Augustinus musste es seinen Lesern noch am Anfang des 5. Jhs. n. d. Z. erklären (AUGUSTINUS, De civitate Dei VIII, 1). Er weist auf den heidnischen, genauer platonischen Ursprung des Begriffes hin (Plato, Res publica [Politeia] 379a). Aber auch wenn das Wort heidnischer Herkunft war, kann man die Sache dem Judentum so wenig wie dem Christentum absprechen. Schließlich besteht die maßgebliche jüdische Literatur hauptsächlich aus Gottesrede: von Gott, zu Gott und über Gott, ist also Theo-logie im Wortsinn.

Der antitheologische Affekt im Judentum ist neueren Datums; er geht auf die jüdische Aufklärungs-Apologetik zurück. Moses Mendelssohn (1729–1786) behauptet, dass das Judentum nur »Gesetzgebung« sei, Handlungen vorschreibe, Gedanken aber frei lasse (MENDELSSOHN, Jerusalem, 157), passend zur friderizianischen Devise: »Räsoniert so viel ihr wollt und worüber ihr wollt, aber gehorcht!« Somit stünde das Judentum im »Jahrhundert Friedrichs« besser da als das Christentum, das nach Kant gemeinhin der Devise folgt: »Räsoniert nicht, sondern glaubt!«. Mendelssohn wollte damit aber keineswegs die Existenz der Jüdischen Theologie abstreiten, er meinte nur, dass das Judentum bis auf seine besonderen »Geschichtswahrheiten« und »Ritualgesetze«, die er als eine Art Mimeographie der ewigen »Vernunftwahrheiten« beschrieb (MENDELSSOHN, Jerusalem, 169), mit der Aufklärungstheologie vollkommen übereinstimme (MENDELSSOHN, Morgenstunden, 129). Die Spitze seiner Schrift *Jerusalem. Oder über religiöse Macht und Judentum* (Berlin 1783) richtete sich nicht gegen die Theologie als solche, sondern gegen die Politische Theologie. Im ersten Abschnitt tritt Mendelssohn den naturrechtlichen Beweis an, dass die Kirche kein Recht habe und folglich auch keinen Zwang durch Bann ausüben könne, sie sei bloß »Andachtshaus der Vernunft« (MENDELSSOHN, Andachtshaus, 21–47) und »bedarf keiner verschlossenen Thüren« (MENDELSSOHN, Jerusalem, 21). Im zweiten Abschnitt wehrt er sich gegen die unsterbliche deistische Gleichung: Altes Testament = Judentum = Gewalt. Diese Gleichung stimme nicht einmal in der mosaischen »Theokratie« (MENDELSSOHN, Jerusalem, 193–196), geschweige denn im exilischen Judentum. Jerusalem »oder« Judentum »und« Macht sind, wie die Dis- und Konjunktionen im Titel der Programmschrift des modernen Judentums präzise ansagen, verschiedene Dinge, »Jerusalem« sei schon lange kein Staat mehr, also auch kein »Staat im Staate« und könne daher ruhig an der Spree liegen.

Das Wort »Theologie« aber ist von Anbeginn mit Zensur und Verbannung befleckt (Plato, Politeia II 377b, III 386b, X 595aff.) und zieht scheinbar automatisch das Wort »Orthodoxie« nach sich. In der nachmendelssohnschen Ära wurde es zu einem festen Gemeinplatz der jüdischen Apologetik, dem Judentum beides ab- und dem Christentum beides zuzusprechen. Dieser Dualismus rührt, wie mir scheint, von einem alten Komplex, den ich den Esau-Komplex Jakob/Israels nenne: Israel will stets das gerade Gegenteil seines Zwillingsbruders sein: Ist jener ein Naturbursche (*Isch Sade*), so ist dieser ein Stubenhocker (*Isch Joschew Ohalim*, Gen 25,27). Hat jener den Doktor der Theologie erworben, so müsse dieser seinen anti-theologischen Affekt zur Schau stellen. Schimpft jener sich »orthodox«, so erfindet dieser das Gegenwort »orthoprax«. Resultat dieses Spiegelkonflikts: Jakob verzichtet ohne Not auf sein theologisches Erstgeburtsrecht.

Mendelssohn, auf den die Charakteristik des Judentums als Orthopraxie zurückgeht, schreibt, dass jedes Ritual des Zeremonialgesetzes Zeichen einer »spekulativen Erkenntnis der Religion« sei, dessen Erläuterung allerdings einer mündlichen und insofern auch geheimen Unterweisung überlassen bleibe (MENDELSSOHN, Jerusalem, 184). In jeder Ritualie, in jeder Rubrik, in jeder Kasualie steckt wie in der Blackbox der Gebetskapseln eine implizite theologische Botschaft, die einer theologischen Explikation bedürftig und fähig ist. An dieser »lebendigen Schrift« (MENDELSSOHN, Jerusalem, 169) achtlos vorübergehen, sie undechiffriert auf dem Weg zurückzulassen, das hieße, das Judentum zu einem toten oder – wie der Apostel Paulus steigerte – »tötenden« Buchstaben herabsetzen (2 Kor 3,6). Das sahen die Kabbalisten genauso: die kabbalistische Bibel, das *Buch Sohar*, vergleicht den Buchstaben ohne *Sod* (Geheimnis, verborgene Bedeutung) mit einem Leichnam und verdammt den Literalisten unwiderruflich: »Wehe dem Mann, der [...], sein Geist möge schwinden, er habe keinen Anteil an der kommenden Welt« (*Waj Lahu Bar Nasch* [...] *Tipach Ruche WeLa Jehe Leh Chulaqa BeAlma DeAte*) (o. A., Sohar III, 152a).

So gesehen ist Jüdische Theologie keine Fehlanzeige, sondern allgegenwärtig. Es käme auf eine theologische Hermeneutik an, die es gestattet, implizite Jüdische Theologie auch dort zu orten, wo »Jüdische Theologie« nicht explizit draufsteht, eine Hermeneutik, die das leistet, was einst der kabbalistische *Sod* geleistet hat, nämlich die jüdischen Dinge *sub ratione Dei* zu betrachten. Vollends absurd erscheint die Verleugnung einer Jüdischen Theologie nach der Wiederentdeckung der mittelalterlichen Philosophischen Theologie der Jüdinnen und Juden in der Wissenschaft des Judentums des 19. Jhs. und der neuzeitlichen Mystischen Theologie des Judentums durch Gershom Scholem und seine Schule im 20. Jh. Wer in dieser Hinsicht noch ungläubig ist, greife nach dem soeben vollendeten »Pentateuch« von Karl Erich Grözingers *Jüdisches Denken. Theologie – Philosophie – Mystik*, der auf 3764 Seiten Text und 137 Seiten Bibliographie jüdisch-theologische Konzeptionen von der Bibel bis in die Gegenwart ausbreitet (GRÖZINGER, Denken). Zwar ist auch der emeritierte Potsdamer Judaist ein wenig vom besagten antitheologischen Affekt angekränkelt, aber er stellt nicht die Jüdischen Theologie schlechthin in Frage, er bezweifelt nur den Singular sowie ihre Systematizität und Dogmatizität.

3.   Hat das überlieferte Judentum Dogmen?

Gegen die Systematizität wird gewöhnlich die jüdische Vielstimmigkeit angeführt (GRÖZINGER, Denken I, 22f.). Dieser Einwand geht ebenfalls auf Moses Mendelssohn zurück. Der vollendete Talmudist konnte leicht talmudische Belege für die Legitimität der rabbinischen Meinungsvielfalt beschaffen, die seither in keiner Apologie des Judentums fehlen. Allerdings war Vielstimmigkeit für die Rabbinen kein Zweck an sich, sonst hätte es überhaupt keinen Streit gegeben, der ja nur entsteht, wenn die streitenden Parteien auf die Richtigkeit ihrer Meinungen bestehen. In diesem Zusammenhang muss man religionsgesetzliche und weltanschauliche Sachen, *Halacha* und *Haggada*, unterscheiden.

Bezeichnend ist in diesem Zusammenhang, wie die Rabbinen mit der Vielstimmigkeit der Schrift umgehen, die sie reproduzieren, indem sich die Streitpartner deren Widersprüche zu eigen machen. Natürlich sind die Unstimmigkeiten im Pentateuch auch den Rabbinen aufgefallen, und nichts bezeugt ihren Systemwillen eindrücklicher als die Art, wie sie diese Widersprüche aufgelöst haben.

In der Endzeit des Deutsch-Judentums erlebt sowohl die Systematische Theologie (WIENER, Begriff, 3–16; WIENER, Aufriss, 353–396; ALTMAN, Theology, 193–216) wie

Dogmenkritik einen Aufschwung (WILHELM, Wissenschaft, 679–770), wobei Ersteres eingemeindet und Letzteres auf das Christentum abgeschoben wurde. Niemand kann sagen, dass es keine jüdische Dogmatik gegeben hätte, ist doch die mittelalterliche Jüdische Philosophie über weite Strecken dogmatische Theologie.

Jüdische Philosophen wie Maimonides nahmen die dogmatischen Theologen (hebr.: *Medabbrim*) wissenschaftlich freilich nicht ernst, weil sie lediglich an der dialektischen Verteidigung der Dogmen interessiert waren, nicht aber an der apodiktischen Beweisführung (MAIMONIDES, Führer des Verirrten I, 71ff.) Auf der anderen Seite war Maimonides der bedeutendste jüdische Dogmatiker, seine arabisch verfassten 13 Glaubensartikel (hebr.: *Schloscha Assar Ikkarim*) haben bis heute ein geradezu kanonisches Ansehen. Inhaltlich folgt er, wenn auch in Anknüpfung an den Talmud (mSan X, 1) (MAIMONIDES, Haqdamot HaRambam LaMischnah, 360ff.), dem dreiteiligen Modell der ›Aqida: 1. Gotteslehre (*Ilahijat*, Art. 1–5), 2. Prophetologie (*Nubuwwat*, Art. 6–9) und 3. Auferstehung (*Ma'ad*, Art. 10–13). Allerdings reflektiert er den erkenntnistheoretischen Status der Dogmen. Wie schon Saadia versteht Maimonides unter Glauben (*I'tiqad*) Erkenntnisgewissheit (MAIMONIDES, Führer des Verirrten I, 50; GAON, Sefer HaEmunot WeHadeot, 12). Insofern ist der liturgische Hymnus *Ani Ma'amin* (1566), die jedem Artikel das Hauptsatzfragment credo-artig vorschaltet, »Ich glaube mit vollkommenem Glauben, dass ...«, irreführend. Besser ist Mendelssohns freie Übersetzung für David Friedländers *Lesebuch für Jüdische Kinder* (1779) (FRIEDLÄNDER, DAVID, Lesebuch für jüdische Kinder (Bibliothek der deutschen Literatur), Berlin 1779, 9–13): »Ich erkenne für wahr und gewiss, ...« Maimonides' Artikel stellen eine einzigartige Kombination aus Dogmatismus und Kritizismus dar, sie sind weniger Aussagen des wahren als Absagen des falschen Glaubens. Im Sturm gegen anthropomorphe Gottesbilder oder sinnliche Jenseitsvorstellungen wagte sich Maimonides so weit vor, dass er selbst in den Geruch der Häresie geriet (KROCHMALNIK, Was dürfen wir hoffen?, 17–33). Die Dogmatik des Maimonides ist ein Dokument und Monument der Aufklärung im Mittelalter, eine Aufklärungstheologie, die die Unsagbarkeit des Theos, die unendliche Interpretierbarkeit seines Logos und die eschatologischen Zukunftsperspektiven dieser Theo-logie festschreiben.

Aber der »Adler der Synagoge« wollte auch jeden verketzern, der nur einen einzigen der 13 Artikel bezweifelte: er sei ein »Leugner im Dogma« (*Kofer Balkkar*), der mit der ganzen Härte des Gesetzes und ewiger Verdammnis bestraft werden müsse (MAIMONIDES, Haqdama LePereq Cheleq, 148 (hebr.)/374 (arab.). Niemand kann bestreiten, dass wir es hier mit einem Dogma im stärksten Wortsinn zu tun haben. In diesem Punkt widersprach die moderne Jüdische Aufklärung entschieden. Mendelssohn merkt an, dass die 13 Glaubensartikel des Maimonides nicht zur »Glaubensfessel« geworden seien, sondern lediglich ein freiwilliges »Morgenlied« vor oder nach dem eigentlichen Gottesdienst (MENDELSSOHN, Morgenstunden, 167). Es bleibt aber die nicht wegzuleugnende Tatsache, dass eine der größten rabbinischen Autoritäten der Ansicht sein konnte, dass sich das Judentum keineswegs in Gesetzesgehorsam erschöpfe bzw. dass zum Gesetz Glaube wie Werke gehören und beide sanktioniert werden müssen. Die zeitgenössischen Maimonides-Kritiker haben nicht den Tatbestand Doktrinale Dissidenz bestritten, sondern nur die Qualifikation des Glaubensrichters Maimonides (BAECK, Anerkennung, 165). Darin, dass die jüdische Religion eine orthodoxe und nicht bloß eine orthopraxe Bindung sei, waren sich die Gegner einig.

Rabbiner Abraham Geiger, der ausdrücklich erklärt hatte, »das Judentum hat nämlich keine Dogmen« (GEIGER, Zeitschrift, 278–279), betont, dass es sich gleichwohl durch unterscheidende Lehren auszeichne und dass die gegenteilige Behauptung Mendelssohns ein »Todesurteil für das Judentum« (GEIGER, Glauben, 7–10) sei. Gerade die Reformbewegung hat eine große Zahl von jüdischen Katechismen hervorgebracht (PETUCHOWSKI, Manuals, 239–256). Das war eine notwendige Folge davon, dass die Reform im Zeitalter der Emanzipation und Assimilation den Schwerpunkt von den äußeren Werken auf die inneren Werte verschob und daher größeres Gewicht auf die unterscheidenden »Lehren des Judentums« als auf die »Zeremonialgesetze« legte. So könnte man paradoxerweise sagen, dass der klassische jüdische Liberalismus »orthodox« war. Die dogmenkritische Haltung Rabbiner Baecks und anderer zeitgenössischer Wissenschaftler des Judentums (WILHELM, Wissenschaft, 679–770) argumentieren mit einer historischen *petitio principii*. Sie definieren den Dogmenbegriff wie Baeck in seinem Aufsatz *Hat das überlieferte Judentum Dogmen?* nach dem römisch-katholischen Lehramt (BAECK, Judentum, 31–45) und stellen dann fest, dass das Judentum in diesem Sinne keine Dogmen besitze. Die Vergleichsgröße ist aber nicht die römisch-katholische Dogmatik, sondern die islamische *Aqida*, die auch ohne Lehramt auskommt.

Anstatt das *Dogma der Dogmenlosigkeit* zu verkünden, wäre es besser gewesen, den Dogmenbegriff so zu gestalten, dass man darunter 1000 Jahre jüdische Dogmengeschichte unterbringen kann. Es ist das Verdienst des jüdischen Dogmenhistorikers Menachem Kellner, gefragt zu haben, in welchem Sinn die jüdischen Dogmatiker von Dogmen jeweils sprechen: Handelt es sich um ontologische Aussagesätze, also um unglaubliche Glaubenssätze? Oder um die Axiome einer Glaubenswissenschaft – wie Mendelssohn meinte – oder um regulative Ideen und Ideale des Glaubens – wie Kant meinte – oder um *Notiones communes* oder *vulgares* – wie Spinoza meinte? Modern ausgedrückt: Sind Dogmen Tatsachenbehauptungen, symbolische Formen und Chiffren der Transzendenz, geistige Orientierungen oder statutarische Bekenntnisformeln?

Mendelssohns Einwände gegen die Glaubenskodifikation des Maimonides glichen den Einwänden, die man seinerzeit gegen seine Gesetzeskodifikation erhoben hatte: die rabbinischen Kontroversen. Nun gibt es freilich auch einen rabbinischen Dissens über den Dissens der Rabbinen: Soll man ihn als Pluralismus wider Willen bedauern (tChag 2,9, bSan 88b) – wie Moses Maimonides – oder als providentiellen Pluralismus begrüßen (bEr 13b) – wie Moses Mendelssohn? Der rabbinische Dissens bezog sich allerdings auf halachische Quisquilien, während in doktrinalen Fragen weitgehender Konsens herrschte. Nehmen wir zum Beispiel den Messias-Glauben: Die Rabbinen stritten zwar ausgiebig darüber, unter welchen Bedingungen der Messias komme, wer er sei, wie lange er bleiben werde und wie er zum Endgericht und zur Auferstehung stehe; worüber sie aber nicht stritten, das war die Messias-Idee überhaupt als Richtung und Ziel der Weltgeschichte (bSan 96b– 99b) (HOMOLKA u. a., Messias). So gesehen ist das 12. Dogma des Maimonides nichts anderes als die

Festschreibung des eschatologischen Konsenses der Rabbinen. Den gleichen Nachweis könnte man für andere Artikel seines Credos führen. Solomon Schechter brachte es auf den Punkt: Mendelssohns »Dogma der Dogmenlosigkeit« verweise das Judentum in die Klasse der »invertebrate species, the lowest order of living« (SCHECHTER, Dogmas, 75). Jede höhere Religion besitzt über die Traditionstreue hinaus einen unverwechselbaren ideellen Kern, der Gegenstand der Reflexion, der Definition, der Konfession und der Spekulation werden kann – »this centre«, sagt Schechter, »is Dogma« (SCHECHTER, Dogmas, 104). Gewöhnlich hält man freilich die Dogmatik und Systematik für die Schale, nicht für den Kern.

4.　　　Jüdische Theologie als Wissenschaft

Der Begriff Theologie unterstellt *per se* dem Logos des Theos seine Sag- und Wiss- und Darstellbarkeit – nicht nur als unscharfe mystische und doxologische Umkreisung des Mysteriums, sondern als logische Erfassung, methodische Untersuchung und systematische Begründung. Und weil ihr Gegenstand der erste und höchste und wichtigste von allen ist, so galt die Theologie seit Aristoteles in der Schulphilosophie als Wissenschaftskönigin (Metaphysica 1026a19. 1064b3). Diese hervorgehobene Stellung im System der Wissenschaften hatte sie bei den mittelalterlichen islamischen und jüdischen und christlichen Peripatetikern selbstverständlich inne, sie behielt sie aber noch sehr lange danach in der europäischen Universität. Maimonides bezeichnet sie am Anfang seiner Summe des Gesetzes, *Mischne Torah,* mit dem Gottes-Akronym J-H-W-H als Jessod HaJessodot WeAmud HaChochmot, also als *Fundament der Fundamente und Säule der Wissenschaften* (MAIMONIDES, Mischne Tora, 34). Gewöhnlich wird die Theologie als Wissenschaft, ihre dogmatische Norm und ihre systematische Form auf philosophische, z. B. peripatetische Fremdeinflüsse zurückgeführt. Was dabei häufig in Vergessenheit gerät, ist die intime Vermählung von Theos und Logos vom Anfang der Bibel (Gen 1,2.3): Der Gott der Bibel und des Korans spricht! Das ist eine ungemein voraussetzungsvolle Ansage. Wenn der biblische Schöpfer etwas macht, dann tut er es durch die Macht der Sprache, seine Tathandlung ist Sprachhandlung. Er bringt sodann seine Sprachschöpfungen durch Namen zur Sprache. Dieses Namensregal teilt er sich mit dem Menschen (Gen 2,19–20; Sure 2:31). Er teilt dem Menschen auch seinen eigenen Namen mit, er macht sich ansprechbar (Gen 4,26), er wird zum Gesprächspartner. »Gott spricht die Sprache der Menschen«, sagten die Rabbinen im bereits zitierten Spruch. Und der Mensch entspricht ihm (Gen 1,27). Sie gehören, was das rätselhafte »Ebenbild« (Gen 1,27) wohl meint, der gleichen Art an. Und diese Art zeichnet sich wesentlich durch Sprachvermögen aus. Der Mensch besitzt, wie die jüdisch-aramäische Standardübersetzung Gen 2,7 das Wort »Leben- atmenden« (*Nefesch HaChajim*) ergänzt, einen »sprechenden Geist« (*Ruach memalela,* Targum Onkelos) und, wie die Standardglosse Rashis z. St. erläutert: »Vernunft und Sprache« (*De'a WeDibbur*). Gott tritt mit dem Menschen in ein Gespräch, das heißt auch, dass anstelle von Gewalt und Terror gegenseitige Ansprüche und Rechtssprüche treten, gegebene (Ex 24,3) und gebrochene Versprechen (Ex 34). Gott beruft und ernennt Sprecher, er legt ihnen sein Wort ins Ohr (Jes 50, 4) und in den Mund (Jer 1,9), er macht sie zu seinen Laut- und Fürsprechern, sie erinnern in gewaltigen Ansprachen an die getroffenen und gebrochenen Absprachen. Und auch wo menschlicher Einspruch gegen die göttlichen Machtsprüche oder die landläufigen Weisheitssprüche laut werden, wie in den Widersprüchen Hiobs, da steht am Schluss die längste Ansprache Gottes und Zuspruch.

Überall herrscht die Sprache in der Bibel, sogar die berüchtigte Schlange ist eine Meisterin der Sprache und die geschlagene Eselin hat ein Einspruchsrecht. Wie der Prophet sagt: »Der Herrgott spricht, wer sollte nicht weissagen?« (Am 3,8). Zunächst äußert er sich in drei semitischen Sprachen, mit ihrem reichen inneren paranomastischen Gespräch. Sodann werden seine Bücher in die damaligen Weltsprachen und schließlich in fast alle Sprachen der Welt übersetzt – das wahre Esperanto. Die Gemeinden, die sich um die Heiligen Bücher versammeln, verstehen sich als Buch-, Lern- und Interpretationsgemeinschaften (*Ahl al-Kitaāb, Lomde Tora*). Das Wort Gottes wird ferner zur Lehre, zum System und zur Wissenschaft, weil sich der eine Gott nicht widersprechen kann (Sure 4:82), die Einheit Gottes wird zur Widerspruchsfreiheit seines Wortes. Die Hypostasierung des Wortes, *Logos Theou, Kalām Allāh, Amr llahi, Injan HaElohi*, ist die Keimzelle aller spekulativen Theologie. Dabei kommt auch der philosophische Logismos ins Spiel. Die Wurzel der Theologie ist aber die Sprachhaftigkeit des Gottesverhältnisses. Das kann man nicht als äußeren »Einfluss« abtun, hier wird vielmehr selektiv rezipiert: *quidquid recipitur, per modum recipientis recipitur*. Diese Sprachbegabung ist in den Religionen des sprechenden Gottes unverlierbar, er löst verknotete Zungen (Ex 4,10–11) und Mystiker:innen, die von der Unaussprechlichkeit Gottes überzeugt sind, schreiben in der Regel – mehrbändig. Schalom Ben-Chorin fasst alles prägnant im ersten Satz seines Aufsatzes *Die Problematik jüdischer Theologie* zusammen: »Theologie ist die Rede von Gott. Jüdische Theologie ist die Rede vom redenden Gott« (BEN-CHORIN, Problematik, 9). Das gilt natürlich auch für die christliche und islamische Theologie.

Wenn man heute nach der Stellung der Theologie im Wissenschaftssystem fragt, dann hat man nicht wie früher die Exakt- oder Naturwissenschaften im Blick, sondern die Kulturwissenschaften, die nach und nach die alten theologischen Fakultäten schlucken. Im jüdischen Kontext wird das Thema unter dem Titel »Jüdische Religion« und »Wissenschaft des Judentums« bzw. ihrer Abkömmlinge, Judaistik und Jüdischen Studien, abgehandelt. Schließen sich der »Ewige«, womit sich die Theologie beschäftigt, und die Geschichte des Judentums, womit sich die Wissenschaft des Judentums befasst, nicht aus? Kann man ohne Bewusstseinsspaltung etwas zugleich *sub specie Dei* und *sub specie historiae* betrachten? Ist es möglich, den systematischen Wahrheitsanspruch und das historische Verfallsdatum theologischer Doktrinen aufrechtzuerhalten? Davon waren zumindest die Gründerväter der Wissenschaft des Judentums fest überzeugt. Der Verfasser des Manifests *Ueber den Begriff einer Wissenschaft des Judenthums*, Immanuel Wolf, alias Wohlwill (1799–1847), mit dem Leopold Zunz die *Zeitschrift für die Wissenschaft des Judenthums* des *Vereins für Cultur und Wissenschaft der Juden* 1823 (ZUNZ, Zeitschrift) eröffnete, macht zwar deutlich, dass er das Wort »Judenthum« in der »umfassenden Bedeutung« einer Kultur und nicht bloß in dem »beschränkten Sinn« einer Religion verstanden wissen will, er fügt aber gleich hinzu, dass alle Gebiete der jüdischen Kultur Ausdruck einer theologischen Idee seien: »Es ist die Idee der unbedingten Einheit im All. Sie ist ausgesprochen in dem einen Worte: יהוה, welches eben die lebendige Einheit alles Seyenden in Ewigkeit bedeutet« (WOHLWILL, Begriff, 3). Es ist ergreifend, dass die Culturvereinler (Eduard Gans, Leopold Zunz, Moses Moser, Heinrich Heine, Isaac Marcus Jost), die man als »Erstlinge der Entjudung« gescholten hat (so der spätere Präsident des Staates Israel, Salman Schasar), buchstäblich in Gottes Namen antreten und nicht anders beginnen als Maimonides seine große Summe des Gesetzes. Für Wohlwill sind die Jüdinnen und Juden das theophore Volk, das in seiner Bundeslade gleichsam die göttliche Einheitsidee durch die Wüste der Geschichte trägt. Dessen Kultur und Literatur, dessen Institutionen und Zeremonien, ja dessen Statistik, der Zunz in der gleichen Zeitschrift einen höchst aufschlussreichen Beitrag widmet (ZUNZ, Grundlinien, 523–532), seien der zeitgemäße Leib dieser Idee (WOHLWILL, Begriff, 2). Die Wissenschaft des Judentums habe die Aufgabe, die *membra disjecta* dieses Leibes »zur sinnigen Einheit zu verbinden« (WOHLWILL, Begriff, 22), die Profangeschichte des Gottesvolkes soll als Fortsetzung der Heiligen Geschichte – zu der hier auch Spinoza zählt – erwiesen und so jene Antinomie von Zeit und Ewigkeit, von Offenbarung und Geschichte überwunden werden. Seinen ganzen Hohn aber schüttet der Verfasser über die Sammelwut der antiquarischen Historie ohne theologisches Programm aus, mit der man die Wissenschaft des Judentums gewöhnlich identifiziert. Nun könnte man diese Verknüpfung von spekulativer Geschichtstheologie und positiver Geschichtsforschung als Diskurs eines überspannten Junghegelianers aus der Sturm-und-Drang-Periode des kurzlebigen *Culturvereins* abtun. Dagegen steht aber, dass Leopold Zunz auf dem Höhepunkt seiner Wirksamkeit mit großer Akribie Nachman Krochmals *Führer der Verirrten der Zeit* (1851) ediert hat (KROCHMAL, Nebuche ha-seman; SCHORSCH, Production, 281–315). Es war das erste jüdisch-religionsphilosophische System des 19. Jhs., das, wie Zunz in der hebräischen Einleitung anerkennend auch auf Deutsch schreibt, »spekulative« Vision und »historische« Einzeldarstellung verknüpft und so eine »Glaubenswissenschaft« (*Chochmat HaEmuna*), man kann auch sagen, eine moderne Jüdische Theologie, stiftet (KROCHMAL, Nebuche ha-seman, 4). Man muss kein Hegelianer sein, um der Kernthese Wohlwills und Krochmals zuzustimmen: Die Wissenschaft des Judentums setzt Jüdische Theologie voraus, eine gottlose Wissenschaft des Gottesvolkes wäre eine *contradictio in adjecto*. Ein Judaist kann auch Christ oder sogar Atheist sein, aber ein Atheologist darf er nicht sein. Er muss verstehen, was die Zeugnisse der Geschichte für die Gläubigen bedeuten, die sie hören, sagen, singen, er muss sich in die Lage derer versetzen können, die unter dem sehenden Auge, dem hörenden Ohr, dem ausgestreckten Arm von יהוה eben.

Weiterführende Literatur

KROCHMALNIK, DANIEL, Kawwana: Sieben Bemerkungen zu einem Zentralbegriff der jüdischen Religiosität, in: SCHMITZ, BARBARA/HIEKE, THOMAS/EDERER, MATTHIAS (Hg.), Vor allen Dingen. Das Alte Testament. Festschrift für Christoph Dohmen (HBS 100), Freiburg 2023, 98–104.

–, Probleme der Jüdischen Theologie: Dogmatik? Systematik? Wissenschaft?, in: Nacke, Stefan/
Optendrenk, Marcus/Söding, Thomas (Hg.), Die Gottesfrage in der Universität: Debatten
über Religion und Wissenschaft (QD), Freiburg u. a. 2021, 119–140.

*Der Text des vorliegenden Beitrags wurde in Teilen übernommen aus dem in der weiterfüh-
renden Literatur angegebenen Aufsatz »Probleme der Jüdischen Theologie?« (2021). Wir
danken dem Verlag Herder für die freundliche Abdruckgenehmigung.*

VIII.5   Dialog, Dialoge oder Trialog?

Dirk Ansorge

Gibt es ihn überhaupt, den »Trialog« zwischen Jüd:innen, Christ:innen und Mus-
lim:innen? Tatsächlich fördern Recherchen weltweit eine Reihe von Initiativen zutage, die Angehörige der drei monotheistischen Religionen zu Diskussionsforen
oder praktischem Engagement in Gesellschaft und Politik zusammenführen wollen.
Paritätisch sind diese Initiativen freilich nur selten besetzt. Das ist zweifellos der
unterschiedlichen Präsenz von Jüd:innen, Christ:innen und Muslim:innen an den
betreffenden Orten geschuldet. Darüber hinaus ist jede Begegnung von Jüd:innen,
Christ:innen und Muslim:innen durch leidvolle Erinnerungen belastet. Auch der
weiterhin ungelöste Nahostkonflikt erleichtert nicht eben unvoreingenommene Gespräche zwischen Angehörigen der drei monotheistischen Religionen.

Dabei sollte es Jüd:innen, Christ:innen und Muslim:innen als Mitgliedern einer
»abrahamitischen Ökumene« (auch »abrahamische Ökumene«) eigentlich leicht fallen, sich auf einem gemeinsamen Fundament zu begegnen. Der Begriff geht auf die
Tübinger Theologen Hans Küng (1928–2021) und Karl-Josef Kuschel (geb. 1948) zurück. Beide sehen Judentum, Christentum und Islam aus dem nach biblischer Überlieferung von Gott mit Abraham geschlossenen Bund (Gen 12,1–3) hervorgehen (vgl.
Kuschel, Streit). Bisweilen ist auch von einem »abrahamitischen Dialog« die Rede,
um Anklänge an das im Rahmen der innerchristlichen Ökumene – wenngleich in
unterschiedlicher Gestalt und Verbindlichkeit – angestrebte Ziel einer Kirchenge-
meinschaft zu vermeiden. Denn Ziel jedes interreligiösen Dialogs ist nicht die Ein-
heitsreligion, sondern das wechselseitige Verstehen der jeweiligen Eigentümlichkei-
ten und der Unterschiede zwischen den Religionen.

Auch aus einem weiteren Grund ist der Begriff der »abrahamitischen Ökumene«
umstritten. Bedenken richten sich auf die Gestalt des Abraham (wörtlich: »Vater
einer großen Menge«) selbst und seine teils gegensätzliche Inanspruchnahme durch
Jüd:innen, Christ:innen und Muslim:innen. Wenn nämlich Jüdinnen und Juden mit
Bezug auf Abraham meinen, einen Rechtsanspruch auf das ihm und seinen Nachkommen von Gott verheißene Land geltend machen zu dürfen, dann werden dem
Muslim:innen kaum folgen können. Für sie, die ihre Abstammung nicht auf Abrahams Sohn Isaak, sondern auf dessen Halbbruder Ismael zurückführen, gehört mindestens Jerusalem wegen der nächtlichen Reise Muhammads zum »entfernten Heiligtum« (*al-masdjid al-aqsa*: Koran, Sure 17:1) zum legitimen Herrschaftsbereich des

Islam. Für Christinnen und Christen wiederum ist Abraham zwar leuchtendes Vorbild im Glauben an Gott. Um aber das Heil zu erlangen, genügt es keineswegs, ein leiblicher Nachkomme Abrahams zu sein (Mt 2,9 par); vielmehr muss man dazu »aus dem Geist geboren« (Joh 3,5) sein. Ist Abraham für Jüdinnen und Juden der leibliche Stammvater Israels, so betrachtet ihn Paulus als den geistigen Vater aller Glaubenden (Röm 4,1–25).

Muslim:innen erblicken in Abraham den Prototyp des frommen Gottsuchers (hanif). Entsprechend wird Muhammad im Koran als ein Mensch vorgestellt, der dem Monotheismus Abrahams folgt. Die muslimische Gemeinschaft (umma) wiederum gilt als »Gemeinde Abrahams« (millat Ibrahim: Sure 16:123). Wenn es aber in Sure 3:67 heißt, »Abraham war weder Jude noch Christ«, wie kann er dann Bezugspunkt einer »abrahamitischen Ökumene« von Jüd:innen, Christ:innen und Muslim:innen sein? In muslimischer Perspektive gilt Abraham als »wahrer Muslim«; in diesem Verständnis aber werden sich Jüd:innen und Christ:innen kaum wiederfinden können.

So zeigt sich: Der Name »Abraham« ist eine Chiffre, mit der Jüd:innen, Christ:innen und Muslim:innen keineswegs nur Gemeinsamkeiten betonen. Indem sie in Abraham je nach Religionszugehörigkeit den ersten Juden, den ersten Christen oder den ersten Muslim erblicken, definieren sie ihre eigene Identität durch Abgrenzungen von den jeweils anderen Religionen (vgl. BECHMANN, Abraham).

Dabei resultiert aus dem von allen drei monotheistischen Religionen beanspruchten Bezug auf die biblische Gestalt des Abrahams keine Symmetrie der wechselseitigen Beziehungen. Während das Christentum konstitutiv auf die mit Abraham begonnene Bundesgeschichte Gottes mit dem Volk Israel bezogen ist, gilt das Umgekehrte nicht: Jüdinnen und Juden können sich aus ihrer Geschichte heraus ohne jeden Bezug zum Christentum und zum Islam verstehen. Entsprechendes gilt für das Verhältnis von Christentum und Islam: Christinnen und Christen können ihr Selbstverständnis auch ohne Bezug auf die spätere Religion gewinnen. Der Islam wiederum integriert Judentum und Christentum so in sein Selbstverständnis, dass er beide Religionen als Verfälschung (taḥrīf) einer an Abraham ergangenen Ur-Offenbarung begreift. Weil diese Verfälschung durch die an Mohammed ergangene »Herabsendung« (tanzīl) des Korans korrigiert sei, versteht sich der Islam im Vergleich zu den beiden ihm vorausgehenden »Buchreligionen« als überlegen.

Mit der Hebräischen Bibel können sich Jüd:innen und Christ:innen auf ein für beide Religionen verbindliches Dokument stützen – auch wenn dieses in der jeweiligen Auslegungsgeschichte sehr unterschiedlich interpretiert wurde. Hingegen weist der Koran eine auch literarisch von der Bibel unterschiedene Gestalt auf. Sind weite Passagen des Alten wie des Neuen Testaments narrativ strukturiert, so vermeidet der Koran konsequent jede Spur von Narrativität. Damit fehlt auch die Dimension der Zeitlichkeit, die für das biblische Verständnis der Geschichte als »Heilsgeschichte« grundlegend ist. Schon strukturell also ist jedes Gespräch zwischen Jüd:innen, Christ:innen und Muslim:innen über die für sie normativen Texte mit erheblichen Verstehensschwierigkeiten behaftet.

Hinzu kommen auf allen Seiten psychologische Hemmnisse. Diese resultieren aus einer vielfach belasteten Vergangenheit. So erinnern sich Jüdinnen und Juden an leidvolle Jahrhunderte der Judenfeindschaft, Verfolgung und Vertreibung in Europa, die im millionenfachen Mord am europäischen Judentum gipfelte. Für Muslim:innen bestimmen Kreuzzüge und Kolonialismus das Bild vom Christentum; nicht selten wird der 1948 gegründete Staat Israel als »Kreuzfahrerstaat« und fortdauernde Gestalt des westlichen Kolonialismus betrachtet (→ VII.7). Christ:innen wiederum erinnern sich an die Türkenkriege des 16. und 17. Jhs. und verweisen auf die oft prekäre Situation religiöser Minderheiten in muslimisch geprägten Gesellschaften.

Die seit dem Zweiten Vatikanischen Konzil (1962–1965) intensivierten Beziehungen zwischen der katholischen Kirche und dem Judentum betrachten Muslim:innen vielfach mit Argwohn. Ihre Befürchtungen werden auch durch die oft unkritische Solidarität evangelikaler Christ:innen mit dem Staat Israel genährt. Diese Entwicklung spüren nicht zuletzt die orientalischen Christinnen und Christen, die in muslimisch geprägten Gesellschaften Tür an Tür mit muslimischen Nachbarn zusammenleben. Bereits bei der Vorbereitung der Konzilserklärung *Nostra aetate* (1965) wiesen Vertreter der unierten Ostkirchen auf Befürchtungen in ihren Gemeinden hin, eine allzu deutliche Annäherung der Kirche an das Judentum würde Christ:innen ihren muslimischen Nachbar:innen entfremden.

Asymmetrien in den wechselseitigen Beziehungen der drei Religionen schließen keineswegs aus, dass aus Gesprächen zwischen ihren Anhänger:innen kritische oder auch konstruktive Impulse für das je eigene Religionsverständnis hervorgehen können. So wurden beispielsweise Begegnungen mit Muslim:innen für Charles de Foucauld (1858–1916), Christian de Chergé OCSO (1937–1996) oder Paolo Dall'Oglio SJ (1954–? [entführt seit 2013]) zu Quellen der Inspiration und der Vertiefung ihres christlichen Glaubens.

Die vom Zweiten Vatikanischen Konzil vollzogene Öffnung der katholischen Kirche zu den nichtchristlichen Religionen hat Begegnungen zwischen Jüd:innen, Christ:innen und Muslim:innen spürbar erleichtert. Interreligiöse Begegnungen vollziehen sich im Alltag, im sozialen und politischen Leben, beim Austausch über spirituelle Dimensionen der jeweiligen Religion oder im wissenschaftlichen Diskurs. Meist allerdings finden Begegnungen auf bilateraler Ebene statt: zwischen Jüd:innen und Christ:innen oder zwischen Christ:innen und Muslim:innen. Demgegenüber sind bilaterale Gespräche zwischen Jüd:innen und Muslim:innen eher die Ausnahme. Wenn sie denn stattfinden, dann oft aus pragmatischem Anlass – so etwa zur Eindämmung gewaltsamer Konflikte oder in Fragen der Religionspraxis wie etwa der Beschneidung oder des Schächtens. Dabei wäre aufgrund ihres nichttrinitarischen Monotheismus, der Betonung religiöser Praxis gegenüber der Glaubenslehre und einer Jahrhunderte langen gemeinsamen Geschichte eigentlich zu erwarten, dass Jüd:innen und Muslim:innen einander besser verstehen als Christ:innen.

Sowohl das Judentum als auch der Islam sind durch umfassende Ordnungen der religiösen Praxis und des alltäglichen Lebens geprägt. Auch hinsichtlich der Methoden der Rechtsfindung gibt es große Ähnlichkeiten zwischen beiden Religionen. Initiativen wie der jüdisch-muslimische Thinktank Karov-Qareeb (https://www.ka rovqareeb.de/), der 2019 durch das jüdische Ernst Ludwig Ehrlich Studienwerk und das muslimische Avicenna-Studienwerk initiiert wurde, tragen dem Rechnung (vgl. DE BOOR, Handreichung). Eine spürbare Intensivierung jüdisch-muslimischer Dialoge in Deutschland ist daraus bislang allerdings nicht hervorgegangen, und sie ist nach dem 7. Oktober 2023 auch nicht zu erwarten.

Entsprechend dem unterschiedlichen Religionsverständnis von Jüd:innen, Christ:innen und Muslim:innen zielen interreligiöse Gespräche oft weniger auf Aspekte der Lehre als vielmehr auf die jeweilige religiöse oder auch soziale Praxis. Für das Judentum hat der einflussreiche orthodoxe Rabbiner Joseph Soloveitchik (1903–1993) im Jahr 1964 sogar ein förmliches Verbot formuliert, mit Christ:innen über Glaubensfragen zu diskutieren. Tatsächlich war und ist es für Jüd:innen und Muslim:innen zwar nicht ausgeschlossen, wohl aber nachrangig, ihre jeweilige Religion reflexiv in den Blick zu nehmen und diskursiv zu verarbeiten. Jedenfalls lässt sich weder der Begriff »Theologie« noch der des »Glaubens« einfachhin auf alle drei monotheistischen Religionen anwenden. Für den Dialog der drei Religionen bzw. den »Trialog« bedeutet dies, dass mit strukturellen Asymmetrien schon bei den jeweiligen Inhalten, mehr aber noch bei den Methoden zu rechnen ist. Diese Differenzen verstärken die Asymmetrien in den Beziehungen der drei Religionen untereinander. Es gibt keinen univoken Religionsbegriff – mit Blick auf die monotheistischen Religionen nicht und noch viel weniger in globaler Perspektive.

Wo es in Gesprächen zwischen Jüd:innen, Christ:innen und Muslim:innen um Fragen der Religionspraxis geht, ist nicht selten zu beobachten, dass die Beteiligten bestrebt sind, unter Rückgriff auf ihre jeweiligen religiösen Traditionen eine gemeinsame Front gegen liberale Tendenzen in den pluralen Gesellschaften des Westens zu errichten. Dies betrifft nicht nur die Durchsetzung von Kleidervorschriften, sondern beispielsweise auch die Familienpolitik, den Schulunterricht oder den öffentlichen Umgang mit Homosexualität. Entsprechende Allianzen konservativer jüdischer, christlicher und muslimischer Gruppierungen gibt es weltweit. Von Säkularen, Religionslosen und Atheisten, aber auch etwa von Feminist:innen werden sie oft als Infragestellung jener sozialen und politischen Standards in liberalen Gesellschaften wahrgenommen, die erst in der zweiten Hälfte des 20. Jhs. mühsam errungen wurden.

Das jeweilige gesellschaftspolitische Engagement von Jüd:innen, Christ:innen und Muslim:innen ist durch religiöse Orientierungen bestimmt, deren Spektrum von weitgehender Liberalität bis hin zu Traditionalismus und Fundamentalismus reicht. Dabei sind religionsübergreifende Gemeinsamkeiten nicht selten. So ist fundamentalistischen Gruppierungen in Judentum, Christentum und Islam ein wörtliches Verständnis der jeweils maßgeblichen Offenbarungsschriften gemein. Dem entspricht die Ablehnung historisch-kritischer Methoden der Textinterpretation. Die geschichtliche Bedingtheit normativer Bestimmungen wird bestritten; stattdessen wird eine überzeitliche Geltung religiöser und ethischer Normen reklamiert. Diese konstituieren religiöse Identitäten, indem sie die Legitimität alternativer Deutungen bestreiten. Ihr unkritisches Verständnis der heiligen Texte veranlasst fundamentalistisch gesinnte Jüd:innen, Christ:innen und Muslim:innen häufig, naturwissenschaftliche Weltentstehungsmodelle oder Darwins Evolutionstheorie abzulehnen. Stattdessen veranschlagen sie ein unvermitteltes Handeln

Gottes in der Geschichte. Mit ihren Vorstellungen von einer idealen Gesellschaftsordnung nehmen sie Diskriminierung und Exklusion Andersdenkender in Kauf – darunter auch die von Angehörigen jeweils anderer Religionen. Nicht also schon dort, wo überhaupt ein »Trialog« zwischen Jüd:innen, Christ:innen und Muslim:innen stattfindet, ist dieser zu begrüßen. Vielmehr ist stets zu prüfen, welche Zielsetzung damit jeweils verfolgt wird.

Eine jüngere Initiative im Trialog der monotheistischen Religionen stellt das »House of One« in Berlin dar (https://house-of-one.org/de). Im Jahr 2011 verständigten sich Jüd:innen, Christ:innen und Muslim:innen in der Bundeshauptstadt darauf, auf dem Grundstück einer ehemaligen Kirche ein gemeinsames Gebäude zu errichten, unter dessen Dach sich eine Synagoge, eine Kirche und eine Moschee befinden werden. Nach Fertigstellung des Gebäudes soll das »House of One« dem Gebet und der Lehre dienen, Begegnungen zwischen Jüd:innen, Christ:innen und Muslim:innen ermöglichen und ein wechselseitiges Kennenlernen erleichtern.

Ein interreligiöses Zentrum für Jüd:innen, Christ:innen und Muslim:innen wurde im Februar 2023 in Abu Dhabi eröffnet. Wie das Berliner »House of One« beherbergt das »Abrahamic Family House« eine Moschee, eine Synagoge und eine Kirche als jeweils eigenständige Gebäude (https://www.abrahamicfamilyhouse.ae/). Daneben gibt es gemeinsam zu nutzende Konferenzräume. Angestoßen wurde das Projekt durch das »Dokument über die Brüderlichkeit aller Menschen«, das im Februar 2019 in Abu Dhabi von Papst Franziskus und Ahmad al-Tayyeb, dem Groß-Imam der Al-Azhar-Universität in Kairo, unterzeichnet wurde. Entsprechend trägt die Moschee den Namen von Ahmad al-Tayyeb; die Kirche wurde dem heiligen Franziskus von Assisi geweiht, und die Synagoge ist dem Maimonides (Mose ben Maimon) gewidmet, einem bedeutenden jüdischen Gelehrten, der zuletzt in Kairo wirkte.

Mit der Wahl des in Cordoba geborenen Maimonides wird nicht zuletzt auch der Mythos eines friedvollen Miteinanders von Jüd:innen, Christ:innen und Muslim:innen aufgerufen, wie es im mittelalterlichen Andalusien unter islamischer Herrschaft bestanden haben soll. Allerdings kann nach Ausweis der Quellen von einem Jahrhunderte langen friedlichen Zusammenleben von Jüd:innen, Christ:innen und Muslim:innen auf der iberischen Halbinsel heute keine Rede mehr sein. Die vielbeschworene »convivencia« beschränkte sich im Wesentlichen auf die Zeit der Taifa-Königreiche, d. h. auf die ersten Jahrzehnte des 11. Jhs. Daneben gab es in Andalusien auch unter islamischer Herrschaft wiederholt Pogrome und Vertreibungen religiöser Minderheiten.

Neben den auch architektonisch herausragenden Zentren einer »abrahamitischen Ökumene« in Berlin und Abu Dhabi gibt es weltweit eine Vielzahl von Institutionen und Initiativen, die sich auf theoretischer und praktischer Ebene um den Dialog von Jüd:innen, Christ:innen und Muslim:innen bemühen. Meist geht es dabei um ein wechselseitiges Kennenlernen, um auf diese Weise Vorurteile abzubauen und ein friedvolles Miteinander auf sozialer und politischer Ebene zu ermöglichen.

Bereits Ende der 1960er Jahre wurde in London die *JCM-Conference* ins Leben gerufen (https://www.jcmconference.org/); sie veranstaltet alljährlich internationale Konferenzen zum besseren Verständnis von Jüd:innen, Christ:innen und Muslim:innen. Ebenfalls in London wurde 1997 das *Three Faith Forum* gegründet; auch diese Initiative will die Beziehungen zwischen Jüd:innen, Christ:innen und Muslim:innen vertiefen (https://faithbeliefforum.org/). 2018 wurde die Einrichtung zum »Faith & Belief Forum« umbenannt, um zu signalisieren, dass ihre Veranstaltungen und Seminare auch Angehörigen anderer Religionen und Weltanschauung offensteht. In Australien wurde 2003 die *Jewish Christian Muslim Association* (https://jcma.org.au/) gegründet. Die Vereinigung veranstaltet regelmäßig interreligiöse Seminare, die dazu beitragen sollen, Vorurteile abzubauen, das wechselseitige Verständnis von Jüd:innen, Christ:innen und Muslim:innen zu vertiefen und gemeinsame Initiativen zu ermöglichen.

Als Dialoginitiativen von muslimischer Seite sind der an Christinnen und Christen gerichtete Offene Brief *A Common Word Between Us and You* aus dem Jahr 2007 (https://www.acommonword.com/) und der an Jüdinnen und Juden adressierte Brief *A Call to Dialogue and Understanding between Muslims and Jews* von 2008 (https://www.woolf.cam.ac.uk/) zu nennen. Beide Dokumente unterstreichen die Gemeinsamkeiten zwischen Islam und Christentum bzw. Islam und Judentum. Ihre Zielsetzung war nicht zuletzt politisch-pragmatisch: So sollte *A Call to Dialogue* blutigen christlich-muslimischen Konflikten (u. a. *Sharia-Riots* in Nigeria 2006 und 2008) die religiöse Legitimation entziehen. Mit ihrem *Common Word* reagierten Muslim:innen aus aller Welt auf die sog. »Regensburger Vorlesung« von Papst Benedikt XVI. im September 2006. Im Januar 2016 haben sich angesichts des Terrors des »Islamischen Staates« in Irak und Syrien mehr als 250 muslimische Gelehrte, Staatsoberhäupter und Religionsvertreter in ihrer *Erklärung von Marrakesch* zu den Rechten religiöser Minderheiten in muslimisch dominierten Ländern geäußert; christlicherseits wurde die Erklärung vielfach begrüßt.

Auch auf akademischer Ebene werden »Trialoge« geführt – so etwa im Rahmen des Ökumenischen Theologischen Studienjahres, das im Jahr des Yom-Kippur-Krieges (1973) vom damaligen Abt Laurentius Klein OSB in Jerusalem gegründet wurde (https://www.studienjahr.de/). Im Rahmen des Lehrprogramms finden regelmäßig Seminare mit Beteiligung von Jüd:innen, Christ:innen und Muslim:innen statt. Viele Beiträge werden anschließend in Buchform veröffentlicht – so etwa zum Verhältnis von Religion und Politik in Judentum, Christentum und Islam (JThF 35, 2020) oder zum Wirken Gottes in der Welt (JThF 32, 2017). Obwohl der Ort des Studiums – Jerusalem – durch die Präsenz der drei monotheistischen Religionen in einer Weise geprägt ist wie kein anderer auf der Welt, erweist er sich in der Praxis freilich oft eher als ein Ort der »Vergegnung« (Martin Buber) als der »Begegnung« von Jüd:innen, Christ:innen und Muslim:innen.

Im Rahmen der sog. »Komparativen Theologie« (vgl. www.komparative-theologie.de) wurden in den letzten Jahren Grundkonzepte der drei monotheistischen Religionen erschlossen – so etwa die jeweiligen Vorstellungen von Prophetie, Offenbarung oder Ethik. Dabei traten Unterschiede, aber auch strukturelle Ähnlichkeiten zwischen Judentum, Christentum und Islam zutage. Vier Beispiele können das erläutern.

So gab es in den ersten Jahrhunderten aller drei monotheistischen Religionen leidenschaftliche Debatten um die Einheit Gottes. Im Judentum entzündeten sie sich an der Frage nach dem Verhältnis zwischen Gott und der Tora; im Christentum ging es um die Beziehung zwischen Gott-Vater und seinem ewigen Wort, im Islam um das Verhältnis zwischen Gott und dem Koran. Ziel war es, der jeweils konstitutiven Bedeutung der Tora, des göttlichen Logos und des Koran für die Gestaltung der Welt gerecht zu werden. Geht man davon aus, dass Tora, Logos und Koran als göttliches Wort bzw. Rede Gottes von Ewigkeit her existieren, dann besteht die theologische Herausforderung in allen drei Religionen darin, die Einheit Gottes zu wahren: Sind nämlich Tora, Logos und Koran ungeschaffen, wie es schließlich gelehrt wurde, wie verhalten sie sich dann zu Gott? Sind sie Eigenschaften oder Attribute Gottes? Haben sie Anteil an Gottes Schöpferkraft? Judentum, Christentum und Islam können auf lebhafte Debatten in ihrer Geschichte zurückblicken. Für das Gespräch der drei Religionen sind die dabei jeweils erörterten Themen weiterhin herausfordernd.

Ein zweites theologisches Thema für den Austausch zwischen Jüd:innen, Christ:innen und Muslim:innen ist die Frage nach der Gegenwart Gottes in seiner Schöpfung. Mit seiner Lehre von der Inkarnation des göttlichen Wortes in Jesus von Nazaret scheint das Christentum eine sehr pointierte Position zu vertreten. Doch ist der Gedanke der Inkarnation dem Judentum nicht gänzlich fremd. Zwar spricht Martin Buber von der »prinzipiellen Inkarnationslosigkeit« des Judentums, doch ist Jüd:innen die Vorstellung einer »Einwohnung« (*schechina*) Gottes in seiner Schöpfung nicht unbekannt. Gott »wohnt« nicht nur in seinem Heiligen Zelt oder im Tempel, sondern besonders auch in dem von ihm erwählten Volk Israel – ein Gedanke, der an die christliche Vorstellung von der Kirche als »Leib Christi« erinnert. Muslim:innen wiederum nehmen die Präsenz Gottes in der Welt vorzugsweise im verlautbarten Wort des Koran wahr. Gilt doch der Koran als endliche Manifestation einer bei Gott von Ewigkeit her bewahrten Schrift. Die Islamwissenschaftlerin Annemarie Schimmel (1922–2003) hat deshalb in Analogie zur Inkarnation des göttlichen Logos von einer »Buchwerdung« (*Inlibration*) des ewigen Gotteswortes im Koran gesprochen. Entsprechungen zwischen den drei Religionen aufzuspüren und Unterschiede zu markieren, ist für Jüd:innen, Christ:innen und Muslim:innen zweifellos wechselseitig bereichernd.

Auch in der Auffassung, die Jüd:innen, Christ:innen und Muslim:innen vom Gottesdienst vertreten, gibt es auffallende Parallelen. Der Ritualwissenschaft ist das Phänomen vertraut, dass es bei gottesdienstlichen Vollzügen zu einer Verschmelzung der Zeitebenen kommt: Ein für die Kultgemeinde wichtiges Ereignis der Vergangenheit wird im vollzogenen Ritus zur erfahrbaren Gegenwart. Das Sedermahl an Pessach etwa feiern Jüdinnen und Juden in dem Bewusstsein, nicht nur ihre Vorfahren, sondern sie selbst seien aus Ägypten ausgezogen. In jeder katholischen Eucharistiefeier wird die erlösende Selbsthingabe Jesu Christi sakramental vergegenwärtigt. Und bei der lauten Rezitation des Korans meinen Muslim:innen, die Stimme Gottes erklingen zu hören. Auch hier lohnen sich sorgfältige Vergleiche des jeweiligen Verständnisses von Jüd:innen, Christ:innen und Muslim:innen. Dabei ist mit größeren Differenzen auch innerhalb der Religionsgemeinschaften zu rechnen.

Schließlich kennen Jüd:innen, Christ:innen und Muslim:innen das in ihren allen Religionen zentrale Motiv der Ortsveränderung. Exodus, Wüstenwanderung und

Landnahme sind für das Judentum konstitutiv; im »Hinaufzug« (*Alija*) von Jüd:innen nach *Erez Jisrael* gewinnen diese Ereignisse in der Moderne auch politische Dimensionen. Das Christentum kennt ebenfalls das Pessach-Motiv, wenngleich in einer weitgehend spiritualisierten Form: Nachdem Jesus von Galiläa nach Jerusalem »hinaufgezogen« ist, durchleidet er den Tod, durchschreitet die Unterwelt und wird nach seiner Auferweckung zur Rechten des Vaters eingesetzt. Für Muslim:innen wiederum markiert die Auswanderung nach Medina (*hiǧra*) den Beginn der islamischen Zeitrechnung und insofern das Gründungsereignis der muslimischen Gemeinde (*umma*). So zeigt sich: Alle drei Religionen fußen nicht auf einer zeit- und ortlosen Lehre; vielmehr beziehen sie sich auf konkrete geschichtliche Ereignisse, die mit markanten Ortswechseln verbunden sind. Ein Austausch darüber könnte nicht zuletzt dazu beitragen, unterschiedliche Auffassungen von Jüd:innen, Christ:innen und Muslim:innen über das Verhältnis von Religion und Politik zu profilieren.

Die gemeinsame Verwurzelung von Judentum, Christentum und Islam in den Kulturen des Vorderen Orients und mehr noch eine vielfach geteilte Geschichte mit ihren Licht- und Schattenseiten lässt den Austausch über die jeweiligen Erfahrungen und die daraus hervorgehenden Perspektiven für eine gemeinsame und friedvolle Zukunft unausweichlich erscheinen. Dieser Austausch kann Jüd:innen, Christ:innen und Muslim:innen auch dabei helfen, die je eigene Religion tiefer zu verstehen. Wer zugesteht, dass auch andere Religionen Orte authentischer Gottesbegegnung sein können, wird diese dankbar als Lernorte für sich selbst wahrnehmen. Und dies umso mehr, als Jüd:innen, Christ:innen und Muslim:innen sich darin einig sind, dass die Wirklichkeit Gottes auch dann alles menschliche Begreifen übersteigt, wenn vorausgesetzt werden darf, dass Gott sich in der Geschichte der Menschen auf unterschiedliche Weisen geoffenbart und mitgeteilt hat.

Weiterführende Literatur

BECHMANN, ULRIKE, Abraham und die Anderen. Kritische Untersuchung zur Abraham-Chiffre im interreligiösen Dialog, Berlin/Münster 2019.
FRANKEMÖLLE, HUBERT, Gott glauben – jüdisch, christlich, muslimisch, Freiburg/Basel/Wien 2021.
HINTERHUBER, EVA MARIA, Abrahamischer Trialog und Zivilgesellschaft. Eine Untersuchung zum sozialintegrativen Potenzial des Dialogs zwischen Juden, Christen und Muslimen, Stuttgart 2009.
KUSCHEL, KARL-JOSEF, Juden – Christen – Muslime. Herkunft und Zukunft, Ostfildern 2013.
POLAK, REGINA (Hg.), Interreligiöser Dialog. Wissenschaftliche Zugänge zur Begegnung der abrahamitischen Religionen (Religion and Transformation in Contemporary European Society 23), Paderborn u. a. 2023.

IX.   Zukunftsfähige Perspektiven auf das Judentum

IX.1   Judentum als Entfaltungsraum einer Lehr-Lern-Kultur und Bildungsreligion

Bernd Schröder

Im Kontext von Lehr-Lern-Prozessen in christlicher Verantwortung – sei es im schulischen Religionsunterricht, in der Erwachsenenbildung oder im Studium der Theologie – kommt das Judentum gemeinhin als Thema bzw. als Gegenstand des Lernens in den Blick. Über Jahrhunderte war das dabei gezeichnete Bild vom Judentum von einem abwertenden Grundton durchzogen (weil das Judentum als die ›unterlegene‹, durch das Christentum abgelöste Religion galt) und weitgehend blind gegenüber der Eigendynamik wie der Pluralität des Judentums von der Antike bis in die Gegenwart (weil das Judentum ausschließlich in seiner Beziehung zum Christentum in Blick kam). Angesichts dessen ist es eine anspruchsvolle und noch keineswegs durchweg erfolgreich bearbeitete Aufgabe, der Erneuerung des Verhältnisses des Christentums zum Judentum in Lehr-Lern-Prozessen angemessen Rechnung zu tragen. Es gilt, »Judentum« möglichst authentisch (also in Entsprechung zur Selbstwahrnehmung von Jüdinnen und Juden), facettenreich (also als in vielen Kontexten enkulturierte Religion und Kultur, die sich teils in Interaktion mit dem Christentum, teils unabhängig davon entwickelt), wertschätzend und dialogisch (also als Weggefährtin der *missio Dei* und Gesprächspartner) zur Darstellung zu bringen (→ IX.2).

Unbeschadet dessen sucht dieser Beitrag in anderer Hinsicht auf die Bedeutung des Judentums für Lehr-Lern-Prozesse aufmerksam zu machen: Er beschreibt das Judentum als Religion, die seit jeher größten Wert darauf legt, dass junge und erwachsene (!) Jüdinnen und Juden sich Gehalte, Überzeugungen und Praktiken ihres Glaubens bzw. ihrer Religionskultur fortwährend lernend erschließen. Lernen ist eine *mitzvah* (d. h. ein Gebot), Lernbereitschaft ein erwünschter Habitus und Gelehrsamkeit in weiten Teilen des religiösen Judentums ein Ideal, verkörpert im *talmid chacham* (wörtlich: Schüler des Weisen oder gelehrter Lernender). In dieser Spur ist das Judentum über Jahrhunderte hinweg Träger einer originellen Lehr-Lern-Kultur (gewesen). Namentlich in der Neuzeit lässt es sich als Bildungsreligion (bzw. -kultur) verstehen, deren Religiosität nach Bildung verlangt, und in der Bildung für die Aneignung der Religion als unerlässlich gilt. *In Anbetracht dessen kommt nicht nur das Judentum als Thema des Lehrens und Lernens, sondern auch das Lehren und Lernen als Thema des christlich-jüdischen Dialogs in den Blick.*

Schon im biblischen Israel lässt sich eine exponierte Wertschätzung für das Lehren und Lernen der Tora in Umrissen erkennen, die im werdenden (rabbinischen) Judentum fortgeschrieben und institutionalisiert wurde. Das gleichzeitig entstehende Christentum hat eben diese Lehr-Lern-Kultur über den Juden Jesus, den Lehrer, und seine Schüler:innen aufgesogen und auf seine Weise fortentwickelt (Kap. 1). Jüdische Lehr-Lern-Kultur hat im sog. rabbinischen Judentum (vom 2. bis ca. 10. Jh. n. d. Z.) ihre klassische und in vielerlei Hinsicht bis heute wirksame Gestalt gewonnen (Kap. 2). In der jüdischen Neuzeit, im Zuge und im Gefolge der jüdischen Aufklärung (*Haskala*), wurde diese Lehr-Lern-Kultur transformiert – ohne dadurch an Bedeutung zu verlieren: Vielmehr ist Bildung quer durch alle Strömungen des modernen Judentums von enormer Bedeutung, zugleich hat sie an Weite, an Vielgestaltigkeit und an Zwiesprachefähigkeit mit säkularer oder anders-religiös bestimmter Bildung gewonnen (Kap. 3). In Anbetracht dessen sind christliche Kirchen, Theologien und Religionspädagogiken, die ein erneuertes Verhältnis zum Judentum anstreben, aufgefordert, nicht nur Jüdisches zu lernen, sondern auch jüdisches Lehren und Lernen kennenzulernen und über Fragen des Lernens, über den Stellenwert von Bildung für Aufbau und Pflege der jeweiligen Religionskultur, über die Möglichkeit voneinander zu lernen ins Gespräch zu kommen. Anders gewendet: *Neben der Theologie bedarf auch die Religionspädagogik eines christlich-jüdischen Dialogs* (Kap. 4). Ein kurzes Fazit schließt den Gedankengang ab (Kap. 5).

1.   Lehren und Lernen im antik-biblischen Israel und dessen zweifache Nachgeschichte

Das junge Christentum hat seine Lehr-Lern-Kultur nicht ›erfunden‹, sondern einerseits die Formensprache der griechisch-römischen *Paideia* übernommen, andererseits vor allem die entsprechende Praxis im Judentum. In dieser Lehr-Lern-Tradition steht Jesus, der nicht selten als »Lehrer« angesprochen wurde, und in dieser Tradition stehen die ersten Theologen, allen voran der Apostel Paulus, Schüler des Rabban Gamliel (Apg 22,3).

Dem Lernen des Wortes Gottes wie der Erziehung von Kindern kam bereits im biblischen Israel überaus große Bedeutung zu: Schon die maßgebliche Bezeichnung für das Wort Gottes, *Tora* (wörtlich: Weisung), deutet darauf hin. Auch im jüdischen Glaubensbekenntnis, dem *Schma Jisrael* (Dtn 6,4–9; Dtn 11,13–21; Num 15,37–41), im synagogalen Gottesdienst, insbesondere im Psalter (etwa Ps 1 und Ps 119), in der Festpraxis (etwa beim Pessach-Fest; vergleiche schon Ex 10,2 und Ex 12,26) spielt das Moment des Lernens eine große Rolle (dazu VON DER OSTEN-SACKEN, passim).

Zwar ist es methodisch und sachlich schwierig, aus den alttestamentlichen Texten auf eine konkret-geschichtliche Praxis zu schließen und ein konsistentes Bild zu zeichnen (vgl. CRENSHAW, Education). Doch namentlich das Deuteronomium und die Weisheitsliteratur sind von pädagogischer Sprache und erzieherischen Absichten durchzogen. So wird im Deuteronomium Mose als Lehrer der Tora dargestellt, der das Volk Israel zum Lernen verpflichtet und ermahnt – in diesem literarischen Zeugnis lässt sich somit die »Geburtsstunde Israels als religiöser Lehr- und Lerngemeinschaft« (FINSTERBUSCH, Weisung, 303) erkennen. In der Weisheitsliteratur, speziell im Buch Jesus Sirach (Ben Sira; nur in der Septuaginta enthalten), rückt demgegenüber das individuelle Lernen in den Blick: Weisheit und Moral sind dessen Ziele, beide sind indes gegründet in Gottesfurcht (Spr 1,1 und Spr 1,7; Sir 1,1) – und in praktischer Hinsicht in familialer Erziehung. So wird hier erstmals im Schrifttum des Alten Testaments Bildung zum Gegenstand theologischer Reflexion.

Auf dieser Basis entstehen sowohl die Lehr-Lernkultur des rabbinischen Judentums als auch diejenige des jungen Christentums: Dementsprechend lassen sich bereits im Neuen Testament Hinweise auf familiale Erziehung finden, vor allem aber schon Indizien für das Verständnis des Gottesdienstes als Lernort, für den Zusammenhang von Taufe und Lernen (vgl. Mt 28,19f. und Apg 8,26–40) und für die Entstehung einer Gruppe von Gemeindegliedern, die im Lehren ihre wesentliche Aufgabe sehen (1 Kor 12,28f. u. ö.). Nicht zuletzt schildert insbesondere das Matthäus-Evangelium Jesus als Lehrer und die Jünger als die, die beim ihm ›in die Schule gehen‹ (dazu SÖDING, Christentum; zum Ganzen: SCHRÖDER, Religionspädagogik (2021), § 48).

2.   Rabbinische Lehr-Lern-Kultur als klassisches Paradigma jüdischer Erziehung und Bildung

Im sog. rabbinischen Judentum werden die alttestamentlich erkennbaren Ansätze aufgegriffen und umgearbeitet zu einem Leitbild des *Talmud Tora*, des Lernens der Weisung Gottes. Statt des – 70 n. d. Z. zerstörten – Tempels in Jerusalem rückt die Tora ins Zentrum von Frömmigkeit und Orthopraxie; »Lernen« wird zum zentralen Medium ihrer Aneignung und Befolgung.

Die Rede von der Tora meint hier sowohl die Hebräische Bibel, die in der rabbinischen Theologie die »schriftliche Tora« genannt wird, als auch den Talmud, also die so genannte »mündliche Tora«. Beide sind gleichermaßen Gegenstand und Teilhaber ihrer Auslegung, die in Gestalt erbaulicher Geschichten (hebr.: *Haggada*) und in der Ermittlung von Regeln für das Verhalten in allen Lebensbereichen (hebr.: *Halacha*) erfolgt.

Soweit dies aus der rabbinischen Literatur abzulesen ist, bilden sich ab dem 2. Jh. n. d. Z. im Umkreis gelehrter Rabbinen sowohl informelle Lernzirkel (aram: *Chavruta*) als auch institutionalisierte Lehrhäuser (hebr.: *Beit Midrasch*), die insbesondere auf das Memorieren, die kritische Analyse sprachlicher und gedanklicher Lücken, die Diskussion und gedankliche Fortentwicklung der Tradition (im Einklang mit dieser und in Anwendung bestimmter hermeneutischer Regeln) Wert legen. Die beispielsweise in Talmud-Traktaten abgebildete Vielfalt der Auffassungen und deren dialogische Anordnung spiegeln wohl durchaus reale Lernprozesse (dazu HIRSHMAN, Stabilization).

Das Ideal der rabbinischen Literatur ist der lernende Gelehrte (*Talmid Chacham*), der im Sinne von Ps 1 sein Leben und Denken an der *Tora* als der Weisung Gottes ausrichtet. Allerdings gilt im historischen Sinne: Die Verwirklichung dieses Ideals war einer Minderheit vorbehalten (HESZER, Literacy, 496f.).

3.   »Tora *und* weltliche Bildung« – die maßgebliche Weichenstellung der jüdischen Neuzeit

Die rabbinische Lehr-Lern-Kultur besteht in mancher Hinsicht fort in den Lehrhäusern des sefardischen und aschkenasischen Judentums im Mittelmeerraum und in Europa – z. T. bis ins 20. Jh. Doch durch die jüdische Aufklärung (hebr.: *Haskala*), die mit dem Ringen um Emanzipation einhergeht, kommt es zu einer durchaus tiefgreifenden Transformation: Die bislang innerhalb des Judentums und seiner Gemeindestrukturen verortete rabbinische Gelehrsamkeit, die sich weitgehend exklusiv auf das Studium der Traditionsliteratur bezog, wird nun ergänzt (so in der modernen Orthodoxie) oder ersetzt (so im Reformjudentum) durch Schulen und hochschulartige Einrichtungen, die sich auch dem Erwerb allgemeiner Bildung (moderne Sprachen, Naturwissenschaften, ökonomisch Relevantes) verschreiben und der Qualifikation für einen weltlichen Beruf dienen. »Tora *und* weltliche Bildung« (hebr.: *torah im derech eretz*) – ein Diktum aus der Mischna (mPirke Avot II,2), das von Samson Raphael Hirsch, dem Begründer der modernen Orthodoxie in Deutschland, programmatisch in Gebrauch genommen wird – eignet sich als Leitwort für diese Bestrebungen: Es geht um den Aufbau jüdischer *und* weltlicher Bildung, idealerweise unter Erfüllung der Standards rabbinischer Gelehrsamkeit *und* staatlich-formaler Bildung, um Frömmigkeit *und* Klugheit, jüdisches Bewusstsein *und* gesellschaftlichen Erfolg.

Mit unterschiedlichen Akzenten haben Strömungen des Judentums diese doppelte Orientierung zu realisieren gesucht und so der traditionellen Wertschätzung jüdischen Lernens in der Moderne zu Strahlkraft verholfen (vgl. SCHRÖDER, Religionspädagogik (2021), §§ 50–55).

4.   Lehren und Lernen als Thema und Dimension des christlich-jüdischen Dialogs

Zumindest auf christlicher Seite ist der jüdisch-christliche Dialog ein langwieriger, anspruchsvoller Lernprozess – ein Lernprozess, in dem es um nichts weniger geht als um eine tiefgreifende Einstellungsveränderung, die revidierte theologische Wissensbestände, eine facettenreichere Wahrnehmung und eine erneuerte Umgangsweise mit dem Judentum einschließt. Insofern ist Lehren und Lernen eine – selten als solche bewusst gemachte (dazu exemplarisch SCHRÖDER, Religionspädagogik (2023), 153–173) – *Dimension* des Dialogs.

Zugleich aber kann und soll – vor dem Hintergrund der hier nur in Grundlinien skizzierten Entwicklung jüdischer Lehr-Lern-Kultur und Bildungsreflexion – eben diese Kultur und Reflexion *Thema* eines christlichen-jüdischen Dialogs werden. Jedenfalls aus christlicher Perspektive finden sich dafür zahlreiche Anknüpfungspunkte, die in einem Gespräch etwa zwischen jüdischen und christlichen Religionslehrenden oder zwischen Fachleuten für jüdische Erziehung (»Jewish Education«) oder Bildung unter Inanspruchnahme des Christlichen bedacht werden können. Exemplarisch sollen einige dieser Anknüpfungspunkte benannt werden.

4.1   Zeitliche Horizonte religiösen Lernens: Erinnern

In der Tora, in der Weisung Gottes, ist eine Erinnerungskultur grundgelegt. *In der Sache* liegt allen Erfahrungen, von denen in der Hebräischen Bibel und den rabbinischen Schriften erzählt wird, die Weisung Gottes zugrunde; ihr und ihren geschichtlichen Folgen gilt deshalb das Erinnern. *In der Form* zehrt die Erinnerungskultur des Judentums durchweg von der Befassung mit der Schrift gewordenen Weisung Gottes: »Wende sie [sc. die Tora] hin und her, denn in ihr ist alles enthalten« (mPirke Avot V,26). Und schließlich ist es *in der Logik* jüdischen Selbstverständnisses die Tora selbst, die das Erinnern aufträgt: Vor allem im Zusammenhang mit den Erzählungen vom Exodus kommt ein Gebot des Erinnerns zur Sprache. Die Zehn-Worte beginnen mit der Vergegenwärtigung ihres Sitzes im Leben: »Ich bin der Herr, dein Gott, der dich aus Ägyptenland geführt hat, aus der Knechtschaft« (Ex 20,2; Dtn 5,6; LUT 2017) – erinnert Euch daran! In Dtn 5,1 (LUT 2017) heißt es ausdrücklich: »Höre, Israel, die Gebote und Rechte, die ich heute vor euren Ohren rede, und lernet sie und bewahrt sie, dass ihr danach tut!«

Angesichts des Bedeutungsreichtums des Erinnerns (dazu ausführlicher SCHRÖDER, Religionspädagogik (2023), 417–423) wundert es nicht, dass Erinnerung in vielerlei Form gepflegt wird – im Rahmen des *synagogalen Gebets und des jüdischen Jahres*, im Vollzug der *Halacha*, in der *Art und Weise des theologischen Nachdenkens*: Religiöses wie weltliches Judentum verstehen sich als Kultur des Erinnerns (vgl. dazu YERUSHALMI, Zachor).

Etliche Momente dieser Form der Erinnerungskultur hat das Christentum mit seinen jüdischen Wurzeln übernommen – etwa die Gestaltung des Gottesdienstes als erinnerndes Aktualisieren der Schrift und die Gestaltung von Lehr-Lern-Prozessen als historisch-hermeneutische Befassung mit den Quellen und der Geschichte des Christentums –, doch Vieles stellt sich in jüdischer Tradition anders dar, etwa die Orientierung an Geboten, der Festkreis des synagogalen Jahres, das angelagerte Brauchtum. Dies gilt es zu entdecken, zu verstehen und im Spiegel des Anderen womöglich als Anstoß für die eigene Lehr-Lern-Praxis aufzugreifen.

4.2   Sozialformen des Lernens: Chavruta

In der Moderne wird Lernen im Wesentlichen als ein individueller Prozess begriffen und modelliert: Der oder die Einzelne ist es, der oder die Kompetenzen erwirbt, Wissensbestände aufbaut, Bildung realisiert. In dieser Vorstellung von Lernen kommt die seit der Aufklärung entwickelte Bildungsphilosophie ebenso zum Tragen wie der – in den ›westlichen‹ Gesellschaften kultivierte – Leistungsgedanke. Pädagogische bzw. bildungswissenschaftliche Konzepte des Lernens folgen diesem Paradigma im Grundsatz ebenso wie religionspädagogische – auch wenn selbstredend in schulischem Unterricht aller Fächer kooperative Sozialformen (v. a. Partner- und Gruppenarbeit), interaktive Aktionsformen (von der Diskussion bis zum Standbild) und kollektives Handeln bzw. kollektiv erzeugte Produkte (wie das Anlegen eines Schulteichs oder die Wanderausstellung) als Lernergebnisse anvisiert werden.

Diese individuelle Ausrichtung von Lehr-Lern-Prozessen ist auch dem Judentum nicht fremd: Der oder die einzelne Gelehrte stand stets in hohem Ansehen, und in der jüdischen Neuzeit galt individuelle Bildung als entscheidendes Medium der Akkulturation und der Emanzipation.

In der traditionellen Lehr-Lern-Kultur des Judentums indes stand dem individuellen Lernen in bemerkenswerter Dichte ein soziales Komplement zur Seite: Lernen wurde – seit der Antike bzw. seit dem rabbinischen Zeitalter – im Lehrhaus (hebr.: *Beit Midrasch*) bzw. in der Synagoge lokalisiert, und als eine konstitutive Sozialform des Lernens wurde die Lern-Partnerschaft von zwei oder mehr Personen (hebr. bzw. aram.: *Chavruta*) gepflegt. Diese Kollektivität und Dialogizität des Lernens bildet sich cum grano salis sogar in der Struktur rabbinischer Literatur ab: Sie hat eine charakteristisch dialogische Form, in Gestalt einer Zwiesprache zwischen diversen Rabbinen. Manch ein Dialog wird in der Mischna begonnen und in der Gemara, bei Rashi und den Tosafisten fortgesetzt – und von denjenigen, die hier und heute lernen, nachvollzogen und fortgeschrieben: Alle Beteiligten bilden dergestalt *eine* literarisch synchrone Lerngemeinschaft, die diachron indes Jahrhunderte verbindet (vgl. SCHRÖDER, Religionspädagogik (2023), 426–438).

Die in der Chavruta tatsächliche, aber auch idealisierend verdichtete Vorstellung von dialogischem, kontroversem, unendlich fortschreibbarem Lernen verdient Beachtung als Aneignungsform von ›Religion‹, kann die Frage nach Entsprechungen in den Lernkulturen des Christentums auslösen und die Frage nach angemessenen Formaten religiösen Lernens heute stimulieren.

4.3   Gegenstände des Lernens: Tora(-didaktik)

Zentraler Gegenstand jüdisch-religiösen Lernens ist ohne Frage die Tora – in all der Vielschichtigkeit des Wortes, die damit im Judentum aufgerufen wird: Der Begriff deckt ein weites Spektrum ab zwischen einer einzelnen (biblischen) Weisung und dem gesamten Corpus rabbinischer Literatur (das in der Sprache der Tradition als schriftliche und mündliche Tora firmiert). Tora-Lernen zielt darauf, Gottes Wort zu begreifen – ein Wort, das Weisung gibt für die Führung des Lebens (hebr. *Halacha*), aber auch erbaut (hebr. *Haggada*). Und Tora-Lernen vollzieht sich – jedenfalls traditionell – in bestimmten Formen: So beginnt es im Kindesalter mit dem Buch Levitikus, schließt das Auswendiglernen und das Kantillieren als zentrale Aneignungstechniken ein und impliziert eine Mehrzahl von Hermeneutiken zwischen der Erfassung des einfachen, in gewisser Weise: historischen Wortsinns und der symbolischen Auslegung.

»Tora-Didaktik« ist somit ein moderner Begriff für die Reflexion auf die Lernwege, die im religiösen Judentum für die Erschließung der eigenen Tradition zur Anwendung kommen – und die Aufnahme des Begriffs und seiner Sache im christlichen Kontext zielt darauf, diese Lernwege allererst wahrzunehmen und ggf. mutatis mutandis aufzunehmen (vgl. SCHRÖDER, Religionspädagogik (2023), 405–416, und in elaborierter Form HECKE, Toradidaktik).

4.4 Movens der Lehr-Lern-Kultur und der Religionskultur: Ethos des Lernens

»Lernen« ist ein Gebot (Dtn 5,1 u. ö. – vgl. oben Abs. 4.1). Dieses Gebot wird – entsprechendes religiöses *commitment* vorausgesetzt – in der Synagogengemeinde, in der Familie und in der individuellen Lebensführung befolgt, und zwar im Wochenturnus sowie entlang des jüdischen Jahres und im Tages- und Lebenslauf. Der synagogale Gottesdienst gibt ebenso zu lernen wie die *Mesusot*, Feste wie das Laubhüttenfest sehen Lernzeiten vor, und die Feier der *Bar* oder *Bat Mitzvah* setzt Lernen voraus; bei Festen wie Pessach sind alle Generationen feiernd und lernend beteiligt. Stets geht es um Lesen und Verstehen, um Hören und Erklären, um Aneignen und Tun der Tora. Keineswegs also wird nur in formalen Lernsettings – in Schule oder Hochschule, traditionell: in *Cheder* und *Jeschiva* – das Lernen und Lehren wertgeschätzt, sondern auch in non-formalen und informellen: »Lernen und Lehren machen traditionell das Wesen jüdischer Existenz aus« (NACHAMA u. a., Basiswissen, 98).

Zur religiösen und halachischen Begründung des Lernens kommen realgeschichtliche Erfordernisse: Ihre Diasporaexistenz und ihre Diskriminierungsgeschichte verlangte Jüdinnen und Juden etwa nahezu durchweg Zwei- oder Mehrsprachigkeit ab (etwa Hebräisch als Gottesdienst- und »Schrift«-Sprache, Jiddisch als Sprache der jüdischen *community* und die jeweilige Landessprache als wirtschaftlich und sozial erforderliche Alltagssprache). Seit dem Zeitalter der Emanzipation wollten und mussten Jüdinnen und Juden Erfolge im allgemeinen Bildungswesen erzielen, um Gleichberechtigung, Integration und Anerkennung zu erreichen – und im *Jishuv* bzw. im neu gegründeten Staat Israel war es erforderlich, für alle Bereiche gesellschaftlichen Lebens Fachkräfte zu qualifizieren: Schulen und Hochschulen spielten und spielen dort eine enorme Rolle (dazu SCHRÖDER, Erziehung).

Auf diese Weise haben viele Jüdinnen und Juden ein Ethos des Lernens ausgebildet – und dessen Wirksamkeit schlägt sich sogar in empirischen Daten nieder: »Jews are more highly educated than any other major religious group around the world.« – »About eight-in-ten of the world's Jews live in Israel or the U. S. [... But] Jews living outside these two countries also tend to be highly educated and, in most cases, have greater levels of attainment than their non-Jewish compatriots«. (PEW, Religion, 5 u. 100).

Auch für viele Konfessionen des Christentums gilt, dass sie Lehren und Lernen wertschätzen und pflegen (SCHRÖDER, Ökumenik) und dafür theologische Gründe geltend machen (vgl. SCHRÖDER, Religionspädagogik (2021), § 11). Insofern kann ein fruchtbares Gespräch zwischen Jüd:innen und Christ:innen über Gelingensbedingungen und -faktoren, über Anwendungs- und Entwicklungsbedarfe eines Lern-Ethos geführt werden.

4.5 Vielfalt der lernenden *communities*: Strömungen und Konfessionen weltweit

Auch wenn bislang von Judentum und Christentum zumeist im Singular die Rede war, ist doch in beiden Fällen ein Plural mitzudenken. Das Judentum ist seit der

Antike plural verfasst (→ III.1, → III.4): Ließen sich im ersten Jahrhundert etwa Pharisäer, Sadduzäer, Essener u. a. unterscheiden, so in späteren Jahrhunderten Gruppierungen mit unterschiedlichen theologischen Programmen (etwa messianische oder kabbalistisch-mystische Bewegungen) oder mit unterschiedlicher kultureller Prägung (etwa aschkenasische und sefardische Judenheiten). Seit der jüdischen Neuzeit haben sich stabile Strömungen herausgebildet (→ V.2): liberales, modern-orthodoxes, konservatives, rekonstruktionistisches und ›säkulares‹ Judentum (ROSENTHAL/HOMOLKA, Judentum). In diesen Strömungen erfahren auch das Ethos, die Praxis und die Theorie des Lernens jeweils spezifische Auslegungen.

Im Christentum ist die Unterscheidung von Konfessionen bzw. Konfessionskulturen der am häufigsten gebrauchte Differenzmarker, doch sollten darüber individuelle und gruppenförmige Inanspruchnahmen des Christlichen, die zumal in pluralen Gesellschaften eine erhebliche Spreizung erfahren, nicht aus dem Blick geraten.

Ohne diese Vielfalt auf beiden Seiten hier mehr als andeuten zu können, mag deutlich sein, dass die Ausformung strömungs- und konfessionsspezifischer Lehr-Lern-Kulturen ein wichtiger Gegenstand jüdisch-christlicher Verständigung sein könnte und müsste – und dabei gilt es immer wieder über den deutschen Kontext hinauszuschauen auf Judentum und Christentum weltweit.

4.6   Interreligiöses Lernen: jüdisch-christliche Verständigung als Lernprozess

Der christlich-jüdische Dialog ist, so hieß es eingangs, selbst ein Lernprozess. Dieser vollzieht sich indes nicht nur im ›theologischen‹ Dialog zwischen erwachsenen Expertinnen und Experten, sondern an verschiedenen Lernorten unter Menschen verschiedener Altersgruppen – und zwar zumeist im Modus interreligiösen Lernens. Dies bedeutet in der Regel: Er vollzieht sich nicht exklusiv zwischen Jüd:innen und Christ:innen, sondern unter Teilnehmenden verschiedener Konfessions- und Religionszugehörigkeit. Angesichts der demografischen Gegebenheiten in Deutschland ist es dabei eher die Ausnahme als die Regel, dass in diesem Setting *mit* Jüdinnen und Juden und nicht lediglich *über* sie bzw. über das Judentum geredet wird (→ IX.2).

So wichtig ohne Zweifel interreligiöse Lernprozesse (unter Einschluss des Judentums) sind, so wenig erübrigen sie bilaterale christlich-jüdische Begegnungen und die Sensibilisierung für die Einzigartigkeit des christlich-jüdischen Verhältnisses (→ VIII.3, → IX.7). Die Entwicklung und Förderung einschlägiger Lernorte ist insofern eine bleibend wichtige Aufgabe – sie betrifft das Beleben bestehender Formate wie z. B. »Meet a Jew« (https://www.meetajew.de), das »Forum junger Erwachsener beim Deutschen Koordinierungsrat e. V.« (https://www.deutscher-koordinierungs rat.de/dkr-fje) oder die Studienangebote in Israel wie etwa »Studium in Israel. Ein theologisches Studienjahr an der Hebräischen Universität Jerusalem« (www.studi um-in-israel.de) oder das Theologische Studienjahr Jerusalem (www.studienjahr.de) ebenso wie die Suche nach weiteren Begegnungsformen – und zukünftig auch die möglichst empiriebasierte Wahrnehmung bzw. Erforschung ihrer Erträge.

4.7 Paradigmen der Theoriebildung: Theorie jüdischer Erziehung und Religionspädagogik

Während sich eine theorieförmige Reflexion auf Lehren und Lernen im evangelischen und katholischen Christentum in Deutschland bereits im 17. Jh. (unter der Bezeichnung »Katechetik«) und vollends seit der Aufklärung und dem ausgehenden 19. Jh. (dann als »Religionspädagogik«) entwickelt (dazu knapp SCHRÖDER, Religionspädagogik (2021), § 8), ist die einschlägige Wissenschaftsgeschichte auf jüdischer Seite verzögert und anders verlaufen. Ein wesentlicher Grund dafür ist die dem Judentum lange verweigerte Emanzipation, die u. a. eine Beteiligung von Jüdinnen und Juden am Wissenschaftsbetrieb verhinderte. Doch beginnend mit der jüdischen Aufklärung wurden im 18. und frühen 19. Jh. gleichwohl – außeruniversitär – in Ansätzen Theorien jüdischer Erziehung formuliert (dazu etwa die Buchreihe »Jüdische Bildungsgeschichte in Deutschland« und KURZWEIL, Hauptströmungen), die sich im späten 19. und frühen 20. Jh. verdichteten (vgl. SCHRÖDER, Religionspädagogik (2023), 359–393). Eine Professur für jüdische Religionspädagogik wurde in Deutschland jedoch erstmals 2004 eingerichtet, während in Israel und in den USA bereits seit Mitte des 20. Jhs. vereinzelt Professuren oder Dozenturen mit dem Schwerpunkt »Jewish Education« besetzt sind.

Einhergehend mit der Wissenschaftsgeschichte ist auch die Konzeptgeschichte noch in weiten Teilen ungeschrieben – deutlich ist jedoch bereits, dass unterschiedliche Verständnisse von »Judentum« auch in der theoretischen Formatierung jüdischer Erziehung Niederschlag finden (vgl. die Fallstudien bei SCHRÖDER, Religionspädagogik (2021), 263–318). Sowohl die Differenzen als auch die Gemeinsamkeiten in Fragestellung, Theorierepertoire und Handlungsorientierungen bedürfen komparativer und dialogischer Bearbeitung.

5. Fazit

In kursorischer Kürze hat der vorliegende Beitrag den hohen Stellenwert des Lehrens und Lernens im Judentum vorgestellt und daraus Aufgaben für den christlich-jüdischen Dialog entwickelt im Blick auf die Praktiken, die Konzepte und die Theoriebildung jüdischer Erziehung und Bildung in christlicher Verantwortung: Von christlicher Seite aus sollte nicht nur das *Judentum als Thema des Lehrens und Lernens* in den Blick derer rücken, die das Verhältnis zum Judentum erneuern wollen, sondern auch *das Lehren und Lernen als Thema des christlich-jüdischen Dialogs*.

Weiterführende Literatur

LOHMANN, INGRID/LOHMANN, UTE (Hg.), Jüdische Bildungsgeschichte in Deutschland, bisher 10 Bände, Münster u. a. 2000ff.
KURZWEIL, ZWI ERICH, Hauptströmungen jüdischer Pädagogik von der Aufklärung bis zum Nationalsozialismus, Frankfurt 1987.
SCHRÖDER, BERND (Hg.), Bildung (ThTh14), Tübingen 2021.

SCHRÖDER, BERND, Religionspädagogik angesichts des Judentums. Grundlegungen – Rekonstruktionen – Impulse (PThGG 39), Tübingen 2023.

IX.2 Judentum im christlich verantworteten Religionsunterricht

Jan Woppowa

Wenn sich die christliche Religionsdidaktik als wissenschaftliche Disziplin und mit ihr der christlich, katholisch wie evangelisch verantwortete schulische Religionsunterricht in spezifischer Weise dem Judentum zuwenden, geschieht das auf der Grundlage einer langwierigen Erneuerung des jüdisch-christlichen Verhältnisses nach der Schoa, die primär theologisch und historisch motiviert war. Denn in Schule und Religionsunterricht bestehen rein quantitativ wenig Möglichkeiten der realen Begegnung mit Jüdinnen und Juden. Die seit den späten 1960er Jahren erfolgten Lehrplanrevisionen und erreichten Neuorientierungen für den katholischen und evangelischen Religionsunterricht und die schulische Religionsdidaktik betreffen insbesondere Inhalte und Formen der Darstellung des Judentums und des jüdisch-christlichen Verhältnisses (Kap. 1). Darüber hinaus erfolgte seit den 1970er Jahren eine Einordnung der Thematik in konzeptionelle Ansätze (Kap. 2), von einer sog. Didaktik der Weltreligionen bis hin zum seit den 1990er Jahren vorherrschenden programmatischen Ansatz des interreligiösen Lernens (Kap. 2.1). Nichtchristliche Religionen und das Verhältnis der Religionen zueinander stellen seitdem einen durchgängigen Lerngegenstand des schulischen Religionsunterrichts dar, was der Blick in die verschiedenen Lehrpläne der Bundesländer und Schulstufen zeigt. Allerdings findet dabei der spezifische Blick auf das jüdisch-christliche Verhältnis bzw. die theologisch singuläre Beziehung des Christentums zum Judentum nur selten besondere Beachtung und wird weitgehend in den interreligiösen Dialog eingeordnet. Einen spezifischen Beitrag leisten wiederum spezifische religionsdidaktische Ansätze wie bspw. der des erinnerungsgeleiteten Lernens (Kap. 2.2) oder eines wieder stärker notwendig gewordenen antisemitismuskritischen Lernens (Kap. 2.3). Nicht zuletzt stellen Fragen der Professionalisierung von Religionslehrkräften angesichts des jüdisch-christlichen Dialogs eine bleibende Aufgabe dar (Kap. 3).

1. Darstellungen des Judentums und des jüdisch-christlichen Verhältnisses

1.1 Historische Entwicklungen

Einige Dokumente, die für eine Neubestimmung des Verhältnisses von Judentum und Christentum nach der Schoa relevant geworden sind, haben insofern eine implizite religionspädagogische Stoßrichtung, als sie ihren Blick mehr oder weniger implizit auf religiöse Bildungsprozesse gelenkt haben. Das gilt zum einen für die von Jüd:innen und Christ:innen gemeinsam verfassten *Seelisberger Thesen* (1947), die u. a. ausdrücklich dazu auffordern, eine Herabsetzung des Judentums in Religionsunterricht, Katechese und Predigt zu vermeiden, die Verwurzelung Jesu im Judentum hervorzuheben und damit zugleich eine antisemitismuskritische Bildung und Erziehung zu forcieren. Die Entstehungsgeschichte der Konzilserklärung *Nostra aetate* (1965) zeigt ebenfalls ausgeprägte pastoral-katechetische Motive, denn die Revidierung katechetischer Materialien und religionsdidaktischer Lernkontexte war ein nicht unwesentliches Anliegen in den im Vorfeld der Konzilserklärung geführten Debatten.

Spätestens Anfang der 1970er ergab sich ein intensiver wissenschaftlicher Aufarbeitungsprozess über Phänomene eines christlichen Antijudaismus (→ II.2, → IX.7). Gezielte Revisionen von Lehrplänen, Schulbüchern und Unterrichtsmaterialien sind auf katholischer wie evangelischer Seite erfolgt und haben für die Praxis des Religionsunterrichts sowie die Entwicklung von Unterrichtsmaterialien wegweisende und nachhaltig wirksame Maßstäbe gesetzt. Ähnlich gelagerte inhaltsanalytische Forschungen haben in der Folgezeit zwar nur noch sehr vereinzelt stattgefunden, aber es entstand eine breite Palette neuer Unterrichtsmaterialien zum Judentum bzw. zu jüdisch-christlichen Begegnungen.

1.2   Inhaltliche Ausprägungen

Die religionspädagogische Forschung zur Darstellung des Judentums im Religionsunterricht hat zu Standards geführt, hinter die sowohl der gegenwärtige Unterricht als auch die Materialentwicklung nicht mehr zurückgehen können. Als Qualitätskriterien, nach denen Judentum im Unterricht zu thematisieren sowie in Bildungsmedien darzustellen ist, können in exemplarischer Auswahl genannt werden:

- die Darstellung Jesu, seiner Jüngerinnen und Jünger als Jüdinnen und Juden in ihrer Verwurzelung im zeitgenössischen Judentum,
- die Erarbeitung der Auseinandersetzung Jesu mit Schriftgelehrten und Pharisäern als innerjüdischen Konflikt und ohne pauschalisierende Abwertung dieser Gruppierungen,
- eine differenzierte Erarbeitung der Passionserzählungen und der Verurteilung Jesu, um den antijudaistischen Vorwurf des ›Gottesmords‹ zu dekonstruieren,
- die theologische Einsicht über die bleibende heilsgeschichtliche Erwählung Israels und den ungekündigten Bund,
- die Erarbeitung solcher christologischer Entwürfe, die dem Judentum und jüdischen Messiaserwartungen auf Augenhöhe begegnen,
- die wertschätzende Thematisierung der Hebräischen Bibel, insbesondere der Tora als ›Weisung‹ und nicht als ›Gesetz ‹, des Talmuds und anderer Texte als grundlegende und identitätsstiftende Schriften des Judentums,
- eine bewusste Kritik antijüdischer Stereotype und antisemitischer Klischees wie beispielsweise das der vermeintlichen Legitimierung blinder Rache durch eine sachlich unangemessene Lesart des Grundsatzes »Auge für Auge, Zahn für Zahn« (Ex 21,24; EÜ 2016),

- die Darstellung des Judentums und seines Selbstverständnisses aus einer Innen-perspektive heraus, mit Bezugnahme auf die Vielfalt seiner Strömungen und unter Beachtung innerjüdischer Pluralität,
- der Einbezug des zeitgenössischen Judentums und des gegenwärtigen jüdischen Lebens (in Deutschland und darüber hinaus),
- eine Darstellung der differenzierten Beziehungsgeschichte zwischen Judentum und Christentum einschließlich des gegenwärtig geführten Dialogs und unter Vermeidung von Abwertungs- und Überbietungsschemata,
- ein angemessener Umgang mit Land bzw. Staat Israel, insbesondere auch in sei-ner religiösen und spirituellen Bedeutung für das Judentum.

Angesichts der theologischen Relevanz des Judentums für das Christentum und im Blick auf die spezifische Besonderheit des jüdisch-christlichen Verhältnisses inner-halb der Gesamtheit interreligiöser Beziehungen (→ I.1) zeigt sich bereits an dieser Zusammenstellung ausgewählter Qualitätskriterien, dass das Judentum eher im Sin-ne eines mitlaufenden Ankerpunkts im gesamten Unterrichtsgeschehen und eben nicht nur in ausgewiesenen Unterrichtsreihen zu behandeln ist.

1.3   Kritische Beobachtungen

Beeinflusst durch die Theorie Postkolonialer Studien in den Kultur- und Erzie-hungswissenschaften rücken gegenwärtig vermehrt macht- und rassismuskritische Perspektiven auf Bildungsmedien in den Vordergrund. Ihnen geht es insbesondere darum, mithilfe der Theorie des Othering problematische Konstruktionsprozesse und Darstellungen von Andersheit und Praktiken bzw. Fremdmachens zu identifi-zieren und dabei auch wiederkehrende antijüdische Stereotype aufzudecken (vgl. WILLEMS, Judentum). Darüber hinaus spielen hinsichtlich des Verhältnisses von Ju-dentum und Christentum diskursanalytische Zugänge eine zunehmend wichtige Rolle, um Dominanzstrukturen und hegemoniale Darstellungen bis hin zu bleiben-den Herabsetzungen des Judentums zu identifizieren. Folgende Beobachtungen kön-nen das exemplarisch verdeutlichen (vgl. WOPPOWA/DRATH, Spannungsfelder):

- Als methodischen Impuls für ein Referat über andere Religionen empfiehlt ein aktuelles Schulbuch: »Fremde Gewohnheiten, fremde Ausdrücke, fremde Spra-che, fremde Riten: Bei Präsentationen zum Judentum oder zum Islam sind die an der Tagesordnung. ... Dabei ist gerade das Fremde der Religionen ein guter Hingucker. Was wir nicht kennen und was uns nicht vertraut ist, macht neugie-rig. Für Präsentationen in Religion ist das schon mal ein guter Anfang!«
- Unter der Überschrift »Begegnung von Christen und Juden« werden in einem aktuellen Religionsbuch einige alltagsbezogene Beispiele aufgezählt und kurz eingeleitet: »Jenseits der schwierigen theologischen und historischen Fragen gibt es heute viele Begegnungsmöglichkeiten zwischen Christen und Juden: In Janas Klasse waren neulich jüdische Jugendliche aus Düsseldorf zu Gast. Ganz normale Leute, denen man ihr Judesein nicht ansieht. Zum Reliunterricht, erfuhr Jana,

treffen sie sich nachmittags in der jüdischen Gemeinde. Auch bei ihnen gibt es Noten und einen Lehrplan.«

Die Kategorie Fremdheit spielt in Theorien des interreligiösen Lernens nicht selten eine exponierte Rolle. So führt das erste Beispiel klar vor Augen und offenbart zugleich eine – hier sogar methodisch beabsichtigte – problematische Konstruktion von Fremdheit im Umgang mit anderen Religionen, religiösen Traditionen und Menschen. Das zweite Beispiel zeigt, wie durch eine gute Absicht (›Begegnungen‹) wahrscheinlich unbeabsichtigte, aber dennoch problematische Othering-Prozesse entstehen und antijüdische Stereotype reproduziert werden. Die jüdischen Jugendlichen werden einer versteckten Norm unterworfen, und zwar unter der gleichzeitigen problematischen Voraussetzung, dass Jüdischsein irgendwie sichtbar wäre.

Eine kritische Religionspädagogik hebt solche Prozesse und Praktiken ins Bewusstsein und versucht, einen Religionsunterricht zu profilieren, der hegemoniale Darstellungen im jüdisch-christlichen Verhältnis ebenso vermeidet wie Herabsetzungen des Judentums. Sie wirbt für ein Unterrichten im Angesicht des Judentums (vgl. dazu aus jüdischer Perspektive ERLBAUM, Jüdinnen und Juden).

2. Religionsdidaktische Konzeptionen

2.1 Interreligiöse Bildung und kooperativer Religionsunterricht

Der auf der Ebene des offiziell praktizierten jüdisch-christlichen Dialogs etablierte Paradigmenwechsel vom Reden *über* Judentum zum Reden *mit* Jüdinnen und Juden gewinnt im Zuge einer Didaktik des interreligiösen Begegnungslernens zunehmende Relevanz für den Religionsunterricht. Als besonderes Beispiel sind hier die mittlerweile in Frankfurt am Main jährlich stattfindenden *Religionspädagogischen Gespräche zwischen Juden, Christen und Muslimen* zu nennen, in denen ein Dialog auf verschiedenen Ebenen (Praxisreflexion, religionsdidaktische Konzeptentwicklung, religionspädagogische Theoriebildung) geführt wird.

Auf der Ebene religionsdidaktischer Konzeptionen lässt sich allerdings die Gefahr einer Relativierung des jüdisch-christlichen Dialogs und seiner Spezifika erkennen. Denn mittlerweile ist die Beschäftigung mit dem spezifischen Verhältnis zum Judentum in den Hintergrund gerückt, und zwar innerhalb eines weitaus breiter gewordenen Themenfeldes des Unterrichtens über andere Religionen und im Kontext des interreligiösen Lernens. Dabei spielen Ansätze wie das sog. »Trialogische Lernen« (SAJAK, Lernen), das »Interreligiöse Begegnungslernen« (BOEHME, Begegnungslernen) sowie peer-orientierte Zugänge zur Auseinandersetzung mit dem religiösen Leben gleichaltriger Kinder bzw. Jugendlicher eine bedeutende Rolle (→ VIII.5). In einer mittlerweile erreichten Vielfalt von Ansätzen und in der Ausweitung auf eine größere religiös-weltanschauliche Pluralität liegt im Blick auf die Lebenswelten von Kindern und Jugendlichen zweifellos eine pädagogische Notwendigkeit sowie eine didaktische Chance zum Erwerb religiöser Pluralitätsfähigkeit. Aber auch im Kontext interreligiöser Bildung gilt es, die Besonderheit des Verhältnisses zum Judentum wachzuhalten, einen jüdisch-christlichen Lernprozess in spezifischer Weise zu profilieren und von interreligiösen Lernprozessen im Allgemeinen zu unterscheiden.

Am stärksten zeigt sich eine Bezugnahme auf Judentum, jüdisches Denken und auf die Erträge des christlich-jüdischen Dialogs im Rahmen einer Komparativen Religionspädagogik, die »mit Hilfe des methodischen Instruments ›Vergleich‹ verschiedene Praxisformen oder Theoriemodelle religiöser Bildung zueinander in Beziehung« (Schröder, Religionspädagogik, 177; vgl. Woppowa, Religionsdidaktik, 177) setzt. Für den Religionsunterricht spielt dieser Ansatz insofern eine Rolle, als aus einem religionsvergleichenden Zugang – beispielsweise in der Integration jüdischer Pädagogik in eine christlich-religionspädagogische Theoriebildung oder im Gespräch zwischen Tora- und Bibeldidaktik – auch didaktische Impulse für religiöse Lernprozesse zu erwarten sind.

Darüber hinaus wird Religionsunterricht gegenwärtig und zukünftig immer stärker vom Gedanken der Kooperation geprägt. Was zunächst als konfessionelle Kooperation begonnen hat, wird immer mehr interreligiös geweitet (Schweitzer/Ulfat/Boschki, Kooperation; Woppowa u. a., Religionsunterricht). Der bekenntnisgebundene Religionsunterricht verschiedener Religionsgemeinschaften bietet die erste Gelegenheit zur interreligiösen Kooperation, was bei Verantwortlichen und Lehrkräften allerdings die Bereitschaft zur Kooperation und das Fachwissen über andere religiöse Traditionen sowie die Ziele und Aufgaben des jeweiligen Religionsunterrichts notwendig voraussetzt. Daher ist in Diskussionen über zukünftige Modelle des schulischen Religionsunterrichts darauf Wert zu legen, dass der Eigenstand und das Selbstverständnis des Jüdischen Religionsunterrichts geachtet und dieser (wie auch der Islamische Religionsunterricht) vor einer christlichen Vereinnahmung geschützt wird.

2.2   Anamnetische Religionspädagogik und erinnerungsgeleitetes Lernen

Die anamnetische Religionspädagogik bezieht sich unter dem Leitkonzept der Erinnerung (vgl. altgriech. Anámnesis) auf eine liturgische und spirituelle Praxis, die sowohl in der jüdischen als auch in der christlichen Tradition eine zentrale Basiskategorie darstellt. Denn Glauben und Glaubenlernen geschieht in beiden Traditionen wesentlich durch das Erinnern von heilsgeschichtlich bedeutsamen Erzählungen und Texten, die ihren Niederschlag insbesondere in den Büchern der Bibel gefunden haben. Prozesse des biblischen Lernens, liturgischen und spirituellen Lernens, in besonderer Weise aber des traditionellen Lernens in der Tradition des rabbinischen Judentums sind immer auch ausgewiesene Praktiken des Erinnerungslernens.

Die anamnetische Religionspädagogik bzw. Religionsdidaktik gründet zum einen auf einer jüdischen Kultur und Didaktik des Erinnerns (Greve, Erinnern; Brumlik, Erinnerungslernen) und greift zum anderen die theologische Denkfigur der Erinnerung an das Leiden der Opfer im Kontext einer leidempfindlichen »Theologie nach Auschwitz« (Johann B. Metz) auf. Unter Beachtung kulturwissenschaftlicher Diskurse um eine Theorie des kulturellen Gedächtnisses und durch die Rezeption der sog.

»Holocaust Education« (vgl. SCHRÖDER/FORSCHUNGSGRUPPE REMEMBER, Erinnerung) haben sich einige zentrale Anliegen dieses Ansatzes herauskristallisiert:

- die Etablierung einer Kultur der Erinnerung auf individueller, sozialer, politisch-gesellschaftlicher und religiöser Ebene,
- die Unterstützung einer gesamtgesellschaftlich relevanten Erinnerungskultur durch religiöse Bildungsarbeit an den verschiedenen Lernorten, insbesondere im schulischen Religionsunterricht,
- die Integration eines spezifischen erinnerungsgeleiteten Lernens in den schulischen Religionsunterricht und andere Orte religiöser Bildung,
- die Förderung des Dialogs mit dem gegenwärtigen Judentum in Deutschland als Träger einer Erinnerungskultur an die Schoa,
- die religionspädagogische Profilierung von Museums- und Gedenk(stätten)pädagogik,
- das Wachhalten spezifisch theologischer Anfragen an die christliche Gotteslehre im Kontext der Theodizeefrage und einer Theologie nach Auschwitz,
- ein Beitrag zur ethischen Urteilsbildung in der Auseinandersetzung mit politisch-gesellschaftlich kontrovers geführten Diskursen zur Erinnerung sowie zu sog. ›Schlussstrichdebatten‹ um das Schoagedenken.

2.3   Antisemitismuskritisches Lernen und Antisemitismusprävention

Antisemitismuskritik und Antisemitismusprävention bleiben – leider nach wie vor – eine dringliche Aufgabe nicht nur (→ I.1), aber auch des Religionsunterrichts und anderer religiöser Lern- und Bildungsprozesse in Schule, Gemeinde und Gesellschaft (→ XI.1, → XI.7). So hat beispielsweise die Studie von Julia Bernstein u. a. evident gemacht, dass sich (nichtjüdische) Lehrkräfte antisemitischer Stereotype und diskriminierender Sprache bedienen, auch im Kontext des Religionsunterrichts (BERNSTEIN, Antisemitismus, 129). Damit spannt sich ein weiteres explizites Themenfeld für eine Religionsdidaktik auf, die sich im Kontext des jüdisch-christlichen Dialogs verortet. Für einen antisemitismuskritischen Religionsunterricht folgt daraus, dass er

- über Antisemitismus aufklärt und verschiedene Formen (religiöser, sozialer, politischer, sekundärer, israelbezogener u. a.) unterscheidet;
- antisemitische Phänomene, Artikulationen und Handlungen in Schule und Unterricht sowie darüber hinaus (in Politik, Gesellschaft, digitale Medien u. a.) kritisch identifiziert;
- vermeintlich homogene Identitäten dekonstruiert und die Pluralität individueller und in sich pluraler kollektiver Identitäten thematisiert und dadurch Pluralitätsfähigkeit fördert;
- Schülerinnen und Schüler dazu befähigt, Antijudaismen und Antisemitismen im nahen und fernen Umfeld zu erkennen und zu bearbeiten (inkl. einer kritischen Sichtung der im Unterricht verwendeten Bildungsmedien);

- ohne die Problematik auszublenden eine Überbetonung von Antisemitismus vermeidet, die eine (unbewusste) Viktimisierung von Jüdinnen und Juden auslösen kann;
- zugleich differenzkritisch und differenzsensibel vorgeht, indem »er religiös bedingte Vorurteile bekämpfen und zu einem wertschätzenden Umgang mit den religiösen Traditionen im Judentum und Islam motivieren kann« (Boschki/Rothgangel, Judenfeindlichkeit, 170);
- lokale oder digitale Begegnungen mit Jüdinnen und Juden ermöglicht (vgl. dazu das Begegnungsprogramm Meet a Jew, siehe: https://www.meetajew.de) und außerunterrichtliche Lerngelegenheiten (Besuch von Gedenkstätten, Synagogen u. a.) nutzt;
- die Thematik curricular verankert und an andere Themenbereiche sinnvoll anbindet;
- einen transparenten Umgang mit antisemitischen und anderen Formen der Diskriminierung pflegt und eingebunden ist in ein schulprogrammatisches Gesamtkonzept.

3. Professionalisierung angesichts des jüdisch-christlichen Dialogs

Was bedeuten diese Beobachtungen und Erkenntnisse für die Professionalität von Religionslehrkräften? Zunächst ist unmittelbar einsichtig, dass Lehrerinnen und Lehrer mit individuellen Haltungen und Einstellungen sowie ausgerüstet mit Fachwissen und fachdidaktischem Wissen ihren Unterricht erteilen. Dabei verfolgen sie konkrete und weitgehend reflektierte Intentionen. Daneben aber steht die unterrichtliche Praxis selbst, der mit einer geschulten Reflexivität zu begegnen ist, um beispielsweise Antijudaismus und Antisemitismus, Otheringprozesse oder Dominanzstrukturen erkennen und dekonstruieren zu können.

Diese (selbst-)kritische Reflexionsfähigkeit wird zudem zukünftig an Relevanz gewinnen: Zum einen wird ein professioneller Umgang mit religiös-weltanschaulicher Heterogenität in den Lerngruppen immer wichtiger. Zum anderen ist das Unterrichten anderer Religionen und Weltanschauungen in den entsprechenden Lehrplänen fest etabliert, aber hinsichtlich seiner Problematiken nicht immer hinreichend reflektiert. Das gilt selbstredend auch für Unterrichtsinhalte zum Judentum und zum jüdisch-christlichen Verhältnis. Allerdings ist – wie zuvor schon mehrfach benannt – auch hier zu bedenken, dass dem Themenfeld Judentum und jüdisch-christliches Verhältnis aus historischen, theologischen, kulturellen und politisch-gesellschaftlichen Gründen eine spezifische Relevanz zukommt, der in der Ausbildung von Religionslehrkräften mehr als bisher Rechnung zu tragen ist. Eine spezifische Professionalisierung von Lehrkräften kann daher auch als Chance für die Zukunft des jüdisch-christlichen Dialogs gelten.

Ein entsprechender Kompetenzerwerb, verteilt auf die drei Phasen der Lehrerbildung, müsste u. a. Folgendes beinhalten:

- Erste Lehrerbildungsphase (Studium): Erwerb von Fachwissen über Judentum, jüdisches Leben und Denken sowie das jüdisch-christliche Verhältnis; fachdidaktisches Wissen über interreligiöses Lernen und einen spezifisch jüdisch-christlichen Lernprozess einschließlich Theoriewissen über problematische Prozesse und Praktiken; Sensibilisierung für Antijudaismus und Antisemitismus; Aufbau von Praxisreflexivität durch Schulbuchanalysen und theoriegeleitete Reflexion von Unterrichtspraktika.
- Zweite Lehrerbildungsphase (Vorbereitungsdienst): Ausbau fachdidaktischen Wissens über den Umgang mit religiöser Pluralität und Heterogenität in Schule und Unterricht; Vertiefung von Praxisreflexivität in der selbstkritischen Reflexion eigener Praxis und selbst erstellter bzw. verwendeter Unterrichtsmaterialien; Kennenlernen außerunterrichtlicher und außerschulischer Lernorte zur Erkundung und Begegnung jüdischen Lebens und jüdischer Lokalgeschichte; Sensibilisierung für Erinnerungskultur und Antisemitismusprävention.
- Dritte Lehrerbildungsphase (Fort- und Weiterbildung): kontinuierlicher Ausbau von Fachwissen und fachdidaktischem Wissen; Wahrnehmen, Prüfen und Neugestalten medialer Ressourcen zum Judentum; kritische Sichtung, Auswahl und Mitgestaltung von Bildungsmedien und eingeführten Lehrwerken; antisemitismuskritische Schulungen; Verantwortungsübernahme für Schulprogrammarbeit zur Erinnerungskultur und Antisemitismusprävention; Aufbau von lokalen jüdisch-christlichen Netzwerken.

Resümierend ist festzuhalten, dass die Frage nach einem angemessenen Umgang mit dem Themenfeld Judentum und jüdisch-christliches Verhältnis in einem christlich verantworteten schulischen Religionsunterricht nur in multiperspektivischer Weise beantwortet werden kann. Wie hier in aller Kürze dargestellt, treten dabei in erster Linie fachwissenschaftliche Aspekte aus den theologischen Bezugsdisziplinen und aus kritischen Theorien hervor, ebenso fachdidaktische Konzeptionen in ihrer Relevanz für interreligiöse Lernprozesse angesichts des Judentums und nicht zuletzt Herausforderungen einer umfassenden Lehrkräftebildung. In diesen zuletzt benannten Professionsanforderungen werden die vorangegangenen Ausführungen gleichsam wie durch ein Brennglas gebündelt. Denn ein Religionsunterricht, der in reflektierter Weise mit dem Verhältnis von Judentum und Christentum umgeht, kann nur gelingen, wenn die unterrichtenden Lehrerinnen und Lehrer die dafür notwendigen Kompetenzen, Haltungen und Überzeugungen mitbringen.

Weiterführende Literatur

ALTMEYER, STEFAN u. a. (Hg.), Judentum und Islam unterrichten (JRP 36), Göttingen 2020.

BEHR, HARRY HARUN/BOEHME, KATJA/LANDTHALER, BRUNO/SCHRÖDER, BERND, Religionspädagogische Gespräche zwischen Juden, Christen und Muslimen, bisher 8 Bde., Berlin 2009ff.

LENHARD, HARTMUT/LEVEN, EVA-MARIA/ZIMMERMANN MIRJAM (Hg.), Wie leben Jüdinnen und Juden heute? = Themenheft Religion 5–10, Heft 49, 2023.

VERBURG, WINFRIED/WOPPOWA, JAN (Hg.), Judentum und Christentum im Dialog = Themenheft Religion unterrichten 1, 2022 (https://www.vr-elibrary.de/toc/reun/3/1).

SCHRÖDER, BERND, Religionspädagogik angesichts des Judentums. Grundlegungen – Rekonstruktionen – Impulse (PThGG 39), Tübingen 2023.

WOPPOWA, JAN, Religionspädagogik angesichts des jüdisch-christlichen Dialogs, in: RUTISHAUSER, CHRISTIAN M. / SCHMITZ, BARBARA / WOPPOWA, JAN (Hg.), Im Gespräch. Studienhandbuch zum jüdisch-christlichen Dialog, Tübingen 2024, 221–236.

NETZWERK ANTISEMITISMUS- UND RASSISMUSKRITISCHE RELIGIONSPÄDAGOGIK UND THEOLOGIE. https://narrt.de

RELITHEK. EIN MULTIMEDIAPORTAL ZUR (INTER)RELIGIÖSEN VERSTÄNDIGUNG UND BILDUNG. https://relithek.de

IX.3 Die Bruderschaft von Sem und Japeth. Judentum und Christentum auf dem Weg zum versöhnten Alltag

Michael Blume

Am 15. Juni 2023 veröffentlichte die Jüdische Allgemeine ein Interview mit der Bibelwissenschaftlerin Amy-Jill Levine auf dem Weg zum Evangelischen Kirchentag in Nürnberg (›Wir müssen die Quellen kennen‹, Jüdische Allgemeine 15.6.2023). Schon diese Selbstverständlichkeit des jüdisch-christlichen wie auch wissenschaftlichen Miteinanders, ausgerechnet am Ort der früheren NSDAP-Reichsparteitage, wäre vor wenigen Jahrzehnten noch undenkbar gewesen. Aber auch inhaltlich hatte die jüdisch-amerikanische Mit-Autorin von »Das Neue Testament – jüdisch erklärt« (2021) Deutliches zu sagen:

> Jesus zu verstehen, bedeutet für Juden, mehr über das Judentum zu begreifen, als wir bereits wissen. Die erste Person in der Literatur, die ›Rabbi‹ genannt wurde, war Jesus. Der einzige Pharisäer, von dem wir schriftliche Aufzeichnungen haben, ist Paulus von Tarsus.

Längst reichen die theoretischen Durchbrüche aber auch bis in den religiösen Alltag hinein, gerade auch im kirchlich aktiven und traditionell föderalen Süddeutschland. Schon am 18. Dezember 2022 hatten die Israelitischen Religionsgemeinschaften Baden und Württemberg, die Erzdiözese Freiburg und die Evangelischen Landeskirchen Baden und Württemberg in Pforzheim in einem gemeinsamen Festakt Chanukka und Advent begangen; nicht vermischt, sondern mit dem je erklärenden Anzünden einer Kerze eines Chanukkaleuchters und Adventskranzes vor einem interreligiösen und auch landespolitischen Publikum.

Dass der badische Landesrabbiner Moshe Flomenmann dabei einer der beiden ersten Polizeirabbiner der Bundesrepublik war, zeigte sich auch an der begeisterten Anwesenheit von Polizei- und Feuerwehrverantwortlichen. Alltäglich – und umso wirkungsvoller – werden die Mitglieder der jüdischen Gemeinden nicht mehr als »Schutzjuden« gnadenhalber, sondern als Vertreter einer Körperschaft des öffentlichen Rechts anerkannt, die ebenso selbstverständlich zum Alltag der Sicherheitsorgane und ihrer Seelsorge gehören wie ihre katholischen und evangelischen Amtsgeschwister.

Das gemeinsame, öffentliche Entzünden von Chanukkaleuchtern verbreitet sich jährlich in immer mehr Städten. Und Einladungen an kirchliche Würdenträger wie auch demokratische Landespolitiker:innen zu gemeindlichen, zunehmend aber auch familiären Schabbatfeiern werden immer häufiger. Solidaritätsbesuche, -demonstrationen und auch eigene Landtagssitzungen etwa nach den Hamas-Terroranschlägen des 7. Oktober 2023 auf jüdische wie nichtjüdische Israelis sind an die Stelle ohnmächtiger Resolutionen und Belehrungen getreten.

Auch wird genau beobachtet, dass Städte mit einem regelmäßigen tagenden »Rat der Religionen« in Krisenzeiten sehr viel geschlossener etwa auf digitale Propaganda zu reagieren vermögen als jene, in denen die Kirchen und Religionsgemeinschaften einander kaum kennen. Denn es gibt kaum noch deutsche Städte mit einer konfessionellen Mehrheit: Der Normalfall des täglichen, religiösen Lebens in Deutschland wird die Erfahrung miteinander »in Haftung genommener« Minderheiten. Ob Religionen nicht nur Konflikte, sondern auch Friedenspotentiale bieten, erweist sich für immer mehr Menschen – im Alltag.

Und nach den hervorragenden Erfahrungen mit katholisch-evangelischem, konfessionsverbindendem Religionsunterricht auch in Süddeutschland haben auf Wunsch der jüdischen Gemeinden erste Gespräche über einen denkbaren gemeinsamen Religionsunterricht stattgefunden, die an die Erfolge etwa des Hamburger Modells eines »Religionsunterrichtes für alle« anknüpfen.

Auch wenn es also angesichts der digital beschleunigten und emotionalisierten Nachrichten oft nicht so erscheinen mag, werden künftige Generationen den Beginn des 21. Jh. in Deutschland als eine Blütezeit des jüdisch-christlichen und generell interreligiösen Alltags beschreiben. Neben zunehmend gemeinsamen Buchprojekten tragen dazu auch Filmserien wie »Shtisel« oder »Fauda« bei, die jüdisches Leben in seiner Vielfalt auch in die Wohnzimmer der Menschen bringen, die noch keine direkten Kontakte aufbauen konnten. Deutsch-jüdische Influencer:innen verzeichnen täglich neue Follows auf Instagram. Der oft – auch von mir – beobachteten und beklagten digitalen Verrohung und Radikalisierung stehen damit weitreichende und wirkungsvolle mediale Vernetzungen und Dialogprozesse gegenüber. Parallel dazu steigt die Kritik gegenüber kommerziellen und also oft asozialen Medien, die die Aufmerksamkeit ihrer Kundschaft verkaufen, wächst die Sehnsucht nach ruhigeren Foren, echten Begegnungen, tieferen, dialogischen Gesprächen. Gemeinsame Podcasts blühen auf.

1.   Medien und Mythen

Wenn ich etwa in südwestdeutschen, zunehmend bunten Schulen über dieses religiöse Miteinander spreche – das bei praktisch jeder Veranstaltung auch schnell in sehr alltagspraktische Fragen zu interreligiösen Ehen und Familien mündet –, dann kann ich gemeinsame, religiöse Erfahrungen etwa durch Synagogen-, Kirchen- und Moscheebesuche gar nicht mehr allgemein voraussetzen (→ IX.9). Was jedoch sehr gut funktioniert und auch dem Stand der Forschung entspricht, ist das Gespräch über die Bedeutung von Medien: Das Judentum war die erste Religion der Alphabetisierung, das Volk Israel prägte die Idee der allgemeinen Bildung nach Gen 1,27: Der Mensch sei »im Bilde Gottes« (ELB 1905) geschaffen, jedes Kind solle das Lesen und Schreiben erlernen (→ IX.1). Jede rabbinische Torarolle besteht aus 304.805 handgeschriebenen Alphabet-Buchstaben – und auch die christlichen Bibeln und der islamische Koran sind selbstverständlich im gleichen Medium gehalten. Nach jüdischer Auslegung schon des Talmuds wird dabei dem Noahsohn Sem (hebräisch: Schem) die Gründung der ersten und hebräischen Alphabetschule zugeschrieben, seinem Bruder Japheth dagegen das griechische Alphabet. Dass ein zwölfjähriger Handwerkersohn wie der hebräisch-semitische Jehoschua, griechisch-japhetitisch Jesus, Tora und Tanach bereits so gut kannte, dass er drei Tage im Tempel von Jerusalem mit »Schriftgelehrten« diskutierte (Lk 2,41–52) – das befindet sich sehr nah an der Lebenswirklichkeit auch nichtreligiöser Menschen (s. zu der Perikope → VII.3). Auch werden die Wurzeln des schon antiken Antijudaismus und später dann auch rassistischen Antisemitismus im Bildungsneid greifbar (→ II.2, → IX.7). Ältere Antisemitismus-Theorien, die etwa Jüd:innen die Begründung des Monotheismus oder jedenfalls des Christentums vorwerfen, verlieren dagegen schnell an Plausibilität. Sogar der bis in die Kirchen hineinleuchtende Regenbogen wird aus den Wurzeln im biblischen Noahbund neu verstehbar.

2.   Alltags-Dialoge jenseits der Hierarchie

Für die religiösen Lehrämter nicht nur der Kirchen, sondern auch der Synagogen- und Moscheegemeinden kann diese Dynamik der medialen und alltäglichen Dialog- prozesse durchaus bedrohlich erscheinen. Einerseits belebt sich das religionsbezo- gene Interesse spürbar, andererseits werden die verschiedensten Formen religiöser Haltungen für alle sichtbar – von der strengen Schabbatruhe bis zur Indifferenz, ja bis zum Verlust des Betens und dem Austritt aus der jeweiligen Religionsgemein- schaft ist Stadt für Stadt alles anzutreffen. Nicht nur die durchaus schrumpfenden Zahlen der Hochreligiösen vernetzen sich, sondern auch jene, die sich nur noch in einem kulturellen Sinn als jüdisch, kirchlich oder islamisch verstehen. Gleichzeitig treten durch Zuwanderung immer wieder weitere Menschen mit je eigenen, auch religiösen Traditionen in den Alltagsraum der Städte und Schulen ein. Es ist also eigentlich nicht erstaunlich, wie viele Menschen sich von der neuen, religiös-kultu- rellen Vielfalt überfordert fühlen; sondern wie viele das nicht tun und das aktive Miteinander begrüßen, ja aufsuchen. Begegnungsprogramme wie das nicht nur bei Schulen beliebte »Meet a Jew« (https://www.meetajew.de) sind auch deswegen so populär, weil die Begegnung mit der jüdischen Vielfalt – etwa auch beim Musikge- schmack – die je eigenen Identitätsfragen zu beantworten hilft. Gerade auch in den jüngeren Generationen stehen nicht mehr die Fragen nach Schuld und Mitleid im Vordergrund, sondern die genuine Neugier aufeinander und die Lust auf gemeinsa- me Zukunft. Alltag bedeutet ja genau das: den von allen geteilten Tag, das Erleben von kostbarer Gegenwart. Zukunft soll für alle da sein.

Dass die schnell zur Wasserkrise eskalierende Klimakatastrophe dabei immer mehr Regionen der Erde für Menschen unbewohnbar macht und Fluchtbewegungen verstärkt, ist gerade für junge Menschen keine neue Erkenntnis mehr. Die eigene Schule, die eigene Stadt zu einem Ort des gelebten Miteinanders zu machen, in der Weihnachten, Chanukka und Ramadan dazugehören, ist dagegen eine wertvolle Erfahrung von Selbstwirksamkeit und, ja, Gemütlichkeit: Frieden beginnt im Alltag. Und wir sind dabei.

3.   Entwicklungen der deutschen Erinnerungskultur

Entsprechend schnell entfaltet sich auch der Druck auf die gewachsenen, zivilreligiösen Formen der Erinnerungskultur: mit den alten Formen bewegen wir kaum noch junge Menschen zum Volkstrauertag oder Auschwitz-Gedenktag. Stattdessen werden die zunehmend digital greifbaren und gerne auch kommunalen Persönlichkeiten der Geschichte und Gegenwart relevant: Etwa jene sechs elsässisch-katholische Pfadfinderinnen, die während der NS-Zeit Hunderte jüdische und nichtjüdische Verfolgte über die Vogesen retteten. Zumal ihre Rettungsrouten heute leicht zu erwandern sind, bewegen sie immer mehr Kinder und Jugendliche in Baden und Elsass auch über Staats- und Religionsgrenzen hinaus. Das Buch »Letzte Wege in die Freiheit« von Thomas Seiterich über jene jungen Heldinnen wird nicht nur von Lehrkräften und Pfadfinder-Leiter:innen immer stärker nachgefragt.

Aber auch etwa Erich Levi wird überregional entdeckt: Der Ellwanger Jude konnte als Kind in letzter Minute mit Teilen seiner Familie vor dem Nationalsozialismus in die USA fliehen und kehrte als ausgezeichneter US-amerikanischer Sanitätssoldat und Befreier in seine Heimatstadt zurück, deren jüdischen Friedhof er wiedererrichten ließ. Und plötzlich erzählen alte Steine nicht mehr nur Geschichten der Trauer, sondern verweisen auch auf die heutigen Geschichten der USA, der Ukraine und nicht zuletzt auf Israel. Kämpfende, siegende, befreiende und dann auch noch deutsch-amerikanische Jüd:innen waren in der traditionellen, alleine auf Identifikation mit Opfern gerichteten Erinnerungs- und Gedenkkultur Deutschlands nicht vorgesehen, gewinnen aber schnell an Bedeutung. Der deutsche Volkstrauertag bekommt eine Zukunft als Völkertrauertag mit zunehmend internationalen Rednerinnen und Rednern auch im Deutschen Bundestag. Junge, international vernetzte Generationen suchen sich ihre Identifikationsfiguren zunehmend selbst und debattieren längst, ob ein auf Instagram gepostetes »Nie wieder!« auch zum »Nie wieder ist jetzt!« werden muss. Kirchliche Stellungnahmen dazu werden debattiert, aber nicht mehr abgewartet.

4.   Fazit: Vielfalt wird Alltag

Als Beauftragter der Landesregierung Baden-Württemberg gegen Antisemitismus und für jüdisches Leben wie auch als Religions- und Politikwissenschaftler bin ich den täglichen Blick in mediale Abgründe leider gewohnt. Doch umso wichtiger scheint mir der Blick auf die außerordentlich dynamische Entwicklung des interreligiösen und gerade auch jüdisch-christlichen Alltags zu sein. Zunehmend »Schulter an Schulter« entfalten sich eben nicht nur relevante Spezialdiskurse jüdischer Studien und christlicher Theologien, sondern auch die medialen Erfahrungen und Alltagsfreundschaften vor allem jüngerer Menschen bis hin zu interreligiösen Ehen. Standardfragen etwa zu »den religiösen Bräuchen« der Schabbatruhe mancher Jüdinnen und Juden, über das Schuhe-Ausziehen in einigen muslimischen Haushalten oder über regionale Fasnachtsbräuche vieler christlich geprägter Gemeinden werden von einem entspannten Staunen über die reale Vielfalt des religiösen und säkularen Miteinanders abgelöst. Die je eigene Identität muss, kann aber auch ausgehandelt werden. Dazu gehört auch der produktive Streit: Wenn sich etwa die Schwedin und Fridays-for-Future-Gründerin Greta Thunberg einseitig gegen die Republik Israel positioniert, so trifft sie heute auf den Widerstand gerade auch junger Deutscher, die sich eine gemeinsame Zukunft jüdischer, christlicher, muslimischer, anders- und nichtreligiöser Menschen sowohl in Europa wie auch in Israel wünschen. Dies mag althergebrachte Hierarchien und Denkmuster erschüttern. Doch verständige Kirchen und Religionsgemeinschaften, Schrift- und Theologiekundige dürfen sich auch über den *sensus fidei* junger Menschen und das überraschende Aufleuchten des gemeinsamen, biblischen Regenbogens in vielen und gerade auch deutschen Städten freuen.

Weiterführende Literatur

BLUME, MICHAEL, Warum der Antisemitismus uns alle bedroht: wie neue Medien alte Verschwörungstheorien befeuern, Ostfildern 2019.

BLUME, MICHAEL, »Antisemitische Verschwörungsmythen und Querdenken«, in: Junge Kirche 83/ 2, 2022, 20–22.

KRAUS, WOLFGANG. Vom Gegeneinander zum Miteinander: Perspektiven der Begegnung von Christen und Juden (SKI 18), Leipzig 2023.

KRAUS, WOLFGANG/ RAITHEL, JAN/TILLY, MICHAEL/TÖLLNER, AXEL (Hg.), Das Neue Testament jüdisch erklärt: In der Diskussion, Stuttgart 2023.

SEITERICH, THOMAS. Letzte Wege in die Freiheit: Sechs Pfadfinderinnen im Widerstand gegen den Nationalsozialismus, Stuttgart 2023.

IX.4 Jüdisches Leben in Deutschland 1945 bis 2023

Andreas Nachama

Der folgende Beitrag beschreibt, wie sich das jüdische Leben im Nachkriegsdeutschland gestaltete, wie sich die jüdischen Gemeinden nach der Schoa neu organisierten und wie die Zuwanderung russischsprachiger Jüdinnen und Juden aus der ehemaligen Sowjetunion die jüdische Gemeinschaft in Deutschland seit 1989 verändert hat.

Unmittelbar nach der Befreiung Deutschlands im Mai 1945 befanden sich auf dem Gebiet der späteren drei westlichen Besatzungszonen etwa sieben Millionen sogenannter Displaced Persons (DPs), zum Großteil Zwangsarbeiter, Kriegsgefangene und ehemalige KZ-Häftlinge, die heimatlos geworden waren. Rund 50.000 dieser heimatlos gewordenen Menschen waren Jüdinnen und Juden; von ihnen begaben sich 40.000 in die amerikanische Besatzungszone, wo sie sich Unterstützung und gegebenenfalls auch ein Visum erhofften.

Die Rückkehr nach Osteuropa kam für viele Jüd:innen wegen der dort herrschenden Pogromstimmung nicht infrage. Die amerikanischen und britischen Militärbehörden richteten deshalb Camps zur Unterbringung und Versorgung dieser Überlebenden ein. Die Zahl der jüdischen Displaced Persons nahm dramatisch zu, als es in Polen 1945 und 1946 zu gewalttätigen Ausschreitungen gegenüber Jüd:innen kam: Traditioneller Antisemitismus und die Angst, die Jüd:innen würden ihr Eigentum zurückfordern, führten zu zahlreichen Pogromen. Allein in Kielce (Stadt in Polen) wurden am 4. Juli 1946 über 40 Jüd:innen ermordet.

Bereits wenige Wochen nach der Befreiung Deutschlands durch die alliierten Truppen im Mai 1945 bildeten sich in den vier Besatzungszonen der Amerikaner, Briten, Sowjets und Franzosen jüdische Gemeinden. Für diese Überlebenden gab es eine heute vergessene Bezeichnung: Die hebräische Bezeichnung für die jüdischen Überlebenden der nationalsozialistischen Vernichtungspolitik lautet »Sch'erit ha-P‹leta« (שארית הפלטה), das heißt »Rest der Geretteten«. Zu den wenigen Überlebenden deutscher Herkunft kamen sogenannte *Displaced Persons* aus Osteuropa, die nicht mehr in ihre alte Heimat zurückkehren konnten oder wollten, und Rückwanderer aus dem Exil. Ende 1946 gab es bereits wieder 67 jüdische Gemeinden in Deutschland. Der Alltag der Jüd:innen, die sich im »Land der Täter« wiederfanden, war von großer Ambivalenz geprägt. In den ersten Nachkriegsjahrzehnten hatten viele Jüd:innen das Gefühl, in Deutschland auf den sprichwörtlichen gepackten Koffern zu leben.

1.   Neuanfang – Leben nach dem Überleben

Vor 1933 lebten etwa 570.000 Juden und Jüdinnen in Deutschland; von ihnen hatten im Altreich (=Deutschland in den Grenzen von 1937) selbst etwa 1500 Menschen im Versteck und 15.000 Menschen in Ehen mit nichtjüdischen Partnern überlebt.

Dieser kleinen Gruppe sind noch etwa 9000 aus den Lagern befreite Schoa-Überlebende zuzurechnen, die als (ehemals) deutsche Staatsbürger:innen nicht in die von den UN eingerichteten Lager für die *Displaced Persons* aufgenommen wurden und so auch nicht in den Genuss von Unterstützung durch amerikanisch-jüdische Wohltätigkeitseinrichtungen kamen. Einen besonderen Stellenwert hatten deutsch-jüdische Rückwanderer. So kehrten im August 1947 gut 300 Remigrant:innen aus Shanghai nach Berlin zurück. Andere entschlossen sich zur Rückkehr aus Bolivien, Venezuela oder Kenia, wohin sie sich nur mit Mühe und Not hatten durchschlagen können.

Mancherorts kam es zur Gründung konkurrierender Gemeinden von deutschen Juden und Jüdinnen und sogenannten Ostjuden, die sich erst nach langem Hin und Her vereinigten. Diese »Liquidationsgemeinden« hatten das Ziel, den in Deutschland verbliebenen Jüd:innnen ihren vorübergehenden Aufenthalt zu erleichtern und sie bei der Emigration zu unterstützen, und sollten sich zu gegebener Zeit selbst auflösen.

Hans-Erich Fabian, der nach seiner Befreiung aus Theresienstadt zu den Mitbegründern der Berliner Nachkriegsgemeinde gehörte und 1949 in die USA auswanderte, fasst den Diskurs der in Deutschland lebenden Jüd:innen zusammen. Im Oktober 1947 sagte er: »Es hat keinen Sinn, Häuser zu bauen, wo Hütten genügen, und es hat keinen Zweck, Synagogen zu errichten, [...] um sie in kurzer Zeit zu verlassen. Die jüdischen Gemeinden in Deutschland müssen sich klar werden, dass sie nicht nur vorübergehende Gebilde sind.« Zu denjenigen, die das Konzept von Übergangsgemeinden schließlich zugunsten der Entwicklung einer »Aufbaugemeinde« aufgaben, gehörte Heinz Galinski (1912–1992), der langjährige Vorsitzende der Jüdischen Gemeinde zu Berlin.

Wie umstritten jüdisches Gemeindeleben unmittelbar nach der Befreiung vom Nationalsozialismus war, wird an zwei Äußerungen von Rabbiner Dr. Leo Baeck deutlich. Baeck hatte das KZ Theresienstadt überlebt. 1945 stellte er fest: »Die Geschichte des deutschen Judentums ist definitiv zu Ende. Die Uhr kann nicht zurückgestellt werden [...] Die Rückkehr nach Deutschland? Ich sehe für Juden keinerlei Möglichkeit dazu.« Nur kurze Zeit später betonte er schon 1946: »Solange Juden in Deutschland leben, müssen hier auch jüdische Gemeinden bestehen, und sie sollten so gut wie möglich sein und dürften sich nicht als von der jüdischen Welt draußen abgeschrieben betrachten.«

1952 hatten die jüdischen Gemeinden in Deutschland nur noch 20.886 Mitglieder. Jüdisches Leben nach der Schoa, das bedeutete für die hier lebenden Jüd:innen vor allem Solidarität und die Möglichkeit, einander in einem geschützten Raum ein Stück Heimat zu geben.

Ein anschauliches Beispiel dafür sind die Worte des ersten Präsidenten der Leo-Baeck-Traditionsloge anlässlich ihrer Einrichtung in Berlin im Dezember 1959: »Aufgabe der Loge muss es jetzt sein, mitzuhelfen, dass die geschlagenen Wunden heilen. Wer wollte es den Brüdern, die aus den Lagern zurückgekehrt sind, verdenken, wenn sie ihr inneres Gleichgewicht noch nicht völlig wiedergefunden haben? Das Gleiche gilt von den Brüdern, die aus den verschiedenen Ländern zurückkehren und niemand von ihren Verwandten oder ihren alten Freunden wiederfinden. Ihnen wollen wir unsere brüderliche Hand entgegenstrecken.« Die Frage, die sich in der Nachkriegszeit in den Gemeinden stellte, war nicht, *ob* Jüdinnen und Juden in Deutschland leben können, sondern *wie* sie hier ein jüdisches Leben führen können.

Die internationale jüdische Gemeinschaft beobachtete diesen Aufbau nach dem Untergang, die Konsolidierung jüdischen Lebens im »Land der Täter«, indes mit Skepsis, ja Unverständnis, zumal der neu gegründete Staat Israel eine Alternative zu bieten schien.

Das am 10. November 1947 verkündete Rückerstattungsgesetz trug zu einer ersten Existenzsicherung der Jüd:innen im Nachkriegsdeutschland bei. Die Wiederherstellung des Rechts auf dem Weg hin zur sogenannten Wiedergutmachung sorgte dafür, dass Jüd:innen deutscher Herkunft wieder die Möglichkeit hatten, sich mithilfe ihres rückerstatteten Eigentums ihren Lebensunterhalt zu verdienen. Im Zuge der Feststellung des ehemaligen jüdischen Eigentums zeigte sich aber auch, dass die Substanz des deutschen Judentums – von den ermordeten Menschen über die zerstörten Synagogen und Gemeindeeinrichtungen bis zu Einkommensquellen und individuellen Vermögen – vernichtet worden war.

Alte antijüdische Ressentiments blieben auch nach dem Untergang des Dritten Reiches bestehen. So ließ der spätere stellvertretende bayerische Ministerpräsident und Landwirtschaftsminister Josef Baumgartner seinen Gefühlen 1947 vor Nachwuchspolitiker:innen der CSU (laut Protokoll bei zustimmendem Gelächter) freien Lauf: »Ich bin leider gezwungen gewesen, an dem Judenkongress in Bad Reichenhall teilzunehmen: Das einzig Erfreuliche an der Tagung war für mich die einstimmig gefasste Resolution: ›Raus aus Deutschland‹.« Angesichts von derartigen Äußerungen stellte sich immer wieder die Vertrauensfrage: Das Problem, vor dem jede:r einzelne Jüd:in sich befindet, der oder die Bürger:in Deutschlands ist oder in diesem Land lebt, kann auf einen ganz einfachen Nenner gebracht werden: Inwieweit kann ich, darf ich, soll ich Vertrauen haben?

Die rechtliche Aufarbeitung der NS-Verbrechen erfolgte im Nachkriegsdeutschland nur zögerlich und hing oftmals vom Zufall und vom persönlichen Einsatz der (wenigen) engagierten Staatsanwält:innen ab. Der hessische Generalstaatsanwalt Fritz Bauer (1903–1968), der 1949 aus der Emigration nach Deutschland zurückgekehrt war, gab dem israelischen Auslandsgeheimdienst Mossad den entscheidenden Hinweis auf den Aufenthaltsort von Adolf Eichmann, sodass Eichmann 1960 in Argentinien gefasst und nach Israel gebracht werden konnte, wo ihm 1961 der Prozess gemacht wurde. Bauer war auch für die Anklageerhebung im Auschwitz-Prozess verantwortlich, der in den Jahren 1963–1965 in Frankfurt am Main stattfand. Mit diesem Prozess gewann die Auseinandersetzung mit dem Holocaust in Deutschland erstmals eine öffentliche Dimension.

2.   Der Zentralrat der Juden in Deutschland

Die Gründung und konstituierende Versammlung des Zentralrats der Juden in Deutschland fand am 19. Juli 1950 in Frankfurt am Main statt. Die Delegierten kamen aus den jüdischen Gemeinden der vier Besatzungszonen, die unter US-amerikanischer, britischer, französischer und sowjetischer Verwaltung standen. Die Führung des jüdischen Dachverbands übernahm ein vierköpfiges Direktorium.

15 Gemeindevertreter bildeten den sogenannten Rat. Erster Sitz des Zentralrats der Juden in Deutschland wurde Frankfurt am Main; in späteren Jahren befand sich der Sitz dann in Düsseldorf und im Anschluss daran in Bonn. Seit dem 1. April 1999 befindet sich der Hauptsitz des Zentralrats der Juden in Deutschland, der heute aus einem neunköpfigen Präsidium und einem Direktorium in Berlin besteht.

Der Zentralrat der Juden vertrat 2023 24 Landesverbände mit 108 jüdischen Gemeinden und etwa 92.000 Mitgliedern. Unter seinem Dach sind zudem die Orthodoxe Rabbinerkonferenz Deutschlands sowie die Allgemeine Rabbinerkonferenz Deutschlands organisiert. Der Zentralrat ist als Einrichtung mit Alleinvertretungsanspruch nicht unumstritten.

So fragte der jüdische Publizist Ernst Cramer (1913–2010), »ob ein Zentralrat in der bisherigen Form dem modernen, religiös und kulturell vielschichtigen Judentum, das jetzt auch in Deutschland entsteht, überhaupt noch gemäß ist« und »ob der Zentralrat gewillt, ja in der Lage ist, über sein Selbstverständnis überhaupt nachzudenken«. Im Sommer 2009 schlug die damalige Präsidentin des Zentralrats, Charlotte Knobloch, vor, den Namen ihres Verbandes in »Zentralrat der deutschen Juden« zu ändern. Ihr Vorschlag wurde aber nicht umgesetzt.

Bei der Neuorganisierung jüdischen Lebens gab es in der Nachkriegszeit viele Hürden zu überwinden. So kam es gerade in München zwischen den Jüd:innen osteuropäischer Herkunft mit ihren mehrheitlich orthodoxen Traditionen und den überwiegend jüdisch-liberal ausgerichteten deutschen Jüd:innen zu erheblichen Spannungen. Mancherorts entstanden auch konkurrierende Gemeinden, so etwa in Hannover.

Auch in Hamburg hatten sich die Überlebenden im Sommer 1945 in mehreren miteinander konkurrierenden Vereinigungen organisiert, die sich dann aber doch zusammenschlossen. Da in Hamburg nur wenige osteuropäische Jüd:innen lebten, kam es hier weniger als in anderen Gemeinden zu Konflikten zwischen verschiedenen Traditionen. Das Gefühl, im Nachkriegsdeutschland »fremd im eigenen Land« zu sein, und die Ansicht, dass dieser Aufenthalt ohnehin nur vorübergehend sei, gingen für viele Jüd:innen mit einer zionistisch geprägten Identifikation mit dem jungen Staat Israel einher.

Anfang der 1950er Jahre lebten in der neu gegründeten Bundesrepublik Deutschland kaum mehr als 25.000 Jüdinnen und Juden; die Zahl der jüdischen Gemeindemitglieder betrug am 1. April 1955 laut einer Statistik der Zentralwohlfahrtsstelle der Juden in Deutschland nur noch 15.684 Personen. Der Zuzug aus einigen Ostblockländern – etwa 1956 im Gefolge des Ungarn-Aufstands und in den 1960er Jahren aus Polen und der Tschechoslowakei – konnte den steten Mitgliederschwund nicht wirklich auffangen. Manche Gemeinden wurden schließlich aufgelöst, darunter Emden, Gelnhausen, Goslar und Rheydt. Eine nennenswerte Zuwanderung konnte man in den 1970er Jahren lediglich in West-Berlin verbuchen. Der Berliner Senat hatte sich nach zahlreichen Interventionen des Vorsitzenden der Jüdischen Gemeinde zu Berlin, Heinz Galinski, bereit erklärt, 3000 Zuwandernde aus der Sowjetunion aus »humanitären Gründen« in unbürokratischer Weise aufzunehmen; 1980 wurden dann allerdings Einreisebeschränkungen erlassen. Von den 1980er Jahren an kam es mehr und mehr zu einer positiven Identifikation mit der Bundesrepublik; die zweite Generation verabschiedete sich schließlich allmählich von der Vorstellung, auf gepackten Koffern zu sitzen.

So bildete sich Ende der 1970er Jahre in Frankfurt am Main eine Gruppe von jüdischen Nachwuchswissenschaftler:innen, die den Zustand der jüdischen Gemeinden, die Politik des Staates Israel und ihr eigenes Verhältnis zur deutschen Umwelt zum Thema ihrer Diskussionen machten.

Im Oktober 1985 sollte in Frankfurt das Theaterstück *Der Müll, die Stadt und der Tod* von Rainer Werner Fassbinder uraufgeführt werden. Das Stück wurde und wird als antisemitisch eingestuft, weil es eingeübte antijüdische Klischees bedient, anstatt Antijudaismus zu entlarven und zu bekämpfen (→ II.2, → IX.7). Der damalige Frankfurter Gemeindevorsitzende Ignatz Bubis besetzte mit anderen Mitgliedern der Jüdischen Gemeinde die Bühne und verhindert so die geplante Premiere des Stücks. Diese sogenannte Fassbinder-Kontroverse spielte im Emanzipationsprozess der jüdischen Nachkriegsgemeinschaft in Deutschland eine wichtige Rolle, denn damit manifestierte die jüdische Gemeinschaft durch einzelne Persönlichkeiten, die nicht unbedingt Funktionäre jüdischer Gemeinden waren, Anteil am politischen Diskurs.

Als der spätere Frankfurter Gemeindevorsitzende Salomon Korn, der als Kind in einem Lager für *Displaced Persons* in Zeilsheim aufgewachsen war, 1986 das von ihm entworfene neue jüdische Gemeindezentrum eröffnete, sagte er: »Wer ein Haus baut, will bleiben.« Zum ersten Mal wurde deutlich ausgesprochen, was bereits zu diesem Zeitpunkt einen guten Teil der Realität widerspiegelte: Längst nicht alle Jüd:innen in Deutschland saßen noch auf gepackten Koffern, bei den meisten waren sie sozusagen längst ausgepackt.

Im Wendejahr 1989 zählten die gut 50 jüdischen Gemeinden in der Bundesrepublik einschließlich West-Berlins etwa 26.000 Mitglieder. Es gab Gottesdienste, Kulturprogramme und Sozialarbeit, doch jüdisches Leben spielte sich in der Regel hinter verschlossenen Türen und unbemerkt von der Öffentlichkeit ab. Mit dem Zusammenbruch der DDR und der Öffnung der Grenzen änderte sich diese Situation dramatisch. Im Dezember 1990 wurden die fünf Landesverbände beziehungsweise Gemeinden in der ehemaligen DDR in den Zentralrat der Juden in Deutschland aufgenommen, vor allem aber wurde Deutschland zum Einwanderungsland für Jüd:innen aus der damaligen Sowjetunion.

Die besondere politische Situation Berlins wirkte sich auch auf die dortige Jüdische Gemeinde aus. Gleich nach der Befreiung im Mai 1945 bildeten sich selbstständige Gemeindeinitiativen heraus, die dann im Oktober 1945 eine gemeinsame Gemeindeleitung wählten. Diese in den sieben Jahren nach Kriegsende mühsam aufgebaute Einheitsgemeinde spaltete sich, als die antisemitische Politik der SED infolge der stalinistischen »Säuberungskampagnen« im Jahre 1952 eine Fluchtwelle auslöste, bei der etwa 550 Jüd:innen aus der DDR und Ost-Berlin in den Westteil der Stadt kamen. Zur Zeit der Wiedervereinigung gehörten 6400 Menschen der Westberliner Gemeinde an. Die »Jüdische Gemeinde zu Berlin« im Westteil der Stadt setzte sich für die Aufnahme der Flüchtlinge ein und nahm fortan eine offen antisowjetische Haltung ein, während sich im Ostteil unter massivem Druck der SED die eigenständige »Jüdische Gemeinde von Groß-Berlin« gründete.

3.   Jüdisches Leben in der DDR

Kurz nach der Befreiung Berlins durch die Sowjetarmee waren die ersten Jüd:innen in die damalige sowjetische Besatzungszone zurückgekehrt; viele dieser Rückkehrer wollten ihren Traum von einem besseren Deutschland im Rahmen einer sozialistischen Gesellschaftsordnung verwirklichen. Das Bekenntnis zur jüdischen Religion brachte aber oftmals Konflikte mit der sowjetischen Besatzungsmacht und dann mit dem Staatsapparat der 1949 gegründeten Deutschen Demokratischen Republik mit sich. Nach dem Tod Stalins am 5. März 1953 wurden die Maßnahmen gegen Jüd:innen in der DDR eingestellt, inhaftierte Gemeindemitglieder freigelassen und die Mehrheit der jüdischen Ex-Parteimitglieder rehabilitiert. Die kleinen Gemeinden erhielten finanzielle Unterstützung für die Erneuerung ihrer Synagogen, zum Unterhalt eines Altersheims und einer koscheren Metzgerei sowie für die Instandhaltung von Friedhöfen.

Von 1961 an erschien das »Nachrichtenblatt« als Informationsorgan der jüdischen Gemeinschaft in der DDR. Das jüdische Leben in der DDR wurde allerdings von einer antiisraelischen Propaganda von staatlicher Seite überschattet, die auch antisemitische Vorurteile miteinschloss. Ende der 1980er Jahre zählte die jüdische Gemeinschaft in der DDR nur noch 400 Mitglieder, von denen der Großteil in Berlin lebte. Diese geringe Zahl erklärt sich dadurch, dass viele Kinder und Enkelkinder jüdischer Rückkehrer:innen in der DDR areligiös und ohne Gemeindeanbindung aufwuchsen.

Nach der Wende, am 12. April 1990, wurde dann schließlich eine Entschuldigung für die »offizielle DDR-Politik gegenüber dem Staat Israel« beschlossen. Die Mitglieder der Volkskammer baten zudem die »jüdischen Mitbürger« für die in der DDR erlittene Diskriminierung um Verzeihung.

Bis 1989 war in der DDR keine Rückgabe der von den Nationalsozialisten »arisierten«, also enteigneten Betriebe und Immobilien an die früheren jüdischen Eigentümer oder deren Erben erfolgt. Die DDR bekannte sich erst nach der Wende unter der Regierung Lothar de Mazière »zur Mitverantwortung für Demütigung, Vertreibung und Ermordung jüdischer Frauen, Männer und Kinder« und »zu dieser Last der deutschen Geschichte«.

4.   Zuwanderung und Integration seit 1989

Im Jahre 1990 begann die Zuwanderung von Jüd:innen aus der Sowjetunion und dann aus ihren Nachfolgestaaten nach Deutschland. Ab April 1990, also in den letzten Monaten der DDR, wurde ein vereinfachtes Verfahren für die Einreise jüdischer Sowjetbürger:innen angewandt. Damit wollte die Regierung der DDR nach der Wende auch dem Unrecht Rechnung tragen, das das SED-Regime dadurch begangen hatte, dass es sich gegenüber dem Judentum jeglicher Verantwortung für eine Wiedergutmachung entzogen hatte. Eine entsprechende Aufforderung an die Modrow-Regierung, jüdischen Sowjetbürger:innen die bedingungslose Einwanderung in die DDR zu ermöglichen, war am 12. Februar 1990 vom Jüdischen Kulturverein in Berlin vorgetragen worden.

An diese Praxis der letzten DDR-Regierung lehnt sich der Beschluss der Innenministerkonferenz vom 9. Januar 1991 an, gemäß dem das Gesetz über Maßnahmen für im Rahmen humanitärer Hilfsaktionen aufgenommene Flüchtlinge auch auf jüdische Emigrant:innen aus den GUS-Staaten angewandt wird. In den folgenden Jahren wurden diese sogenannten jüdischen Kontingentflüchtlinge auf Bundesländer und Landkreise in Deutschland verteilt. Damit wuchs der Bedarf an jüdischer Infrastruktur (Synagogen, Freizeiteinrichtungen und so weiter) in vielen Landkreisen, in denen es bislang keine jüdischen Gemeinden gegeben hatte.

Allein im Land Brandenburg entstanden acht neue jüdische Gemeinden. Die Jüdische Gemeinde zu Berlin war wegen der Zuwanderung in den 1990er Jahren die weltweit am schnellsten wachsende jüdische Gemeinde. 2009 gehörten gut 12.000 Jüd:innen in Berlin der Jüdischen Gemeinde an. Von ihnen stammten bald 70 Prozent aus den Nachfolgestaaten der ehemaligen Sowjetunion. In den anderen jüdischen Gemeinden in der Bundesrepublik beträgt der Anteil jüdischer Zuwanderer zwischen 90 und 100 Prozent.

5.   Ein Staatsvertrag als Integrationshilfe

Am 27. Januar 2003 wurde ein Staatsvertrag zwischen der Bundesrepublik Deutschland und dem Zentralrat der Juden in Deutschland unterzeichnet. Die Erwartung, dass die Bundesregierung der wachsenden Konsolidierung und dem damit verbundenen neuen Pluralismus innerhalb der jüdischen Gemeinschaft auch in diesem Staatsvertrag Rechnung tragen würde, wurde zunächst enttäuscht.

Aber jedenfalls verpflichtete sich die Bundesregierung unter Bundeskanzler Schröder, dem Zentralrat der Juden in Deutschland jährlich einen Betrag von 3 Millionen Euro zu zahlen, um so zur Erhaltung und Pflege des deutsch-jüdischen Kulturerbes, zum Aufbau einer jüdischen Gemeinschaft und zur Erfüllung der integrationspolitischen und sozialen Aufgaben des Zentralrats in Deutschland beizutragen.

Die liberalen jüdischen Gemeinden, die in der »Union Progressiver Juden« organisiert sind, blieben allerdings bei diesem Vertrag außen vor, ungeachtet eines eindeutigen Urteils des Bundesverwaltungsgerichts vom Februar 2002 und einer entsprechenden Beschlussempfehlung des Innenausschusses des Deutschen Bundestags, dass dieser Vertrag der gesamten jüdischen Gemeinschaft zugutekommen sollte. Bei der Erneuerung des Staatsvertrags wurde der Förderbetrag des Bundes 2008 auf jährlich 5 Millionen Euro aufgestockt; inzwischen beläuft er sich auf 10 Millionen Euro im Jahr. Daneben bestehen Staatsverträge auf Länderebene, die dafür sorgen, dass die jüdischen Gemeinden in den jeweiligen Bundesländern finanziell abgesichert sind.

Grundsätzlich wird die Integrationsarbeit der jüdischen Gemeinschaft, bei der eine Minderheit von Alteingesessenen eine Mehrheit von Neuankömmlingen aufnehmen soll, vom Bund, den Ländern und Kommunen sowie von zahlreichen karitativen und kirchlichen Organisationen unterstützt.

Die Zuwanderung von Jüd:innen aus den Ländern der ehemaligen Sowjetunion wurde bis zum 31. Dezember 2004 durch das Kontingentflüchtlingsgesetz geregelt. Dieses wurde am 1. Januar 2005 durch das neue Zuwanderungsgesetz abgelöst. Seit 1989 sind über 212.000 jüdische Menschen als sogenannte Kontingentflüchtlinge nach Deutschland gekommen. Etwa die Hälfte von ihnen konnte in die jüdischen Gemeinden Deutschlands integriert werden. Viele Zugewanderte, die in der Sowjetunion in einem ethnischen Sinne als Jüd:innen galten und deswegen diskriminiert wurden, wurden in Deutschland mit der Tatsache konfrontiert, dass sie keine Kinder einer jüdischen Mutter und damit im religionsgesetzlichen Sinne auch nicht jüdisch sind – wobei das Berliner Büro des Weltkongresses russischsprachiger Jüd:innen auch die Interessen dieser Zugewanderten vertritt. So fand nur gut die Hälfte der jüdischen Kontingentflüchtlinge in Deutschland Zugang zu einer jüdischen Gemeinde. Nach zwei Generationen in der atheistischen Sowjetunion hatten viele Einwanderer zudem den Bezug zu ihren jüdischen Wurzeln völlig verloren und stattdessen eine russische Identität angenommen, an der sie nun festhalten. Die russischsprachigen Zuwanderer müssen sich in Deutschland also in zweifacher Weise integrieren: einerseits in die deutsche Mehrheitsgesellschaft, andererseits in die jüdische Gemeinschaft.

6.   Ein Punktekatalog zur Integration

Nach langen Verhandlungen zwischen dem Zentralrat der Juden und der Union Progressiver Juden in Deutschland mit den Innenministern der Länder über die Neuregelung der jüdischen Zuwanderung einigte man sich am 1. Juli 2006 auf einen Kompromiss, der eine positive Integrationsprognose voraussetzt. Vor einer Einreiseerlaubnis für die Bundesrepublik Deutschland müssen demzufolge auf der Grundlage eines Punktekatalogs unter anderem Alter, Sprachkenntnisse und berufliche Qualifikationen bewertet werden. Nur wer gemäß diesen Kategorien eine Mindestzahl von 50 Punkten (bei 105 möglichen) erreicht, darf noch mit einer offiziellen Einreiseerlaubnis nach Deutschland kommen. Ausgenommen von dieser Regelung sind Opfer nationalsozialistischer Verfolgung.

7.   Einheit in der Vielfalt

Nach Jahren der Stagnation gibt es heute in Deutschland auch wieder eine religiöse Vielfalt, wie sie für das Judentum typisch ist. Das Spektrum reicht von der orthodoxen Chabad-Lubawitsch-Bewegung über traditionell orthodoxe und konservative Gemeinden hin zu liberalen Gemeinden, von denen ein Großteil der 1997 gegründeten Union Progressiver Juden in Deutschland angehört.

Einige dieser liberalen Gemeinden haben sich als »Jüdisch Liberal Egalitärer Verband« (JLEV) zusammengeschlossen und werden inzwischen auch vom Zentralrat der Juden in Deutschland mitvertreten.

Der wachsende Pluralismus kommt auch durch die zunehmende Zahl von jüdischen Bildungseinrichtungen zum Ausdruck, darunter die *Hochschule für Jüdische Studien* in Heidelberg und die *Ronald S. Lauder Foundation* mit Sitz in Berlin. Seit 1999 bildet das *Abraham Geiger Kolleg* an der Universität Potsdam Rabbiner, Rabbinerinnen, Vorbeter und Vorbeterinnen aus. 2006 fand erstmals nach der Schoa wieder eine erste Rabbinerordination in Deutschland statt.

Im Herbst 2009 wurde schließlich mit Unterstützung des Bundesministeriums für Bildung und Forschung das *Ernst Ludwig Ehrlich Studienwerk* als jüdisches Begabtenförderungswerk eröffnet. Dieses 12. Begabtenförderungswerk des Bundes ist auch Ausdruck dafür, dass die jüdische Gemeinschaft in Deutschland als gesellschaftliche Kraft ihren gleichberechtigten Platz neben den großen Kirchen findet.

In Deutschland sind heute etwa 96.000 Juden und Jüdinnen Mitglied einer Synagogengemeinde. Die jüdische Gemeinschaft in Deutschland ist damit nach denjenigen in Frankreich und Großbritannien die drittgrößte in Europa; sie war in den 1990er Jahren sogar die weltweit am schnellsten wachsende Gemeinschaft. Zum Vergleich: In Österreich bekannten sich 2021 5400 Personen zum jüdischen Glauben; in der Schweiz gehörten 2021 17.468 Personen dem jüdischen Glauben an.

Von einer wirklichen jüdischen Renaissance in Deutschland kann aber allein aufgrund dieser Mitgliedszahlen noch keine Rede sein. Die jüngsten demografischen Daten zeigen, dass diese Zahlen wieder sinken. Presseberichten zufolge sollen allein in Berlin 15.000 bis 30.000 Israelis leben. Es kann davon ausgegangen werden, dass die Zahl der in Deutschland lebenden Jüd:innen höher ist, als dies die Meldestatistiker abbilden. Jüdisches Leben in Deutschland wird in Zukunft eher weniger durch organisierte jüdische Gemeinden als vielmehr durch temporäre Grassroot-Veranstaltungen geprägt werden.

Weiterführende Literatur

BRUMLIK, MICHA/EDERBERG, GESA S./KNOBLOCH, CHARLOTTE, Wenn nicht jetzt, wann dann?. Zur Zukunft des deutschen Judentums [im Gespräch mit Wilfried Köpke], Freiburg in Breisgau 2007.

EHRLICH, ERNST LUDWIG/ERLER, HANS, Jüdisches Leben und jüdische Kultur in Deutschland. Geschichte, Zerstörung und schwieriger Neubeginn, Frankfurt am Main 2000.

HOMOLKA, WALTER/ROSENTHAL, GILBERT, Das Judentum hat viele Gesichter. Die religiösen Strömungen der Gegenwart [aktualisierte Neuauflage], Berlin 2014.

LEWINSKY, TAMAR/LÜDICKE, MARTINA/ZIEHE, THERESIA (Hg.), Ein anderes Land. Jüdisch in der DDR. Berlin 2023.

IX.5   Dabru Emet!

Sara Han

Am 10. September 2000 veröffentlichten vier jüdische Wissenschaftler:innen, Tikva Frymer-Kensky, David Novak, Peter Ochs und Michael A. Signer, das Dokument *Dabru Emet! A Jewish Statement on Christians and Christianity* in der *New York Times* und der *Baltimore Sun*. In acht Thesen, an die jeweils eine kurze Erläuterung anschließt, wurde eine jüdische Reflexion darüber vorgelegt, »auf welche Weise Juden und Christen miteinander in Beziehung stehen können.« (Dabru Emet, in deutscher Übersetzung: www.jcrelations.net/de/statements/statement/dabru-emet-redet-wahrheit.html) Ihr Anspruch bestand darin, dass es nun sowohl »für Juden an der Zeit ist, die christlichen Bemühungen um eine Würdigung des Judentums zur Kenntnis zu nehmen«, als auch darüber »nachzudenken, was das Judentum heute zum Christentum zu sagen hat.« Um diesen Prozess in Gang zu setzen, wurde das Papier als ein erster Schritt präsentiert, mit dem die jüdischen Wissenschaftler:innen unterschiedlicher Denominationen »nur für sich selbst« sprachen. Sie erhoben also keineswegs den Anspruch, dass das Dokument einen Autoritätscharakter besitzt oder endgültige Aussagen trifft. Die Autor:innen wollten für den jüdisch-christlichen Dialog werben und zur Diskussion anregen. Dabei vertraten sie ein Dialogmodell, das sich bemüht, gegenseitiges Misstrauen durch Förderung von Wissen und Begegnung abzubauen.

Es war das Ergebnis einer mehrjährigen Arbeit der *Jewish Scholars Study Group on Christianity*, die am *Institute for Christian and Jewish Studies* in Baltimore angesiedelt war. Die Mehrheit der Gruppe begriff das Christentum vorwiegend aus historischer Perspektive im Rahmen der Forschungen, wobei für eine kleinere Gruppe der christliche Wandel in Theologie und Kirche zentral war und sie sich, basierend auf persönlichen Erfahrungen und Begegnungen mit Christ:innen, der Untersuchung des Christentums aus jüdischer Sicht widmen wollten. Von anfänglich dreißig Mitgliedern verblieben die vier Verfasser:innen der Stellungnahme.

Nach der Fertigstellung wurde das Papier mit der Bitte um Unterzeichnung zunächst an zahlreiche Rabiner:innen und jüdische Wissenschaftler:inner verschickt, wobei keine Änderungen am Text mehr möglich waren. Das Dokument richtete sich primär an eine jüdische Leserschaft, sprach jedoch mit den Zeitungsveröffentlichungen auch die christliche Leserschaft Nordamerikas an. Später haben die Verfasser:innen von *Dabru Emet* ein begleitendes Studienbuch *Christianity in Jewish Terms* mit jüdischen und christlichen Autor:innen herausgegeben.

Neben zahlreichen Zustimmungen und Würdigungen stieß das Papier auch auf Ablehnung und Kritik innerhalb des Judentums. Christlicherseits wurde die Stellung mehrheitlich positiv und dankbar aufgenommen.

Die Thesen bieten einen Einblick in die Gemeinsamkeiten zwischen beiden Glaubensgruppen und gehen dabei auf die großen Themenfelder ein: die Selbigkeit des Einen Gottes (1. These), Bibel (2. These), Land Israel (3. These), moralische Grundsätze der Tora (4. These), Nationalsozialismus (5. These), Unterschiede der Traditionen (6. These), bleibende Relevanz der jüdischen Praxis (7. These) und gemeinsamer Einsatz für Frieden und Gerechtigkeit (8. These).

Eine grundlegende Kritik an *Dabru Emet* bestand darin, dass die einseitige Betonung von Gemeinsamkeiten zwischen Jüd:innen und Christ:innen zur Verharmlosung und Ausblendung von Differenzen führen könne. Zudem wurde eine potenzielle Gefahr darin gesehen, dass das Papier interkonfessionelle Eheschließungen zwischen Jüd:innen und Christ:innen legitimiere. Es erwecke nicht nur den Eindruck, dass die Verfasser:innen mit einer gewissen jüdischen Autorität sprechen, sondern auch der Titel *Dabru Emet*, ein Zitat aus Sach 8,16, der häufig mit »Redet Wahrheit« übersetzt wird, suggeriere eine Überheblichkeit gegenüber denjenigen, die dem Dokument widersprechen und gegenüber dem bereits etablierten jüdisch-christlichen Dialog in Europa. Die Kritik wurde sowohl von Vertreter:innen der jüdischen Gemeinschaft geäußert, die eine generelle Skepsis gegenüber dem Dialog mit Christ:innen besaßen, als auch von langjährigen Teilnehmer:innen des Dialogs. Eine Analyse des historischen und kulturellen Kontextes der jüdischen Strömungen in Nordamerika wäre hierbei relevant.

Die 1. These lautet: »Juden und Christen beten den gleichen Gott an«. Das gesamte Dokument erhält von hier seine theozentrische Ausrichtung und schließt am Ende mit einer biblisch begründeten Zukunftshoffnung nach Jes 2,2–3. Über die 1. These wurde die heftigste theologische Debatte geführt, so überrascht es nicht, dass auf ihre Ablehnung die des gesamten Dokuments folgte.

Kritisiert wurde, dass die jüdische Stellungnahme mit der 1. These einem christlichen Programm folge, wobei die Inkarnation und Trinität ausgespart werden. Es könne sich bei Jüd:innen und Christ:innen nicht um denselben Gott handeln, da jüdischerseits Gott nicht durch Jesus und christlicherseits Gott nicht ohne Jesus verstanden werde. Angesicht der über Jahrtausende lang gepredigten »Lehre der Verachtung« (Jules Isaac) innerhalb der christlichen Kirchen und Theologien, die Jüdinnen und Juden ihre Bundesbeziehung zu dem Gott Israels absprach, wundert es kaum, dass der Rede von der Selbigkeit des Einen Gottes für Jüd:innen und Christ:innen widersprochen wurde (→ VII.2).

Mit Rückgriff auf die unterschiedlichen Gottesverständnisse des Einen in den biblischen und talmudischen Schriften, die eine Fülle verschiedener Ausdrucksformen über die Gegenwart des Einen vorlegen, argumentierten andere jüdische Intellektuelle für die Selbigkeit des Einen, auch wenn das trinitarische Verständnis der Christ:innen für Jüd:innen nicht annehmbar und der christliche Gottesdienst »für Juden keine annehmbare religiöse Alternative« sei. Die Differenz liegt dann in der Glaubenspraxis, aber nicht in dem, an den man glaubt. Als »jüdische Theologen« freuen sich die Verfasser:innen darüber, dass »Abermillionen von Menschen durch das Christentum in eine Beziehung zum Gott Israels getreten sind.« Eingetragen ist hier einerseits, dass das Judentum im Gegensatz zum Christentum keine Mission kennt; andererseits, dass Menschen aus den Völkern den Gott Israels durch Jesus Christus erfahren und folglich von und zu keinem anderen Gott als den von Israel geglaubten Gott sprechen können.

Ganz im Gegenteil zu der Kritik, dass das Christusbekenntnis nicht respektiert werde, fordert *Dabru Emet* christliche Theolog:innen auf, ihren Glauben an den Einen Gott Israels verbunden mit der Erkenntnis der Unverbrüchlichkeit seines Wortes in ihrer Trinitätslehre und Christologie zum Ausdruck zu bringen, oder anders: christliche Theologie nicht in Absehung von Israel zu formulieren.

Dabru Emet antwortet auf einen Wandel innerhalb der christlichen Theologie und würdigt den neuen Weg, den die christlichen Kirchen nach der Schoa eingeschlagen haben, um Israel theologisch neu zu begreifen und zu achten. Die Rede von der Selbigkeit des Einen verweigert sodann jede Form christlicher Judenmission, denn Jüdinnen und Juden benötigen keine christliche Hinführung zum Gott Israels, da sie schon im Bund des Heils sind.

Nach Außen würdigt die jüdische Stellungnahme den Wandel christlicher Rede, die eine Abwertung des Judentums und seiner Glaubenspraktiken untersagt, den Eigenwert des Alten Testaments und die jüdische Schriftdeutung anerkennt. Die Diskurse im jüdisch-christlichen Dialog führten schließlich auch zu der Erkenntnis, dass das Nein der Jüdinnen und Juden zu Jesus als legitimer Ausdruck jüdischer Treue gegenüber dem Gott Israels und der Autorität des Tenach verstanden wurde. Auf diese neuen Erkenntnisse antworten die Verfasser:innen mit der 2. These: »Juden und Christen stützen sich auf die Autorität ein und desselben Buches – die Bibel (das die Juden ›Tenach‹ und die Christen das ›Alte Testament‹ nennen).« Erwähnt sei, dass im darauffolgenden Jahr die päpstliche Bibelkommission mit dem Dokument *Das jüdische Volk und seine heilige Schrift in der christlichen Bibel* (2001) dieses Themenfeld historisch und hermeneutisch aufgearbeitet hat.

Ein zentraler Unterschied liegt freilich darin, dass das Alte Testament nur einen Teil der christlichen Bibel bildet. Hinzukommen sprachliche Differenzen wegen der unterschiedlichen Vorlagen – Hebraica, Septuaginta und Vulgata –, auf die sich die heutigen Bibelausgaben beziehen, und die unterschiedliche Anordnung und Rezeption der biblischen Bücher. Die Forschungen zur Kanonisierung haben jedoch zeigen können, dass zu Beginn der Kanongeschichte mehr Gemeinsamkeiten als Differenzen bestanden. Mit *Dabru Emet* wird ein grundlegendes Moment im Umgang mit

den Schriften hervorgehoben: Die biblischen Schriften eint eine gemeinsame Such-
bewegung. In ihnen kommt die Rede von und zu Gott in der erfahrenen oder ge-
suchten Zuwendung zu seinem Volk Israel und zur Welt als seiner Schöpfung zum
Ausdruck. Damit wird jede Deutungshoheit über die Schriften abgelehnt.

Angesichts der Schoa in einem christlichen geprägten Europa löste die 5. These
fraglos die größten Irritationen und Ablehnung des Papiers aus: »Der Nazismus war
kein christliches Phänomen.« In diesem Abschnitt gehen die Verfasser:innen auf
das Verhalten der Christ:innen während der Schoa ein und unterscheiden den Nationalsozialismus vom Christentum. Darin sei die kirchliche Verstrickung während
der Schoa verharmlost und einer voreiligen Entschuldung christlicher Verantwortung für den nationalsozialistischen Antisemitismus Vorschub geleistet, so die Kriti-
ker:innen. Die These widerspricht den historischen, kulturwissenschaftlichen, so-
ziologischen und theologischen Forschungen jedoch nicht, nach denen eine
bereitwillige Komplizenschaft kirchlicher Vertreter und christlicher Bevölkerung in
Deutschland mit den Nazis bestand und der christliche Antisemitismus den nationalsozialistischen etablierte. Einig waren sich die Verfasser:innen und Kritiker:in-
nen darin, dass die christlichen Kirchen und ihre Vertreter mehrheitlich weder
unparteiisch noch widerständig dem Nationalsozialismus und den Morden an den
europäischen Jüdinnen und Juden gegenüberstanden. Inwiefern jedoch auch christliche Sympathisant:innen der Nazis wegen ihres Christseins den Nazis zum Opfer
gefallen wären, bleibt lediglich eine Spekulation, und dass dieser Gedanke in *Dabru
Emet* aufgenommen wurde eine Irritation. Gewiss ist, dass einige, wenn auch wenige, Christ:innen ihren jüdischen Nachbar:innen halfen. Diese Wenigen sind der Beleg dafür, dass Widerstand und Menschlichkeit geleistet werden konnten. Dass sie
lange Zeit selbst von ihren eigenen Kirchen nicht erinnert wurden, gehört zur
Geschichte der systemischen Vertuschung der Kirchen.

Ausgehend von der 1. These waren die Autor:innen jedoch bereit, mit denen im
Gespräch zu sein, die den christlichen Wandel zu einer neuen Israeltheologie vollzogen haben. Ihren Anstrengungen und Bemühungen, Antijudaismus in der christlichen Theologie aufzuarbeiten und »eindeutig zurückzuweisen«, gilt das Gespräch.

Die Verfasser:innen wussten, dass jede kurze Stellungnahme über das komplexe
Verhältnis von Jüd:innen und Christ:innen, Judentum und Christentum zu Unklar-
heiten und mangelnder Tiefe führt. Dennoch wollten sie mit *Dabru Emet* auf die
positiven Veränderungen innerhalb der christlichen Theologie antworten, das neue
Verhältnis zwischen Jüd:innen und Christ:innen vertiefen und zu einem theologischen Dialog ermutigen. Dabei sind ihre eigene Dialogbeteiligung und persönlichen
Begegnungen nicht zu unterschätzen.

Mit dem Hinweis auf den »unüberwindbare[n] Unterschied zwischen Juden und
Christen« (6. These), der erst und nur durch Gott selbst ausgeräumt werden kann,
wurde eine bleibende Differenz formuliert. Einige jüdische und christliche Dialogi-
ker bezeichnen dies als eine grundlegende Asymmetrie zwischen Judentum und
Christentum. Denn es sei unbestritten, dass Christ:innen, wollen sie glaubhafte
Zeug:innen des Einen Gottes Israels sein, eine Israel würdigende Theologie zu formulieren haben; umgekehrt Jüdinnen und Juden hingegen dies für ihre Zeugenschaft nicht benötigen. Hier liegt möglicherweise ein zentraler Unterschied in der

Dialogpraxis vor. Die Autor:innen von *Dabru Emet* begreifen in der Differenz eine Gegenseitigkeit, mit der sie das Aushalten des Anderen in seinem Anderssein theologisch an das Ausharren in der Unerlöstheit der Welt binden. Ausgehend von den Gemeinsamkeiten sollen die Gegensätze in einen fruchtbaren Austausch integriert werden, in dem dann auch das Fremde gegenseitig respektiert wird. Dann erst bleibt der Dialog offen für Fragen, aber auch für das Zuhören, das zunächst nicht auf alles Gehörte affektiv zu antworten weiß.

In *Dabru Emet* erfährt das Verhältnis zwischen Jüd:innen und Christ:innen durch die vorausgesetzte Bindung an die eigenen Traditionen eine authentische Erneuerung. Weder der Anstieg interkonfessioneller Eheschließungen oder Konversionen zum Christentum könnten daher aus einem verbesserten Verhältnis zu Christentum und Christ:innen abgeleitet werden. Gleichsam »nach Innen«, um den Dialog werbend wird betont, dass ein neues Verhältnis »die jüdische Praxis nicht schwächen« werde (7. These). Hier liegt nun auch ein Ansatz vor, der zeigt, dass der interreligiöse Dialog als Aufforderung für einen intrareligiösen Dialog zu begreifen möglich ist. Denn insbesondere die Rezeption der Stellungnahme zeigt, dass das Nachdenken über ein neues Verhältnis zwischen Jüd:innen und Christ:innen Rückfragen für und an das Verständnis der jeweiligen Gruppe bereithält. Die Gottesvorstellungen und der Umgang mit den Heiligen Schriften erscheinen dabei am auffälligsten, aber auch der Umgang mit Minoritäten der eigenen Gemeinschaft kann durch die Erkenntnisse im jüdisch-christlichen Dialog und die darin verankerte Prämisse des Aushaltens des Anderen positiv beeinflusst werden.

Die Darstellungen der jüdisch-christlichen Dialoggeschichte tendieren oft dazu, einem Narrativ von Errungenschaften und Erfolgen zu folgen, in dem vor allem die offiziellen kirchlichen Erklärungen nach der Schoa betont werden. Sie vernachlässigen jedoch nicht nur intensive Debatten der Dialogteilnehmer:innen, sondern erwecken auch den Eindruck, dass das Gespräch zwischen Jüd:innen und Christ:innen nach der Schoa geradlinig zu einer neuen christlichen Haltung geführt hat, auf die mit *Dabru Emet* eine jüdische Erklärung folgte. Dass es sich jedoch bei *Dabru Emet* weder um eine Bringschuld noch um die erste jüdische Stellungnahme handelt, zeigt bereits das unermüdliche Engagement jüdischer Dialogakteur:innen der ersten Generation nach der Schoa, wie Eva G. Reichmann (1897–1988), Abraham Joshua Heschel (1907–1972) und Ernst Ludwig Ehrlich (1921–2007), die den christlichen Lernprozess unterstützten und jüdische Antworten formulierten. Dass die Verfasser:innen keine endgültigen Antworten formulieren wollten, machen sie bereits deutlich, und im Nachgang konkretisierte Michael A. Signer, dass alle Thesen als »Quaestiones disputatae« gelesen werden sollten. Inwiefern damit auch die Kritiken und Ablehnungen zum Anliegen der Verfasser:innen gehörten, bleibt offen, aber als bereits historisches Dokument der jüdisch-christlichen Dialoggeschichte gehören sie unweigerlich dazu (→ VIII.1).

Dabru Emet ist ein Schritt auf einem langen Weg, um gegenseitiges Misstrauen und Missverständnisse zu überwinden. Nach innen gerichtet ist *Dabru Emet* eine Vertrauenswerbung, nach außen eine Vertrauenskundgabe.

Die grundlegende Bedingung benennen die Verfasser:innen in der Erläuterung zur 6. These: »So wie Juden die Treue der Christen gegenüber ihrer Offenbarung anerkennen, so erwarten auch wir von Christen, daß sie unsere Treue unserer Offenbarung gegenüber respektieren. Weder Jude noch Christ sollten dazu genötigt werden, die Lehre der jeweils anderen Gemeinschaft anzunehmen.« Trotz langjähriger Bemühungen um gemeinsame Verständigung und signifikanter theologischer Veränderungen in der christlichen Theologie musste der Verzicht auf die christliche Judenmission weiterhin als grundlegende Dialogvoraussetzung erwähnt werden. Dies unterstreicht, dass Fortschritte nicht als endgültiger Erfolg begriffen werden können. Insbesondere der internalisierte Antijudaismus innerhalb der christlichen Theologie, kirchlicher Strukturen und christlich geprägter Kulturen ist auch nach Jahrzehnten nicht vollständig überwunden (→ II.2, → IX.7).

Weiterführende Literatur

Levenson, Jon D., Wie man den jüdisch-christlichen Dialog nicht führen soll, in: KuI 17/2, 2002, 163–174.

Kampling, Rainer/Weinrich, Michael (Hg.), Dabru emet – redet Wahrheit. Eine jüdische Herausforderung zum Dialog mit den Christen, Gütersloh 2003.

Frankemölle, Hubert (Hg.), Juden und Christen im Gespräch über »Dabru Emet – Redet Wahrheit«, Paderborn 2005.

Meir, Ephraim, Innerjüdische Debatten über den Dialog. Hintergründe des Dokuments Dabru emet, in: Kortzfleisch, Siegfried von/Grünberg, Wolfgang/Schramm, Tim (Hg.), Wende-Zeit im Verhältnis von Juden und Christen, Berlin 2009, 283–300.

Signer, Michael A., Ursprung und Prozess des amerikanisch-jüdischen Dokuments Redet Wahrheit, in: ders., Brücken bauen. Aufsätze und Vorträge zum jüdisch-christlichen Verhältnis, hg. v. Rainer Kampling, Hans Hermann Henrix und Peter von der Osten-Sacken (SKI 29), Berlin 2013, 411–427.

IX.6 Messianisches Judentum – Gefährliche Annäherungen?

Axel Töllner

1. Vorbemerkungen

Das Thema »messianische Juden« ist hochgradig aufgeladen. Menschen, die sich als jüdisch verstehen und an Jesus glauben, irritieren Christ:innen und Jüd:innen gleichermaßen. Vielen erscheint beides als unvereinbar. Insbesondere im deutschsprachigen Raum hat sich das Thema in den letzten Jahrzehnten als ein »heißes Eisen« in den christlich-jüdischen Beziehungen erwiesen. Es rührt an offene Wunden, ruft Irritationen und Verletzungen hervor, löst aber auch Euphorien und Endzeithoffnungen aus. Verschiedene Selbstverständnisse prallen hier aufeinander, und es ist nicht absehbar, ob und wie sich diese vermitteln lassen.

Das Phänomen »messianisches Judentum« ist so vielschichtig, dass die Sprache an Grenzen stößt. Zuschreibungen wie »christlich«, jüdisch«, »messianisch(-jüdisch)« weisen Unschärfen auf und lösen unter Umständen Widerspruch aus.

»Christlich« soll in diesem Beitrag in erster Linie nichtjüdische Menschen und ihre Glaubensgemeinschaften und Kirchen beschreiben. In gewisser Weise bedeutet »christlich« hier also primär »heidenchristlich« oder »völkerchristlich«. Dabei sehen sich manche messianisch-jüdisch Glaubenden als Teil der christlichen Kirchen und verstehen sich als christlich. Auch werden jesusgläubige jüdische Menschen in der jüdischen Gemeinschaft oft als Christinnen und Christen verstanden.

Andere jüdische Jesusgläubige verstehen sich dezidiert als Jüdinnen und Juden, doch ist ihr Status in der jüdischen Gemeinschaft umstritten. Dieser Artikel meint die überwältigende Mehrheit derjenigen, die Jesus nicht für den Messias Israels halten, wenn er von Judentum oder jüdisch etc. spricht.

Als »messianische« Juden, Jüdinnen oder »messianisches« Judentum sollen hier die Menschen, ihre Glaubensformen und Lebensweisen bezeichnet werden, die sich selbst als jüdisch verstehen und in verschiedenen Graden jüdisch leben, dabei aber auch an Jesus als ihren Messias glauben. Sie selbst verstehen diesen Glauben oft nicht als Abkehr von ihrer jüdischen Tradition, sondern als einen jüdischen Weg, als Verwirklichung und Vervollkommnung ihres eigenen Judentums. Dabei gibt es auch jesusgläubige Jüdinnen und Juden, die sich selbst nicht als »messianisch-jüdisch« bezeichnen. So bezeichnen sich beispielsweise einige als (hebräische) Christi:nnen, andere als jüdische Katholiken usw.

Daneben gibt es innerhalb der chassidischen Bewegung einige Gruppen, die in historischen Persönlichkeiten wie Rabbiner Nachman von Bratzlaw (1772–1810) oder Rabbiner Menachem Mendel Schneerson (1902–1994) den Messias verehren. Sie bleiben hier allerdings außer Betracht.

2.   Messianisches Judentum als neue religiöse Bewegung

Messianisches Judentum ist ein sehr junges Phänomen. Ausgehend von den USA entwickelte es etwa seit den 1970er Jahren eigene Praktiken, Theologien und teilweise auch Organisationsformen. Heutige messianische Jüdinnen und Juden glauben, dass Jesus von Nazaret der Messias Israels ist. Sie verstehen ihren Glauben als Ausdruck und in Verbindung mit jüdischer Identität und Kultur. Dabei entscheiden sie selbst darüber, auf welche Weise sie ihren Jesusglauben und den Grad der Verbundenheit zu jüdischen Traditionen praktizieren. In Deutschland existiert seit den 1990er Jahren eine kleine messianisch-jüdische Bewegung.

2.1   Gegenwärtiges messianisch-jüdischen Leben

Messianisches Judentum zeigt sich ganz unterschiedlich: Auf der einen Seite des Spektrums stehen Menschen, die das jüdische Recht (die Halacha) nach traditionellen Regeln orthodoxer Jüdinnen und Juden praktizieren und gemäß diesen Vorgaben etwa den Schabbat halten und koscher leben. Auf der anderen Seite gibt es solche, die diese klassischen jüdischen Praktiken kaum oder wenig ausüben und deren Frömmigkeit eher evangelikalen oder charismatischen Gruppen entspricht. Zwischen diesen Polen gibt es etliche weitere Erscheinungsformen.

Die Bindung an die Gebote kann dabei erheblich variieren. Die Verbindlichkeit der rabbinisch-jüdischen mündlichen Tora wird kontrovers beurteilt. Manche messianisch-jüdischen Gruppen und Persönlichkeiten lehnen die Trinität Gottes und/ oder die Gottheit Jesu prinzipiell ab. Andere kritisieren zwar die hellenistische Terminologie der altkirchlichen Dogmen, erkennen aber deren grundlegende Anliegen an und fordern ihre Reformulierung.

Wo messianisch-jüdische Theologen (messianisch-jüdische Theolog:innen sind in den öffentlichen Diskussionen m. W. bisher nicht hervorgetreten) oder Gemeinschaften sich zu diesen Fragen explizit äußern, überwiegt die Zustimmung zum Sachgehalt von Trinität und Gottheit Jesu bei Kritik am spezifischen Wortschatz der Dogmen aus der spätantiken hellenistischen Vorstellungswelt.

Auf Gottesdienst, Frömmigkeit und Glaubensüberzeugungen in vielen messianisch-jüdischen Gemeinschaften üben charismatisch-evangelikale Prägungen starken Einfluss aus. Diese können das »Jüdische« in messianisch-jüdischen Gemeinschaften soweit überlagern oder gar unkenntlich machen, dass der Eindruck eines evangelikal-charismatischen Gottesdienstes bleibt. In der Regel feiern messianisch-jüdische Gemeinschaften ihre Gottesdienste am Schabbat und nicht am Sonntag, manche tragen dabei den Tallit (Gebetsmantel) und/oder Kopfbedeckung, andere nicht.

Innerhalb der messianisch-jüdischen Bewegung gibt es Menschen, die die Werbung für den Glauben an Jesus innerhalb der jüdischen Gemeinschaft propagieren, und solche, die das ablehnen.

Insgesamt ist die junge messianisch-jüdische Bewegung ein quantitativ sehr kleines und noch fluides Phänomen. Optimistische Schätzungen gehen von etwa 500.000 messianisch-jüdischen Personen weltweit aus. Zurückhaltender rechnet der britische messianisch-jüdische Theologe Richard Harvey mit rund insgesamt 150.000 Personen, davon 100.000 in den USA, 15.000 bis 30.000 in Israel und 10.000 in Europa, davon 500 in Deutschland. Nach Harvey haben sich 2020 weltweit etwas mehr als 15.000 Personen in gut 500 messianisch-jüdischen Gemeinden (25 in Deutschland) organisiert, während sich der Rest einer bestehenden christlichen Konfession zurechnet (KINZER U. A., Jesus, 92–98).

## 3.		Gefährliche Annäherungen

### 3.1		Christliche Idealisierungen

Gerade im evangelikalen und charismatischen Christentum werden jüdische Menschen, die sich dem Glauben an Jesus als dem Messias anschließen, vielfach euphorisch gefeiert und begrüßt. Die Entwicklungen messianischer Gemeinden mit jüdischen und nichtjüdischen Mitgliedern gilt dort mitunter als Rückkehr zur Urkirche und als Vorzeichen für die bevorstehende Parusie Christi.

3.2   Jüdische Grenzziehungen

Nach einer verbreiteten jüdischen Überzeugung kann ein Jude / eine Jüdin Jesus nicht als Messias anerkennen. Zugleich gibt es den Grundsatz, dass ein Mensch eigentlich nicht aufhören kann, jüdisch zu sein. Die Hinwendung zum Christentum durch die Taufe und den Glauben an den Messias Jesus wird in der jüdischen Gemeinschaft unterschiedlich verstanden: Manche lehnen die messianisch-jüdische Bewegung als Vermischung von verschiedenen Religionen ab. Manche betonen, dass niemand sein oder ihr Jüdischsein verlieren kann, während andere die Taufe und den Glauben an Jesus als Ausdruck einer endgültigen Abwendung vom Judentum verstehen. Deshalb löst es in der jüdischen Gemeinschaft teilweise starke Kritik aus, wenn messianisch-jüdische Menschen oder Gruppen für sich in Anspruch nehmen, aus einer jüdischen Perspektive zu sprechen.

Hier prallen unterschiedliche Selbstverständnisse aufeinander: Die einen verstehen sich mit ihrem Glauben an Jesus als jüdisch, die anderen halten Jesusglauben und Jüdischsein für unvereinbar und betrachten den messianisch-jüdischen Anspruch als Etikettenschwindel.

Einzelne jüdische Stimmen verweisen dagegen auf die veränderten Rahmenbedingungen: Die Grenzziehungen haben sich in einer Zeit etabliert, als das jüdische Selbstverständnis ein grundsätzlich religiöses war. In der Moderne haben sich jüdische Identitäten entwickelt, in denen Menschen sich in einem rein historischen und kulturellen Sinn als jüdisch verstehen. Auf dieser Grundlage können sich nicht nur jesusgläubige Jüdinnen und Juden innerhalb des Judentums verorten. Weil sich dieses heute etwa auch säkular konstituieren kann, können auch nicht-jesusgläubige Jüdinnen und Juden den Status jesusgläubiger Jüdinnen und Juden anerkennen. Die unterschiedlichen Haltungen aus der Perspektive des jüdischen Rechts verlaufen quer zu den jüdischen Strömungen. Aus historischen Gründen gilt der Schritt zu einer veränderten Bewertung der messianisch-jüdischen jesusgläubigen Bewegung jedoch häufig nach wie vor als gefährliche bzw. unzulässige Annäherung.

3.3   Historische Klärungen

In den letzten annähernd 2.000 Jahren hat es immer Menschen gegeben, die in einer jüdischen Familie geboren wurden und die im Lauf ihres Lebens freiwillig zum Glauben an Jesus kamen und sich taufen ließen. Davon zu unterscheiden sind die Menschen, die unter Zwang getauft wurden. In den ersten Jahrhunderten der allgemeinen Zeitrechnung war damit noch nicht notwendigerweise ein bestimmtes »christliches« Selbstverständnis verbunden. Ein solches bildet sich wohl erst zwischen dem 3. und 6. Jh. heraus, und zwar parallel zum (rabbinisch-) jüdischen Selbstverständnis. Erst jetzt kann man von »Christentum« und »Judentum« als zwei eigenständigen Religionsgemeinschaften sprechen.

Seit dem frühen Mittelalter und bis weit in das 20. Jh. hinein war der Weg für jüdische Jesusgläubige als Konversion vom Judentum zum (»Heiden«-)Christentum vorgezeichnet. Das bedeutete in der Regel, dass die betreffende Person ihr Judentum verließ und ihre jüdischen Lebensformen und Traditionen aufgab. Dafür schloss sie sich einer christlichen Kirche an, die nichtjüdisch geprägt und dominiert war. Das verkehrte letztlich die neutestamentliche Wirklichkeit, dass Menschen aus den Völkern durch den Christus Jesus zum Glauben an den Gott Israels kommen. Leitend dafür war die Überzeugung, die Kirche habe Israel als Gottesvolk abgelöst und überboten.

Die Option, die jüdische Identität mit dem Glauben an die Messianität Jesu zu verbinden, eröffnete sich erst seit dem 19. Jh. Hier entwickeln sich die Vorformen des heutigen messianischen Judentums. Zwischen den beiden Weltreligionen Judentum und Christentum, die es in den ersten Jahrhunderten noch nicht gab, entsteht ein neues religiöses Phänomen. So unterscheiden sich der damalige und der heutige Kontext für jüdische Jesusgläubige fundamental voneinander: Die Menschen des 21. Jhs. trennt eine schmerzhafte jüdisch-christliche Konfliktgeschichte von den ersten Gläubigen in der Spätantike. Diese Geschichte ist ebenso unhintergehbar wie das Auseinandergehen der Wege in Judentum und Christentum. Das aktuelle messianische Judentum kann daher keine Rückkehr zur Urkirche sein. Historische Differenzierungen können zur Versachlichung beitragen und helfen, aktuelle Kontroversen besser zu verstehen.

3.4　　Belastete Geschichte

In den letzten etwa 1.500 Jahren hat sich die jüdische Tradition und Kultur in Europa unter den Erfahrungen wiederholter Bedrohungen und Diffamierungen durch die christliche Theologie, Kirche und Praxis von Christenmenschen behauptet und weiterentwickelt. Juden und Jüdinnen, die an Jesus glauben, sind ein historisch vielfach belastetes Thema.

Etwa seit dem Hohen Mittelalter entwickelten christliche Gelehrte, Agitatoren oder fanatisierte Horden antijüdische Praktiken, die sie teilweise gewaltsam und auch gegen lehramtliche oder obrigkeitliche Verbote durchsetzten. Zwangsdisputationen oder Zwangspredigten, vor allem aber Zwangstaufen und Verfolgungen haben in der jüdischen Gemeinschaft Gewalterfahrungen verursacht, die bis heute nachwirken. Jüdische Konvertiten taten sich mehrfach mit scharfer antijüdischer Polemik hervor.

In verzweifelten Lebensumständen und Zwangslagen sahen sich manche Jüdinnen und Juden dazu genötigt, sich taufen zu lassen. Das führte zu schmerzhaften Trennungsprozessen und schwächte die jüdische Gemeinschaft.

Ambivalent wirkten die Versuche christlicher Gelehrter, das Judentum über das Studium jüdischer Quellen besser kennenzulernen. Einerseits entstanden so von gegenseitigem Respekt geprägte Kontakte und erste Dialoge und Kooperationen. Andererseits versuchten christliche Gelehrte, mit ihren Kenntnissen christliche Wahrheitsansprüche gegen vermeintliche jüdische Irrtümer zu untermauern. Solche Erfahrungen waren geeignet, das Misstrauen gegenüber dem Interesse von Christen am Judentum zu verstärken. Die päpstlichen »Sicut Judaeis«-Bullen hatten seit dem 12. Jh. Zwang in Glaubensangelegenheiten zwar verboten und erzwungene Taufen für ungültig erklärt, doch sprachen sich verschiedene Gelehrte, unter ihnen der berühmte Duns Scotus, für Zwangstaufen aus.

Das durch Zwangsmaßnahmen begründete tiefe Misstrauen schlägt sich nach 1945 noch vielfach nieder in verschiedenen Äußerungen jüdischer Gelehrter. So deutete Rabbiner Joel Berger die Auslöschung des Judentums durch Mission als »Fortsetzung des Holocausts mit anderen Mitteln« (RUCKS, Phänomen, 109). Rabbiner Abraham Joshua Heschel bezeichnete sie einmal als »spirituellen Brudermord« (MALLMANN/TÜCK, Gespräch, 19). Die Skepsis gegen die Neuorientierung der großen christlichen Kirchen seit den 1960er Jahren schlug sich noch 1967 in einem Rechtsgutachten Rabbiner Moshe Feinsteins nieder. Er war damals eine der bedeutendsten orthodox-jüdischen Autoritäten und wertete die christlichen Dialogangebote als neuerliche Versuche, Jüd:innen zur Konversion zu bringen, nun mit scheinbar freundlicheren Mitteln als früher.

3.5   Von den ersten Gemeinschaften jesusgläubiger Jüd:innen im 19. Jh. bis zu den Transformationen des gegenwärtigen messianischen Judentums seit den 1970er Jahren

Im 19. Jh. entwickelten sich im angelsächsischen Bereich erste Gemeinschaften, in denen jesusgläubige Jüdinnen und Juden ihren eigenen Weg als »hebräische Christen« suchten. Sie gingen teilweise auf judenmissionarische Aktivitäten zurück. Im ausgehenden 19. und frühen 20. Jh. entstanden in den USA, im russischen Zarenreich sowie in Palästina die ersten Vorläufer heutiger messianischer Gemeinden.

Meist konvertierten jesusgläubige Jüdinnen und Juden bei ihrer Taufe zu bestehenden Kirchen. Manche von ihnen suchten nach einer Identität, mit der sie auch innerhalb der Kirchen Teile ihrer jüdischen Prägung bewahren konnten. Dabei engagierten sich einige von ihnen im Kampf gegen den Antisemitismus und warben für ein besseres Verständnis des Judentums unter Christinnen und Christen. Teilweise setzten sie sich auch für die Mission in der jüdischen Gemeinschaft ein.

Im Rückblick erweist sich gerade dieses anfänglich teilweise judenmissionarische Engagement für ein besseres Verständnis des Judentums und gegen den Antisemitismus als eine Keimzelle des christlich-jüdischen Dialogs nach 1945. Die Judenmission trat dabei bald in den Hintergrund und wurde dann grundsätzlich in Frage gestellt und faktisch aufgegeben (→ VII.5).

Eine Reihe von hebräischen Christinnen und Christen sowie hebräischen Katholiken wie Sophie van Leer mit den Amici Israel, Daniel Rufeisen, Hans Ehrenberg oder Heinz David Leuner pflegten und pflegen als jüdische Glieder innerhalb ihrer Kirchen die Verbundenheit zu ihren jüdischen Wurzeln. Nach 1945 wurden einige von ihnen zu Pionieren des christlich-jüdischen Dialogs.

Die heutige messianisch-jüdische Bewegung sucht in eigenen Gemeinschaften nach angemessenen Ausdruckformen für ihren Glauben, die auch offen sind für nichtjüdische »messianische« Gläubige, sodass zu den Gemeinden jüdische und nichtjüdische Gläubige zählen.

Gegenwärtig gelten sie eher als Störfaktor in den christlich-jüdischen Beziehungen denn als Bereicherung im Dialog. Manche evangelikalen oder charismatischen Kreise überhöhen das Phänomen mit eschatologischer und geschichtstheologischer

Bedeutsamkeit. Die großen Kirchen halten sich mit offiziellen Äußerungen zurück. Belastende historische Erfahrungen und jüngste Missionierungstätigkeiten erschweren die Annäherung. Diese Tatsachen sind ernst zu nehmen. Nichtöffentliche vertrauensbildende Konsultationen können hier helfen. Unter anderen Voraussetzungen als in Deutschland gibt es in den USA bereits erste öffentliche jüdisch-christlich-messianisch-jüdische Dialoge.

4. Theologische Erwägungen

Die Gemeinschaft der Christusgläubigen ist vom Neuen Testament her immer als eine Gemeinschaft aus jüdischen und nichtjüdischen Gläubigen gedacht. Neuere Forschungen legen nahe, dass beide von Anfang an unterschiedliche Lebensstile pflegten. Diese historische Einsicht kann sich als hilfreich für die Beurteilung der Gegenwart erweisen, wenn die historische Distanz und die grundsätzlich andere Ausgangslage heute beachtet wird. Das bedeutet, es ist wichtig, allen Idealisierungen und Instrumentalisierungen entgegenzutreten: Das heutige messianische Judentum kann keine Rückkehr zur Urkirche und den ersten jüdischen Christusgläubigen sein. Die heutigen Kontroversen, die messianisch-jüdisch Glaubende auslösen, entsprechen auch nicht den Kontroversen des ersten Jahrhunderts. Sie sind nicht aus den Prozessen der Profilierung und Selbstdefinition zweier verschiedener frühjüdischer Strömungen zu verstehen. Vielmehr entspringen sie aus den Prozessen der Profilierung und Selbstdefinition einer Gruppe zwischen den zwei bestehenden Weltreligionen Judentum und Christentum.

Christinnen und Christen können von außen kein Urteil darüber fällen, ob messianisches Judentum innerjüdisch als eine legitime jüdische Lebensweise gelten kann. Sie haben anzuerkennen, dass es hierüber keine Einigkeit gibt. Sie können fragen, wie sich eine christlich-ökumenische Verbundenheit und Kooperation mit dem Selbstverständnis dieser jesusgläubigen jüdischen Menschen verbinden kann. Dabei haben Christinnen und Christen sich vom Hochmut früherer Zeiten fernzuhalten und dürfen messianisch-jüdischen Gläubigen nicht vorschreiben, wie sie unter Preisgabe ihrer jüdischen Wurzeln zu leben haben. Die im christlich-jüdischen Dialog gewonnenen Einsichten in die bleibende Erwählung von und Gottes ungekündigten Bund mit Israel markieren jedoch Grenzen: Sie liegen dort, wo Judentum als defizitär markiert wird, weil es übereinstimmend mit den eigenen Traditionen Nein zu Jesus als dem Messias sagt. Der Glaube an den Messias Jesus ist nicht heilsnotwendig für jüdische Menschen. Als Glieder des Bundesvolks Israel stehen sie in einer intakten und vollkommenen Gottesbeziehung. Folglich sind jegliche Aktivitäten abzulehnen, die das Ziel verfolgen, jüdische Menschen für den Glauben an Jesus zu gewinnen oder ein »wahres« Judentum zu definieren, das die Messianität Jesu voraussetzt.

In den ersten Jahrhunderten haben jüdische Jesusgläubige sichtbar gemacht, was Kirche und Israel verbindet – gemeinsame Wurzeln, Hoffnungen, Glaubensüberzeugungen und ethische Prinzipien. Dies haben die spätere christliche Theologie und Praxis über die längste Zeit ignoriert.

Im 20. Jh. zählten auch Christusgläubige mit jüdischen Wurzeln zu Wegbereiterinnen und Wegbereitern des christlich-jüdischen Dialogs. Jüdische Jesusgläubige erinnern die Christenheit physisch an ihre Anfänge im Juden Jesus von Nazaret sowie denen, die ihm als erste nachfolgten, und deren bleibende Verwurzelung im Judentum. Zu diesem einzigartigen christlich-jüdischen Verhältnis gehört auch die Anerkennung der Tatsache, dass ein Großteil der jüdischen Gemeinschaft aus guten Gründen und in Übereinstimmung mit ihrer Auffassung vom Willen und der Treue Gottes eigenständige Traditionen begründet hat, weiterentwickelt und bis heute pflegt.

Trotz aller Vorbehalte und Unterschiede teilen christliche und messianisch-jüdische Gläubige etliche Grundüberzeugungen miteinander und mit dem Judentum: Der Glaube an den einen Gott, der die Welt geschaffen hat und der den Menschen sucht. In den heutigen Kontroversen spiegelt sich die lange Geschichte der Feindseligkeit, die maßgeblich von der christlichen Seite ausging. Die damit verbundenen Irritationen und Grenzziehungen sind eine Realität, die sämtliche Dialoge zu berücksichtigen haben.

Im Dialog mit messianisch-jüdischen Menschen können Christinnen und Christen nach 1945 gewonnene theologische Einsichten einbringen. Das Gottesverhältnis von Jüdinnen und Juden ist aus einer Perspektive des christlich-jüdischen Dialogs auch ohne den Glauben an Jesus vollkommen und intakt. Das widerspricht auch nicht der Erfahrung messianisch-jüdischer Menschen, die ihren Glauben an Jesus als jüdischen Schritt verstehen oder als Vervollkommnung ihres Jüdischseins.

Über verschiedene Überzeugungen lässt sich auch mit jüdischen Jesusgläubigen Einverständnis erzielen. Für einen ernsthaften Dialog ist keine Einigkeit nötig, er sollte aber nicht ausklammern, was von verschiedenen Seiten als gefährliche Annäherung, Vereinnahmung, Instrumentalisierung, Irritation wahrgenommen wird. Provokant dürften geschichtstheologische Deutungen des Entstehens messianisch-jüdischer Gemeinschaften und der Gründung des Staates Israel sowie der jüdischen Einwanderung dorthin sein. Etliche Christinnen und Christen sowie messianisch-jüdische Personen verbinden damit teilweise sehr konkrete Endzeitspekulationen. Andere sehen in der Hinwendung jüdischer Menschen zu einem jüdischen Glauben an Jesus ein eschatologisches Zeichen oder in der Staatsgründung Israels ein Zeichen der Treue Gottes. Für diejenigen, die solchen Deutungen grundsätzlich eher skeptisch gegenüberstehen, sind beide Entwicklungen ein Anstoß, neu über geschichtstheologische Deutungen nachzudenken.

5.   Perspektiven

Nach einer Entscheidung des Deutschen Evangelischen Kirchentags, im Jahr 2015 keine messianisch-jüdischen Gruppen zuzulassen, fand am Ende doch ein erster öffentlicher Dialog zwischen Vertretern der drei Gruppen statt. Dabei loteten der hannoversche Landesbischof Ralf Meister, der Erziehungswissenschaftler und Publizist Micha Brumlik und der messianisch-jüdische Theologe Richard Harvey Möglichkeiten für weitere gemeinsame Gespräche aus. Eine Absage an aktive »Judenmission« erkannten dabei alle drei Gesprächsteilnehmer als Bedingung für eine künftige Annäherung an (vgl. Rucks, Phänomen, 139; Gemeinsamer Ausschuss, 8f.).

Die Positionsbestimmung »Judenchristen – jüdische Christen – ›messianische Juden‹« des Gemeinsamen Ausschusses Kirche und Judentum aus dem Jahr 2017 war eine erste ausführlichere öffentliche Stellungnahme zur messianisch-jüdischen Bewegung aus dem landeskirchlich-evangelischen Bereich.

Das Papier fragt, unter welchen Voraussetzungen messianisch-jüdische Kreise aus evangelischer Sicht als Teil der Gemeinde Christi gelten können. Es nimmt ernst, dass das im christlich-jüdischen Dialog gewachsene Vertrauensverhältnis nach wie vor fragil ist. Messianisch-jüdische Gruppen gelten als Gefahr für den Dialog, wenn sie kurzerhand als »jüdische« Dialogpartnerinnen eingestuft werden. Im Hintergrund sind die Verletzungen präsent, die bei messianischen Missionierungstätigkeiten unter den religiös weithin kenntnislosen Einwanderern aus den GUS-Nachfolgestaaten seit den 1990er Jahren entstanden. Angesichts dieser Sensibilitäten plädiert die Positionsbestimmung für einen zurückhaltenden Umgang mit messianisch-jüdischen Gemeinschaften. So sind Kontakte im landeskirchlichen Bereich bisher eher auf Einzelpersonen bzw. auf informelle Kontakte und Konsultationen beschränkt. Im freikirchlichen Spektrum besteht dagegen große Offenheit und Freude über messianische Gemeinschaften aus jüdischen und nichtjüdischen Menschen.

Auch in der römisch-katholischen Kirche gibt es Zurückhaltung bei der Aufnahme offizieller Kontakte. Gleichwohl führen katholische Vertreter seit einiger Zeit informelle Gespräche mit messianisch-jüdischen Gruppen.

Papst Johannes Paul II. hatte im Jahr 2000 eine theologische Studiengruppe für den Dialog ins Leben gerufen, die bis 2016 von Georges Kardinal Cottier, bis 2020 von Christoph Kardinal Schönborn geleitet wurde. Papst Benedikt XVI. meinte im Umstand, dass jüdische Menschen ohne Zutun der christlichen Kirchen zum Glauben an Jesus gelangten, ein Zeichen mit eschatologischer Qualität erkennen zu können. Papst Franziskus sprach sich für einen vertieften theologischen Austausch aus (vgl. dazu insg. Mallmann/Tück, Gespräch, 21).

So veranstaltete die Universität in Wien im Juli 2022 ein Symposium mit christlichen und messianisch-jüdischen Referentinnen und Referenten aus Europa, Israel und den USA. Die gemeinsame Gesprächsgrundlage bildeten – analog zum Kirchentag 2015 – die Abkehr von substitutionstheologischen Vorstellungen und die Absage an »judenmissionarische« Aktivitäten. In dem im Juli 2023 erschienenen Tagungsband »Jesus – der Messias Israels?« schlägt sich das Bemühen nieder, die Auseinandersetzung mit einem vielschichtigen Phänomen theologisch zu würdigen und mit Einsichten aus dem christlich-jüdischen Dialog zu diskutieren.

In den USA gibt es Anfänge eines jüdisch-messianisch-christlichen Dialogs. So kooperieren in der »Society for Post-Supersessionist Theology« Fachleute aus den verschiedenen Gemeinschaften miteinander. Die 2017 erschienene zweite Auflage des »Jewish Annotated New Testament« dokumentiert diese Entwicklungen. Das maßgeblich von jüdischen Forschenden aus Nordamerika erarbeitete Werk bietet nun neu auch einen Essay »Messianic Judaism« von Yaakov Ariel. Er beschreibt messianisches Judentum als neue religiöse Bewegung, die »den Glauben an Jesus als Herrn und Erlöser mit jüdischer Identität und Kultur« verbindet (Ariel, Messianic, 756, Übers. A. T.).

Der Essay beleuchtet die Entwicklungen zum heutigen messianischen Judentum und betont die verschiedenen Erscheinungsformen und die Diversität, die es insbesondere in Nordamerika ausgebildet hat. Dabei verweist er sowohl auf die engen Verbindungen der messianisch-jüdischen Bewegung mit dem evangelikalen Christentum als auch die verschiedenen religiösen Ausdrucksformen und die ersten theologischen Entwürfe messianisch-jüdischer Denker.

Weiterführende Literatur

EVANGELISCHE KIRCHE IN DEUTSCHLAND (EKD), Judenchristen – jüdische Christen – »messianische Juden«. Eine Positionsbestimmung des Gemeinsamen Ausschusses Kirche und Judentum, Hannover 2017.

TÖLLNER, AXEL, Von christlichem Antijudaismus im modernen Antisemitismus, in: Zeitschrift für Religion, Gesellschaft und Politik 6, 2022, 139–159.

IX.7   Antisemitismus aufdecken/vermeiden/widerstehen als theologische Aufgabe

Ilse Müllner

1.   An die Wurzel

Antisemitismus beginnt nicht erst dort, wo Juden und Jüdinnen körperlich angegriffen werden. Auch wenn in vielen Ländern antisemitische Übergriffe stattfinden, so ist doch Antisemitismus zuallererst eine Form der Menschenfeindlichkeit, die mit sprachlichen Mitteln arbeitet. Antisemitismus funktioniert mit sprachlichen Mustern, Stereotypen, Bildern und Worthülsen, in denen oftmals noch nicht einmal der Begriff »Jude« vorkommt, die aber dennoch Klischees abrufen, die tief im abendländischen Denken verwurzelt sind und sich gegen Jüdinnen und Juden als Personen sowie gegen das Judentum als Gesamtkonstrukt richten. Oftmals wird im deutschen Sprachraum das Wort »Pharisäer« für Menschen gebraucht, die ihren eigenen moralischen Ansprüchen im Handeln nicht gerecht werden. Das Adjektiv »alttestamentarisch« steht für Grausamkeit und Rachsucht. Die Kirche wird als »neues Gottesvolk« verstanden, als ob sie das »alte« jüdische Volk abgelöst hätte. Und Rechtsvorschriften werden häufig mit Adjektiven wie »kleinlich« oder »engstirnig« abgewertet. (→ II.3)

Antisemitische Stereotype bewirken – wie jeder feindselige Sprachgebrauch – feindliche Gefühle und diese wiederum führen häufig zu gewaltförmigen Handlungen. Die antisemitischen Denk- und Sprachmuster allerdings, die in der Gegenwart immer noch prägend sind, haben ihre Wurzeln im christlichen Denken bis in die Antike hinein. Auch wenn sich die Gesellschaften, die solches antisemitisches Denken produzieren, oft weit vom Christentum entfernt haben mögen, so bleiben christlich geprägte Bilder und Muster doch lebendig. Eine Analyse des Antisemitismus ist deshalb nicht möglich, ohne danach zu fragen, wo im Christentum diese Denkformen verwurzelt sind. Die Denkbewegungen des Christentums gehören historisch und systematisch zum Gegenstandsbereich jeder Antisemitismuskritik.

Umgekehrt sind die Trennungsbewegungen zwischen dem frühen Christentum und dem Judentum schon sehr früh dadurch gekennzeichnet, dass die zunächst innerjüdisch positionierten entstehenden christlichen Gruppen sich gegenüber bestimmten Strömungen im Judentum abgesetzt haben. Bald schon haben antijüdische Argumentationen zum Kernbestand christlichen Denkens gehört und sind in den weiteren Jahrhunderten der Christentumsgeschichte zunehmend ausgebaut und an die sich verändernden Gegebenheiten angepasst worden. Deshalb gehört es auch zu jeder redlichen christlichen Theologie, sich selbstkritisch mit dem ihr inhärenten Antisemitismus auseinanderzusetzen. Diese Auseinandersetzung muss historisch im Sinn einer Rückfrage nach den antijüdischen Argumentationsmustern in der theologischen Tradition geschehen. Sie muss aber auch gegenwartskritisch erfolgen mit einem wachen Blick darauf, welche antijüdischen Muster in der Theologie der jeweiligen Zeit reproduziert und neu produziert werden. An dieser selbstkritischen Analyse haben sich alle Disziplinen der Theologie zu beteiligen und darüber miteinander im Gespräch zu bleiben, so dass die Sensibilisierung etwa für einen bestimmten Sprachgebrauch durch die theologisch-interdisziplinäre Zusammenarbeit fachlich fundiert vertieft und präzisiert werden kann.

2.   Antijudaismus und Antisemitismus

Die Verhältnisbestimmung von (rassistischem) Antisemitismus und (theologischem) Antijudaismus ist komplex (→ II.2). Zwar gehen manche Analysen von einer Theorie der Ablösung aus, wonach der moderne Antisemitismus zwar noch Bezüge zu theologischem antijüdischen Denken aufweist, dieses aber im Grunde beerbt und abgelöst habe. Demgegenüber stehen Ansätze, die die historischen Verbindungslinien zwischen Antijudaismus und Antisemitismus betonen. Im christlichen Kontext wird die Notwendigkeit von Aufarbeitung des und Widerstand gegen den Antijudaismus oftmals mit einem Hinweis auf die Schuld und Mitverantwortung des Christentums an antisemitischer Gewalt bis hin zur im Nationalsozialismus versuchten Vernichtung jüdischen Lebens betont. Die Rheinische Landessynode nennt in ihrer 1980 erschienenen Erklärung *Zur Erneuerung des Verhältnisses von Christen und Juden* als ersten Grund, nach einem erneuerten Verhältnis der Kirche zum jüdischen Volk zu suchen, »[d]ie Erkenntnis christlicher Mitverantwortung und Schuld an dem Holocaust, der Verfemung, Verfolgung und Ermordung der Juden im Dritten Reich.«

(Theologischer) Antijudaismus und (rassistischer) Antisemitismus lassen sich nicht trennen. *Erstens* richten sich beide Diskriminierungsweisen gegen dieselben Menschen. *Zweitens* sind die antisemitisch-rassistischen Sprach- und Denkmuster, die im nationalsozialistischen Massenmord des 20. Jhs. gipfelten, fest im christlichen Denken verwurzelt. Keine politische Analyse des Antisemitismus kommt ohne eine intensive Auseinandersetzung mit den christlich-religiösen Wurzeln aus. (S. etwa BENZ, Antisemitismus, 21–48) Dadurch erhält der Antisemitismus *drittens* eine umfassende und metaphysische Grundierung, die so bei keiner anderen Form gruppenbezogener Diskriminierung festgestellt werden kann. (vgl. SCHWARZ-FRIESEL, Sprache, 41–42)

Die theologische Selbstkritik leistet damit einen Dienst auch an der politologischen Antisemitismusforschung, gerade auch dann, wenn das in theologischen und theologienahen Diskursfeldern generierte Wissen nicht umfassend in die anderen kulturwissenschaftlichen Disziplinen eingegangen ist. Das ist etwa zu bemerken bei konfessionellen Differenzierungen, die in den nicht-theologischen Wissenschaften nicht so nuanciert wahrgenommen werden wie innerhalb der konfessionell geprägten Theologien. Auch die Diskussion um das Auseinandertreten von Judentum und Christentum, wie sie in der Theologie und den mit ihr verwandten Fächern seit Ende der 1980er Jahre geführt wird (→ III.1, → III.4), findet in allgemeinen Darstellungen des Antisemitismus keine Berücksichtigung. Dabei ist es doch gerade die prekäre Verhältnisbestimmung zwischen diesen beiden Religionen, welche die christliche Theologie nicht nur anfällig für den Antijudaismus gemacht, sondern auch dazu geführt hat, dass dieser dem Christentum zutiefst eingeschrieben ist.

Gegenüber dem Judentum ist die Schuldgeschichte des Christentums unendlich gewachsen dadurch, dass der rassistische, mörderische Antisemitismus auf die ideologischen Vorarbeiten christlicher Theologie zurückgreifen konnte. Die Analysen antisemitischer Stereotype und ihrer Herleitungen aus der christlichen Theologie machen deutlich, dass das Christentum die rassistische Judenfeindschaft so weit vorbereitet hat, dass die antijüdischen Bilder extrem verbreitet waren und in die sich verändernden Ideologien hinein übersetzt werden konnten.

Die theologische Aufgabe geht also in drei Richtungen. Nach innen in die *christliche Theologie* hinein hat sie sich gegen die Selbstvergiftung zu wehren, mit der sich das Christentum seiner eigenen Kraft beraubt, indem es sich von seiner eigenen Wurzel abschneidet und die geschwisterliche Verbindung zum Judentum nicht als Quelle theologischen Denkens wahrnimmt. Gegenüber dem *Judentum* gilt es, eine Schuldgeschichte zu bekennen und sich durch die Arbeit an neuen theologischen Denkmustern für das christlich-theologische Gespräch diskursfähig zu machen. Gegenüber einer Gesellschaft, in der neu ein erstarkender Antisemitismus festzustellen und zu beklagen ist, hat die Theologie eine Dienstfunktion, insofern sie die christlichen Wurzeln antisemitischer Stereotype aufdeckt und für frühe Formen antisemitischen Denkens zu sensibilisieren hilft (→ I.1).

3.   Aufdecken

Antijudaismus in der Theologie aufzudecken impliziert, sich selbst angreifbar zu machen und eigene Positionen einer kritischen Prüfung zu unterziehen. Antijudaismus Aufdecken heißt, dorthin zu gehen, wo es weh tut. Das gilt zunächst und zuallererst für den christlich-theologischen Blick auf das Judentum insgesamt.

So war es für die beginnende feministische Theologie in den 1980er Jahren eine große existenzielle Herausforderung, sich mit dem Antijudaismusvorwurf ernsthaft auseinanderzusetzen und ihn nicht einfach nur abzuwehren. Gerade zu Beginn einer solchen Befreiungsbewegung hätte man sich nicht erwartet, dass das Thema Antijudaismus in dieser Schärfe aufkam. Und doch zeigte sich, dass die beginnende feministische Theologie in ihren unterschiedlichen Strömungen auf bekannte, christliche antijüdische Stereotype zurückgriff. Zwei Argumentationsstränge seien hier herausgegriffen. Innerhalb der Matriarchatsforschung wurde recht bald das antike Israel für die Entwicklung des Patriarchats und die Herausbildung eines männlichen Gottesbegriffs verantwortlich gemacht. »Blaming the Jews for the Birth of Patriarchy« (Judith PLASKOW, Visions, 1989) und der darin inkludierte Mord an der Muttergöttin beerbte den traditionellen Vorwurf des Gottesmords ausgehend von der historisch falschen Zuschreibung der Verantwortung für den Kreuzestod Jesu an die damalige jüdische Gemeinschaft. Und auch das traditionelle christliche Überbietungsdenken wurde feministisch gewendet, indem Jesus als der erste Feminist bzw. »der erste neue Mann« (Franz ALT, 1989) wahrgenommen und seiner immer noch im Patriarchat verhafteten jüdischen Umwelt gegenübergestellt wurde.

Insbesondere für eine christliche Befreiungsbewegung ist es sehr herausfordernd, sich der Aufgabe zu stellen, Antijudaismus in jeder Form zurückzuweisen. Denn eine Bewegung wie die feministische Theologie muss sich per se schon gegen viele Angriffe von außen wehren, die Einsicht in eigene Schwächen ist da nicht leicht zu verarbeiten. Außerdem ist es besonders schwierig, wenn eine Bewegung, die sich vom Mainstream abzusetzen meint, darauf gestoßen wird, bestimmte schwerwiegende Fehler zu wiederholen und in neuem Gewand fortzusetzen. Dennoch wurde die Diskussion um den Antijudaismus in der feministischen Theologie sehr früh und intensiv geführt, etwa in der Zeitschrift Schlangenbrut und in einer von Marie-Theres Wacker und Luise Schottroff 1996 herausgegebenen Publikation (Von der Wurzel getragen. Christlich-feministische Exegese in Auseinandersetzung mit dem Antijudaismus). Vor vergleichbaren Herausforderungen stehen Befreiungsbewegungen auch heute. Ganz besonders deutlich wird das am Erstarken eines vor allem israelbezogenen Antisemitismus, wie er im Kontext der postkolonialen Theoriebildung wahrzunehmen ist (vgl. BRUMLIK, Antisemitismus). Die Diskussion um die documenta 15, die 2022 in Kassel stattfand, hat diese Frage auch in eine breite Öffentlichkeit getragen. Kuratiert vom indonesischen Künstler:innenkollektiv Taring Padi war die Weltkunstausstellung 2022 eurozentrismuskritisch konzipiert. Zu postkolonialen Ansätzen gehört häufig auch eine radikale Israelkritik, deren Grenze zum Antisemitismus auf der documenta sowohl konzeptionell als auch in konkreten Kunstprojekten deutlich überschritten wurde, etwa dadurch, dass einzelnen Kunstwerke mit geprägten antisemitischen Stereotypen gearbeitet haben.

Die Aufgabe der Theologie in diesem Zusammenhang ist eine zweifache. Nach innen geht es auch darum, die postkolonialen Ansätze theologischer Forschung mit dem Vorwurf des Antisemitismus zu konfrontieren, wie er die postkoloniale Theoriebildung insgesamt betrifft. Nach außen hin kann die Theologie ihre Kompetenz zur Verfügung stellen, antijüdische Denkmuster aufzuspüren und sie historisch und geistesgeschichtlich zurückzuführen.

4.   Vermeiden

Die Auseinandersetzung mit dem Antisemitismus ist eine Querschnittsaufgabe der Theologie. Sie ist nicht auf einzelne Disziplinen beschränkt, sondern nimmt in der biblischen, der historischen, der systematischen und der praktischen Theologie je andere Ausprägungen an, lässt jeweils andere Inhalte in den Blick geraten und Zugänge sich entwickeln (→ I.1). Das bedeutet aber nicht, dass jede Disziplin diese Aufgabe für sich bewältigen kann. Als Querschnittsthema stellt der Antisemitismus die Theologie auch vor die Herausforderung, fächer- und damit methodenübergreifend zu denken.

Zur Vermeidung von Antisemitismus reicht es deshalb nicht aus, in der jeweils eigenen Fachdisziplin der Theologie zu Hause zu sein. Vielmehr bedarf es einer theologisch-interdisziplinären Gesprächskultur, die sich außerdem dem gesamtgesellschaftlichen Diskurs verpflichtet weiß. Um die Perpetuierung des christlich etablierten Antijudaismus zu verhindern, ist es unumgänglich, einerseits die antijüdischen Denkmuster der Christentumsgeschichte zu kennen und andererseits auf dieser analytischen Basis neuen Formen des Antisemitismus gegenüber wachsam zu sein, wie er sich z. B. in der Israelkritik und den postkolonialen Bewegungen äußern kann.

Antisemitismus vermeiden bedeutet im Christentum auch, sich der eigenen Verletzlichkeit zu stellen. Denn die überzogenen Abwehrbewegungen gegenüber dem Judentum, die schließlich zum rassistischen Antisemitismus geführt haben, wurzeln auch in der Einsicht einer tiefen, bleibenden Verbindung mit dem Judentum. Mit Blick auf getaufte Jüd:innen schreibt Susannah Heschel: »If Christianity was born out of Judaism, or birthed by the Jews Jesus and Paul, it has already been infiltrated by Jewish presence. That ist the anxiety felt in 1941: baptized Jews entering the church with a yellow star constituted more than a Jewish intrusion into Christian sanctified space; they served as a symbolic reminder that Judaism is already part of the Christian body, that the Aryan Christian cannot be protected from contamination with Jewish blood.« (Heschel, Antisemitism, 59–60) Gerade die im 19. und 20. Jh. entwickelten antisemitischen Argumentationen treiben einen enormen Aufwand, um das Christliche von jenem Jüdischen zu befreien, das ihm doch historisch und systematisch immer inhärent bleiben wird – etwa in Versuchen, Jesus zu arisieren. Letztlich richtet sich der Antisemitismus immer auch gegen das christliche Selbst.

5.   Widerstehen

Mit Bezug auf den Widerstand gegen den Antisemitismus sind vor allem drei gedankliche Linien hervorzuheben. *Erstens* ist die bereits benannte *Schuldgeschichte* des Christentums gegenüber dem Judentum eine schwere Last. Sie reicht bis in die Anfänge christlicher Bekenntnisse zurück. Und auch wenn man in Bezug auf die ersten Jahrhunderte noch nicht von zwei getrennten Religionen im späteren Sinn sprechen kann (→ III.1, → III.4), so sind doch auch die frühesten christlichen Zeugnisse anfällig gewesen für eine antijüdische Interpretation, die dann zum Antisemitismus hin ausgeweitet werden konnte. *Zweitens* muss die christliche Theologie lernen, auf ein *Überbietungsdenken* zu verzichten, das sie jahrtausendelang eingeübt und das ihr Selbstbewusstsein maßgeblich geprägt hat. Die Superioritätsvorstellungen reichen bis tief in die theologische Sprache hinein und erscheinen oftmals nicht offensiv, sondern in fast unmerklichen Details bis in die Konstruktion von Geschichte als zielgerichtetes und sich immer stärker einem Ideal annäherndes Unterfangen. Ein Verzicht auf den Überlegenheitsgestus kann als kränkend erlebt werden, ist aber in der Spur der bahnbrechenden Konzilserklärung Nostra aetate unverzichtbar, will man christlicherseits mit Juden und Jüdinnen in ein Gespräch auf Augenhöhe treten. *Drittens* hat die christliche Seite eine theologische *Asymmetrie* zu vergegenwärtigen, die theologischen Denker:innen ebenfalls oftmals schwerfällt. Im Bild des Paulus kommt diese Asymmetrie so zur Sprache: »Nicht du trägst die Wurzel, sondern die Wurzel trägt dich.« (Röm 11,18; EÜ 2016) Wenn Christ:innen von einer bleibenden Verwiesenheit christlicher Theologie auf das Judentum sprechen, dann gilt das nicht im selben Maß auch umgekehrt. Diese Verwiesenheit darf nicht als historische missverstanden und dann doch wieder im Sinn einer Ablösung und Beerbung fehlinterpretiert werden. Sie ist grundsätzlicher Natur, insofern das Christentum für sein eigenes Selbstverständnis die Beziehung zum Judentum braucht, das umgekehrt aber nicht der Fall ist. Das Judentum kann »zwar ohne das Christentum, das Christentum aber auf keinen Fall ohne das Judentum leben« (KOCH, Hinwendung, 162).

Das kommt vielleicht am sinnenfälligsten darin zum Ausdruck, dass Christ:innen auf die jüdischen Schriften des Ersten Testaments angewiesen sind, dass also ein Neues ohne das Alte Testament nicht zu existieren vermag. Umgekehrt kann aber die Jüdische Bibel selbstverständlich ohne das Neue Testament bestehen (→ IV.5). Bei der Verwiesenheit des Christentums auf das Judentum geht es also nicht um eine chronologische Abstammung, sondern um einen identitätsbildenden Bezug. Das führt dazu, dass in ekklesiologischen Entwürfen neuerer Zeit eine Verhältnisbestimmung zum Judentum vorgenommen wird, die sowohl in der Kontinuität des gegenwärtigen Christentums mit dem Alten Testament und den apostolischen Ursprüngen liegt als auch in der Verbundenheit der Kirche mit dem Judentum der jeweiligen Gegenwart als ekklesiologische Grundaussage (vgl. HENRIX, Kirche, 215–218).

Die Asymmetrien zwischen dem Christentum und dem Judentum sind komplex und vielfältig. Zur bereits genannten Asymmetrie einseitiger Verwiesenheit kommt mindestens noch die historische Last der Schuld des Christentums, den Antijudaismus in die Welt gebracht und den Antisemitismus massiv befördert zu haben. Außerdem muss sich das Christentum im Gespräch mit dem Judentum vergegenwärtigen, dass das Judentum – anders als das Christentum – sich nicht ausschließlich als Religion versteht, sondern einen Abstammungsaspekt mit sich trägt, eine ethnische Dimension, die der Kirche nicht zu eigen ist (HENRIX, Kirche, 222). Auch faktisch lassen sich im jüdisch-christlichen Gespräch Differenzen wahrnehmen, die immer wieder als Herausforderung erlebt werden. Während in den ersten Jahrzehnten des Dialogs zurecht vor allem darauf gedrungen wurde, Gemeinsamkeiten zwischen

Judentum und Christentum herauszuarbeiten, ist in den Begegnungen seit den 90er Jahren des vergangenen Jahrhunderts zunehmend die Herausforderung und auch der Mut wahrzunehmen, über bleibende Unterschiede zu sprechen und auch die Differenzerfahrungen miteinander zu teilen. Für die christliche Seite stellen sich mit Blick auf die bleibenden Unterschiede zwei Herausforderungen. Das eine ist ein klares Nein zur Judenmission (→ VII.5). Das scheint zwar im Mainstream von Theologie und Kirche selbstverständlich, weil diese Missionsbestrebungen selbst wieder antijüdische Impulse enthalten. Immer wieder sieht sich eine Ablehnung von Mission jedoch vor neue Herausforderungen gestellt. Katholischerseits ist hier die Umformulierung der Karfreitagsfürbitte 2008 zu nennen, wie sie mit der Wiederzulassung der Tridentinischen Messe als außerordentliche Form durch Papst Benedikt XVI. vorgenommen und in der Folge intensiv kritisch diskutiert wurde (→ II.3, VI.4). Im evangelischen Raum sind es vor allem die Strömungen messianischer Jüd:innen, die immer wieder diese Diskussion um die wirkliche Akzeptanz des Judentums als eigenständigem Weg mit und zu G*tt provozieren (→ IX.6). Mit diesem praktischen Nein zur Judenmission verbunden ist eine zweite, wohl tiefergehende Herausforderung an das christliche Denken. Das gelebte Judentum als eigenständig und unterschieden vom Christentum wahrzunehmen, ihm seine eigene Heilsbedeutung auch aus christlicher Perspektive zuzusprechen und damit letztlich den Impuls von Nostra aetate 4 aufzugreifen bedeutet auch, Differenzen denken zu lernen, ohne sie in Über- und Unterordnung hinein aufzulösen. Dem im Christentum lange praktizierten und tief verinnerlichten Überlegenheitsgestus ist zu widerstehen und das Selbstbewusstsein der eigenen Tradition positiv und nicht durch Abgrenzung gegenüber den Anderen – und hier konkret gegenüber dem Judentum – zu gewinnen. Damit sind auch christliche Grundbegriffe immer wieder daraufhin zu befragen, inwieweit sie aus einer Absetzungsbewegung gegenüber dem Judentum herausgebildet worden sind. Häufig stehen mit dem Judentum verbundene Gegenbegriffe im Hintergrund christlicher Selbstzuschreibungen, ohne dass sie immer mitbenannt sein müssen. Wer mit Blick auf die Grundbotschaft des Neuen Testaments von »Evangelium« spricht, hört oft die Absetzung vom »Gesetz« mit. Wer den Gott der Liebe verkündet, denkt oft – immer noch markionitisch – an den Gott des Zorns und sieht das erste Gottesbild im Neuen, das zweite im Alten Testament verwirklicht. Diese Herausforderung einer Würdigung von Differenzen führt bis in das christliche Grundbekenntnis zu Jesus von Nazaret als dem Messias hinein; eine Christologie ohne Überbietungsgestus gegenüber der Geschichte Gottes mit Israel zu formulieren ist eine bleibende Aufgabe.

6.   Im Gespräch halten – Auf der Suche nach neuen Bildern

Zur theologischen Aufgabe einer Vermeidung des Antisemitismus gehört auch, die Schuldgeschichte des christlichen Antijudaismus immer wieder in Erinnerung zu rufen und die theologischen Muster aufzudecken und bekannt zu machen, so dass die immer gleichen Fallen vermieden werden können. Die Abwertung der pharisäischen Bewegung ist einfach nicht nötig, um eine gute Predigt zu jenen biblischen

Texten zu halten, in denen von der Auseinandersetzung Jesu mit anderen Schriftgelehrten um eine angemessene Deutung der Tora gerungen wird. Um solche gängigen antijüdischen Stereotype zu vermeiden, ist es aber unumgänglich, historisches Wissen um die innerjüdische Streitkultur des ersten Jhs. u. Z. zu haben und sich mit den neueren Erkenntnissen zur Geschichte der Trennung zwischen Judentum und Christentum auseinandergesetzt zu haben. Wer um die Chiffre *parting of the ways* weiß, kann die Interpretation eines neutestamentlich erzählten Streitgesprächs als innerjüdische Auseinandersetzung begreifen. Eine entsprechende Predigt, ein entsprechender Unterrichtsentwurf können dann nicht nur als Befolgen eines moralischen Imperativs verstanden, sondern als historisch, sachlich angemessene Deutung eines neutestamentlichen Texts begriffen werden. Die theologischen Erkenntnisse, die durch die Impulse aus dem jüdisch-christlichen Gespräch gewonnen wurden, müssen also in die Breite hinein gestreut werden, um wirksam zu sein. Die Auseinandersetzung mit der christlichen Schuldgeschichte kann daher nicht ein für allemal als abgegolten abgehakt, sondern muss von jeder Generation neu geführt werden.

Neue Erkenntnisse erfordern aber nicht nur eine Verbreitung über den engeren wissenschaftlichen Kontext hinaus, sondern auch eine Suche nach neuen Denkwegen. Ein prägnantes Beispiel sei hier entwickelt. Das Verhältnis zwischen Judentum und Christentum wird immer wieder in Bildern beschrieben, die teilweise bis in die Antike und bis in die neutestamentlichen Schriften hinein zurückreichen. Vor allem zwei Metaphernfelder ragen dabei heraus: Pflanzen und Verwandtschaft. Das Ölbaumbild aus dem Römerbrief ist prägend geworden. Doch mit Blick auf die Frage danach, wann das Judentum entstanden ist und wann sich die Wege von Judentum und Christentum getrennt haben, kann das Bild von den aufgepfropften Zweigen irreführend sein. Abgesehen davon, ob Paulus mit dem Ölbaum tatsächlich Israel und nicht vielmehr Christus meint, legt es nahe, dass das Heidenchristentum in das bestehende Judentum integriert wurde, was von jüdischer Seite und wohl auch schon von Paulus so nicht beschrieben würde. Auch die Metapher von der Mutter- und der Tochterreligion ist nicht stimmig, weil es ein Nacheinander voraussetzt, das für die ersten Jahrhunderte nicht gegeben ist (→ III.1, → III.4) und außerdem die Vorstellung fortführt, das Christentum habe das Judentum beerbt. Oftmals wird das Verhältnis auch mit dem Bild der älteren (Judentum) und jüngeren (Christentum) Geschwister beschrieben, wie z. B. von Papst Johannes Paul II. bei seinem Besuch der Synagoge von Rom 1986. An dieses Bild kann erstens die Frage gestellt werden, wer denn dann die Eltern seien. Das Verhältnis von biblischem Israel zum rabbinischen Judentum und zum Christentum ist zu komplex und differenziert, um in diesem Bild gefasst zu werden. Und auch in diesem Bild kommt ein Nacheinander der Entstehung zum Ausdruck, das den historischen Erkenntnissen nicht mehr entspricht (→ II.3).

Eine bleibende Aufgabe gegenwärtiger Theologie liegt also darin, nach Bildern für das Verhältnis zwischen Judentum und Christentum zu suchen, die sowohl die erkannten Antijudaismen zurückweisen als auch die Erkenntnisse gegenwärtiger historischer Forschung integrieren. Die Aufarbeitung des und der Widerstand gegen den Antijudaismus ist in der Theologie nicht ein für allemal abgegolten, sondern muss immer wieder neu schmerzlich errungen werden.

Weiterführende Literatur

KESSLER, RAINER, Unwort des Jahrhunderts: »alttestamentarisch«. Gottes Bundesschlüsse, Jeremias Hoffnung und der neue Bund im Urchristentum. In: HIEKE, THOMAS/HUBER, KONRAD (Hg.), Bibel falsch verstanden. Hartnäckige Fehldeutungen biblischer Texte erklärt, Stuttgart 2020, 162–168.
STEINKE, RONEN, Antisemitismus in der Sprache. Warum es auf die Wortwahl ankommt, Berlin 2020.
ZENGER, ERICH, Das Erste Testament. Die jüdische Bibel und die Christen, Düsseldorf 1991.

X. Begegnung gestalten

X.1 Anregungen für eine judentumssensible christliche Theologie und christliche Existenz

Valesca Baert-Knoll und Reinhold Boschki

1. Hinführung

Alle Beiträge dieses Studienbuches machen auf ihre Weise und aus verschiedener Perspektive deutlich, wie sehr es für das Studium der Theologie »nichts Äußerliches« ist, sich intensiv mit dem Judentum, mit jüdischer Geschichte und Gegenwart, mit jüdischer Theologie, jüdischen Texten und jüdischem Leben früher und heute zu beschäftigen. Im Gegenteil, es gehört »zum Inneren« des christlichen Theologietreibens und Theologiestudierens selbst, sich mit den biblischen Wurzeln des entstehenden Judentums, mit der Tora und dem ganzen Tanach, den rabbinischen Texten und Kommentaren, den verschiedenen jüdischen Strömungen und Lebensformen intensiv auseinanderzusetzen und sie ins Verhältnis zum eigenen Theologisieren zu bringen. Viele der hier versammelten Texte berufen sich auf ein Wort des Papstes Johannes Paul II., dass nämlich das Judentum dem Christentum nichts Äußerliches ist, sondern zum Inneren gehört, ein zentraler Gedanke, der aber auch aus anderen Quellen, anderen christlichen Traditionen – zum Beispiel den bedeutenden Erklärungen der Evangelischen Kirche in Deutschland – sowie aus systematisch-theologischen Überlegungen erschlossen werden kann.

Christliche Theologie findet ihre eigentliche Bestimmung erst dann, wenn sie sich nicht nur monohermeneutisch mit den eigenen Traditionen und Texten beschäftigt, sondern die Partnerschaft zwischen Judentum und Christentum auf dem Weg zu Gott *realisiert* – im doppelten Sinne von erkennen und verwirklichen – und diese Partnerschaft im Dialog sowie der konkreten Begegnung auch *praktiziert*.

Der abschließende Abschnitt soll der programmatischen Frage nachgehen, wie eine christliche Praxis aussehen kann, die sich selbst als »von der Wurzel getragen« beschreibt (in Anlehnung an Röm 11,18). Was verändert die theologische Relevanz des Judentums in der christlichen Praxis? Wie kann eine an *Nostra aetate* 4 oder an vergleichbaren Verlautbarungen aus den evangelischen Kirchen geschulte Haltung – »Schulter an Schulter« (Zef 3,9) – heute praktisch umgesetzt werden? Gibt es Modelle der Konvivenz? Welche Orte christlichen Lebens müssen »judentumssensibler« werden?

2.   Eigene Wege im Studium suchen, die zum Judentum führen

Dass Studiengangsverantwortliche das Studium der Theologie viel stärker an verpflichtenden Inhalten zum Thema Judentum ausrichten sollten, liegt angesichts der in diesem Buch vertretenen theologischen Ansätze auf der Hand. Aber Studierende können aus eigenen Interessen ihr Studium so gestalten, dass sie möglichst viele Berührungspunkte mit jüdischem Leben, jüdischer Geschichte und Gegenwart, jüdischen Texten und jüdischer Theologie erfahren.

Der berühmte Alttestamentler Erich Zenger hatte an der Universität Münster Studierende in seinen Kursen in jedem Semester in die Synagoge eingeladen. Die jüdische Gemeinde vor Ort hatte ihm die Offenheit und Gastfreundschaft zugesichert. Manchmal organisieren auch katholische bzw. evangelische Hochschulgemeinden oder andere Einrichtungen solche Unternehmungen. Eine kleine Recherche in den Erwachsenenbildungswerken, die am Studienort präsent sind, – katholische oder evangelische Erwachsenenbildung, Volkshochschule – kann ergeben, dass offene Angebote für Synagogenbesuche bestehen, Kontakte zu jüdischen Gemeinden oder Gesprächsräume vorhanden sind, an denen auch Studierende mit jüdischen Gesprächspartner:innen in Kontakt kommen können.

Auch die eigene Suche nach Kontakt zu jüdischen Gemeinden kann Erfolg haben. Bisweilen wollen die kleinen Gemeinden auch unter sich bleiben und öffnen sich nicht gerne für Besucher:innen von außen, was zu respektieren ist. Oft aber gibt es zumindest Synagogenführungen und Gesprächsmöglichkeiten mit jungen und älteren Gemeindemitgliedern. An zahlreichen Hochschulen gibt es jüdische Studierendenverbände, in mehr als 70 Städten gibt es »Gesellschaften für Christlich-Jüdische Zusammenarbeit«, in denen sich Christ:innen und Jüd:innen austauschen (Kontaktmöglichkeiten sind im Netz leicht zu finden).

Auslandsstudien sind geradezu prädestiniert für eine Vielzahl von Begegnungsmöglichkeiten mit Synagogengemeinden, mit jüdischen Studierenden oder Kulturclubs, zum Teil mit jüdischen Cafés und koscheren Restaurants, jüdischen Buchläden und Angeboten jüdischer Organisationen. Und nach wie vor gibt es die Möglichkeit, ein halbes Jahr oder ein Jahr in Israel zu studieren, auch wenn die Sicherheitslage dort jeweils neu geprüft werden muss. Über Angebote wie »Studium in Israel« oder »Theologisches Studienjahr« informieren in der Regel auch die Websites der theologischen Fakultäten. In vielen Universitäten existieren Erasmus-Partnerschaften.

Dass man bei solchen Begegnungen nicht nur über »die Anderen« etwas lernt, sondern auch für die eigene Glaubenshaltung und das eigene Theologietreiben, zeigt eines von vielen Beispielen: Ein christlicher Theologiestudent berichtete begeistert über die Möglichkeit, in einer Stadt in den USA an Synagogengottesdiensten, kulturellen Veranstaltungen teilzunehmen und von den Mitstudierenden zur Schabbatfeier eingeladen zu werden. Dabei wurde er immer wieder gefragt, wie er selbst denn seinen Sonntag feiere, was er über Gott denke und auf welche Quellen er sich berufe. Dadurch hat sich sein Nachdenken über die eigene christliche Tradition nochmals erheblich vertieft.

3.   Begegnung als »Königsweg« für christlich-jüdisches Lernen

An solchen Beispielen zeigt sich, wie sehr die Kategorie Begegnung als »Königsweg für christlich-jüdisches Lernen« gelten kann, wie es der frühere Münchner Religionspädagoge Stefan Leimgruber formuliert (LEIMGRUBER, Lernen). Begegnung ist, wie angedeutet, auf vielfältige Weise möglich. Sie kann aber auch in einem ersten Schritt durch die Beschäftigung mit einem markanten Ansatz jüdischer Theologie, Philosophie oder Literatur erfolgen, indem man sich beispielsweise in die Schriften von Franz Rosenzweig, Martin Buber, Emmanuel Levinas, Elie Wiesel, Hannah Arendt, Margarete Susman, Susanna Heschel oder viele andere jüdische Denker:innen vertieft. Oft erreicht man mehr Tiefgang, wenn man nicht nur hier und da einen Artikel liest, sondern sich auf das Werk einer bedeutenden jüdischen Persönlichkeit einlässt. Inzwischen gibt es auch wieder verstärkt jüdische Intellektuelle, Theolog:innen und Schriftsteller:innen, die sich im deutschsprachigen Raum zu Wort melden und mit deren Schriften sich eine Begegnung in jedem Fall lohnt, u. a. Meron Mendel, Nathan Sznaider, Max Czollek, Elisa Klappheck, Lena Gorelik, Katja Petrowskaja und viele mehr. Bei allem Begegnungsoptimismus muss allerdings stets auch die Gefahr der Vereinnahmung jüdischen Denkens durch die christliche Rezeption abgewehrt werden. Die Hermeneutik der Gemeinsamkeit braucht immer ihr Korrektiv durch die Hermeneutik der Differenz.

Begegnung mit jüdischem Leben und jüdischer Kultur sollte jedoch nicht nur eine Beschäftigung von Theolog:innen an Hochschulen und Universitäten sein. Christliche Gemeinden und Gemeinschaften sowie Einzelpersonen sind aufgerufen, sich konsequent der Begegnung mit jüdischem Leben zu stellen. Das Argument, es gebe doch kaum mehr jüdisches Leben in Deutschland, zeugt von Ignoranz. Wer Begegnung sucht, kann sie garantiert finden, auch wenn sie nicht immer direkt vor Ort realisiert werden kann. Beispielsweise könnten Kirchengemeinden regelmäßig zum Synagogenbesuch in der nächstgelegenen Synagoge einladen und dies vorher mit der jüdischen Gemeinde gut absprechen. Welche Kirchengemeinderäte waren schon als Gruppe gemeinsam in Synagogen? Das Gleiche gilt für Einladungen jüdischer Gäste in den Raum der Kirchengemeinde, um mehr über jüdisches Leben und jüdischen Glauben zu erfahren. Gemeindeleben, Verkündigung, Predigt und Katechese sollten stets für Begegnungen mit Jüd:innen und jüdischem Leben offen und bereit sein.

Auch den Menschen in der Vergangenheit kann man begegnen, nämlich indem man ihre Spuren und ihren Biografien nachspürt: Wo haben Jüd:innen auf dem Gebiet unserer Kirchengemeinde oder unseres Ortes gewohnt? Wie haben sie gelebt, wie ihre Gottesdienste und Feste gefeiert? Welche kulturellen Leistungen haben sie erbracht und sind bis heute noch auffindbar? Was wurde aus den Gemeinden nach 1933? Gibt es heute noch Nachfahren, die wir als Gemeinde vielleicht einladen könnten? Nicht nur die Städte und Stadtverwaltungen, auch die Kirchengemeinden haben hier eine Aufgabe, um die Lebensgeschichten von Jüd:innen, die in der Nähe gelebt haben, nicht in Vergessenheit geraten zu lassen. Könnte beispielsweise die Kirchengemeinde einen Gedenkstein im Eingang des Kirchengebäudes errichten oder eine Gedenktafel anbringen mit den Namen der Jüd:innen, die auf dem Gebiet der Kirchengemeinde gelebt hatten und die in der Nazizeit vertrieben, womöglich ermordet wurden? Können »Stolpersteine« an die Wohnorte jüdischen Lebens erinnern? Gibt es vielleicht in der Nähe einen jüdischen Friedhof, der jüdisches Leben in der Gemeinde dokumentiert, das heute ausgelöscht ist?

4.   Theologie grundsätzlich dialogisch betreiben

Der jüdische Religionsphilosoph Emil Fackenheim ermahnt christliche und jüdische Theolog:innen, alle Aussagen dahingehend zu prüfen, ob sie angesichts der ermordeten Kinder von Auschwitz Bestand haben können. Diese radikale Herausforderung einer Theologie nach Auschwitz gilt es zunächst einmal dahingehend anzunehmen, dass Christ:innen ihr christliches Theologietreiben stets so ausrichten, dass es im Horizont der besonderen Beziehung zum Judentum bestehen kann, etwa so, als wäre immer eine jüdische Gesprächspartnerin oder ein jüdischer Gesprächspartner im Raum. Dadurch könnte sich das dialogische Sprechen und Schreiben im Seminarraum, in den Diskussionsrunden in Vorlesungen, im Anfertigen von theologischen Haus- oder Abschlussarbeiten und vor allem in der persönlichen Rede und dem eigenen Theologisieren grundlegend verändern.

Beispielsweise machen mehrere Texte dieses Studienbuches klar, dass es »das« Judentum nicht gibt und nie gegeben hat. Würde man mit einer jüdischen Gesprächspartnerin über »das« Judentum sprechen, würde sie uns auf jeden Fall korrigieren. Deshalb gilt es, eine judentumssensible Sprache auch dann einzuüben, wenn christliche Theolog:innen im Seminarraum oder in Diskussionsrunden unter sich sind. Ein weiteres markantes Beispiel ist unser christlich-theologisches Sprechen über das »Alte Testament«. Christ:innen haben die Aufgabe, stets zu prüfen, mit welcher Haltung sie über das Erste Testament sprechen: Sehen sie es implizit als durch das Neue Testament überwunden? Oder als verbessert, weil Jesus die Weisungen der Tora neu interpretiert hätte? Oder sehen sie das Alte Testament als Weissagung für das Neue Testament, also quasi als Vorläufer? Hat das Alte Testament einen Eigenwert oder dient es vor allem als Vorgeschichte für das Neue?

Die Liste der Beispiele könnte noch lange fortgesetzt werden. Alle christlich-theologischen Aussagen gehören auf den Prüfstand, inwiefern sie der besonderen Beziehung zum Judentum gerecht werden oder ob sie direkt oder indirekt einer Substitutionslehre folgen. Studierende können mit wachen Sinnen in Seminaren und Vorlesungen oder bei der Lektüre von theologischer Literatur die Hermeneutik einer judentumssensiblen Theologie, wie sie hier in diesem Studienbuch aufgezeigt wird, als ständige, kritische Aufgabe mitlaufen lassen. Kommt ihnen etwas seltsam oder nicht kompatibel mit jüdischer Gottesrede vor, wäre dies ein Anlass für kritische Rückfragen und Diskussionen. So kann eine judentumssensible theologische Haltung eingeübt und immer wieder neu geschult werden.

5. Christliche Gottesdienste »judentumssensibler« feiern

Oben wurden bereits die Aufgaben für Kirchengemeinden angesprochen, wobei immer auch an Liturgie zu denken ist. Studierende der Theologie können sensibel werden für alle Elemente im Gottesdienst und in den Gebeten, die Christ:innen und Jüd:innen miteinander verbinden. Aber es gilt, auch die Elemente aufzuspüren, die tendenziell eine abwertende Haltung gegenüber dem Judentum implizieren. Warum beispielsweise gehen im katholischen Gottesdienst die Ministrant:innen mit den Leuchtern erst beim Evangelium zum Ambo, wo der biblische Text gelesen wird? Wäre es nicht auch ein bedeutsames Zeichen, wenn die Leuchter schon beim Verkünden der alttestamentlichen Lesungen am Ambo strahlen würden, da das Alte Testament doch gleichermaßen das Wort Gottes repräsentiert? Oder warum bleibt es im Gottesraum in der Osternachtliturgie meist noch dunkel, während die alttestamentlichen Texte gelesen werden, und alles wird hell erleuchtet und alle Gläubigen stehen auf, wenn das Evangelium verkündet wird? Können an diesen Stellen durch kleine liturgische Veränderungen die Wertschätzung gegenüber dem Alten Testament und dem niemals gekündigten Bund Gottes mit dem jüdischen Volk zum Ausdruck kommen?

Solche und unzählige kleine Symbole und Zeichen sind nicht unbedeutend für eine judentumssensible Liturgie, der es darauf ankommt, allen alttestamentlichen Texten sowie der jüdischen Überlieferung und Gegenwart Wertschätzung entgegenzubringen. Ein Studium im Horizont einer Theologie im Angesicht des Judentums kann dafür vorbereiten, um mit den Kirchengemeinden einen Weg zu gehen, der den Anspruch von *Nostra aetate* und der evangelischen Erklärungen zum Judentum gerecht wird.

6. An und mit Bildern arbeiten

Welche Bilder haben wir im Kopf oder entstehen in unserem Kopf, wenn wir an das Judentum denken? Sind es Jüd:innen, die unter Verfolgung leiden, die deportiert werden oder in den Vernichtungslagern der Nazis fotografiert wurden (übrigens immer von Täter:innen, denn niemand anders hatte damals einen Fotoapparat). Sind es also vornehmlich Bilder von zerstörten Synagogen, Friedhöfen und jüdischen Menschen in Leidenssituationen?

Eine wichtige Arbeit einer Theologie, die sich dem Dialog mit dem Judentum widmet, ist die Arbeit an falschen oder einseitigen Bildern, an Vorurteilen und Stereotypen. Die Geschichte der Christenheit ist voller solcher abwertender Bilder, die »das Judentum« und »die Juden« in einer bestimmten Weise darstellen und verzeichnen. Eine ganze Kunstgeschichte einer christlichen negativen Ikonografie kann rekonstruiert werden (u. a. Schreckenberg, Juden), wobei sehr häufig solche Bilder vom modernen Antisemitismus aufgegriffen wurden und werden, bis hin zum Rassenantisemitismus des Nationalsozialismus, und in völlig verdrehten, abwertenden und extrem diskriminierenden Darstellungen jüdischer Menschen und jüdischen Lebens münden. Solche Bilder tauchen in der rechtsextremen und antisemitischen Szene bis heute auf – inzwischen extrem verstärkt im Internet.

Einige der Beiträge im Studienbuch weisen zurecht auf die ikonografische Darstellung der »Ecclesia« und der »Synagoga« hin. Während die Ecclesia gekrönten Hauptes, das Zepter in der Hand, als königliche Siegerin auf Christus blickt, steht die Synagoga als Verliererin daneben, das Haupt ist abgewandt, ihre Augen sind verbunden als Symbol für ihre »Blindheit«, ihr Stab, das heißt ihre Macht ist gebrochen, die Gesetzestafeln gleiten ihr scheinbar aus den Händen. An diesen Darstellungen aus dem Hochmittelalter, die sich bis heute an zahlreichen Portalen von Münstern und Kathedralen finden, kann in religiöser Bildungsarbeit exemplarisch durchgespielt werden, welche Bilder im Blick auf Kirche und Judentum vorherrschen. Gleiches gilt für die sog. »Judensau«, die ein im Hochmittelalter entwickeltes anti-jüdisches Motiv an Kirchen darstellt, bei dem Jüd:innen von einem im Judentum als unrein geltenden Schwein gesäugt werden. Das antisemitische Motiv wirkt bis in die Gegenwart nach, etwa bei der indonesischen Künstlergruppe Taring Padi, was 2022 auf der Documenta Diskussionen auslöste. Die zum Teil bis heute genutzten herabsetzenden Schimpfbezeichnungen »Judensau« und »Judenschwein« haben in diesem ikonographischen Motiv ihren Ursprung. Der Zusammenhang kann in der Bildungsarbeit offengelegt werden. Bildung heißt hier im wahrsten Sinne des Wortes Sensibilisierung, also das Verabschieden von falschen Bildern und das Einschreiben von Bildern, die dem Gegenüber, hier dem Judentum, auf wertschätzende Weise gerecht werden.

7.   »Das« Judentum gibt es nicht: differenziert wahrnehmen, auch jüdisches säkulares Leben

Wie bereits angesprochen, gibt es »das« Judentum nicht, sondern eine Vielzahl von jüdischen Lebensentwürfen in Vergangenheit und Gegenwart. Theologietreibende sind in der Gefahr, Judentum stets auf dessen religiöse Dimension festzulegen. Jüd:innen, so denkt man häufig, feiern am Freitagabend zu Hause Schabbat nach den traditionellen religiösen Regeln und gehen samstags in die Synagoge, feiern die religiösen Feste und verrichten die überlieferten Gebete. Das alles trifft zweifellos auf viele gläubige Jüd:innen in Geschichte und Gegenwart zu, doch gibt es auch viele Jüd:innen heute, die sich nicht über die religiöse Tradition definieren. Sie sehen sich manchmal kulturell oder historisch mit dem Judentum verbunden, führen ihr Leben bewusst als Jüd:innen, tauchen aber bisweilen nie in einer Synagoge oder einer jüdischen religiösen Gemeinde auf.

»Das Judentum hat viele Gesichter«, heißt eine Publikation, die die Vielfalt jüdischen Lebens heute aufzeigt (ROSENTHAL/HOMOLKA, Judentum). Weiter unterscheidet man orthodoxe jüdische Bewegungen (die sich wiederum in verschiedene Strömungen aufteilen, zum Beispiel die dialogorientierte Neoorthodoxie, die ultraorthodoxen Bewegungen, die Neo-chassidischen Bewegungen etc.), die sogenannten konservativen jüdischen Gruppen, eine Vielzahl an Gemeinden, die an den Traditionen festhalten (»conservare«), sich aber stärker als die Orthodoxen der Moderne öffnen, die Rekonstruktionisten, den liberalen oder reformorientierten Jüd:innen und schließlich die vielen sog. säkularen Strömungen, wobei letztere nicht unbedingt antireligiös oder atheistisch zu verstehen sind.

Entscheidend ist, Schubladendenken zu vermeiden und Jüd:innen in ihrer je eigenen Lebenswelt kennenzulernen und verstehen zu versuchen, ohne sie in bestimmte Schemata einzuordnen oder mit Etiketten zu belegen. Das Judentum ist so vielfältig wie jede andere Religion und Kultur dieser Welt auch.

8.   Koexistenz und Konvivenz kritisch prüfen

Ja, es gab sie, die Zeiten einer friedlichen Konvivenz von Jüd:innen und Christ:innen in der Geschichte. Jüd:innen haben in Antike, Mittelalter und Neuzeit in Städten und Dörfern – im deutschsprachigen Raum ab dem 15./16. Jh. vor allem im sogenannten Landjudentum – gelebt, ihre Religion ausgeübt und sind ihren Geschäften nachgegangen. Oft genug haben sie dabei bedeutende Beiträge zur Gesellschaft, in der sie lebten, geleistet, ob im Bereich der Kunst, der Architektur, der Literatur oder der Wissenschaft. Oft wird das Beispiel des scheinbar friedlichen Zusammenlebens von Jüd:innen, Christ:innen und Muslim:innen in Andalusien im Mittelalter angeführt.

Kritisch betrachtet muss man allerdings von einem »Mythos« des friedlichen Zusammenlebens sprechen. Oft war es mehr ein Nebeneinander als ein echtes Miteinander, geschäftliche Beziehungen bestimmten die gegenseitige Haltung der Mehrheitsgesellschaft gegenüber der jüdischen Minderheit, man tolerierte Jüd:innen in der Nähe, hatte aber wenig Interesse an ihnen, betrachtete sie meist von oben herab und stilisierte sie stets als »die ganz Anderen«. Prozesse des Othering, der Ressentiments, der impliziten oder offen zu Tage tretenden Feindschaft bis hin zu Verachtung, Hass und Verfolgung bestimmen die Geschichte von Christ:innen gegenüber Jüd:innen. Kirchengeschichte ist heutzutage aufgerufen, die Geschichte des Verhältnisses zwischen Christentum und Judentum aufzuarbeiten. Die Geschichte der Christenheit kann nicht mehr allein aus christlichen Quellen und mit christlicher Hermeneutik geschrieben und betrieben werden.

Auch heute gibt es Beispiele friedlicher Koexistenz von christlichen und jüdischen Gemeinden, Personen, Institutionen. Es gibt zahlreiche Initiativen, die Religionen bewusst in Austausch zu bringen (z. B. Drei-Religionen-Schulen, Drei-Religionen-Kindergärten, Christlich-jüdische Gesellschaften und Gesprächskreise, Rat der Religionen, House of One). Aber auch hier ist Selbstkritik gefragt: Ist es wirklich ein Modell der Konvivenz, wenn die jüdische Gemeinde in einer Stadt mit ihren umgebenden christlichen Gemeinden einmal im Jahr zusammenkommt? Wenn einige Expert:innen in Gesprächskreisen debattieren? Wenn Kinder gemeinsam Schule haben, aber die Familien nichts voneinander wissen?

Christliche Theologie an Hochschulen und Universitäten könnte hier Vorreiter sein, wenn sie sich in dialogischer Weise öffnet und möglichst viele Lehrveranstaltungen, Seminare und Exkursionen gemeinsam mit jüdischen Studierenden und jüdischen Gelehrten unternimmt. Dabei sind auch Kooperationsveranstaltungen im

Onlineformat mit deutschen oder ausländischen jüdischen Hochschulen oder Abtei-
lungen für jüdische Studien möglich. Studierende können auch proaktiv auf Lehrende zugehen und solche Kooperationsveranstaltungen einfordern. Gemeinsam lernen, auch vom Judentum das Lernen lernen (Bernd Schröder) ist eine Aufgabe, die
noch vor uns liegt.

9.   Antisemitismus entgegentreten – präventiv, theologisch, politisch

Es liegt auf der Hand, dass im Horizont einer Theologie im Angesicht des Judentums
die antijüdische Tradition im Christentum aufgearbeitet werden muss. Der »kulturelle Code« der Judenfeindschaft (Shulamit Volkov) war Jahrhunderte und Jahrtausende lang ein theologischer antijüdischer Code, der sich in allen Lebensäußerungen der Christenheit, in Theologie und Praxis, eingenistet hatte (u. a. NIRENBERG,
Antijudaismus; PANGRITZ, Schattenseite; BENK, Christentum). Die christliche Tradition des Antijudaismus entwickelte sich schließlich zur »Negativen Leitidee der Moderne« (Samuel Salzborn) und prägte bis in die Mitte des 20. Jhs. das Denken,
Selbstverständnis und die Wahrnehmung des Judentums in allen gesellschaftlichen
Bereichen.

Christliche Theologie muss heute jeder Judenfeindschaft, auch gerade dem impliziten Antijudaismus in der eigenen Tradition, der bis in unsere Tage zu finden
ist, den Kampf ansagen (→ II.2, → IX.7). Alle theologischen Fachdisziplinen sind
aufgerufen, antijüdische Motive in der Theologie ihres Faches aufzuarbeiten und
ihnen grundlegend entgegenzutreten. Alle Quellen seit neutestamentlicher Zeit,
insbesondere auch die Schriften der sogenannten Kirchenväter und Kirchenlehrer,
der Konzilien, der theologischen christlichen Traditionen müssen heute kritisch
gegengelesen werden.

Studierende können sich in wissenschaftlichen Zeitschriften wie »Zeitschrift für
Christlich-jüdische Begegnung« oder »Kirche und Israel. Theologische Dialogzeitschrift« über aktuelle Trends im Gespräch zwischen christlicher und jüdischer
Theologie und in der Bekämpfung von Antijudaismus und Antisemitismus informieren. Die Verlautbarungen der Kirchen zum Judentum und gegen Judenfeindschaft
finden sich gesammelt unter »Dokumente Kirchen – Judentum«.

Solchermaßen geschult können Theologiestudierende schon während ihres Studiums und vor allem später in ihren Wirkungsbereichen in Bildungsarbeit, Religionsunterricht, den Kirchengemeinden und in Liturgie allen antijüdischen Elementen entgegentreten und für Sensibilitäten im Blick auf eine positive Beziehung zum
Judentum eintreten.

Der Blick nach innen zur selbstkritischen Aufarbeitung christlicher Theologie
und Glaubensexistenz muss allerdings gefolgt werden von einem Blick nach außen:
Theologie und Kirche, Theologiestudierende und alle Gläubigen haben die Aufgabe,
Judenfeindschaft in der Gesellschaft entschieden entgegenzutreten, was zu einer
zentralen politischen Aufgabe wird. Dazu gehört eine genaue Kenntnis der historischen und der gegenwärtigen Formen des Antisemitismus, des politischen und me-

dialen Auftretens und der Möglichkeiten, wie Antisemitismus gesellschaftlich bekämpft werden kann (Nasas) und welche präventiven Maßnahmen erforderlich sind (Bernstein, Schule).

»Ein Christ kann kein Antisemit sein«, sagte Papst Franziskus und brachte damit auf den Punkt, dass eine an Jesus und der neutestamentlichen Botschaft orientierte Glaubenstradition sich immer auf die Seite des Judentums stellen wird und niemals mehr mit dem Rücken zur jüdischen Glaubensgeschichte steht, sondern so ausgerichtet ist wie das biblische Motto dieses Studienbuchs lautet: »Schulter an Schulter« mit Jüd:innen gehen christliche Theologie, christlicher Glaube und christliche Hoffnung ihren Weg durch die Zeit.

Weiterführende Literatur

Zeitschrift für christlich-jüdische Begegnung (ZfBeg), Freiburg/Tübingen 2017–2023.
Kirche und Israel. Theologische Dialogzeitschrift (KuL), Neukirchen/Göttingen 1986–2023.
Dokumente Kirchen – Judentum: https://dokumente-kirchen-judentum.de/ops/index.php/
   dkj/preprints.
Beauftragter der Bundesregierung für jüdisches Leben in Deutschland und den Kampf gegen
   Antisemitismus, NASAS – Nationale Strategie gegen Antisemitismus und für jüdisches Leben, Berlin 2022: https://www.bmi.bund.de/DE/themen/heimat-integration/wehrhafte-de
   mokratie/nationale-strategie-gegen-antisemitismus/nationale-strategie-gegen-antisemitis
   mus-node.html.

Gesamtbibliographie

Literatur wird in den einzelnen Beiträgen nur abgekürzt zitiert. Alle zitierten Titel sowie weiterführende Literatur finden sich in dieser Bibliographie. Die Abkürzungen richten sich nach Siegfried M. Schwertner, IATG³. *Internationales Abkürzungsverzeichnis für Theologie und Grenzgebiete*, Berlin/Boston 2014.

Die wichtigsten Texte zum Dialog sind in Sammelbänden und online fortlaufend dokumentiert:

Die Kirchen und das Judentum. Bd. 1: Dokumente von 1945-1985, hg. v. Rendtorff, Rolf/Henrix, Hans Hermann, Paderborn ³2001.
Die Kirchen und das Judentum. Bd. 2: Dokumente von 1986-2000, hg. v. Henrix, Hans Hermann/ Kraus, Wolfgang, Paderborn 2001.
Ab 2000 online weitergeführt unter: https://dokumente-kirchen-judentum.de
Christen und Juden I-III. Die Studien der Evangelischen Kirche in Deutschland 1975-2000, hg. im Auftrag des Rates der Evangelischen Kirche in Deutschland vom Kirchenamt der EKD, Gütersloh 2002 (https://www.ekd.de/ekd_de/ds_doc/christen_und_juden_I-III.pdf)

Weitere Literatur:

Ahrens, Jehoschua u.a., *Dokumente als Wegmarken der christlich-jüdischen Erneuerung*, in: Zeitschrift für christlich-jüdische Begegnung im Kontext (2022), 6–15.
– (Hg.), *Hin zu einer Partnerschaft zwischen Juden und Christen: Die Erklärung orthodoxer Rabbiner zum Christentum*, Berlin 2017.
Ahrens, Jehoschua/Hofmann, Norbert Johannes, *Geschwister auf einer gemeinsamen Suche: Aktuelle Chancen und Herausforderungen im jüdisch-katholischen Gespräch. Mit Geleitworten von Kurt Kardinal Koch und Rabbiner David Rosen*, Ostfildern 2021.
Altmann, Alexander, *Theology in Twentieth-Century German Jewry*, in: The Leo Baeck Institute Year Book 1 (1956), 193–216.
Altmeyer, Stefan u.a. (Hg.), *Judentum und Islam unterrichten* (JRP 36), Göttingen 2020.
Ariel, Yaakov, *Messianic Judaism*, in: Amy-Jill Levine/Marc Zvi Brettler (Hg.): The Jewish Annotated New Testament: New Revised Standard Version Bible Translation, New York ²2017, 756–759.
Austin, Kenneth, *The Jews and the Reformation*, New Haven/London 2020.
Avemarie, Friedrich u.a. (Hg.), *Die Makkabäer* (WUNT 382), Tübingen 2017.
Axt-Piscalar, Christine/Ohlemacher, Andreas (Hg.), *Die lutherischen Duale: Gesetz und Evangelium, Glaube und Werke, Alter und Neuer Bund, Verheißung und Erfüllung*, Leipzig 2021.
Baeck, Leo, *Hat das überlieferte Judentum Dogmen?*, in: Albert H. Friedlander/Bertold Klappert/ Werner Licharz (Hg.): Leo Baeck Werke: Aus Drei Jahrtausenden. Das Evangelium als Urkunde der jüdischen Glaubensgeschichte (Leo Baeck Werke 4), Gütersloh 2000, 31–45.

–, *Jüdische Anerkennung individueller Glaubensauffassung für die Lehren des Judentums*, in: Michael A. Meyer (Hg.): Leo Baeck Werke. Briefe, Reden, Aufsätze, Bd. 6, Gütersloh 2003, 165–169.

Bar Asher Sigal, Mikhal, *Shared Worlds: Rabbinic and Monastic Literature*, in: HTR 105 (2012), 423–456.

Barth, Roderich/Barth, Ulrich/Osthövener, Claus-Dieter (Hg.), *Christentum und Judentum: Akten des Kongresses der Internationalen Schleiermacher-Gesellschaft in Halle, März 2009* (SchlA 24), Berlin/New York 2012.

Bäumer, Remigius, *Die Juden im Urteil von Johannes Eck und Martin Luther*, in: MThZ 34 (1983), 253–278.

Bechmann, Ulrike, *Abraham und die Anderen: Kritische Untersuchung zur Abraham-Chiffre im interreligiösen Dialog* (bayreuther forum TRANSIT 5), Berlin 2019.

Behr, Harry Harun u. a. (Hg.), *Zukunftsfähiger Religionsunterricht zwischen tradierter Lernkultur, jugendlicher Lebenswelt und religiöser Positionalität* (Religionspädagogische Gespräche zwischen Juden, Christen und Muslimen 7), Berlin 2021.

Belkin, Dmitrij/Gross, Raphael (Hg.), *Ausgerechnet Deutschland! Jüdisch-russische Einwanderung in die Bundesrepublik*, Berlin 2010.

Ben-Chorin, Schalom/Lenzen, Verena (Hg.), *Lust an der Erkenntnis: Jüdische Theologie im 20. Jahrhundert. Ein Lesebuch* (Serie Piper 879), München 1988.

Ben-Johanan, Karma, *Jacob's Younger Brother: Christian-Jewish Relations after Vatican II.*, London 2024.

–, *»Kein Kommentar«: Dialog, Polemik und die Anonymisierung des Messias in den zeitgenössischen jüdisch-christlichen Beziehungen*, in: KuI 38 (2023), 24–35.

Benk, Andreas, *Christentum, Antisemitismus und Schoah: Warum der christliche Glaube sich ändern muss*, Ostfildern 2022.

Ben-Rafael, Eliezer/Glöckner, Olaf/Sternberg, Yitzhak, *Juden und jüdische Bildung im heutigen Deutschland: Eine empirische Studie im Auftrag des L. A. Pincus Fund for Jewish Education in the Diaspora*, Jerusalem 2010.

Benz, Brigitte/Kranemann, Benedikt (Hg.), *Deutschland trauert: Trauerfeiern nach Großkatastrophen als gesellschaftliche Herausforderung* (EThS 51), Würzburg 2019.

Benz, Wolfgang, *Antisemitismus: Präsenz und Tradition eines Ressentiments* (Politisches Fachbuch), Frankfurt am Main [3]2020.

–, *Handbuch des Antisemitismus: Judenfeindschaft in Geschichte und Gegenwart*, Bde. 1–8, Berlin/Boston 2009.

Bergmann, Claudia D. u. a. (Hg.), *The Power of Psalms in Post-Biblical Judaism: Liturgy, Ritual and Community* (AGJU 118), Leiden/Boston 2023.

Bergmann, Claudia D./Kranemann, Benedikt (Hg.), *Analogie und Differenz: Das dynamische Verhältnis von jüdischer und christlicher Liturgie/Analogy and Difference: The Ever-changing Relationship of Jewish and Christian Liturgy* (LWQF 112), Münster 2021.

– (Hg.), *Ritual Dynamics in Jewish and Christian Contexts: Between Bible and Liturgy* (JCPS 34), Leiden/Boston 2019.

Bering, Dietz, *War Luther Antisemit? Das deutsch-jüdische Verhältnis als Tragödie der Nähe*, Berlin 2014.

Bernstein, Julia, *Antisemitismus an Schulen in Deutschland: Befunde - Analysen - Handlungsoptionen*, Weinheim/Basel 2020.

–, *Jüdinnen und Juden als Objekte oder als Subjekte? Überlegungen zu einem Paradigmenwechsel*, in: Julia Bernstein/Marc Grimm/Stefan Müller (Hg.): Schule als Spiegel der Gesellschaft: Antisemitismen erkennen und handeln (Antisemitismus und Bildung 2), Frankfurt am Main 2022, 17–31.

–, *Zerspiegelte Welten: Antisemitismus und Sprache aus jüdischer Perspektive*, Weinheim 2023.

Bernstein, Julia/Grimm, Marc/Müller, Stefan (Hg.), *Schule als Spiegel der Gesellschaft: Antisemitismen erkennen und handeln* (Antisemitismus und Bildung 2), Frankfurt am Main 2022.

Beutel, Albrecht, *Deutsche Aufklärung und Judentum: Eine Feldvermessung in exemplarischem Zugriff*, in: Dorothea Wendebourg/Andreas Stegmann/Martin Ohst (Hg.): Protestantismus, Antijudaismus, Antisemitismus: Konvergenzen und Konfrontationen in ihren Kontexten, Tübingen 2017, 181–204.

Birnbaum, Elisabeth/Schwienhorst-Schönberger, Ludger (Hg.), *Hieronymus als Exeget und Theologe: Interdisziplinäre Zugänge zum Koheletkommentar des Hieronymus* (BETL 268), Leuven/Paris/Walpole 2014.

Blatz, Heinz/Strotmann, Angelika (Hg.), *»Edler Ölbaum und wilde Zweige (Röm 11,16-24)«: Christlich-jüdischer Dialog auf neutestamentlicher Grundlage. Zur Erinnerung an Maria Neubrand MC* (SBB 84), Stuttgart 2023.

Blum, Matthias, *Juden und Christen beten den gleichen Gott an*, in: Rainer Kampling/Michael Weinrich (Hg.): Dabru emet – redet Wahrheit: Eine jüdische Herausforderung zum Dialog mit den Christen, Gütersloh 2003, 57–70.

Blume, Michael, *Antisemitische Verschwörungsmythen und Querdenken*, in: JK 83 (2022), 20–22.

–, *Warum der Antisemitismus uns alle bedroht: Wie neue Medien alte Verschwörungstheorien befeuern*, Ostfildern 2019.

Bodemann, Y. Michal, *A Jewish Cultural Renascence in Germany?*, in: Sandra Lustig/Ian Leveson (Hg.): Turning the Kaleidoscope: Perspectives on European Jewry, New York 2008, 164–178.

–, *In den Wogen der Erinnerung: Jüdische Existenz in Deutschland*, München 2002.

– (Hg.), *Migration, Citizenship, Ethnos*, New York 2006.

Bodemann, Y. Michal/Geis, Jael, *Gedächtnistheater: Die jüdische Gemeinschaft und ihre deutsche Erfindung*, Hamburg 1996.

Boehme, Katja, *Interreligiöses Begegnungslernen: Grundlegung einer fächerkooperierenden Didaktik von Weltsichten*, Freiburg im Breisgau 2023.

– (Hg.), *Religionspädagogische Gespräche zwischen Juden, Christen und Muslimen*, Bde. 1–8, Berlin 2009.

Böhnke, Michael/Heinz, Hanspeter (Hg.), *Im Gespräch mit dem dreieinen Gott: Elemente einer trinitarischen Theologie: Festschrift zum 65. Geburtstag von Wilhelm Breuning*, Düsseldorf 1985.

Boschki, Reinhold, *Antisemitismuskritische Bildung als Aufgabe des Religionsunterrichts*, in: ZPT 73 (2021), 166–177.

–, *Der Beitrag religiöser Bildung zur Antisemitismus-Prävention: Bericht aus einem internationalen Forschungsprojekt*, in: Theo-Web. Zeitschrift für Religionspaedagogik 18 (2019), 62–74.

Boschki, Reinhold/Buchholz, René (Hg.), *Das Judentum kann nicht definiert werden: Beiträge zur jüdischen Geschichte und Kultur* (Forum Christen und Juden 11), Berlin 2014.

Boschki, Reinhold/Gerhards, Albert (Hg.), *Erinnerungskultur in der pluralen Gesellschaft: Neue Perspektiven für den christlich-jüdischen Dialog* (Studien zu Judentum und Christentum), Paderborn 2010.

Boschki, Reinhold/Rothgangel, Martin, *Judenfeindlichkeit und Islamfeindlichkeit - religionspädagogische Präventionsarbeit mit Schülerinnen und Schülern*, in: Stefan Altmeyer u. a. (Hg.): Judentum und Islam unterrichten (JRP 36), Göttingen 2020, 162–174.

Boschki, Reinhold/Wohlmuth, Josef (Hg.), *Nostra aetate 4. Wendepunkt im Verhältnis von Kirche und Judentum-bleibende Herausforderung für die Theologie* (Studien zu Judentum und Christentum 30), Paderborn 2015.

Böttigheimer, Christoph/Dausner, René (Hg.), *Vaticanum 21: Die bleibenden Aufgaben des Zweiten Vatikanischen Konzils im 21. Jahrhundert: Dokumentationsband zum Münchner Kongress »Das Konzil ›eröffnen‹«*, Freiburg im Breisgau 2016.

Boyarin, Daniel, *Abgrenzungen: Die Aufspaltung des Judäo-Christentums*, übers. v. Gesine Palmer (ANTZ 10), Berlin/Dortmund 2009.

–, *Border Lines: The Partition of Judaeo-Christianity* (Divinations: Rereading Late Ancient Religion), Philadelphia, Pa 2004.

–, *Die jüdischen Evangelien: Die Geschichte des jüdischen Christus*, übers. v. Armin Wolf (Judentum – Christentum – Islam 12), Würzburg 2015.

Braiterman, Zachary, *(God) after Auschwitz: Tradition and Change in Post-Holocaust Jewish Thought*, Princeton, NJ 1998.

Brenner, Michael, *Geschichte des Zionismus* (Beck'sche Reihe 2184), München ⁵2019.

–, *Nach dem Holocaust: Juden in Deutschland 1945-1950* (Beck'sche Reihe 1139), München 1995.

Breuning, Wilhelm, *Elemente einer nicht-antijudaistischen Christologie*, in: Herbert Frankemölle (Hg.): Christen und Juden gemeinsam ins dritte Jahrtausend: »Das Geheimnis der Erlösung heißt Erinnerung«, Paderborn/Frankfurt am Main 2001, 183–215.

–, *Grundzüge einer nicht antijüdischen Christologie*, in: Erwin Dirscherl (Hg.): Dogmatik im Dienst an der Versöhnung (BDS 21), Bonn 1995, 81–100.

–, *Grundzüge einer nicht-antijudaistischen Christologie*, in: JBTh 8 (1993), 293–311.

–, *Nein zur Judenmission – ja zum Dialog zwischen Juden und Christen*, in: Florian Bruckmann/René Dausner (Hg.): Im Angesicht der Anderen: Gespräche zwischen christlicher Theologie und jüdischem Denken, Festschrift für Josef Wohlmuth zum 75. Geburtstag (Studien zu Judentum und Christentum 25), Paderborn 2013, 123–140.

Bruckmann, Florian, *In IHM erkannt: Gott und Mensch: Grundzüge einer anthropologischen Christologie im Angesichte Israels* (Studien zu Judentum und Christentum 28), Paderborn 2014.

Bruckmann, Florian/Dausner, Rene (Hg.), *Im Angesicht der Anderen: Gespräche zwischen christlicher Theologie und jüdischem Denken: Festschrift für Josef Wohlmuth zum 75. Geburtstag* (Studien zu Judentum und Christentum 25), Paderborn 2013.

Bruckstein, Almut Sh., *Die Maske des Moses: Studien zur jüdischen Hermeneutik*, Berlin/Wien 2001.

Brumlik, Micha, *Antisemitismus: 100 Seiten Reclam* (Reclam 100 Seiten), Ditzingen 2020.

–, *Art. Erinnerungslernen, jüdisch*, in: Wissenschaftlich-Religionspädagogisches Lexikon. Deutsche Bibelgesellschaft, Stand: 2021.

–, *Postkolonialer Antisemitismus? Achille Mbembe, die palästinensische BDS-Bewegung und andere Aufreger: Bestandsaufnahme einer Diskussion*, Hamburg ²2022.

Brumlik, Micha/Kunik, Petra (Hg.), *Reichspogromnacht: Vergangenheitsbewältigung aus jüdischer Sicht*, Frankfurt am Main 1988.

Bultmann, Rudolf, *Weissagung und Erfüllung*, in: ZThK 47 (1950), 360–383.

Burgauer, Erica, *Zwischen Erinnerung und Verdrängung: Juden in Deutschland nach 1945* (Rowohlts Enzyklopädie 532), Reinbeck 1993.

Chazan, Robert, *The Jews of Medieval Western Christendom, 1000-1500* (Cambridge Medieval Textbooks), Cambridge/New York 2006.

Chernivsky, Marina/Lorenz-Sinai, Friederike (Hg.), *Die Shoah in Bildung und Erziehung heute: Weitergaben und Wirkungen in Gegenwartsverhältnissen*, Opladen/Berlin/Toronto 2022.

Christen und Juden I-III: Die Studien der Evangelischen Kirche in Deutschland 1975-2000, Gütersloh 2002.

Cohen, Hermann, *Religion und Sittlichkeit*, in: Bruno Strauß (Hg.): Hermann Cohens Jüdische Schriften, Bd. 3, Berlin 1924, 98–168.

Cohen, Mark R., *Unter Kreuz und Halbmond: Die Juden im Mittelalter*, übers. v. Christian Wiese, München 2005.

Cohen, Shaye J. D., *Die Anfänge des Judeseins*, in: KuI 16 (2011), 101–111.

–, *The Beginnings of Jewishness: Boundaries, Varieties, Uncertainties* (Hellenistic Culture and Society 31), Berkeley 1999.

COD: Conciliorum Oecumenicorum Decreta / Dekrete der ökumenischen Konzilien. Hg. v. Josef Wohlmuth. Bd. 1: Konzilien des ersten Jahrtausends. Paderborn u. a. 32002; Bd. 2: Konzilien des Mittelalters. Paderborn u. a. 2000; Bd. 3: Konzilien der Neuzeit. Paderborn u. a. 2001.

Crenshaw, James L., *Education in Ancient Israel: Across the Deadening Silence* (The Anchor Yale Bible Reference Library), New Haven/London 1998.

Crüsemann, Frank, *Das Alte Testament als Wahrheitsraum des Neuen: Die neue Sicht der christlichen Bibel*, Gütersloh 2011.

Cunningham, Philip A./Langer, Ruth/Svartvik, Jesper (Hg.), *Enabling Dialogue about the Land: A Resource Book for Jews and Christians* (SJC), New York 2020.

Czollek, Max, *Desintegriert euch!*, München 2018.

–, *Versöhnungstheater*, München 2023.

Danz, Christian/Ehrensperger, Kathy/Homolka, Walter (Hg.), *Christologie zwischen Judentum und Christentum: Jesus, der Jude aus Galiläa, und der christliche Erlöser* (Dogmatik in der Moderne 30), Tübingen 2020.

Dausner, René, *Christologie in messianischer Perspektive: Zur Bedeutung Jesu im Diskurs mit Emmanuel Levinas und Giorgio Agamben* (Studien zu Judentum und Christentum 31), Paderborn 2016.

–, *Stellvertretung und Freiheit. Wiederaneignungsversuche der Soteriologie nach einer möglichen Verabschiedung der Erbsündenlehre*, in: Christoph Böttigheimer/René Dausner (Hg.): Die Erbsündenlehre in der modernen Freiheitsdebatte (QD 316), Freiburg im Breisgau 2021, 332–360.

D'Costa, Gavin/Shapiro, Faydra (Hg.), *Contemporary Catholic Approaches to the People, Land, and State of Israel* (Judaism and Catholic Theology 1), Washington, DC 2022.

De Boor, Rachel u. a. (Hg.), *»Und endlich konnten wir reden …«: Eine Handreichung zu jüdisch-muslimischem Dialog in der Praxis*, Freiburg im Breisgau 2020.

Deeg, Alexander u. a. (Hg.), *Dialogische Theologie: Beiträge zum Gespräch zwischen Juden und Christen und zur Bedeutung rabbinischer Literatur* (SKI 14), Leipzig 2020.

Deeg, Alexander/Mildenberger, Irene (Hg.), *»… dass er euch auch erwählet hat«: Liturgie feiern im Horizont des Judentums* (BLSp 16), Leipzig 2006.

Deeg, Alexander/Plüss, David, *Liturgik* (Lehrbuch Praktische Theologie 5), Gütersloh 2021.

DellaPergola, Sergio/Staetsky, L. Daniel, *Jews in Europe at the Turn of the Millennium: Population Trends and Estimates*, in: jpr.org.uk (2020).

Die Feier der Gemeindemesse: Auszug aus der authentischen Ausgabe des Meßbuches für die Bistümer des deutschen Sprachgebietes, Freiburg im Breisgau/Basel/Wien 2010.

Diemling, Maria, *Anthonius Margaritha on the »Whole Jewish Faith«: A Sixteenth-Century Convert From Judaism and his Depiction of the Jewish Religion*, in: Dean Phillip Bell/Stephen G. Burnett (Hg.): Jews, Judaism, and the Reformation in Sixteenth-Century Germany (Studies in Central European Histories 37), Leiden/Boston 2006, 303–333.

Dietrich, Walter/George, Martin/Luz, Ulrich (Hg.), *Antijudaismus-christliche Erblast*, Stuttgart/Berlin/Köln 1999.

Dirscherl, Erwin/Trutwin, Werner, *Redet Wahrheit – Dabru Emet: Jüdisch-christliches Gespräch über Gott, Messias und Dekalog* (Forum Christen und Juden 4), Münster 2004.

Dohm, Christian Wilhelm von, *Über die bürgerliche Verbesserung der Juden*, Berlin 1973.

Dohmen, Christoph, *Zwischen Markionismus und Markion: Auf der Suche nach der christlichen Bibel. Aktualität einer scheinbar zeitlosen Frage*, in: BZ 61 (2017), 182–202.

Dohmen, Christoph/Stemberger, Günter, *Hermeneutik der Jüdischen Bibel und des Alten Testaments* (KStTh 1/2), Stuttgart ²2019.

Dokumente Kirchen und Judentum, in: Dokumente Kirchen und Judentum, Stand: 2000ff.

Dunn, James Douglas Grant, *The Partings of the Ways: Between Christianity and Judaism and their Significance for the Character of Christianity*, London ²2006.

Ebenbauer, Peter, *Das Judentum in Kirchenliedern einst und heute: Traditionen und Transformationen im neuen katholischen Gesangbuch Gotteslob*, in: Markus Himmelbauer u. a. (Hg.): Erneuerung der Kirchen: Perspektiven aus dem christlich-jüdischen Dialog (QD 290), Freiburg im Breisgau 2018, 274–291.

–, *Mehr als ein Gespräch: Zur Dialogik von Gebet und Offenbarung in jüdischer und christlicher Liturgie* (Studien zu Judentum und Christentum), Paderborn 2010.

Elbogen, Ismar, *Der jüdische Gottesdienst in seiner geschichtlichen Entwicklung* (Olms-Paperbacks 30), Frankfurt am Main ³1995.

Erlbaum, Shila, *Wie wollen Jüdinnen und Juden im evangelischen und katholischen Religionsunterricht thematisiert werden?*, in: Stefan Altmeyer u. a. (Hg.): Judentum und Islam unterrichten, Göttingen 2020, 129–136.

Erler, Hans/Ehrlich, Ernst Ludwig (Hg.), *Jüdisches Leben und jüdische Kultur in Deutschland: Geschichte, Zerstörung und schwieriger Neubeginn*, Frankfurt/New York 2000.

Evangelische Kirche in Deutschland (EKD), *Judenchristen - jüdische Christen - »messianische Juden«: Eine Positionsbestimmung*, in: Evangelische Kirche in Deutschland (EKD), Stand: 2017.

Feiner, Shmuel, *Haskala - jüdische Aufklärung: Geschichte einer kulturellen Revolution* (Netiva. Wege deutsch-jüdischer Geschichte und Kultur: Studien des Salomon Ludwig Steinheim-Instituts 8), Hildesheim u. a. 2007.

Fiedrowicz, Michael, *Theologie der Kirchenväter: Grundlagen frühchristlicher Glaubensreflexion*, Freiburg im Breisgau 2007.

Finsterbusch, Karin, *Weisung für Israel: Studien zu religiösem Lehren und Lernen im Deuteronomium und in seinem Umfeld* (FAT 44), Tübingen 2005.

Fischer, Irmtraud/Leppin, Volker, *Der Streit um die Schrift* (JBTh 31), Neukirchen-Vluyn 2016.

Fornet-Ponse, Thomas (Hg.), *Heilsgeschichte und Weltgeschichte: Das Wirken Gottes in der Welt und die Geschichtlichkeit von Glaube und Theologie: Ökumenische Beiträge aus dem Theologischen Studienjahr Jerusalem* (JThF 32), Münster 2017.

Frank, Daniel H./Leaman, Oliver (Hg.), *The Cambridge Companion to Medieval Jewish Philosophy*, Cambridge/New York 2003.

Frankemölle, Hubert, *Das jüdische Neue Testament und der christliche Glaube: Grundlagenwissen für den jüdisch-christlichen Dialog*, Stuttgart 2009.

–, *Gott glauben: Jüdisch, christlich, muslimisch*, Freiburg im Breisgau 2021.

– (Hg.), *Juden und Christen im Gespräch über »Dabru emet - Redet Wahrheit«*, Paderborn/Frankfurt am Main 2005.

Frankemölle, Hubert/Wohlmuth, Josef (Hg.), *Das Heil der Anderen: Problemfeld »Judenmission«* (QD 238), Freiburg im Breisgau 2010.

Franz, Ansgar (Hg.), *Streit am Tisch des Wortes? Zur Deutung und Bedeutung des Alten Testaments und seiner Verwendung in der Liturgie* (PiLi 8), St. Ottilien, Freiburg im Breisgau 1997.

Frenzel, Nina, *Betender Anfang: Identitätsstiftende Momente christlicher Morgenliturgie im Dialog mit dem Judentum* (Studien zu Judentum und Christentum 32), Paderborn 2017.

Frevel, Christian, *Der Psalter als Lehrhaus der Begegnung am Beispiel von Ps 47*, in: BK 75 (2020), 226–232.

–, *Die gespaltene Einheit des Gottesvolkes: Volk Gottes als biblische Kategorie im Kontext des christlich-jüdischen Gesprächs*, in: BL 66 (1993), 80–97.

–, *Die Spannung von Universalismus und Partikularismus als Lernprozess im Kontext religiöser Pluralität*, in: Christian Frevel (Hg.): »Mit meinem Gott überspringe ich eine Mauer«: Interreligiöse Horizonte in den Psalmen und Psalmenstudien/»By my God I can leap over a wall«: Interreligious Horizons in Psalms and Psalms Studies (HBS 96), Freiburg im Breisgau 2020, 464–490.

–, *Entangled Utopias: Interreligious Horizons in Psalms and Psalms Studies - an Introduction*, in: Christian Frevel (Hg.): »Mit meinem Gott überspringe ich eine Mauer«: Interreligiöse Horizonte in den Psalmen und Psalmenstudien/»By my God I can leap over a wall«: Interreligious Horizons in Psalms and Psalms Studies (HBS 96), Freiburg im Breisgau 2020, 13–32.

–, *Lasst uns Mose nicht herabsetzen! Anmerkungen zu den Numerihomilien des Origenes*, in: Georg Braulik/Agnete Siquans/Rainer Tück (Hg.): »Dein Wort ist meinem Fuß eine Leuchte«, Freiburg im Breisgau 2022, 181–199.

–, *Lernort Tora. Anstöße aus dem Alten Testament*, in: Norbert Mette/Matthias Sellmann (Hg.): Religionsunterricht als Ort der Theologie (QD 247), Freiburg im Breisgau 2012, 109–137.

–, *Wie viel Hermeneutik steckt in der Pentateuchforschung Erich Zengers?*, in: Rainer Kampling/Ilse Müllner (Hg.): Re-thinking Erich Zenger: Das Gespräch weiterführen (SBB 80), Stuttgart 2021, 25–55.

Frymer-Kensky, Tikva u. a., *Dabru Emet (Redet Wahrheit): Eine jüdische Stellungnahme zu Christen und Christentum*, übers. v. Christoph Münz, in: EvTh 61 (2001), 334–337.

Frymer-Kensky, Tikva/Novak, David/Sandmel, David, *Christianity in Jewish Terms*, hg. v. Michael Signer, Boulder, Colo. 2000.

Fürst, Alfons, *Judentum, Judenchristentum und Antijudaismus in den neu entdeckten Psalmenhomilien des Origenes.*, in: Adam. 20 (2014), 275–287.

Gallagher, Edmon L., *Hebrew Scripture in Patristic Biblical Theory: Canon, Language, Text* (SVigChr 114), Leiden/Boston 2012.

Gaon, Saadia, *Sefer HaEmunot WeHadeot*, hg. v. Josef Qafich, Jerusalem 1973.

Geiger, Abraham, *Etwas über Glauben und Beten. Zu Schutz und Trutz*, in: JZWL 1 (1869), 1–80.

–, *Jüdische Zeitschrift für Wissenschaft und Leben*, Breslau 1862.

Gemeinsamer Ausschuss von EKD, UEK und VELKD »Kirche und Judentum«, *Diskussionsbeitrag zur Thesenreihe »Dabru emet (Redet Wahrheit)« des National Jewish Scholars Project (USA)*, in: EvTh 65 (2005), 317–327.

Gerhards, Albert/Doeker, Andrea/Ebenbauer, Peter (Hg.), *Identität durch Gebet: Zur gemeinschaftsbildenden Funktion insitutionalisierten Betens in Judentum und Christentum* (Studien zu Judentum und Christentum), Paderborn 2003.

Gerhards, Albert/Henrix, Hans Hermann (Hg.), *Dialog oder Monolog? Zur liturgischen Beziehung zwischen Judentum und Christentum* (QD 208), Freiburg im Breisgau 2004.

Gerhards, Albert/Leonhard, Clemens (Hg.), *Jewish and Christian Liturgy and Worship: New Insights into its History and Interaction* (JCPS 15), Leiden/Boston 2007.

Gerhards, Albert/Wahle, Stephan (Hg.), *Kontinuität und Unterbrechung: Gottesdienst und Gebet in Judentum und Christentum* (Studien zu Judentum und Christentum), Paderborn 2005.

Goldmann, Ayala, *»Wir müssen die Quellen kennen«: Amy-Jill Levine über das Neue Testament aus jüdischer Sicht, Bibelwissenschaften und den Kirchentag*, in: Jüdische Allgemeine, Stand: 15.6.2023.

Goldstein, Moritz, *Berliner Jahre: Erinnerungen 1880-1933* (Dortmunder Beiträge zur Zeitungsforschung 25), Berlin/Boston 2013.

Goodman, Martin, *A History of Judaism*, New York 2019.

Görg, Manfred/Langer, Michael (Hg.), *Als Gott weinte: Theologie nach Auschwitz*, Regensburg 1997.

Greef, Wulfert de, *Van één stam: Calvijn over Joden en christenen in de context van de late Middeleeuwen*, Delft 2012.

Greive, Hermann, *Theologie und Ideologie: Katholizismus und Judentum in Deutschland und Österreich 1918-1935* (Arbeiten aus dem Martin-Buber-Institut der Universität Köln 1), Heidelberg 1969.

Greve, Astrid, *Erinnern lernen: Didaktische Entdeckungen in der jüdische Kultur des Erinnerns* (Wdl 11), Neukirchen-Vluyn 1999.

Grohmann, Marianne, *Aneignung der Schrift: Wege einer christlichen Rezeption jüdischer Hermeneutik*, Neukirchen-Vluyn 2000.

–, *Judentum und Christentum. Verhältnisbestimmungen am Ende des 20. Jahrhunderts*, in: ThR 69 (2004), 151–181.

–, *Literatur zum Verhältnis von Judentum und Christentum 2000-2010*, in: ThR 77 (2012), 483–519.

–, *Zur Bedeutung jüdischer Exegese der Hebräischen Bibel für christliche Theologie*, in: EvTh 77 (2017), 114–131.

Grözinger, Karl E., *Jüdische Philosophie für das einundzwanzigste Jahrhundert. Ein kritischer Bericht*, in: Zeitschrift für Kulturphilosophie 11 (2017), 199–230.

–, *Meinungen und Richtungen im 20. und 21. Jahrhundert* (Jüdisches Denken: Theologie – Philosophie – Mystik 5), Frankfurt am Main/New York 2004.

–, *Von der Religionskritik der Renaissance zu Orthodoxie und Reform im 19. Jahrhundert* (Jüdisches Denken: Theologie – Philosophie – Mystik 3), Frankfurt am Main/New York [2]2021.

–, *Zur Debatte um Geschichte und Begriff »jüdischer Philosophie«*, in: Zeitschrift für Kulturphilosophie 11 (2017), 273–363.

Grümme, Bernhard, *»Trialogische Religionspädagogik« kritisch reflektieren*, in: Stefan Altmeyer u. a. (Hg.): Judentum und Islam unterrichten (JRP 36), Göttingen 2020, 137–148.

Grünberg, Kurt, *Folgen des Holocaust bei Kindern von Überlebenden in der Bundesrepublik Deutschland*, in: Micha Brumlik/Petra Kunik (Hg.): Reichsprogromnacht: Vergangenheitsbewältigung aus jüdischer Sicht, Frankfurt am Main 1988, 59–75.

–, *Liebe nach Auschwitz: Die zweite Generation. Jüdische Nachkommen von Überlebenden der national-sozialistischen Judenverfolgung in der Bundesrepublik Deutschland und das Erleben ihrer Paarbeziehungen*, Tübingen 2000.

Hackstein, Elisabeth, *Auf der Suche nach den jüdischen Wurzeln: Zur Kritik »christlicher Sederfeiern«* (Apeliotes:Studien zur Kulturgeschichte und Theologie 11), Frankfurt am Main 2012.

Han, Sara, *Ernst Ludwig Ehrlich: Jüdisch-christlicher Dialog als Lebensaufgabe* (JuChr 29), Stuttgart 2024.

Han, Sara/Middelbeck-Varwick, Anja/Thurau, Markus (Hg.), *Bibel, Israel, Kirche: Studien zur jüdisch-christlichen Begegnung: Festschrift für Rainer Kampling*, Münster 2018.

Harnack, Adolf von, *Das Wesen des Christentums: Sechzehn Vorlesungen vor Studierenden aller Fakultäten im Wintersemester 1899/1900 an der Universität Berlin gehalten von Adolf v. Harnack*, hg. v. Claus-Dieter Osthövener, Tübingen ³2012.

Hartenstein, Friedhelm, *Die bleibende Bedeutung des Alten Testaments: Studien zur Relevanz des ersten Kanonteils für Theologie und Kirche* (BThSt 165), Göttingen 2016.

Harvey, Graham, *The True Israel: Uses of the Names Jew, Hebrew, and Israel in Ancient Jewish and Early Christian Literature* (AGJU 35), Leiden/New York 1996.

Hasselhoff, Görge K., *Die Einwohner »Indiens« als Anfrage. Zur Wahrnehmung von Religion und Gesetz von Christoph Kolumbus bis Francisco de Vitoria*, in: Görge K. Hasselhoff/Ernstpeter Maurer (Hg.): Tertius usus legis. Theologische Dimensionen von Gesetz: Festschrift für Michael Basse, Würzburg 2021, 115–128.

–, *Martin Bucer und die Juden*, in: Judaica 68 (2012), 343–373.

Hayoun, Maurice R., *Geschichte der judischen Philosophie*, Darmstadt 2004.

Hecke, Marie, *Toradidaktik* (PThGG 42), Tübingen 2024.

Heinz, Hanspeter, *Das geht uns an – um Gottes willen! Eine christliche Antwort auf »Dabru Emet«*, in: BL 76 (2003), 64–68.

– (Hg.), *Um Gottes willen miteinander verbunden: Der Gesprächskreis »Juden und Christen« beim Zentralkomitee der Deutschen Katholiken* (Forum Christen und Juden 1), Münster 2004.

–, *Zur jüdischen Erklärung »Dabru Emet«:Eine jüdische Stellungnahme zu Christen und Christentum*, in: Jewish-Christian Relations Insights and Issues in the Ongoing Jewish-Christian Dialogue, Stand: 2003.

Hengel, Martin/Schwemer, Anna Maria (Hg.), *Die Septuaginta zwischen Judentum und Christentum* (WUNT 72), Tübingen 1994.

Henrix, Hans Hermann, *Bibel, Kirche und Judentum: Ein Paradigmenwechsel und eine neue Hermeneutik*, in: BK 76 (2021), 199–208.

–, *Die Kirchen und das Judentum: Ein Dokumentationsprojekt*, in: Zeitschrift für christlich-jüdische Begegnung im Kontext (2022), 16–24.

–, *Inkarnation – im christlich-jüdischen Kontext bedacht*, in: KuI 37 (2022), 167–178.

–, *Israel trägt die Kirche: Zur Theologie der Beziehung von Kirche und Judentum* (Forum Christen und Juden 17), Berlin 2019.

–, *Judentum und Christentum: Gemeinschaft wider Willen* (TTB 525), Kevelaer 2004.

– (Hg.), *Jüdische Liturgie: Geschichte, Struktur, Wesen* (QD 86), Freiburg im Breisgau 1979.

–, *Kirche ohne Judentum? Eine Vergewisserung zur Präsenz des Jüdischen in der ökumenischen Theologie*, in: Edith Petschnigg/Irmtraud Fischer (Hg.): Der »jüdisch-christliche« Dialog veränderte die Theologie: Ein Paradigmenwechsel aus ExpertInnensicht, Wien/Köln/Weimar 2016, 202–224.

Heschel, Susannah, *Antisemitism as Cultural Sadism. An Erotohistorical Approach*, in: Ute E. Eisen/Heidrun E. Mader/Melanie Peetz (Hg.): Grasping Emotions: Approaches to Emotions in Interreligious and Interdisciplinary Discourse, Bd. 1 (Religiöse Positionierungen in Judentum, Christentum und Islam 4), Berlin 2024, 51–78.

–, *Der jüdische Jesus und das Christentum: Abraham Geigers Herausforderung an die christliche Theologie*, übers. v. Christian Wiese (Sifria 2), Berlin 2001.

–, *The Aryan Jesus: Christian Theologians and the Bible in Nazi Germany*, Princeton, NJ 2008.

Hesslein, Kayko Driedger, *A Christology of Jesus the Jew*, in: Christian Danz/Kathy Ehrensperger/ Walter Homolka (Hg.): Christologie zwischen Judentum und Christentum: Jesus, der Jude aus Galiläa, und der christliche Erlöser (Dogmatik in der Moderne 30), Tübingen 2000, 145–158.

–, *Dual Citizenship: Two-Natures Christologies and the Jewish Jesus*, London/New York 2015.

Heyden, Katharina/Nirenberg, David, *Religious Co-production: Judaism, Christianity, and Islam*, in: HTR (2024).

Hezser, Catherine, *Jewish Literacy in Roman Palestine* (TSAJ 81), Tübingen 2001.

– (Hg.), *The Oxford Handbook of Jewish Daily Life in Roman Palestine* (Oxford Handbooks in Classics and Ancient History), New York 2010.

– (Hg.), *The Routledge Handbook of Jews and Judaism in Late Antiquity*, Abingdon, Oxon/New York 2024.

Hieke, Thomas/Huber, Konrad (Hg.), *Bibel falsch verstanden: Hartnäckige Fehldeutungen biblischer Texte erklärt*, Stuttgart [2]2020.

Hieronymus, Sophronius Eusebius, *Der Koheletkommentar des Hieronymus: Einleitung, revidierter Text, Übersetzung und Kommentierung*, hg. v. Elisabeth Birnbaum (CSEL), Berlin/Boston 2014.

Himmelbauer, Markus u. a. (Hg.), *Erneuerung der Kirchen: Perspektiven aus dem christlich-jüdischen Dialog* (QD 290), Freiburg im Breisgau 2018.

Hinterhuber, Eva Maria, *Abrahamischer Trialog und Zivilgesellschaften: Eine Untersuchung zum sozialintegrativen Potenzial des Dialogs zwischen Juden, Christen und Muslimen* (Maecenata-Schriften 4), Stuttgart 2009.

Hirshman, Marc G., *The Stabilization of Rabbinic Culture, 100 C. E.-350 C. E.: Texts on Education and their Late Antique Context*, Oxford/New York 2009.

Hoffman, Lawrence A., *Die rabbinische »berākāh« und die jüdische Spiritualität.*, in: Conc. (D) 26 (1990), 196–206.

–, *Stefan C. Reif. Judaism and Hebrew Prayer: New Perspectives on Jewish Liturgical History*, in: AJSR 20 (1995), 424–427.

Höftberger, Elisabeth, *Religiöse Tradition in Bewegung: Zur Hermeneutik des Zweiten Vatikanischen Konzils im jüdisch-christlichen Dialog* (Religionswissenschaft 34), Bielefeld 2023.

Homolka, Walter, *Der Jude Jesus: Eine Heimholung*, Freiburg im Breisgau [5]2021.

Homolka, Walter/Hoppe, Juni/Krochmalnik, Daniel, *Der Messias kommt nicht: Abschied vom jüdischen Erlöser*, Freiburg im Breisgau 2022.

Homolka, Walter/Striet, Magnus, *Christologie auf dem Prüfstand: Jesus der Jude - Christus der Erlöser*, Freiburg im Breisgau 2019.

Homolka, Walter/Zenger, Erich (Hg.), *»... damit sie Jesus Christus erkennen«: Die neue Karfreitagsfürbitte für die Juden* (ThKontr), Freiburg im Breisgau 2008.

Hoping, Helmut, *Jesus aus Galiläa - Messias und Gottes Sohn*, Freiburg im Breisgau 2019.

Hoping, Helmut/Tück, Jan Heiner (Hg.), *Streitfall Christologie: Vergewisserungen nach der Shoah* (QD 214), Freiburg im Breisgau 2005.

Horbury, William, *Old Testament Interpretation in the Writings of the Church Fathers*, in: Martin-Jan Mulder (Hg.): Mikra. Text, Translation, Reading and Interpretation of the Hebrew Bible in Ancient Judaism and Early Christianity (CRINT 1/2), Assen/Maastricht 1988, 727–787.

Hortzitz, Nicoline, *Die Sprache der Judenfeindschaft in der frühen Neuzeit (1450-1700): Untersuchungen zu Wortschatz, Text und Argumentation* (Sprache - Literatur und Geschichte. Studien zur Linguistik/Germanistik 28), Heidelberg 2005.

Hotam, Yotam, *Critiques of Theology: German-Jewish Intellectuals and the Religious Sources of Secular Thought* (SUNY series in Contemporary Jewish Thought), Albany 2023.

Hruby, Kurt, *Juden und Judentum bei den Kirchenvätern* (SJK 2), Zürich 1971.

Hüllstrung, Wolfgang/Löhr, Helmut (Hg.), *»Nicht du trägst die Wurzel, sondern die Wurzel trägt dich«: Gegenwärtige Perspektiven zum Rheinischen Synodalbeschluss »Zur Erneuerung des Verhältnisses von Christen und Juden« von 1980* (SKI 16), Leipzig 2023.

Hünermann, Peter/Söding, Thomas (Hg.), *Methodische Erneuerung der Theologie: Konsequenzen der wiederentdeckten jüdisch-christlichen Gemeinsamkeiten* (QD 200), Freiburg im Breisgau 2003.

International Council of Christians and Jews, *»A Time for Recommitment: Building the New Relationship between Jews and Christians«*, in: Council of Centers on Jewish-Christian Relations, Stand: 2009.

Isaac, Jules, *L' antisemitisme a-t-il des racines chrétiennes?*, Paris 1960.

–, *L'enseignement du mépris: vérité historique et mythes théologiques*, Paris 1962.

Jewish-Christian Relations, *Zwischen Jerusalem und Rom: Die gemeinsame Welt und die respektierten Besonderheiten. Reflexionen über 50 Jahre von Nostra aetate*, in: Jewish-Christian Relations: Einsichten und Anliegen des christlich-jüdischen Gesprächs, Stand: 31.3.2017.

Jonas, Hans, *Der Gottesbegriff nach Auschwitz: Eine jüdische Stimme*, in: Hans Jonas (Hg.): Gedanken über Gott: Drei Versuche (Bibliothek Suhrkamp 1160), Frankfurt am Main 1994, 27–49.

Kampling, Rainer, *50 Jahre »Nostra aetate«: Derselbe Gott im Judentum und im Christentum?*, in: HerKorr 1 (2016), 25–27.

– (Hg.), *»Nun steht aber diese Sache im Evangelium ...«: Zur Frage nach den Anfängen des christlichen Antijudaismus*, Paderborn ²1999.

–, *»Wort der göttlichen Wahrheit« (Johannes Paul II.): Röm 9- 11 als Basistext der Israeltheologie der römisch-katholischen Kirche*, in: Markus Himmelbauer u. a. (Hg.): Erneuerung der Kirchen: Perspektiven aus dem christlich-jüdischen Dialog (QD 290), Freiburg im Breisgau 2018, 223–238.

Kampling, Rainer/Müllner, Ilse (Hg.), *Gottesrede: Gesammelte Aufsätze von Erich Zenger zum jüdisch-christlichen Dialog* (SBAB 65), Stuttgart 2018.

Kampling, Rainer/Weinrich, Michael (Hg.), *Dabru emet - redet Wahrheit: Eine jüdische Herausforderung zum Dialog mit den Christen*, Gütersloh 2003.

Kannengiesser, Charles, *Handbook of Patristic Exegesis*, Bde. 1–2 (The Bible in Ancient Christianity), Leiden/Boston 2004.

Kant, Immanuel, *Kants gesammelte Schriften*, Bd. 8, Berlin/Leipzig 1923.

Katz, Jakob, *Tradition und Krise: Der Weg der jüdischen Gesellschaft in die Moderne*, übers. v. Christian Wiese (C. H. Beck Kulturwissenschaft), München 2002.

Kauderer, Dietmar, *Corporate Governance in der Diakonie zwischen Effizienz und Legitimität: Eine neoinstitutionalistische Analyse*, in: DWI-Jb 45 (2016), 151–158.

Kauders, Anthony D., *Review of: The New Life: Jewish Students of Postwar Germany, by Jeremy Varon*, in: The English Historical Review 554 (2016), 197–198.

–, *Unmögliche Heimat: Eine deutsch-jüdische Geschichte der Bundesrepublik*, München 2007.

Kaufmann, Thomas, *Einige Beobachtungen zum Judenbild deutscher Humanisten in den ersten beiden Jahrzehnten des 16. Jahrhunderts*, in: Dorothea Wendebourg/Andreas Stegmann/Martin Ohst (Hg.): Protestantismus, Antijudaismus, Antisemitismus. Konvergenzen und Konfrontationen in ihren Kontexten, Tübingen 2017, 55–77.

–, *Luthers »Judenschriften«: Ein Beitrag zu ihrer historischen Kontextualisierung*, Tübingen 2011.

Kepnes, Steven (Hg.), *The Cambridge Companion to Jewish Theology* (Cambridge Companions to Religion), New York 2021.

Kessler, Edward/Wenborn, Neil (Hg.), *A Dictionary of Jewish-Christian Relations*, Cambridge 2008.

Kessler, Hans, *Trialog zwischen Juden, Christen und Muslimen: Überlegungen aus einer christlichen Perspektive*, in: StZ 223 (2005), 171–182.

Kessler, Rainer, *Unwort des Jahrhunderts »alttestamentarisch«: Gottes Bundesschlüsse, Jeremias Hoffnung und der neue Bund im Urchristentum*, in: Thomas Hieke/Konrad Huber (Hg.): Bibel falsch verstanden: Hartnäckige Fehldeutungen biblischer Texte erklärt, Stuttgart 2020, 162–168.

Kinzer, Mark/Schumacher, Thomas/Tück, Jan-Heiner (Hg.), *Jesus - der Messias Israels? Messianisches Judentum und christliche Theologie im Gespräch*, Freiburg im Breisgau 2023.

Kinzig, Wolfram, *Harnack, Marcion und das Judentum: Nebst einer kommentierten Edition des Briefwechsels Adolf von Harnacks mit Houston Stewart Chamberlain* (AKThG 13), Leipzig 2004.

Kirche und Israel. Neukirchener Theologische Zeitschrift, in: V&R eLibrary, Stand: 2018ff.

Klappert, Bertold, *Miterben der Verheißung: Christologie und Ekklesiologie der Völkerwallfahrt zum Zion*, in: Miterben der Verheißung: Beiträge zum jüdisch-christlichen Dialog (NBST 25), Neukirchen-Vluyn 2000, 203–240.

Klein, Charlotte, *Theologie und Anti-Judaismus: Eine Studie zur deutschen theologischen Literatur der Gegenwart* (ACJD 6), München 1975.

Klöckener, Martin/Häußling, Angelus A./Meßner, Reinhard (Hg.), *Gottesdienst der Kirche: Christliche und jüdische Liturgie Gottesdienst im Leben der Christen* (GDK 2), Regensburg 2008.

Knobloch, Charlotte/Brumlik, Micha/Ederberg, Gesa S., *Wenn nicht jetzt, wann dann? Zur Zukunft des deutschen Judentums*, Freiburg im Breisgau 2007.

Koch, Kurt, *Reiches »gemeinsames geistliches Erbe«(Nostra aetate 4): Wo steht der jüdisch-katholische Dialog heute?*, in: TThZ 132 (2023), 85–102.

–, *Was bedeutet die Hinwendung der Kirchen zu ihren jüdischen Quellen für die christliche Ökumene heute?*, in: IKaZ 23 (2000), 160–174.

Koeppler, Daniela (Hg.), *Mit Israel preisen wir Gottesdienst feiern im Klangraum des Alten Testamentes*, Hannover 2018.

– (Hg.), *Predigen aus der Hebräischen Bibel: Mit Impulsen aus jüdischer Tradition*, Hannover ²2019.

Koffmann, Joshua, *Synagoga and Ecclesia in Our Time, Gipsabdruck*, in: Zeitschrift für christlich-jüdische Begegnung im Kontext 3 (2017).

Kogon, Eugen u. a., *Gott nach Auschwitz: Dimensionen des Massenmords am jüdischen Volk*, Freiburg im Breisgau 1979.

Koslowski, Jutta, *Jüdische Perspektiven im christlich-jüdischen Dialog: Wegweisende Vordenker*, in: KuI 38 (2023), 123–141.

Kramer, Stephan J., *Wagnis Zukunft: 60 Jahre Zentralrat der Juden in Deutschland*, hg. v. Simon Hermann (Jüdische Miniaturen 100), Berlin 2011.

Kranemann, Daniela, *Israelitica dignitas? Studien zur Israeltheologie Eucharistischer Hochgebete* (MThA 66), Altenberge 2001.

Kranz, Dani, *Shades of Jewishness: A Liberal Jewish Community in Post- Shoah Germany* (Unpublished PhD Dissertation), St. Andrews 2009.

Kraus, Wolfgang, *Christologie ohne Antijudaismus? Ein Überblick über die Diskussion*, in: Wolfgang Kraus (Hg.): Christen und Juden: Perspektiven einer Annäherung, Gütersloh 1997, 21–48.

– (Hg.), *Das Neue Testament jüdisch erklärt: In der Diskussion*, Stuttgart 2023.

–, *Vom Gegeneinander zum Miteinander: Perspektiven der Begegnung von Christen und Juden*, hg. v. Monika Lukas (SKI 18), Leipzig 2023.

Krochmal, Nachman, *More Nebuche ha-seman (Führer der Verwirrten der Zeit)*, übers. v. Andreas Lehnhardt (PhB 615a-b), Hamburg 2012.

Krochmalnik, Daniel, *Kawwana: Sieben Bemerkungen zu einem Zentralbegriff der jüdischen Religiosität*, in: Barbara Schmitz/Thomas Hieke/Matthias Ederer (Hg.): Vor allen Dingen: Das Alte Testament. Festschrift für Christoph Dohmen (HBS 100), Freiburg im Breisgau 2023, 495–504.

–, *Probleme der jüdischen Theologie: Dogmatik? Systematik? Wissenschaft?*, in: Stefan Nacke/Marcus Optendrenk/Thomas Söding (Hg.): Die Gottesfrage in der Universität: Debatten über Religion und Wissenschaft, Freiburg im Breisgau 2021, 119–140.

–, *Was dürfen wir hoffen? Jüdische Eschatologie nach Moses Maimonides*, in: Katja Boehme (Hg.): Hoffnung über den Tod hinaus. Eschatologie im interreligiösen Lernen und Lehren (Diskurs Bildung: Schriftenreihe der Pädagogischen Hochschule Heidelberg 59), Heidelberg 2015, 17–33.

Kurt, Tugrul u. a. (Hg.), *Grenzgänge wissenschaftlicher Reflexivität in Judentum, Christentum und Islam*, Darmstadt 2023.

Kurzweil, Zvi E., *Hauptströmungen jüdischer Pädagogik in Deutschland: Von der Aufklärung bis zum Nationalsozialismus* (Themen der Pädagogik), Frankfurt am Main 1987.

Kuschel, Karl-Josef, *Juden, Christen, Muslime: Herkunft und Zukunft*, Düsseldorf 2007.

–, *Leben ist Brückenschlagen: Vordenker des interreligiösen Dialogs*, Ostfildern 2011.

–, *Streit um Abraham: Was Juden, Christen und Muslime trennt – und was sie eint*, Düsseldorf 2001.

Laepple, Ulrich (Hg.), *Messianische Juden: Eine Provokation*, Göttingen 2016.

Lagarde, Paul de, *Deutsche Schriften Gesamtausgabe letzter Hand*, Göttingen [5]1920.

Langer, Gerhard/Hoff, Gregor Maria (Hg.), *Der Ort des Jüdischen in der katholischen Theologie*, Göttingen 2009.

Langer, Ruth, *Jewish Liturgy: A Guide to Research* (Illuminations), Lanham, MD 2015.

Laux, Stephan, *Gravamen und Geleit: Die Juden im Ständestaat der Frühen Neuzeit (15.-18. Jahrhundert)* (Forschungen zur Geschichte der Juden/A 21), Hannover 2010.

Law, Timothy M., *When God Spoke Greek: The Septuagint and the Making of the Christian Bible*, Oxford/New York 2013.

Leimgruber, Stephan, *Interreligiöses Lernen*, München 2007.

Leonhard, Clemens, *Die Gebete zur Gabenbereitung: Jüdische Liturgie in der katholischen Messe*, in: HlD 74 (2020), 103–110.

–, »*Die Heiligkeit der Heiligen Schrift und Deutungen ihres Status im Rahmen des Synagogengottesdienstes und der Messliturgie*«, in: Ansgar Franz/Alexander Zerfass (Hg.): Wort des lebendigen Gottes: Liturgie und Bibel (PiLi 16), Tübingen 2016, 149–180.

Lessing, Gotthold Ephraim, *Lessing G.: Werke und Briefe*, Bde. 1–12, hg. v. Wilfried Barner u. Klaus Bohnen (Bibliothek deutscher Klassiker), Frankfurt am Main 1985.

Levenson, Jon Douglas, *Wie man den jüdisch-christlichen Dialog nicht führen soll*, in: KuI 17 (2002), 163–174.

Lévinas, Emmanuel, *Dialog: Ein kooperativer Kommentar*, hg. v. Burkhard Liebsch (Interpretationen und Quellen 5), München 2020.

Lévinas, Emmanuel/Bouillard, Henri/Scherer, Robert, *Christlicher Glaube in moderner Gesellschaft: Wirklichkeit – Erfahrung – Sprache. Dialog, Transzendenz und Gott* (CGG 1–2), Freiburg im Breisgau 1981.

Levine, Amy-Jill u. a. (Hg.), *Das Neue Testament – jüdisch erklärt: Lutherübersetzung*, Stuttgart [2]2022.

Lewinsky, Tamar/Lüdicke, Martina/Ziehe, Theresia (Hg.), *Ein anderes Land: Jüdisch in der DDR*, Berlin 2023.

Liss, Hanna, *Jüdische Bibelauslegung* (Jüdische Studien 4), Tübingen 2020.

–, *Jüdische Bibelwissenschaft als Teil einer jüdischen Theologie*, in: Felix Machka u. a. (Hg.): Grenzgänge wissenschaftlicher Reflexivität in Judentum, Christentum und Islam, Darmstadt 2023, 145–168.

– (Hg.), *Philology and Aesthetics: Figurative Masorah in Western European Manuscripts* (JudUm 85), Berlin u. a. 2021.

–, *Tanach: Lehrbuch der jüdischen Bibel* (Schriften der Hochschule für Jüdische Studien Heidelberg 8), Heidelberg [4]2019.

Liss, Hanna/Petzold, Kay Joe, *Die Erforschung der westeuropäischen Bibeltexttradition als Aufgabe der Jüdischen Studien*, in: Andreas Lehnardt (Hg.): Judaistik im Wandel: Ein halbes Jahrhundert Forschung und Lehre über das Judentum in Deutschland, Berlin 2017, 189–210.

Litt, Stefan, *Geschichte der Juden Mitteleuropas 1500-1800*, hg. v. Kai Brodersen u. a. (Geschichte kompakt), Darmstadt 2009.

Lohmann, Ingrid/Lohmann, Ute/Behm, Britta L., *Jüdische Bildungsgeschichte in Deutschland*, bisher 10 Bände, Münster 2000ff.

Löwenbrück, Anna-Ruth, *Judenfeindschaft im Zeitalter der Aufklärung: Eine Studie zur Vorgeschichte des modernen Antisemitismus am Beispiel des Göttinger Theologien und Orientalisten Johann David Michaelis (1717-1791)* (EHS.G 662), Frankfurt am Main/New York 1995.

Luber, Markus/Beck, Roman/Neubert, Simon (Hg.), *Christus und die Religionen: Standortbestimmung der Missionstheologie* (Weltkirche und Mission 5), Regensburg 2015.

Luther, Martin D., *Martin Luthers Werke. Schriften und Predigten des Jahres 1524*, Bd. 15 (WA), Weimar 1899.

Maimon, Arye/Guggenheim, Yacov/Breuer, Mordechai (Hg.), *1350–1519: Ortschaftsartikel Mäh-risch-Budwitz-Zwolle*, Bd. 2 (GeJu 3), Tübingen 1995.

Maimonides, Moses, *Führer der Verirrten*, Bd. 1, hg. v. Salomon Munk, übers. v. Adolf Weiß, Osnabrück 1964.

–, *Haqdama LePereq Cheleq*, hg. v. Jzchaq Schailat, Jerusalem ²1994.

–, *Haqdamot HaRambam LaMischnah*, hg. v. Jzchaq Schailat, Jerusalem ²1994.

–, *Le Guide des Égarés*, hg. v. Salomon Munk u. Adolf Weiß, Hamburg ³1995.

–, *Mischne Tora, Sefer HaMada*, hg. v. Schabbtai Frankel, Jerusalem 2001.

Mallmann, Bernhard/Tück, Jan-Heiner, *Zum Gespräch zwischen jüdisch-messianischer Bewegung und christlicher Theologie: Eine Bestandsaufnahme*, in: Jan-Heiner Tück/Mark Kinzer/Thomas Schumacher (Hg.): Jesus, der Messias Israels? Messianisches Judentum und christliche Theologie im Gespräch, Freiburg im Breisgau 2023, 13–23.

Manemann, Jürgen/Metz, Johann Baptist (Hg.), *Christologie nach Auschwitz: Stellungnahmen im Anschluss an Thesen von Tiemo Rainer Peters* (Religion, Geschichte, Gesellschaft: Fundamental-theologische Studien 12), Münster 1998.

Markschies, Christoph, *Reformationsjubiläum 2017 und der jüdisch-christliche Dialog* (SKI 1), Leipzig 2017.

Marquardt, Friedrich-Wilhelm, *Das christliche Bekenntnis zu Jesus, dem Juden: Eine Christologie*, Bde. 1–2, Gütersloh 1990.

–, *Von Elend und Heimsuchung der Theologie: Prolegomena zur Dogmatik*, München 1988.

Marshall, David, *Der Ökumenische Rat der Kirchen und die Theologie der christlich-jüdischen Bezie-hungen*, in: Ökumenische Rundschau 72 (2023), 6–21.

Marx, Dalia, *Durch das Jüdische Jahr*, übers. v. Ulrike Offenberg, Leipzig 2021.

–, *From Time to Time: Journeys in the Jewish Calendar*, New York 2023.

Mason, Steve, *Jews, Judaeans, Judaizing, Judaism: Problems of Categorization in Ancient History*, in: JSJ 38 (2007), 457–512.

Meir, Ephraim, *Innerjüdische Debatten über den Dialog: Hintergründe des Dokuments Dabru emet*, in: Siegfried von Kortzfleisch/Wolfgang Grünberg/Tim Schramm (Hg.): Wende-Zeit im Verhält-nis von Juden und Christen, Berlin 2009, 283–300.

–, *Interreligiöse Theologie: Eine Sichtweise aus der jüdischen Dialogphilosophie*, hg. v. Elke Morlok, Jerusalem 2016.

Melchardt, Sylvia, *Theodizee nach Auschwitz? Der literarische Beitrag Elie Wiesels zur Klärung eines philosophischen Problems* (Pontes 10), Münster 2001.

Mendel, Meron, *Jüdische Jugendliche in Deutschland: Eine biographisch-narrative Analyse zur Identi-tätsfindung* (Frankfurter Beiträge zur Erziehungswissenschaft 10), Frankfurt am Main 2010.

Mendelssohn, Moses, *Ausgewählte Werke*, Bd. 1, hg. v. Christoph Schulte, Darmstadt 2009.

–, *Das Andachtshaus der Vernunft: Zur sakralen Poesie und Musik bei Mendelssohn*, in: Rudolf Elvers/ Hans-Günter Klein (Hg.): Mendelssohn-Studien: Beiträge zur neueren deutschen Kultur- und Wirtschaftsgeschichte (Mendelssohn-Studien 11), Berlin 1999, 21–47.

–, *Jerusalem oder über religiöse Macht und Judentum*, hg. v. Michael Albrecht (PhB 565), Hamburg 2010.

–, *Morgenstunden oder Vorlesungen über das Dasein Gottes*, Bd. 2 (Gesammelte Schriften: Jubilä-umsausgabe 3), Berlin 2017.

Metz, Johann Baptist, *Christen und Juden nach Auschwitz: Auch eine Betrachtung über das Ende bürgerlicher Religion*, in: Johann Baptist Metz (Hg.): Jenseits bürgerlicher Religion: Reden über die Zukunft des Christentums (GT.FPT 1), München 1980, 29–50.

–, *Europäischer Geist: Die jüdische Mitgift*, in: KuI 8 (1993), 23–32.

–, *Glaube in Geschichte und Gesellschaft: Studien zu einer praktischen Fundamentaltheologie*, Mainz 1980.

–, *Im Angesichte der Juden: Christliche Theologie nach Auschwitz*, in: Conc. 20 (1984), 382–389.

–, *Memoria passionis: Ein provozierendes Gedächtnis in pluralistischer Gesellschaft*, Freiburg im Breis-gau 2006.

–, *Ökumene nach Auschwitz: Zum Verhältnis von Christen und Juden in Deutschland*, in: Eugen Kogon (Hg.): Gott nach Auschwitz: Dimensionen des Massenmordes am jüdischen Volk, Freiburg im Breisgau 1979, 121–144.

Meyer, Barbara U., *Christologie im Schatten der Shoah – im Lichte Israels: Studien zu Paul van Buren und Friedrich-Wilhelm Marquardt* (TVZ-Dissertationen), Zürich 2004.

–, *Christologie nach der Schoah*, in: Studium in Israel e. V. (Hg.): Predigtmeditationen im christlich-jüdischen Kontext: Zur Perikopenreihe III, Wernsbach 2016, v–ix.

Meyer-Blanck, Michael, *Glaube und Hass: Antisemitismus im Christentum*, Tübingen 2024.

Mildenberger, Irene, *Der Israelsonntag-Gedenktag der Zerstörung Jerusalems: Untersuchungen zu seiner homiletischen und liturgischen Gestaltung in der evangelischen Tradition* (SKI 22), Berlin ²2007.

Miller, Glenn T., *Faith and Fratricide: The Theological Roots of Anti-Semitism. By Rosemary Ruether*, in: JChS 18 (1976), 355–358.

Morgan, Michael L./Gordon, Peter Eli (Hg.), *The Cambridge Companion to Modern Jewish Philosophy* (Cambridge Companions to Religion), Cambridge/New York 2007.

Müller, Klaus, *Christlicher Antijudaismus als religiöse Form des Antisemitismus*, in: Zeitschrift für christlich-jüdische Begegnung im Kontext 3 (2021), 216–226.

Münz, Christoph, *Der Welt ein Gedächtnis geben: Geschichtstheologisches Denken im Judentum nach Auschwitz*, Gütersloh ²1996.

Nachama, Andreas/Homolka, Walter/Bomhoff, Hartmut, *Basiswissen Judentum*, Freiburg im Breisgau 2018.

Nachama, Andreas/Schoeps, Julius H. (Hg.), *Aufbau nach dem Untergang: Deutsch-jüdische Geschichte nach 1945*, Berlin 1992.

Nationale Strategie der Bundesregierung gegen Antisemitismus und für jüdisches Leben, in: Bundesministerium des Innern und für Heimat, Stand: 2022.

Navon, Moshe/Söding, Thomas, *Gemeinsam zu Gott beten: Eine jüdisch-christliche Auslegung des Vaterunsers*, Freiburg im Breisgau 2018.

Netzwerk antisemitismus- und rassismuskritische Religionspädagogik und Theologie, in: Narrt: Netzwerk antisemitismus- und rassismuskritische Religionspädagogik und Theologie.

Nickel, Veronika, *Widerstand durch Recht: Der Weg der Regensburger Juden bis zu ihrer Vertreibung (1519) und der Innsbrucker Prozess (1516-1522)* (Forschungen zur Geschichte der Juden/A 28), Wiesbaden 2018.

Nicklas, Tobias, *Jews and Christians? Second-Century ‹Christian' Perspectives on the »Parting of the Ways«* (Annual Deichmann Lectures), Tübingen 2014.

Niekamp, Gabriele, *Christologie »nach Auschwitz«: Kritische Bilanz für die Religionsdidaktik aus dem christlich-jüdischen Dialog* (LChrJ 8), Freiburg im Breisgau 1994.

Nirenberg, David, *Anti-Judaismus: Eine andere Geschichte des westlichen Denkens*, übers. v. Martin Richter (Historische Bibliothek der Gerda-Henkel-Stiftung), München 2015.

Ó Dochartaigh, Pól, *Germans and Jews since the Holocaust* (Macmillan Education), London 2016.

Oesterreicher, Johannes, *Kommentierende Einleitung zur Erklärung über das Verhältnis der Kirche zu den nichtchristlichen Religionen*, in: LThK Das Zweite Vatikanische Konzil II 2 (1967), 406–478.

Öhler, Markus, *Judäer oder Juden? Die Debatte »Ethnos vs. Religion« im Blick auf das 2. Makkabäerbuch*, in: Friedrich Avemarie u. a. (Hg.): Die Makkabäer (WUNT 382), Tübingen 2017, 157–185.

Oorschot, Frederike van, *Schriftlehre, Schriftauslegung und Schriftgebrauch: Eine Untersuchung zum Status der Schrift in der und für die Dogmatik* (Dogmatik in der Moderne 40), Tübingen 2022.

Osten-Sacken, Peter von der, *Christlicher Baum und jüdische Wurzel: Zusammenhänge, Analogien und Konturen des jüdischen und christlichen Gottesdienstes* (PThGG 41), Tübingen 2023.

–, *Christologie im Gespräch mit jüdischer Theologie*, in: BThZ 7 (1990), 157–176.

–, *»Es begab sich aber zu der Zeit ...«: Aufsätze zum Neuen Testament*, hg. v. Hans-Jürgen Becker (SKI 21), Leipzig 2024.

–, *Katechismus und Siddur: Aufbrüche mit Martin Luther und den Lehrern Israels* (VIKJ 15), Berlin ²1994.

–, *Martin Luther und die Juden: Neu untersucht anhand von Anton Margarithas »Der gantz Jüdisch glaub«(1530/31)*, Stuttgart 2002.

Osten-Sacken, Peter von der/Rozwaski, Chaim Z. (Hg.), *Die Welt des jüdischen Gottesdienstes: Feste, Feiern und Gebete* (VIKJ 29), Berlin 2009.

Pangritz, Andreas, *Die Schattenseite des Christentums: Theologie und Antisemitismus*, Stuttgart 2023.

–, *Theologie und Antisemitismus: Das Beispiel Martin Luthers*, Frankfurt am Main/New York 2017.

Pannenberg, Wolfhart, *Grundzüge der Christologie*, Gütersloh 1964.

Päpstliche Bibelkommission (Hg.), *Das jüdische Volk und seine Heilige Schrift in der christlichen Bibel* (Verlautbarungen des Apostolischen Stuhls 152), Bonn 2001.

Peck, Jeffrey M., *Being Jewish in the New Germany*, New Brunswick/New Jersey 2007.

Petersen, Birte, *Theologie nach Auschwitz? Jüdische und christliche Versuche einer Antwort* (VIKJ 24), Berlin ²1998.

Petschnigg, Edith, *Biblische Freundschaft: Jüdisch-christliche Basisinitiativen in Deutschland und Österreich nach 1945* (SKI 12), Leipzig 2018.

Petschnigg, Edith/Fischer, Irmtraud (Hg.), *Der »jüdisch-christliche« Dialog veränderte die Theologie: Ein Paradigmenwechsel aus ExpertInnensicht*, Wien 2016.

Petschnigg, Edith/Fischer, Irmtraud/Langer, Gerhard (Hg.), *Hat der jüdisch-christliche Dialog Zukunft? Gegenwärtige Aspekte und zukünftige Perspektiven in Mitteleuropa* (Poetik, Exegese und Narrative 9), Göttingen 2017.

Petuchowski, Jakob J. u. a. (Hg.), *Lexikon der Begegnung: Judentum, Christentum, Islam*, Freiburg im Breisgau 2009.

–, *Manuals and Catechisms of the Jewish Religion in the Early Period of Emancipation*, in: Jakob J. Petuchowski/Elizabeth Petuchowski/Aaron M. Petuchowski (Hg.): Studies in Modern Theology and Prayer (JPS scholar of distinction series), Philadelphia/Jerusalem 1964, 239–256.

Petuchowski, Jakob J./Thoma, Clemens, *Lexikon der jüdisch-christlichen Begegnung: Hintergründe - Klärungen - Perspektiven*, Freiburg im Breisgau 1997.

Petzel, Paul, *Der Kommentar als Denkform der christlichen Theologie?*, in: Christoph Dohmen (Hg.): Das Alte Testament und seine Kommentare: Literarische und hermeneutische Orientierungen (SBB 81), Stuttgart 2021, 264–293.

–, *Was uns an Gott fehlt, wenn uns die Juden fehlen: Eine erkenntnistheologische Studie*, Mainz 1994.

Pew Research Center, *Religion and Education Around the World*, in: Pew Research Center's Religion & Public Life Project, Stand: 2016.

Plaskow, Judith, *Blaming the Jews for the Birth of Patriarchy*, in: Evelyn Torton Beck (Hg.): Nice Jewish Girls: A Lesbian Anthology, Watertown, Mass. 1982, 250–254.

Platt, Kristin, *Bezweifelte Erinnerung, verweigerte Glaubhaftigkeit: Überlebende des Holocaust in den Ghettorenten-Verfahren* (Genozid und Gedächtnis), Paderborn 2012.

Polak, Regina (Hg.), *Interreligiöser Dialog: Wissenschaftliche Zugänge zur Begegnung der abrahamitischen Religionen* (Religion and Transformation in Contemporary European Society 23), Paderborn 2023.

Polonsky, Antony, *The Jews in Poland and Russia: A Short History*, Liverpool 2013.

Pröpper, Thomas, *Wegmarken zu einer Christologie nach Auschwitz*, in: Thomas Pröpper (Hg.): Evangelium und freie Vernunft. Konturen einer theologischen Hermeneutik, Freiburg im Breisgau 2023, 276–287.

Rajak, Tessa, *Translation and Survival: The Greek Bible of the Ancient Jewish Diaspora*, Oxford/New York 2009.

Rapaport, Lynn, *Jews in Germany after the Holocaust: Memory, Identity, and Jewish-German Relations* (Cambridge Cultural Social Studies), Cambridge/New York 1997.

Ratzinger, Joseph/Benedikt XVI., *Nicht Mission, sondern Dialog*, in: HerKorr, 2018, 13–14.

Rebhun, Uzi/Kranz, Dani/Sünker, Heinz, *A Double Burden: Israeli Jews in Contemporary Germany* (SUNY series in National Identities), Albany 2022.

Reck, Norbert, *»Der Jude Jesus« und die Zukunft des Christentums: Zum Riss zwischen Dogma und Bibel. Ein Lösungsvorschlag*, Ostfildern 2019.

–, *Im Angesicht der Zeugen: Eine Theologie nach Auschwitz*, Mainz 1998.

Reinhold, Bernhardt, *Monotheismus und Trinität: Gotteslehre im Kontext der Religionstheologie* (BThR 25), Zürich 2023.

Relithek – Ein Multimediaportal zur (inter-) religiösen Verständigung und Bildung, in: relithek.de: Ein Multimediaportal zur (inter)religiösen Verständigung und Bildung.

Rendtorff, Rolf/Henrix, Hans Hermann (Hg.), *Die Kirchen und das Judentum: Dokumente von 1945 bis 1985*, Bd. 1, Paderborn/Gütersloh 2013.

– (Hg.), *Die Kirchen und das Judentum: Dokumente von 1945 bis 1985*, Bd. 2, Paderborn/Gütersloh ³2001.

Rengstorf, Karl H., *Augustinus, Tractatus contra Iudaeos*, Bd. 1 (KuS), München 1988.

Riedlinger, Helmut, *Theologische Kommentare zu den »Freiburger Leitlinien«*, in: Günter Biemer (Hg.): Freiburger Leitlinien zum Lernprozess Christen-Juden: Theologische und didaktische Grundlegung (LChrJ 2), Düsseldorf 1981.

Rohrbacher, Stefan/Schmidt, Michael, *Judenbilder: Kulturgeschichte antijüdischer Mythen und antisemitischer Vorurteile* (Rowohlts Enzyklopädie: Kulturen und Ideen 498), Reinbek bei Hamburg 1991.

Roloff, Carola u. a., *Interreligiöser Dialog, Gender und dialogische Theologie* (Religionen im Dialog 16), Münster/New York 2019.

Rosenthal, Gilbert S./Homolka, Walter, *Das Judentum hat viele Gesichter: Eine Einführung in die religiösen Strömungen der Gegenwart*, Berlin 2014.

Ross, Sarah M./Kranz, Dani, *Jüdische Selbstermächtigung in der deutschen Wissenschaftslandschaft: Tektonische Verschiebungen in der Judaistik und Jüdische Studien nach 1990*, in: Marina Chernivsky/Friederike Lorenz-Sinai (Hg.): Die Shoah in Bildung und Erziehung heute: Weitergaben und Wirkungen in Gegenwartsverhältnissen, Leverkusen 2022, 79–100.

Roth, Joseph, *Juden auf Wanderschaft*, München 2006.

Rouwhorst, Gerhard, *Christlicher Gottesdienst und der Gottesdienst Israels: Forschungsgeschichte, historische Interaktionen, Theologie*, in: Martin Klöckener/Angelus A. Häußling/Reinhard Meßner (Hg.): Theologie des Gottesdienstes 2: Gottesdienst im Leben der Christen. Christliche und jüdische Liturgie (GDK 2), Regensburg 2008, 522–534.

Röwekamp, Georg, *Das Heilige Land – ein fünftes Evangelium?: Die Entdeckung der »heiligen Stätten« im frühen Christentum*, in: BK 77 (2022), 76–82.

–, *Das Heilige Land: Ein »fünftes Evangelium«?*, in: ThQ 201 (2021), 35–52.

Rucks, Hanna, *Das Phänomen »Messianische Juden«: Jesus-gläubige Juden in Geschichte und Gegenwart*, in: Ulrich Laepple (Hg.): Messianische Juden, eine Provokation (Neukirchener Theologie), Göttingen 2016, 13–26.

Ruether, Rosemary Radford, *Nächstenliebe und Brudermord: Die theologischen Wurzeln des Antisemitismus* (ACJD 7), München 1978.

Rummel, Michael, *Karl V.-Schutzherr der jüdischen Gemeinschaft vor lutherischem Unheil? Vergleichende Studie zur jüdischen Interpretation der Reformationszeit in aschkenasischen frühneuzeitlichen Chroniken* (KKR 83), Göttingen 2022.

Rutishauser, Christian M., *Versuche zu einer katholischen Theologie des Landes Israel*, in: ThQ 201 (2021), 72–89.

Rutishauser, Christian M./Schmitz, Barbara/Woppowa, Jan (Hg.), *Jüdisch-Christlicher Dialog: Ein Studienhandbuch für Lehre und Praxis* (UTB 6259), Stuttgart 2024.

Sajak, Claauß Peter, *Art. Trialogisches Lernen*, in: Wissenschaftlich-Religionspädagogisches Lexikon, Stand: 2016.

Schäfer, Peter, *Zwei Götter im Himmel: Gottesvorstellungen in der jüdischen Antike*, München 2017.

Schechter, Solomon, *The Dogmas of Judaism*, in: Studies in Judaism, Philadelphia 1958, 73–104.

Schleiermacher, Friedrich, *Der christliche Glaube: Nach den Grundsätzen der evangelischen Kirche im Zusammenhange dargestellt (1830/31)*, hg. v. Rolf Schäfer (de Gruyter Texte), Berlin ²2008.

–, *Die praktische Theologie nach den Grundsätzen der evangelischen Kirche*, hg. v. Jacob Frerichs (Friedrich Schleiermacher's sämmtliche Werke/Abt. 1 13), Berlin/New York 1983.

–, *Kurze Darstellung des theologischen Studiums zum Behuf einleitender Vorlesungen (1811/1830)*, hg. v. Dirk Schmid (de Gruyter Texte), Berlin 2002.

–, *Über die Religion: Reden an die Gebildeten unter ihren Verächtern 1799, 1806, 1821*, hg. v. Niklaus Peter, Frank Bestebreurtje u. Anna Büsching, Zürich 2012.

Schmid, Konrad, *The Rise and Fall of the Notion of »Spätjudentum« in Christian Biblical Scholarship*, in: Arjen F. Bakker u. a. (Hg.): Protestant Bible Scholarship: Antisemitism, Philosemitism and Anti-Judaism (Supplement to the Journal for the Study of Judaism 200), Leiden/Boston 2022, 63–78.

Schmidt-Biggemann, Wilhelm, *Geschichte der christlichen Kabbala*, Bde. 1–4 (Clavis pansophiae 10), Bad Cannstatt, Stuttgart 2012.

Schoeps, Julius H./Jasper, Willi/Vogt, Bernhard (Hg.), *Ein neues Judentum in Deutschland? Fremd- und Eigenbilder der russisch-jüdischen Einwanderer* (Neue Beiträge zur Geistesgeschichte 2), Potsdam 1999.

Scholem, Gershom, *Der mystische Messias*, übers. v. Angelika Schweikhart, Frankfurt am Main 1992.

–, *Judaica 2* (Bibliothek Suhrkamp 263), Frankfurt am Main 1970.

Schott, Anselm/Mönche der Erzabtei Beuron, *Meßbuch der heiligen Kirche: Mit liturgischen Erklärungen und kurzen Lebensbeschreibungen der Heiligen. Jubiläums-Auflage 1884–1934*, Freiburg im Breisgau [53]1951.

Schreckenberg, Heinz, *Die Juden in der Kunst Europas: Ein historischer Bildatlas*, Göttingen/Freiburg im Breisgau 1996.

Schreiber, Stefan, *Der erste Brief an die Thessalonicher*, Bd. 1 (ÖTBK 13), Gütersloh 2014.

Schreiber, Stefan/Schumacher, Thomas (Hg.), *Antijudaismen in der Exegese? Eine Diskussion 50 Jahre nach Nostra aetate*, Freiburg im Breisgau 2015.

Schröder, Bernd (Hg.), *Bildung* (ThTh 14), Tübingen 2021.

–, *Jüdische Erziehung im modernen Israel: Eine Studie zur Grundlegung vergleichender Religionspädagogik* (APrTh 18), Leipzig 2000.

–, *Religionspädagogik* (NTG 290), Tübingen [2]2021.

–, *Religionspädagogik angesichts des Judentums: Grundlegungen - Rekonstruktionen - Impulse* (PThGG 39), Tübingen 2023.

–, *Religionspädagogische Ökumenik* (PThGG 40), Tübingen 2023.

Schröder, Christoph, *Rezension zu: Erinnerung an den Holocaust im Religionsunterricht*, in: ZPT 74 (2022), 373–379.

Schröter, Jens/Edsall, Benjamin A./Verheyden, Joseph (Hg.), *Jews and Christians - Parting Ways in the First Two Centuries CE? Reflections on the Gains and Losses of a Model* (BZNW 253), Berlin/Boston 2023.

Schuller, Florian/Veltri, Giuseppe/Wolf, Hubert (Hg.), *Katholizismus und Judentum: Gemeinsamkeiten und Verwerfungen vom 16. bis zum 20. Jahrhundert* (Themen der Katholischen Akademie in Bayern), Regensburg 2005.

Schulte, Christoph, *Die jüdische Aufklärung: Philosophie, Religion, Geschichte*, München 2002.

Schulte, Christoph/Kennecke, Andreas/Grażyna, Jurewicz (Hg.), *Moses Mendelssohn, Jubiläumsausgabe (JubA): Schriften zu Aufklärung und Judentum 1770-1786*, Bd. 2 (Moses Mendelssohn Ausgewählte Werke: Studienausgabe), Darmstadt 2009.

Schütze, Yvonne, *»Warum Deutschland und nicht Israel?«: Begründungen russischer Juden für die Migration nach Deutschland*, in: Zeitschrift Biographieforschung und Oral History 10 (1997), 186–208.

Schwarz-Friesel, Monika, *Toxische Sprache und geistige Gewalt: Wie judenfeindliche Denk- und Gefühlsmuster seit Jahrhunderten unsere Kommunikation prägen* (Dialoge), Tübingen 2022.

Schweitzer, Friedrich/Ulfat, Fahimah/Boschki, Reinhold (Hg.), *Interreligiöse Kooperation im Religionsunterricht*, Münster/New York 2023.

Seiterich, Thomas, *Letzte Wege in die Freiheit: Sechs Pfadfinderinnen im Widerstand gegen den Nationalsozialismus*, Stuttgart 2023.

Sekretariat der Deutschen Bischofskonferenz (Hg.), *Hinweise für eine richtige Darstellung von Juden und Judentum in der Predigt und in der Katechese der katholischen Kirche*, in: Arbeitshilfen 44 (1986).

Siebenrock, Roman, *Theologischer Kommentar zur Erklärung über die Haltung der Kirche zu den nichtchristlichen Religionen Nostra aetate*, in: Peter Hünermann/Bernd Jochen Hilberath (Hg.): Orientalium ecclesiarum (HThKVatII 3), Freiburg im Breisgau ²2005, 591–693.

Signer, Michael Alan, *Ursprung und Prozess des amerikanisch-jüdischen Dokuments Redet Wahrheit*, in: Rainer Kampling/Hans Hermann Henrix/Peter von der Osten-Sacken (Hg.): Brücken bauen: Aufsätze und Vorträge zum jüdisch-christlichen Verhältnis (SKI 29), Berlin 2013, 411–427.

Simonetti, Manlio, *Biblical Interpretation in the Early Church: An Historical Introduction to Patristic Exegesis*, Edinburgh 1994.

Siquans, Agnethe, *Die alttestamentlichen Prophetinnen in der patristischen Rezeption: Texte – Kontexte – Hermeneutik* (HBS 65), Freiburg im Breisgau/New York 2011.

Slenczka, Notger, *Der völkische Antisemitismus des späten 19. und des frühen 20. Jahrhunderts am Beispiel Paul de Lagardes*, in: Dorothea Wendebourg/Andreas Stegmann/Martin Ohst (Hg.): Protestantismus, Antijudaismus, Antisemitismus: Konvergenzen und Konfrontationen in ihren Kontexten, Tübingen 2017, 309–331.

–, *Vom Alten Testament und vom Neuen: Beiträge zur Neuvermessung ihres Verhältnisses*, Leipzig 2017.

Söding, Thomas, *Das Christentum als Bildungsreligion: Der Impuls des Neuen Testaments*, Freiburg 2016.

Sölle, Dorothee, *Leiden*, Stuttgart 1978.

Spies, Franca, *The New Perspective on Judaism: Christliche Israeltheologie im Anschluss an die New Perspective on Paul und Nostra aetate* (RaFi 76), Regensburg 2021.

Standhartinger, Angela u. a., *Themenheft: Parting of the Ways. Die Trennung der Wege von Juden und Christen in der neueren Forschung*, in: EvT 80 (2020), 400–471.

Ständige Kommission für die Herausgabe der Gemeinsamen Liturgischen Bücher im Deutschen Sprachgebiet, *Messbuch: Die Feier der Heiligen Messe für die Bistümer des deutschen Sprachgebietes. Authentische Ausgabe für den liturgischen Gebrauch. Das Meßbuch deutsch für alle Tage des Jahres*, Freiburg im Breisgau/Basel ²2007.

Steiner, Martin, *Zwischen Kirche und Synagoge: Messianische Juden in Jerusalem* (Forum Christen und Juden 18), Wien 2019.

Steinke, Ronen, *Antisemitismus in der Sprache: Warum es auf die Wortwahl ankommt* (Duden-Debattenbuch), Berlin 2020.

Stemberger, Günter, *Birkat ha-minim and the Separation of Christians and Jews*, in: Benjamin Isaac/Yuval Shahar (Hg.): Judaea-Palaestina, Babylon and Rome (TSAJ 147), Tübingen 2012, 75–88.

–, *Was There a »Mainstream Judaism« in the Late Second Temple Period?*, in: Review of Rabbinic Judaism 4 (2001), 189–208.

–, *Zum Verständnis der Torah im rabbinischen Judentum*, in: Erich Zenger (Hg.): Die Torah als Kanon für Juden und Christen (HBS 10), Freiburg im Breisgau 1996, 329–343.

Striet, Magnus, *Christliche Theologie im Angesicht des Judeseins Jesu*, in: Christologie auf dem Prüfstand. Jesus der Jude – Christus der Erlöser, Freiburg im Breisgau 2019, 72–140.

– (Hg.), *Monotheismus Israels und christlicher Trinitätsglaube* (QD 210), Freiburg im Breisgau 2004.

The Torah: Torah with Academic Biblical Scholarship, in: The Torah.com.

Thoma, Clemens, *Juden und Christen beten denselben Gott an: Monotheismus und Trinität*, in: Hubert Frankemölle (Hg.): Juden und Christen im Gespräch über »Dabru emet – Redet Wahrheit«, Paderborn/Frankfurt am Main 2005, 89–102.

Tilly, Michael, *Einführung in die Septuaginta* (Einführung Theologie), Darmstadt 2005.

Tilly, Michael/Visotzky, Burton L. (Hg.), *Judaism I. History*, Bd. 1, übers. v. David E. Orton (Die Religionen der Menschheit 27), Stuttgart 2021.

– (Hg.), *Judaism II. Literature*, Bd. 2, übers. v. David E. Orton (Die Religionen der Menschheit 27), Stuttgart 2021.

– (Hg.), *Judaism III. Culture and Modernity*, Bd. 3, übers. v. David E. Orton (Die Religionen der Menschheit 27), Stuttgart 2020.

Tirosh-Samuelson, Hava/Hughes, Aaron W. (Hg.), *Jewish Philosophy for the Twenty-First Century: Personal Reflections* (Supplements to the Journal of Jewish Thought and Philosophy 23), Leiden/Boston 2014.

Tiwald, Markus, *Frühjudentum und beginnendes Christentum: Gemeinsame Wurzeln und das Parting of the Ways* (KStTh 5), Stuttgart 2022.

Töllner, Axel, *Von christlichem Antijudaismus im modernen Antisemitismus*, in: Zeitschrift für Religion, Gesellschaft und Politik 6 (2022), 139–159.

Trepp, Leo, *Der jüdische Gottesdienst: Gestalt und Entwicklung*, Stuttgart 1992.

Treue, Wolfgang, *Der Trienter Judenprozess: Voraussetzungen, Abläufe, Auswirkungen (1475-1588)* (Forschungen zur Geschichte der Juden/A 4), Hannover 1996.

–, *Landgrafschaft Hessen-Marburg*, Bd. 2, hg. v. Stefan Rohrbacher, Michael Toch u. Israel Yuval (GeJu 4), Tübingen 2009.

Tück, Jan Heiner, *Gottes Augapfel: Bruchstücke zu einer Theologie nach Auschwitz*, Freiburg ²2016.

Tück, Jan-Heiner, *Inkarnierte Feindesliebe: Der Messias Israels und die Hoffnung auf Versöhnung*, in: Helmut Hoping/Jan-Heiner Tück (Hg.): Streitfall Christologie: Vergewisserungen nach der Shoah (QD 214), Freiburg im Breisgau 2005, 216–258.

Valentin, Joachim/Wendel, Saskia (Hg.), *Jüdische Traditionen in der Philosophie des 20. Jahrhunderts*, Darmstadt 2000.

Veltri, Giuseppe, *Eine Tora für den König Talmai Untersuchungen zum Übersetzungsverständnis in der jüdisch-hellenistischen und rabbinistischen Literatur* (TSAJ 94), Tübingen 1994.

Verburg, Winfried/Woppowa, Jan, *Judentum und Christentum im Dialog*, in: Religion unterrichten 3 (2022), 5–7.

Voss, Rebekka, *Umstrittene Erlöser: Politik, Ideologie und jüdisch-christlicher Messianismus in Deutschland, 1500-1600* (Jüdische Religion, Geschichte und Kultur 11), Göttingen 2011.

Wahle, Stephan, *Gottes Gedenken: Untersuchungen zum anamnetischen Gehalt christlicher und jüdischer Liturgie* (IThS 73), Innsbruck/Wien 2006.

Weissberg, Liliane, *Jewish Studies or Gentile Studies? A Discipline in Search of its Subject*, in: Y. Michal Bodemann (Hg.): The New German Jewry and the European Context (New Perspectives in German Political Studies), London 2008, 101–110.

Wengst, Klaus, *Christsein mit Tora und Evangelium: Beiträge zum Umbau christlicher Theologie im Angesicht Israels*, Stuttgart 2014.

–, *Jesus zwischen Juden und Christen: Re-Visionen im Verhältnis der Kirche zu Israel*, Stuttgart ²2004.

–, *Mirjams Sohn – Gottes Gesalbter: Mit den vier Evangelisten Jesus entdecken*, Gütersloh 2016.

–, *Wie das Christentum entstand: Eine Geschichte mit Brüchen im 1. und 2. Jahrhundert*, Gütersloh 2021.

Wiener, Max, *Aufriss einer Juedischen Theologie*, in: HUCA 18 (1943), 353–396.

–, *Begriff und Aufgabe der Jüdischen Theologie*, in: MGWJ 77 (1933), 3–16.

Wiese, Christian, *Antisemitismus in der Evangelischen Theologie und Kirche. Expertise für den 2. Unabhängigen Expertenkreis Antisemitismus*, in: Bundesministerium des Inneren Unabhängiger Expertenkreis Antisemitismus (Hg.): Antisemitismus in Deutschland – Aktuelle Entwicklungen, Berlin 2017, 185–186.

–, *Von Dessau nach Philadelphia: Samuel Hirsch als Philosoph, Apologet und radikaler Reformer*, in: Giuseppe Veltri/Christian Wiese (Hg.): Jüdische Bildung und Kultur in Sachsen-Anhalt von der Aufklärung bis zum Nationalsozialismus (Minima judaica 7), Berlin 2009, 363–410.

–, *Wissenschaft des Judentums und protestantische Theologie im wilhelminischen Deutschland: Ein Schrei ins Leere?* (VLBI 61), Tübingen 1999.

Wilhelm, Kurt (Hg.), *Wissenschaft des Judentums im deutschen Sprachraum I/II: Ein Querschnitt* (VLBI 16), Tübingen 1967.

Willems, Joachim, *Judentum und Islam, interreligiöses Lernen und Othering im christlichen Religionsunterricht*, in: Stefan Altmeyer u. a. (Hg.): Judentum und Islam unterrichten (JRP 36), Göttingen 2020, 149–161.

Winkler, Ulrich (Hg.), *Religion zwischen Mystik und Politik: »Ich lege mein Gesetz in sie hinein und schreibe es auf ihr Herz« (Jer 31,33)* (JThF 35), Münster 2020.

Wohlmuth, Josef, *An der Schwelle zum Heiligtum: Christliche Theologie im Gespräch mit jüdischem Denken* (Studien zu Judentum und Christentum), Paderborn 2007.

–, *Der jüdische Jesus und die Christologie des Konzils von Chalkedon*, in: Christian Danz/Kathy Ehrensperger/Walter Homolka (Hg.): Christologie zwischen Judentum und Christentum (Dogmatik in der Moderne 30), Tübingen 2020, 319–332.

–, *Die Tora spricht die Sprache der Menschen: Theologische Aufsätze und Meditationen zur Beziehung von Judentum und Christentum*, Paderborn 2002.

–, *Im Geheimnis einander nahe: Theologische Aufsätze zum Verhältnis von Judentum und Christentum*, Paderborn 1996.

–, *Theologie als Zeit-Ansage*, Paderborn 2016.

Wohlwill, Immanuel, *Über den Begriff einer Wissenschaft des Judenthums*, in: Zeitschrift für die Wissenschaft des Judenthums 1 (1823), 1–24.

Wolter, Michael, *Der Brief an die Römer* (EKKNT 6), Neukirchen-Vluyn/Ostfildern 2014.

Woppowa, Jan u. a. (Hg.), *Kooperativer Religionsunterricht: Fragen-Optionen-Wege* (Religionspädagogik innovativ 20), Stuttgart 2017.

–, *Religionsdidaktik* (UTB 4935), Paderborn 2018.

–, *Religionspädagogik angesichts des jüdisch-christlichen Dialogs*, in: Christian M. Rutishauser/Barbara Schmitz/Jan Woppowa (Hg.): Jüdisch-christlicher Dialog: Ein Studienhandbuch für Lehre und Praxis (UTB 6259), Tübingen/Stuttgart 2024, 221–236.

Woppowa, Jan/Darth, Hannah, *Hegemoniale Spannungsfelder zwischen Judentum und Christentum. Beobachtungen zur Darstellung des christlich-jüdischen Verhältnisses in ausgewählten Religionsbüchern*, in: Jan Woppowa/Michael Wermke/David Käbisch (Hg.): Ambivalente Beziehungen. Historische Narrative und Bilder vom Judentum, Christentum und Islam in Bildungsmedien (Studien zur religiösen Bildung 7), Leipzig 2024.

Yerushalmi, Yosef Ḥayim, *Zachor: Erinnere Dich! Jüdische Geschichte und jüdisches Gedächtnis* (Wagenbachs Taschenbuch 260), Berlin 1988.

Yuval, Israel Jacob, *Zwei Völker in deinem Leib: Gegenseitige Wahrnehmung von Juden und Christen in Spätantike und Mittelalter*, übers. v. Dafna Mach (Jüdische Religion, Geschichte und Kultur 4), Göttingen 2007.

Zadof, Noʿam, *Geschichte Israels: Von der Staatsgründung bis zur Gegenwart* (Beck'sche Reihe), München 2020.

Zeitschrift für christlich-jüdische Begegnung im Kontext (ZfBeg), in: ZfBeg. Zeitschrift für christlich-jüdische Begegnung im Kontext, Stand: 2017ff.

Zenger, Erich, *Das erste Testament: Die jüdische Bibel und die Christen* (Topos-Taschenbücher 760), Kevelaer ⁴2011.

– (Hg.), *Der Psalter in Judentum und Christentum* (HBS 18), Freiburg im Breisgau/New York 1998.

–, *Einleitung in das Alte Testament*, hg. v. Christian Frevel (KStTh 1), Stuttgart ⁹2016.

–, *Mit Gott ums Leben kämpfen: Das Erste Testament als Lern- und Lebensbuch*, hg. v. Christoph Dohmen u. Paul Deselaers, Freiburg im Breisgau 2020.

–, *Was wir Christen von der jüdischen Schriftauslegung lernen können: Am Beispiel des Jonabuchs*, in: BK 51 (1996), 46–53.

Zentralwohlfahrtsstelle der Juden in Deutschland e. V., *Auszüge aus der Mitgliederstatistik1995*.

–, *Auszüge aus der Mitgliederstatistik2001*.

Zimmermann, Mirjam/Leven, Eva-Maria/Lenhard, Hartmut, *Wie leben Jüdinnen und Juden heute?*, in: Religion: Themen, Unterrichtsideen, Materialien 5 bis 10 49 (2023).

Zunz, Leopold (Hg.), *Grundlinien zu einer künftigen Statistik der Juden*, in: Zeitschrift für die Wissenschaft des Judenthums 3 (1823), 523–532.

Zwischen Jerusalem und Rom. Reflexionen über 50 Jahre Nostra aetate (Auszüge), in: Zeitschrift für christlich-jüdische Begegnung im Kontext 3 (2021), 196–197.

Autorinnen und Autoren

Ansorge, Dirk, Professur für Dogmatik und Dogmengeschichte an der Philosophisch-Theologischen Hochschule Sankt Georgen in Frankfurt am Main.

Baert-Knoll, Valesca, Mitarbeiterin am Forschungszentrum Elie Wiesel, Abteilung für Religionspädagogik, Kerygmatik und Kirchliche Erwachsenenbildung an der Eberhard Karls Universität Tübingen.

Birnbaum, Elisabeth, Direktorin des Österreichischen Katholischen Bibelwerks in Wien.

Blume, Michael, Lehrbeauftragter am Karlsruher Institut für Technologie.

Bongardt, Michael, Professur für Anthropologie, Kultur- und Sozialphilosophie am Philosophischen Seminar der Universität Siegen.

Boschki, Reinhold, Professur für Religionspädagogik, Kerygmatik und kirchliche Erwachsenenbildung an der Katholisch-Theologischen Fakultät der Eberhard Karls Universität Tübingen.

Buchholz, René, apl. Professur für Fundamentaltheologie an der Katholisch-Theologischen Fakultät der Universität Bonn.

Dausner, René W., Professur für Systematische Theologie am Institut für Katholische Theologie der Universität Hildesheim sowie im Lehrgebiet Katholische Theologie der Leibniz Universität Hannover.

Frevel, Christian, Professur für Altes Testament an der Katholisch-Theologischen Fakultät der Ruhr-Universität Bochum sowie Extraordinary Professor am Department of Old Testament and Hebrew Scriptures an der University of Pretoria (Südafrika).

Götze, Steffen, Lehrvikar in der Evangelischen Kirche in Baden (Heddesheim).

Grohmann, Marianne, Professur für Altes Testament am Institut für Alttestamentliche Wissenschaft und Biblische Archäologie an der Universität Wien.

Han, Sara, Wissenschaftliche Mitarbeiterin (PostDoc) für Christliche Signaturen des zeitgenössischen Antisemitismus im Fachbereich Geschichts- und Kulturwissenschaften an der Freien Universität Berlin.

Hasselhoff, Görge, Privatdozentur am Institut für Evangelische Theologie an der Technischen Universität Dortmund.

Heyden, Katharina, Professur für Ältere Geschichte des Christentums und der interreligiösen Begegnungen am Institut für Historische Theologie an der Universität Bern.

Hoff, Gregor Maria, Professur für Fundamentaltheologie und Ökumenische Theologie im Fachbereich Systematische Theologie an der Paris-Lodron-Universität Salzburg.

Kampling, Rainer, emeritierter Professur für Biblische Theologie/Neues Testament am Seminar für Katholische Theologie der Freien Universität Berlin, Verbundkoordinator für das BMBF-Verbundprojekt Christliche Signaturen des zeitgenössischen Antisemitismus.

Kranemann, Benedikt, Professur für Liturgiewissenschaft an der Katholisch-Theologischen Fakultät Erfurt.

Kranz, Dani, DAAD Humboldt-Professur am Departement für Internationale Studien, El Collegio de México, Mexico City.

Krochmalnik, Daniel, Professur für Jüdische Religion und Philosophie an der School of Jewish Theology der Universität Potsdam.

Lenzen, Verena, emeritierte Professorin für Judaistik und Theologie an der Theologischen Fakultät der Universität Luzern.

Leonhard, Clemens, Professur für Liturgiewissenschaft an der Westfälischen Wilhelms-Universität Münster.

Liss, Hanna, Professur für Bibel und Jüdische Bibelauslegung an der Hochschule für Jüdische Studien Heidelberg.

Marx, Dalia, Professur für Liturgie und Midrasch am Hebrew Union College in Jerusalem.

Müllner, Ilse, Professur für Biblische Theologie/Altes Testament am Institut für Katholische Theologie an der Universität Kassel.

Nachama, Andreas, Vorsitzender der Allgemeinen Rabbinerkonferenz. Jüdischer Präsident des Deutschen Koordinierungsrates der Gesellschaften für christlich-jüdische Zusammenarbeit. Jüdischer Vorsitzender des Gesprächskreises Juden und Christen beim Zentralkomitee der Katholiken.

Offenberg, Ulrike, Rabbinerin der Jüdischen Gemeinde Hameln.

Petzel, Paul, freier Theologe. Mitglied im Gesprächskreis Juden und Christen beim Zentralkomitee der deutschen Katholiken.

Rutishauser, Christian M., Professur für Judaistik und Theologie an der Theologischen Fakultät der Universität Luzern.

Schröder, Bernd, Professur für Praktische Theologie mit dem Schwerpunkt Religionspädagogik und Bildungsforschung an der Theologischen Fakultät der Georg-August-Universität Göttingen.

Striet, Magnus, Professur für Fundamentaltheologie und Philosophische Anthropologie an der Theologischen Fakultät der Universität Freiburg.

Talabardon, Susanne, Professur für Judaistik an der Universität Bamberg.

Tilly, Michael, Professur für Neues Testament und Antikes Judentum an der Fakultät für Evangelische Theologie an der Eberhard Karls Universität Tübingen.

Tiwald, Markus, Professur für Neutestamentliche Bibelwissenschaft an der Katholisch-Theologischen Fakultät der Universität Wien.

Töllner, Axel, Landeskirchlicher Beauftragter für den christlich-jüdischen Dialog beim Institut für christlich-jüdische Studien und Beziehungen an der Augustana-Hochschule Neuendettelsau.

Weidemann, Hans-Ulrich, Professur für Neues Testament am Seminar für Katholische Theologie der Philosophischen Fakultät der Universität Siegen.

Wengst, Klaus, emeritierter Professor für Neues Testament an der Evangelisch-Theologischen Fakultät der Ruhr-Universität Bochum.

Wiese, Christian, Martin-Buber-Professur für Jüdische Religionsphilosophie an der Goethe-Universität Frankfurt.

Woppowa, Jan, Professur für Religionsdidaktik am Institut für Katholische Theologie an der Kulturwissenschaftlichen Fakultät der Universität Paderborn.

Indizes

Einige sehr häufige Begriffe wurden nicht in den Index aufgenommen, um diesen nicht zu überfrachten (u. a. Antisemitismus, Jesus, Paulus, Synagoge).

Bibelstellen

Vormoderne Quellen

Dokumente zum Dialog

Personen

Begriffe